哲学形态学

郝立忠　著

人民出版社

自 序

正像恩格斯在《自然辩证法》中引用过的歌德的一句话所说:“一切产生出来的东西,都注定要灭亡。”①哲学形态也像任何一种其他的理论形态一样,都有一个产生、发展、衰微并被新的形态所取代的过程。因而,对哲学形态的根本特征及其演变过程进行系统研究,对我们正确认识不同哲学形态相互间的异同,以选择先进形态的哲学作为指导思想,特别是对于我们树立正确的世界观、人生观和价值观,都会具有极大的帮助。

一、建立哲学形态学的必要性

哲学是时代精神的精华。实现13亿人民为之共同奋斗的中国梦,必须有适合于中国国情且领先于世界的哲学理论作指导。而要完成这一历史性的课题,就必须首先实现中国哲学②的自主发展和健康发展,使中国哲学站到世界哲学的制高点上。其中,中国哲学的自主发展是中国哲学健康发展的基础,离开了中国哲学的自主发展,中国哲学的健康发展只能是一句空话。俞宣孟在《学术月刊》2004年第2期发表的《关于中西方哲学形态的新一轮比较研究》一文中指出:“中西哲学的比较研究已经开展得很久,我们现在提出要进行新

① 《马克思恩格斯文集》第9卷,人民出版社2009年版,第422页。

② 这里的中国哲学,是指现时代包括马克思主义哲学和非马克思主义哲学在内的中国人的哲学,与哲学史意义上的“当代中国哲学”同义。对于在学科划分意义上的与马克思主义哲学和西方哲学相区分的“中国哲学”,哲学形态学研究皆以“中国传统形而上学”或“中国古代哲学”称之。

一轮的中西哲学比较研究。通过这一研究,我们将得出一个结论:中国哲学必须走出对西方哲学的依傍。”叶险明在《中国人民大学学报》2010 年第 1 期发表《超越“西方中心论”与构建当代中国哲学新形态》一文中也认为,“‘西方中心论’从思想方法上阻碍着当代中国哲学新形态的构建”,要构建当代中国哲学新形态,就“必须打破‘西方中心论’的束缚,超越‘西方中心论’”。对此,我十分赞成。

我相信,中国人民既然能够在新中国成立以来短短六十多年的时间内,就突破帝国主义阵营的包围并寻求到一条适合本国经济社会发展的“中国道路”,也一定能够在不远的将来,摆脱“西方中心论”的束缚,寻求到一条使中国哲学自主发展和健康发展的道路！这条道路也越来越明晰了——要实现中国哲学的自主发展和健康发展,最急需的就是创立中国人自己的哲学形态学,建立起全面、系统、合理的哲学形态划分标准和评价体系,为当代中国哲学的自主发展和健康发展开辟道路。

然而,在形态学蓬勃发展、各种各样的形态学已经陆续得以建立和完善的今天,哲学形态学却始终难以产生。其中最主要的原因,不仅在于对形态学一般理论的把握具有较大难度,更在于哲学家们对哲学形态的理解和评价千差万别,从而给建立哲学形态学造成了很大的困扰。本书作者集大半生之所学,精研十余年,尝试从哲学基本问题的当代表现形式——理论与实际的关系问题入手,明确哲学形态的基本内涵以及哲学形态划分的原则、标准和方法,区分哲学基本形态及其衍生形态,分析不同的哲学基本形态在世界哲学中的地位和功能,在此基础上建立哲学形态划分的 7 级阶元系统,探讨不同哲学形态共同繁荣的可能性与实现途径,力图撰写一部全面、系统、科学的哲学形态学,为建立中国特色的哲学形态评价标准和评价体系奠定坚实的理论基础。

二、哲学形态学研究的任务

哲学形态学是一个古老而又崭新的领域。说其古老,是因为古今中外的一切哲学,不论是马克思主义哲学、中国古代哲学,还是西方哲学,都有着各具特色的具体形态,否则就不成其为哲学;哲学家们也力图通过明晰自己的哲学与其他哲学在形态上的差异,来申明自己哲学的根本特征、社会功能和理论价值。说其崭新,是因为自"形态学"作为一门学科诞生以来,国内外的哲学家们还没有人按照"形态学"的要求进行哲学形态的层次及其划分标准等问题的系统研究,更没有系统地提出哲学形态学的基本理论。而哲学形态学研究想要解决的正是这个问题——即在前人研究的基础上,按照"形态学"的要求,对哲学形态特别是哲学形态的层次及其划分标准进行系统研究,力求建立起全面、系统、科学的"哲学形态学",为哲学的评价和哲学的发展奠定理论基础。

哲学形态学研究的主要任务共有三个方面:(1)明确哲学形态的基本功能、根本特征和划分标准,为建立哲学形态学奠定坚实的基础;(2)明确马克思主义哲学形态的基本功能和根本特征,消除马克思主义哲学诠释上的混乱,澄清广大人民群众对马克思主义哲学形态的模糊认识,为推动马克思主义哲学的宣传、普及和民族精神的建设扫清道路;(3)划清马克思主义哲学与非马克思主义哲学的理论界限,为促进马哲、中哲、西哲的交流与融合提供理论支撑。其中,明确哲学形态的层次和划分标准,是哲学形态学的最为重要的任务,也是进行哲学评价和哲学理论创新的基础,是马克思主义哲学中国化的重要前提条件。

三、哲学形态学研究的困难与不足

哲学形态学研究遇到的最大难题是如何保证哲学形态划分标准和划分体系能够为国内外学术界接受和认可。哲学作为一门不断创新的学问,在对自身的性质和功能的认识上也是众说纷纭,甚至在对哲学概念的界定上也很难达成一致。在这种情况下,要建立国内外学术界共同认可的哲学形态学,是十分困难的。本书作者力图在历史考察与逻辑分析相结合的基础上,从流变性中寻找稳定性,从多样性中寻找同一性,尽力求同存异,以增强哲学形态划分标准和划分体系的包容性和适用性。为了实现这一目的,作者在本书的撰写过程中,尽可能多地引用诸如《现代汉语词典》《中国大百科全书》《不列颠百科全书》《哲学大辞典》《诸子集成》《十三经注疏》《四部精华》《马克思恩格斯全集》《马克思恩格斯文集》《马克思恩格斯选集》《列宁全集》《列宁选集》《毛泽东选集》《毛泽东文集》,以及各种著名哲学史著作等大众十分熟悉而又可靠的资料来支持自己的论点，并且引证尽可能详细、规范，可谓不厌其烦。

四、本书作者的哲学形态学研究之路

自1999年在《东岳论丛》发表论文《论哲学基本问题的唯一性》①，把理论与实际关系问题视为其哲学基本问题的当代表现形式以来，已有19个年头了。其间，作者于2002年出版了《作为哲学形态的唯物主义辩证法》，主张从理论与实际的关系入手，把握唯物主义辩证法与传统形而上学各自的本质特征及相互之间的对立，提出："哲学基本形态，即是由哲学的对象、本质、目的、功能、方法等基本要素构成的最基本的哲学类型。""迄今为止的一切哲学，可以划分为两个全面对立的基本形态，这就是：传统形而上学和唯物辩证法。也只有传统形而上学和唯物辩证法，才作为基本的哲学形态而全面对立。"② 2003年发表《从"两个对子"到"两大形态"——论马克思主义哲学评价的层次与标准》③一文，提出必须用理论与实际的关系问题取代哲学上的"两个对子"作为划分传统形而上学和唯物主义辩证法两大哲学基本形态的标准，并萌生了撰写《哲学形态学》的强烈冲动；2004年申请山东社会科学院跨年度课题"哲学形态学研究"得以立项；2006年出版了《理论与实际统一的马克思》，主张从理论与实际的关系问题出发，探讨马克思主义哲学形态在基本精神、评价的层次与标准、现实基础和理论特征以及方法论等方面的特征；2011年在《学术研究》发表论文《论哲学形态的功能、层次及其划分》，提出哲学形态是指哲学的形式、结构和特征，如哲学研究目的、研究对象、社会功能、思维方式、思维模式和表述方式等，并主张把哲学形态划分为哲学界、哲学基本形态、哲学类型、哲学流派、具体哲学家的思想体系、哲学家的具体研究领域、哲学家的具体观点7个层次；2009—2012年在武汉大学哲学学院师从陶德麟老师完成了博士论文《哲学形态的层次及其划分标准研究》；2012年申请国家社会科学

---

① 郝立忠：《论哲学基本问题的唯一性》，《东岳论丛》1999年第3期。

② 参见该书第六章第三节"哲学基本问题与哲学基本形态"。（参见郝立忠：《作为哲学形态的唯物主义辩证法》，山东大学出版社2002年版，第258页。）

③ 郝立忠：《从"两个对子"到"两大形态"——论马克思主义哲学评价的层次与标准》，《哲学研究》2003年第10期。

基金课题——“哲学形态学研究”得以立项,2014 年 11 月课题最终成果《哲学形态学》正式通过鉴定,又经过两年多的进一步思考和修订。然而,由于哲学形态学的研究范围覆盖整个世界哲学发展史,并且国内外对哲学形态学的研究尚不深入,研究资料十分稀少,尽管本书作者刻苦探索,殚精竭虑,尽平生之所学,但历经十余年,也只能算是勾勒出了《哲学形态学》的大体轮廓,不论是框架设计还是学术观点,必有许多需要进一步完善的地方,引用资料也难免有疏漏,敬请学界同仁批评指正。

郝立忠

2017 年 4 月于济南

目　录

第一章 哲学形态学的基本内涵

要建立哲学形态学,必须首先弄清楚什么是形态和形态学,什么是哲学形态和哲学形态学,以及形态学和哲学形态学的基本内容和主要方法,为哲学形态学奠定坚实的理论基础。

第一节 形态和形态学

哲学形态学作为一门特殊的形态学,必须以一般形态学的理论为基础。因而,弄清楚什么是“形态”和“形态学”以及形态学的主要方法是什么,对我们建立哲学形态学具有重要参考价值。

一、形态

“形态”是一个古老的词语,有“形状神态”之意。近代以后被运用于生物形态学和语言形态学,并逐步成为各种形态学最为关键的名词。

1. 形态的概念

一般而言,“形态”一词通常可以从以下两个层面来理解:

一是日常生活层面的理解,有形象、形状、神态、表现之意。对于“形态”一词,《说文解字》是这样说的:“形:象也。”①“态:意态也。”②《辞源》的解释

① 《说文解字注》,上海古籍出版社 1988 年版,第 424 页。
② 《说文解字注》,上海古籍出版社 1988 年版,第 509 页。

是:“形态:形状神态。”[①]《现代汉语词典》则有三种解释:“形态:①事物的形状或表现:意识形态,观念形态。②生物体外部的形状。③词的内部变化形式,包括构词形式和词形变化的形式。”[②]

二是形态学层面的理解,即依靠用形态学方法抽象出的基本要素对事物基本结构、基本特征及其发展过程进行的描述。

三是哲学层面上的理解。黑格尔[③]在《哲学科学全书纲要》第二部“自然哲学”第二章第三节“个体物理学”中,专门有一部分论述物体的“形态”。他认为,“物质的个体性在其直接的定在内是内在性的形式,这种形式给那种物体的物质以一种固有的特定的区别,这就是形态”[④]。把形态看作物体得以与其他物体相区别的内在形式。在其另一部著作《自然哲学》第二篇“物理学”的第三章“总体个性物理学”、第三篇“有机物理学”中的第二章“植物有机体”和第三章“动物有机体”中,则分别对一般意义上的形态、植物的形态和动物的形态及其形成过程进行了专门论述。

2. 形态的性质

人类对形态的认识是通过人的思维进行的。在现实世界中,从自然到社会,从具象到抽象,从静态到动态,从物质到观念,事物呈现出的形态千差万别。但人类仍然能够依靠自己的思维能力,在对各种形态进行最基本的抽象的基础上,通过把握不同形态的基本要素,进而对事物形态的性质,如个性与共性、结构与层次、特征与分类等予以把握和描述。人们不仅能够把握各种不同形态的特殊性,而且能够把握它们的共性;不仅能够把握单一层次的特征和功能,而且能够对不同层次的特征和功能进行比较;不仅能够把握局部的形态,而且能够把握整体的形态;不仅能够把握各种形态的现状,而且能够把握它们的发展;不仅能够把握单一事物的形态,而且能够对不同事物的形态进行比较。

---

① 《辞源》第二册,商务印书馆 1980 年版,第 1061 页。

② 中国社会科学院语言研究所词典编辑室编:《现代汉语词典》,商务印书馆 2016 年版,第 1467 页。

③ 黑格尔(Georg Wilhem Friedrich Hegle,1770—1831),德国哲学家。

④ [德]黑格尔:《哲学科学全书纲要》,上海世纪出版集团、上海人民出版社 2002 年版,第 186 页。

3. 形态的种类

形态的分类，最早是靠感性标准来划分，即把听觉、视觉等感觉形式作为划分形态的标准。这种方法能够把握各种形态的外貌特征，但无法把握形态的本质特征。后来有人提出内容标准与形式标准相结合，并把结构方法、系统方法引入了形态的分类。但在实际研究过程当中，往往是各种形态划分标准并存，因而出现多种多样的形态分类。例如韩巍在其编著的《形态》一书中，就把形态划分为自然形态与几何形态（或纯粹形态）、平面形态与立体形态、具象形态与抽象形态、常态与变态、静态与动态等类型。① 我们所研究的哲学形态，显然是这里所说的"抽象形态"，但又不同于一般的抽象形态，这将在下文详细论述。

一般而言，目前国内外学术界常见形态分类大体有以下几种：

（1）按照事物的性质，可以划分为自然形态、社会形态、人文形态、人体形态和人工形态等。其中：

自然形态，即主要依靠自然界自身的力量创造的各种形态，主要包括生态形态、地貌形态、动物形态、植物形态、细菌形态（如红曲菌的形态）、作物形态（如棉花形态、大白菜形态、玉米形态、麻类形态、天麻形态、油菜形态、大豆形态、茶树形态等）、细胞形态、花粉形态、幼苗形态等等；

人体形态，即人体及其器官的构造，包括人体形态、细胞形态、手的形态、心电图形态等等；

社会形态，主要是指人类社会及其各个领域的表现状况，主要包括生活形态、犯罪形态、聚落形态、城市形态、婚姻形态、家庭形态、家族形态、国家形态、社会形态、经济形态、政治形态、制度形态、意识形态等等；

人文形态，主要是指与人的语言、思想、道德、行为和情感密切相关的精神产品及其承载物的表现状况，包括观念形态或理论形态（如宗教、哲学、文学理论、政治理论、经济理论）、文化形态、艺术形态、伦理形态、文学形态、语言形态（如汉语形态、俄语形态、字的形态等）、小说形态、诗歌形态、民歌旋律形态、音乐形态、乐种形态、戏剧形态、电视节目形态、书籍形态、报纸形态、文本

---

① 参见韩巍编著：《形态》，东南大学出版社 2006 年版，第 9—25 页。

形态、国画形态、甲骨文钻凿形态等等;

人工形态,主要是对自然形态的模仿或重构,主要包括产品形态、家具形态、雕塑形态、建筑形态等等。

在以上这五类形态中,人文形态中的观念形态(或理论形态)是一种特殊的形态,它特指人的思维的产物——思想和理论的表现形式,它主要以语言和文字的形式表现出来,不仅是一种抽象形态,而且只有通过理性思维才能予以把握。其中,哲学形态就是一种观念形态(或理论形态)。而社会形态中的"意识形态",则是观念形态中在当时社会中占据统治地位的部分,而不是全部。对于"意识形态"和"观念形态",目前学术界并没有进行严格的区分。日本的青野季吉在其于1929年撰写的《观念形态论》一书中说:该书的宗旨是"对法制、宗教、艺术、哲学以及言语之类的问题,加以解剖而阐明它的本质。换句话说,这本书的研究课题,就是以上所说的人类精神上产生的一联"①。他强调:"在我们相信唯物史观的人看来……社会经济现象是社会的根本,是建筑上的基础工程,而上面所举的一群精神现象,是立在这种基础上面的上部建筑",并进一步指出:"上面所举的法制、宗教、艺术、哲学,以及言语等现象,就是所谓的观念形态(ideology)。"②《现代汉语词典》对"意识形态"则是这样定义的:"意识形态:在一定的经济基础上形成的,人对于世界和社会的有系统的看法和见解,哲学、政治、法律、艺术、宗教、道德等是它的具体表现。意识形态是上层建筑的组成部分,在阶级社会里具有阶级性。也叫观念形态。"③但在本书作者看来,意识形态和观念形态是有区别的:观念形态包括意识形态在内的人类精神活动的一切产物,而意识形态只是某一时代被统治阶级认可的在哲学、政治、艺术、宗教、道德等方面占统治地位的思想。

(2)按照形态的表现形式,可以划分为具象形态与抽象形态。

具象形态是指能够通过人的视觉、听觉和触觉等直接感觉到的具体形态,如自然界中的山、水、森林、植物、动物,以及人造的建筑、机器、艺术等等。

---

① [日]青野季吉:《观念形态论》,上海南强书店1929年版,第1页。
② [日]青野季吉:《观念形态论》,上海南强书店1929年版,第2页。
③ 中国社会科学院语言研究所词典编辑室编:《现代汉语词典》,商务印书馆2016年版,第1556页。

抽象形态是无法被人的视觉、听觉和触觉直接感觉的、只能通过人的思维予以把握的事物形态，主要包括几何形体（或纯粹形态）和观念形态（或理论形态）两种。其中，几何形态或纯粹形态是从自然形态或人工形态中抽取出来的普遍存在的点、线、面、体等形态元素，它是一种过渡性质的形态，是具象形态的抽象化，能够通过视觉和思维予以把握；观念形态（或理论形态）则是依靠概念和逻辑推理建立起来的思想体系，具有抽象性和逻辑性等特征，只能通过人的思维予以把握。本书所要研究的哲学形态，就是一种最为抽象的观念形态（或理论形态）。

此外，形态分类还有依照形态功能进行划分的，如医学形态、农业形态、建筑形态、编辑形态、传播形态、设计形态等；也有依照分析工具和手段进行划分的，如数学形态、化学形态、显微形态、视觉形态等；也有按照形态的出现几率进行划分的，如常态与变态；也有按照形态的运动形式进行划分的，如静态与动态；也有按照形态的发展状况进行划分的，如现实形态与历史形态；也有按照事物的空间属性进行划分的，如平面形态与立体形态；等等。

以上这些分类，又往往是交叉的。如自然形态，就既包括生物形态也包括非生物形态。生物形态中又有动物形态和植物形态；非生物形态中又有静态和动态。如树叶、花朵、贝壳、羽毛等是静态，而浪花和波纹等则是动态。与此同时，形态还有常态与变态之分：常态即事物在适宜的环境中所呈现出的正常状态；变态即事物在环境和秩序改变之后所呈现出的非正常状态。譬如，浪花和波纹的常态是一种不断变化的动态，而当水温降到 0℃之下时则会由于温度降低而凝固成为一种静态。

4. 形态的构成要素

形态是可以描述的。因为尽管世界上的形态千变万化，但对于同一类型的形态而言，其中所有的具体形态都是由相同的基本要素构成的。例如，黑格尔在 1817 年出版的《哲学科学全书纲要》中，就把比重、密度、重量、体积、形状、空间性、脆性、磁性、弹性、硬度、柔性、延性、可裂性等作为形态的内在规定性。①

① 参见［德］黑格尔：《哲学科学全书纲要》，上海世纪出版集团、上海人民出版社 2002 年版，第 186—192 页。

实际上,黑格尔的这种描述只是一种概括性的描述,而当代的形态学理论对形态的描述则要更系统、更复杂。按照形态学理论,所有的具象形态和几何形态都是由点、线、面、体、颜色、肌理、质量、结构、功能等构成的,无一例外。一般说来,具象形态的基本要素主要是空间、时间、颜色、肌理、质量、结构、功能,其形态要素可以划分为四类:(1)几何要素:点、线、面、体;(2)视觉元素:大小、形状、色彩、肌理;(3)关系元素:方向、位置、空间、重心、结构、次序;(4)实用元素:形态自身或形态描述的目的、内容、功能。①

不仅如此,具象形态和几何形态还可以划分为平面形态和立体形态两种。其中平面形态是二维空间,主要形态要素是点、线、面和颜色,在此基础上形成人们可以通过视觉、触觉和运动觉而感觉得到的平面上的大小、形状、肌理和色彩。如绘画、海报、印刷品、家具纹理、纺织品图案、陶瓷纹饰、网页设计等,都要具备以上这些形态要素。立体形态是三维空间,主要形态要素除了平面形态的诸要素以外,在量感方面还有重量、密度、硬度和体积。如建筑形态,就把形、色、质、量、场作为基本要素。而对于哲学形态来说,虽然这种可以直接通过视觉和触觉感觉到的点、线、面、体、颜色、质量等并不存在,但它仍然通过思维以概念、推理、判断、功能、立场等形式出现在一切哲学当中。

5. 形态的形成、结构、层次

不同的形态具有不同的形成机制。在对形态形成机制的研究方面,人们在对各种形态的观察中逐步认识到:形态的变化和运动是通过内因和外因两方面的相互作用而形成的,内因是形态变化的根据,外因是形态变化的条件,外因通过内因发挥作用。新的形态的产生,也是内因和外因共同作用的结果。形态的产生机制主要有四个方面:形态特性、形态功能、生存环境和构造过程。只有这四个方面都具备了,特定形态才能得以形成。而在特定形态形成之后,不论这四个方面的哪一个方面产生了变化,都会引起形态的变化。其中,在形态特性方面,具象形态(自然形态、人体形态和人工形态)的形态特性主要是物理特性,社会形态的形态特性主要是群体性、协作性和组织性等社会特征,

① 这里必须注意的是,除了社会形态、人文形态、人体形态和人工形态在产生之时就由于人的参与而具有明确的目的以外,自然形态在产生时并没有明确的目的,但人们对这些形态的描述却具有明确的目的——或是认识,或是利用,或是借鉴,或是改造和创造。

人文形态的形态特性主要是思想、文化、艺术等人文特征；在构造过程方面，自然形态和人体形态主要表现为自然过程，人工形态、社会形态和人文形态都需要以人的创造性为主导。

不同的形态具有不同的结构和层次。在形态结构的研究方面，除了上文提到的黑格尔 1817 年在《哲学科学全书纲要》归纳的形态结构要素以外，20 世纪初德国"包豪斯"（BAUHAUS）学派的华西里·康定斯基①开始用点、线、面和颜色作为基本要素对视觉艺术形态进行系统研究，后人进一步把方向、位置、空间、重心、次序等关系元素纳入体系当中；在形态层次的研究方面，林奈②最早用纲、目、科、属、种五个分类阶梯对生物形态进行层次划分，后人对其逐步完善，先是将林奈的分类阶梯扩展为界、门、纲、目、科、属、种七级，后来又增加了亚门、亚纲、亚目、亚科、亚属、亚种，再后来又增加了亚界、超门、超科，在亚科之下增加了超族、族、亚族，亚属之下增加了组、亚组、派、亚派，亚种之下增加了变种和型，等等。在艺术形态层次的划分上，18 世纪末期德国哲学家本大卫的形态学分析，第一次尝试从高到低把艺术形态划分为类别、样式、品种、种类和体裁五个层次，并将它们纳入统一的系统③；克鲁格④将艺术形态划分为类别、种类、样式和品种四个层次；俄国哲学家卡冈⑤在其于 1972 年出版的《艺术形态学》中，则把艺术形态划分为类别、门类、样式、品种、种类和体裁六个层次。这些已有的生物形态学和艺术形态学的分类方法和分类阶梯，对于建立哲学形态学的分类方法和分类阶梯具有重要的参考作用。

6. 形态的功能

不同的形态，由于构成要素和结构等方面的差异，导致了功能上的千差万别。人们之所以研究各种形态，是为了认识它们的具体功能，以满足人们的某种需要：或是为了满足人的物质需要，如研究各种作物的形态是为了向人类提

---

① 华西里·康定斯基（Wassily Kandinsky，1866—1944），俄国人，时任德国包豪斯学校的副校长。

② 林奈（1707—1778），瑞典博物学家，生物分类学的奠基人。

③ 参见［俄］卡冈：《艺术形态学》，学林出版社 2008 年版，第 44—46 页。

④ 克鲁格（Wilhelm Traugott Krug，1770—1842），德国哲学家。

⑤ 卡冈（1921—2006），苏联著名哲学家、美学家、艺术学家，圣彼得堡大学（原列宁格勒大学）教授。

供食品,研究各种动植物的形态是为了加以保护和利用;或是为了满足人的精神需要,如音乐、戏剧、舞蹈、诗歌、绘画、雕刻等艺术形态,都是以满足人的精神需要、引起审美快感为目的;人工形态,如建筑形态则是满足人的物质需要和满足人的精神需要兼而有之。

7. 对形态的认识

虽然形态千差万别,有自然形态、人体形态、社会形态、人文形态、人工形态之分,但人们认识形态的最终途径却是唯一的,这就是通过思维、通过人的感性认识和理性认识。其中,感性认识和审美体验,主要是通过对相关形态基本信息的把握,影响心理和情感;理性认识主要是把握形态的本质特征和发展规律,进行形态创造。对于具象形态来说,虽然首先要依靠感觉器官提供基本信息,但仍然需要依靠理性认识来把握形态的结构、功能和特征,来创造新的形态;而对于抽象形态来说,虽然主要依靠理性认识来把握形态的本质特征和发展规律,但也离不开感觉器官为其提供基本信息。

二、形态学

顾名思义,形态学(英语 morphology)是对形态进行研究的学说。形态学的概念、目的、内容、种类、方法,对于建立哲学形态学具有重要的参考作用。

1. 形态学的概念

早在黑格尔的《哲学史讲演录》中,就谈到了歌德的形态学①,但黑格尔自己并没有给形态学下定义。就目前而言,关于"形态学"的权威定义主要有以下几种:

(1)俄罗斯当代著名的哲学家、美学家和艺术学家卡冈在其撰写的《艺术形态学》中认为:"形态学是关于结构的学说"②;

(2)《现代汉语词典》对形态学有两种解释:"形态学:①研究生物体外部

---

① 黑格尔在《哲学史讲演录》第1卷中说:"在歌德的形态学中,有舒尔兹的一篇文字,也对于眼的磷质做了很有趣味的提示。譬如说,有些人在黑夜能看见东西,所以说是他们的眼睛照见了所见的对象,这种例子举得很多;但是这种现象必须要有特别的环境才行。"([德]黑格尔:《哲学史讲演录》第1卷,商务印书馆1959年版,第149—150页。)

② [俄]卡冈:《艺术形态学》,学林出版社2008年版,"自序"第1页。

形状、内部构造及其变化的科学。②语法学中研究词的形态变化的部分。也叫词法。"①

(3)《不列颠百科全书》对形态学的定义也有两个:一是"生物学的分支科学,研究动植物和微生物的整体及其组成部分的外形和结构。解剖学一词也常与形态学一词同义。形态学常与研究功能的生理学相对而言,但功能与形态密切相关,两者之分实属人为。"二是"语言学术语,指研究词的内部结构的学科。"此外,由于受辞条作者学术视野的限制,该辞条在形态学的研究内容上仅仅列举了动植物的"形态结构"和"形态特征"两种,在形态学的方法上仅仅列举了"化学技术"和"显微技术"两种。②

(4)《中国大百科全书》对形态学的定义只有一个:"生物学的分支学科。"③

以上这些定义均难以全面反映形态学的发展现状。首先,把形态学的外延仅仅局限于"生物学"和"语言学"两个方面已经很难适应形态学发展的需要。形态学发展到今天,不仅有各种各样的植物形态学、动物形态学和微生物形态学,还有城市形态学、美术形态学、艺术形态学、文化形态学、观念形态学、社会形态学等等,几乎涉及自然和社会的各个领域。仅国内学术界就已经有形态学总论、植物形态学、动物形态学、细胞形态学、人体形态学、活体形态学、麻类形态学、大白菜形态学、维管植物比较形态学、棉花形态学、聚合物形态学、城市形态学、文学史形态学、电影形态学、思维形态学、语言形态学、文化形态学、社会形态论、国家形态、经济形态、价值形态、婚姻形态、书籍形态、国画形态、电视节目形态、戏剧形态等几十种由国内外专家学者撰写的形态学专著出版。其次,就形态学的研究内容来说,也不能仅仅局限于"形态结构"和"形态特征",形态分类、形态的功能、形态的形成和发展规律等等,也都是形态学的研究内容。

---

① 中国社会科学院语言研究所词典编辑室编:《现代汉语词典》,商务印书馆 2016 年版,第 1467—1468 页。

② 《不列颠百科全书》(国际中文版修订版)第 11 卷,中国大百科全书出版社 2007 年版,第 403 页。

③ 《中国大百科全书》(第二版简明版)第 8 卷,中国大百科全书出版社 2011 年版,第 322 页。

因此，在本书作者看来，形态学是研究形态的特征、结构、功能、分类以及产生过程和发展规律的学说。

2. 形态学的目的

形态学的直接目的有两个：一是对已有形态进行分析、评价与比较；二是根据已有形态的特征和功能，寻求建构新形态的途径和方法。形态学的最终目的是认识、创造和利用各种形态，以满足人的物质需要和精神需要。

3. 形态学研究的内容

形态学研究的主要内容是探讨形态的要素、形态的特征、形态的划分标准、形态的层次结构、形态的功能、形态的形成过程、形态与环境的关系、形态的演变规律与发展趋势等问题。

4. 形态学的种类

首先是形态学总论；其次是关于自然形态、人体形态、社会形态、人文形态、人工形态的形态分类学；再次是各门具体的形态学，如植物形态学、动物形态学、细胞形态学、人体形态学、活体形态学、麻类形态学、大白菜形态学、维管植物比较形态学、棉花形态学、聚合物形态学、城市形态学、文学史形态学、电影形态学、思维形态学、观念形态学、语言形态学、文化形态学、社会形态学、国家形态学、经济形学、价值形态学、婚姻形态学、书籍形态学、国画形态学、电视节目形态学、戏剧形态学，等等。哲学形态学可以归入人文形态学之中，属于观念形态学之一种。

5. 形态学的方法

形态学的方法大体可以归为以下几类：

（1）共时性描述或静态描述，主要描述形态的要素、结构、特征、功能等。

（2）历时性描述或动态描述，描述形态的运动状况和历史发展。

（3）符号学方法、心理学方法、结构主义方法、功能主义方法、历史主义方法，用于揭示形态的价值、结构、功能以及产生和发展过程。

（4）系统方法，现代形态学的普遍方法。现代形态学不仅要对特定形态进行分类、分析、比较，而且要对各种形态类型进行系统化的研究。不仅要对各种具体形态进行相对孤立的、静止的分析，更要依照系统理论，运用系统方法，考察各种形态及其要素在系统中的地位和作用以及彼此间的有机联系。

主要遵循四大原则:一是整体性原则;二是相互联系的原则;三是有序性原则;四是动态原则。

(5)“化学技术”和“显微技术”,主要用于人体生态学和生物形态学。

(6)思辨演绎方法,主要用于人文形态学研究。

虽然这些研究方法的产生具有明显的时代特征,但在现代形态学的研究中往往需要综合使用。以对艺术形态的研究为例:

虽然自中国古代和古希腊就开始了对形态的关注和研究,但直至18世纪之前,对具体形态的成熟而系统的研究还没有出现。

18世纪,美学家开始尝试把符号学运用于美学研究。18世纪中期,德国美学家门德尔松①把符号学用于艺术形态的研究,他把诗和雄辩术归为运用人类符号的美的科学,把音乐、舞蹈、绘画、雕刻和建筑归为运用自然符号的美的艺术;在运用自然符号的美的艺术中,又把音乐归为听觉艺术,把舞蹈、绘画、雕刻和建筑归为视觉艺术;在视觉艺术中,把舞蹈归为动态艺术,把绘画、雕刻和建筑归为静态艺术;在静态艺术中,又把绘画归为平面艺术,把雕刻和建筑归为立体艺术;等等。康德②则把雄辩术和诗划为语言艺术,把雕刻、绘画、建筑、实用艺术、园艺艺术划为造型艺术,把音乐和色彩艺术划为感觉游戏艺术。此后的学者逐步把纯粹以感知方式为基础的单维、单线条的艺术分类方法,逐步拓展为内容标准(以艺术表现的“精神”为标准)和纯形式标准(以人的“鉴赏”要求为标准)相结合、心理学方法与历史发生学方法相结合,并把结构方法、系统方法引入艺术的分析和分类。

18世纪下半期,德国美学家索尔策把感性知觉的方法——心理学方法作为艺术分类的主要方法③;赫尔德④则企图把心理学方法和历史发生学方法结合起来;克鲁格继承拉察鲁斯·本大卫提出的结构法,总结了18世纪艺术形态学方面的成果,提出了更为全面和系统的划分体系,他以时间和空间作为划分要素,把声音艺术归为时间艺术,把造型艺术归为空间艺术,把表情艺术

---

① 门德尔松(Moses Mendessohn,1729—1786),德国哲学家、神学家。

② 康德(Immanuel Kant,1724—1804),德国哲学家、自然科学家。

③ [俄]卡冈:《艺术形态学》,学林出版社2008年版,第39页。

④ 赫尔德(Johann Gottfried Herder,1744—1803),德国艺术批评家、哲学家。

归为时间和空间艺术,并进一步把它们划分为绝对艺术(或纯艺术)和相对艺术(或实用艺术)、单一艺术与复合艺术。如,在广义的声音艺术中,歌咏艺术就既是绝对艺术(或纯艺术)又是复合艺术,雄辩术就既是相对艺术(或实用艺术)又是单一艺术;在广义的造型艺术中,园林艺术就既是绝对艺术(或纯艺术)又是复合艺术,建筑就既是相对艺术(或实用艺术)又是单一艺术;在广义的表情艺术中,戏剧就既是绝对艺术(或纯艺术)又是复合艺术,击剑和骑马就既是相对艺术(或实用艺术)又是单一艺术。

19 世纪上半期,谢林①把概念演绎运用于艺术形态学,黑格尔不仅进一步主张对概念进行论证和划分,更把艺术世界的结构分析同历史的分析有机地融合在一起,认为"单门艺术系统"不是静止的、不变的结构,而是具体的、运动的和易变的,是随着历史的发展而发展变化的。艺术存在的方式不仅随着历史发展而发展变化,而且有着自己的发展规律,经历了象征型、古典型和浪漫型三个阶段。

19 世纪中叶以后,艺术形态学的研究进一步发展,各种观点层出不穷,形成了思辨演绎流派、心理学流派、功能流派、结构流派、历史文化流派、经验主义流派、怀疑主义流派等流派与马克思主义美学长期共存的局面。其他各种形态学的研究也经历了类似的发展过程。②

三、形态学的历史发展

从形态学产生与发展的过程来看,对"形态"③的关注和研究,自中国古代和古希腊就开始了,但把"形态学"作为一门独立的学科来研究,则是 18 世纪

---

① 谢林(Friedrich Wilhelm Joseph von Schelling,1775—1854),德国哲学家。

② 参见[俄]卡冈:《艺术形态学》第一编"艺术发展史和方法论",学林出版社 2008 年版,第 33—65 页。

③ 中文"形态"一词,有人用英语中的 morphology 一词与之对应,并不是太恰当。因为英语中的 morphology 一词,在英语中更多的是指"形态学"或"词态学",只有在生物学中才指生物的"组织、形态"。因而,对于中文"形态"一词,有人主张翻译成 form,有人主张翻译成 pattern,也有人主张翻译成 shape。如,韩巍撰写、东南大学出版社出版的《形态》一书的封面上把"形态"译为 shape;吴元梁主编的《马克思主义哲学形态的演变》翻译成 pattern,冯克利在翻译郝立忠撰写、山东大学出版社出版的《作为哲学形态的唯物主义辩证法》一书的书名时,则把"形态"译为 form。

下半叶才开始的事情。

形态学的范畴来自希腊语 morphe，最初主要是研究动植物形态（form）的科学，由德国文学巨人歌德①创立并命名。按照歌德的理解，形态学就是有系统地研究诸如岩石、云朵、颜色、植物、动物或人类社会的文化现象的形成和演变的科学。②

从 18 世纪晚期开始，每每有人尝试建立一种与生物学脱离的“纯粹形态学”（pure morphology），以运用于生物学、美学和艺术等诸多领域。20 世纪初，德国“包豪斯”（BAUHAUS）学派把形态学方法运用于艺术研究，由关注绘画的形式和色彩——关注点、线、面、色彩、光、空间、运动等形态要素，到关注适应工业发展的设计思维和方法，认为设计家必须寻找与新材料、新结构、新技术相适应的新形式，开创了“现代主义风格”。③ 此后，各种具体学科的形态学，如艺术形态学、美术形态学、城市形态学等等，相继建立并不断得到丰富和发展。最早诞生的“形态学”分支之一——生物形态学发展到今天，与歌德时代相比也得到了很大的发展，已成为全面研究生物机体外形、结构及其功能的科学，并形成了专门研究生物门类、机体结构以及发育与进化的一系列分支学科。也就是说，虽然内容与形式紧密联系，没有无形式的内容，也没有无内容的形式，但“形态学”主要是对事物的形状、结构、表现和变化，亦即对事物的形式、特征和变化发展进行研究的科学，而对具体内容的关注则在其次。

这里需要强调的是，本书所讲的“哲学形态”一词，正是借用“形态学”的方法来研究哲学的形式、特征及其变化发展，亦即从形态学的层面来理解哲学。因此，我们在对哲学形态进行研究的时候，也应自始至终把关注哲学的形式、特征和变化发展放到首位，而把对哲学具体内容的关注放到次要地位。

---

① 歌德（Goethe，Johann Wolfgang von，1749—1832），德国作家，公认的世界文学巨匠之一，历经 60 年写作著名诗剧《浮士德》。歌德兴趣广泛，熟练掌握多方面技能，集批评家、刊物编辑、画家、剧院经理、政治家、教育家、自然哲学家于一身。除了撰写大量的文学作品以外，在生物学方面著有《颜色学》和《植物的蜕变》。歌德还创立了形态学并为其命名。（参见《不列颠百科全书》（国际中文版修订版）第 7 卷，中国大百科全书出版社 2007 年版，第 178—182 页。）

② 《不列颠百科全书》（国际中文版修订版）第 7 卷，中国大百科全书出版社 2007 年版，第 182 页。

③ 参见吴祖慈：《艺术形态学》，上海交通大学出版社 2003 年版，第 21—24 页。

第二节 哲学形态和哲学形态学

要建立哲学形态学，首先必须明确哲学形态、哲学基本形态和哲学形态学的基本内涵。尤其是对“哲学形态”的界定，是建立哲学形态学的理论基石，地位十分重要。

一、哲学形态

哲学形态作为一种最具抽象性的人文形态，虽然缺少具象形态所具有的可以直接感觉得到的物质形态要素，但它仍然具有目的、特征、结构、功能、立场等形态要素，仍然可以通过语言和人的思维来认识和把握。

对于哲学形态，国内学术界从20世纪80年代就开始研究，呈逐步深入之势。已有的哲学形态定义有以下几种：

(1)黑格尔在《哲学史讲演录》提出了“哲学形态”的概念，认为“属于某一时代的一定的哲学形态，本身只是那个时代一般性格的一个方面、一个环节”①，并且“一定的哲学形态与它所基以出现的一定的民族形态是同时并存的”②。

(2)恩格斯在《自然辩证法》中说：“每一个时代的理论思维，包括我们这个时代的理论思维，都是一种历史的产物，它在不同的时代具有完全不同的形式，同时具有完全不同的内容。”③由于哲学是一种典型的理论思维，因而虽然这里恩格斯没有直接给哲学形态下定义，但却成为20世纪80年代以来国内哲学界给哲学形态下定义时的重要理论依据。

(3)高清海主编的《马克思主义哲学基础》一书，在恩格斯关于理论思维论述的基础上，提出了“基本哲学形态”的概念，认为“在人类历史上，每一个时期都有反映这个时期实践水平、科学状况和社会矛盾内容的特有哲学形态。

---

① [德]黑格尔：《哲学史讲演录》第1卷，商务印书馆1959年版，第52页。

② [德]黑格尔：《哲学史讲演录》第1卷，商务印书馆1959年版，第55页。

③ 《马克思恩格斯选集》第3卷，人民出版社2012年版，第873页。

历史不断发展,哲学也不断改变自己的形态"①。并列举了若干具体的"哲学形态",但并没有对"哲学形态"和"哲学基本形态"的概念进行详细阐释。

(4)欧阳康在《福建论坛》(文史哲版)1987 年第 3 期发表的《"实践唯物主义"及其方法论启示》一文中,也根据恩格斯关于理论思维的论述,认为"哲学形态是哲学的内容和形式的统一"。与高清海教授类似,他也认为"特定的哲学是特定的时代精神的折射。一定社会的特点决定着当时哲学的内容、制约着它的形式,因此,特定哲学形态的本质及其特征都要由当时社会实践的特点和内容来加以说明。通过时代性社会主题的变迁,可以找到哲学思想逻辑发展的社会根据。而在哲学形态的历史更迭中,又可以发现社会进化的缩影。正是由于哲学形态及其内部结构与社会特征及实践结构之间的这种相关性和'同构性',使得我们能够在对社会结构及其演化趋势的推测中,预见到哲学未来发展的可能形态,并通过哲学工作者的努力去实现对社会实践的哲学把握和哲学指导"。在 1998 年出版的《哲学研究方法论》一书中认为:"哲学形态是哲学的形式和内容在社会实践基础上的具体的、历史的统一。"②他 2000 年在《江汉论坛》第 8 期发表的《建构马克思主义哲学当代形态的几个前提与方法问题》一文中,进一步认为"哲学形态是哲学的内容和形式、理论和体系的具体的历史的统一"。

(5)与以上观点类似,李学疏 1998 年 10 月 3 日在《光明日报》发表的《简论哲学形态》一文中,认为"所谓哲学形态是哲学理论内容与形式结构的有机统一。任何独立的哲学都必须借助于一定的形态得以存在,并以一定的、具体的形态凝聚时代精神的精华。哲学的发展也总是表现为形态的变化"。

(6)日本香川大学教授村濑裕也在《哲学研究》1999 年第 1 期发表的《哲学的课题和表现形态》一文中,将"哲学的表现形态"划分为"专业性的传承形态"和"大众性的普及形态"两种,认为,前者是"将人类史的重要课题作为前沿的诸范畴理论上的组织化","主要是能够向从事同一专业的研究者传达";后者则是"向想要叩开哲学大门的大众开放门户",是"大众化"和"人性化"

---

① 高清海主编:《马克思主义哲学基础》上册,人民出版社 1985 年版,第 72 页。

② 欧阳康:《哲学研究方法论》,武汉大学出版社 1998 年版,第 47 页。

的学问。

(7)张秀芝、洪晓楠在《大连理工大学学报(社科版)》1999 年第 3 期《论马克思主义的哲学形态学》一文中认为:“哲学形态就是指哲学的组织结构或整体,是哲学各要素按一定的内在联系构成的有机体系,而哲学内容和哲学形式则是构成哲学形态的两个基本要素。简言之,哲学形态就是同生产方式、社会实践和科学发展一定阶段相适应的哲学内容和哲学形式的有机统一体。”

(8)陈坚在《江南社会学院学报》2001 年第 1 期发表的《哲学学二题》一文中,对哲学形态的理解类似于村濑裕也所说的“哲学表现形态”,认为“哲学家的哲学思想都是存在于他的头脑中的——这是哲学的‘半成品’。哲学家对其头脑中的哲学‘半成品’进行‘加工提炼’,用一定的有组织的符号将其固定地表现出来,这就是所谓的哲学形态,比如康德的《纯粹理性批判》就表现为一种哲学形态,《周易》之六十四卦也表现为一种哲学形态,甚至六十四卦中的每一卦也都表现为一种哲学形态。也许我们每一个人头脑中多多少少都会有些哲学思想,但并不是每一个人都能将它们‘加工提炼’成哲学形态——这就是非哲学家与哲学家的差别所在”。把哲学形态视为哲学家创造的具体的哲学样式。

(9)杨学功在《学术月刊》2003 年第 2 期发表《试论哲学的层次结构——兼涉几个相关问题思想》一文,认为“哲学形态(morphology of philosophy)是哲学的生态形式,哲学的次高层次”。他认为哲学形态有广义和狭义两种:广义的哲学形态又划分为共时性和历时性两种意义上的哲学形态,其中“同一时代各种不同性质的哲学学说共时性统一的形态,标志着各种哲学派别(同一性质的多种哲学学说,构成一个学派)在同一时代的同时存在”,“不同时代多种多样的哲学学说历时性统一的形态,标志着哲学本身的历史演进”,“它们分别代表着哲学样态在空间上的多样性和在时间上的异质性”;狭义的哲学形态是“对哲学进行整体性把握的哲学形态”,“是上述两种意义上的哲学形态的辩证综合。这样的哲学形态,是包括历史与时间尺度在内的哲学样态的多样性统一。实际存在的哲学样态的多样性,在这种统一中表现为一种有机的整体性,类似于生物界多种多样的生物(植物、动物、微生物等)在历史进化中所形成的生态系统”。

(10)王干才在《实践思维——马克思主义哲学当代形态研究》一书中认为:“哲学作为内容和形式的有机统一,也自然具有不同的形态。”①

(11)李维武在《学术月刊》2004 年第 9 期发表的《形态、问题与思潮:20 世纪中国哲学研究的方法论思考》一文中认为:“所谓哲学的形态,是指哲学在历史发展中所呈现的一定的思维方式。这种思维方式规定了一定时期哲学的致思趋向和话语系统,规定了一定时期的哲学文化风貌,使之与以往时代的哲学呈现出明显区别。”

(12)陈忠在《河北学刊》2005 年第 5 期发表的《在马克思本人那里,有几种形态的马克思哲学——对马克思哲学“原生形态”研究的一点思考》一文中,认为“所谓‘哲学之形’,也就是哲学的形式,主要指一种哲学的具体形式与外在结构。所谓‘哲学之态’,也就是哲学态度,主要指一种哲学的价值取向与精神内涵。‘哲学形态’是‘哲学之形’与‘哲学之态’的统一,内容与形式的统一”。

(13)李德顺在主编的《哲学概论》一书中认为:“所谓哲学的形态,是指哲学在人类生活和文化体系中存在并表现出来的样式及其特征。作为一个理论学科,哲学以怎样的主体为自己的根基,以怎样的世界为自己的对象,以怎样的思维特征构成自己的面貌,以怎样的文化方式表现自己的存在及其意义,等等,这些就是关于哲学的形态研究所要回答的问题。”②

(14)吴元梁主编的《马克思主义哲学形态的演变》一书,认为:“形态是指某种事物或理论在一定条件下的存在样式和表现状态。”③“哲学形态是哲学内部结构的更高层次”,“是包含一定时代标准在内的具体哲学学说和哲学流派的本质抽象”④。

(15)韩庆祥、张艳涛在《中国社会科学》2010 年第 4 期发表的《马克思哲学的三种形态及其历史命运》一文中,认为哲学的“所谓的‘形态’是指由哲学的主题、

① 王干才:《实践思维——马克思主义哲学当代形态研究》,中国社会科学出版社 2006 年版,第 3 页。

② 李德顺主编:《哲学概论》,中国社会科学出版社 2010 年版,第 16 页。

③ 吴元梁主编:《马克思主义哲学形态的演变》上卷,中国社会科学出版社 2010 年版,第 15—16 页。

④ 吴元梁主编:《马克思主义哲学形态的演变》上卷,中国社会科学出版社 2010 年版,第 23 页。

研究方法、核心内容、表述形式、涉指主体和运思方式所呈现出的哲学形象”。

以上这些哲学形态定义，从不同角度为准确理解和把握哲学形态奠定了坚实的基础，但仍然不够完善。特别是其中关于哲学形态是哲学的内容与形式的统一的观点，对从形态学的角度来理解哲学形态造成了巨大的障碍。

在笔者看来，虽然根据马克思主义的观点，任何事物都是形式与内容的统一，没有无内容的形式，也没有无形式的内容，但哲学形态主要是描述哲学的形式而不是描述哲学的内容。上述有些定义把哲学的内容纳入哲学形态的内涵，非但没有使哲学形态的定义更为准确，反而把各种具体哲学千差万别的内容作为划分哲学形态的标准，不仅增加了对每一种哲学具体形态进行描述的难度，也使描述哲学形态的层次性变得困难重重。因而，必须根据形态学的一般含义，对哲学形态的基本要素进行深入分析，找出既能详细描述哲学的具体特征，又能涵盖一切具体哲学的“哲学形态”概念。从这个思路出发，我们就会发现，所谓哲学的形式就是哲学的理论特征、研究目的、研究领域、研究对象、研究方法、逻辑工具、主要功能、人学立场和表述方式，而哲学的内容就是哲学所表达的思想。由于每一种哲学都有着自己独特的思想内容，在进行哲学形态研究时，我们关注的主要是哲学的形式而非具体内容。

因此，哲学形态主要是指哲学的形式和结构，即由哲学的理论特征、研究目的、研究领域、研究对象、研究方法、逻辑工具、社会功能、人学立场和表述方式等构成要素所形成的哲学的形式、结构和特征。

哲学形态与哲学的样式既有区别也有联系。哲学形态是一个抽象概念，是对同一类哲学样式共同特征的描述，而哲学的样式是一个具体概念，是具体历史时期某一国家、某一地区、某一哲学派别，甚至其代表人物哲学思想的具体特征的描述。因而，两者往往相互交叉，很难绝对划清界限。也就是说，同一层次的哲学形态，往往包含许许多多的哲学样式；而同一个哲学样式，有时也可以包括各种各样的哲学形态。譬如，机械唯物主义作为一种哲学形态，往往具有许许多多的具体样式，如中国的机械唯物主义、法国的机械唯物主义、德国的机械唯物主义等；而德国古典哲学作为一种哲学样式，其中就有唯心主义辩证法、形而上学唯物主义等哲学形态。

哲学形态与其他各种形态也具有明显的差别：哲学形态是一种抽象形态，

并且是一种最为抽象的观念形态，不论是表现为建立在严谨的概念推论基础上的思想体系，还是表现为解决现实问题的方法论，它的主要思维方式都是逻辑思维；哲学以外的观念形态，如宗教和法律，除了抽象思维，还必须借助一定的形象思维，它的思维方式是逻辑思维与形象思维并重；而其余的抽象形态如几何形态和文学形态、艺术形态、美术形态，以及几乎所有的具体形态，主要是依靠形象思维进行表达。至于《现代汉语词典》把形象思维仅仅局限在文学艺术的创作过程中，认为形象思维是“文学艺术创作过程中主要的思维方式，借助于形象反映生活，运用典型化和想象的方法，塑造艺术形象，表达作者的思想感情。也叫艺术思维”①。显然是缩小了形象思维的适用范围。

哲学形态具有广义和狭义之分。

从广义上讲，一切哲学均在形式和特征上与其他哲学有着或多或少的差异，因而具有自己的形态。广义的哲学形态可以划分为哲学基本形态、哲学类型、哲学流派、哲学家思想体系、哲学家具体研究领域、某一研究领域的具体观点等几个层次。

从狭义上讲，在日常学术研究工作中，为了适应哲学研究和评价的需要，必须将上述几个哲学划分层次按照具体称谓严格区分开来，只有其中的第一个层次直接使用“形态”二字，称为“哲学基本形态”。其他各个层次不再直接使用“形态”二字，以免混淆。

所谓哲学基本形态，是由对哲学基本问题的不同回答所决定的最具广泛性和代表性的哲学形态。不同的哲学基本形态，除了哲学基本问题是相同的以外，在哲学的目的、本质、功能、研究对象、研究方法和基本特征等方面，均具有明显的区别。因而，从哲学基本形态的内在规定性来看，它主要是对哲学的“形式”和特征的描述，而不是对“内容”的描述。若以“水”的形态作为比拟对象，水有液态、固态和气态，哲学基本形态可以划分为传统形而上学、唯物主义辩证法两大基本形态。如同其他形态一样，每一种哲学基本形态也都要经历诞生和发育、成熟、衰老三个阶段，这三个阶段依次表现为初始形态、成熟形

---

① 中国社会科学院语言研究所词典编辑室编：《现代汉语词典》，商务印书馆 2016 年版，第 1468 页。

态和衍生形态三种表现形态。其中,初始形态是处于诞生和发育阶段的形态,逐步具备该形态的各种基本特征,但还不够成熟和完备;成熟形态是处于成熟阶段的形态,已经基本具备了该形态的各种基本特征,并且已经较为成熟和完备;而"哲学基本形态的衍生形态",则是由某一哲学基本形态变化发展而来的"次生形态"或"再生形态",虽然与这一哲学基本形态的"初始形态"和"成熟形态"相比已经发生了显著变化,但仍然保持着"初始形态"和"成熟形态"的基本特征。其中,传统形而上学的衍生形态仍然属于传统形而上学;唯物主义辩证法的衍生形态仍然属于唯物主义辩证法。譬如,对于传统形而上学这一哲学基本形态来说,朴素哲学①是其初始形态,欧洲近代哲学是其成熟形态,"反形而上学"和"后形而上学"是其衍生形态;对于唯物主义辩证法来说,马克思和恩格斯的哲学是初始形态,"中国模式的唯物主义辩证法"是其成熟形态,苏联模式的马克思主义教科书是其衍生形态。

在哲学基本形态之下,是各自不同的哲学类型。其中,传统形而上学之下可以划分为旧唯物主义、唯心主义、辩证法、"形而上学"等类型;唯物主义辩证法之下可以划分为唯物主义辩证法的世界观和唯物主义辩证法的方法论等类型。

本书在表述哲学形态的层次和划分时,以狭义的哲学形态含义为主,以广义的哲学形态含义为辅。

二、哲学形态学

顾名思义,哲学形态学是以哲学形态为对象,研究哲学形态的产生、发展、结构、功能、特征和划分标准的学问。哲学形态学是哲学评价和哲学理论创新的基础,也是马克思主义哲学中国化的前提条件。

1. 哲学形态学的定义

哲学形态学(morphology of philosophy)与"哲学形态"(form of philosophy)②

---

① 朴素哲学是哲学的早期形态,以对客观世界的认识笼统而模糊为根本特征。朴素哲学有朴素唯物主义、朴素唯心主义、朴素辩证法、朴素形而上学等样式。在本质上,它是传统形而上学这一哲学基本形态的早期形态。

② 由于"哲学形态"是一种抽象的理论形态,因而借助表达具象形态的 morphology、pattern 和 shape,把"哲学形态"一词翻译成 morphology of philosophy,pattern of philosophy 或 shape of philosophy 均不太恰当。如前所述,冯克利在翻译《作为哲学形态的唯物主义辩证法》时把"哲学形态"翻译成 form of philosophy,应该是一个更为恰当的选择。

是两个不同的概念。“哲学形态”指的是哲学的各种具体表现形式，而哲学形态学则是以哲学形态为对象，研究哲学形态的产生、发展、结构、功能、特征和划分标准的学问。它的主要任务就是在探讨哲学形态的基本要素和构成规律、各种具体形态的划分标准、具体特征及相互间的联系的基础上，描述整个世界哲学的系统结构和发展趋势。

哲学形态学与哲学分类学既相互联系，又相互区别。从广义上看，哲学形态学应包含哲学分类学的内容于其中。但从狭义上看，哲学形态学与哲学分类学仍然有着明显的区别。哲学分类学仅仅根据哲学某一方面的特点对哲学进行归类，而哲学形态学则要对哲学的产生、发展、结构、功能、特征和划分标准进行系统研究。这里需要我们特别注意的是，哲学形态学研究的主要是哲学的形式和结构——其中包括哲学的目的、对象、功能、方法和价值取向等要素，但绝不是哲学的具体内容。哲学的具体内容应该是哲学史的研究对象，而不是哲学形态学的研究对象。

简单点说，哲学形态学就是研究哲学的结构和功能及其产生和发展的学问。如同水可以划分为固态、液态和气态一样，哲学也可以划分为传统形而上学和唯物主义辩证法两大哲学基本形态。这两种基本形态在结构和功能上都具有显著的区别，但正如水的三态都具有共同的分子构成和基本功能一样，哲学的两大基本形态无论有多大区别，但它们都具有科学、宗教以及其他人文学科所不具备的学科特征——对人与世界的关系、人与人的关系、认识世界与改造世界的关系的反思。

2. 哲学形态学区别于其他形态学的主要特征

哲学形态学区别于其他形态学的主要特征，主要表现在研究对象、研究方法和描述工具三个方面：

（1）研究对象与其他形态学的研究对象相比更具抽象性，如哲学形态的构成要素、哲学形态的形成和演变、哲学形态的评价和划分等，都是思维最高形式——理性思维的产物，它们本身就是概念、观点和思想。

（2）研究方法与其他形态学的研究方法相比更为复杂多样，除了遵循功能主义方法、历史主义方法，结构主义方法等形态学的一般方法以外，更加注重分析与综合、系统方法和辩证方法的运用。

(3)描述工具与其他形态学的描述工具相比更为高级,除了运用形式逻辑进行归纳和分析以外,更加注重运用辩证逻辑和唯物辩证逻辑,如从抽象到具体、理论与实际统一、认识世界与改造世界统一等。

3. 哲学形态学的目的和任务

建立哲学形态学不仅是为了关注哲学形态的构成及其变化发展的过程和规律,更是为了在此基础上建立起科学的哲学评价体系和哲学分类学,以推动世界哲学的繁荣和发展。因此,与其他各种形态学一样,哲学形态学的任务也主要集中在两个方面:一是对既有形态进行分析、评价与比较,准确把握不同哲学形态的本质与特征,以实现不同哲学形态的差异性共存①;二是为超越旧的哲学形态、建构新的哲学形态提供理论基础。详细一点说,主要表现为以下几个方面:

(1)明确哲学形态的层次和划分标准。

研究哲学形态的层次和划分标准,是哲学形态学的中心任务。哲学的根本特征和基本精神往往被烦琐的词句所掩盖,难以准确把握。哲学形态学的重要任务之一,就是确立哲学形态的层次和划分标准,并将其应用于对各种具体哲学的分析,从而把握各种具体哲学的根本特征和基本精神。

(2)建立科学合理的哲学形态划分体系。

哲学形态划分体系是哲学评价的重要前提。哲学形态学的另一个重要任务,就是根据哲学形态的理论特征、思维方式、逻辑工具、研究对象、研究方法、研究领域、社会功能、人学立场、学科体系等构成要素,建立系统的哲学形态划分体系,为哲学的评价提供可靠的参照体系。

(3)把握不同哲学形态的具体特征。

哲学形态是可以认识的。不同的哲学形态,既可以按照相同的构成要素如理论特征、思维方式、逻辑工具、研究对象、研究方法、研究领域、社会功能、

① 这里所说的"差异性共存",是指在保持不同的哲学形态各自的形态特征的基础上,明确相互间先进性与落后性、高级与低级的差异,确立先进的、高级的哲学形态的主导地位和落后的、低级的哲学形态的辅助地位,以为国家和民族的发展提供先进的世界观和方法论指导。我一贯认为,笼统地谈中西马共同繁荣并不是太恰当——特别是在为国家和民族的发展提供世界观和方法论指导的时候。

人学立场、学科体系等进行比较和评价，也可以按照其在哲学形态划分体系中的层次和位置进行比较和评价。哲学形态学另一重要任务，就是通过比较和评价，把握不同哲学形态的具体特征，为建构新的哲学形态提供理论基础。

(4)把握不同哲学形态的形成和演变过程。

在世界哲学史上，每一种哲学形态都有自己的形成和演变过程。如西方哲学就经历了古希腊罗马哲学、中世纪哲学、近代古典哲学、现代哲学、后现代哲学等发展阶段；马克思主义哲学经历了经典马克思和恩格斯哲学、苏联模式的马克思主义哲学教科书、中国特色的马克思主义哲学等发展阶段；中国传统形而上学则经历了子学时代、经学时代、反思时代、应变时代、守缺时代等发展阶段。对这些具体哲学形态的形成和演变过程进行准确描述，对建构新的哲学形态、推动世界哲学的发展具有重要参考价值。

(5)探索世界哲学的发展方向。

哲学形态学作为关于哲学形态的学问，具有综合性和全面性。它必须超越地域哲学的“一己之私”，从世界哲学的宏观格局来评价具体哲学形态的特征、地位和功能，在实现各种哲学形态差异性共存的基础上，探索世界哲学的发展方向，为世界哲学的发展开辟道路。

三、哲学形态学的方法

要建立具有学术规范作用的哲学形态学，就必须实现哲学形态划分标准的高度抽象性和普遍认同性。要实现前者，就必须从哲学基本问题出发，通过对古今中外的哲学形态的划分和比较，寻求哲学形态划分标准的普遍性和统一性，寻求一个能够为大多数哲学家接受的对哲学形态进行划分与评价的途径和方法；要实现后者，就必须正视不同哲学形态在世界哲学体系当中的不同的功能和作用，努力建立起一个标准科学、体系完备、涵盖整个世界哲学发展史的哲学划分体系，为包括马克思主义哲学在内的当代世界哲学的形态划分和差异性共存提供有力的理论支撑。

而要实现上述目的，就必须把形态学的原则、方法和要求运用到哲学形态学的研究当中去，实现综合的方法、分析的方法和历史的方法的内在结合，对各种哲学形态进行系统的、全面的、历史的考察：

一是综合的方法，即依靠归纳和抽象，对各种具体哲学进行从个别到一般的抽象和归纳，找出它们共同拥有的形态构成要素，并以此为基础建立形态划分体系。哲学形态学的研究也是如此：要建立具有学术规范作用的哲学形态学，就必须实现哲学形态划分标准的高度概括性和普遍认同性。而要实现哲学形态划分标准的高度概括性，就必须从哲学基本问题出发，寻求哲学形态划分的最高标准，使这个评价标准能够涵盖古今中外的一切哲学形态；要实现哲学形态划分标准的普遍认同性，就必须正视不同哲学形态在世界哲学体系当中的不同的功能和作用，通过对古今中外的哲学形态的划分和比较，寻求一个能够为大多数哲学家接受的哲学评价标准和方法。对本书而言，就是要坚持把哲学基本问题的现代表现形式——理论和实际的关系问题作为哲学基本形态的划分标准，坚持马中西经典著作考证与逻辑分析相结合，在借鉴国内外哲学界现有研究成果并对世界哲学史进行总体考察的基础上，确立哲学形态划分的原则、标准、内容和方法，以建立起能够准确描述整个世界哲学发展史的哲学划分体系和评价体系。

二是分析的方法，即依靠系统、合理的哲学评价标准体系，对各种具体形态进行从整体到局部的分析，以准确描述具体形态的形式、结构和特征。具体到哲学形态学的研究，则要求把哲学基本问题的现代表现形式——理论和实际的关系问题作为哲学基本形态的划分标准，坚持马中西经典著作考证与逻辑分析相结合，在借鉴国内外哲学界现有研究的成果并对世界哲学史的发展历程进行总体考察的基础上，确立哲学形态划分的原则、标准、内容和方法，区分不同哲学形态的性质和功能及其在世界哲学体系中的地位和作用。

三是历史的方法，即对具体形态由产生到发展的演变过程进行描述，揭示其演变和发展规律。这种方法的关注点主要是形态的形式及其演变过程，而对其具体内容的描述则处于次要地位。具体到哲学形态学的研究，则要求对哲学形态的形式结构、表现和变化进行研究和描述，以把握哲学形态的演变规律。

总之，选择正确的研究方法是建立哲学形态学的首要条件。我们在研究哲学形态学时，必须借鉴生物形态学、艺术形态学等已有形态学的研究方法，在对哲学形态的构成要素予以准确把握的基础上，对不同哲学形态的理论特征、研究目的、研究领域、研究方法、逻辑工具(或思维模式)、人学立场和学科体系进行详细考察和描述。只有这样,才能使哲学形态学的研究沿着正确的道路前进。

四、哲学形态学的意义

加强哲学形态学研究,确立人类哲学史上不同哲学形态的基本功能、根本特征和划分标准,是进行哲学评价和哲学理论创新的基础,也是马克思主义哲学中国化的前提条件之一。这一研究的必要性来自两个方面:

一是马克思主义哲学理论研究和建设的需要。我们要搞好马克思主义哲学理论研究和建设,要建构马克思主义哲学的当代形态,就必须在形态、哲学形态、哲学形态学和马克思主义哲学的当代形态等概念的准确含义,哲学形态的层次和划分标准,不同哲学形态的基本功能、根本特征及其在人类哲学史上地位和作用等问题上形成一个基本统一的认识,这是我们建构哲学新形态的一个前提性问题。事实上,近年来国内哲学界有关中国哲学、现当代西方哲学、马克思主义哲学各自的基本特征是什么,它们在世界哲学体系中和当今中国的现代化建设中具有怎样的地位和作用,它们还是不是形而上学,以及如何实现相互间的差异性共存等一系列有关哲学发展的根本性问题的争论,也都共同指向这样一个问题:哲学形态的划分标准是什么,不同的哲学形态各自具有怎样的功能,在世界哲学体系中处于怎样的地位,发挥怎样的作用?这个问题是我们进行哲学评价和哲学创新的理论基础,亟须予以解决。但是,由于国内学术界对哲学形态的功能、特征以及划分的层次和标准缺乏统一的认识,导致在哲学评价上深受西方现当代哲学的思维模式甚至黑格尔哲学的思维模式的影响,很难在整体上对世界哲学有一个准确的把握。更为严重的是,对哲学形态认识上的分歧,不仅导致了哲学评价标准上的混乱,也进而导致了马克思主义哲学诠释上的混乱,甚至于有人坚持用黑格尔哲学或现代西方哲学来诠释马克思主义哲学,严重影响了马克思主义哲学的宣传与普及,并进而影响了民族精神的建设。

二是进行哲学评价和哲学理论创新的需要。哲学形态的层次及其划分标准,是进行哲学评价和哲学理论创新的前提和基础。譬如,日本香川大学教授村濑裕也,在《哲学研究》1999 年第 1 期的一篇文章里对唯物论和唯心论进行评价时就说:"以唯物论自居的体系中,往往是文化价值颇低的次品;而在一般情况下被认为是唯心论的体系中,往往包含着人类思维的杰出成果。作为自觉的唯物论者、并想要面对 21 世纪课题的学者们,必须对这种文化价值的辨别和评定具有敏锐的洞察力。特别是要吸收看上去是唯心论的体系里包含的杰出要素,并利用它不断丰富自己,使其具有灵活性,这是很有必要的。"① 村濑裕也教授的观点确实具有一定道理,但也只是对唯物论和唯心论地位和作用进行评价的诸多观点中的一种,持相反观点的人也大有人在。并且,村濑裕也教授的评价与另外一些学者的评价一样,都是建立在经验和体验的基础上,缺乏科学的形态学依据,没能把对各种不同的哲学形态的评价建立在对哲学形态的层次、功能、特征、划分标准等予以准确把握的基础上,而这些恰恰是哲学形态学必须承担的主要任务。

因此,加强哲学形态学研究,从世界哲学发展的历史和现状两个方面,来审视哲学形态的功能、特征以及划分的层次和标准,对于推动当代中国哲学特别是当代中国马克思主义哲学的繁荣和发展,具有十分重要的意义。在理论上,可以在明确哲学形态的基本功能、根本特征和划分标准,为建立哲学形态学奠定坚实基础的同时,进一步明确马克思主义哲学形态的基本功能和根本特征,划清马克思主义哲学与非马克思主义哲学的理论界限,消除马克思主义哲学诠释上的混乱。在实践上,则可以澄清广大人民群众对马克思主义哲学形态的模糊认识,为推动马克思主义哲学的宣传、普及和民族精神的建设,促进马哲、中哲、西哲的差异性共存提供理论支撑。

第三节 国内外哲学形态研究的历史、现状和问题

从目前国内外哲学界的研究现状来看,尽管古今中外许许多多的哲学家都有一些关于哲学形态及其划分标准的直接或间接的论述,但迄今为止,对哲

① 村濑裕也:《哲学的课题和表现形态》,《哲学研究》1999 年第 1 期。

学形态学的研究仍然处于探索阶段，科学、系统的哲学形态学还远远没有真正建立起来，甚至于连一本专门论述“哲学形态”的专著也难以觅到。

一、国外的哲学形态学研究状况

就国外的研究而言，对哲学形态进行划分和评价的行为，最早可以追溯到古希腊时期。

早期的希腊哲学，是从原始的宗教和神话中产生的一种与幻想不同的理性思维形式。但由于人们受当时认识条件的限制，还没有对各种知识的学科领域进行界定，因而哲学与具体科学还是浑然一体的。这时的哲学相当于“知识的总汇”，最早的哲学与最早的科学、最早的哲学家与最早的科学家，相互之间都缺乏明确的界限。人们对“哲学”的认识也比较模糊，认为哲学只是对事物产生的原因或本原作出理智的说明。尽管如此，在这个时期，哲学的学科特征已得到了逐步显现：巴门尼德运用终极推论论证思维与存在的关系，他创立的哲学思维模式经柏拉图和亚里士多德等哲学家的丰富和发展，逐步演变成包括唯物主义和唯心主义两大阵营在内的西方哲学史上的形而上学传统；赫拉克利特的辩证法思想经苏格拉底的“理智助产术”和柏拉图的丰富发展，也形成了与机械论相对立的哲学派别。但此时的哲学形态划分，还处于自发阶段，只是通过各种“学派”和“学说”的形式间接表达出来，甚至连哲学的学科特征也没有准确概括出来，更不用说建立哲学形态学了。

直到亚里士多德时期，人们对哲学的学科特征才有了比较准确的把握。亚里士多德在历史上首次尝试按照研究对象和研究目的的不同对已有的知识进行分类。在他的分类中，“第一哲学”第一次得以命名。亚里士多德还明确地把“第一哲学”与其他科学区别开来，认为“第一哲学”（后人称之为形而上学）是“考察实是之所以为实是和作为实是所应有的诸性质”的学问，即研究“本体及其属性”的学问，而其他学科如数学、物理学等则“不是第一级智慧”。[①] 换句话说，“第一哲学”是研究最普遍、最根本、最一般问题的学问，而其他科学则是研究具体的、细节的、特殊问题的学问。亚里士多德把当时的一

① 参见［古希腊］亚里士多德：《形而上学》，商务印书馆1959年版，第61—62页。

切知识领域分成三个部门:(1)理论科学。包括第一哲学(形而上学)、数学、第二哲学(物理学或自然科学)。(2)实践科学。主要指伦理学和政治学。(3)创作科学,主要指诗学和修辞学。与此同时,他还把逻辑学作为研究一切知识的工具独立出来。后来,安德罗尼克在编辑亚里士多德著作的时候,把"理论科学"部分属于"第一哲学"方面的内容正式命名为形而上学,这种界定被后人一直沿用至今。值得注意的是,在亚里士多德的《形而上学》一书中,已经开始使用"形态"一词。如在谈论阿那克萨哥拉的哲学时,就讲到"事物……的特殊形态"①,但还没有把"形态"一词与哲学直接联系起来。

西方社会进入近代之后,人们的认识能力迅速提高,伴随着以实验为基础的自然科学的迅速兴起和巨大进步,不仅哲学和自然科学的研究范围发生了变化,哲学和科学的分类方法也随之发生了相应改变。培根首先提出把人们获取知识的手段和方式作为科学分类的根据。他认为人类获取知识的方式共有记忆、想象和理性三种,与此相应人类的知识也可以划分为史学、哲学和科学共三大类。在培根的分类表中,虽然与亚里士多德相似,科学和哲学仍然被划归为一个大类,认为二者的共同使命都是借助于理性手段获取知识,但"第一哲学"已不再是最高的学问,而只是自然科学下面的一个科目。这充分反映了当时科学居于崇高地位,而哲学必须为科学服务的社会状况。而狄德罗主编的《大百科全书》虽然也像培根一样根据人类获取知识的方式把人类知识体系划分为记忆、想象和理性三个部分,也是把科学和哲学归入相同的科目,但他已不再把哲学归入科学的科目之下,而是像亚里士多德一样把科学归入哲学的科目之下。直到德国古典哲学的先驱莱布尼兹及其后继者沃尔夫,才真正奠定了新的哲学划分体系。在沃尔夫的哲学划分体系中,哲学不再是包罗一切知识,而是主要局限于人文科学和社会科学的范围内。他把哲学划分为理论哲学和实践哲学两大部分,其中理论哲学包含两大部分:(1)逻辑,(2)形而上学(甲、本体论,乙、理性心理学,丙、宇宙论,丁、自然神学);实践哲学包括四大部分:(1)自然法,(2)道德学,(3)国际法或政治学,(4)经济学。沃尔夫的分类体系中明显缺少数学、物理学等自然科学,这并不是由于当时德

---

① [古希腊]亚里士多德:《形而上学》,商务印书馆1959年版,第21页。

国这些学科还不够发达，而是由于在培根去世半个多世纪以后，西方哲学自身的发展已经达到了足以与自然科学划清界限的程度，哲学与科学终于各自作为独立的学科被纳入人们的知识体系，并一直延续至今。①

在人类哲学史上，首次明确提出"哲学形态"概念的是黑格尔。

黑格尔在《小逻辑》《精神现象学》等著作中，已经开始把"形态"与哲学联系起来，并广泛地使用"形态"一词，如"思想的形态"、"意识的形态"、人格的形态、自然事物的存在形态、宗教形态、"观念形态"、"文化形态"、"知识形态"、"特殊形态"，等等。例如：在《精神现象学》序言中，黑格尔说："人的见解愈是把真理与错误的对立视为固定的，就愈习惯于以为对某一现有的哲学体系的态度不是赞成就必是反对，而且在一篇关于某一哲学体系的声明里也就愈习惯于只在其中寻找赞成或反对。这种人不那么把不同的哲学体系理解为真理的前进发展，而毋宁在不同的体系中只看见了矛盾。花朵开放的时候花蕾消逝，人们会说花蕾是被花朵否定了的；同样地，当结果的时候花朵又被解释为植物的一种虚假的存在形式，而果实是作为植物的真实形式出而代替花朵的。这些形式不但彼此不同，并且互相排斥互不相容。但是，它们的流动性却使它们同时成为有机统一体的环节，它们在有机统一体中不但不互相抵触，而且彼此都同样是必要的；而正是这种同样的必要性才构成整体的生命。但对一个哲学体系的矛盾，人们并不习惯于以这样的方式去理解，同时那把握这种矛盾的意识通常也不知道把这种矛盾从其片面性中解放出来或保持其无片面性，并且不知道在看起来冲突矛盾着的形态里去认识其中相辅相成的环节。"②并强调"只有真理存在于其中的那种真正的形态才是真理的科学体系"③。主张从形态学的高度理解哲学形态的发展。在书的正文中，不仅到处都有"形态"、"意识的形态"、"意识形态"等字眼，在《哲学史讲演录》中，还明确提到歌德的形态学："在歌德的形态学中，有舒尔兹的一篇文字，也对于眼的磷质作了很有趣味的提示。"④说明他对歌德的形态学已经相当熟悉。黑格

① 参见李德顺主编：《哲学概论》第二章第一节，中国社会科学出版社 2010 年版。
② ［德］黑格尔：《精神现象学》上卷，商务印书馆 1979 年版，第 2 页。
③ ［德］黑格尔：《精神现象学》上卷，商务印书馆 1979 年版，第 3 页。
④ ［德］黑格尔：《哲学史讲演录》第 1 卷，商务印书馆 1959 年版，第 149 页。

尔还进一步认为，理念可以外化为各种具体的哲学形态："理念是自身区别，因而是自身发展的，它实现它自身，外在化它自身于思维领域内。因此纯粹哲学表现其自身于思维中作为在时间中进展着的存在。但是这种思想成分本身是抽象的，是个人意识的活动。但精神并不仅只是个人的有限的意识，而它自身乃是普遍的具体的精神。这种具体的普遍性包括它自身一切发展出来的形态和方面，在这些形态和方面里，精神是并且将成为符合理念的对象。所以精神对于它自身的思维的认识，同时就是那充满了发展的全部实在的进展。这种进展并不是通过个人思想，表现在个人意识里面的进展，而乃是具有丰富形态，揭示其自身于世界史中的普遍精神的进展。"①认为理念外化为思维和精神，从思维和精神又发展出哲学的具体形态和方面。如果撇开"理念"、"外化"等黑格尔语言的神秘成分，他对哲学形态一般与个别的关系的认识，已经比较清晰了。在《小逻辑》第二版序言中，黑格尔在谈到重知主义时说："这种重知主义本身诚有其困难，它的形而上学迫使它不能去考察范畴本身，并且不能进而去给予宗教的内容以有方法的发展。它的困难在于认为理智的概念不适合于把握那样狂放的或富于精神内容的形式或形态。"②紧接着又说："关于纯粹的模糊的种种形态的真理，我们可以说，我们已经有了够多，甚至有了多余，——在古代和近代的宗教和神话里、重知的和神秘的哲学里，我们可以感到愉快，因为在这些形态里可以发现理念；我们也可以从中赢得一种满意，即见到哲学的真理并不仅仅是某种孤寂的东西，它的效力至少可以出现在沸腾的热情里。"③在《小逻辑》的导言中则进一步说："上面所讨论的可以说是纯粹从逻辑方面去说明哲学的起源和发展。另外我们也可以从哲学史，从外在历史特有的形态里去揭示哲学的起源和发展。"④虽然没有直接把"哲学"和"形态"两个词组合起来使用，但"哲学形态"一词已经隐约可见。他还说："如果依前此所说，认为逻辑学是纯粹思维规定的体系，那末别的部门的哲学科学，如像自然哲学和精神哲学，似乎就是应用的逻辑学，因为逻辑学是自然哲

---

① ［德］黑格尔：《哲学史讲演录》第 1 卷，商务印书馆 1959 年版，第 36—37 页。
② ［德］黑格尔：《小逻辑》，商务印书馆 1980 年版，第 16 页。
③ ［德］黑格尔：《小逻辑》，商务印书馆 1980 年版，第 16—17 页。
④ ［德］黑格尔：《小逻辑》，商务印书馆 1980 年版，第 54 页。

学和精神哲学中富有生气的灵魂。其余部门的哲学兴趣,都只在于认识在自然和精神形态中的逻辑形式,而自然或精神的形态只是纯粹思维形式的特殊的表现。"①可见,黑格尔对哲学的三大部类的划分已经十分明确了。

在《哲学史讲演录》中,黑格尔则直接使用了"哲学形态"的概念。他在论述"理智的形而上学"的特征时说:"我们考察过的那些哲学形态,都带有这样一种性质:它们都是形而上学,都是从普遍的理智规定出发,把它们与经验、观察结合起来,总之是与经验的方式结合起来。在这种形而上学里,只有一个方面,就是使我们意识到思想的种种对立,并致力于解除矛盾。"②黑格尔认为,在这种"理智的形而上学"里面,思维与存在(广延)、神与世界、善与恶、神的全能和前知与世界上的罪恶以及人的自由的矛盾,灵魂与精神、表象中的东西与物质的东西的对立,发展成为绝对的矛盾。神虽然被提出来当作这些矛盾的绝对解决,但这种解决却仍然是抽象的、彼岸的,所有的矛盾都仍然存在于此岸,从内容上说仍然没有得到解决。他把这种哲学称为"独断论",而把自己的哲学称为"科学的哲学"③,并把自己的《哲学全书》纲要命名为《哲学科学全书纲要》。他根据绝对精神的自我发展过程,把《哲学全书》划分为逻辑学(即《小逻辑》)、自然哲学、精神哲学三大部分,对其后的哲学形态划分产生了深刻的影响,至今还被一些哲学家所运用。在这本书中,黑格尔还对谢林的哲学大加赞赏,称赞"谢林的哲学可以说是我们需要考察的最后的、有趣的、真正的哲学形态了"④。

这里需要注意的是,黑格尔所谓的"科学的哲学",作为一种典型的哲学形态,它的根本特征就是局限于"纯粹的思想领域",从纯粹概念出发,依靠逻辑推论建立绝对体系。这种哲学形态集传统形而上学之大成,也为新的哲学形态的诞生奠定了基础。

19 世纪中叶是西方哲学发展的一个转折点。在这个时期,自然科学的发展,不仅提升了人类认识世界的能力,也极大地提升了人类改造世界的能力。

---

① [德]黑格尔:《小逻辑》,商务印书馆 1980 年版,第 83—84 页。
② [德]黑格尔:《哲学史讲演录》第 4 卷,商务印书馆 1978 年版,第 192 页。
③ [德]黑格尔:《小逻辑》,商务印书馆 1980 年版,第 1 页。
④ [德]黑格尔:《哲学史讲演录》第 4 卷,商务印书馆 1978 年版,第 371 页。

在这种情况下，黑格尔为代表的局限于“纯粹的思想领域”，依靠逻辑推论建立绝对体系的传统形而上学已经不能适应社会发展的需要，现代西方哲学和马克思主义哲学便应运而生。

现代西方哲学认识到局限于“纯粹的思想领域”、仅仅依靠逻辑推论获取知识的哲学传统存在严重弊端，主张从现实中和科学中获取知识，创建了实用主义、分析哲学等新的哲学研究的类型，但仍然没有彻底摆脱西方哲学的“柏拉图”传统，更多地是专注于对“单个的人”（“抽象的人”）的权力、意志的论述和解释甚至对语言进行分析，很少对整个社会现实进行宏观剖析，更谈不上对资本主义社会的改造。在现代西方哲学家眼里，资本主义社会仍然是人类最美好的社会制度，只需解释，无须改造。尤其值得注意的是，这种情况虽然在后现代主义哲学家那里大有改观，但并没有得到根本性改变：早期的“否定性后现代主义”，否定“基础”、否定“中心”、否定“逻各斯中心主义”①、否定“现代性”，但他们坚持的仍然是传统形而上学的本体论思维模式，对“基础”、“中心”、“逻各斯中心主义”和“现代性”予以绝对否定，因而在哲学形态上并没有产生根本性改变；后期的“建设性后现代主义”，主张对当前的资本主义社会进行认识并进行“建设性”的改造，是一种与马克思主义哲学最为接近的当代西方哲学，但它的认识和改造仍然是立足于“单个的人”和“抽象的人”，而不是“大多数人”和“最广大人民”，仍然是以维护现有资本主义制度为最终目的，因而往往游离于社会现实之外，到“宗教”中寻求出路，不仅很难真正触及到资本主义的本质，也很难从根本上摆脱传统形而上学理论与实际相脱离的根本弊端。

只有马克思主义哲学才真正改变了传统哲学为求知而求知的研究目的，不再以划分和建构知识体系为主要任务，而是主张超越“纯粹的思想领域”，把认识世界与改造世界统一起来，从现实出发，从最广大人民的根本利益出发，在认识世界的基础上改造世界，实现了哲学在理论特征、人学立场、研究方法和逻辑工具等方面的革命性的变革，建立了一种与传统形而上学有着根本

---

① 逻各斯中心主义，法国哲学家德里达对其以前的形而上学体系的称呼。认为形而上学的一切体系都是追求现象背后的逻各斯，这个逻各斯可以是实体、理性、本质、终极意义、第一因、实在、结构等。（参见《大辞海·哲学卷》，上海辞书出版社 2015 年版，第 497 页。）

区别的崭新的哲学形态。但不可否认的是,自马克思主义哲学产生之后,虽然它在世界范围内特别是中国和苏联产生了巨大的影响,导致了社会主义革命,但后人在对马克思主义哲学形态的理解和界定上,却仍然受到以黑格尔为代表的传统形而上学的深刻影响,并且这个影响至今未能得以彻底消除。

总的来看,在国外哲学界,尽管从古希腊哲学家开始就进行了区分哲学形态的尝试,并且早在亚里士多德的《形而上学》中就已经出现了"形态"一词,但真正的形态学则是从歌德才开始,直到黑格尔时才开始使用"哲学形态"一词,并且黑格尔本人对"哲学形态"一词并没有进行严格界定。至于科学的、系统的哲学形态学专著,至今仍然没有出现,专论哲学形态的论文也不是太多。

迄今为止,国外学者撰写的最贴近哲学形态研究的专著是德国哲学家约纳斯·科恩①在 1923 年由达姆施塔特出版社出版(1965 年重印)的《辩证法理论·哲学的形式理论》(Jonas Cohn, *Theorie der Dialektik. Formenlehre der Philosophie*, Darmstadt, 1965.)一书②。作者在该书中主要是想在思维形式(与内容相对)的意义上谈论辩证法。全书共分"引言部分"和"建构性部分"(书的主体部分)两大部分。"引言部分"主要谈辩证法的演变。"建构性部分"是全书的主体部分,作者把辩证法分为"单极辩证法"和"双极辩证法"两种形态,按照基本概念和前概念、辩证法的起源、辩证法的进展、辩证法的终结共四个部分对辩证法进行考察。除此以外,全书并没有提到其他各种哲学形态。因而,本书虽然在研究哲学形态方面具有一定的参考价值,但既没有对"哲学形态"和"哲学形态学"的基本理论进行研究,也没有对各种哲学形态进行全面考察,充其量只是从个人的独特视角研究了"辩证法"这一种哲学形式,离系统的哲学形态研究特别是系统的哲学形态的层次和划分标准研究尚有十分遥远的距离。再加上约纳斯·科恩的主要成就是在美学方面,该书在德国哲学界的影响非常有限,在高宣扬的三卷本《德国哲学通史》中并没有提及。甚至

---

① 约纳斯·科恩(Jonas Cohn, 1869—1947),德国哲学家。译名采用同济大学出版社出版的高宣扬的三卷本《德国哲学通史》的译法。也有学者译为乔纳斯·科恩。

② *Theorie der Dialektik. Formenlehre der Philosophie*,也有人译为《辩证法理论·哲学的形态理论》,本书根据中央编译局柴方国先生的建议译为《辩证法理论·哲学的形式理论》。

就约纳斯·科恩的整个学术影响而言,高宣扬的三卷本《德国哲学通史》也只是在介绍"新康德主义"的"西南学派(或海德堡学派)"时,用寥寥数语一带而过。至于20卷本的《不列颠百科全书》,对约纳斯·科恩就根本没有进行任何介绍。

相比较而言,反倒是一些哲学家没有以"哲学形态"或"哲学形式"为题的成果,对"哲学形态"特别是哲学形态的层次和划分标准研究具有更大的推动作用。如:在约纳斯·科恩之前,古希腊的巴门尼德是西方哲学史上最早凭逻辑论证其学说的哲学家,他创立的"存在论"后经柏拉图(理念论)和亚里士多德等哲学家的丰富和发展,逐步演变成包括唯物主义和唯心主义两大阵营在内的西方哲学史上的形而上学传统;赫拉克利特的辩证法思想经苏格拉底的"理智助产术"和柏拉图的丰富发展,也形成了相对独立的哲学派别;亚里士多德不仅在历史上第一次按照研究对象和目的的不同对已形成的知识进行的分类整理并对"第一哲学"进行命名,而且提出了形而上学的基本原则①;培根和狄德罗依据人们获取知识的手段和方式对人类的知识进行的分类;德国古典哲学的先驱莱布尼兹及其后继者沃尔夫,首次把"哲学"与"科学"严格区分开来,建立了新的哲学划分体系;康德将形而上学领域的论证和表达方式与科学领域的论证和表达方式区分开来,依据其创立的"批判原则",从人的认识能力、道德原则和判断力三个方面对其以前的形而上学进行的批判;黑格尔创立辩证逻辑,建构了近代哲学史上最完备的哲学理论体系,并从思维辩证法的角度对从笛卡尔到莱布尼兹和沃尔夫的"理智形而上学"以及康德、费希特和谢林为代表的"最近德国哲学"进行批判;费尔巴哈创立"人本学唯物主义",并从抽象的人的角度对神学和黑格尔哲学进行批判;马克思创立唯物主义辩证法,并从理论与实际关系的角度对以黑格尔哲学为代表的传统形而上学进行的批判;恩格斯诠释自然辩证法,并从思维与存在关系的角度对唯物主义和唯心主义进行的划分;等等。在约纳斯·科恩之后,以尼采为代表的现代哲学家对形而上学与"反形而上学"(如柯林伍德)、"后形而上学"(罗蒂、哈贝马

---

① 亚里士多德在《形而上学》一书中说:"我所指的实证原理就是大家都据以进行证明的一些通则,例如'每一事物必须肯定或否定',以及'事物不能同时存在而又不存在';以及此类的前提。"([古希腊]亚里士多德:《形而上学》,商务印书馆1959年版,第40—41页。)

斯)的区分,以福柯、利奥塔、罗蒂等为代表的否定性后现代哲学对"现代性"和"后现代"进行的区分,以大卫·格里芬为代表的建设性后现代哲学对"否定性"与"建设性"的区分等,都产生了巨大的学术影响和社会影响,这都是约纳斯·科恩的"哲学形式理论"所无法比拟的。

然而,尽管以上这些成果都是从不同的角度对"哲学形态"或"哲学形式"的界定与划分作出了自己的贡献,但由于划分原则和划分标准各异,各持一家之言,很难全面反映不同哲学形态的根本特征、划分标准与历史演变,亟须当代人依据科学合理的哲学形态划分原则和划分标准,对这些成果进行归纳概括和分析研究,形成系统的哲学形态理论。

二、国内的哲学形态学研究动态

与国外相比,国内哲学界对哲学形态的关注相对较晚,从20世纪80年代才开始提出"建设马克思主义哲学新形态",在哲学形态的划分方面,也深受上述西方著名哲学家的影响。但值得欣慰的是,近三十年来,国内哲学家对哲学形态特别是马克思主义哲学新形态进行了比较深入的探讨,在中国哲学、西方哲学、马克思主义哲学的相互比较,尤其是马克思主义哲学新形态的探讨等方面,取得了大量的优秀成果,为中国哲学和马克思主义哲学的进一步发展铺平了道路。主要表现在两个方面:一是对哲学形态和哲学形态学基本理论的探索。如高清海主编、人民出版社1985年版出版的《马克思主义哲学基础》中,在国内首次提出了"哲学形态"和"基本哲学形态"的概念;王连法1991年出版的《哲学新形态》,认为哲学新形态即是应用哲学研究;欧阳康撰写、武汉大学出版社1998年版出版的《哲学研究方法论》,在第二章中专门拿出一节对哲学形态和哲学形态学进行探讨;王干才在2006年出版的《实践思维——马克思主义哲学当代形态研究》一书中,也阐述了自己对哲学形态的看法,并把哲学划分为本体论哲学、认识论哲学和方法论哲学三种形态;吴元梁主编、中国社会科学出版社2010年出版的《马克思主义哲学形态的演变》,在"导论"的第一部分,对哲学形态概念及其规定性进行了探讨;李德顺主编、中国社会科学出版社2010出版的《哲学概论》,则在第一章专讲"哲学的形态",第二章专讲"哲学的样式与方法"。侯才和毛卫平主编、黑龙江人民出版社2013

年出版的五卷本《马克思主义哲学形态演变史丛书》,在其首卷的"导论"中,也对哲学形态和哲学形态学的概念进行了探讨。二是对马克思主义哲学形态的探讨。在对马克思主义哲学形态的认识上,常见的有马克思主义哲学的形态是辩证唯物主义和历史唯物主义、实践唯物主义、马克思主义人学、唯物主义辩证法、生态马克思主义等观点。吴元梁主编、中国社会科学出版社 2010 年出版的《马克思主义哲学形态的演变》,则把马克思主义哲学划分为"原生形态"、"次生形态"和"再生形态"三种形态。侯才和毛卫平主编、黑龙江人民出版社 2013 年出版的五卷本《马克思主义哲学形态演变史丛书》,分别对马克思恩格斯哲学形态、俄苏马克思主义哲学形态、中国马克思主义哲学形态和国外马克思主义哲学形态进行了系统探讨。此外,赵剑英、俞宣孟、聂锦芳、韩庆祥、杨学功等一批专家学者也有专文论述"哲学形态"或"马克思主义哲学形态"。

但应该注意的是,虽然自 20 世纪 80 年代开始,国内哲学界就对哲学形态特别是马克思主义哲学新形态进行了比较深入的探讨,在中国哲学、西方哲学、马克思主义哲学的相互比较,尤其是马克思主义哲学新形态的探讨等方面,取得了大量的优秀成果,为中国哲学和马克思主义哲学的进一步发展铺平了道路。但也存在两个十分明显的问题,必须尽快予以解决:

其一,哲学形态的定义缺乏一致性。30 年来,关于哲学形态的定义为数不是太多,但在基本含义上却相差很大,缺乏一致性。代表性的定义主要有以下三大类:

(1)哲学形态是人类历史上特定时期实践水平、科学状况和社会矛盾内容的反映。这是 20 世纪 80 年代国内学术界出现较早的哲学形态定义。这种观点认为,在人类历史上,每一个时期都有反映这个时期实践水平、科学状况和社会矛盾内容的特有哲学形态。历史不断发展,哲学也不断改变自己的形态。①

(2)哲学形态是哲学的内容和形式的统一。这是目前国内哲学界最为流行的哲学形态定义。这种观点在认为,"哲学形态是哲学理论内容与形式结

① 参见高清海主编:《马克思主义哲学基础》上册,人民出版社 1985 年版,第 72 页。

构的有机统一”①,任何独立的哲学都必须借助于一定的形态得以存在,并以一定的、具体的形态凝聚时代精神的精华。哲学有无生命力,在很大程度上表现在它能否适时地、经常地变换自身的形态。哲学形态的变化既是哲学自身发展的逻辑,也是哲学适应社会发展需要的结果。

与此相似,也有学者认为“哲学形态是哲学的内容和形式、理论和体系的具体的历史的统一”②。有的学者认为“哲学形态”是“哲学之形”与“哲学之态”的统一,内容与形式的统一。所谓“哲学之形”,也就是哲学的形式,主要指一种哲学的具体形式与外在结构。认为所谓“哲学之态”,也就是哲学态度,主要指一种哲学的价值取向与精神内涵。③

(3)哲学形态就是指哲学的组织结构或整体。这种观点认为:“哲学形态就是指哲学的组织结构或整体,是哲学各要素按一定的内在联系构成的有机体系”④,力图从形态学的高度对哲学形态及其构成要素进行描述,但作者同时又认为“哲学内容和哲学形式……是构成哲学形态的两个基本要素”,“哲学形态就是同生产方式、社会实践和科学发展一定阶段相适应的哲学内容和哲学形式的有机统一体”,重新把“哲学内容”视为“哲学形态”的构成要素。

此后,也有学者继续进行这方面的尝试。如有的学者认为“所谓哲学的形态,是指哲学在历史发展中所呈现的一定的思维方式”⑤,有的学者认为哲学的“所谓的‘形态’是指由哲学的主题、研究方法、核心内容、表述形式、涉指主体和运思方式所呈现出的哲学形象”⑥,等等。

这三大类定义,不论是在内涵上还是在外延上都相差很大。其中的第一类定义时间较早,第二类定义影响更大一些,而第三类则更加接近“形态学”

---

① 李学疏:《简论哲学形态》,《光明日报》1998 年 10 月 3 日。

② 欧阳康:《建构马克思主义哲学当代形态的几个前提与方法问题》,《江汉论坛》2000 年第 8 期。

③ 参见陈忠:《在马克思本人那里,有几种形态的马克思哲学——对马克思哲学“原生形态”研究的一点思考》,《河北学刊》2005 年第 5 期。

④ 张秀芝、洪晓楠:《论马克思主义的哲学形态学》,《大连理工大学学报》(社科版)1999 年第 3 期。

⑤ 李维武:《形态、问题与思潮:20 世纪中国哲学研究的方法论思考》,《学术月刊》2004 年第 9 期。

⑥ 韩庆祥、张艳涛:《马克思哲学的三种形态及其历史命运》,《中国社会科学》2010 年第 4 期。

的学科要求，但往往又很难从根本上摆脱第二类定义的影响。不过，不论是其中的哪一类定义，都没能成为学界的共识。

其二，在哲学形态划分标准上的千差万别。目前国内哲学界在哲学形态研究方面存在的另一个问题就是在哲学形态划分标准上的千差万别，很难统一。仔细分析一下，主要的划分标准不下十余种。

（1）按地域性划分，如中国哲学、西方哲学、阿拉伯哲学、美国哲学、德国哲学、英国哲学等等。

（2）按学派划分，如马克思主义哲学、黑格尔主义哲学、存在主义哲学、实用主义哲学、逻辑实证主义哲学等等。

（3）按哲学阵营划分，如唯物主义哲学、唯心主义哲学，辩证法、“形而上学”，唯心主义辩证法、唯物主义辩证法，辩证唯物主义，历史唯物主义等等。

（4）按时代特征划分，如古希腊哲学、德国古典哲学、西方现代哲学、后现代主义哲学、中国古代哲学、中国近代哲学、中国现代哲学、中国当代哲学等等。

（5）按哲学家划分，如柏拉图哲学、黑格尔哲学、康德哲学、马克思哲学、海德格尔哲学等等。

（6）按实体观、时空观、认识论和方法论的不同进行划分。这种观点依据实体观、时空观、认识论和方法论的不同对哲学形态进行划分，认为哲学思想的发展过程中，零哲学、原子哲学、矛盾哲学、系统哲学、总体哲学、超哲学等不同哲学形态，也是依次嬗变演进的。①

（7）按哲学思维方式划分。这种观点认为，哲学形态的发展主要是哲学思维方式的发展，对应于不同的哲学思维方式，哲学形态可有以下四种：哲学的萌芽对应的是原始混沌的思维方式，哲学的第一个形态（古代哲学和欧洲中世纪的哲学）对应的是整体直观的思维方式，哲学的第二个形态对应的是局部分析的思维方式，哲学的第三个形态对应的是系统综合的思维方式。②

（8）按“元哲学观”划分。这种观点认为，大凡哲学上的革命，都是从元哲

① 参见黄高容、甘男：《论哲学形态》，《湖南行政学院学报》2000 年第 6 期。

② 参见宿光平：《论哲学形态和思维方式的发展——兼论中西哲学思维方式之不同》，《甘肃联合大学学报》（社会科学版）2005 年第 4 期。

学观的革命开始的，然后由元哲学观的革命引发哲学形态的革命。"元哲学观"对新的哲学形态的建构具有指导作用，哲学形态的多样性及其发展的无限可能性正是源于元哲学观的多样性及其发展的无限可能性，有多少种元哲学观（包括自发的和自觉的）就有多少种哲学形态。①

（9）按生产力发展的水平和阶级状况划分。这种观点认为，哲学作为理论化、系统化的世界观和方法论体系，是在有阶级的社会中形成和发展的。由于生产力发展的水平和阶级状况的不同，决定了哲学的发展经历了不同的历史阶段和不同的理论形态。把哲学形态划分为"同自然科学浑然一体的哲学形态"、"中世纪的经院哲学形态"、"凌驾于一切科学之上的哲学形态"、"辩证唯物主义哲学形态"和"未来的哲学新形态"——应用哲学（哲学新形态）五种，并进一步把应用哲学划分为"自然哲学"、"社会哲学"和"思维哲学"三种形态。②

（10）按照哲学自身的历史发展过程划分。这种观点认为，从哲学自身的发展历史来看，"哲学历史发展过程中的不同哲学形态"可以划分为本体论形态、认识论形态、主体论形态、实证论形态、人本论形态等等，每一种哲学流派在不同的历史时期也可以表现为"某种哲学流派的不同历史形态"③。

（11）按照科学与哲学的关系划分。这种观点认为，如果以科学作为参照，我们可以将各种哲学理论分为三种存在形态：前科学形态的哲学、后科学形态的哲学和与科学并存形态的哲学。④

国内学术界在哲学形态划分标准上之所以千差万别，究其产生的原因，不外乎以下三个方面：

一是哲学形态定义与划分标准的脱离。目前关于哲学形态影响最大的定义是：哲学形态是哲学理论内容与形式结构的有机统一。但是，关于如何根据形式和内容来确立哲学形态的划分标准的问题，却一直未能得到有效解决，从

---

① 参见陈坚：《是元哲学观还是哲学的定义——兼谈元哲学观对于哲学本身的意义》，《河南教育学院学报》（哲学社会科学版）2001 年第 1 期。

② 参见王连法：《哲学新形态》，山东人民出版社 1991 年版，第 10—14 页。

③ 参见欧阳康：《哲学研究方法论》，武汉大学出版社 1998 年版，第 47—48 页。

④ 参见李晓东：《略论哲学的三种形态》，《东岳论丛》2000 年第 2 期。

而导致了如上所述的哲学形态划分标准上的混乱。其他两种定义也存在同样问题。

二是哲学形态划分标准多而杂,缺乏公认的体系建构和层次划分。哲学形态划分标准多而杂,缺乏公认的体系建构和层次划分,导致不同层次的哲学形态相互纠缠,造成研究和评价的困难。如按地域性划分的西方哲学,就会与按时代特征划分的古希腊哲学、德国古典哲学、西方现代哲学、后现代主义哲学,按学派划分的黑格尔主义哲学、存在主义哲学、实用主义哲学、逻辑实证主义哲学,按哲学家划分的柏拉图哲学、黑格尔哲学、康德哲学、马克思哲学、海德格尔哲学等等,在外延上产生重叠。同理,按哲学阵营划分的唯物主义哲学、唯心主义哲学,辩证法、"形而上学",唯心主义辩证法、唯物主义辩证法,辩证唯物主义,历史唯物主义等,也会将其他的各种划分标准在外延上产生重叠。

三是哲学形态的层次划分上缺失了最高层次。现有哲学形态的层次划分,混淆了哲学形态学与哲学分类学的界限,把哲学分类学意义上的一些哲学划分混同于哲学形态意义上的划分,把哲学各个层次的具体形态都统一称为"哲学形态",并把哲学上的唯物与唯心、辩证法与"形而上学"这"两个对子"作为划分哲学形态的最高层次,而这样恰恰缺失了对哲学形态的最高层次——哲学基本形态的描述,从而导致了马克思主义哲学与非马克思主义哲学在哲学形态划分上的混乱,有些人甚至用黑格尔哲学或现当代西方哲学来诠释马克思主义哲学。

实际上,如果我们全面考察马克思主义产生以后的现当代世界哲学,我们就可以发现:在通常所说的"哲学形态"之上,还应该有一个更高的层次——"哲学基本形态"。它不仅应该包括以认识世界为目的的传统形而上学,也包括坚持在认识世界的基础上改造世界的马克思主义哲学。以上这三方面问题的出现,都或多或少与对哲学形态的层次性缺乏清楚的认识有关。

三、国内外哲学形态研究存在的共同问题

迄今为止国内外关于哲学形态的研究,无疑为哲学形态学的创立奠定了厚实的基础,但也存在着以下几个共同的问题:

一是对哲学形态的功能、特征以及划分的层次和标准缺乏统一的认识，特别是哲学形态的划分标准和角度各异，莫衷一是。

二是对哲学形态学研究的必要性和重要性认识不足，把主要精力用于哲学形态学研究的专家学者太过稀少。

三是“碎片化”和“追时尚”的研究风气过盛，缺乏对世界哲学进行宏观把握的信心和勇气。

以上这三方面问题，对于建立全面、系统、科学的哲学形态学，正确认识不同哲学形态的功能、特征以及划分的层次和标准，实现马哲、中哲、西哲的差异性共存，特别是实现马克思主义哲学的世界化和现实化，都是极其不利的。因此，加强哲学形态学研究，建立起国内外学术界能够基本认可的哲学形态学，是哲学评价和哲学发展的必然要求，也是国内外哲学形态研究的必然趋势。

第二章　哲学形态的构成要素

形态学方法的一个重要特征就是在准确把握构成形态的基本要素的基础上对事物的形态进行准确描述。哲学形态学也不例外，它对哲学形态的研究，也必须首先对哲学形态的构成要素进行凝练和分析。

第一节　哲学的基本内涵

要研究哲学形态的构成要素，就必须首先搞清楚哲学的基本内涵，搞清楚什么是哲学，它的基本特征是什么，它与其他学科都有怎样的区别。

一、什么是哲学

自哲学产生以来，对于"什么是哲学"就有着多种多样的回答。但就目前国内外哲学界最具代表性的观点而言，当属"爱智慧"说。根据这种观点，"哲学"一词来源于古希腊文 σοφια，原意为智慧。由于苏格拉底把自己称为爱好智慧的人，哲学便以 φιλοσοφια（英文 philosophy）——"爱好智慧"流传于后世。

尽管"哲学"一词传入中国较晚，但中国古代文献中对"哲"字的使用却相当早。在汉语中，"哲"字释为"智慧"、"聪明"等。中国古代文献中对"哲"字的使用不仅比较早，也比较普遍，如《尚书》"皋陶谟"篇记大禹"知人则哲，能官人，安民则惠，黎民怀之"①。一语，孔颖达疏则将这里的"哲"字释为"智"：

① 《十三经注疏》上册，中华书局 1980 年版，第 138 页。

"哲,智也。无所不知,故能官人、惠爱也。爱则民归之。"①《尔雅》中将"哲"字释为"智也"②,《说文解字》也持同说,将"哲"字释为"知也",清代学者段玉裁在释言中说:"哲,智也。……古知智通用。"③而且哲学作为一门学问,也很早就出现了,如《道德经》、《论语》、《易经》、《墨经》等,均是与古希腊哲学同期的哲学著作。在中国哲学家们看来,"哲"之为"学",就是给人以智慧、使人聪明的学问,即"智慧之学"或"聪明之学"。也就是说,尽管西方的"哲学"一词传入中国较晚,中国古代的哲学也没有像古希腊哲学一样形成一门独立的学科,但它却始终作为智慧之学渗透于整个中华传统文化之中。例如,中国社会科学院语言研究所编辑的《现代汉语词典》中"哲"字条目下,就有以下诸种解释:"哲——有智慧:哲人;有智慧的人:先哲。""哲理——关于宇宙和人生的原理。""哲人——〈书〉智慧卓越的人。""哲学——关于世界观的学说。是自然知识和社会知识的概括和总结。哲学的根本问题是思维和存在、精神和物质的关系问题,根据对这个问题的不同回答而形成唯心主义哲学和唯物主义哲学两大对立派别。"这些解释中,除了"哲学"条目是按照当今的哲学教科书对外来词进行解释以外,其余条目均来源于中国的传统文化。

哲学是"智慧"或"爱智慧"的观点,在国内学术界影响甚大,"'哲学'这个词源于古希腊文的 σοφìa,原意就是智慧"④;"哲学是'智慧之学'"⑤;"哲学起源于人类对智慧的热爱和追求"⑥等,就一直是国内哲学界的主要观点。

至于"哲学"这门学科到底是什么样的一种"智慧",虽然古今中外的哲学家们对"哲学"的理解五花八门,但观点总体来说可以划分为三大类:

第一类是从知识与智慧、世界观与方法论的关系出发来考察哲学。其主要观点有以下几种:

一是认为哲学是智慧、是方法论。这是一种源远流长的观点。这种观点

① 《十三经注疏》上册,中华书局 1980 年版,第 138 页。
② 《十三经注疏》下册,中华书局 1980 年版,第 2584 页。
③ 《说文解字注》,上海古籍出版社 1988 年版,第 57 页。
④ 高清海主编:《马克思主义哲学基础》,人民出版社 1985 年版,第 14 页。
⑤ 汪信砚主编:《马克思主义哲学概论》,人民出版社 2011 年版,第 2 页。
⑥ 李德顺主编:《哲学概论》,中国社会科学出版社 2010 年版,第 1 页。

认为，哲学是智慧而非知识，知识是智慧的结果。这种观点以康德为代表。

康德在《纯粹理性批判》明确指出："哲学所唯一首先从事者为智慧，哲学由学问之途径探索之，至学问之途径一旦跋涉以后，即绝不能荒芜而为荆棘所蔽，且不容有迷离彷徨者也。……以此同一理由，玄学亦即人类理性圆满充足之发展。"①他把"智慧"与"学问"明显区别开来，并进而认为"就玄学为纯然思辨而言，谓其用以防止误谬，非用以扩大知识"，认为形而上学的功能就是"保持学术界之共同秩序、和谐以及福祉，而防阻多所尽力于学术界之人有忽视'最高目的，即一切人类之幸福者也'"，②而不仅仅是为了扩大知识。在这里，康德虽然也把"玄学"（形而上学）称作"学问"甚至称作"知识"，但这种"学问"已经不是与"知识"等同意义上的"学问"，而是为实现"人类之必然的基本的目的"，"仅借助于'由理性自纯然概念所得之知识'"③的"学问"，这仍然是从"智慧"与"知识"相区别的角度来理解的"学问"。

李德顺在其主编的《哲学概论》中，从"作为学科的哲学"和"作为学说的哲学"两个层面来考察哲学，认为："作为学科的哲学……代表着人类在最高度抽象和最高度普遍性层次上的思考。迄今为止，哲学总是以其'形而上'的特色，即对象和问题的高度普遍性、概念的高度抽象性和推理的思辨性，面向人类思维逻辑及其前提的批判性和反思性，以及'超越个别走向一般，超越特殊走向普遍，超越有限走向无限'的致思取向等，保持着自己与其他学科以及人们生活实践之间的区别和联系，并为人类提供着具有普遍意义的'智慧'，显示出不可替代的特质，并持续地活跃在人类思想的高端。"④

《不列颠百科全书》则说："哲学一词起源于希腊语 philosophia，拉丁语亦为同一词形，由此传于后世，原意是'爱智'，引申为对一些基本信念的基础进行检查，并对用来表达这些信念的基本概念进行分析。"⑤

二是认为哲学是知识、是世界观。哲学是世界观、是知识的概括和总结，

---

① ［德］康德：《纯粹理性批判》，商务印书馆 1960 年版，第 580 页。

② ［德］康德：《纯粹理性批判》，商务印书馆 1960 年版，第 580—581 页。

③ ［德］康德：《纯粹理性批判》，商务印书馆 1960 年版，第 580 页。

④ 李德顺主编：《哲学概论》，中国社会科学出版社 2010 年版，第 8—9 页。

⑤ 《不列颠百科全书》（国际中文版修订版）第 13 卷，中国大百科全书出版社 2007 年版，第 245 页。

这是古今中外的许多哲学家都持有的观点。

古希腊哲学家柏拉图认为,哲学是一种“知识”,是一种关于“相”的知识,而“每类事物有个相——有自在的是”①,如果“否认每一类事物的相是恒久同一的”就“完全毁灭了研究哲学的能力”。②

亚里士多德在其撰写的《形而上学》一书中认为,哲学的任务就是“寻取最高原因的基本原理”③。就是“阐释事物的原因与原理的所谓智慧”,“智慧就是有关某些原理与原因的知识”④;“哲学被称为真理的知识自属确当。因为理论知识的目的在于真理,实用知识的目的则在其功用”⑤。这种观点深深地影响着迄今为止的国内外哲学家。

郭斌和、张竹明在《理想国》的译者“引言”中说:“古希腊学术文化的根本目的在于追求知识,希腊语哲学一词(φιλοσοφία)原义爱知,科学一词(ε' πιστήμη)原义知识,在古希腊人看来,哲学科学一而二,二而一,初无区别。现代所用 science 一词,出自拉丁;knowledge 一词,出自古英语;原义均为知识。知识代表真理……古希腊人所谓知识,代表真理全部,不是局部。”⑥这个评价是非常准确的。

毛泽东在《整顿党的作风》一文中认为,哲学就是知识的概括和总结:“什么是知识?自从有阶级的社会存在以来,世界上的知识只有两门,一门叫做生产斗争知识,一门叫做阶级斗争知识。自然科学、社会科学,就是这两门知识的结晶,哲学则是关于自然知识和社会知识的概括和总结。此外还有什么知识呢?没有了。”⑦

新中国成立后很多著名的马克思主义哲学教科书,也仍然沿用毛泽东的观点,认为哲学是自然、社会和思维知识的概括和总结。如:李达主编的《唯物辩证法大纲》认为:“哲学是人类精神领域的特殊部门,是系统化和理论化

① [古希腊]柏拉图:《巴曼尼得斯篇》,商务印书馆 1982 年版,第 98 页。
② [古希腊]柏拉图:《巴曼尼得斯篇》,商务印书馆 1982 年版,第 101 页。
③ [古希腊]亚里士多德:《形而上学》,商务印书馆 1959 年版,第 56 页。
④ [古希腊]亚里士多德:《形而上学》,商务印书馆 1959 年版,第 3 页。
⑤ [古希腊]亚里士多德:《形而上学》,商务印书馆 1959 年版,第 33 页。
⑥ [古希腊]柏拉图:《理想国》,商务印书馆 1986 年版,“译者引言”第 5 页。
⑦ 《毛泽东选集》第三卷,人民出版社 1991 年版,第 815—816 页。

的世界观。”①陶德麟、汪信砚主编的普通高等教育“十一五”国家级规划教材《马克思主义哲学原理》也认为:“哲学探究的总是人与世界的各种关系中最普遍最一般的关系,总是对整个世界(包括人自身)的总体的看法,因而是一种世界观。”②《中国大百科全书》则把哲学阐释为“对宇宙作整体研究或综合研究的学科”③。

三是以上两种观点兼顾。

黑格尔在《小逻辑》中说:“哲学可以定义为对于事物的思维着的考察。”④他在《哲学史讲演录》中谈到毕泰戈拉的哲学思想时说:“爱智者的意思就是说:他对智慧的关系是把智慧当作对象;这种关系是反思,而不只是存在,——并且他还对智慧从事思想的工作。”⑤认为爱智慧是一种反思的思想过程。但在《精神现象学》中则认为哲学的目标就是以接近于科学的形式求得真实的知识:“只有真理存在于其中的那种真正的形态才是真理的科学体系。我在本书里所怀抱的目的,正就是要促使哲学接近于科学的形式,——哲学如果达到了这个目标,就能不再叫做对知识的爱,而就是真实的知识。知识必然是科学,这种内在的必然性出于知识的本性,要对这一点提供令人满意的说明,只有依靠对哲学自身的陈述。”⑥

艾思奇在其撰写的《大众哲学》中说:“哲学,作为系统化、理论化的世界观和方法论,历来被看作是最高意义上的‘智慧之学’。”⑦

新中国成立以后国内的哲学教科书,许多都持有这种观点。

高清海在其主编的《马克思主义哲学基础》中认为“科学的哲学是世界观认识论方法论的统一”,既是“关于外部世界和人类思维运动的一般规律的科学”,又是“世界观认识论方法论统一的科学”。⑧

---

① 李达主编:《唯物辩证法大纲》,武汉大学出版社 2007 年版,第 3 页。
② 陶德麟、汪信砚主编:《马克思主义哲学原理》,人民出版社 2010 年版,第 2 页。
③ 《中国大百科全书》(第二版简明版)第 9 卷,中国大百科全书出版社 2011 年版,第 239 页。
④ [德]黑格尔:《小逻辑》,商务印书馆 1980 年版,第 38 页。
⑤ [德]黑格尔:《哲学史讲演录》第 1 卷,商务印书馆 1959 年版,第 209 页。
⑥ [德]黑格尔:《精神现象学》上卷,商务印书馆 1979 年版,第 3 页。
⑦ 艾思奇:《大众哲学》,新华出版社 2001 年版,第 2 页。
⑧ 高清海主编:《马克思主义哲学基础》,人民出版社 1985 年版,第 25—32 页。

《辞海》对哲学的解释是:"理论化、系统化的世界观和方法论。关于自然界、社会和人类思维及其发展的最一般规律的学问。源出希腊语 philosophia,……社会意识形态之一。任何真正的哲学都是自己时代精神的精华,是文明的活的灵魂。"①

《现代汉语词典》的解释则是:"关于世界观、方法论的学说。是在具体各门科学知识的基础之上形成的,具有概括性、抽象性、反思性、普遍性的特点。"②

但也有的学者认为哲学主要是理论化、系统化的世界观,而方法论是由世界观决定的。如:

肖前等主编的《辩证唯物主义原理》,认为"哲学是理论化、系统化的世界观",是"自然、社会和思维知识的概括和总结","世界观同时又是方法论。……有什么样的世界观,就会有什么样的方法论"。③

杨焕章主编的《简明哲学原理》,在认为哲学是"给人智慧、使人明智的学问"的同时,这样来定义哲学:"第一,从哲学的内容来看,哲学是关于世界观的理论体系。……第二,从哲学的对象来看,哲学是关于自然、社会和思维发展的一般规律的科学,对自然科学、社会科学和思维科学的概括和总结。"④

李秀林等主编的《辩证唯物主义和历史唯物主义原理》,认为"哲学就是世界观的学问","哲学是理论化系统化的世界观","哲学既是理论化、系统化的世界观,同时又是观察、分析和处理各种问题的方法论,即我们通常所说的根本的思想方法和工作方法。一般说来,有什么样的世界观,就有什么样的思想方法和工作方法。世界观和方法论是一致的"。⑤

陶德麟等主编的《辩证唯物主义与历史唯物主义》,在认为"哲学是系统化和理论化了的世界观,或者说,是世界观的理论体系","是关于自然、社会和人类思维的各种知识……的概括和总结","方法论是由世界观决定"的同

---

① 《辞海(普及本)》(下),上海辞书出版社 2010 年版,第 5028—5029 页。

② 中国社会科学院语言研究所词典编辑室编:《现代汉语词典》,商务印书馆 2016 年版,第 1659 页。

③ 肖前、李秀林、汪永祥主编:《辩证唯物主义原理》,人民出版社 1981 年版,第 1—4 页。

④ 杨焕章主编:《简明哲学原理》,上海人民出版社 1982 年版,第 4—5 页。

⑤ 李秀林王于、李淮春主编:《辩证唯物主义和历史唯物主义原理》,中国人民大学出版社 1982 年版,第 1—2 页。

时，又认为"世界观和方法论是统一的。就这个意义上说，哲学又是世界观和方法论的理论体系"①。

马克思主义理论研究和建设工程重点教材《马克思主义哲学》，在认为"哲学是一种从总体上把握世界的人类智慧"，"哲学作为理论形态的世界观，既包括对自然以及人与自然关系的总体理解，又包括对历史以及人与历史关系的总体理解，还包括对人本身以及人生意义的总体理解"的基础上，认为"哲学是世界观与方法论的统一。哲学作为关于世界的根本观点，是世界观；运用这个根本观点去认识、评价、改造世界，就是方法论"。②

第二类观点是从哲学与时代的关系来考察哲学。

黑格尔在《哲学史讲演录》中认为，"哲学是对时代精神的实质的思维"："哲学并不站在它的时代以外，它就是对它的时代的实质的知识。……但另一方面从形式看来，哲学也可以说是超出它的时代，即哲学是对时代精神的实质的思维，并将此实质作为它的对象。""就哲学是在它的时代精神之内来说，则这精神就是哲学的特定的内容，但同时哲学作为知识又超出了这内容，而与这内容处于对立的地位。但这种超出只是形式的，因为哲学除此以外更没有别的内容。这种哲学知识的本身无疑就是精神的实现、精神的自我认识。所以这种形式的区别也就是一种真正的实际的区别。这种知识于是就成为产生一种发展的新形式的媒介。这些新形式只是知识的不同形态。通过这种知识，精神建立了知识与对象间的区别。"③黑格尔的这种思想，也对后世的哲学家产生了深远的影响。

马克思在1842年6月《〈科隆日报〉第179号的社论》中认为："任何真正的哲学都是自己时代的精神上的精华。"④新中国成立以后的许多哲学教科书，也都持有这种观点。

第三类是从哲学与其他学科的关系来考察哲学。

---

① 陶德麟、黎德扬、郝侠君主编：《辩证唯物主义与历史唯物主义》，湖北人民出版社1987年版，第2页。

② 本书编写组：《马克思主义哲学（马克思主义理论研究和建设工程重点工程教材）》，高等教育出版社、人民出版社2009年版，第1—3页。

③ ［德］黑格尔：《哲学史讲演录》第1卷，商务印书馆1959年版，第56—57页。

④ 《马克思恩格斯全集》第1卷，人民出版社1995年版，第220页。

罗素在其撰写的《西方哲学史》中认为："哲学，就我对这个词的理解来说，乃是某种介乎神学与科学之间的东西。它和神学一样，包含着人类对于那些迄今仍为确切的知识所不能肯定的事物的思考；但是它又像科学一样是诉之于人类的理性而不是诉之于权威的，不管是传统的权威还是启示的权威。一切确切的知识——我是这样主张的——都属于科学；一切涉及超乎确切知识之外的教条都属于神学。但是介乎神学与科学之间还有一片受到双方攻击的无人之域；这片无人之域就是哲学。思辨的心灵所最感到兴趣的一切问题，几乎都是科学所不能回答的问题；而神学家们的信心百倍的答案，也已不再像它们在过去的世纪里那么令人信服了。"①

不过，以上提到的这三类哲学定义只是一个大体的划分，并不能涵盖所有的哲学定义。哲学家们在对哲学进行定义的时候也往往并不局限于其中的某一种类型，而是多种类型同时使用。譬如，《哲学大辞典》的哲学条目既说"哲学(philosophy)：关于世界观的学说。人们对整个自然界、社会和思维的根本观点的体系。是系统化、理论化的世界观，自然知识和社会知识的概括和总结"，又说"真正的哲学是时代精神的精华"，"哲学是一种社会意识形态，由社会存在决定。任何哲学体系或学说，归根到底都是对社会存在正确或歪曲的反映"。②

此外，哲学的定义还有许多许多。伊拉克学者穆萨·穆萨威在其所著的《阿拉伯哲学》一书的绪论中，就一下子列举了历史上的18位哲学家对哲学的不同理解③：

(1)苏格拉底：哲学是对导致产生"善"的事物的本性进行有理性的探索，即探索自然界万物及其体系之完美，探索万物形成的法则及其最初起源。

(2)柏拉图：哲学是对万物的本性及其内在的完美体系进行探索，借以了解万物的第一创造者。哲学享有一切科学之冠的荣誉。

(3)亚里士多德：哲学是综合科学，它探讨一切学科的课题，即认识事物及其存在的理由，了解事物的根本法则及其初始原因。

(4)伊壁鸠鲁：哲学是为实现人生快乐而进行的理论和实践活动。

---

① ［英］罗素：《西方哲学史》上卷，商务印书馆1963年版，第11页。

② 《哲学大辞典》上卷，上海辞书出版社2007年版，第1—2页。

③ 参见［伊拉克］穆萨·穆萨威：《阿拉伯哲学》，商务印书馆1997年版，第1—3页。

(5)第欧根尼:哲学是了解人生快乐和努力实现人生快乐的一门科学。

(6)铿迭:哲学要求人去探究事物的全部本质,而不只了解事物的局部,因为局部是无限的,因而是不可知的。就此而言,哲学享有高于人类一切科学的荣誉。在哲学所包括的各个学科中,最高荣誉属于"第一哲学"。

(7)法拉比:哲学从万物"存在"这一事实来了解万物。

(8)伊本·西拿:哲学是通过人的能力对事物进行想象,并对理论和实践的真理进行验证以完善人的灵魂。

(9)伊本·鲁西德:哲学就是从证明造物主存在的角度来观察事物。

(10)塞法兄弟社:哲学首先是热爱科学,然后是依据人的能力来认识万物的本性,最后以符合科学的精神而说话、行事。

(11)萨德尔丁·舍拉子:哲学就是通过了解万物的本性,通过用论证而不是臆想和一味地模仿来判断万物的存在来完善人的灵魂。哲学是根据人的能力像造物主那样明智地安排世界。

(12)希波兹瓦里:哲学是使人成为类似博学家的精神学家。同时哲学家就是尽人之所能来洞悉万物的物质性。

(13)哥特布丁·舍拉子:哲学是使人的灵魂在知和行两方面尽可能地完美。

(14)笛卡尔:哲学是一切科学的总科学,它了解每门科学的要素,洞悉应存之万物。

(15)洛克:哲学就是研究人类的观念。

(16)康德:哲学就是认知者在认识过程中的各种规则的科学。

(17)费希特:哲学是一种认识艺术。

(18)黑格尔:哲学就是认识永恒真理。

李德顺先生在其主编的《哲学概论》一书中,也列举了"形而上学说"、"世界观方法论说"、"认识论说"、"思维方式说"、"价值观念说"、"文化批判说"、"人生境界说"、"语言分析说"八种不同的理解。① 详列如下:

(1)"形而上学说"认为,人类的最高智慧在于把握一切可感觉事物背后

① 参见李德顺主编:《哲学概论》,中国社会科学出版社 2010 年版,第 2—3 页。

的终极原因、本质和原则，哲学就是关于“是之为是”（being as being，being qua being）的学问；

（2）“世界观方法论说”认为，哲学的智慧在于获得关于世界人生的普遍性知识和规律性认识，构成或表达关于世界或宇宙整体的完整而系统的观点、观念和一般方法；

（3）“认识论说”认为，哲学事实上只能提供人类认识和把握世界的方式、过程及其成果的理论前提和根据，所以哲学就是认识论；

（4）“思维方式说”更进一步把智慧归结为人的思维能力、方式和方法，把哲学看作是关于人的思维方式的学说；

（5）“价值观念说”则基本否定了智慧的知识化取向，强调哲学不同于具体科学的使命和意义，不在于提供知识，而在于提供并说明人类应有的价值观念系统；

（6）“文化批判说”与价值观念说相近，认为哲学的智慧在于对社会历史和文化的综合考察、批判、超越和重新建构；

（7）“人生境界说”则把重点放在哲学与人生的直接联系上，认为哲学是思考者、追求者的人生所具有的一种自觉地高尚的精神境界；

（8）“语言分析说”则认为哲学不是一种知识的体系，而是一种确定或发现命题意义的活动，哲学的主要任务是对语言意义的分析。

以上这些哲学概念，虽然是林林总总、各有千秋，但却有一个共同之处，就是把“探索”、“认识”、“活动”、“想象”、“思考”、“了解”、“观察”、“论证”、“洞悉”、“研究”、“态度”、“把握”、“智慧”、“精华”、“概括”、“总结”、“批判”、“分析”等与人的思维紧密相关的形式和方法，作为哲学的根本特征，着重体现哲学的“智慧”本性，从而把哲学与一般意义上的“知识”区别开来——哲学首先是“求知”之学，而不是知识本身。《现代汉语词典》更是把“概括性、抽象性、反思性、普遍性”作为哲学的学科特征，这都为准确把握哲学的学科特征，并在此基础上正确认识哲学形态的基本特征奠定了坚实的基础。

二、哲学与科学、宗教和艺术的区别

要把握哲学的学科特征，仅仅致力于考察哲学的定义还是远远不够的，还

必须进一步弄清哲学与科学、宗教和艺术的区别。

1. 哲学与科学

就哲学与科学的区别而言,哲学是依靠逻辑思维对世界与人的关系进行把握的最为抽象的学问,如自然观、历史观、人生观、价值观和方法论等,这些都是依靠具体科学的实证手段无法完成的任务。而具体科学则是对自然、社会或思维的某一具体领域或某一方面的具体性质和规律进行系统研究的分科的知识体系,如自然科学、社会科学、思维科学等,其把握世界的具体方式是"实证"的,是可以通过实验来重复实现的。二者的共同点则在于:它们都是关于世界的规律和本质的认识,都以人类的理性为工具,都以现有的知识特别是对世界发展的规律的认识为基础。他们的差别仅在于研究的目的、方法和逻辑工具不同。比如,同是对人进行研究,哲学研究的是人的世界观、人生观、价值观,研究方法主要依靠理论反思和现实批判,逻辑工具是形式逻辑、辩证逻辑和唯物辩证逻辑,研究目的是为人的生活和行为提供世界观、人生观、价值观和方法论的指导;自然科学则研究人体的生理和心理结构以及生长发育过程,研究方法主要依靠观察、解剖和科学实验,逻辑工具主要是形式逻辑中的归纳与分析,其目的是为了保证人的生理健康和心理健康;社会科学则研究人的社会地位和利益关系,研究方法主要调查研究,逻辑工具是形式逻辑中的归纳与演绎、分析与综合,其目的是为了改善人的生存条件和社会环境。因此,哲学与科学既相互区别,又相互联系、相互影响:哲学为人文科学、社会科学和自然科学提供世界观和方法论指导,包括人文科学、社会科学和自然科学在内的各门具体科学则为哲学提供知识支撑,二者在认识世界和改造世界的过程中共同发挥作用。

2. 哲学与宗教

哲学与宗教既相互区别,又相互联系、相互作用。一方面,虽然哲学和宗教都是世界观,都是关于世界特别是关于人与世界关系的总的看法,是对世界总的图景的描绘,都面对着科学无法回答的问题,但哲学的描绘是建立在理性的基础上,建立在概念、判断、推理等逻辑形式的基础上,主要通过逻辑论证来实现对人与世界关系的理解,它是一种依托知识和科学、面向现实的思考,其目的是坚持和追求真理,并使真理成为自己行动的指南;而宗教作为一种特殊的社会意识形态,它的描绘是建立在信仰的基础上,主要是依靠幻想和树立偶像来实现对人与世界关系的理解,其本质特征是在知识和科学范围之外强化对神的信仰,是一种面向来世、提倡神的信仰和盲从的世界观。它不仅把神视为世界的创造者、视为一切力量的源泉,也把神视为评判一切价值的尺度,因而是一种与世界的本来面目不相符合的世界观,其目的从对某个神或某种教义的极度相信和尊敬中获得精神慰藉,使自己能够坦然面对现实中的困难和苦难。另一方面,宗教与哲学互相渗透:哲学对宗教的审视和批评,不断推动宗教对自身进行完善和改良;宗教对神的信仰和执着,对世界最终原因的描绘,都对传统形而上学及其衍生形态造成了深刻的影响,特别是传统形而上学中的主观唯心主义、客观唯心主义和机械唯物主义,都深受宗教的影响。究其原因,无非是由于西方传统形而上学与宗教都是对最高普遍性、最高实体,对终极和绝对的追求,从而导致了它们在对世界本原的思考等方面的殊途同归。黑格尔就认为,在他生活的时代,"宗教和哲学有一共同的内容,只是形式不同罢了。主要问题只在于概念的形式须完善到相当高的程度才能够把握住宗教的内容。真理正是人们所谓宗教的神秘;真理也就是宗教的思辨成分"①。实际上,在黑格尔生活的时代,对上帝的论证本身就是传统形而上学的本体论的重要内容。甚至直到20世纪40年代,海德格尔的形而上学仍然给上帝留有足够大的位置。在他看来,"形而上学是这样一个历史空间,在其中命定要发生的事情是:超感性世界,即观念、上帝、道德法则、理性权威、进步、最大多数人的幸福、文化、文明等,必然丧失其构造力量并且成为虚无的"②。他进一步说:"从形而上学上看,上帝所居有的位置,乃是对作为被创造者的存在者的产生作用和保存作用的位置。这个上帝的位置是不能空着的。取代这个上帝的位置,就会有另一个在形而上学上相应的位置开启出来,后者既不是上帝的本质领域,也不是人的本质领域,但人又能进入一种与这个位置的优先的关

① [德]黑格尔:《哲学史讲演录》第1卷,商务印书馆1959年版,第78页。

② 引自海德格尔1943年的演讲《尼采的话"上帝死了"》,见《海德格尔选集》下卷,生活·读书·新知三联书店1996年版,第775页。

系之中"①。可见,宗教与传统形而上学的关系是多么密切。

总之,虽然哲学与宗教一样,思考的是人类利用迄今为止的知识和科学仍不能予以解答的关于世界本原和未来前景等终极问题,但二者的解答却有着完全不同的途径,一是依靠理性,一是依靠信仰。其中,哲学以理性思考为最高原则,甚至以理性对抗神性;宗教则以信仰为最高原则,要求理性无条件地服从信仰。

3. 哲学与艺术

就哲学与艺术的关系而言,二者都是反映人与世界的关系,但反映的途径不同。哲学主要是依靠逻辑概念和体系从理论上把握人与世界的总体关系,通过逻辑论证以理服人;而艺术则主要是通过具体生动的形象来反映人与世界的关系特别是人与人之间的关系,通过艺术形象以情感人,因而是人类把握世界的审美方式。哲学为艺术提供世界观、人生观和价值观指导,而艺术作品则不仅蕴含着人们对世界观、人生观和价值观的理解,也为哲学理论的形成和发展提供重要的思想资源。黑格尔也说:"在宗教本身,以及在诗歌里实包含有思想。宗教不只是表现在艺术形式内,却包含有真正的思想、哲理。在诗歌里(诗歌是艺术,以语言为表现的要素)也还是要进一步而去表达思想,所以在诗人那里我们也发现深刻、普遍的思想。"②

第二节　哲学的学科特征

哲学作为一门历史悠久的学科,既是人类把握世界的一种必不可少的思维方式,也是人类特有的一种精神存在方式。它与宗教、艺术以及其他具体科学相比,有着自己鲜明的学科特点。

一、抽象性

抽象是一种人类所特有的思维能力。哲学作为人类的最高智慧,作为最

① 引自海德格尔 1943 年的演讲《尼采的话"上帝死了"》,见《海德格尔选集》下卷,生活 · 读书 · 新知三联书店 1996 年版,第 807—808 页。

② [德]黑格尔:《哲学史讲演录》第 1 卷,商务印书馆 1959 年版,第 88 页。

抽象的观念形态,是人类理论思维的最高形式,在人类认识世界和改造世界的活动中肩负着独特的使命,这就是从整体上和运动中来把握人与世界的关系。与各门具体科学相比,虽然它们都是依靠人类思维对现实世界进行考察,但哲学的思维方式和逻辑工具更为抽象、更为复杂,它需要在总结概括各门具体科学研究成果的基础上,对人与世界的关系进行总体性的把握。因此,高度的抽象性不仅是哲学的学科特征之一,也是哲学相对于其他学科的优势所在。

哲学的抽象是依靠形式逻辑、辩证逻辑和唯物辩证逻辑等逻辑工具进行的最高层次的抽象。正是由于哲学所具有的高度抽象性,哲学思维才能在具体科学难以达到的理论高度,对整个世界以及人与世界的关系,进行从现象到本质、从个别到一般、从有限到无限的全方位思考和探索。

对于哲学的抽象性特征,黑格尔说:"哲学知识的形式是属于纯思和概念的范围。"①又说:"哲学的职责"就在于"以研究思维为其特有的形式"。②

文德尔班也说:"哲学只有作为**普遍有效的价值**的科学才能继续存在。……哲学有自己的领域,有自己关于永恒的、本身有效的那些价值问题,那些价值是一切文化职能和一切特殊生活价值的组织原则。但是哲学描述和阐述这些价值只是为了说明它们的有效性。哲学并不把这些价值当作事实而是当作**规范**来看待。"③要描述和解释这些普遍价值,就只能依靠抽象思维。

海德格尔在《形而上学导论》中则认为"'在'的含义与概念都具有最高的普遍性",并在此基础上发出了"在和追问在的问题是西方思想史的宿命吗"这样的追问。④ 而要追问这种最高的普遍性,也要依靠抽象思维。

但这里必须注意:在这些形而上学家们看来,这些抽象仅仅是大脑的功劳,仅仅是思维的产物,抽象的目的也是为了建立完美的哲学体系。而在马克思主义者看来,虽然抽象是哲学的重要特征,但这些抽象是对客观存在的反映,抽象的目的也不是为了建立完美的哲学体系,而是为了更好地认识和改造现实世界。譬如,马克思在《〈政治经济学批判〉导言》中论述的著名的"从抽

---

① [德]黑格尔:《小逻辑》,商务印书馆1980年版,第43页。

② [德]黑格尔:《小逻辑》,商务印书馆1980年版,第42页。

③ [德]文德尔班:《哲学史教程》(下卷),商务印书馆1993年版,第927页。

④ [德]海德格尔:《形而上学导论》,商务印书馆1996年版,第86页。

象上升到具体的方法”的时候，就批判“黑格尔陷于幻觉，把实在理解为自我综合、自我深化和自我运动的思维的结果”，强调：“整体，当它在头脑中作为思想整体而出现时，是思维着的头脑的产物，……实在主体仍然是在头脑之外保持着它的独立性；只要这个头脑还仅仅是思辨地、理论地活动着。因此，就是在理论方法上，主体，即社会，也必须始终作为前提浮现在表象面前。”①列宁在《黑格尔〈逻辑学〉一书摘要》中就说：“**物质**的抽象，自然**规律**的抽象，**价值**的抽象等等，一句话，**一切**科学的（正确的、郑重的、不是荒唐的）抽象，都更深刻、更正确、**更完全地**反映自然。从生动的直观到抽象的思维，**并从抽象的思维到实践**，这就是认识**真理**、认识客观实在的辩证途径。”②毛泽东在《实践论》中也说：“你要知道革命的理论和方法，你就得参加革命。一切真知都是从直接经验发源的。但人不能事事直接经验，事实上多数的知识都是间接经验的东西，这就是一切古代的和外域的知识。这些知识在古人在外人是直接经验的东西，如果在古人外人直接经验时是符合于列宁所说的条件‘科学的抽象’，是科学地反映了客观的事物，那末这些知识是可靠的，否则就是不可靠的。”③

以上这些，均是对哲学的抽象性的确认。但需要注意的是，哲学的抽象思维是建立在形象思维的基础之上，绝不是纯粹的、与具体事物毫无联系的抽象。黑格尔企图把“象征”完全排除在哲学之外，是很不恰当的。

二、现实性

哲学之所以具有强大的生命力，不只是因为它有严密的逻辑体系和深邃的思想，更是由于它从来都是对现实问题或深或浅、或正确或颠倒的思考，在于它所具有的强烈的现实性。因此，不论是以黑格尔哲学为代表的传统形而上学，还是以马克思哲学为代表的唯物主义辩证法，都要面向现实作出哲学的思考。二者的根本区别仅仅在于人学立场不同、运用的思维方式和逻辑工具不同、力图实现的目标也不同。

① 《马克思恩格斯选集》第2卷，人民出版社2012年版，第701—702页。

② 《列宁全集》第55卷，人民出版社1990年版，第142页。

③ 《毛泽东选集》第一卷，人民出版社1991年版，第288页。

关于哲学的现实性，传统形而上学的集大成者黑格尔在《小逻辑》一书中说："哲学的内容就是现实(Wirklichkeit)。我们对于这种内容的最初的意识便叫做经验。只是就对于世界的经验的观察来看，也已足能辨别在广大的外在和内心存在的世界中，什么东西只是飘忽即逝、没有意义的现象，什么东西是本身真实够得上冠以现实的名义。对于这个同一内容的意识，哲学与别的认识方式，既然仅有形式上的区别，所以哲学必然与现实和经验相一致。甚至可以说，哲学与经验的一致至少可以看成是考验哲学真理的外在的试金石。同样也可以说，哲学的最高目的就在于确认思想与经验的一致，并达到自觉的理性与存在于事物中的理性的和解，亦即达到理性与现实的和解。"①也就是说，黑格尔认为："哲学与经验的一致"是哲学能够得以生存的必要条件。否则，一种哲学如果连普通百姓都觉得它是在胡说八道，当然也就无法得到普遍认可，从而也就失去了生存的条件。

在《法哲学原理》的序言中，黑格尔在谈到哲学与时代的关系时说："就个人来说，每个人都是他那时代的产儿。哲学也是这样，它是被把握在思想中的它的时代。"②在《哲学史讲演录》中，则认为"属于某一时代的一定的哲学形态，本身只是那个时代一般性格的一个方面、一个环节"③。在该书中，黑格尔还进一步把哲学的现实性与民族精神和时代精神联系起来，指出："人们在某一时代内并不只是作一般的哲学思考，而某一特定哲学之出现，是出现于某一特定的民族里面的。而这种哲学思想或观点所具有的特性，亦即是那贯穿在民族精神一切其他历史方面的同一特性，这种特性与其他方面有很紧密的联系并构成它们的基础。因此一定的哲学形态与它所基以出现的一定的民族形态是同时并存的：它与这个民族的法制和政体、伦理生活、社会生活、社会生活中的技术、风俗习惯和物质享受是同时并存的。而且哲学的形态与它所隶属的民族在艺术和科学方面的努力与创作，与这个民族的宗教、战争胜败和外在境遇——一般讲来，与受这一特定原则支配之旧国家的没落和新国家的兴起(在这新国家中一个较高的原则得到了诞生和发展)也是同时并存的。……

---

① ［德］黑格尔：《小逻辑》，商务印书馆1980年版，第43页。

② ［德］黑格尔：《法哲学原理》序言，商务印书馆1961年版，第12页。

③ ［德］黑格尔：《哲学史讲演录》第1卷，商务印书馆1959年版，第52页。

在这多方面中,哲学是这样一个形式:什么样的形式呢?它是最盛开的花朵。它是精神的整个形态的概念,它是整个客观环境的自觉和精神本质,它是时代的精神、作为自己正在思维的精神。这多方面的全体都反映在哲学里面,以哲学作为它们单一的焦点,并作为这全体认知其自身的概念。"①也就是说,在黑格尔看来,哲学是时代的精神,哲学形态并不能脱离时代而存在,它与具体时代的民族精神、民族形态、民族的兴衰是紧密相连的。因而,我们不仅要详细考察一种哲学与它的历史环境有什么样的关系,更要研究哲学史所特有的内容、研究事物实质的联系。

黑格尔在《小逻辑》第二版"序言"中也说:"以为哲学好像与感官经验知识,与法律的合理的现实性,与纯朴的宗教和虔诚,皆处于对立的地位,这乃是一种很坏的成见。哲学不仅要承认这些形态,而且甚至要说明它们的道理。"②只是,与马克思主义哲学相比,黑格尔的"说明"仅仅局限于"纯粹的思想领域",因而很容易由于脱离现实社会的实际状况而造成"幻想"和"颠倒"。对此,马克思在《1844年经济学哲学手稿》、《德意志意识形态》和《黑格尔法哲学批判》等著作中,恩格斯在《社会主义从空想到科学的发展》、《反杜林论》、《自然辩证法》、《路德维希·费尔巴哈和德国古典哲学的终结》等著作中,都有详细论述。

与黑格尔主义相反,对于马克思主义来说,哲学的现实性主要通过理论与实际的关系体现出来。一方面,哲学要面向现实,对现实问题进行思考;另一方面,理论又要影响现实,能够为广大人民群众所接受。

就第一方面而言,马克思在《德意志意识形态》中指出:"对哲学家们说来,从思想世界降到现实世界是最困难的任务之一。**语言**是思想的直接现实。正像哲学家们把思维变成一种独立的力量那样,他们也一定要把语言变成某种独立的特殊的王国。这就是哲学语言的秘密,在哲学语言里,思想通过词的形式具有自己本身的内容。从思想世界降到现实世界的问题,变成了从语言降到生活中的问题。……哲学家们只要把自己的语言还原为它从中抽象出来

① [德]黑格尔:《哲学史讲演录》第1卷,商务印书馆1959年版,第55—56页。
② [德]黑格尔:《小逻辑》,商务印书馆1980年版,第5—6页。

的普通语言，就可以认清他们的语言是被歪曲了的现实世界的语言，就可以懂得，无论思想或语言都不能独自组成特殊的王国，它们只是现实生活的表现。”①就第二方面而言，马克思在1842年6月《〈科隆日报〉第179号的社论》中强调：哲学研究不仅“应该面向广大群众的理解力”，而且应该“是通俗易懂的”！② 马克思还进一步指出：“哲学家并不像蘑菇那样是从地里冒出来的，他们是自己的时代、自己的人民的产物，人民的最美好、最珍贵、最隐蔽的精髓都汇集在哲学思想里。”③在《〈黑格尔法哲学批判〉导言》中，则要求“哲学把无产阶级当做自己的物质武器”，成为无产阶级的“精神武器”，最终“成为现实”。④

在这里，初看起来，马克思与黑格尔在哲学的现实性问题上的观点似乎没有太大区别，一个强调哲学是“现实生活的表现”，一个强调“哲学与经验的一致”。但我们必须注意：马克思主张的是“从思想世界降到现实世界”，而黑格尔则认为“哲学所研究的对象是理念，而理念并不会软弱无力到永远只是应当如此，而不是真实如此的程度。所以哲学研究的对象就是现实性，而前面所说的那些事物、社会状况、典章制度等等，只不过是现实性的浅显外在的方面而已”⑤。只有理念才是最真实、最现实的，而现实世界的客观事物只不过是理性的外在表现。两个人对哲学现实性的理解具有本质上的区别。不仅如此，在认识世界与改造世界的关系问题上，马克思主张的是不仅要“认识世界”，更要“改造世界”，而黑格尔则满足于在“纯粹的思想领域”内，从纯粹概念出发进行逻辑推论和建立绝对体系。

三、批判性

哲学是反思的智慧、批判的智慧。哲学上的批判是指依据事实和逻辑对事物进行的辨析、否定和扬弃。哲学上的批判表现在两个方面：一是对现有理

---

① 《马克思恩格斯全集》第3卷，人民出版社1960年版，第525页。
② 《马克思恩格斯全集》第1卷，人民出版社1995年版，第214页。
③ 《马克思恩格斯全集》第1卷，人民出版社1995年版，第219—220页。
④ 《马克思恩格斯选集》第1卷，人民出版社2012年版，第16页。
⑤ ［德］黑格尔：《小逻辑》，商务印书馆1980年版，第45页。

论和思想的批判;二是对现实的批判。前者来源于哲学对现有理论和思想的分析和研究,后者则来源于哲学对所在时代重大现实问题的关切和改变现实的要求。哲学上的批判不同于各门具体科学的批判的地方主要在于,虽然它们都要求超越现状,要求突破和发展,但各门具体科学的批判主要是走"经验"、"试验"的路线,通过具体、实证的"形而下"的方法,对批判对象的感性特征和内外部关系进行辨析与考察,以求在现有理论的基础上进行创新;而哲学上的批判则是走着"理性"的路线,通过抽象、逻辑的"形而上"的方法,对批判对象的基础、前提、本质、界限进行辨析、否定和扬弃,以求能够正确地认识世界和改造世界。

其中,对于传统形而上学来说,主要是依靠逻辑对现有理论和思想的批判。譬如,康德在《纯粹理性批判》第一版"序文"中,就认为理性必须对自己进行批判。他所倡导的"纯粹理性之批判",就是"依据理性自身所有之永恒不变法则,以保证理性之合法主张而消除一切无根据之僭妄主张"①。在康德看来,一切经验知识都是以关于实在的先天知识——一种先天为真的综合判断为基础的。对这种先天综合判断,尽管我们既不能从逻辑上证明它们,也不需要用观察到的事实来支持它们,但我们却能够领会它们的真理。正因为如此,康德强调说:"我之所谓批判非指批判书籍及体系而言,乃指就理性离一切经验所努力寻求之一切知识。以批判普泛所谓理性之能力而言。故此种批判乃决定普泛所谓玄学②之可能与否、乃规定其源流、范围及限界者——凡此种种皆使之与原理相合。"③也就是说,康德的批判并不是要废除形而上学,而是要在考察先天综合判断的基础上,明确旧形而上学的可能性、源流、范围和界限,创造出一种"科学的形而上学",为人的理性立法。他在《任何一种能够作为科学出现的未来形而上学导论》一书中说:"人类精神一劳永逸地放弃形而上学研究,这是一种因噎废食的办法,这种办法是不能采取的。世界上无论什么时候都要有形而上学;不仅如此,每人,尤其是每个善于思考的人,都要有形而上学,而且由于缺少一个公认的标准,每人都要随心所欲地塑造他自己类

① [德]康德:《纯粹理性批判》,商务印书馆1960年版,第5页。
② "玄学",今译"形而上学"。
③ [德]康德:《纯粹理性批判》,商务印书馆1960年版,第5页。

型的形而上学。至今被叫做形而上学的东西并不能满足任何一个善于思考的人的要求;然而完全放弃它又办不到。这样一来,就必须试探一下对纯粹理性本身来一个批判;或者,假如现在已经有了这样的一种批判,那么就必须对它加以检查并且来一个全面的实验。因为没有别的办法比满足这一纯粹是求知的渴望更为迫切的需要了。"①实际上,康德的批判具有典型的传统形而上学特征,即局限于"纯粹的思想领域",进行逻辑推论。法兰克福学派的代表人物之一霍克海默在其著作《批判理论》中也说:"哲学的真正社会功能在于它对流行的东西进行批判。……这种批判的主要目的在于,防止人类在现存社会组织慢慢灌输给它的成员的观点和行为中迷失方向。必须让人类看到他的行为与其结果间的联系,看到他的特殊存在和一般社会生活间的联系,看到他的日常谋划和他所承认的伟大思想间的联系。"②但是,霍克海默的批判既"不意味着对个人观点或品质""吹毛求疵",也"不是对这个或那个孤立的情况大发牢骚"或"哲学家要提出纠正的方法",遵守的仍然是传统形而上学的思维模式。

而马克思主义哲学则主张在对现有理论和思想进行批判的基础上,对现实进行批判。譬如,马克思在《〈黑格尔法哲学批判〉导言》中,就强调必须在宗教批判的基础上展开对现实的批判。马克思指出:"对宗教的批判使人不抱幻想,使人能够作为不抱幻想而具有理智的人来思考,来行动,来建立自己的现实;使他能够围绕着自身和自己现实的太阳转动……因此,真理的彼岸世界消逝以后,历史的任务就是确立此岸世界的真理。人的自我异化的神圣形象被揭穿以后,揭露具有非神圣形象的自我异化,就成了为历史服务的哲学的迫切任务。于是,对天国的批判变成对尘世的批判,对宗教的批判变成对法的批判,对神学的批判变成对政治的批判。"③事实上,马克思不仅是这么说的,也是这么做的。它从对黑格尔的法哲学批判开始,到对黑格尔哲学的全面批判、对德意志意识形态的批判,再到对德国经济制度、社会制度的批判,为全世

① [德]康德:《任何一种能够作为科学出现的未来形而上学导论》,商务印书馆1978年版,第163页。

② [德]马克斯·霍克海默:《批判理论》,重庆出版社1989年版,第250页。

③ 《马克思恩格斯选集》第1卷,人民出版社2012年版,第2页。

界劳苦大众指明了前进的方向。

特别值得注意的是，马克思并不满足于“批判的武器”（理论批判），而是更加重视“武器的批判”（改造现状的实践）。马克思说：“对思辨的法哲学的批判既然是对**德国**迄今为止政治意识形式的坚决反抗，它就不会专注于自身，而会专注于**课题**，这种课题只有一个解决办法：**实践**。……批判的武器当然不能代替武器的批判，物质力量只能用物质力量来摧毁；但是理论一经掌握群众，也会变成物质力量。”①强调理论批判转化为改造现状的实践的重要性。

此外，哲学的批判还通过“反思”的形式指向批判者自身，对自身的思想进行审视、省察、分析和评价，以推动思想的扬弃和发展。这也是哲学家的自我批判。

四、创新性

哲学又是创新的智慧。哲学的创新性来源于哲学的时代性和创造性。

一方面，哲学具有强烈的时代性和前瞻性。哲学是时代精神的精华，它既要对所在时代的时代精神进行概括，又要引领时代的发展。马克思认为“任何真正的哲学都是自己时代的精神上的精华”②，黑格尔认为哲学“是对时代精神的实质的思维”③，都反映了哲学与所在时代的社会现实的密切关系，说明了哲学必须随时代的发展而不断创新，不断探索新的领域。与此同时，哲学还具有强烈的前瞻性，在从总体上把握世界的基础上，为个人和社会的未来发展描绘蓝图。

另一方面，哲学又具有强烈的创造性，不仅要批判地考察历史上的哲学，揭露其局限性和内在矛盾，吸收其积极成果，而且还要在此基础上对批判者自身的思想进行反思和发展，在哲学的理论特征、研究领域、研究方法、逻辑工具、学科体系、学术观点等方面不断创新，从而不断推动已有哲学理论甚至哲学形态的创新和发展。哲学家把创新视为生命，不论是在哲学体系、哲学观点和研究方法上有所创新，还是开辟了新的研究领域、开创了新的学科，都是哲学家极为自豪的事情。

---

① 《马克思恩格斯选集》第1卷，人民出版社2012年版，第9页。
② 《马克思恩格斯全集》第1卷，人民出版社1995年版，第220页。
③ ［德］黑格尔：《哲学讲演录》第1卷，商务印书馆1959年版，第57页。

其中,对于传统形而上学来说,虽然研究领域和研究的主要问题两千多年来几乎未发生太大变化,但在哲学体系、哲学观点和研究方法上必须不断创新。斯太格缪勒在《当代哲学主流》一书的绪论中就说:“在哲学的生命中,也像在专门科学的生命中一样,都发生过变化,而每一次变化都给今天的哲学打上了印记。这不仅因为譬如说所提出的见解是前所未见的,新颖的,并且部分地是彻底的而且也因为问题的提法根本改变了。”[①]并且,不仅“建立哲学体系的尝试……在随着时间而改变”,而且“解决问题的方法”也“不断地改变着”。[②]传统形而上学尚且如此,与时俱进的马克思主义哲学的创新性就更加显著。

对于马克思主义哲学来说,哲学的创新主要体现在三个方面:一是把马克思主义普遍原理与本国实际相结合,形成符合本国国情的具体理论。中国特色的马克思主义哲学就是这样一种哲学。矛盾的普遍性和特殊性辩证关系的原理是马克思主义的普遍真理同各国的具体实际相结合的哲学基础。人类社会的变化剧烈而深刻,新情况、新问题层出不穷,因此,掌握矛盾的普遍性与特殊性辩证关系的原理,把马克思主义同本国实际和时代发展相结合,与时俱进,开拓新境界,提出新思路,是马克思主义哲学世界化过程中必须面对的重大课题。二是与时俱进,能够反映时代精神和时代要求。马克思主义哲学之所以强调与时俱进,是由于它认为辩证法是客观事物发展规律的反映。在辩证法看来,世界上的一切事物都是在不断变化、不断地运动和发展的。正如马克思在《〈资本论〉第二版跋》中所说:“辩证法,在其合理形态上,引起资产阶级及其空论主义的代言人的恼怒和恐怖,因为辩证法在对现存事物的肯定的理解中同时包含对现存事物的否定的理解,即对现存事物的必然灭亡的理解;辩证法对每一种既成的形式都是从不断的运动中,因而也是从它的暂时性方面去理解;辩证法不崇拜任何东西,按其本质来说,它是批判的和革命的。”[③]也正是由于世界上的万事万物都是在不断发展变化的,反映客观世界发展规律的哲学理论也就必须随着它不断发展和变化。任何一种哲学理论,如果落后于时代发展的要求,就不仅不能反映时代精神,反而会被时代所淘汰。统治

---

① 施太格缪勒:《当代哲学主流》上卷,商务印书馆 1986 年版,第 16 页。

② 施太格缪勒:《当代哲学主流》上卷,商务印书馆 1986 年版,第 15—16 页。

③ 《马克思恩格斯选集》第 2 卷,人民出版社 2012 年版,第 94 页。

中国长达两千年之久的儒家哲学之所以在“五四”前后被历史所抛弃，就是由于它主张复古和保守，严重阻碍中国政治、经济和文化上的各种改革，远远落后于时代发展要求的结果。三是在对事物发展规律和发展趋势进行研判的基础上，引领时代的发展。在马克思主义看来，人类社会的发展是有规律的。人们虽然不能改变社会发展规律，但可以认识和把握社会发展规律，在对人类社会的发展趋势进行正确判断的基础上，采取正确的措施，趋利避害，引领社会持续、健康发展。马克思提出的“共产主义”设想，就是在认识和把握社会发展规律的基础上，为人类社会的未来发展描绘的蓝图。

总之，古今中外的一切真正的哲学，无不在做着创新的努力——尽管它们各自的贡献不尽相同，但无一例外。

五、问题性

哲学思维总是指向所在时代面临的重大任务或问题。当人们在实践活动中遇到具体科学难以解决的重大任务和问题的时候，就必须依靠哲学，从既有的知识和价值标准出发，在充分掌握现实资料的基础上，依靠逻辑推论来把握事物的内在本质、发展规律和发展趋势，为问题的解决寻找既切实可行又合情合理的思路和方法。

康德在《纯粹理性批判》第一版“序文”中认为，问题不仅是人类理性无法回避的，也是人类理性力图圆满解决的：“人类理性具有此种特殊运命，即在其所有知识之一门类中，为种种问题所困，此等问题以其为理性自身之本质所加之于其自身者，故不能置之不顾，但又因其超越理性所有之一切能力，故又不能解答之也。”对于这些问题，“理性初以‘唯能运用原理于经验过程，同时经验充分证明理性使用此等原理之为正当者’一类原理开始。以此等原理之助，理性穷溯（盖此亦由理性本质所规定者）事物更高更远之条件，惟立即自悟以此种方法进行则问题永无尽期，理性之事业，势必无完成之日”；而旧形而上学“乃迫不得已求之于‘超越一切可能之经验的使用且又似不能拒斥即常人亦易于接授’之原理。但由此种进程，则人类理性实陷入黑暗及矛盾之境”。① 康

① ［德］康德：《纯粹理性批判》，商务印书馆 1960 年版，第 3 页。

德声称："我并不借口人类理性能力之不足而避免理性所有之问题。反之，我依据原理，将此等问题，一一列举详尽；且在发见理性自相矛盾所在之点（由于误解而起）以后，我已圆满解决此等问题。"①而实际上，康德本人并没有像他说的那样已圆满解决了这些问题，而只能算是发现了问题。对于这些问题，黑格尔仅仅解决了一半，马克思和恩格斯才算是解决了全部。

实际上，在传统形而上学中，哲学的问题特别是哲学的基本问题往往被认为是固定不变的；解决问题的方式也是。斯太格缪勒在《当代哲学主流》一书的"绪论"中就说："哲学的问题通常被认为是固定不变的，而在专门科学中，不仅理论，而且问题本身也在变化和进步。……与此相反，哲学的基本问题似乎还是相同的，这些基本问题两千五百年以前就已经支配着最早创造了新的理性传统的那些希腊思想家了。按照这种传统，宇宙之谜的解答，不应该再继续听任于神话和宗教信仰，而应该通过纯粹理智的思考，通过直观的认识和逻辑的论证来获得。这些哲学基本问题就是：高于宇宙最根本性质和最基本法则的形而上学问题；关于神的世界原理和一切有限存在的意义和目的的宗教哲学问题；关于存在着作为行为主体的人应该遵守的绝对有效的规范的伦理学问题；此外还有与人类认识所能达到的范围、可靠程度和方式有关的逻辑问题和认识论问题。"②在斯太格缪勒看来，在传统形而上学中，哲学的问题始终不变，但建立哲学体系的尝试和解决问题的方法却在随着时间而改变。这种状况，直到西方"现代哲学"出现以后才有所改变。西方"现代哲学"出现以后，"那些'永恒而古老的问题'常常完全消失了，——一部分是当作多余的，一部分是当作错误的，一部分是当作完全没有意义的，——另一部分虽然还存在，但它们现在可以说只构成明确阐明与它们有本质不同的问题看不见的背景"③。其实，虽然西方现代哲学以拒斥传统形而上学为己任，对传统形而上学予以绝对否定，但这实际上仍然是坚持传统形而上学的思维模式。因而，尽管它以生命、意识、语言、逻辑等为研究对象，所关心的主要问题已经发生改变，但在理论特征、思维模式、逻辑工具、人学立场等方面与传统形而上学并无

---

① ［德］康德：《纯粹理性批判》，商务印书馆 1960 年版，第 5 页。
② 施太格缪勒：《当代哲学主流》上卷，商务印书馆 1986 年版，第 15 页。
③ 施太格缪勒：《当代哲学主流》上卷，商务印书馆 1986 年版，第 16 页。

二致,在本质上仍然是传统形而上学的衍生形态。

与传统形而上学不同,马克思主义哲学不仅仅是为了认识世界,是为了在认识世界的基础上改造世界。因此,马克思不再是局限于认识领域来解决传统形而上学的主要问题,而是主张从现实出发,到实践中去,用改造世界来解决传统形而上学遇到的理论难题。马克思在《关于费尔巴哈的提纲》中说:"人的思维是否具有客观的[gegenständliche]真理性,这不是一个理论的问题,而是一个实践的问题。人应该在实践中证明自己思维的真理性,即自己思维的现实性和力量,自己思维的此岸性。关于思维——离开实践的思维——的现实性或非现实性的争论,是一个纯粹经院哲学的问题。"①不仅如此,马克思主义哲学关注更多的是经济社会发展中重大的现实问题和理论问题,是如何使人民当家做主、如何实现和维护最广大人民根本利益的问题,这与传统形而上学有着天壤之别。

综上所述,哲学作为智慧之学,不仅是一种反思的学问、一种求解的学问,也是一种实践的学问,既有对人生的认识和反思,对人与世界(自然、社会)关系的认识和反思,也有对个人内心世界的改造、对人与世界关系的改造,横跨"认识世界"和"改造世界"两个领域。哲学的主要学科特征是逻辑性和抽象性与现实取向和价值取向的统一,抽象性、批判性与现实性、创新性和问题性的统一。

第三节 哲学形态的构成要素

同其他种类的形态一样,哲学形态在世界上的所有具体形态也都是由相同的基本要素组成的。对于哲学形态来说,虽然不像具象形态和几何形态那样都是由可视的点、线、面组成的,但它仍然有着自己的"点、线、面"——这就是立场、观点和方法,这是一切哲学形态必须具备的基本要素。也正是由于立场、观点和方法特别是价值观、世界观和方法论的不同,才造成了哲学形态的

① 《马克思恩格斯选集》第1卷,人民出版社2012年版,第134页。

丰富多彩。

通过对哲学的学科特征及其与科学、宗教和艺术相互间区别的详细考察，我们不难发现，不论是哪一种哲学形态，都是由以下这些基本要素构成的：(1)理论特征；(2)研究目的；(3)研究对象和研究领域；(4)思维方法、思维方式和思维模式；(5)研究方法和叙述方法；(6)逻辑工具；(7)人学立场；(8)社会功能；(9)学科体系。

一、人学立场

人学立场是哲学居于首位的基本要素。对于“立场”一词，《现代汉语词典》的解释是：“(1)认识和处理问题时所处的地位和所抱的态度。(2)特指政治立场。”①人学立场，国内的传统哲学教科书称之为“立场”或“阶级性”。本书作者认为，在阶级社会，无论是东方的形而上学还是西方的形而上学，无论是马克思主义还是非马克思主义，无论是古代哲学、近代哲学、现代哲学还是当代哲学，无论是主张“抽象的人”还是主张“现实的人”，哲学家都具有自己鲜明的“立场”或“阶级性”，不管他自己是否承认。哲学家的“立场”或“阶级性”归根结底表现为是站在多数人的立场上还是站在少数人的立场上，这一点在当代社会特别是西方发达国家表现尤为明显。因此，将哲学家的“立场”或“阶级性”称为“人学立场”似乎更为妥当。

哲学家的人学立场主要表现在两个方面：一是哲学家自身的社会角色。在哲学史上，绝大多数哲学家都非常重视自己的社会角色，坚持从自己的社会角色出发去思考问题，往往具有非常强烈的社会责任感和使命感。柏拉图要做管理城邦的哲学王，马克思要做改造世界的哲学家，即使是中国古代的“隐士”、古希腊的犬儒学派和斯多葛学派，也力图利用自己的哲学来改造人们的思想，使其取得内心的安宁。二是哲学家实际持有的阶级立场和政治立场。自从阶级产生之后，每一位哲学家都必然具有自己的阶级立场和政治立场，并自觉或不自觉地渗透到自己的哲学思想当中——不论他自己承认与否，也不

① 中国社会科学院语言研究所词典编辑室编：《现代汉语词典》，商务印书馆 2016 年版，第 802 页。

论他对自己哲学的自我评价是怎样的。法国哲学家保尔·霍尔巴赫在1767年出版的《袖珍神学》一书中谈到“真理”时这样说:“有两个真理,一个是人的,另一个是神学的或神的,前者对僧侣毫无用处,因为它不是真实的。后者对他们有利,因为它是唯一正确的。”①也就是说,由于受人学立场所限,在僧侣们看来,只有“神学的或神的”“真理”才是“真实的”。英国哲学家罗素在其撰写的《西方哲学史》中也说:“虽然有许多人仍旧真心信仰人类平等和理论上的民主,但是现代人的想象力受到了19世纪时根本不民主的工业体制所促成的社会组织形式的深刻影响。一方面有实业巨头,另一方面有广大的工人。民主制度的这种内在分裂,民主国家里的一般老百姓尚未认识到,但是这一向是从黑格尔以来大部分哲学家的首要问题,而他们在多数人的利害与少数人的利害之间所发现的尖锐对立,已经通过法西斯主义有了实际表现。在哲学家当中,尼采恬不知耻地站在少数人一边,马克思则衷心诚意地站在多数人一边。或许边沁是唯一打算调和利害矛盾的重要人物;因此他招来了双方的忌恨。”②这实际上是罗素对哲学的人学立场的不自觉的阐述。罗素还进一步说:“马克思同边沁和詹姆士·穆勒一样,跟浪漫主义丝毫无缘;合乎科学始终是他的目的。他的经济学是英国古典经济学的一个结果,只把原动力改变了。古典经济学家们,无论自觉地或不自觉地,都着眼于谋求既同地主又同雇佣劳动者相对立的资本家的福利;相反,马克思开始代表雇佣劳动者的利益。”③恩格斯在《德国的革命与反革命》一文中则对黑格尔的人学立场进行分析,指出:“当黑格尔在他的《法哲学》一书中宣称立宪君主制是最终的、最完善的政体时,德国哲学这个表明德国思想发展的最复杂,同时也是最准确的温度计,就表示支持资产阶级。换句话说,黑格尔宣布了德国资产阶级取得政权的时刻即将到来。”④也就是说,尽管黑格尔哲学力图以“抽象的人”为人学立场,但他并没有真正做到这一点。他在《法哲学》中的具体论证已经明白无误地告诉我们,他实质上是站在当时德国中间阶级立场上的。

---

① [法]保尔·霍尔巴赫:《袖珍神学》,商务印书馆1972年版,第113页。

② [英]罗素:《西方哲学史》下卷,商务印书馆1961年版,第275页。

③ [英]罗素:《西方哲学史》下卷,商务印书馆1961年版,第337—338页。

④ 《马克思恩格斯选集》第1卷,人民出版社2012年版,第575页。

相比黑格尔而言，费尔巴哈哲学“抽象的人”的人学立场更为“纯净”一些。恩格斯在《路德维希·费尔巴哈和德国古典哲学的终结》中，分析费尔巴哈与马克思在人学立场上的根本区别时指出：“费尔巴哈没有走的一步，必定会有人走的。对抽象的人的崇拜，即费尔巴哈的新宗教的核心，必定会由关于现实的人及其历史发展的科学来代替。这个超出费尔巴哈而进一步发展费尔巴哈观点的工作，是由马克思于 1845 年在《神圣家族》中开始的。”①也就是说，费尔巴哈哲学是从“抽象的人”出发，而马克思的哲学是从“现实的人”出发，从现实社会中用劳动推动社会发展的“大多数人”的利益出发。

二、理论特征

哲学的理论特征是哲学区别于宗教、科学等其他理论形式的最为显著的特点和标志。不同的哲学形态，其理论特征也不相同。

一般认为，哲学的理论特征就是运用逻辑推理和思辨去思考和解决人生、社会以及人与世界的关系问题。而在笔者看来，哲学的理论特征是哲学的总体特征，虽然思维方式是描述哲学理论特征的最重要因素，但哲学的研究对象、目的、方法、功能等都对具体哲学的理论特征造成明显影响，因而不能仅仅用思维方式这一种构成要素来概括哲学形态的理论特征。要准确描述哲学形态的理论特征，就必须站在哲学基本问题的高度，从理论与实际的关系问题入手，看它的理论出发点是纯粹概念还是社会现实，最终目的是认识世界还是改造世界，人学立场是“抽象的人”还是最广大的人民群众。这三点是哲学形态最根本的理论特征，是区别哲学基本形态及其衍生形态的最根本的标志。把这三个要素综合起来，我们就可以按照是局限于“纯粹的思想领域”搞纯粹概念的逻辑推论，还是从现实出发实现理论和实际与最广大人民根本利益的统一，去准确描述哲学基本形态及其衍生形态的理论特征。在此基础上，我们还可以根据研究目的、思维方式和思维模式、逻辑工具、社会功能、人学立场、研究领域和学科体系等某一个或某几个形态构成要素的变化，去描述各种具体哲学相互间在理论特征上的区别。

---

① 《马克思恩格斯选集》第 4 卷，人民出版社 2012 年版，第 247 页。

三、研究目的

哲学研究目的的改变是构建新的哲学形态的首要因素。

哲学作为智慧之学，其研究目的无非是认识世界和改造世界。但对于具体的哲学形态和具体的哲学家来说，研究目的则是各不相同的。

在中国古代哲学中，孔子主张“克己复礼为仁”①，孟子主张“仁义礼智根于心”②，荀子主张“无置锥之地，而明于持社稷之大义”③，庄子主张“独与天地精神往来，而不敖倪于万物”④，司马迁主张“究天人之际，通古今之变，成一家之言”⑤。

中国近代哲学中，龚自珍主张“简经术，通古今，定民生”⑥，康有为主张“日日以救世为心，刻刻以救世为事，舍身命而为之”⑦，谭嗣同主张“别开一种冲决网罗之学”⑧，孙中山主张“为众生谋幸福”⑨。

中国现代哲学中，陈独秀主张“以科学说明真理，事事求诸证实”⑩，胡适主张“多研究些问题，少谈些‘主义’”⑪，毛泽东则主张“全心全意地为人民服务”⑫。

西方传统哲学中，柏拉图主张“寻求美者和善者”⑬，亚里士多德主张“为求知而从事学术”⑭、“寻取最高原因的基本原理”⑮，黑格尔则主张“促使哲学

---

① 《论语·颜渊篇》，《论语 大学 中庸》，中华书局2011年版，第138页。
② 《孟子·尽心篇上》，《孟子》，中华书局2010年版，第267页。
③ 《荀子·儒效篇》，《荀子》，中华书局2011年版，第92页。
④ 《庄子·天下篇》，《庄子》，中华书局2010年版，第583页。
⑤ 《报任安书》，《天下才子必读书》，安徽文艺出版社1991年版，第493页。
⑥ 中国社会科学院哲学研究所编：《农宗》，《中国哲学史资料选辑》（近代之部上），中华书局1983年版，第14页。
⑦ 《康南海自编年谱》，中华书局1992年版，第13页。
⑧ 中国史学会主编：《报唐佛尘书》，《中国近代史资料丛刊·戊戌变法》（二），上海人民出版社1957年版，第563页。
⑨ 《在东京〈民报〉创刊周年庆祝大会上的演说》，《孙中山非常言》，人民日报出版社2011年版，第54页。
⑩ 《敬告青年》，《五四运动文选》，生活·读书·新知三联书店1959年版，第7页。
⑪ 《多研究些问题，少谈些“主义”》，《五四运动文选》，生活·读书·新知三联书店1959年版，第312页。
⑫ 《毛泽东选集》第三卷，人民出版社1991年版，第1094页。
⑬ ［古希腊］柏拉图：《理想国》，商务印书馆1986年版，第297页。
⑭ ［古希腊］亚里士多德：《形而上学》，商务印书馆1959年版，第5页。
⑮ ［古希腊］亚里士多德：《形而上学》，商务印书馆1959年版，第56页。

接近于科学的形式"、"真实的知识"①。黑格尔还认为:"哲学的目的就在于掌握理念的普遍性和真形相。"②

西方现代哲学中,许多哲学家都主张"拒斥形而上学"。分析哲学要对语言的意义进行分析,存在主义哲学则认为世界最真实的存在就是个人的非理性意识,全部哲学都是为了认识这种存在。

西方后现代主义哲学中,激进的后现代主义反对"基础主义"和"中心主义",反对一切形而上学——不仅反对现代性,也反对理性决定作用、反对"逻各斯中心主义";建设性的后现代主义则企图纠正激进的后现代主义全面否定西方传统哲学所带来的弊端,并把目光投向现实社会。

而对于马克思主义哲学来说,则"为了多数人的真正利益"③,要"使现存世界革命化,实际地反对并改变现存的事物"④。

正是由于这些哲学家的研究目的各不相同,才导致了他们的哲学在人学立场和社会功能方面的重大差异。

四、研究对象和研究领域

哲学的研究对象非常广泛,从自然、社会,到人、人的思维、人的实践,从世界观到方法论、价值论,从人的思想、道德、信仰,到人的情感,都可以成为哲学的研究对象。它是哲学形态诸要素中的"显性"要素,是最容易描述和把握的要素。传统马克思主义哲学教科书把"自然、社会和思维"作为哲学的研究对象;李德顺先生在其主编的《哲学概论》一书中,把哲学的研究对象划分为"物的世界"、"人的世界"和"概念世界"三种。而具体到某一位哲学家,除了以上提到的这些以外,更多的是把其中的某一方面(如自然、社会、精神)甚至其中更为具体的层次作为自己哲学的研究对象,从而形成不同的研究领域。譬如,以对人的思维的研究而言,人的思维既有形而下的感性思维(形成表象),也有形而中的知性思维(形成概念),也有形而上的理性思维(形成认识);以对

① ［德］黑格尔:《精神现象学》上卷,商务印书馆 1979 年版,第 3 页。
② ［德］黑格尔:《小逻辑》,商务印书馆 1980 年版,第 35 页。
③ 《马克思恩格斯选集》第 4 卷,人民出版社 2012 年版,第 384 页。
④ 《马克思恩格斯选集》第 1 卷,人民出版社 2012 年版,第 155 页。

社会的研究而言，有政治、经济、文化、军事、管理等方面；以对人的研究而言，有思想、道德、信仰、情感、意志、权力、自由等方面。这些，都充分显示了哲学对象的多样性。

五、思维方法、思维方式和思维模式

哲学作为一种抽象思维，必须以逻辑思维为主要工具。从这个意义上讲，哲学就是运用一定的思维模式、思维方式和思维方法对人、世界或人与世界关系的认识、把握和改造。黑格尔也说："只有思维似乎可以被称为哲学的工具"①，"概括讲来，哲学可以定义为对于事物的思维着的考察。……哲学乃是一种特殊的思维方式，——在这种方式中，思维成为认识，成为把握对象的概念性的认识。"②正因为如此，研究哲学形态，就必须首先研究哲学所采用的思维方法、思维方式和思维模式。

那么，究竟什么是哲学的思维方法、思维方式和思维模式？

关于"方法"、"方式"和"模式"，《现代汉语词典》是这样解释的："方法：关于解决思想、说话、行动等问题的门路、程序等"；"方式：说话做事所采取的方法和形式"，在"方法"之上附加了"形式"的凝练，普适性已有所提高；"模式：某种事物的标准形式或使人可以照着做的标准样式"，普适性得到进一步提高。③ 以此类推，我们就不难把握思维方法、思维方式和思维模式的基本内涵。

所谓思维方法，是一个人思考具体问题的思路和程序。思维方法因人因事而异，由于思考主体和思考的问题不同，思考问题的方法也不尽相同。思维方法是否正确，直接关系到事情的成败。思维方法按逻辑工具的不同可以具体划分为三个层次：一是形式逻辑的层次，如比较、分析、综合、抽象、概括、归纳、演绎、类比、定义、划分等传统逻辑的方法，以及形式化、公理化等现代逻辑

① [德]黑格尔：《哲学科学全书纲要》，上海世纪出版集团、上海人民出版社 2002 年版，第 4 页。

② [德]黑格尔：《小逻辑》，商务印书馆 1980 年版，第 38 页。

③ 参见中国社会科学院语言研究所词典编辑室编：《现代汉语词典》，商务印书馆 2016 年版，第 366、367、919 页。

的方法;二是辩证逻辑的层次,如从抽象到具体的方法、归纳与演绎相结合、分析与综合相结合、历史的与逻辑的相结合等辩证方法;三是唯物辩证逻辑的层次,如理论与实际相统一、认识世界与改造世界相统一、认识世界和改造世界与人民根本利益相统一、实事求是、具体事物具体分析等马克思主义的研究方法。

所谓思维方式,是一个人思考某一类问题时的一种定型化的思路和程序,具有常用性和稳定性。它是一个人思考问题时的基本习惯和常用方式,对一个人的学习、生活和工作都有着深远的影响。常见的哲学思维方式有:古代朴素辩证的思维方式、"形而上学"的思维方式、系统论的思维方式、唯物辩证法的思维方式,等等。一般认为,哲学的主要思维方式是逻辑思维,而其他的观念形态——包括宗教、文学、法律等都要借助于形象思维才能完成,至于几何形态、艺术形态、美术形态等,更需要借助形象思维才能完全表达出来。因此,黑格尔在《哲学史讲演录》的导言中说:"为了从哲学出现在历史上时所取的经验的形态和外在形式里,去认识哲学的发展乃是理念的发展,我们必须具有理念的知识,犹如当我们判断人的行为是否正当和适宜时,我们必须具有'正当'和'适宜'的概念〔作为标准〕一样。"①这段话初看起来玄得很,但如果我们不考虑黑格尔哲学的唯心主义性质,用"理性思维"或"逻辑思维"一词去取代"理念"二字,这段话也就很容易理解了。但是,我们也必须注意:尽管这种观点强调逻辑思维在哲学中的重要作用是正确的——哲学确实是以逻辑思维为最主要的思维方式,但也很容易产生一个误解,即把"理性思维"或"逻辑思维"作为哲学唯一的思维方式。黑格尔就是这样,他认为概念推论应该是哲学唯一科学的思维方式,也只有概念推论才能产生思想。这无疑是非常错误的,究其原因无非有两点:一是理性思维必须以感性思维为基础,逻辑思维不可能脱离感性思维而独立存在;二是详细考察一下古今中外的哲学史,我们就不难发现,"理性思维"或"逻辑思维"并不是哲学依赖的唯一的思维方式,"直觉"、"灵感"、"顿悟"、"证明"、"证伪"甚至形象思维(黑格尔所说的"象征"),都是在哲学中广泛运用的思维方式。即使是竭力倡导概念推论的黑格

---

① ［德］黑格尔:《哲学史讲演录》第1卷,商务印书馆1959年版,第35页。

尔本人，虽然在哲学体系的整体建构上依靠概念推论，但具体到每个概念和命题的获得，也并非全部建立在逻辑推论的基础上，有时也不得不依靠“直觉”和“灵感”，这在他包括《逻辑学》在内的所有著作中都不难看到。

而思维模式则是一个团体、阶级或民族在某一具体的历史阶段为大多数人所共有的思考问题的基本习惯和常用方式，是一种共有的、稳定的、常用的思维方式，对所在时代的大多数人都有着不可忽视的影响。因此，思维模式是具有传统性和普遍性的思维形式和样式，比一般的思维方式、方法更为普遍。一个团体、一个阶级、一个民族、一个国家在某一具体的历史时期通常只能拥有一个占主导地位的思维模式，它相比单个人的思维方式和习惯而言，更具普遍性和稳定性，影响更大、更远，直接关系到一个团体、一个阶级、一个民族、一个国家的繁荣和发展。如原始形象思维模式、神学信仰思维模式、探索发散思维模式、普遍怀疑思维模式、力学机械思维模式、直觉顿悟思维模式、经验归纳思维模式、理性演绎思维模式、唯物辩证思维模式等，都有可能在某一具体历史时期成为某一国家、某一地区、某一民族或某一阶级占主导地位的思维模式。但这种占主导地位的思维模式的地位会随着时代的变化和发展而发生变化，其主导地位逐步被新的思维模式所取代。譬如，直觉顿悟的思维模式在中国封建社会曾长期占有主导地位，但其主导地位在五四新文化运动以后逐步被形式逻辑的经验归纳思维模式和理性演绎思维模式所取代；到新中国成立以后，马克思主义成为指导思想，唯物辩证思维模式便逐步成为占据主导地位的思维模式。

由上可见，思维方法、思维方式、思维模式在本质上基本是一致的，它们相互之间的主要区别仅在于各自在方法体系当中所处层次不同、承载的主体和受主体重视程度不同。因此，在古今中外的许多哲学家那里，对三者并没有进行严格的区分。

在这里我们还必须注意，黑格尔在《小逻辑》第二版“序言”中说：“理念一般的是具体的精神的统一体。但知性的特点仅在于认识到范畴或概念的抽象性，亦即片面性和有限性。因此知性便将具体的精神的统一性当作一抽象的无精神性的同一性，在这同一性里，一切是一，没有区别，在别的范围内即使善与恶也是一样的东西。所以在思辨哲学里同一体系、同一哲学的名称已经成为一个大家共同接受的名词了。"[①]也就是说，在黑格尔看来，理念是全面的，而知性则是片面的。这与本书作者所说的思维方法、思维方式和思维模式并不是一回事。在本书作者看来，知性和理性是统一的人类认识过程中的两个相互依存的必不可少的阶段，要获得全面性的认识，仅仅依靠一般意义上的辩证法（如黑格尔概括的辩证法的一般形式）是远远不够的，还必须依靠唯物辩证逻辑；片面性也不仅仅是出现在认识过程的知性阶段，在认识过程的理性阶段也同样出现，比如黑格尔本人虽然运用了辩证逻辑，但由于局限于"纯粹的思想领域"搞纯粹概念的逻辑推论，最后仍然是得出了片面的结论。

六、研究方法和叙述方法

哲学的研究方法和叙述方法是构成哲学形态的重要因素。

哲学方法主要分为"哲学的研究方法"和"哲学的叙述方法"两种。对于不同的哲学而言，它们在这两个方面都会具有明显的区别。譬如，黑格尔和费尔巴哈的哲学研究方法主要是依靠逻辑推论建构体系，而马克思和恩格斯的哲学研究方法主要是在对现实进行调查研究的基础上分析和解决现实问题；黑格尔和费尔巴哈的哲学叙述方法主要是把"纯粹概念"和"本体"作为逻辑推论的起点，逐步展开整个体系，而马克思和恩格斯的哲学叙述方法主要是围绕现实中的重大理论问题或实践问题，提出问题、分析问题和解决问题。但对于每一种具体哲学来说，"研究方法"和"叙述方法"往往是水乳交融的，你中有我，我中有你，很难截然区分开来。至于黑格尔在《小逻辑》中认为，哲学思维是一种反思，而"反思以思想的本身为内容，力求思想自觉其为思想"[②]，而"我们所意识到的情绪、直观、欲望、意志等规定，一般被称为表象。所以大体上我们可以说，哲学是以思想、范畴，或更确切地说，是以概念去代替表象"[③]。在《逻辑学》中认为："哲学，由于它要成为科学，正如我在别处说过的，它既不能从一门低级科学，例如数学那里借取方法，也不能听任内在直观的断言，或使用基于外在反思的推理。而这只能是在科学认识中运动着的内容的本性，

---

① ［德］黑格尔：《小逻辑》，商务印书馆1980年版，第8页。
② ［德］黑格尔：《小逻辑》，商务印书馆1980年版，第39页。
③ ［德］黑格尔：《小逻辑》，商务印书馆1980年版，第40页。

同时,正是内容这种自己的反思,才建立并产生内容的规定本身。”①也都是仅仅把反思、把以反思为目的的概念推论看作是哲学的唯一的研究方法,这无疑缩小了哲学研究方法的范围。

七、逻辑工具

思维离不开逻辑,或者说逻辑既是思维的规律,也是思维的工具。《现代汉语词典》在解释“思维”一词时,认为“思维是人类特有的一种精神活动”,是“在表象、概念的基础上进行分析、综合、判断、推理等认识活动的过程”②,直接把思维与逻辑方法联系起来;该词典在解释“思辨”一词的时候,更是明确指出:“哲学上指运用逻辑推导而进行纯理论、纯概念的思考”③,强调逻辑推导的重要作用。马克思在《德意志意识形态》中阐述了人们的观念和思想与逻辑规定的关系,指出:“人们的观念和思想是关于自己和关于人们的各种关系的观念和思想,是人们关于**自身**的意识,关于**一般**人们的意识(因为这不是仅仅单个人的意识,而是同整个社会联系着的单个人的意识),关于人们生活于其中的整个社会的意识。人们在其中生产自己生活的并且不以他们为转移的条件,与这些条件相联系的必然的交往形式以及由这一切所决定的个人的关系和社会的关系,当它们以思想表现出来的时候,就不能不采取观念条件和必然关系的形式,即在意识中表现为从**一般**人的概念中、从人的本质中、从人的本性中、从人**自身**中产生的规定。人们是什么,人们的关系是什么,这种情况反映在意识中就是关于人**自身**、关于人的生存方式或关于人的最切近的逻辑规定的观念。”④爱因斯坦在说明自己的“认识论信条”时也说:“我一方面看到感觉经验的总和;另一方面又看到书中记载的概念和命题的总和。概念和命题之间的相互关系具有逻辑的性质,而逻辑思维的任务则严格限于按照

① [德]黑格尔:《逻辑学》上卷,商务印书馆 1966 年版,第 4 页。

② 中国社会科学院语言研究所词典编辑室编:《现代汉语词典》,商务印书馆 2016 年版,第 1237 页。

③ 中国社会科学院语言研究所词典编辑室编:《现代汉语词典》,商务印书馆 2016 年版,第 1237 页。

④ 《马克思恩格斯全集》第 3 卷,人民出版社 1960 年版,第 199—200 页。

一些既定的规则（这是逻辑学研究的问题）来建立概念和命题之间的相互关系。”①把逻辑思维与逻辑方法联系起来。因此，哲学的抽象思维是建立在逻辑的基础上，是依靠逻辑工具而进行的高级思维活动。

一般而言，哲学的逻辑工具主要包括形式逻辑和辩证逻辑两大类。形式逻辑又可以分为传统形式逻辑和现代形式逻辑，辩证逻辑又可以分为传统辩证逻辑和唯物辩证逻辑。其中：

形式逻辑和辩证逻辑两者之间既有区别，又有联系：一方面，形式逻辑和辩证逻辑都是研究思维的形式结构及其规律的科学，都要研究概念、判断和推理，都是人类进行思维的逻辑工具；另一方面，形式逻辑与辩证逻辑又是两种不同的逻辑形式。形式逻辑主要考察思维的形式和规律，而不关心思维的内容和方法，它遵循同一律，强调是就是，不是就不是，不论是前提，还是概念、判断、推理，都强调可靠性、准确性和不矛盾性，只要前提一定并严格遵循形式逻辑的规则，结论必然是相同的，仅适用解释当下的世界；而辩证逻辑则不然，它既考察辩证思维的形式和规律，也考察辩证思维的内容、过程和方法，既承认矛盾的合法性，着眼于事物的发展和内在矛盾，强调事物的发展变化，又强调用全面、联系、发展的眼光看问题，主张从现实出发去改变事物，既适用于解释当下的世界，又适用于解释客观世界特别是社会和历史的发展进程。特别需要强调的是，辩证逻辑在研究辩证思维的形式、规律、方法和内容时，不再回避矛盾，而是立足于事物的矛盾，把矛盾看作事物发展的内在动力，立足于矛盾双方的对立统一来表述概念和事物的运动与发展。辩证逻辑把思维和世界的发展规律概括为对立统一规律、否定之否定规律和质量互变规律三大规律，在遵循三大规律的基础上，运用原因和结果、形式和内容、现象和本质、偶然与必然、可能与现实等若干对既对立又统一的范畴来解释世界。从逻辑形态上看，它是单向圆圈推论，在强调单向决定作用的同时，又承认被决定一方的反作用。

同理，传统形式逻辑与现代形式逻辑之间，也存在着明显的联系与区别。传统形式逻辑依据同一律、矛盾律和排中律，通过概念、判断、推理和论证等思

---

①　[德]爱因斯坦：《爱因斯坦文集》第1卷，商务印书馆2009年版，第6页。

维形式发挥作用,从逻辑形态上看是单向线性逻辑;现代形式逻辑是用一套意义可以解释的特制表意符号去表述概念、判断和推理,具有高度的抽象性、严格的精确性和广泛的应用性,是传统形式逻辑发展的最新阶段,但在本质上仍然是形式逻辑。譬如,其中的数理逻辑就是由形式逻辑演化而来的,它与形式逻辑的区别主要是用数学的方法和符号,而不是用普通语言来表达形式逻辑的概念、判断和推理,因而更加精确。

至于传统辩证逻辑和唯物辩证逻辑之间,也是如此。它们之间的共同点是都以辩证思维为其研究对象,但两者的区别也很明显。传统辩证逻辑,是概念辩证法的逻辑工具,仅仅运用于认识世界,它以辩证思维为研究对象,是关于辩证思维的形式、规律、过程、方法和内容的科学,它只关心人们怎样去认识世界,而对人们的人学立场和实践方法漠不关心;而唯物辩证逻辑,则是唯物主义辩证法的逻辑工具,不仅运用于认识世界,也运用于改造世界,它以唯物辩证思维为研究对象,是关于唯物辩证思维的形式、规律、过程、方法、内容以及如何运用其改造世界的科学。它在恩格斯的自然辩证法的基础上,坚持认识世界和改造世界在人民根本利益基础上的统一,不仅实现了认识世界与改造世界的统一,而且实现了方法论与价值观的统一。它既关注辩证思维的形式、规律、过程、方法和内容,也关注人的立场、观点以及人改造世界的方法。因此,对于唯物辩证逻辑来说,人的立场非常重要:一个人如果站在错误的立场上,他就既不能正确地认识人类社会,也不能正确地去改造人类社会。

这里需要指出的是,传统辩证逻辑既可以运用于唯心辩证法(以黑格尔的逻辑学为代表),也可以运用于科学辩证法(以恩格斯的自然辩证法为代表)①。唯心辩证法认为客观世界是理念自我发展的结果、是理念的外化,科学辩证法认为主观辩证法是客观世界辩证运动的反映,但二者同属于认识世界的领域。唯心辩证法和科学辩证法的区别主要有两点:一是在对辩证思维与客观世界关系的认识上具有相反的结论。前者从观念中产生出世界,后者认为辩证法是客观世界的固有规律的反映。二是主观与客观统一的基础不

---

① 这里,作者之所以将恩格斯创立的自然辩证法称为科学辩证法,是为了使其既能与以黑格尔创立的唯心主义辩证法相区别,也能与马克思创立的唯物辩证法相区别。

同。前者认为主观与客观统一的基础是思维、是理念，后者则认为主观与客观统一的基础是实践。两者之所以会产生这么大的差别，主要是由于虽然传统辩证逻辑本身并不关注人的立场、观点以及人改造世界的方法，但在运用于唯心辩证法和科学辩证法的建构时，却要不自觉地受到这些因素的深刻影响。

系统思维方式是20世纪40—60年代随着系统科学的诞生和发展而出现的一种综合性的思维方式。20世纪40年代，随着科学技术的发展，一些以系统为研究对象的科学如系统论、控制论、信息论、运筹学、系统工程学等应运而生，到20世纪60年代后又出现了耗散结构论、突变论、超循环理论、协同学、混沌学等，从而形成了现代系统理论——一门探索系统的存在方式和运动变化规律的科学，系统思维方式便应运而生。系统思维方式把研究对象放在一定的系统当中，全面考察研究对象与系统、系统与环境、整体与部分的相互关系和相互作用，坚持整体与部分的辩证统一、分析与综合的有机结合以及定性研究与定量研究的有机结合，以使各部分的功能与系统的整体功能协调一致，实现体系功能的最佳化和系统目标实现程度的最大化。系统思维方式是一种综合性的思维方式，它的逻辑形态可以称为“系统逻辑”，它是现代形式逻辑与传统辩证逻辑结合的产物。在系统科学的创立过程中，黑格尔的辩证法思想和马克思的“社会有机体”理论都起过很大作用。但系统思维方式毕竟还只是一种局限于认识世界的思维模式，既不关心如何改造世界，也不关心人学立场，更不关心推动事物变化发展的内在矛盾，因而与马克思创立唯物辩证逻辑并不在同一个逻辑层次上。

总之，唯物辩证逻辑，作为马克思创立的唯物主义辩证法的逻辑工具，已经超越了纯粹的认识领域，它在恩格斯的自然辩证法的基础上，坚持在认识世界的基础上改造世界，坚持认识世界和改造世界在人民根本利益基础上的统一，不仅实现了认识世界与改造世界的统一，而且实现了方法论与价值观的统一。

八、社会功能

哲学作为系统化理论化的世界观和方法论，能够为人们认识世界和改造世界提供根本的立场、观点和方法，使人们能够更加自觉地驾驭人与人、人与社会、人与自然的关系，更好地认识世界和改造世界。具体说来，它的功能主要体现在以下几个方面：

一是认识世界，对世界以及人与世界的关系"是什么"、"怎么样"、"为什么"进行描述和解释，对现实社会和已有的理论进行审视和批判。哲学不仅以世界观、人生观、价值观以及思维方式和逻辑方法的形式存在于具体科学当中，而且要运用自己独有的思维方式对自然、社会和思维的发展的本质、规律和发展趋势进行分析与说明。黑格尔在谈到哲学与感官经验知识以及法律和宗教的关系时就认为："以为哲学好像与感官经验知识，与法律的合理的现实性，与纯朴的宗教和虔诚，皆处于对立的地位，这乃是一种很坏的成见。哲学不仅要承认这些形态，甚至还要进而说明它们的道理。"①

二是改造主观世界。主要表现在两个方面：(1)为人们提供认识世界和改造世界提供思维方式、思维方法。人的思维能力是人类认识世界和改造世界的首要条件。比如，黑格尔在《小逻辑》中认为："哲学的职责"是"以研究思维为其特有的形式"②，就是强调哲学在提高人们的思维能力方面的作用。(2)统摄人的精神世界，为人们提供最基本的行为准则和行为规范。哲学作为世界观和方法论，在人的精神世界中居于核心地位，起着统摄和引领其他意识形式的作用。不论是对经验和知识的记忆、综合与整理，对生活和工作中的艰难困苦的克服，还是对人生目标和理想的追求与修正，都需要哲学发挥统摄作用，按照一定的程序、方式和方向把精神世界中的各种因素，如思维方式、人生观、价值观、理想、信念、情感、意志以及自我意识等有序地组织起来，使人们按照一定的世界观和方法论来解释世界和改造世界。古代原子论的创立者德谟克利特所说的"医学治好身体的毛病，哲学解除灵魂的烦恼"③，黑格尔在《哲学史讲演录》中所说的"哲学不是梦游者的呓语，而乃是清醒的意识。哲学家的工作只在于把潜伏在精神深处的理性(这理性最初只是潜伏在那里的内在本质或内心本性)揭示出来，提到意识前面，成为知识——哲学的工作实

① [德]黑格尔：《小逻辑》，商务印书馆1980年版，第5页。
② [德]黑格尔：《小逻辑》，商务印书馆1980年版，第42页。
③ 北京大学哲学系外国哲学史教研室编译：《西方哲学原著选读》上卷，商务印书馆1981年版，第52页。

在是一种连续不断的觉醒”①，都是在强调哲学对精神世界的统摄作用。不仅如此，哲学不仅可以统率精神世界，也可以医治精神创伤，修复人生态度和人生目标，起到宗教起不到的作用。更为重要的是，哲学不仅作为世界观和方法论渗透于每个人的精神世界之中，成为每个人精神世界的核心，还作为占统治地位的思想，成为意识形态的重要组成部分，为整个社会、整个民族、整个国家提供强有力的理论支撑，在社会发展、民族团结、国家富强中发挥着长期、稳定的巨大作用。一个民族、一个社会、一个国家，不仅需要从哲学的高度对现实进行评价和批判，发现存在的问题，分析出现问题的原因，找出解决问题的对策，并从哲学的高度对未来进行设想和引导，更需要对整个民族、整个社会、整个国家的全体人民的世界观、人生观、价值观和方法论进行凝练与构建，提高全体人民的思想素质，增强全体人民的凝聚力，以推动整个民族、整个社会、整个国家的健康发展。因而，民族要振兴、国家要富强，不仅需要有自己的哲学，还必须使自己的哲学在意识形态中占据主导地位，成为全体人民的指导思想。

三是探索改造现实世界的可行路径，为人类社会的生存和发展指引方向。也分为两个方面：其一是从理论上改造现实世界的必要性、可能性和可行性；其二是探索改造现实世界的实践活动应该坚持的原则、方法和途径。一般而言，每一种哲学都可能或多或少地具备以上这些功能，但对于具体的哲学来说，更多地只是侧重于其中的一种功能或部分功能。至于黑格尔在《哲学史讲演录》中，把哲学、政治和宗教都看成是统一的绝对精神在现实世界中的不同表现或不同环节的同时，不满足于“我们必须考察政治局势和宗教等，因为它们对于哲学有很大的影响，而哲学亦同样对于政治、宗教有影响”的习惯说法，主张“哲学对于思想所开始破坏的世界要予以调和”②，也仅仅是在认识世界的高度反映了哲学与现实具有相互影响，但却无法从改造世界的高度反映出哲学怎样对现实世界产生影响，因为他本人也像他所批评的希腊哲学家那样，一味“退避到自己的思想世界里面”③。

① ［德］黑格尔：《哲学史讲演录》第1卷，商务印书馆1959年版，第42页。
② ［德］黑格尔：《哲学史讲演录》第1卷，商务印书馆1959年版，第54页。
③ ［德］黑格尔：《哲学史讲演录》第1卷，商务印书馆1959年版，第54页。

九、学科体系

哲学终究要被表述为一定的理论体系——哪怕是以一种语录形式被记载下来。哲学体系是哲学家运用概念和逻辑对自己观点与思想的系统化整理和表达。每一种成熟的哲学，都需要在其理论前提、研究对象、逻辑结构、逻辑方法、价值取向等方面，表现出一贯性、严密性和完整性，即自成体系。黑格尔甚至认为："哲学若没有体系，就不能成为科学。"①一些哲学家如孔子和苏格拉底，尽管是以谈话或对话的形式表达自己的哲学思想，但他们所表达的思想仍然具有严密的逻辑性和体系性，很少自相矛盾，因而也是在以一种特殊的体系来表达的哲学思想。马克思、恩格斯、列宁和毛泽东的著作尽管多种多样，但却具有完整的思想体系。当代的一些哲学家，如尼采和哈贝马斯，也常以散文或访谈的形式来表达自己的哲学思想，但他们所表达的哲学思想仍然具有严谨性和体系性。

---

① ［德］黑格尔：《小逻辑》，商务印书馆1980年版，第56页。

第三章　哲学形态划分的原则、标准和方法

明确哲学形态的层次，准确把握哲学形态划分的原则、标准和方法，是建构哲学形态学的理论基础。只有划分的原则、标准和方法是科学合理的，才能保证哲学形态划分的科学性、规范性和可操作性。

第一节　哲学形态划分的基本原则

要建立具有学术规范作用的哲学形态学，就必须实现哲学形态划分标准的高度抽象性和普遍认同性。要实现前者，就必须从哲学基本问题出发，寻求哲学形态划分标准的高度概括性，通过对古今中外各种哲学形态划分标准的比较和凝练，寻求一个能够为大多数哲学家接受的哲学形态划分的途径和方法；要实现后者，就必须正视不同哲学形态在世界哲学体系当中不同的功能和作用，努力建立起一个标准科学、体系完备、涵盖整个世界哲学发展史的哲学划分体系，为包括马克思主义哲学在内的当代世界哲学的形态划分奠定坚实的理论基础。具体说来，哲学形态的划分必须遵循以下四条基本原则：

一是可靠性强，具有高度科学性。

我们要从形态学的高度对哲学形态进行划分，首先面临的一个问题就是如何解决哲学形态划分标准的同一性问题。以往的哲学形态划分，标准是多种多样的：根据对“思维和存在的关系问题”的不同回答，把哲学划分为唯物主义、唯心主义及二元论，可知论与不可知论等；根据发展观的不同，把哲学划

分为“辩证法”与“形而上学”；根据哲学的研究对象的不同，可以把哲学划分为“自然哲学”、“精神哲学”、“社会哲学”、“历史哲学”和“法哲学”等；根据研究内容的不同，可以把哲学划分为“本体论”、“认识论”、“方法论”、“价值论”等；根据地域的不同，可以把哲学划分为东方哲学、西方哲学、欧洲哲学等；根据国别的不同，可以把哲学划分为中国哲学、德国哲学、印度哲学、法国哲学、英国哲学、美国哲学等；根据所处历史时期的不同，可以把哲学划分为古希腊哲学、中国古代哲学、德国古典哲学、西方现代哲学、中国现代哲学、西方当代哲学、中国当代哲学等；根据学术流派的不同，可以划分为柏拉图主义、亚里士多德主义、黑格尔主义、康德主义、存在主义、实用主义、西方马克思主义、后现代主义、马克思主义等；按照哲学家的不同，可以划分为柏拉图哲学、亚里士多德哲学、黑格尔哲学、康德哲学、费尔巴哈哲学、马克思哲学、海德格尔哲学、罗素哲学等。至于对马克思主义哲学与非马克思主义哲学的划分，则主要是依据对哲学上的“两个对子”，把哲学划分为马克思主义哲学（辩证唯物主义、历史唯物主义、辩证唯物主义和历史唯物主义、实践唯物主义）与古典哲学（形而上学唯物主义或唯心主义辩证法）。哲学形态划分标准的多样性，在使我们能够从不同的视角对哲学形态进行认识的同时，也导致了哲学评价标准的不一致，从而造成了哲学评价的混乱局面。

问题的关键是，尽管哲学形态的划分标准千差万别，但多样性的哲学有没有一些共同的构成要素？回答是肯定的。

哲学形态划分标准的同一性必须以科学性为基础，这种科学性是依靠形态学的原则和方法来保证的。哲学的多样性、差别性与哲学的共同性、同一性是对立的统一，如果每一种哲学相互间都只有差别性而没有共同性，那么哲学这门学科就无法存在了。因为包括哲学在内的每一门学科之所以能够成立，就在于它们在研究对象、研究方法、研究内容、逻辑工具等方面具有共同性，从而能够与其他学科相区别。具体到哲学学科内部，这些使哲学学科得以与其他学科相区别的差异性就成为各种具体的哲学形态共同拥有的成分，从而成为描述各种具体的哲学形态的基本构成要素。哲学形态学的主要任务，就是从哲学的基本构成要素出发，对哲学形态的结构、功能及其产生与发展过程进行准确描述，为已有哲学形态的评价和新的哲学形态的构建奠定理论基础。

不仅如此，从哲学的基本构成要素出发，哲学形态学不仅能够准确描述每一种具体的哲学形态，而且能够以此为基础，对哲学形态的不同层次和划分标准进行把握，从而建立起科学合理的哲学分类学，使建立统一的哲学形态划分和评价体系成为可能。

二是凝练度高，具有较强的适用性。

从哲学形态学的高度对哲学形态进行划分，需要解决的另一个问题是划分标准的高度概括性问题。

哲学思想不仅具有民族性，也具有时代性，不同的民族、不同的时代都会在哲学思想上打下自己的烙印，形成自己的特色。即使是同一时代、同一民族的不同的哲学家之间，在哲学思想上也会有很大差异。而哲学形态学中的哲学形态划分标准，就必须具有普适性，它不仅要涵盖哲学形态的各个层次，也要涵盖古今中外的一切哲学。这就需要解决哲学形态划分标准的高度抽象性问题。

不仅如此，在人类哲学史上，哲学形态具有一个从低级形态向高级形态的发展过程。纵观古今中外的一切哲学，其面对的最基本的问题由最初的天人关系问题，到后来的思维与存在的关系问题，再到认识世界与改造世界的关系问题，其所对应的哲学形态也由传统形而上学的初始形态朴素哲学，到传统形而上学的成熟形态和衍生形态，再到唯物主义辩证法的衍生形态和成熟形态，完成了一个由低级哲学形态向高级哲学形态的发展过程。与之相对应，哲学形态的划分标准也由人神关系，到思维与存在的关系，再到理论与实际的关系①，外延逐步扩大，所能容纳的哲学形态也越来越多种多样。

这里需要特别指出的是，只有把“理论与实际的关系问题”作为哲学形态的最高划分标准，才能够既将“思维与存在的关系问题”包含于其中，从而对传统形而上学的“唯物主义”和“唯心主义”进行划分，又将“认识世界与改造

---

① 作者认为，所谓“理论与实际的关系问题”是比“思维与存在的关系问题”（理论与现实的关系问题）和“认识世界与改造世界的关系问题”（或理论与实践的关系问题）更高层次的理论概括，它既包括“思维与存在的关系问题”、“理论与现实的关系问题”、“理论与事实的关系问题”，也包括“认识世界与改造世界的关系问题”或“理论与实践的关系问题”。这里的“理论”，既包括“思维”、“思想”、“认识”和“方法”，也包括“真理”和“规律”；这里的实际，既包括人的实践，也包括事实和客观环境。

世界的关系问题”、“认识与实践的关系问题”、“理论与现实的关系问题”等包含于其中，从而对马克思主义哲学的根本特征及其与传统形而上学在哲学形态上的根本区别进行描述，为划清马克思主义哲学与非马克思主义哲学的界限奠定理论基础。

三是体系严谨，层次性强。

从形态学的高度对哲学形态进行研究，需要解决的另一个问题是划分标准的层次性问题。各种不同的哲学形态，既有共性又有个性。只看到个性而看不到共性固然不行，但如果我们只看到共性而看不到特殊性，也无法准确把握各种具体的哲学形态。哲学形态的特殊性主要表现在两个方面：

第一个方面是哲学形态的层次性。同一切其他的具体形态一样，哲学形态也是有层次的。相比较而言，哲学的层次与哲学的共性和特殊性有着密切联系：一方面，同一层次的哲学形态具有更多的共性，而不同层次的哲学形态则具有更多的差异性；相邻层次的哲学形态具有更多的共性，而层次间隔比较大的哲学形态之间则具有更多的差异性；而另一方面，哲学的低级形态与哲学的高级形态相比，越是低级的形态，功能越是简单，越是古老、越是产生于哲学形态演变的较早阶段，越是高级的形态，功能越是复杂，越是年轻、越是产生于哲学形态演变的较晚阶段，换句话说就是，高级形态是由低级形态发展而来，并以低级的形态为基础，而低级形态却并不具有高级形态的某些功能，因而并不能以高级形态为基础。与此相对应，不同层次的哲学形态，必须有相应层次的划分标准与之相对应，不能混淆。

第二个方面则是同一层次哲学形态的多样性。同一切其他的具体形态一样，虽然同一层次的哲学形态具有更多的共性，但同一层次的哲学形态的具体表现形式也是多种多样的。同是传统形而上学的两大阵营，就既有从精神出发来解释世界的唯心主义，也有从物质出发来解释世界的唯物主义；同是传统形而上学的两大派别，就既有否定联系和发展，用片面、孤立、静止观点看问题的“形而上学”思维方式，也有坚持联系和发展，用全面、联系和发展的观点看问题的辩证思维方式。

因此，从哲学形态学的高度对哲学形态进行划分，就必须从哲学形态的不同层次和同一层次哲学形态的多样性两个方面来把握哲学形态的特殊性，并制定相应的哲学形态划分标准，从而形成严谨、合理的哲学形态层次划分和评价标准体系。

四是表述规范，可操作性强。

从哲学形态学的高度对哲学形态进行划分，亟须解决的另一个问题就是哲学形态层次和划分标准的认同性问题。在当今国际哲学界，“欧美中心论”一统天下，“实用主义”、“非理性主义”、“分析哲学”、“后现代主义”等相继占领着世界哲学的中心位置，包括中国在内的其他国家很少能够在世界哲学的舞台上唱响自己的声音。然而，人们不禁要问：在欧美哲学内部，相继占据世界哲学中心位置的“实用主义”、“非理性主义”、“分析哲学”、“后现代主义”等，是否可以拥有统一的哲学形态划分标准？更进一步，在整个世界哲学范围内，差异巨大的当代欧美哲学和以马克思主义哲学为指导的当代中国哲学，是否可以拥有统一的哲学形态划分标准？回答仍然是肯定的。

尽管寻求一个统一的哲学形态划分标准体系虽然非常困难，但只要我们严格遵守形态学的原则和方法，终究是可以实现的。问题的关键是，这个形态划分标准体系不仅要设计合理，规范性高、可操作性强，还要能够为世界哲学界的绝大多数哲学家所认同。只有这样，才能使哲学形态的划分标准既能准确地描述和区分不同类型与不同层次的哲学形态，又能为国内外哲学界接受和认可，从而为哲学评价和哲学形态的发展提供理论支持。

第二节　哲学形态划分的视野和方法

要坚持哲学形态划分的四个基本原则，就必须有宽阔的视野和科学的方法来保证。必须坚持视野与方法的密切结合，把哲学基本问题的现代表现形式——理论和实际的关系问题作为哲学基本形态的划分标准，坚持马克思主义哲学、中国古代哲学、西方哲学的著作考证与逻辑分析相结合，在借鉴国内外哲学界现有研究成果并对世界哲学史的发展历程进行总体考察的基础上，确立哲学形态划分的标准和方法，区分不同哲学形态的性质和功能及其在世界哲学体系中的地位和作用。

一、坚持从哲学基本问题出发确定哲学的基本形态

哲学基本问题与哲学的基本形态有着严格的对应关系。

所谓“哲学基本问题”,就是为各种不同类型的哲学所共同拥有的、最具普遍性的问题。它是贯穿于一切哲学体系当中、在一切类型的哲学中处于中心地位的重大问题,是一切类型哲学的中心和灵魂。对这个问题作出自己的回答,是任何一种哲学都必须承担的任务。换句话说就是:哲学基本问题是各种形态的哲学都必须予以解决的问题。不同的哲学形态,要么是用不同的方法或从不同的角度来解决哲学基本问题,要么是从不同的层次来解决哲学基本问题,要么是对哲学基本问题作出不同的回答。

也就是说,不同层次的哲学形态,从不同的层次上对哲学基本问题进行解决。哲学的基本形态作为哲学形态的最高层次,是其他哲学形态赖以形成的基本样式,因而相比其他各种具体的哲学形态而言具有更高的抽象性和普遍性,其对哲学基本问题的解决方式也是各种哲学形态中最为抽象的。以两大哲学基本形态为例,传统形而上学从认识世界的角度来解决哲学基本问题,主要解决“思维与存在的关系问题”,并根据对“思维与存在的关系问题”的不同回答来划分“唯物主义”和“唯心主义”、“可知论”和“不可知论”、“辩证法”与“形而上学”;而唯物主义辩证法(或马克思主义哲学),则要解决“理论与实际的关系问题”,并根据对“理论和实际的关系问题”的不同回答来划分“唯物主义辩证法”与“传统形而上学”。也就是说,“理论与实际的关系问题”不仅是哲学基本问题的现代表现形式,而且是比“思维与存在的关系问题”更高一级的哲学基本问题,它包含“思维与存在的关系问题”在内,比“思维与存在的关系问题”具有更高的抽象性、更大的外延——它不仅包含本体论和认识论中的“思维与存在的关系问题”、“主体与客体的关系”、“认识与事物的关系”,也包含实践论中的“认识世界与改造世界的关系”、“认识与实践的关系”、“认识与事实的关系”以及价值论中的“人与人之间的关系”。

因此,目前国内学术界流行的哲学形态划分方法,特别是用哲学上的唯物主义与唯心主义、辩证法与“形而上学”这“两个对子”划分哲学形态的方法,已经远远不能适应世界哲学发展的需要。要搞好哲学形态的划分,必须首先从哲学基本问题入手,把哲学基本问题作为划分哲学基本形态的标准。只有

这样,才能保证哲学形态划分的确定性和科学性。

二、坚持站在世界哲学的高度看问题

由于哲学自身具有的显著的人学立场,以往对哲学形态的划分和评价,往往在具体标准上大相径庭。

西方哲学特别是近代以来的西方哲学大多数是从建立在“抽象的人”人学立场上的“欧洲中心论”出发,来评价整个世界哲学。如黑格尔在《哲学史讲演录》的“导言”中,就认为“真正的哲学是自西方开始”①,并专门用第三部分论述“哲学在希腊的开始”;而第二部分则专门论述“东方及东方的哲学之不属于哲学史”②,认为“我们在这里尚找不到哲学知识”③,并强调“这种东方的思想必须排除在哲学史以外”④。在他看来,只有西方哲学才是真正的哲学,而东方哲学并不是真正的哲学。即使是对于同是宗教哲学的东方宗教哲学和西方宗教哲学,黑格尔的评价也是大相径庭的。对于东方的宗教哲学,黑格尔认为“东方哲学是宗教哲学”,这种宗教哲学仅仅是指“在东方的宗教里,……我们非常直接地感觉到哲学的概念,它是与哲学很接近的”⑤。也就是说,它并不是真正的哲学。因而,黑格尔说:“东方哲学本不属于我们现在所谓的题材和范围之内;我们只是附带先提到它一下。我们所以要提到它,只是为了表明何以我们不多讲它,……我们所叫做东方哲学的,更适当地说,是一种一般东方人的宗教思想方式——一种宗教的世界观……”⑥遭受这种不公平对待的,除了中国哲学和印度哲学,还有阿拉伯哲学。对于阿拉伯哲学,黑格尔这样说:“至于阿拉伯人和犹太人,只值得当作一种外在的东西、当作历史事件提一提。”⑦因为“关于阿拉伯人,我们可以这样说:他们的哲学并不构成哲学发展中的一个有特性的阶段;他们没有把哲学的原理推进一步。在

① [德]黑格尔:《哲学史讲演录》第1卷,商务印书馆1959年版,第98页。
② [德]黑格尔:《哲学史讲演录》第1卷,商务印书馆1959年版,第95页。
③ [德]黑格尔:《哲学史讲演录》第1卷,商务印书馆1959年版,第97页。
④ [德]黑格尔:《哲学史讲演录》第1卷,商务印书馆1959年版,第98页。
⑤ [德]黑格尔:《哲学史讲演录》第1卷,商务印书馆1959年版,第115页。
⑥ [德]黑格尔:《哲学史讲演录》第1卷,商务印书馆1959年版,第115页。
⑦ [德]黑格尔:《哲学史讲演录》第3卷,商务印书馆1959年版,第233页。

这种哲学中，正如在较后的哲学中一样，主要的问题是：世界是不是永恒的；以及证明神的统一性。但是其中最大的考虑之一，乃是辩护回教的教义，因此，哲学思考就被限制在教义之中，阿拉伯人正像西方的基督徒一样，被教会（如果人们可以这样称它的话）的教条所限制住"①。而黑格尔对西方哲学的态度就不同了。他在评价中世纪哲学时这样说："从这时起（在这第二个时期中）哲学是在基督教世界中"②，"我们知道，教父们都是很有哲学修养的人，并且把哲学、特别是新柏拉图派哲学引进了教会。他们使基督教的原则与哲学理念相符，并使哲学理念深入基督教原则里；他们由此制成了一套基督教的教义，借着这套教义，他们超越了基督教在世界上出现的最初形式。"③看到这里我们自然就明白了，由于基督教是西方人普遍信仰的宗教，它得到了黑格尔的特殊关照。因为黑格尔本人明明白白地告诉我们："我们现在所关心的，是把我们已经加以详细解释的基督教原理变成世界的原理；世界应当做的**课题**，是把这个绝对的观念带到自己里面，在自己里面将它实现，以便使自己与神调和。"④在西方哲学之外的其他哲学也有着各自的哲学评价标准：中国古代哲学以及迄今为止的以研究中国古代哲学为己任的狭义"中国哲学"，往往是从建立在"抽象的人"人学立场上的"国学中心论"或"儒学中心论"出发，来评价中国哲学以至整个世界哲学。而马克思主义哲学，则主要是从建立在"现实的人"⑤人学立场上的"人民主体论"出发，来评价整个世界哲学。因而，很难有一个共同认可的哲学评价标准和评价体系。

哲学评价标准和评价体系方面的历史难题，还是需要哲学家自己来解决。哲学形态学的建立，首要的任务就是从千差万别的各种哲学当中抽象出其构成的基本要素，在此基础上建立能够被哲学家们共同认可的哲学形态划分和评价的标准体系。按照这个要求，哲学形态学视野下的哲学形态划分，就必须能够涵盖包括中国古代哲学、西方哲学、马克思主义哲学在内的整个世界哲学

---

① ［德］黑格尔：《哲学史讲演录》第3卷，商务印书馆1959年版，第255—256页。
② ［德］黑格尔：《哲学史讲演录》第3卷，商务印书馆1959年版，第233页。
③ ［德］黑格尔：《哲学史讲演录》第3卷，商务印书馆1959年版，第240页。
④ ［德］黑格尔：《哲学史讲演录》第3卷，商务印书馆1959年版，第239页。
⑤ 马克思主义的现实的人，是指现实中具有阶级和利益差别的人，而不是"抽象的人"或没有阶级和利益差别的"人"。

发展史中的一切类型的哲学。它既能涵盖中国古代哲学、古希腊哲学、德国古典哲学，也能涵盖西方现代哲学、后现代主义哲学；既能诠释黑格尔主义哲学、存在主义哲学、实用主义哲学、逻辑实证主义哲学，也能诠释马克思主义哲学特别是当代中国的马克思主义哲学；既能诠释柏拉图哲学、黑格尔哲学、康德哲学、海德格尔哲学，也能诠释马克思哲学；既能诠释唯物主义哲学、辩证唯物主义、历史唯物主义、实践唯物主义，也能诠释唯心主义、唯心主义辩证法和"形而上学"。否则，哲学形态学的建立也就失去了其应有的价值。

三、坚持运用形态学的方法

就目前而言，各种形态学在对不同的形态进行描述的时候，往往都是从动态和静态两个角度对形态及其变化进行描述。在动态方面，主要考察形态的形成过程以及演变和发展规律；在静态方面，主要从构成要素、构成方式、结构和层次、时空展现、形态特征、基本功能等方面进行考察。与此相对应，形态学的方法也主要有两种：一是分析的方法，即依靠从该类事物抽取的简单元素对事物进行从局部到整体的分析，以准确描述事物的形式、结构和特征。二是历史的方法，即对客观事物由产生到发展的演变过程进行描述，揭示其演变和发展规律。这两种方法的关注点主要是事物的形式及其演变过程，而对其具体内容的描述则处于次要地位。也就是说，虽然内容与形式紧密联系，没有无形式的内容，也没有无内容的形式，但"形态学"的学科特点主要是对事物的形状、结构、表现和变化，亦即对事物的形式、特征和变化发展进行研究和描述，而对具体内容的关注则在其次。这也是我们在进行哲学形态研究时应遵守的基本原则。

同样，在哲学形态学的研究中，也必须运用形态学的方法，坚持分析方法与历史方法相结合，在依据哲学形态的基本元素对不同哲学形态的形式、结构和特征进行描述的基础上，对不同哲学形态由产生到发展的演变过程进行考察，揭示其演变和发展规律，为哲学基本理论的创新和哲学评价奠定理论基础。只是，这里需要强调的是，本书所讲的"哲学形态"一词，正是借用"形态学"的方法来研究哲学的形式、特征及其变化发展，亦即从形态学的层面来理解哲学。因此，本书在对哲学形态进行研究的时候，自始至终都把关注哲学的形式、特征和变化发展放到首位,而把对哲学具体内容的关注放到次要地位。

第三节 哲学形态划分的标准

确立哲学形态的划分标准,必须坚持哲学形态划分的四条基本原则,实现哲学形态划分标准的高度抽象性和普遍认同性。要真正站在世界哲学的高度看问题,在排除形形色色的“欧洲中心论”的影响、消除各种各样的“洋教条”,排除“国学中心论”和“儒学中心论”的影响、消除厚古薄今的“土教条”的同时,有效化解“全盘西化”和“复古主义”两大思潮对马克思主义哲学的曲解与攻击,使哲学形态的划分标准具有高度的科学性和合理性,能够用以准确描述古今中外的一切哲学形态。

一、现有哲学形态划分的最高标准及其理论缺陷

哲学形态的划分是否具有准确性和合理性,首先要取决于哲学形态划分的标准,而哲学形态划分的最高标准则是其中最为重要的标准。

1. 现有的哲学形态划分的最高标准

在西方哲学界,对哲学形态划分最高标准的确立往往受黑格尔思想的影响。黑格尔在《哲学史讲演录》中,把时代性作为哲学形态划分和评价的最高标准,认为“既然发展的推进即是更进一步的规定,而更进一步的规定即是深入理念本身,所以最晚出的、最年轻的、最新近的哲学就是最发展、最丰富、最深刻的哲学”①。而“最初期的哲学是最贫乏最抽象的哲学。在这些哲学里面,理念得着最少的规定,它们只停滞在一般的看法上,没有充实起来。我们必须认清这点,才可不至于在古代哲学里面去寻找较多于所应找得到的东西。因此我们无须乎要求古代哲学具有一些属于较深刻意识的概念”②。在黑格尔看来,“我们不必相信,我们思想上的问题,或现代世界感兴趣的问题,可以

---

① [德]黑格尔:《哲学史讲演录》第1卷,商务印书馆1959年版,第44—45页。
② [德]黑格尔:《哲学史讲演录》第1卷,商务印书馆1959年版,第44页。

在古代哲学家那里去找到答案。我们现代的问题有了某些思想上的教养作为先在的条件。因此每一哲学属于它的时代，受它的时代的局限性的限制，即因为它是某一特殊的发展阶段的表现，个人是他的民族，他的世界的产儿。……个人无论怎样为所欲为地飞扬伸张——他也不能超越他的时代、世界。因为他属于那唯一的普遍精神；这普遍精神就是他的实质和本质，他如何会从它里面超越出来呢？这同一的普遍精神就是哲学要用思维去加以把握的。哲学就是这普遍精神对它自身的思维，因此也就是它的确定的实质的内容。每一哲学都是它的时代的哲学，它是精神发展的全部锁链里面的一环，因此它只能满足那适合于它的时代的要求或兴趣"①。他还进一步说："属于某一时代的一定的哲学形态，本身只是那个时代一般性格的一个方面、一个环节。"②在黑格尔看来，哲学形态也像生物形态一样，随着历史的发展，是由低级向高级不断演变的，这无疑是非常正确的。但西方现当代哲学则片面发展了黑格尔的这一思想，一味追求哲学概念的翻新和流派的创立，并把这些东西视为当今世界最先进的、最高级的哲学形态。实际上，正如生物界的低等生物并不会因为高等生物的出现而全部灭绝，低等生物和高等生物共同存在于当今世界一样，低级的哲学形态也不会因为高级的哲学形态的出现自然而然地退出历史舞台，它们也并存于当今世界。换句话说，现当代西方哲学并不因为它们出现在现时代并拥有最新的词句就能成为当今世界最为高级的哲学形态，它们仍然是传统形而上学的衍生形态，与传统形而上学有着密切的血缘关系。

在国内哲学界，虽然在20世纪末就有研究西方哲学的著名专家提出"不单以唯物唯心来为各派哲学划界和定是非"③，但由于并没有提出新的、更好的哲学形态划分的最高标准，就总体而言，现有的哲学形态划分的最高标准仍

---

① ［德］黑格尔：《哲学史讲演录》第1卷，商务印书馆1959年版，第48页。

② ［德］黑格尔：《哲学史讲演录》第1卷，商务印书馆1959年版，第52页。

③ 著名的西方哲学研究专家刘放桐先生，1999年在其主编的《新编现代西方哲学》一书的序言中说："在突破旧的批判模式上我们也作了较多努力。例如不单以唯物唯心来为各派哲学划界和定是非，而是尽可能对之作出具体分析。对于西方现代哲学与近代哲学及马克思主义哲学的关系，我们实际上已提出了与初版大不相同的看法。例如肯定现代哲学对近代哲学的许多进步，肯定其与马克思主义哲学在超越近代哲学上的同一性。"（刘放桐等编著：《新编现代西方哲学》，人民出版社2000年版，"序言"第5页。）

然是以恩格斯在《路德维希·费尔巴哈和德国古典哲学的终结》一文中的观点为准。比如新编的马克思主义理论研究和建设工程重点教材《马克思主义哲学》中就说:"哲学从总体上把握世界,对世界的本质以及人与世界的关系做出根本性的解释,始终包含和存在着一个基本问题,这就是思维和存在的关系问题。任何哲学包括现代哲学都没有也不可能超越哲学的基本问题。"① "哲学的基本问题,是贯穿于全部哲学问题之中并统率和制约其他一切问题的根本问题,也是各种哲学派别、思潮争论的根本问题。在总结哲学史的基础上,恩格斯明确提出:'全部哲学,特别是近代哲学的重大的基本问题,是思维与存在的关系问题。'"②该书在哲学基本问题方面的观点与恩格斯的观点是完全一致的,也代表了国内绝大多数马克思主义哲学教科书的有关思想。这些思想大体可以概括为如下几点:

(1)哲学基本问题的产生以及人们对它的认识过程。

思维和存在的关系问题,根源于远古时代关于"灵魂对外部世界的关系"问题,即人死之后灵魂如何存在的问题。这个问题后来演化为思维对存在、精神对物质的关系问题。思维和存在的关系问题始终是哲学的基本问题,但人们对这个问题的认识却经历了很长的历史过程。因此,恩格斯不仅强调思维和存在的关系问题是哲学的重大的基本问题,而且特别指出这个问题只是在近代哲学中,"在欧洲人从基督教中世纪的长期冬眠中觉醒以后,才被十分清楚地提了出来,才获得了它的完全的意义"③。也就是说,近代哲学研究的主要问题是思想的客观性问题,它不仅研究了外在的世界与人的观念之间的关系,而且深入地考察了人的观念内部的诸种关系问题,提出和研究了客观世界与意识内容、意识内容与意识形式、对象意识与自我意识、知性思维与辩证思维、思维规律与存在规律、理论理性与实践理性等一系列关于思维和存在的关系问题,从而"十分清楚"地提出了哲学的基本问题,并使之获得了"完全的意

① 本书编写组:《马克思主义哲学(马克思主义理论研究和建设工程重点工程教材)》,高等教育出版社、人民出版社2011年版,第6页。

② 本书编写组:《马克思主义哲学(马克思主义理论研究和建设工程重点工程教材)》,高等教育出版社、人民出版社2009年版,第7—8页。

③ 《马克思恩格斯选集》第4卷,人民出版社2012年版,第230页。

义”。马克思主义哲学在总结哲学史的基础上,以科学的世界观回答了哲学的基本问题,为哲学的发展开辟了新的正确道路。①

(2)哲学基本问题与现实生活。

哲学的基本问题源于人类的现实生活,而不是纯粹的玄想和思辨。在人们的现实生活中,思维和存在的关系问题,具体地表现为主观与客观的关系问题。它既是人的认识活动的根本问题,也是人的实践活动的根本问题。其中,人的认识活动从根本上说就是在观念上实现思维与存在、主观与客观的统一,从而认识世界;人的实践活动,从根本上说,就是在现实中实现思维与存在、主观与客观的统一,从而能动地改造世界。

(3)哲学基本问题作为哲学形态划分的最高标准。

恩格斯在1886年撰写的《路德维希·费尔巴哈和德国古典哲学的终结》中认为:思维对存在、精神对自然界的关系问题,是全部哲学的最高问题,也是哲学形态划分的最高标准。它既是划分唯物主义与唯心主义两大阵营的标准,也是划分可知论与不可知论的标准。

①哲学基本问题与哲学的两大基本派别(唯物主义与唯心主义)。

哲学基本问题的第一个方面,是关于思维与存在、精神与物质谁为本原的问题,也就是思维与存在、精神与物质谁是第一性,谁产生谁的问题。这个问题可以表述为:什么是本原的,是精神,还是自然界?或者是:世界是神创造的呢,还是从来就有的?恩格斯把对哲学基本问题这个方面的回答作为划分唯物主义与唯心主义的标准:“哲学家依照他们如何回答这个问题而分成了两大阵营。凡是断定精神对自然界说来是本原的,从而归根到底承认某种创世说的人(而创世说在哲学家那里,例如在黑格尔那里,往往比在基督教那里还要繁杂和荒唐得多),组成唯心主义阵营。凡是认为自然界是本原的,则属于唯物主义的各种学派。”

“除此之外,唯心主义和唯物主义这两个用语本来没有任何别的意思,它们在这里也不是在别的意义上使用的。”②这是世界哲学史上首次从哲学基本

---

① 参见本书编写组:《马克思主义哲学(马克思主义理论研究和建设工程重点工程教材)》,高等教育出版社、人民出版社2009年版,第7—8页。

② 《马克思恩格斯选集》第4卷,人民出版社2012年版,第231页。

问题的高度对唯物主义与唯心主义进行划分。

其中,唯物主义哲学在其历史发展过程中,依次表现为三种基本的历史形态,即古代朴素唯物主义、近代机械唯物主义和马克思创立的“新唯物主义”。朴素的唯物主义,亦称古代唯物主义,即直观的、从常识出发的、缺乏坚实科学基础的唯物主义哲学。它是唯物主义的最初形式,产生于奴隶社会,一直延续到封建社会。① 其研究方法具有明显的“感性直观”的性质。它的主要特征是把某种或几种具体的物质形态看作世界的物质本原和统一的物质基础。譬如,中国古代哲学中,有用“五行”(土、金、木、水、火)来说明世界的起源和本质的学说;古希腊哲学中有用“水”、“火”、“原子”解释宇宙万物的本原和统一基础的学说;古印度哲学中的遮缚迦派提出“四大”说,把地、水、火、风作为万物的本原。② 朴素唯物主义往往与宗教和朴素辩证法相伴而生——宗教是客观唯心主义的前身,而朴素唯物主义则往往与朴素辩证法结合在一起。近代唯物主义是唯物主义哲学的第二种历史形态。在研究方法上,它以近代科学对自然现象的实证研究为基础,以新的实证知识和科学方法论证世界的物质统一性,摆脱了古代唯物主义的朴素性。在研究对象方面,它自觉地提出和探讨了思维和存在的关系问题,研究了认识内容的来源等问题,确认了唯物主义的反映论和可知论原则。在对人与世界关系的探讨方面,德国哲学家费尔巴哈在批判宗教神学和黑格尔的思辨哲学的过程中,提出人的“感性存在”是思维和存在统一的基础,创造了人本学唯物主义。近代唯物主义的局限性共有三点:一是把自然界中各种现象和过程最终归结为机械运动,用力学规律加以解释;二是用孤立、静止、片面的观点解释世界,是一种“形而上学”的思维方式;三是唯物主义的不彻底性,即自然观是唯物主义而历史观是唯心主义。马克思创立的“新唯物主义”,是哲学唯物主义的最高形态。对于这种“新唯物主义”,有人称其为“辩证唯物主义”,有人称其为“历史唯物主义”,有人称

① 本书作者认为,《中国大百科全书》相关词条认为朴素唯物主义仅仅在东方延续到封建社会(参见《中国大百科全书》(第二版简明版)第6卷,中国大百科全书出版社2011年版,第106页),并不具备说服力,因为虽然西方在古希腊时就出现了“形而上学”一词,但在亚里士多德《形而上学》一书中出现的“四因”中的“质料因”和“形式因”,虽然具有唯物主义因素,但这种唯物主义仍然是建立在感性直观和猜测的基础之上,缺乏坚实的科学基础。

② 参见《哲学大辞典》上卷,上海辞书出版社2007年版,第19页。

其为“实践唯物主义”,有人称其为“辩证唯物主义和历史唯物主义”,本书作者称其为“唯物主义辩证法”,但不论是给它以什么称呼,它的根本特征是不变的:就是克服了旧唯物主义唯物论与辩证法相割裂、自然观与历史观相割裂、理论和实际相割裂、认识世界与改造世界相割裂的各种不彻底性,实现了唯物论与辩证法的统一、自然观与历史观的统一、理论和实际的统一、认识世界和改造世界与人民根本利益的统一。因而,它不仅区别于以往所有的唯物主义,也区别于以往所有的唯心主义,区别于整个传统形而上学,因而是一种全新的哲学基本形态。

而唯心主义哲学虽然有众多流派,但归结起来主要有两种基本形式:一是主观唯心主义;二是客观唯心主义。主观唯心主义把个人的感觉、心灵、意识、观念夸大为第一性的东西,否认物质世界和客观规律不依赖于人的意识而存在;客观唯心主义则把某种“客观精神”说成是先于并独立于物质世界的存在,并把物质世界说成是这种“客观精神”的产物。

②哲学基本问题与可知论和不可知论。

哲学基本问题的另一个方面,是关于思维与存在有无“同一性”的问题,也就是思维能否认识存在的问题。用恩格斯的话说就是:“思维和存在的关系问题还有另一个方面:我们关于我们周围世界的思想对这个世界本身的关系是怎样的? 我们的思维能不能认识现实世界? 我们能不能在我们关于现实世界的表象和概念中正确地反映现实? 用哲学的语言来说,这个问题叫做思维和存在的同一性问题,绝大多数哲学家对这个问题都作了肯定的回答。……但是,此外,还有其他一些哲学家否认认识世界的可能性,或者至少是否认彻底认识世界的可能性。”①这就是思维与存在的同一性问题,对这个问题作出肯定回答的就是可知论,作出否定回答的就是不可知论。

在人类哲学史上,绝大多数哲学家都对思维与存在的同一性问题作了肯定性的回答,不仅唯物主义者都是可知论者,而且绝大多数的唯心主义者也是可知论者。其中,唯物主义的可知论,是以承认物质第一性、精神第二性为前提的反映论的可知论,即认为人的思维能够正确反映现实世界。而唯心主义

---

① 《马克思恩格斯选集》第4卷,人民出版社2012年版,第231—232页。

的可知论,则是以肯定精神第一性、物质第二性为前提的思维与存在的同一性,即认为存在同一于思维、用精神的本原性来说明思维与存在的同一性的可知论。

以上这两方面问题,在新编马克思主义理论研究和建设工程重点教材《马克思主义哲学》均有详细论述。①

③哲学基本问题与辩证法和"形而上学"。

在恩格斯看来,把哲学基本问题作为划分唯物主义和唯心主义、可知论与不可知论的标准,并非哲学基本问题的全部功能,也不足以涵盖传统形而上学的主要哲学类型。因此,他早在 1873 年撰写的《自然辩证法》的"札记和片断"中,就对哲学基本问题的第二个方面——"思维与存在说的同一性问题"进行了论述,把辩证法和"形而上学"看作是"思维与存在的同一性问题"的重要内容,提出了哲学形态划分上的"两个哲学派别:主张固定范畴的形而上学派,主张流动范畴的辩证法派"②。认为主观辩证法是客观辩证法的反映。

在《自然辩证法》中,恩格斯对辩证法的认识主要有两个方面:其一,客观的辩证法,即"辩证法规律是自然界的实在的发展规律"③。在这个方面,"辩证法是关于普遍联系的科学。主要规律:量和质的转化——两极对立的相互渗透和它们达到极端时的相互转化——由矛盾引起的发展或否定的否定——发展的螺旋形式"④。其二,是主观辩证法,即辩证的思维。在这个方面,"每一个时代的理论思维,包括我们这个时代的理论思维,都是一种历史的产物,它在不同的时代具有完全不同的形式,同时具有完全不同的内容。因此,关于思维的科学,也和其他各门科学一样,是一种历史的科学,是关于人的思维的历史发展的科学。……对于现今的自然科学来说,辩证法恰好是最重要的思维形式,因为只有辩证法才为自然界中出现的发展过程,为各种普遍的联系,为一个研究领域向另一个研究领域过渡提供类比,从而提供说明方法"⑤。这

① 参见本书编写组:《马克思主义哲学(马克思主义理论研究和建设工程重点工程教材)》,高等教育出版社、人民出版社 2011 年版,第 6—13 页。

② 《马克思恩格斯选集》第 3 卷,人民出版社 2012 年版,第 892 页。

③ 《马克思恩格斯选集》第 3 卷,人民出版社 2012 年版,第 902 页。

④ 《马克思恩格斯选集》第 3 卷,人民出版社 2012 年版,第 841 页。

⑤ 《马克思恩格斯选集》第 3 卷,人民出版社 2012 年版,第 873—874 页。

里必须注意,初看起来,恩格斯与黑格尔都在强调“哲学形态”、“理论思维”的历史性,两者的观点惊人地相似,但深究起来我们就不难发现,两者在对哲学基本问题的回答是截然相反的,具有根本性的区别。在黑格尔那里,客观世界是绝对理性的产物;而在恩格斯那里,主观世界是客观世界的反映,主观辩证法是客观辩证法的反映。

对于客观辩证法与主观辩证法的关系,恩格斯指出:“所谓的**客观**辩证法是在整个自然界中起支配作用的,而所谓的主观辩证法,即辩证的思维,不过是在自然界中到处发生作用的、对立中的运动的反映,这些对立通过自身的不断的斗争和最终的互相转化或向更高形式的转化,来制约自然界的生活。”① 此外,恩格斯还把辩证法划分为三种形态:“第一种是希腊哲学。在这种哲学中,辩证思维还以原始的朴素的形式出现……在希腊人那里——正是因为他们还没有进步到对自然界进行解剖、分析——自然界还被当做整体、从总体上来进行观察。自然现象的总的联系还没有在细节上得到证明,这种联系在希腊人那里是直接观察的结果。”②“辩证法的第二种形态恰好离德国的自然科学家最近,这就是从康德到黑格尔的德国古典哲学。……但是,自从黑格尔著作中已提出一个虽然是从完全错误的出发点阐发的、却无所不包的辩证法纲要以后,要向康德学习辩证法,就是一件费力不讨好的和收效甚微的事情。”③ 第三种形态,是马克思的辩证法:“马克思的功绩就在于,他和‘今天在德国知识界发号施令的、愤懑的、自负的、平庸的模仿者们’相反,第一个把已经被遗忘的辩证方法、它和黑格尔辩证法的联系以及差别重新提到人们面前,同时在《资本论》中把这个方法应用到一种经验科学即政治经济学的事实上去。”④ 即把概念辩证法改造成一种社会辩证法。而马克思的辩证法与黑格尔的辩证法的区别就在于:“在黑格尔的辩证法中,正像在他的体系的所有其他分支中一样,一切真实的联系都是颠倒的。但是,正如马克思所说的,‘辩证法在黑格尔手中神秘化了,但这决没有妨碍他第一个全面地有意识地叙述了辩证法

---

① 《马克思恩格斯选集》第3卷,人民出版社2012年版,第908页。
② 《马克思恩格斯选集》第3卷,人民出版社2012年版,第876页。
③ 《马克思恩格斯选集》第3卷,人民出版社2012年版,第877页。
④ 《马克思恩格斯选集》第3卷,人民出版社2012年版,第878页。

的一般运动形式。在他那里,辩证法是倒立着的。必须把它倒过来,以便发现神秘外壳中的合理内核。'"①认为黑格尔的辩证法是以主观辩证法取代客观辩证法,是理论与实际相脱离的概念推论,而马克思的辩证法是以主观辩证法反映客观辩证法,是一种理论与实际相统一的唯物辩证思维。后人根据恩格斯的论述,将辩证法划分为朴素辩证法、唯心主义辩证法和唯物主义辩证法三个发展阶段。这种划分一直被国内哲学界应用至今。

对于形而上学,恩格斯在《自然辩证法》中则主要是把它作为思维方式来描述的。恩格斯说:"在自然科学中,形而上学观点由于自然科学本身的发展已经站不住脚了。"②"一个民族要想站在科学的最高峰,就一刻也不能没有理论思维。可是正当自然过程的辩证性质以不可抗拒的力量迫使人们承认它,因而只有辩证法能够帮助自然科学战胜理论困难的时候,人们却把辩证法同黑格尔派一起抛进大海,因而又无可奈何地陷入旧的形而上学。"③在这本书中,恩格斯还有"从形而上学思维向辩证思维复归"④,"大批自然科学家仍然束缚在旧的形而上学的范畴之内,在必须合理地解释这些可以说在自然界中证实了辩证法的最新事实并把它们彼此联系起来的时候,他们就束手无策了"⑤,"旧的形而上学的思维方法不再够用了"⑥,"束缚形而上学的另一对立,是偶然性和必然性的对立"⑦,"在自然科学家中形而上学的思维方式占支配地位"⑧等语,都说明了恩格斯主要是把形而上学作为思维方式来对待的。此外,该书中还有"17 和 18 世纪的形而上学"⑨,"18 世纪的唯物主义,由于它的本质上形而上学的性质"⑩等语,也主要是从思维方式方面来理解形而上学。

① 《马克思恩格斯选集》第 3 卷,人民出版社 2012 年版,第 879 页。
② 《马克思恩格斯选集》第 3 卷,人民出版社 2012 年版,第 841 页。
③ 《马克思恩格斯选集》第 3 卷,人民出版社 2012 年版,第 875 页。
④ 《马克思恩格斯选集》第 3 卷,人民出版社 2012 年版,第 876 页。
⑤ 《马克思恩格斯选集》第 3 卷,人民出版社 2012 年版,第 893 页。
⑥ 《马克思恩格斯选集》第 3 卷,人民出版社 2012 年版,第 909 页。
⑦ 《马克思恩格斯选集》第 3 卷,人民出版社 2012 年版,第 916 页。
⑧ 《马克思恩格斯选集》第 5 卷,人民出版社 2012 年版,第 955 页。
⑨ 《马克思恩格斯选集》第 3 卷,人民出版社 2012 年版,第 876 页。
⑩ 《马克思恩格斯选集》第 3 卷,人民出版社 2012 年版,第 977 页。

也正因为如此，在1886年撰写的《路德维希·费尔巴哈和德国古典哲学的终结》一文中，恩格斯在论述哲学基本问题的两个方面时，并没有把形而上学和辩证法的关系列入其中，而是在后文论述旧唯物主义的局限性和黑格尔哲学的革命方面时才分别谈到的。究其原因，可能是恩格斯认为这主要是"思维方式"问题，主要是主体用怎样的"思维方式"认识世界的问题。李达先生在其主编的《唯物辩证法大纲》中，沿用了恩格斯的这个做法。他把"哲学的基本问题的第一个方面"（谈唯物主义与唯心主义的对立）、"哲学的基本问题的第二个方面"（谈可知论与不可知论的对立）、"辩证法与形而上学的对立"各列一章。并明确指出："在认识史上，同唯物论与唯心论的斗争、可知论与不可知论的斗争交织在一起的，还有辩证法与形而上学的斗争。辩证法同形而上学是两种对立的发展观。发展观所直接回答的是世界是否发展、为何发展和如何发展的问题，而不是思维对存在的关系问题。"①

但实际上，与辩证法对应的"普遍的联系"和"发展"相似，"形而上学"思维方式所对应的事物的"界限"、相对的"静止"和"稳定"，也都是在自然界中普遍存在的。因此，恩格斯在论述辩证法的同时，也强调"对于日常应用，对于科学上的细小研究，形而上学的范畴仍然是有效的"②。并且认为对于自然科学研究来说，"到上一世纪末，甚至到1830年，自然科学家靠旧的形而上学差不多还能应付过去，因为真正的科学当时还没有越出力学——地球上的力学和宇宙的力学的范围"③。也就是说，至少在当时物理学的"力学的范围"内，形而上学的思维方式还是基本适用的。李达先生在其主编的《唯物辩证法大纲》中，也认为"任何哲学派别在解决哲学基本问题（无论是它的第一方面或第二方面）的时候，无论采取唯物论的立场或唯心论的立场，可知论的立场或不可知论的立场，都不能不涉及发展观问题。这个问题的不能回避，正像哲学基本问题本身不能回避一样。由于发展观的不同，各个哲学派别在解决哲学基本问题时的论证方法和彻底程度也就不同。发展观是构

---

① 李达主编：《唯物辩证法大纲》，武汉大学出版社2007年版，第33页。

② 《马克思恩格斯选集》第3卷，人民出版社2012年版，第910页。

③ 《马克思恩格斯选集》第3卷，人民出版社2012年版，第892页。

成一定哲学体系的必要的有机的成分,是世界观的一个不可缺少的方面"①,认为辩证法和"形而上学"既是发展观,又是论证方法,与解决哲学基本问题密切相关。

(4)划分哲学形态的四种因素——哲学上的"两个对子"。

恩格斯在《路德维希·费尔巴哈和德国古典哲学的终结》中把"思维与存在的关系问题"作为哲学形态划分的最高标准,用以区分唯物主义与唯心主义两大阵营,并结合对费尔巴哈和黑格尔哲学的批判,阐述了唯物主义和唯心主义与辩证法和"形而上学"的关系。而此前恩格斯在1873年撰写的《自然辩证法》[札记和片断]中,则直接把"形而上学"和"辩证法"称为"两个哲学派别"②。这样,唯物主义与唯心主义两大阵营、辩证法与"形而上学"两个派别,就构成了哲学形态划分的四种主要形式。

毛泽东1957年1月27日《在省市自治区党委书记会议上的讲话》中说:"在哲学里边,唯物主义和唯心主义是对立统一,这两个东西是相互斗争的。还有两个东西,叫做辩证法和形而上学,也是对立统一、相互斗争的。一讲哲学,就少不了这两个对子。"③毛泽东还认为,无论哪个国家,包括社会主义国家,都有唯心主义和形而上学的存在。此后,唯物主义与唯心主义、辩证法与"形而上学"就被国内哲学界公认为哲学上的"两个对子"。国内的主要的哲学教科书,也都是把唯物主义与唯心主义、辩证法与"形而上学"一同作为哲学的四种最基本的形态。新编马克思主义理论研究和建设工程重点教材《马克思主义哲学》不仅仍然沿用这"两个对子"的提法,并进一步把辩证法和"形而上学"与唯物主义和唯心主义统一放到"哲学的基本派别"条目下进行论述,以使其与思维与存在的关系问题发生关联。该教材说:"在思维与存在、精神与物质的关系问题中,既包含世界的本原问题,还包含世界是怎样存在的问题,以及思维以怎样的方式把握存在的问题。毛泽东指出:'在人类的认识史中,从来就有关于宇宙发展法则的两种见解,一种是形而上学的见解,一种

① 李达主编:《唯物辩证法大纲》,武汉大学出版社2007年版,第33页。
② 《马克思恩格斯选集》第3卷,人民出版社2012年版,第892页。
③ 《毛泽东文集》第七卷,人民出版社1999年版,第193页。

是辩证法的见解，形成了互相独立的两种宇宙观'。"[①]也就是说，在该教材看来，世界是怎样存在的问题和思维以怎样的方式把握存在的问题，正是辩证法与"形而上学"这两种根本对立的宇宙观和方法论所要予以把握的问题——关于世界是怎样存在的问题的解答就是宇宙观，而关于思维以怎样的方式把握存在的问题就是方法论。

在笔者看来，如果从"思维与存在的关系问题"的角度来看，辩证法和"形而上学"无非是以下两个方面的内容：一是用怎样的思维方式去认识思维与存在以及它们相互间的关系；二是思维与存在各自是怎样存在和发展的，是运动的还是静止的，是孤立的还是联系的，是发展的还是不变的，等等。

其中，对于辩证法来说，作为思维方式，"辩证法在考察事物及其在观念上的反映时，本质上是从它们的联系、它们的联结、它们的运动、它们的产生和消逝方面去考察的"[②]。作为对世界联系和发展的反映，主观辩证法是客观辩证法的反映，"自然界是检验辩证法的试金石，而且我们必须说，现代自然科学为这种检验提供了极其丰富的、与日俱增的材料，并从而证明了，自然界的一切归根到底是辩证地而不是形而上学地发生的"[③]。而对于"形而上学"来说，作为思维方式，"形而上学的考察方式，虽然在相当广泛的、各依对象性质而大小不同的领域中是合理的，甚至必要的，可是它每一次迟早都要达到一个界限，一超过这个界限，它就会变成片面的、狭隘的、抽象的，并且陷入无法解决的矛盾，因为它看到一个一个的事物，忘记它们互相间的联系；看到它们的存在，忘记它们的生成和消逝；看到它们的静止，忘记它们的运动；因为它只见树木，不见森林"[④]。作为对世界相对稳定和静止的反映，对事物之间界限的反映，"在形而上学者看来，事物及其在思想上的反映即概念，是孤立的、应当逐个地和分别地加以考察的、固定的、僵硬的、一成不变的研究对象。他们在绝对不相容的对立中思维；他们的说法是：'是就是，不是就不是；除此以外，

---

① 本书编写组：《马克思主义哲学(马克思主义理论研究和建设工程重点工程教材)》，高等教育出版社、人民出版社 2011 年版，第 12 页。

② 《马克思恩格斯选集》第 3 卷，人民出版社 2012 年版，第 792—793 页。

③ 《马克思恩格斯选集》第 3 卷，人民出版社 2012 年版，第 793 页。

④ 《马克思恩格斯选集》第 3 卷，人民出版社 2012 年版，第 791—792 页。

都是鬼话。'"①

此外,形而上学在传统哲学中还被看作是一种论述抽象概念以及一般宇宙观的学问,在本书中则被看成是一种与唯物主义辩证法有着根本区别的哲学基本形态,在这里均不作详细阐述。

2. 现有哲学形态划分最高标准的局限性

把"思维与存在的关系问题"作为哲学形态划分的最高标准具有两个无法避免的缺陷:

其一,无法准确描述马克思主义哲学与传统形而上学的关系问题。马克思反对局限于"纯粹的思想领域"片面追求"认识世界"的传统形而上学,主张在"认识世界"的基础上"改造世界"。而"思维与存在的关系问题"主要反映的是外在世界与人的思维之间到底是怎样的关系,以及人如何去认识外在世界和人的思维等问题,但对"认识世界"与"改造世界"的关系却很少涉及。也就是说,它只管如何"认识世界",如何发现客观世界的"规律"和"真理",至于怎样运用这些"规律"和"真理"去改变现实世界,已经在它的管辖范围之外了。这就很难从哲学基本问题的高度把马克思主义哲学与传统形而上学区分开来。

其二,无法准确描述传统形而上学与现当代西方哲学的异同。"思维与存在的关系问题"在区分传统形而上学的唯物主义和唯心主义时还是非常有效的,但如果超出了传统形而上学的范围,在审视力图"拒斥形而上学"或建立"后形而上学"的现当代西方哲学时,就捉襟见肘了。因为,在现当代西方哲学家中,除了海德格尔等少数哲学家以外,已经很少有人去关注传统形而上学擅长的世界本原、主客体关系等这一类问题了。因此,单纯使用"思维与存在的关系问题"这一哲学形态划分标准,已经很难对传统形而上学与现当代西方哲学的异同进行准确描述了。

对于现有哲学形态划分最高标准的这两个缺陷,国内现有的哲学教科书,包括新编的马克思主义理论研究和建设工程重点教材《马克思主义哲学》在内,均没有进行相应的论述。也正是由于现有哲学形态划分最高标准的这两

① 《马克思恩格斯选集》第3卷,人民出版社2012年版,第791页。

个缺陷，才导致了国内哲学界马哲、中哲、西哲三足鼎立、自说自话的局面，缺乏统一的哲学评价尺度。

而事实上，从思维与存在的关系问题出发，把哲学上的“两个对子”作为划分哲学形态的标准，不仅是国内哲学界的做法，也是国外的一些哲学家的做法——只是不像在国内哲学界这么普遍而已。与国内哲学界一样，随着马克思主义哲学的诞生，国外哲学家也同样遇到了把哲学上的“两个对子”作为哲学形态划分标准的困难。比如，挪威哲学家G.希尔贝克、N.伊耶在他们编纂的《西方哲学史》中说：“马克思不满足于仅仅诠释世界；他还要**改变**世界。”① 这种描述是非常正确的。因为，马克思所创立的唯物主义辩证法与以黑格尔为代表的传统形而上学，作为最基本的两大哲学形态，其根本区别就在于是仅仅满足于“诠释世界”，还是要在诠释世界的基础上改造世界。但是，与几乎所有的现当代西方资产阶级哲学家一样，G.希尔贝克和N.伊耶并不愿意把这一区别看成是马克思哲学和黑格尔哲学在哲学基本形态层次上的差别，他们更愿意把马克思“诠释”成一个哲学上的“黑格尔主义者”②，只是这个“黑格尔主义者”与其他的哲学家不同，他同时又是一个从事政治活动的政治家和一个从事包括哲学在内的多方面研究的科学家。其中，对于他们赋予马克思的“政治家”身份，他们说：“马克思把政治理论理解为政治活动的一部分：政治理论并不是对真理的沉思，而本身就是在支持或反对社会变化的政治斗争中的一种动作。”③由于他们看不到人学立场、社会功能都是哲学形态的构成要素，因而好像只要一谈到“改变世界”，就超出了哲学领域，就只能用政治来解释。对于他们赋予马克思的“科学家”身份，他们认为：“马克思的科学事业不是纯哲学，而是包括历史、社会学、经济学和哲学在内。在哲学分析、经验努力和政治时论之间的转变是转瞬即逝的。作为一名黑格尔主义者，马克思不愿意**分化出**一种纯粹哲学的理论来：实际上，经济学、社会学、历史学和哲学都是相互联系的。”④他们看不到，马克思之所以“不愿意**分化出**一种纯粹哲学的

① ［挪］G.希尔贝克、N.伊耶：《西方哲学史》，上海译文出版社2004年版，第431页。
② ［挪］G.希尔贝克、N.伊耶：《西方哲学史》，上海译文出版社2004年版，第431页。
③ ［挪］G.希尔贝克、N.伊耶：《西方哲学史》，上海译文出版社2004年版，第431页。
④ ［挪］G.希尔贝克、N.伊耶：《西方哲学史》，上海译文出版社2004年版，第431页。

理论来”，并不是由于“经济学、社会学、历史学和哲学都是相互联系的”，而是由于马克思所创立的“唯物主义辩证法”，是一种从现实出发、从人民利益出发去认识世界和改造世界的哲学理论，根本就不会像传统形而上学那样去追求“纯粹哲学的理论”。换句话说，传统形而上学把构建“纯粹哲学的理论”作为其主要功能，而唯物主义辩证法则把指导“改造世界”作为其主要功能，两者根本不属于同一个哲学基本形态，因而也就不应该把前者作为评价后者的标准。对于马克思的哲学，希尔贝克和N.伊耶认为：“马克思经常被说成是黑格尔哲学的传播者”，因为“马克思保存了黑格尔把世界看作是一个辩证的历史过程的观点”，两者的差别仅仅在于：“对黑格尔来说，世界是一个**思想和观念**的发展在其中具有根本地位的历史过程”，而马克思却“声称物质生活的发展是根本性的”①。不过，他们也看到了哲学上的“两个对子”作为哲学形态划分标准的困难，并力图予以解决。他们是这样说的：“这种说法，说黑格尔是一个‘唯心主义者’、马克思是一个‘唯物主义者’，至多是一种简化。我们已经看到，黑格尔是关心社会因素和物质因素的。我们将看到，马克思并不是一位机械论意义上的唯物主义者。”②那这个问题应该怎样解决呢？他们认为：“如果黑格尔让历史‘用头来’站立（唯心主义），而马克思则允许历史‘站在脚上’（唯物主义），那么可以说，历史当然应该用双脚来**行走**、而用头来**思考**。③ 换句话说，这并不是非此即彼的，也就是说，物质的—经济的因素和文化的—思想的因素都有各自的作用。作为辩证法家，黑格尔和马克思在这点上观点一致。但与此同时，黑格尔比马克思**更**强调文化的—思想的因素，而马克思比黑格尔**更**强调物质的—经济的因素。在作了这个保留之后，我们可以谈论黑格尔那里的‘辩证唯心主义’和马克思那里的‘辩证唯物主义’。”④由

① ［挪］G.希尔贝克、N.伊耶：《西方哲学史》，上海译文出版社2004年版，第431页。

② ［挪］G.希尔贝克、N.伊耶：《西方哲学史》，上海译文出版社2004年版，第431页。

③ 在这里，G.希尔贝克和N.伊耶有意无意地对马克思的思想进行了曲解。马克思的原意是批评黑格尔和费尔巴哈从仅仅是从个人“孤寂的头脑”中产生出思想而不是在对现实进行研究的基础上产生出思想，并没有不需要“用头来思考”的意思。至于“头”和“脚”的关系问题，马克思从来没有否定“思想”的作用（参见《〈黑格尔法哲学批判〉导言》），反倒是传统形而上学仅仅局限于“纯粹的思想领域”，割裂理论与实际的关系。

④ ［挪］G.希尔贝克、N.伊耶：《西方哲学史》，上海译文出版社2004年版，第431页。

于两人并没有找到新的、更为恰当的哲学形态划分标准,因而他们也就无法真正解决把哲学上的"两个对子"作为哲学形态划分标准所带来的困难。

二、已有的哲学具体形态划分标准及其局限

在世界哲学史上,除了哲学上的"两个对子"之外,各种各样的哲学呈现着不同的具体形态。对于这些哲学具体形态,国内外哲学家有着大量的论述。

1. 国外哲学家的论述

根据哲学家的国别或生活地域来划分哲学,是国内外哲学界的一个常用做法。譬如,黑格尔在《哲学史讲演录》里,就把哲学划分为东方哲学和西方哲学两大类。其中,西方哲学又划分为希腊哲学、中世纪哲学、近代哲学三大部分,东方哲学又划分为中国哲学、印度哲学和阿拉伯哲学三大部分。

另一种比较常见的哲学形态划分标准是把研究对象和研究领域作为划分标准。在中西哲学史上,在相当长的时间内,形而上学是作为哲学的代名词出现的。关于形而上学,西方近现代哲学家有着大体一致但又相互区别的看法。康德认为,形而上学的全部体系由本体论、合理的自然学(包括合理的物理学和合理的心理学)、合理的宇宙论、合理的神学四种主要部分组成①;黑格尔认为形而上学包括"本体论"、"理性心理学或灵魂学"、"宇宙论"、"自然的或理性的神学"四个部分②;德国现代哲学家海德格尔认为:与形而上学相关的有存在论、宇宙论、心理学以及自然神学四个部分③。

此外,与以上几位哲学家不同,美国当代哲学家 J.P.蒂洛认为哲学有形而上学(Metaphysics)、伦理学(Ethics)、认识论(Epistemology)三个分支④。

2. 国内哲学家的各种论述

国内哲学家关于哲学具体形态的论述,可以说是多种多样。

(1)艾思奇在 1935 年出版的《大众哲学》一书中,根据人生态度的不同,把人生哲学划分为若干的"形相"。认为"哲学是有种种形相的,或是享乐主

---

① 康德:《纯粹理性批判》,商务印书馆 1960 年版,第 578 页。
② 黑格尔:《小逻辑》,商务印书馆 1980 年版,第 102—106 页。
③ 《海德格尔选集》上卷,上海三联书店 1996 年版,第 84 页。
④ [美]蒂洛:《哲学——理论与实践》,中国人民大学出版社 1989 年版,第 13 页。

义,或是厌世主义,或是现实主义……种类多得很。"①接下来,又根据研究内容的不同,把自己的哲学划分为"本体论"、"认识论"、"方法论"、"思想和范畴"四大部分。这个体系对国内哲学界的影响很大,新中国成立后国内的马克思主义教科书基本上是按照"本体论"、"认识论"、唯物辩证法及其范畴的结构来安排的,只是在此基础之上增加了"历史唯物主义"或"历史观"部分,相互间在结构安排上差异不大。这种划分目前已经成了国内哲学界最常见的哲学形态划分体例。

(2)冯友兰在1948年出版的《中国哲学简史》中,把哲学划分为"出世哲学"和"入世哲学"两种。其中,认为"人应该从被物质败坏了的世界中解脱出来。一个圣人想要取得最高的成就,必须抛弃社会,甚至抛弃生命。唯有这样,才能得到最后的解脱。这种哲学通常被称为'出世哲学'",释迦牟尼认为人生就是苦难的根源,柏拉图认为身体是灵魂的监狱,道家认为生命是赘疣,都属于这类哲学观点;"还有一种哲学,强调社会中的人际关系和人事。这种哲学只谈道德价值,因此对于超越道德的价值觉得无从谈起,也不愿去探讨。这种哲学通常被称为'入世'的哲学。"孔子所说的"未知生,焉知死",就属于这类哲学观点。②

(3)高清海先生在1985年主编的《马克思主义哲学基础》一书的"绪论"中,根据对哲学基本问题回答的不同,划分出唯心主义与唯物主义这"两个基本派别",在这之外并从属于这"两个基本派别"的是"两种对立的发展学说"——辩证法与"形而上学"。还认为"唯物主义是正确的世界观","唯心主义世界观是错误的";"辩证法按其本质来说是实事求是的理论观点和思维方法","形而上学的思维方法是违反客观实际的",并且"辩证法本质上属于唯物主义的观点和方法。彻底的唯物主义,必然以辩证法为内容;彻底的辩证法,也必然会走向唯物主义。形而上学则是走向唯心主义的通道"③。在此基础上,认为"在以往的历史上,唯物主义哲学主要有两种形态,即自发的唯物主义和形而上学的机械唯物主义;辩证法也主要有两种形态,即朴素辩证法和

① 艾思奇:《大众哲学》,新华出版社2001年版,第12页。

② 冯友兰:《中国哲学简史》,新世界出版社2004年版,第6—7页。

③ 高清海主编:《马克思主义哲学基础》上册,人民出版社1985年版,第54—63页。

唯心主义的概念辩证法。唯心主义哲学同样经历了不同形态的变化，主要形态有原始的唯心主义、经院哲学形态的唯心主义和近代以认识论为主要形式的唯心主义"①。他还进一步从中提炼出自发的唯物主义、原始的唯心主义、经院哲学、机械唯物主义、近代主观唯心主义、唯心主义的概念辩证法六种具体的哲学形态。

(4)王连法1991年出版的《哲学新形态》，认为哲学新形态即是应用哲学研究。他把哲学形态划分为"同自然科学浑然一体的哲学形态"、"中世纪的经院哲学形态"、"凌驾于一切科学之上的哲学形态"、"辩证唯物主义哲学形态"和"未来的哲学新形态"——应用哲学。并把应用哲学划分为"自然哲学"、"社会哲学"和"思维哲学"三种形态。

(5)欧阳康在1998年出版的《哲学研究方法论》一书中，把哲学形态划分为"作为社会系统之内在要素的哲学形态"、"哲学历史发展过程中的不同哲学形态"(如本体论形态、认识论形态、主体论形态、实证论形态、人本体形态等)、"某种哲学流派的不同历史形态"共三种主要形态。

(6)黄高荣、甘男在《湖南行政学院学报》2000年第6期发表的《论哲学形态》一文中，把实体观、时空观以及认识论和方法论作为划分不同哲学形态的依据，并把哲学划分为原子哲学、矛盾哲学和系统哲学三种形态。

(7)王干才在2006年出版的《实践思维——马克思主义哲学当代形态研究》一书中，把自古至今的哲学形态划分为"本体论形态"、"认识论形态"和"方法论形态"三种。

(8)李德顺先生在2010年主编的《哲学概论》一书中，在谈到哲学的理论形态的时候，根据形式(体系)的不同，把哲学形态划分为"外部形态"和"内部形态"两大类，并进一步细分为思想体系和叙述体系、观念形态和现实形态、历史形态和逻辑形态；根据内容(对象和问题)的不同，把哲学形态划分为存在论、意识论和价值论三种。②

3. 已有的哲学具体形态划分标准的局限性

在世界哲学史上，包括前面提到的诸种划分标准在内，最常见的哲学具体

---

① 高清海主编：《马克思主义哲学基础》上册，人民出版社1985年版，第72页。

② 参见李德顺主编：《哲学概论》，中国社会科学出版社2010年版，第42—59页。

形态的划分标准主要有以下诸种:

一是按地域或国家对哲学进行区分,如东方哲学、西方哲学、中国哲学、德国哲学、法国哲学、美国哲学等。

二是按照哲学的理论特征,把哲学划分为经验论、唯理论、机械唯物主义、主观唯心主义、客观唯心主义、唯心主义辩证法等,也可以划分为传统形而上学、反形而上学、后形而上学等。

三是按照哲学的研究领域,把哲学划分为本体论、认识论、方法论、价值论等。

四是按照哲学的研究对象,把哲学划分为自然哲学、精神哲学、社会哲学、历史哲学、经济哲学、科学哲学、宗教哲学、人生哲学、军事哲学,或语言哲学、逻辑哲学、心灵哲学、意志哲学、系统哲学等。

五是按哲学的研究方法,把哲学划分为概念辩证法、唯物主义辩证法、分析哲学、结构主义、解构主义、诠释学等。

六是按研究内容,把哲学划分为马克思主义、实证主义、弗洛伊德主义、实用主义等。

七是按时代特征,把哲学划分为古代哲学、近代哲学(或古典哲学)、现代哲学、当代哲学等。西方哲学还在近代哲学中划分出古典哲学,在当代哲学中划分出后现代哲学。

八是按研究目的和功能,把哲学划分为人本主义、科学主义、经院哲学等。

……

这些划分,都是行之有效的划分方法,并被广泛采用。但由于划分标准的多样性,在评价上很容易厚此薄彼,导致很难把各种不同的哲学放到整个世界哲学体系当中进行综合考察。概括起来说,已有的哲学形态划分标准存在两大弊端:一是划分标准缺乏层次性。哲学形态具有不同的层次,但已有的哲学形态划分标准却没有相应的层次与之对应。二是没有严格遵守形态学的方法,不是抽取各种哲学形态共有的要素对不同哲学形态形式和特征进行描述,而是企图把哲学的形式和内容都纳入哲学形态的描述中去,因而很难建立科学的划分体系。

这里,就以国人最为关注的中国哲学和西方哲学的比较研究为例。国内从事西方哲学研究的人一般认为,西方哲学起源于古希腊哲学,自其产生之初就擅长于逻辑推理和思辨,热衷于体系的建构,形成了一种源远流长的形而上学传统,至今为全世界所瞩目,并对世界哲学的发展产生着深远的影响,而中国哲学尽管自奴隶社会①就已经产生了,但中国哲学自古以来就走着与西方哲学不同的道路——重体悟、轻逻辑,重结论、轻体系,因而没能形成像西方哲学那样的根深蒂固的形而上学传统。其中的一些人甚至把西方哲学作为唯一的哲学模式,认为中国没有形而上学、甚至没有哲学。而与此相反,一些从事中国古代哲学研究的人则把中国古代哲学特别是儒家哲学捧上天,甚至认为只有儒家哲学才能引领中国人民实现现代化。至于西方当代哲学家,绝大多数人是持有第一种观点。

实际上,如果从理论与实际关系的角度出发,用更高层次的划分标准来审视中国哲学和西方哲学,我们便会发现:中国古代哲学除了依靠"直觉"和"体悟"对人生与社会进行探讨以外,更多地是依靠形式逻辑和朴素的辩证逻辑进行理性思考,而古希腊哲学除了依靠形式逻辑对自然和事物的根本原因的探究以外,也要依靠"直觉"和"体悟"对人生和社会进行探讨。它们具有一个共同的理论特征,就是仅仅局限于认识世界的领域,满足于个人对现实世界的认知和对个人内心世界的改造,而不寻求对现实社会的改造。两者同属于传统形而上学这一基本的哲学形态。并且,纵观整个世界哲学史,"直觉"和"体悟"并不只是古代中国和古希腊时期独有的思维模式,西方现当代哲学当中的"非理性主义"和"后形而上学",都不乏"直觉"和"体悟"的思维模式;"思辨"也不仅仅是西方哲学独有的思维模式,中国传统形而上学自古至今也都把"思辨"作为最主要的思维模式。其中,中国先秦时期以邓析、尹文、惠施、公孙龙为代表的"名家"(亦称辩者),以辩论名实问题而著称。中国古籍《墨子》一书当中的《墨辩》、《大取》,《公孙龙子》中的《名实论》、《白马论》、《坚

① 中国现存最早的有文字记录的哲学思想,是《尚书》中《甘誓》篇和《洪范》篇记载的"五行"学说。前者记载的话据说发生在公元前 2196 年,但没有其他历史资料佐证;后者记载的据说是周武王 13 年(前 1122 年)周灭商时,被俘的商朝贵族箕子与周武王的谈话。《左传》庄公 22 年(前 672 年)则有关于《周易》的记载,也说明《周易》的出现应该早于公元前 672 年。前者蕴含朴素唯物主义思想,后者蕴含朴素辩证法思想。(参见冯友兰:《中国哲学史新编》(上),人民出版社 2007 年版,第 25—26 页。)

白论》、《指物论》、《通变论》,《荀子》中的《正名》,《韩非子》中的《问辩》,《论衡》中的《知实》等名篇,都直接就是逻辑学著作。中国现当代哲学中的"新儒家",已经开始直接运用西方通用的形式逻辑进行思辨和推理。至于中国现当代哲学中的马克思主义哲学,不仅对形式逻辑的运用不亚于任何一种现当代西方哲学流派,而且在唯物辩证逻辑的把握和运用上更是远远超出了各种现当代西方哲学流派。只是,相比较而言,西方古代哲学和近代哲学中的"思辨"思维模式更为普遍,而中国哲学特别是中国古代哲学和近代哲学中的"体悟"思维模式更为普遍而已。

同理,以同样的方法来审视西方哲学中的"形而上学"、"反形而上学"和"后形而上学",我们也会发现:虽然形而上学追求终极和绝对,强调中心、基础、秩序和稳定,但它却是一种最基本的哲学形态,是建立于它之上的更为高级的哲学形态的基础和土壤。而现当代西方哲学中的"反形而上学"和"后形而上学",则往往在反对传统形而上学的同时,把传统形而上学追求终极和绝对的理论特征发挥到极致,对"形而上学"、"同一性"、"现代性"、"基础主义"、"中心主义"等予以绝对否定。阿多诺甚至主张"否定的辩证法",把"否定性"推向绝对,实际上只是用一种新形而上学取代了旧的形而上学。

不仅如此,我们还必须看到,以上的四种哲学划分根本无法涵盖世界哲学史上的所有哲学——马克思主义哲学作为与传统形而上学有着根本区别的基本哲学形态,它已不再满足于"求知"、不再满足于"认识世界",而是主张超越纯粹的思想领域,按照最广大人民的根本利益去改造世界。换句话说就是,马克思主义哲学虽然已经不再是传统意义上的哲学,不再是传统形而上学,但它仍然是哲学,仍然具备哲学的抽象性、创新性、批判性、现实性等学科特征。20世纪初期的一些现代西方哲学家,之所以只承认马克思是经济学家和社会学家,而看不到在马克思那里有什么值得称道的哲学,正是由于受旧的哲学划分标准影响的结果。

概言之,哲学作为智慧之学,既有对人生的认识和反思、对人与世界(自然、社会)关系的认识和反思,也有对个人内心世界的改造、对人与世界关系的改造,横跨"认识世界"和"改造世界"两个领域。我们在探讨哲学形态的形态划分标准的时候,必须对此予以足够的重视。

三、哲学形态划分最高标准的重新确立

那么，哲学形态的划分标准到底应该怎样确定？

系统考察一下世界哲学史，我们就不难发现，不同时代、不同民族和不同国家的哲学家的学说，其具体内容和结论总是随着历史的发展而变化，是各不相同的，但其表现形式，如研究领域、思维模式、研究方法、逻辑工具、人学立场、学科体系等，却具有一定的共性和相对稳定性，我们可以按照这些共性把它们划分为若干类型，即哲学形态。本书的主要思路就是依据形态学的方法，选取哲学的人学立场、理论特征、研究目的、研究领域、思维模式、研究方法、逻辑工具、学科体系、社会功能等要素，对不同层次的哲学形态进行描述。

按照这个思路，不同层次的哲学形态必须有相应层次的划分标准与之相对应，而同一层次的哲学形态则必须有相同层次的划分标准与之相对应。其中：

在哲学形态的最高层次，哲学形态的划分标准是"理论与实际的关系问题"。"理论与实际的关系问题"是哲学基本问题的现代表现形式，是划分各种哲学形态的最高标准。按照这个标准，迄今为止的世界哲学，可以划分为两大哲学基本形态：传统形而上学和唯物主义辩证法。传统形而上学的基本特征是局限于"纯粹的思想领域"，从纯粹概念出发，依靠逻辑推论，建立绝对体系。唯物主义辩证法的基本特征是：面向现实，从实际出发，实现理论与实际在最广大人民根本利益基础上的统一。

在哲学基本形态之下，是不同层次的哲学具体形态。对不同层次的哲学具体形态，必须有相应层次的划分标准与之相对应。这些划分标准随着哲学形态层次的降低，越来越具体，越来越细致，以使相同层次的哲学具体形态之间能够得以相互区分。譬如：对于唯物主义与唯心主义，划分的标准是思维与存在的关系问题；对于辩证法与"形而上学"，划分的标准是如何看待世界的运动发展的问题；对于机械唯物主义和辩证唯物主义，划分的标准是在承认物质第一性意识第二性的同时是否承认世界是运动的和发展的问题；对于主观唯心主义和客观唯心主义，划分的标准是在承认意识第一性物质第二性的同时是把人的自我意识还是上帝视为第一性的问题；等等。

四、对恩格斯哲学形态划分标准的新解读

按照新的哲学形态划分标准，我们就不难理解恩格斯在《路德维希·费尔巴哈和德国古典哲学的终结》中的哲学形态划分思想。

在《路德维希·费尔巴哈和德国古典哲学的终结》中，恩格斯在把哲学基本问题作为哲学形态的划分标准时划分了两个不同的层次：第一个层次是依据"思维和存在的关系"问题对传统形而上学内部的不同哲学类型——唯物主义与唯心主义以及可知论与不可知论进行的划分；第二个层次则是国内学术界此前普遍忽视的、却比第一个层次更高层次的划分，即从哲学基本问题的现代表现形式——理论与实际的关系或认识世界与改造世界的关系出发，对两个不同的哲学基本形态——马克思主义哲学与传统形而上学进行的划分。①

恩格斯在阐述包括黑格尔在内的大多数哲学家对"思维和存在的同一性问题"所持的肯定立场时指出：对于"思维和存在的同一性问题，绝大多数哲学家对这个问题都作了肯定的回答"②。而对于黑格尔来说，不仅"对这个问题的肯定回答是不言而喻的"，而且认为"思维和存在的同一性要得到证实，人类就要马上把他的哲学从理论转移到实践中去，并按照黑格尔的原则来改造整个世界。这是他和几乎所有的哲学家所共有的幻想"③。也就是说，仅仅承认"思维和存在的同一性"还是远远不够的，还必须到实践中去，通过改造世界来验证这种统一性，这也是包括黑格尔在内的几乎所有的哲学家所共有的幻想。这里我们必须注意的是：把"哲学从理论转移到实践中去"以使"思维和存在的同一性要得到证实"，已经不再是"思维和存在的关系问题"，而是"理论和实际的关系问题"——它既包括"理论和实践的关系问题"，也包括"思维和存在的同一性问题"。

但是，虽然在马克思之前的包括黑格尔在内的大多数哲学家都接触到了"理论和实际的关系问题"，但由于他们错误地"按照黑格尔的原则"，即只依

① 参见郝立忠：《从两个对子到两大形态——论马克思主义哲学评价的层次与标准》，《哲学研究》2003年第10期。

② 《马克思恩格斯选集》第4卷，人民出版社2012年版，第231页。

③ 《马克思恩格斯选集》第4卷，人民出版社2012年版，第231—232页。

靠"纯粹思想的力量"[①]来改造整个世界,因而就很难实现理论与实践的统一、认识世界与改造世界的统一,也就不能很好地解决这个问题,"按照黑格尔的原则来改造整个世界"的努力也就必然成为他们实现不了的"幻想"。

不仅如此,接下来恩格斯还进一步指出:这种把"哲学从理论转移到实践中去""改造整个世界"的努力,不仅"按照黑格尔的原则"不能解决,按照费尔巴哈的原则也不能解决。其根源就在于,同黑格尔一样,费尔巴哈也是"从他孤寂的头脑中""产生出自己的思想"[②],亦即同样是"按照黑格尔的原则"来解决这一问题。因此,一旦面临在认识世界的基础上改造世界的任务时,"黑格尔的体系只是一种就方法和内容来说唯心主义地倒置过来的唯物主义"[③],而"我们一接触到费尔巴哈的宗教哲学和伦理学,他的真正的唯心主义就显露出来了"[④],"他下半截是唯物主义者,上半截是唯心主义者"[⑤]。因此,在面临恩格斯关于哲学基本问题理解上的第二个层次的问题,即认识世界与改造世界关系问题的时候,不论是传统形而上学中的唯物主义,还是传统形而上学中的唯心主义,都难以拿出科学、有效的解决方案。这就催生了一个与传统形而上学有着根本区别的哲学形态——唯物主义辩证法。

也就是说,从理论与实际关系的角度来看,迄今为止的一切哲学,都可以划归传统形而上学和唯物主义辩证法(或称为马克思主义哲学)这两大哲学基本形态。唯心主义和唯物主义同属传统形而上学这个哲学基本形态,而唯物主义辩证法作为超出"纯粹的思想领域",坚持在认识世界的基础上改造世界的新哲学,则属于比传统形而上学更为高级的哲学基本形态。也正因为如此,把理论与实际的关系问题作为哲学形态划分的最高标准,是当今世界哲学发展的必然要求。

---

① 《马克思恩格斯选集》第4卷,人民出版社2012年版,第233页。
② 《马克思恩格斯选集》第4卷,人民出版社2012年版,第237页。
③ 《马克思恩格斯选集》第4卷,人民出版社2012年版,第233页。
④ 《马克思恩格斯选集》第4卷,人民出版社2012年版,第239—240页。
⑤ 《马克思恩格斯选集》第4卷,人民出版社2012年版,第248页。

第四章　哲学形态的层次及其划分体系

哲学形态具有明显的层次性,相同层次的哲学形态有着更多的共同特征,而不同层次的哲学形态则具有更多的不同特征。因而,明确哲学形态的层次及其划分体系,是建构哲学形态学的理论基础,也是建立哲学分类学和进行哲学评价的重要依据。

第一节　哲学形态的层次

哲学形态具有层次性。哲学形态的最高层次是哲学的基本形态,哲学基本形态之下是各种层次的哲学具体形态。这些不同层次的哲学形态在结构、功能、特征上或其中的某一方面,都具有明显的区别。但无论它们之间有多大区别,它们都具有科学、宗教以及其他人文学科所不具备的学科特征:对人与世界的关系、人与人的关系、认识世界与改造世界的关系的反思。

一、哲学形态的层次与哲学形态划分

哲学形态千差万别,从哲学基本形态开始,由高到低形成了严密的层次结构。这些层次结构不仅是哲学形态划分的基础,也是哲学评价的重要依据。

1. 一般系统的层次、类型与功能

世界是由各种各样的系统组成的。而不同的系统又具有不同的层次,并具有不同的系统功能。

(1)层次。

所谓层次,是指同一事物由于时间、空间、结构、次序、范围、性质等的不同而形成的区别。《辞海(普及本)》是这样解释的:“层次:系统或事物的等级性、等级秩序。是系统或事物之间普遍差异性的表现。在两个层次之间往往存在着‘关节点’。在‘关节点’处,系统或事物的性质出现质的飞跃,系统或事物的层次随之发生转换。系统或事物的某一参数(例如质量、能量、状态、范围)的变化,引起存在方式的质的变化。层次在自然界中普遍存在。从宇观到微观,从无机界到有机界,都可以见到这种层次。各不同物质层次具有质的区别,有各自的特殊规律。”①恩格斯在《自然辩证法》中也说:“不论人们对物质构造采取什么样的观点,下面这一点是十分肯定的:物质按质量的相对的大小分成一系列大的、界限分明的组,每一组的各个成员在质量上各有一定的、有限的比值,但相对于邻近的组的各个成员则具有数学意义上的无限大或无限小的比值。目力所及的恒星系,太阳系,地球上的物体,分子和原子,最后,以太粒子,都各自形成这样的一组。这种情况不会因为我们在各组之间发现中间成员而有所改变。”②这虽然是在论述“关于现实世界中数学上的无限之原型”的时候提出来的,但却深刻揭示了现实世界中存在的层次关系。以上这些表述都主要是针对自然界中存在的层次而言的。

(2)系统的层次性原理。

系统具有层次性。我们生活的世界是一个多层次的世界。比如,社会系统中,有个人、家庭、单位、社区、市、省、国家等层次;宇宙系统有总星系、星系、太阳系、地球、地面物体、分子、原子等层次。在实际生活当中,除了封闭系统的顶级层次以外,层次地位的高低都具有相对性。一般而言,系统都是由要素组成的。但这一系统又是上一级系统的要素(或子系统),而其上一级系统又是更大系统的要素。换句话说就是,系统也是分层次的。每一个系统都是由低一层次的要素组成的,而这些低一层次的要素也都是由更低一层次的要素组成的。

---

① 《辞海(普及本)》(上),上海辞书出版社 2010 年版,第 382 页。

② 《马克思恩格斯选集》第 3 卷,人民出版社 2012 年版,第 982 页。

系统的层次性原理指的是，组成系统的诸要素及其结合方式的种种差异，必然导致系统组织在地位与作用、结构与功能诸方面表现出等级秩序性，形成具有质的差异的系统等级。由于层次性是系统的一种基本特征，系统的层次性原理也就适合于客观存在的一切系统。

但同时也要看到，从系统发展的角度看，系统的层次性是系统发展的连续性和阶段性的统一。系统的不同层次之间又是相互联系的。不仅相邻两个层次之间相互影响、相互制约，即使是多个层次之间也是相互联系、相互作用，甚至是相互协同的。

(3)层次与类型。

世界不仅可以划分为不同的层次，还可以划分为不同的类型。其中，系统的层次性主要是揭示系统的纵向的等级性和同一层面的共性，而系统的类型性主要是从系统的横向揭示其构成要素或子系统各自的特性和相互间的差异性。例如，在自然系统中，声、热、光、电是不同类型的物理运动，化学中的金属与非金属、有机物与无机物是不同类型的化学物质，生物学中的植物与动物是不同类型的生物……但同一类型又可以划分为不同的层次，如声波可以划分为超声波、声波和次声波三个层次，植物或生物可以划分为界、门、纲、目、科、属、种等层次。

就层次与类型的关系而言，层次和类型是紧密联系的。一定的层次往往横跨多种类型，一定的类型也往往贯穿多个层次，二者纵横交错，构成了世界的普遍联系。因此，在研究系统的结构时，必须从系统及其层次的辩证联系中来考察系统，在重视系统的层次性的同时，重视系统的类型性。

(4)层次与功能。

系统的不同层次，往往具有不同的系统功能。一般而言，在系统中，高层次是由低层次构成的。高层次和低层次之间的关系，实际上是整体和部分、系统和要素之间的关系。高层次作为整体，具有低层次所不具有的性质和功能，并制约着低层次的性质和功能；低层次的性质和功能虽具有一定的独立性，但作为高层次的组成部分，又受制于高层次。对于任何一个系统而言，它都需要具备两个方面的功能：一是将系统中的各要素整合成一个协同的整体，使其能够具备特定的功能；二是作为更大系统的子系统，在系统中发挥诸要素特有的功能,并成为更大系统的有机组成部分。

2. 哲学形态的层次、类型与功能

与一般系统相类似,哲学形态也具有不同的层次和类型,并且不同的层次和类型都具有不同的功能。

在这里,为了与哲学样式、哲学形态等概念相区别,可以用"哲学类型"一词专指对哲学基本问题本身或是其中的某一方面进行回答时所形成的具体哲学形态,如传统形而上学这一哲学基本形态之下有"唯物主义"、"唯心主义"、"可知论"、"不可知论"、"辩证法"、"形而上学"、"主观唯心主义"、"客观唯心主义"、"历史唯心主义"、"唯心主义辩证法"、"机械唯物主义"等类型,唯物主义辩证法这一哲学基本形态之下有"辩证唯物主义"、"历史唯物主义"、"自然辩证法"、"唯物主义辩证法世界观"、"唯物主义辩证法的方法论"等类型。

就哲学形态的层次而言,其最高层次是哲学界,它作为一个与宗教、艺术、科学等学科相区别的开放系统,承担着为认识世界与改造世界提供世界观和方法论的作用;其下是哲学基本形态,作为两种最普遍而又相互区别的哲学类型,分别承担着为认识世界与改造世界提供世界观和方法论的作用;更低层次的唯物主义和唯心主义,作为哲学史上的两大阵营,承担着为认识世界的本原提供答案的作用;辩证法和"形而上学",作为哲学史上的两大派别,则承担着为认识世界的联系与发展提供方法和原则的作用。

但也必须看到,唯物主义和唯心主义虽然为认识世界的本原提供两种截然不同的答案,但都局限于"纯粹的思想领域",要么片面强调物质,要么片面强调精神,只是在一定范围内具有其合理性;辩证法与"形而上学"虽然为认识世界的联系和发展提供了截然不同的方法、原则,但它们各自也都具有一定的适用范围,如果超出了自己的适用范围,必将得出不恰当的结论或者收到较差的效果。

3. 哲学形态的层次与哲学形态划分

整个世界哲学作为一个开放的大系统,具有不同层次的哲学形态,而同一层次的哲学形态又具有不同的功能。对于哲学形态的层次性而言,一方面,高层次的哲学形态是由低层次的哲学形态演化而来的,具有低层次的哲学形态所不具有的功能；另一方面，低层次的哲学形态并不会因为高层次哲学形态的产生而消亡，高层次的哲学形态与低层次的哲学形态相互依存、共同发展。然而，由于高层次的哲学形态具有低层次的哲学形态所不具备的功能，如果一个民族只是满足于低层次形态的哲学而不肯学习和把握高层次形态的哲学，那么整个民族的理论思维水平都会受到制约，并进而影响经济社会的健康发展。

哲学形态的划分，就是要在全面把握世界哲学体系的基础上，对哲学形态的层次与功能予以准确描述和界定，从而建立起哲学分类体系。一般而言，与生物形态的分类相似，哲学分类体系也不外乎人为分类体系和自然分类体系两种。其中，人为分类体系是根据人们的主观标准所提出的分类体系，它着重于用一些容易识别的特征去区别不同的哲学形态的分类单元，并不强调哲学形态的源流与演化。譬如国内的哲学教科书，用哲学上的“两个对子”来划分哲学形态，本书中坚持从理论与实际的关系问题出发划分哲学形态，就属于这种人为分类体系。自然分类体系则是以哲学形态的源流与演化为主要标准的划分体系，它要求在哲学形态的分类单元的划分中，能够根据各种哲学形态在世界哲学史上的实际产生发展过程，反映出它们相互间的“亲缘”关系。如中国哲学根据与孔子学说的关系确定是否是儒家哲学，根据与老子学说的关系确定是否是道家哲学；西方哲学根据与柏拉图哲学的关系确定是否是柏拉图主义，根据与亚里士多德学说的关系确定是否是亚里士多德主义；印度宗教哲学根据与吠陀的关系区分正统派与非正统派；等等。本书在进行哲学形态划分的时候，坚持人为分类体系和自然分类体系相结合的原则，在坚持从理论与实际的关系问题出发划分哲学形态的同时，努力从世界哲学产生发展的实际过程出发，去把握各种哲学形态的产生与演化过程。

在此基础上，专门研究哲学形态划分的学问，就是哲学分类学。详细一点说，哲学分类学就是关于哲学形态界定、命名与分类的原理和方法的学科。哲学分类学与哲学形态学相同的地方在于，二者都是对哲学形态进行研究；二者的不同在于，哲学分类学主要是依据一定的特征对各种哲学形态进行界定、区分和分类，而哲学形态学则是对哲学形态的基本要素、层次结构、主要特征、基本功能以及产生和发展过程进行全面而系统的研究，前者包含于后者之中。

二、哲学基本形态及其表现形态

以往的哲学划分,仅仅把哲学上的"两个对子"作为划分标准,把唯物主义和唯心主义、辩证法与"形而上学"作为哲学形态划分的最高层次,这是远远不够的,根本无法解释马克思主义哲学与传统形而上学的根本区别。这就必须超越传统形而上学局限于"纯粹的思想领域"的理论局限,从哲学的基本问题的现代表现形式——理论与实际的关系问题出发,从认识世界与改造世界关系的高度,去划分哲学基本形态,并进而划分各种具体哲学形态,从而形成完善的哲学形态分类体系。

1. 哲学基本问题及其历史演变

哲学的基本问题实际上反映的是人与世界的关系问题。人与世界的关系问题包括两个方面:一是思维与存在的关系问题;二是理论和实际①的关系问题。这两个问题同属于人与世界的关系问题,但又各有适用范围。其中,思维和存在的关系问题是传统形而上学的哲学基本问题,反映的是认识主体与客体的关系问题,主要适用于认识世界的领域;而理论和实际的关系问题则是唯物主义辩证法的哲学基本问题,既适用于认识世界的领域,也适用于改造世界的领域。也就是说,思维与存在的关系问题作为哲学基本问题,在描述传统形而上学时还是完全适用的,但在描述马克思所创立的新的哲学形态——唯物主义辩证法的时候,则遇到了巨大的障碍。因为马克思创立的唯物主义辩证法不仅要求认识世界,而且更加强调在认识世界的基础上改造世界,强调认识世界和改造世界在最广大人民根本利益基础上的统一。

在这里,我们必须注意的是,理论和实际的关系问题实际上包含了思维与存在的关系问题于自身当中:理论是思维的结果,是哲学对"思维"的必然要求;实际不仅包含当前的现实状况,也包含过去的历史事实和即将被理论指导的"实践",不仅是"思维"的对象,也是"实践"的对象。因而理论和实际的关

---

① "实际"这一个概念,按照中国文字,有两种含义:一种是指真实的情况;一种是指人们的行动(也即一般人所说的实践)。(参见《毛泽东选集》第一卷,人民出版社 1991 年版,第 238 页注[1]。)《现代汉语词典》仅将"实际"一词解释为"客观存在的事物或情况"(中国社会科学院语言研究所词典编辑室编:《现代汉语词典》,商务印书馆 2016 年版,第 1185 页),含义不够清晰。

系问题与思维和存在的关系问题虽然同属哲学的基本问题,但理论和实际的关系问题内涵更加丰富,更加适合当今世界哲学发展的要求。

2. 哲学基本形态的划分标准

哲学基本形态的划分标准是哲学的基本问题的现代表现形式——理论和实际的关系问题。

从理论与实际的关系问题入手,迄今为止整个世界哲学史上的一切哲学,都可以划归传统形而上学和唯物主义辩证法(或马克思主义哲学)这两大哲学基本形态。其中,人类哲学史上除了马克思主义哲学以外的所有的唯心主义、唯物主义以及各种“二元论”哲学,都同属于“传统形而上学”这一哲学基本形态。其基本特征是:哲学是为了求知而非实用,坚持理论与实际在思维中的统一,坚持从最抽象的“本体”出发来解释世界。概括为一句话,就是坚持从纯粹概念出发,依靠逻辑推论建立绝对的体系。

与“传统形而上学”相对应,“唯物主义辩证法”则属于高一级的哲学基本形态。马克思本人的哲学和包括毛泽东思想、邓小平理论在内的当代中国的马克思主义,都属于这个哲学形态。其最基本的特征就是,面向现实、面向人民大众,坚持理论与实际相统一、认识世界与改造世界相统一,坚持理论和实际、认识世界与改造世界与最广大人民群众根本利益的相统一。

从理论与实际关系的高度来审视现当代西方哲学,就不难发现它们的形而上学特征:现代西方哲学,虽然反对“形而上学”原有的“理性化”的抽象概念体系,强调哲学的科学性、实证性,但仍然坚持把人抽象化,从“感觉”、“意志”、“经验”、“生命”、“存在”、“此在”等抽象概念出发来解释世界,因而其本质仍然是在运用传统形而上学的思维模式建立绝对体系,仍然具有传统形而上学的基本特征;“否定性后现代哲学”虽然能够高举反对“基础主义”和“中心主义”的大旗,反对包括现代西方哲学在内的一切“形而上学”,力图面向现实,批判现实,对重大的社会问题进行深刻的思考,但它对“现代性”及一切传统文化持根本否定态度,实际上仍然是在遵循传统形而上学追求终极和绝对、要么绝对肯定要么绝对否定的思维模式;“建设性的后现代哲学”,虽然力图面向现实,着眼于社会的建设,寻求人类社会未来发展的道路,但它不是从现实、从最广大人民群众的根本利益出发来寻求社会发展的道路,而是从“宗教”中寻求未来社会的出路。虽然它是所有非马克思主义哲学中在哲学形态上与唯物主义辩证法最为接近的一种，但并没有从根本上摆脱传统形而上学局限于“纯粹的思想领域”的基本特征。

3. 哲学基本形态的表现形态

正如第一章第二节所说，同其他形态一样，每一种哲学基本形态也都要经历诞生和发育、成熟、衰老三个阶段，并在这三个阶段呈现出初始形态、成熟形态和衍生形态三种表现形态①。其中，初始形态是处于诞生和发育阶段的形态，逐步具备该形态的各种基本特征，但还不够成熟和完备；成熟形态是处于成熟阶段的形态，已经基本具备了该形态的各种基本特征，并且已经较为成熟和完备；衍生形态，则是某一哲学基本形态在其演化和发展过程中，在保留形态基本特征的前提下出现显著变化的“子代形态”②。此外，哲学基本形态还能够通过嬗变而产生变异形态。所谓变异形态是在某一哲学基本形态发展的任一阶段出现的改变或丧失形态基本特征的突变，实际上已经不再属于这一哲学基本形态。

譬如，对于唯物主义辩证法来说，马克思和恩格斯的哲学是初始形态，内容主要包括对费尔巴哈哲学和黑格尔哲学在内的旧哲学的批判，以及对资本主义制度的批判和对消灭私有制、实现共产主义的理论设想三个方面，主要是在认识世界的基础上提出了改造世界的任务，但究竟应该如何来改造旧世界，还缺少实践方式、实践效果和实践经验的验证与支持，按照最广大人民根本利益去改造世界的社会功能展现得还不充分；列宁、斯大林的哲学，在认识帝国主义的本质特征和把马克思主义的理论系统化方面作出了理论贡献，形成了苏联教科书模式的马克思主义，为社会主义苏联的诞生和成长提供了理论支撑，从实践上实现和验证了马克思主义按照最广大人民根本利益去改造世界的社会功能，使唯物主义辩证法得到实践的检验，但在根据苏联社会主义革命和社会主义建设的成功经验对马克思主义进行丰富和发展方面相对不足，还在一定程度上受到黑格尔哲学的影响。当他们去世以后，苏联于20世纪下半

① 哲学形态的表现形态，亦即哲学形态在动态发展过程中的实时状态。

② 这里是借用生物学的术语来表达哲学形态。“亲代”：产生后一代生物的生物，对后一代生物来说是亲代，所产生的后一代叫子代。（参见中国社会科学院语言研究所词典编辑室编：《现代汉语词典》，商务印书馆2016年版，第1057页。）

叶逐步形成了把马克思主义教条化的倾向，致使意识形态领域逐步被西方的资产阶级意识形态所占领，苏联解体，苏联的社会主义制度消亡。毛泽东为核心的中国共产党第一代领导集体以及后来的历代领导集体，在领导中国人民进行争取民族独立和解放，进行社会主义革命和社会主义建设的过程中，克服了教条主义的严重影响，把马克思主义普遍原理与中国革命和建设的具体实践相结合，创造性地发展马克思主义，形成了以毛泽东思想为代表的中国的马克思主义——一种基本达到成熟形态的马克思主义。这种较为成熟的马克思主义，不仅能够科学地认识世界，也能正确地改造世界；不仅能够指导认识，也能指导实践；不仅能够指导革命，也能指导建设；它扎根于人民，相信人民，依靠人民，把全心全意为人民谋解放和谋幸福作为自己的历史使命；它具有与时俱进的理论特征，根据社会的发展不断地发展和完善自己，使自己成为当今世界最为先进的哲学形态。对于这种哲学，教条主义的马克思主义、修正主义的马克思主义以及后现代主义的马克思主义，都是其变异形态。

而对于传统形而上学来说，中国春秋战国①时期直到五四新文化运动时期的哲学和西方古希腊时期直到文艺复兴时期的哲学是其初始形态，西方近代哲学和中国的现代哲学是其成熟形态，而西方现当代哲学则是其衍生形态（包括“反形而上学”与“新形而上学”两大哲学流派，其中“新形而上学”又可以划分为“后形而上学”与“建设性后现代主义”两大学派），马克思主义既是其早在19世纪上半叶就产生的变异形态，也是能够与之分庭抗礼的哲学基本形态。

4. 哲学基本形态的亲本形态②（或亲代形态）

所谓哲学基本形态的亲本形态（或亲代形态），是在特定哲学基本形态产

① 公元前770年周平王东迁洛邑（史称东周）—公元前476年（鲁哀公流亡越国）为春秋时代，因与鲁国编年史《春秋》（记录公元前722年—公元前481年历史）记录时间大体相当而得名（参见中国社会科学院语言研究所词典编辑室编：《现代汉语词典》，商务印书馆2016年第7版，第208—209页）；公元前475年—公元前221年秦统一为战国时代（参见中国社会科学院语言研究所词典编辑室编：《现代汉语词典》，商务印书馆2016年第7版，第1647页）。

② 这里是借用生物学的术语来表达哲学形态。“亲本”：杂交时所选用的父本和木本的统称（参见中国社会科学院语言研究所词典编辑室编：《现代汉语词典》，商务印书馆2016年版，第1057页）。这里需要注意的是，哲学基本形态的子代形态，有时会产生“嬗变”，并不像生物学上的杂交那么简单。

生之前的，直接为该哲学基本形态的形成提供理论营养的哲学形态，也可以称为该哲学基本形态的“本源[①]形态”。

纵观整个哲学形态发展史，哲学基本形态的发展经历了一个由神话到传统形而上学，再由传统形而上学到唯物主义辩证法的发展过程。其中，哲学基本形态的亲本形态主要有两个：一是原始宗教（或原始哲学），它是朴素哲学（传统形而上学的初始形态）的亲本形态，因而也是整个传统形而上学的亲本形态；二是传统形而上学，它是唯物主义辩证法的亲本形态。它们都为新的哲学基本形态的发展提供了理论土壤。

三、哲学具体形态

哲学具体形态是与哲学基本形态相对应的概念。每一种哲学基本形态，都由许许多多的哲学具体形态组成，每一种具体的哲学形态，又都隶属于某一种哲学基本形态——要么隶属于唯物主义辩证法，要么隶属于传统形而上学，或是以其中的某一种哲学基本形态为主，而以另一种哲学基本形态为辅，无一例外。

1. 哲学具体形态

凡哲学基本形态以外的哲学形态，如哲学类型、哲学流派等，都可以统称为“哲学具体形态”。

2. 哲学具体形态的广泛性

哲学具体形态的存在非常广泛。在现实世界当中，哲学基本形态是通过形形色色的哲学具体形态表现出来的。人们面对的是千差万别的哲学流派与哲学家的学术观点和学术著作，哲学家们对于有关唯物主义、唯心主义、辩证法、“形而上学”的认识，对于理论和实际的关系问题的认识，对于理论和实际与人民根本利益的关系的认识，往往需要通过其学术观点和学术著作体现出来。

3. 哲学具体形态的划分标准

由于哲学具体形态具有多个层次，因而在哲学形态学的研究当中，为了能

---

① 这里的“本源”取“根源”之义（参见中国社会科学院语言研究所词典编辑室编：《现代汉语词典》，商务印书馆 2016 年版，第 62 页）。

够把各级哲学具体形态区分开来，我们只在与哲学基本形态相对应的意义上谈论哲学具体形态，并对哲学具体形态的各个层次分别命名，以便区分。根据这个原则，“哲学具体形态”从高到低，可以划分为哲学类型（包括“唯物主义”、“唯心主义”、“可知论”、“不可知论”、“辩证法”、“形而上学”①，以及“主观唯心主义”、“客观唯心主义”、“历史唯心主义”、“唯心主义辩证法”、“机械唯物主义”、“辩证唯物主义”、“历史唯物主义”、“唯物主义辩证法世界观”、“唯物主义辩证法的方法论”等）、哲学流派、哲学家的思想体系、哲学学说（哲学家的某一研究领域的自成体系的哲学观点）和哲学观点（哲学家某一领域的某一具体观点）等几个层次，其划分标准也逐步由抽象到具体，各不相同。其中，划分唯物主义与唯心主义的标准是思维与存在的关系问题，划分辩证法与“形而上学”的标准是看是否用全面、联系和发展的眼光看问题，划分哲学流派的标准是看是否存在由多位哲学家的相近观点所引领的、在一定历史时期具有影响力的学术思潮；判断哲学家的思想体系的标准主要是看其各个领域的思想是否自成体系并具有独具特色的学术价值和社会价值；判断哲学学说的标准是哲学家在某一研究领域提出的理论是否新颖并具有独具特色的学术价值和社会价值；判断哲学观点（哲学家某一研究领域的具体观点）的标准，主要是看这个观点是否由本人新创以及有没有学术价值和社会价值。

四、哲学的样式

样式，《现代汉语词典》的解释是“式样，形式”②；《辞海》则有两种解释：“（1）文艺作品的样式，即体裁。（2）亦称样态。指物体在某些情况下所具有的形式。斯宾诺莎认为样式是依赖实体而为实体的无限属性所决定的，是实体的暂时状态或个别表现，亦即单个的、有限的实体不变不动，样式才有所变化。”③而对“体裁”的解释是：“又称样式。指文学的类别，如诗歌、散文、小

---

① 参见恩格斯：《反杜林论·引论》（《马克思恩格斯选集》第3卷，人民出版社2012年版，第394—397页）；《路德维希·费尔巴哈和德国古典哲学的终结》第二部分（《马克思恩格斯选集》第4卷，人民出版社2012年版，第229—233页）。

② 中国社会科学院语言研究所词典编辑室编：《现代汉语词典》，商务印书馆2016年版，第1520页。

③ 《辞海》（普及本下），上海辞书出版社2010年版，第4613页。

说、戏剧文学等。每一类别又可按作品规模、性质、内容来划分，如长篇、中篇、短篇小说；杂文、随笔、小品文；叙事诗、抒情诗、史诗等。文学体裁是人类长期艺术实践的产物，是随社会生活和艺术实践的发展而不断丰富、发展的。由于在反映社会生活、表达思想感情方面各具特点和不同的效能，而形成不同的体裁。”①在这里，样式与式样通用，有“形式”、“体裁”、“样态”等多种含义。

哲学的样式，就是指在一定的历史条件下哲学所呈现的具体的“形式”、“体裁”或“样态”，它是对具体历史时期某一国家、某一地区、某一哲学派别哲学思想具体特征的描述。

哲学的样式与哲学具体形态也是一个既相互区别又相互联系的概念。就哲学具体形态而言，它是一个与哲学基本形态相对应的概念，泛指哲学基本形态之下的所有层次的哲学形态，它可以区分为不同的层次。它旨在明确哲学形态的层次性，具体的历史条件则放在次要位置。譬如，“传统形而上学的衍生形态”之下包括“反形而上学”、“后形而上学”和“新形而上学”三种具体形态；而“反形而上学”之下，又可以划分出实证主义、实用主义、弗洛伊德主义、分析哲学等哲学流派；在哲学流派中，还可以进一步划分出哲学家的思想体系，如实用主义，就可以有皮尔斯的实用主义、詹姆斯的实用主义、杜威的实用主义、刘易斯的实用主义等；在哲学家的思想体系之下，还可以划分出哲学学说（哲学家的某一研究领域的自成体系的哲学观点，往往表现为某一研究领域的单一论著表达的学术思想）和哲学观点（哲学家某一领域的单一哲学观点，往往表现为关于某一理论问题或某一现实问题的观点。）；而就哲学样式而言，它是一个与所有层次的哲学形态相对应的概念，不仅每一层次的哲学具体形态都有许多与自己相适应的样式，即使是哲学基本形态也有与自己相对应的样式。譬如，在哲学形态划分的最高层次，中国古代哲学、印度古代哲学、西方近代哲学等，都是传统形而上学的主要样式，这些样式虽然是在某一国家或某一地域表现得更为充分，但在其他国家和地域仍然存在，在某一历史时期甚至也会表现得非常充分。在哲学形态划分的最低层次，哲学观点是构成哲学样式、哲学样本和哲学学说的基本单元。

① 《辞海》（普及本中），上海辞书出版社 2010 年版，第 3866 页。

概而言之,哲学具体形态是对哲学形态层次性的反映,而哲学的样式则是某一层次的哲学形态的具体表现。也就是说,每一层次的哲学形态都有与之对应的哲学样式。不过,在哲学形态学的研究当中,为了能够把不同层次的哲学样式区分开来,我们可以把哲学基本形态层次上的哲学样式称为基本样式或根样式,如前文提到的中国古代哲学、印度古代哲学、西方近代哲学等;把与各种哲学具体形态相对应的哲学样式称为具体样式,如哲学类型的具体样式、哲学流派的具体样式、哲学家思想体系的具体样式、哲学学说的具体样式、哲学观点的具体样式等。

第二节　哲学分类学

哲学分类学与哲学形态学是密不可分的。哲学分类学是哲学形态学的重要组成部分,能够使人们对哲学形态的认识更加深刻;哲学形态学不仅包含哲学分类学于自身之中,还能为哲学形态的层次划分提供理论支持。

一、分类学及其对哲学分类学的借鉴意义

1. 分类学及其目的和方法

"分类"在汉语中的意思是"根据事物的特点分别归类"①。而分类学(taxonomy)则是一个外来词,在英语中,taxonomy 这一术语则是源自希腊语 taxi(排列)和 nomos(规则)。"分类学"有广义和狭义两种理解:广义的"分类学"是在"根据事物的特点分别归类"的意义上,泛指包括生物分类学、图书分类学、信息分类学等在内的一切分门别类的科学;狭义的"分类学"则是专指"生物分类学"。18 世纪,在近代分类学诞生之初,其奠基人林奈就把自然界分为植物、动物和矿物三界②。因此,对于"分类学",《不列颠百科全书》是这样解释的:"分类学,广义言,为分门别类的科学;较狭义言,则指活着的和已

① 中国社会科学院语言研究所词典编辑室编:《现代汉语词典》,商务印书馆 2016 年版,第 382 页。

② 《中国大百科全书》(第二版简明版)第 2 卷,中国大百科全书出版社 2011 年版,第 544 页。

绝灭的动植物分类的科学，亦即生物分类学。分类学家将一系列相异的生物建成按阶级排列的分类群，各分类群间的关系有规则可循。分类学上的基本单位为种。大部分的现代分类学家试图把生物归类，以反映演化（种系）关系。分类学的基本方法是比较解剖学的方法，比较现存与绝灭动植物的构造特征，并从比较遗传学、生物化学、生理学、胚胎学、行为学、生态学和地理学观点阐明这些构造特征的异同。"①这应该是对"分类学"的一个比较全面且比较准确的解释。

对于"分类学"，国内的辞书主要是从狭义上理解，直接把"分类学"解释成"生物分类学"。其中，《中国大百科全书》是这样解释的："分类学（taxonomy），研究生物分类方法和原理的生物学分支科学。全称生物分类学。曾称系统分类学。分类就是遵循分类学原理和方法，对生物的各种类群进行命名和等级划分。分类学的目的在于阐明种类之间的历史渊源，使建立的分类系统反映出生物进化的历史。"②《辞海》的解释是："分类学，亦称系统学。研究生物分类的学科。经典的分类学以形态学为根据，对生物进行描述、命名和分类。现代分类学应用遗传学、生态学、细胞学、胚胎学、生物化学等学科的原理和方法以及电子计算机等技术，目的在于阐述生物的亲缘关系，以及生物进化、新种形成等问题。"③人民教育出版社 1980 年出版的一本高等学校《生物学》试用教材也认为："分类学（taxonomy），又称系统学（systematics），就是根据各个物种或类群的异同和亲缘关系的亲疏，把它们分门别类，建立一个足以说明生物亲缘关系和进化顺序系统以便鉴别和利用的一门生物学分支学科。"④这三种解释都把"分类学"等同于"生物分类学"，显然只是从狭义的角度来解释"分类学"。

不过，尽管"分类学"具有广义和狭义之分，但"生物分类学"仍然是一门产生最早且迄今为止发育最为完善的一门"分类学"。概括起来说，生物分类

---

① 《不列颠百科全书》（国际中文版修订版）第 16 卷，中国大百科全书出版社 2007 年版，第 502 页。

② 《中国大百科全书》（第二版简明版）第 2 卷，中国大百科全书出版社 2011 年版，第 544 页。

③ 《辞海（普及本）》（上），上海辞书出版社 2010 年版，第 1040 页。

④ 四川大学生物系《生物学》编写组：《生物学》（下），人民出版社 1978 年版，第 195 页。

学的主要目的有两个：一是把生物归类，以反映演化（种系）关系，如阐述生物的亲缘关系，以及生物进化、新种形成等问题；二是认识有关生物的性能。它的主要方法就是以形态学为根据，运用比较解剖学的方法，对生物进行描述、命名和分类。如果从广义上理解"分类学"，它的目的就在于把事物归类，以反映事物的根本特征和演化关系；它的主要方法就是分析、描述、命名和分类。这都是值得哲学分类学借鉴的地方。

2. 生物分类学的主要内容及其对哲学分类学的借鉴意义

生物分类学对哲学分类学的借鉴价值主要表现在五个方面：

（1）分类的原则。包括人为分类和自然分类两大原则。历史上曾经有许多对生物进行分类的体系，但归纳起来都不外乎人为分类体系和自然分类体系两种。其中，人为分类体系主要是把外部形态的异同程度作为划分依据，即把人们主观拟定的或在表象上能够观察到的一些特征作为划分标准，侧重于用一些容易识别的特征去区别不同的分类单元，并不要求用亲缘关系来处理分类单元的划分和归类。自然分类体系则是根据生物界的本来面目（例如将染色体数目作为划分物种依据），以亲缘关系为主来划分的分类体系，它要求在分类单元的划分和归类中，能够反映出它们彼此之间的亲缘关系。它比人为分类更接近于生物界的客观实际情况。在生物分类学的发展过程中，早期的一些分类体系大多属于人为分类体系，后来则逐步倾向于用自然分类体系去代替人为分类体系。但在现代分类学中，对于一些亲缘关系不明的分类单元，有时仍然需要采取人为分类体系。并且，由于生物在进化过程中往往会有"退化"和"趋同"等情况发生，自然分类体系的制订有时也会遇到意想不到的困难。

哲学形态的分类也包括人为分类和自然分类两种形式，但应以自然分类为主，以人为分类为辅。

（2）分类方法。特征对比是分类的基本方法。在生物分类中，对比是指对生物分类性状异同的比较。通过对比，将差异作为区分种类的依据，将相似性作为合并种类的依据。值得注意的是，在传统的生物分类中，生命现象的各个方面都可为分类提供特征，其中最常用的则是生物的形态，尤其是生物的外部形态。但在目前的生物分类中，生理、生化、遗传等方面的特征，如 DNA 的含量比较、蛋白质成分比较、染色体组型对比等方法，占到愈来愈重要的地位。

一般而言，系统分类的基本要求是：①共同起源。每个物种都有一个起源问题，生物分类要求同一系统内的物种必须是起源于共同的祖先。系统分类要求采用同源特征。②分支发展。生物都是由最初的祖种，通过分支发展，由少到多形成许多不同的支系。③级进发展。级进是生物的纵向演化，是生物从低级向高级的发展过程。生物分类往往通过“系统树”反映生物的起源、分支发展和级进发展。这些都对哲学形态的划分具有重要参考价值。

（3）界级分类。一个自然分类体系是否符合客观实际情况，取决于人们对客观生物世界的认识是否正确。随着人们对于客观生物世界认识水平的不断提高，对于生物的自然分类体系也不断改进。最初，人们把生物划分为植物界和动物界两界；后来有些学者提出原生生物界，把不能确定是植物或动物的生物如原生动物、细菌和藻类纳入其中，形成植物界、生物界和原生生物界三界；以后随着生物化学研究和遗传研究的发展以及电子显微镜技术的进步，先是有人把不具有清晰的核结构的微生物归入原核生物界，有人又进一步把原核生物界分成菌界和原生生物界，再加上植物界和动物界，共形成四界；再后来又进一步划分为原核生物界——原生生物界——真菌界——植物界——动物界五界；也有人主张把非细胞生物——病毒单独作为一界，形成病毒界、细菌界、蓝藻界、植物界、真菌界、动物界六界（参见表1）。其中，五界系统是当前最为流行的界级分类。①

表1　生物的界级分类

<table>
<tr><th colspan="3">五界系统</th><th>六界系统</th></tr>
<tr><td colspan="3"></td><td>1.病毒界（非细胞生物）</td></tr>
<tr><td rowspan="2">原核阶段</td><td colspan="2" rowspan="2">1.原核生物界</td><td>2.细菌界</td></tr>
<tr><td>3.蓝藻界</td></tr>
<tr><td>真核阶段</td><td>真核单细胞阶段</td><td>2.原生生物界</td><td>4.植物界
5.真菌界
6.动物界</td></tr>
</table>

① 参见《中国大百科全书》（第二版简明版）第2卷，中国大百科全书出版社2011年版，第544—545页。

在建立哲学形态的分类体系时，我们也应该着重考察哲学形态的演化过程，考察哲学形态的种系关系，而不能简单地按照某种哲学流派自身所标榜的东西来进行分类。

(4)种和亚种的划分与命名。种是生物中最基本的分类单元。物种是指这样一个生物群，其所有成员不仅在形态上极为相似，以至可以认为它们是一些变异很小的相同有机体，而且能够进行正常交配并繁育出能够延续群体特征的、具有生殖能力的后代。因此，生物分类学工作者往往把两个群体之间在特征上是否有间断作为推断两个群体是否属于同一物种的标准。其中，把外部形态的异同程度作为划分依据的称为形态种，将染色体数目作为划分物种依据的称为生物学种。

目前，在生物分类中世界公认的物种正式命名方法是双名法。在这个国际通用的命名法中，种的名称由两个拉丁单词组成，第一个单词是名词，是该种所在的属名；第二个拉丁单词是种名，多为形容词。用这种双名法命名的种叫作该种的学名。①

亚种或变种是种下的分类单元，是种内由于地理隔离而彼此分化开来的个体群。对于亚种和变种一般是采取三名法来命名，亦即在双名的种的学名之后，再加上一个作为亚种或变种名的拉丁单词，由三个拉丁单词来组成亚种的学名。

在建立哲学形态的分类体系时，我们也可以参照生物分类学的方法，来对具体的哲学形态进行命名，如唯心主义辩证法、机械唯物主义、德国的唯心主义辩证法、法国的机械唯物主义等。

(5)分类阶梯。生物的分类阶梯，又称生物分类的阶元系统②，就是按照分类单位的亲缘关系和从属关系，把形形色色的生物归纳为大小不同的分类单位等级。分类阶梯愈近的分类单位，其成员彼此间的亲缘关系也就愈近，分类阶梯愈远的分类单位，其成员彼此间的亲缘关系也就愈远。

关于生物的分类阶梯，林奈最早使用的是纲、目、科、属、种五个分类阶梯。

---

① 在国际通行的生物分类制度中，一个完整的学名，在种名之后还要附以命名人的姓氏缩写。

② 林奈把自然界分为植物、动物和矿物三界，在动植物界下，又设有纲、目、属、种四个级别，从而确立了生物分类的5级阶元系统。

后人又增加了界和门，形成了界、门、纲、目、科、属、种七个最主要的分类阶梯。其中，种是最基本的分类单元，近缘的种归合为属，近缘的属归合为科，近缘的科归合为目，近缘的目归合为纲，近缘的纲归合为门，近缘的门归合为界。随着研究的进展，生物的分类层次不断增加，单元上下均可附加次生单元，如总纲（超纲）、亚纲、次纲，总目（超目）、亚目、次目，总科（超科）、亚科，亚种等。此外，还可以增加新的单元，如群、族、组等。其中最常设的是族，介于亚科与属之间。[①] 这对哲学形态的分类具有很高的参考价值。

（6）检索表。在生物分类中，检索表是把生物的特征根据相同的指标体系，用列表对比的形式列举出来，以鉴别和区分各类生物。一般认为，只有列出了便于鉴定使用的检索表，使属于该分类单位的每个标本都能归入这个单元中的某一次级分类单元时，才能说明划分是妥善的。检索表既可以根据自然分类体系拟制，也可以根据人为分类体系拟制。对于哲学形态的分类也是如此，哲学形态的划分体系必须能够涵盖一切具体的哲学形态在内，否则这个划分就是不完善的。

二、哲学分类学

就哲学形态学与哲学分类学的关系而言，虽然从广义上看，哲学形态学应包含哲学分类学的内容于其中，但从狭义上看，哲学形态学与哲学分类学仍然有着明显的区别。哲学形态学要全面考察哲学形态的各个构成要素，考察各种哲学形态的地位、功能及其产生和发展过程；而哲学分类学则是通过对各种哲学具体形态的特征进行描述、比较和分类，着重考察不同哲学具体形态之间的“亲缘关系”。

目前国内学术界在哲学形态划分问题上出现的混乱，主要是由于缺乏哲学形态学的理论支撑，忽视了哲学形态的层次性，把各个不同层次的哲学具体形态都统称为“哲学形态”所致。要解决这个问题，我们就必须做好两个方面的工作：一是从哲学基本问题的现代表现形式——理论与实际的关系问题入

① 参见《中国大百科全书》（第二版简明版）第 2 卷，中国大百科全书出版社 2011 年版，第 544 页。

手,搞好哲学基本形态的层次划分,以此作为哲学分类学的基础;二是借鉴分类学特别是生物分类学的方法,建立起哲学层次划分的"阶元系统",使每个哲学流派以至每个哲学家具有特色的哲学观点都能在哲学分类体系中找到固定的位置。前一个方面是哲学形态学的任务,而后一个方面则是哲学分类学的任务。

第一个方面的内容,前面已经有了比较详细的论述。

就第二个方面亦即哲学分类学而言,除了借鉴形态学的一般方法以外,如何借鉴生物分类学的方法,则显得尤其重要。虽然生物分类学与哲学分类学是两门差异非常大的学问,但生物分类学作为一门已经发展成熟的学问,它在生物进化史基础上建立起来的科学严谨的分类方法,完全可以作为我们划分哲学层次和门类的借鉴。

三、哲学形态划分的阶元系统

在对哲学形态进行分类时,本书拟借鉴分类学特别是生物分类学的方法,建立起哲学层次结构划分的"7 级阶元系统"①,使每一个层次的哲学具体形态都能在体系中找到比较固定的位置。具体划分是:以哲学为"界",以哲学基本形态(传统形而上学、唯物主义辩证法)为"门",以哲学类型为"纲",以哲学流派(往往表现为许许多多哲学家相近的学说)为"目",以具体哲学家的思想体系(往往表现为不同领域由若干论著支撑的有机统一的思想体系)为"科",以哲学学说(往往表现为某一研究领域的单一论著表达的学术思想)为"属",以哲学观点(往往表现为关于某一理论问题或某一现实问题的观点,是构成哲学样式、哲学样本和哲学学说的基本单元)为"种",形成"7 级阶元系统"。② 这样一来,哲学层次结构的划分不仅具备了层次性和实用性,也具备了统一性。

---

① 四川大学生物系《生物学》编写组:《生物学》(下),人民出版社 1978 年版,第 195—223 页。

② 杨学功在 2003 年的一篇文章(杨学功:《试论哲学的层次结构——兼涉几个相关问题思想》,《学术月刊》2003 年第 2 期)中,按照从低到高、由简到繁的顺序,把哲学的内部结构划分为五个层次:哲学观点、哲学学说或哲学体系、哲学形态、哲学类型和哲学学科,把"哲学形态"放在划分体系的第三个层次,并不是很恰当,不利于进一步区分哲学基本形态和哲学具体形态。

该划分体系可以详细表述如下：

(1)以哲学为界(对应于生物分类学的“界”),以与宗教、科学、艺术等相区别。

(2)在哲学界之下,是哲学基本形态,共有传统形而上学和唯物主义辩证法两大哲学基本形态(对应于生物分类学的“门”)。两大哲学基本形态又各有初始形态、成熟形态和衍生形态三种表现形态(详见本章第一节第二部分)。

(3)在哲学基本形态之下,是哲学类型。有传统形而上学的哲学阵营(唯物主义、唯心主义、二元论等)和唯物主义辩证法的基本理论(唯物主义辩证法世界观,唯物主义辩证法的方法论等)(对应于生物分类学的纲)。

在这里,必须把马克思称谓自己哲学时所说的“新唯物主义”与一般意义上的属于“哲学类型”的“唯物主义”区别开来——前者属于一种“哲学基本形态”,而后者只是“传统形而上学”这一“哲学基本形态”之下的一种哲学类型。①

在哲学类型之下,可以继续划分哲学的亚类型,如传统形而上学的哲学亚阵营,可以分为“主观唯心主义”、“客观唯心主义”、“历史唯心主义”、“唯心

① 马克思在表述自己思想的时候,把自己的哲学称为“新唯物主义”(《马克思恩格斯选集》第1卷,人民出版社2012年版,第136页)、“实践的唯物主义”(《马克思恩格斯选集》第1卷,人民出版社2012年版,第155页)、“共产主义的唯物主义”(《马克思恩格斯选集》第1卷,人民出版社2012年版,第158页)、“这种历史观”(《马克思恩格斯选集》第1卷,人民出版社2012年版,第171页)、“我们的见解”(《马克思恩格斯选集》第2卷,人民出版社2012年版,第4页)、“我的辩证方法”(《马克思恩格斯选集》第2卷,人民出版社2012年版,第93页)等。恩格斯也在不同的场合把马克思和自己的哲学称为“唯物主义的自然观和历史观”(《马克思恩格斯选集》第3卷,人民出版社2012年版,第385页)、“现代唯物主义”(《马克思恩格斯选集》第3卷,人民出版社2012年版,第400页),有时也进一步把马克思和自己的哲学细化为“辩证的同时又是唯物主义的自然观”(《马克思恩格斯选集》第3卷,人民出版社2012年版,第385页)、“唯物主义的历史观”或“唯物主义历史观”(《马克思恩格斯选集》第3卷,人民出版社2012年版,第401页)、“马克思的辩证法”(《马克思恩格斯选集》第3卷,人民出版社2012年版,第501页)或“唯物主义方法”(《马克思恩格斯选集》第4卷,人民出版社2012年版,第595页)三个部分。这都表明,他们所说的唯物主义,已经与传统形而上学阵营当中的唯物主义有了天壤之别。至于人们在日常生活当中,把一些与实际情况相符的、科学的理论和观点,称作“唯物主义的”,把与实际情况相脱离的、不科学的理论和观点,称作“唯心主义的”,已经不是在严格的学理意义上谈论唯物主义和唯心主义了。

主义辩证法”、“机械唯物主义”、“辩证唯物主义”、“历史唯物主义”、“实践唯物主义”,唯物主义辩证法的自然观、唯物主义辩证法的历史观、唯物主义辩证法的人生观、唯物主义辩证法的价值观,唯物主义辩证法的认识方法、唯物主义辩证法的工作方法等(对应于生物分类学的亚纲)。

(4)在哲学类型和亚类型之下,是哲学流派(如传统形而上学中的黑格尔主义哲学,新形而上学中的存在主义哲学、实用主义哲学、逻辑实证主义哲学,唯物主义辩证法中的马克思创立的唯物主义辩证法、恩格斯创立的自然辩证法、“苏联模式的马克思主义哲学教科书”与“中国模式的唯物主义辩证法”的产生和发展过程等,对应于生物分类学的目)和亚流派(如黑格尔主义当中的青年黑格尔派、新黑格尔主义,马克思主义中的当代中国的马克思主义等,对应于生物分类学的亚目)。

(5)哲学流派之下,是具体哲学家的哲学思想体系,如黑格尔主义中的黑格尔哲学、实用主义中的杜威哲学等,马克思主义中的马克思哲学、毛泽东思想、邓小平理论等(对应于生物分类学的科)。

(6)哲学家的哲学思想之下,是哲学家的具体研究领域,如黑格尔的逻辑学、自然哲学、法哲学、精神现象学、哲学史等方面的研究,其他哲学家关于存在论、认识论、实践论、价值论等方面的研究等,马克思对以黑格尔为代表的传统形而上学的批判、对德意志意识形态的批判、对资本主义社会重大问题的研究、对共产主义社会的设想,毛泽东对马克思主义基本原理的研究、对中国革命发展道路的探索、对中国社会主义道路的探索,邓小平对马克思主义基本理论的理解、对中国特色社会主义道路的探索等(对应于生物分类学的属)。

(7)在哲学家具体领域的论著之下,是哲学观点,即具体哲学家一定时期某一方面的主要观点,如马克思对青年黑格尔派的批判、毛泽东对教条主义的批判、邓小平对“两个凡是”的批判等(对应于生物分类学的种)。

这样一来,哲学层次的划分不仅具备了层次性和实用性,也具备了统一性。

这个与生物分类相对应的哲学界7级阶元系统可以简单表示如下:

界——哲学界;

门——哲学基本形态;

纲——哲学类型；

目——哲学流派；

科——哲学家的思想体系；

属——哲学学说；

种——哲学观点。

当然，这种划分还只是一个初步的尝试，还需要哲学界同人进一步探索和研究。或许我们还可以找到更好的划分标准和“阶元体系”，并不断予以丰富和发展。

四、哲学形态的级进发展

如同生物的进化一样，哲学形态也经历了一个由简单到复杂、由低级到高级、由粗浅到深入、由朦胧到科学的发展过程，这个过程就是哲学形态的级进发展。

黑格尔在《哲学史讲演录》中说：“那初期开始的哲学思想是潜在的、直接的、抽象的、一般的，亦即尚未高度发展的思想。而那较具体较丰富的总是较晚出现；最初的也就是内容最贫乏的。最初期的哲学是最贫乏最抽象的哲学。”[①]按照这个思路，世界哲学的发展总共可以分为四个阶段：

（1）原始社会，没有文字记载。这一时期是哲学的萌芽时期，哲学还没有从神话中独立出来，还没有形成独立的哲学形态和样式。主要的思维模式是原始感性思维，主要内容是对神与万物关系的探讨。

（2）奴隶社会到封建社会，生产力逐步提高，语言文字已经产生并不断丰富和发展，属于传统形而上学得以产生和逐步发育成熟的时期。这一时期的传统形而上学表现形式，在最初是以格言、短文、对话为主，后来逐步过渡到以论文和专著为主，附以格言、短文、对话等。在哲学具体形态上，唯物主义、唯心主义、辩证法和“形而上学”等类型逐步形成，在哲学的样式上形成了古印度哲学（宗教哲学）、阿拉伯哲学（宗教哲学）、古希腊哲学（知识论哲学）、中国先秦哲学（实践哲学）、中国“经学”、德国古典哲学[②]、法国 18 世纪唯物主

---

① ［德］黑格尔：《哲学史讲演录》第 1 卷，商务印书馆 1959 年版，第 43—44 页。

② 德国古典哲学：18 世纪下半叶到 19 世纪上半叶德国哲学思想、理论的统称（参见《哲学大辞典》下卷，上海辞书出版社 2007 年版，第 1665 页）。

义等重要样式,这些样式虽然某一时期在特定国家表现得较为充分,但类似样式也会在其他国家出现。如,中国先秦的实践哲学与古希腊的知识论哲学,除了在哲学的研究目的上略有差异以外,在研究内容和研究方法上并无太大差异;古印度宗教哲学的类似样式,在中国汉唐和欧洲中世纪也普遍存在;中国"经学"的类似样式,在古印度和欧洲文艺复兴时期也普遍存在;德国古典哲学和法国18世纪唯物主义也对其他国家的哲学产生了重要影响。

(3)19世纪中期至今,是传统形而上学的衍化阶段。这一时期,作为哲学基本形态与传统形而上学分庭抗礼的唯物主义辩证法从产生到基本成熟,逻辑工具也由传统形而上学的形式逻辑和辩证逻辑进化成唯物辩证逻辑。而这一时期的传统形而上学,逻辑工具主要是形式逻辑及其高级形式现代逻辑,表现形式主要是论文和专著,附以格言、短文、对话等。与此前的传统形而上学相比,形成了一系列的传统形而上学衍生形态,主要样式有"应用的形而上学"、"反形而上学"、"新形而上学"(或"修正的形而上学")和"反马克思主义"等。其中,"应用的形而上学"是一种运用"形而上学"思维研究现实问题的错误方法;反形而上学包括实用主义、逻辑实用主义、弗洛伊德主义、语言哲学等流派,以及后现代主义当中的"激进的后现代主义";"新形而上学"(或"修正的形而上学")思潮又可划分为"后形而上学"和"建设性后现代主义"两大流派。"反马克思主义"包括"修正主义的马克思主义"、"后马克思主义"和"新马克思主义"三大流派。

特别需要指出的是,作为崭新的哲学基本形态的唯物主义辩证法,虽然在先后形成马克思创立的唯物主义辩证法、恩格斯创立的自然辩证法、苏联模式的马克思主义哲学教科书、中国模式的唯物主义辩证法等样式之后,已经逐步走向成熟,但随着西方发达国家步入"后现代社会",发达资本主义国家的阶级社会环境与马克思生活的时代相比已经发生了很大改变,因而在理论上受到西方"马克思学"和"西方马克思主义"的强烈挑战,许多理论问题尚待进一步解决和完善。这些问题留待后文详细阐述。

为了更加准确地描述哲学的界级分类及其演化进程,我们可以建立哲学形态系统发育树状图(参见图1)。

需要强调的是:这里的哲学系统发育树状图只能反映世界哲学发展的大

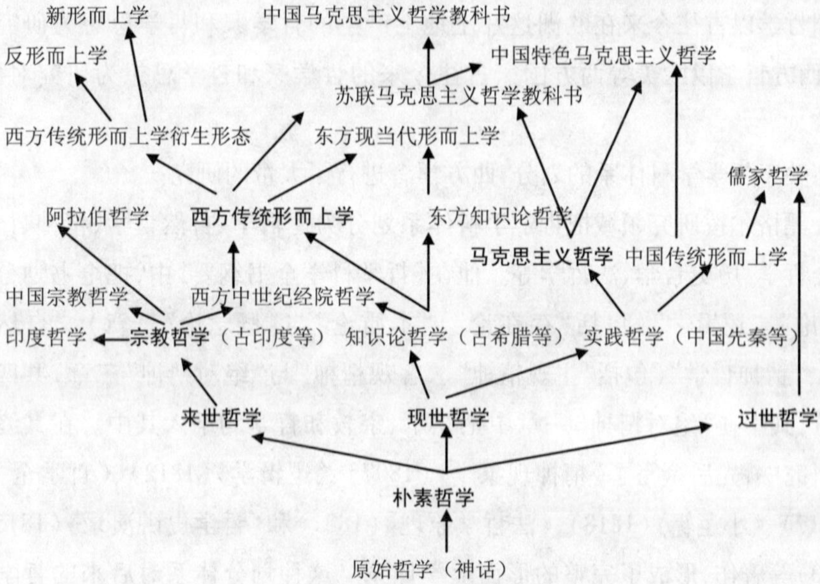

图1　哲学形态系统发育树状图

体轮廓,图中描述的哲学形态演化情况并不是绝对的。譬如,现世哲学与经院哲学并不是互不干涉的,二者在相互作用中共同发展。其他,如知识论哲学与实践哲学,中国传统形而上学与西方传统形而上学、马克思主义哲学与西方传统形而上学及其衍生形态等,都是如此。其中,西方传统形而上学的衍生形态,特别是后形而上学与新形而上学,就受到马克思主义哲学非常大的影响。而东方现当代形而上学和"西方马克思主义"又受到西方传统形而上学及其衍生形态的深刻影响。

第三节　哲学学科划分体系

长期以来,国内学术界在哲学学科体系的划分上,主要根据哲学的研究对象及其所在地域对哲学进行分门别类的研究。哲学学科划分体系只关注哲学形态的部分构成要素,往往注重于学科研究对象及其所在地域之间的区别,而忽视研究目的、研究方法、逻辑工具、人学立场、社会功能等方面的区别。如中国哲学以古往今来在中国这片土地上产生的哲学家和哲学思想为研究对象，欧洲哲学以古往今来在欧洲这片土地上产生的哲学家和哲学思想为研究对象，西方哲学以欧美等西方国家古往今来的哲学家和哲学思想为研究对象，等等。

关于哲学学科体系的划分，西方学者进行了大量的研究：

黑格尔按研究领域把哲学学科体系划分为逻辑学、自然哲学、精神哲学、社会哲学、历史哲学、法哲学等。他在《哲学科学全书纲要》中，把全书划分为“导论”、“逻辑学”（包括“存在论”、“本质论”与“概念论”三章）、“自然哲学”、“精神哲学”（包括“主观精神”、“客观精神”与“绝对精神”三章）共四大部分，其中在“绝对精神”一章中把艺术、宗教和哲学均纳入其中。在其终生的研究中，先后撰写了《精神现象学》（1807）、《逻辑学》（1812）、《哲学全书》（1817）、《小逻辑》（1818）、《法哲学原理》（1821）和《哲学史讲演录》（1815—1830）等著作，形成了完整的形而上学体系。这种划分体系对后来的哲学家产生了重大影响。

直到当代，J.P.蒂洛在其撰写的《哲学——理论与实践》一书中，仍把全书划分为六编：第一编是“导言”，讲哲学和哲学的功用；第二编是“形而上学（一）”，讲人的本质；第三编是“伦理学”；第四编是“形而上学（二）”，讲宗教哲学；第五编讲“认识论”；第六编讲“个人哲学”。[①] 与黑格尔的体系遥相呼应。

英国当代哲学家奈杰尔·沃伯顿在其撰写的《哲学的门槛——写给所有人的简明西方哲学》一书中，把全书划分为“导言”、“上帝”（黑格尔的绝对精神）、“对与错”（黑格尔的主观精神）、“政治哲学”（黑格尔的客观精神）、“外部世界”（黑格尔的自然哲学）、“科学哲学”（黑格尔的理论精神）、“精神哲学”、“艺术哲学”，与黑格尔的哲学体系基本一致，但在章节设计和内容安排上有所变化。[②]

英国当代哲学家克里斯·霍奈尔和美国当代哲学家埃默里斯·韦斯科特

---

① ［美］J.P.蒂洛：《哲学——理论与实践》，中国人民大学出版社1989年版，“目录”第1—3页。

② ［英］奈杰尔·沃伯顿：《哲学的门槛——写给所有人的简明西方哲学》，新华出版社2011年版，“目录”第1—8页。

在合著的《哲学是什么》一书中，把全书划分为“形而上学”、“认识论”、“心灵哲学”、“科学哲学”、“伦理学”、“政治哲学”、“艺术哲学”、“宗教哲学”共八个部分。①

美国当代哲学家罗伯特·所罗门在其撰写的《大问题——简明哲学导论》一书中，把全书划分为“前言”、“导言”、“逻辑准备”，“第一章：哲学问题”，“第二章：生活的意义”，“第三章：上帝”，“第四章：实在的本性”，“第五章：真理的追寻”，“第六章：自我”，“第七章：自由”，“第八章：道德和好的生活”，“第九章：正义和好的社会”，“第十章：哲学、性和文化”，“第十一章：美”；共十二个部分。从内容上看，“前言”、“导言”、“逻辑准备”和“第一章：哲学问题”，应该属于总论部分，对应于黑格尔《哲学科学全书纲要》的“导论”和“逻辑学”部分；“第四章：实在的本性”，对应黑格尔《哲学科学全书纲要》的“自然哲学”部分；“第二章：生活的意义”应该属于人生观部分；“第五章：真理的追寻”，“第六章：自我”和“第七章：自由”，具有“认识论色彩”②，均对应于黑格尔《哲学科学全书纲要》“精神哲学”部分的“主观精神”；“第八章：道德和好的生活”和“第九章：正义和好的社会”，对应黑格尔《哲学科学全书纲要》“精神哲学”部分的“客观精神”；“第三章：上帝”、“第十章：哲学、性和文化”和“第十一章：美”，对应于《哲学科学全书纲要》“精神哲学”部分的“绝对精神”。

当代德国哲学家彼得·昆兹曼等人于 1991 年编著出版的《哲学百科》，除了按照“古代哲学”、“中世纪哲学”、“文艺复兴”、“启蒙时期”、“德国观念论”、“十九世纪哲学”、“二十世纪哲学”的顺序介绍西方哲学以外，还增加了“导论”、“哲学的学科”和“东方哲学”三个部分。在哲学的学科部分，彼得·昆兹曼等认为，所谓“哲学的学科”，就是根据“问题与对象范围的不同”，把哲学“划分成独立的研究领域”。③ 他们把哲学学科划分为“人类学”、“伦理学”、“美

① ［英］克里斯·霍奈尔、［美］埃默里斯·韦斯科特：《哲学是什么》，中国人民大学出版社 2010 年版，“目录”第 1—4 页。

② 参见［美］罗伯特·所罗门：《大问题——简明哲学导论》，广西师范大学出版社 2004 年版，第 8 页。

③ 参见［德］彼得·昆兹曼等：《哲学百科》，广西人民出版社 2011 年版，第 13 页。

学”、“形而上学与存有学”、“逻辑学”、“认识论及科学理论”、“语言哲学”、“历史哲学”、“宗教哲学”、“自然哲学”、“法哲学”、“社会哲学与政治哲学”诸种。① 其中,除了“语言哲学”和“社会哲学与政治哲学”以外,基本上是沿袭了黑格尔的哲学体系划分方法。

西方哲学学科体系划分的另一种模式是康德创立的。关于这一点,彼得·昆兹曼等人在《哲学百科》中说:“康德所表述的问题如下:我可以知道什么?(形而上学)我应该怎么做?(道德)我可以希望什么?(宗教)人是什么?(人类学)”,并认为“最后一个问题基本上涵盖了其他的每一个问题”。②实际上,在康德一生的哲学著作中,《自然通史和天体论》(1755)、《纯粹理性批判》(1781)、《任何一种能够作为科学出现的未来形而上学导论》(1783)、《实践理性批判》(1788)、《判断力批判》(1790)、《论永久和平》(1795),正是康德哲学划分体系的充分体现。

英国当代哲学家尼古拉斯·费恩在其撰写的《哲学——对最古老问题的最新解答》一书中,就是根据康德的划分体系把全书划分为序言和我是谁、我知道什么、我应当做什么三篇,基本上对应着绪论、本体论、认识论和伦理学四个部分。③

关于哲学学科体系的划分,目前国内学术界的代表性观点主要有以下几种:

一是按照研究对象把哲学学科体系划分为存在论、认识论、方法论和价值论等部分。艾思奇在 1935 年出版的《大众哲学》一书中,将各章的标题分别确定为“唯心论、二元论和唯物论”,“辩证法唯物论的认识论”,“唯物辩证法的基本规律”和“唯物辩证法的几个范畴”④,实际上是把哲学学科体系划分成了本体论、认识论和方法论三大部分。与此类似,新中国成立以后的大部分哲学教科书都按照这一思路建构哲学体系。叶秀山在其撰写的《哲学要义》

---

① 参见[德]彼得·昆兹曼等:《哲学百科》,广西人民出版社 2011 年版,第 13 页。
② [德]彼得·昆兹曼等:《哲学百科》,广西人民出版社 2011 年版,第 11 页。
③ [英]尼古拉斯·费恩:《哲学——对最古老问题的最新解答》,新星出版社 2007 年版,“目录”第 1—2 页。
④ 艾思奇:《大众哲学》,新华出版社 2001 年版,“目录”。

一书中,第一讲是“哲学的危机与哲学的权利”,第二讲是“哲学的道路与学习哲学的最佳途径”,第三讲是“如何理解‘哲学’”,第四讲是“形而上学与哲学”,第五讲是“何谓‘存在’?——传统存在论(上)”,第六讲是“如何‘存在’?——传统存在论(下)”,第七讲是“传统存在论向现代存在论过渡”,第八讲是“现代存在论”,第九讲是“语言是存在的家”,第十讲是“知识论”,第十一讲是“经验科学知识论与存在论”,第十二讲是“价值论”,第十三讲是“通向宗教的价值论”。① 其中,第一讲至第四讲是哲学总论部分,第五讲至第九讲是讲存在论(本体论),第十讲、第十一讲是“知识论”(认识论),第十二、第十三讲是价值论。台湾辅仁大学哲学系讲座教授邬昆如主编的《哲学入门》,则把全书划分为“绪论”、“知识论”、“形上学”、“价值哲学”和“结论”五个部分②。刘永富撰写的《哲学概论(纲要)》一书,共分“哲学元理论”、“哲学基础理论”、“哲学应用性分支(一)”和“哲学应用性分支(二)”四大部分。在哲学基础理论部分,主要对本体论和辩证法进行了论述,在“哲学应用性分支(一)”中主要讲认识论,在“哲学应用性分支(二)”中专讲社会哲学。③ 王德峰撰写的《哲学导论》,除了“前言”和“结束语”之外,共有“一、哲学:人类文明精神的精华”,“二、哲学的诞生”,“三、本体论与形而上学”,“四、认识论与先验哲学”和“五、历史哲学”五个部分。前言和一、二两部分是总论,其余部分则基本沿用了传统的划分方法。④

新中国成立以后的马克思主义哲学教科书,也大都按照这一思路建立马克思主义哲学体系,并在《大众哲学》绪论、本体论、认识论和方法论四大部分的基础上,增加了历史观部分⑤。比如,艾思奇主编的《辩证唯物主义、历史唯物主义》,上篇是辩证唯物主义:“第一章:绪论”,“第二章:世界的物质性”,“第三章:物质和意识”,相当于本体论部分;“第四章:对立统一规律”,“第五

---

① 参见叶秀山:《哲学要义》,世界图书出版公司北京公司 2010 年版,“目录”第 1—4 页。

② 参见邬昆如主编:《哲学入门》,上海古籍出版社 2005 年版,“目录”第 1—4 页。

③ 参见刘永富:《哲学概论(纲要)》,西安交通大学出版社 2008 年版,“目录”第 1—22 页。

④ 参见王德峰:《哲学导论》,上海人民出版社 2000 年版,“目录”第 1—2 页。

⑤ 苏联时期的哲学教科书也基本上采用这种体例。A.Г.斯比尔金在其撰写的《哲学原理》中,增加了“哲学史”部分,并把历史观部分改为“社会哲学”(参见[俄]A.Г.斯比尔金:《哲学原理》,求是出版社 1990 年版,“目录”第 1—8 页)。

章：质量互变规律”，“第六章：否定之否定规律”和“第七章：唯物辩证法的基本范畴”，都是讲辩证法，亦即方法论；“第八章：认识和实践”和“第九章：真理”，都是讲认识论。下篇专讲历史唯物主义，相当于历史观。[①] 肖前、李秀林、汪永祥主编、1981 年由人民出版社出版的《辩证唯物主义原理、历史唯物主义原理》，李秀林、王于、李淮春主编、中国人民大学出版社 1982 年出版的《辩证唯物主义和历史唯物主义原理》，陶德麟、黎德阳、郝侠君主编、湖北人民出版社 1983 年出版的《辩证唯物主义与历史唯物主义》，高清海主编、人民出版社 1985 年出版的《马克思主义哲学基础》，均基本沿用了这一体系，但在内容上有所创新。其中，高清海主编的《马克思主义哲学基础》，整个体系从哲学基本问题出发，把本体论、辩证法、历史观和认识论四个方面内容围绕对客体、主体及其相互关系的论述交叉展开，可谓独具一格。直到 20 世纪 90 年代以后，一些马克思主义哲学教科书又增加了“实践观”和“价值观”部分，也有的甚至进一步把文化观、科学观和人学理论从历史观中独立出来[②]。至于近些年国内哲学家编写的哲学概论也大都沿用了《大众哲学》的体系。比如李泽厚撰写的《哲学纲要》，将哲学学科体系划分为“总序”、“伦理学纲要”、“认识论纲要”和“存在论纲要”四大部分[③]；张世英撰写的《哲学导论》，则在此基础上有所改进，增加了“审美观”、“伦理观”、“历史观”和“哲学的发展历程”四个部分，将哲学学科体系划分为导言、本体论与认识论、审美观、伦理观、历史观和哲学发展的历程六大部分[④]，如果将本体论与认识论分开，则是七大部分。

二是按照地域把哲学学科体系划分为中国哲学、印度哲学、西方哲学等部分。比如，邢贲思在为《中国大百科全书》哲学卷所作的专文《哲学》中，就按

① 参见艾思奇主编：《辩证唯物主义历史唯物主义》，人民出版社 1961 年版，“目录”第 1—4 页。

② 作者认为，这种划分形成的文化观、科学观和人学理论三个部分，从外延上看与本体论、认识论、方法论、历史观等部分并不在同一层次上，值得进一步斟酌。

③ 参见李泽厚：《哲学纲要》，北京大学出版社 2011 年版，“目录”。

④ 参见张世英：《哲学导论》，北京大学出版社 2008 年版，“目录”。

地域把哲学学科体系划分为中国哲学、印度哲学、西方哲学三大传统。①

三是按研究领域把哲学学科体系划分为自然哲学、社会哲学、历史哲学、经济哲学等。如孙正聿先生在其撰写的《哲学导论》中，把国内“学科门类”中的“二级学科”——马克思主义哲学②、中国哲学、外国哲学、逻辑学、伦理学、美学、宗教学和科学技术哲学（自然辩证法）这八个学科作为哲学的研究领域。③ 彭新武主编的《哲学导论》，除了绪论外，把全书分为自然观、社会历史观、人生观和认识论四篇。④

四是同时使用研究对象、研究领域和地域三种划分标准，即以上三种划分方法的结合。比如，《辞海·哲学分册》1986年版在把哲学学科体系划分为总论、马克思主义经典作家及著作、中国哲学史、外国哲学史、自然辩证法、逻辑学、美学和伦理学八个部分的同时，在关于外国哲学的名词术语部分有本体论、宇宙论和价值论的阐释，在马克思主义经典作家及著作部分有方法论、认识论的阐释，等等。⑤《哲学大辞典》2007年版把哲学学科体系划分为总论、马克思主义哲学、逻辑学、美学、伦理学、科学技术哲学⑥、中国哲学史、外国哲学史八个部分。⑦ 在“马克思主义哲学”部分的总论中又根据研究对象把哲学划分为自然哲学、社会哲学、人生哲学、经济哲学、政治哲学、道德哲学、宗教哲学、艺术哲学、历史哲学、科学哲学、价值哲学、法哲学、文化哲学、军事哲学、教育哲学、管理哲学、元哲学、哲学学等⑧；在“外国哲学史”部分的总论中，又根据研究对象把哲学划分为本体论、宇宙论、价值论等⑨。二者均是研究对象、

---

① 参见《中国大百科全书》（第一版·哲学卷），中国大百科全书出版社1985年版，第6—15页。

② 作者认为，马克思主义哲学是与传统形而上学并立的哲学基本形态，不应视为与逻辑学、伦理学、美学、宗教学等并立的研究领域。

③ 参见孙正聿：《哲学导论》，中国人民大学出版社2000年版，第20—21页。

④ 参见彭新武主编：《哲学导论》，首都经济贸易大学出版社2008年版，“目录”第1—3页。

⑤ 参见《辞海·哲学分册》，上海辞书出版社1986年版，分类词目表。

⑥ 作者认为，新编《哲学大辞典》用“科学技术哲学”取代旧版的“自然辩证法”，很不恰当。详细观点请见本书附录。

⑦ 参见《哲学大辞典》上卷，上海辞书出版社2007年版，“分类词目表”第1—87页。

⑧ 参见《哲学大辞典》下卷，上海辞书出版社2007年版，“分类词目表”第1页。

⑨ 参见《哲学大辞典》下卷，上海辞书出版社2007年版，“分类词目表”第63页。

研究领域和地域三种划分标准综合使用,而后者的这一特征更为明显。

沈湘平主编的《哲学导论》,除了第一讲到第六讲与哲学总论有关的内容以外,第七讲是“世界观与本体论”、第八讲是“知识论与认识论”、第九讲是“历史观与历史哲学”、第十章是“价值观与价值哲学论”、第十一讲是“人性论与人的哲学”。此外,该书第五讲涉及世界哲学的三大传统(西方哲学、印度哲学、中国哲学)及其相互影响;第六章涉及哲学的学科领域,认为目前中国学科划分中哲学的二级学科包括马克思主义哲学、中国哲学、外国哲学、逻辑学、伦理学、美学、宗教学、科学技术哲学八个部分。① 这些基本上与《哲学大辞典》的哲学学科划分相一致,也是研究对象、研究领域和地域三种划分标准综合使用。

李德顺先生在其主编的《哲学概论》中认为:哲学问题本身也是有层次、有“级别”的。尽管所有称得上哲学问题的问题,都是具有普遍性的问题,但是哲学问题之间也有着内在的逻辑联系,有着结构和层次上的差别。哲学是一个一级学科,在传统的哲学学科体系中,下面有哲学理论、哲学史、伦理学、美学、逻辑学等二级学科。在哲学的一级和二级学科中,都有一些处于理论“制高点”上的问题,这样的问题属于“一级问题”,或一般被叫作“元问题”。在整个哲学学科的理论体系中,迄今为止被归纳出三大“元问题”:“存在论问题:关于世界的存在,什么是存在和非存在?什么存在着?怎样存在?”“意识论问题:关于人对存在的把握,人是否能够以及如何在头脑中把握存在?”“价值论问题:关于存在及其把握与人的关系,世界万物的存在及其意识对于人的意义如何?”与此相对应,哲学也形成了三大理论分支:存在论、意识论和价值论。② 但他在该书体系的建构中,并没有采取这种划分体系,而是把全书划分为哲学概论(阐述哲学的形态、样式、方法与价值),西方哲学,中国哲学,马克思主义哲学四大部分。③ 也是研究对象、研究领域和地域三种划分标准综合使用。

五是按照哲学形态的层次性,把哲学学科体系划分为元哲学、分支哲学、

---

① 参见沈湘平:《哲学导论》,中国社会科学出版社 2008 年版,“目录”第 1—6 页。

② 参见李德顺主编:《哲学概论》,中国社会科学出版社 2010 年版,第 51—59 页。

③ 参见李德顺主编:《哲学概论》,中国社会科学出版社 2010 年版,“目录”第 1—4 页。

分支哲学内部分支、亚分支哲学等不同层次。如欧阳康在《哲学研究方法论》一书中认为：哲学是人与世界关系的哲理表现。哲学的对象世界不仅有实践世界，也有科学世界，还有哲学世界自身。“在哲学层面上，一方面是古老的自然哲学、社会历史哲学、人的哲学、宗教哲学、道德哲学以及本体论、认识论等传统分支哲学都在与当代实践与当代科学的撞击中探寻着自己的当代命运和当代意义；另一方面是实践问题、语言问题、思维问题、逻辑问题、符号问题、生态问题、女权问题、理解问题、解释问题、情感问题、意志问题等更加鲜明地凸显出来，形成了一系列具有当代特色的分支哲学。”①在此基础上，他认为：在哲学学科的层次划分上，可以划分为四个层面：第一，元哲学层面，主要是对哲学观、哲学观念、哲学形态学、哲学方法论的研究；第二，分支哲学层面，如对马克思主义哲学、中国哲学、西方哲学、东方哲学、伦理学、逻辑学、科学技术哲学、美学、宗教学9个二级分支学科，以及这些分支哲学的相互关系的研究；第三，在分支哲学内部，对其发展历史、哲学家、著作、问题和体系，以及认识论、本体论、实践论、价值论、评价论、方法论等分支的研究；第四，亚分支哲学层面，如对社会哲学、历史哲学、政治哲学、教育哲学、文化哲学、科学哲学、语言哲学，社会认识论、科学认识论、道德认识论、文化认识论，社会本体论、社会评价论、社会进步论、社会风俗论、社会心态论、社会理解论、社会理想论、社会决策论、社会认识方法论、社会认识进步论；等等。②

六是从元哲学或哲学学的高度对哲学进行划分。如孙正聿的《哲学通论》，共分为“导言”，“第一章：哲学的自我理解”，“第二章：哲学的思维方式”，“第三章：哲学的生活基础”，“第四章：哲学的主要问题”，“第五章：哲学的派别冲突”，“第六章：哲学的历史演进”，“第七章：哲学的修养与创造”八个部分。③ 胡军撰写的《哲学是什么》，共分为：“哲学为何物（上）”、“哲学为何物（下）”、“哲学的问题”、“哲学的方法”和“哲学的价值”五个部分。④

---

① 参见欧阳康：《哲学研究方法论》，武汉大学出版社1998年版，第37页。

② 参见欧阳康：《哲学研究方法论》，武汉大学出版社1998年版，第88—89页。

③ 参见孙正聿：《哲学通论》，吉林人民出版社、人民出版社2010年版，“目录”第1—6页。

④ 参见胡军：《哲学是什么》，北京大学出版社2002年版，“目录”第1—2页。

第四节 哲学形态划分体系

哲学形态划分体系是根据哲学的根本特征和构成要素,对世界哲学进行的系统研究。我们也只有建立起科学、合理的哲学形态划分体系,才能对世界哲学的层次结构及其演变进行详细分析,更好地把握不同哲学形态的理论特征和演变过程。

关于哲学形态的划分体系,李德顺先生在其主编的《哲学概论》中认为:哲学形态可以区分为种种外部形态和内部形态,如思想体系和叙述体系、观念形态和现实形态、逻辑形态和历史形态等。其中,所谓思想体系,是指诸观点和思想之间的内在联系及其基本脉络;所谓叙述体系,是指论证、阐释或发挥一套思想体系的概念范畴系统。哲学的观念形态是由一定的概念和观念构成的理论体系;哲学的现实形态则是哲学对于现实的整体的、本质的、全面的和动态的把握,是对现实的把握从抽象上升到具体的程度。表现为对现实把握的深刻性、全面性和动态性,即理论本身所蕴含的现实感和历史感。哲学的历史形态,是指哲学在社会时间序列中呈现出来的发展过程和样式。目前在各种哲学史教科书中所描述的,基本上都属于哲学的历史形态。哲学的逻辑形态,是指哲学的概念体系所呈现的内在结构次序和它们之间的逻辑联系,亦即"理念各种形态的推演和各种范畴在思想中的、被认识了的必然性"①,这种具有必然性的逻辑联系和对它们的把握,可以通过各种哲学理论本身的概念结构和论证次序等看到。把握哲学的逻辑形态,是了解和判断每一哲学概念、范畴、观点和理论在哲学上的地位和意义的根据。

杨学功在《试论哲学的层次结构——兼涉几个相关问题思想》一文中,主张按照从低到高、由简到繁的顺序,把哲学的内部结构划分为五个层次:哲学观点、哲学学说或哲学体系、哲学形态、哲学类型和哲学学科。②

---

① [德]黑格尔:《哲学史讲演录》第1卷,商务印书馆1959年版,第33页。
② 杨学功:《试论哲学的层次结构——兼涉几个相关问题思想》,《学术月刊》2003年第2期。

但在本书作者看来，这两种划分方法均不够完善。前者太过抽象，难以对哲学形态进行准确描述；后者虽然对哲学形态的层次进行了划分，但仍然难以运用其对哲学形态进行准确描述，其对哲学形态的层次划分也值得商榷（关于哲学形态的层次划分，详见本章第一节）。

本书作者所理解的哲学形态划分体系，是在目前哲学界按照研究对象（哲学形态基本构成要素之一）、研究领域、时代和地域进行划分的基础上，根据哲学形态的理论特征、研究目的、研究对象、思维模式、研究方法、逻辑工具、社会功能、人学立场、研究领域等不同构成要素，按照哲学界、哲学基本形态、哲学类型（阵营或亚阵营）、哲学流派、具体哲学家思想体系、哲学家的具体研究领域、哲学家的具体哲学观点等不同层次，而对世界哲学进行的体系划分。其中，地域和时代是哲学形态的环境因素或外在条件，而理论特征、研究目的、研究对象、思维模式、研究方法、逻辑工具、社会功能、人学立场、研究领域等则是哲学形态的内在构成要素，是哲学形态形成的内因。本书作者理解的划分体系（下文简称“新体系”）与目前国内哲学界理解的划分体系（简称“旧体系”）的联系与区别可以通过以下三张图表来表示：

表 2　新体系（楷体）与旧体系（宋体）对比

划分标准 / 划分层次	旧划分体系					新划分体系	
	地域	时代	研究对象	研究领域	形态结构	形态名称	形态要素
哲学界	世界	迄古至今	哲学	人与世界	两个对子	哲学形态	理论特征 研究目的 研究方法 ……
哲学基本形态的划分	中国哲学 印度哲学 东方哲学 西方哲学 ……	古代哲学 近代哲学 现代哲学 当代哲学 ……	本体论 认识论 价值论 ……	自然哲学 社会哲学 历史哲学 ……	唯物主义 唯心主义 辩证法 “形而上学”	传统形而上学 唯物主义辩证法	
哲学类型（阵营、亚阵营）	中国古代哲学 中国近代哲学 中国现代哲学 古希腊哲学 西方现代哲学 当代美国哲学 ……		……	法哲学 艺术哲学 军事哲学 文化哲学 ……	机械唯物主义 辩证唯物主义 主观唯心主义 客观唯心主义 ……	唯物主义 唯心主义 辩证法 形而上学 ……	

续表

划分标准 / 划分层次	旧划分体系					新划分体系	
	地域	时代	研究对象	研究领域	形态结构	形态名称	形态要素
哲学流派	儒家哲学,道家哲学,柏拉图主义,黑格尔主义,马克思主义,西方马克思主义,……						
具体哲学家思想体系	孔子哲学,老子哲学,柏拉图哲学,黑格尔哲学,马克思哲学,卢卡奇哲学……						
哲学家的具体研究领域	马克思的辩证法 黑格尔的辩证法 ……						
哲学家的具体哲学观点	马克思的共产主义思想 毛泽东的矛盾论 ……						

从表2可以看出,旧体系把新体系中的研究对象和研究领域两个构成要素作为与地域和时代并列的划分标准,但对新体系中哲学形态的其他构成要素则没有涉及。这一张表可以演化为以下两张表:

表3 旧体系

划分标准 / 划分层次	地域	时代	研究对象	研究领域
哲学界	世界	迄古至今	哲学	人与世界
哲学学科体系	中国哲学 印度哲学 西方哲学 ……	古代哲学 近代哲学 现代哲学 当代哲学 ……	本体论 认识论 价值论 ……	自然哲学 社会哲学 历史哲学 ……
唯物主义与唯心主义 可知论与不可知论 辩证法与“形而上学”	同上	同上	同上	同上
哲学流派	同上	同上	同上	同上
具体哲学家思想体系	同上	同上	同上	同上
哲学家的具体研究领域	同上	同上	同上	同上
哲学家的具体哲学观点	同上	同上	同上	同上

从表3可以看出,旧体系基本上是一个学科体系,对哲学形态的描述不够

系统和全面，在哲学形态的评价与比较方面具有先天不足。

表 4　新体系

划分标准 划分层次	地域	时代	形态名称	构成要素
哲学界	世界	迄古至今	哲学形态	理论特征 研究对象 研究领域 研究目的 研究方法 ……
哲学基本形态	中国哲学 印度哲学 西方哲学 ……	古代哲学 近代哲学 现代哲学 当代哲学 ……	传统形而上学 唯物主义辩证法	同上
哲学类型(阵营、亚阵营)	同上	同上	唯物主义 唯心主义 辩证法 “形而上学” ……	同上
哲学流派	同上	同上	儒家哲学 柏拉图主义 实证主义 马克思主义 ……	同上
具体哲学家思想体系	同上	同上	马克思哲学 黑格尔哲学 ……	同上
哲学家的具体研究领域	同上	同上	马克思的辩证法 黑格尔的辩证法 ……	同上
哲学家的具体哲学观点	同上	同上	马克思的共产主义思想 毛泽东的矛盾论 ……	同上

在新体系中，哲学研究对象和研究领域已并入哲学形态构成要素之中。

总之，哲学形态划分体系与哲学学科划分体系既相互联系、相互交叉，又相对独立、相互区别。哲学学科划分体系主要根据哲学的研究对象及其所在地域等外在因素对哲学进行分门别类的研究，因而研究对象和所在地域不同，哲学的具体形态也就不同;而哲学形态划分体系主要是根据哲学的理论特征、研究目的、研究对象、思维模式、研究方法、逻辑工具、社会功能、人学立场、研究领域等内在构成要素对哲学进行分类,在具体研究过程中,研究对象只是划分哲学形态的要素之一,而对所在地域的关注则更低一些。

第五章　作为哲学形态的传统形而上学

传统形而上学是一个古老的哲学形态，历经现代西方哲学的"拒斥形而上学"浪潮和后现代主义的"后形而上学思想"复归，迄今仍然在世界哲学体系中发挥着重要的作用。因而，我们要研究哲学形态的层次和划分标准，就必须从研究传统形而上学开始。

第一节　传统形而上学的定义

形而上学是最常见的哲学名词之一，但人们对这一概念的理解程度却是大相径庭。有普通群众在与辩证法对立的意义上的理解，也有哲学家从西方古典哲学或西方现当代哲学意义上的理解；有全盘否定的理解、全盘肯定的理解，也有折中的理解。各说各词，相去甚远。这里，仅凭本书作者能够接触到的资料，就有以下一些理解：

(1)《不列颠百科全书》(国际中文版修订版)的定义：形而上学(metaphysics)：一种哲学研究，其目的在于确定事物的真实本质，也就是确定存在物的意义、结构和原理。①

(2)中国社会科学院语言研究所辞典编辑室编辑的《现代汉语词典》的观

---

① 参见《不列颠百科全书》(国际中文版修订版)第 11 卷，中国大百科全书出版社 2007 年版，第 152 页。

点——形而上学:①哲学史上指哲学中探究宇宙根本原理的部分。②同辩证法相对立的世界观或方法论。它用孤立、静止、片面的观点看世界,认为一切事物都是孤立的,永远不变的;如果说有变化,只是数量的增减和场所的变更,这种增减或变更的原因不在于事物内部而在于事物外部。也叫玄学。①

(3)《中国大百科全书》(第一版·哲学卷)是这样说的:形而上学(metaphysics):哲学术语,通常有两种含义:①指研究超感觉的、经验以外对象的哲学;②指与辩证法相对立的、用孤立的静止的片面的观点观察世界的思维方式。马克思主义哲学通常在后一种意义上使用它。②

(4)康德在《纯粹理性批判》一书中认为:"玄学③为完全孤立之思辨的理性学问,高翔于经验教导之外,且在玄学中,理性实为其自身之学徒。玄学唯依据概念——非如数学依据概念之适用于直观者。"④在他看来,"玄学之全部体系由四种主要部分所成:(一)本体论;(二)合理的自然学;(三)合理的宇宙论;(四)合理的神学"⑤,并把形而上学划分为"自然形而上学"和"道德形而上学"两种⑥。

(5)黑格尔在《逻辑学》中把康德之前的形而上学称为"旧形而上学",只有他自己的"逻辑科学"才"构成真正的形而上学或纯粹的思辨哲学"⑦。在后来的《哲学科学全书纲要》一书中,又进一步说:"逻辑在思辨哲学的根本含义上,称为代替先前曾被称为形而上学并作为一种与它分离的科学而加以研讨的东西。"⑧

(6)在《哲学的贫困》一书中,马克思指出:"在黑格尔看来","形而上学"

---

① 参见中国社会科学院语言研究所词典编辑室编:《现代汉语词典》,商务印书馆2016年版,第1467页。
② 参见《中国大百科全书》(第一版·哲学卷二),中国大百科全书出版社1985年版,第1028页。
③ 现译为形而上学。
④ [德]康德:《纯粹理性批判》,商务印书馆1960年版,第13页。
⑤ [德]康德:《纯粹理性批判》,商务印书馆1960年版,第578页。
⑥ [德]康德:《纯粹理性批判》,商务印书馆1960年版,第575页。
⑦ [德]黑格尔:《逻辑学》上卷,商务印书馆1966年版,第3—4页。
⑧ [德]黑格尔:《哲学科学全书纲要》,上海世纪出版集团、上海人民出版社2002年版,第20页。

就是“整个哲学”。[①]

(7)恩格斯在《自然辩证法》中把形而上学称为“关于事物的科学——不是关于运动的科学”[②],即分门别类对事物进行研究的科学;在《路德维希·费尔巴哈和德国古典哲学的终结》一书中又说:“旧的研究方法和思维方法,黑格尔称之为‘形而上学的’方法,主要是把事物当做一成不变的东西去研究”[③],并认为作为“哲学思维方法”来说,“形而上学的即反辩证法的”[④]。

(8)毛泽东在《矛盾论》中的观点:“所谓形而上学的或庸俗进化论的宇宙观,就是用孤立的、静止的和片面的观点去看世界。”[⑤]这也是从反辩证法的角度来理解“形而上学”。

(9)柯林伍德在《形而上学论》中,认为亚里士多德用“第一科学”、“智慧”和“神学”三种名称来称呼形而上学是错误的。[⑥] 因为“形而上学是纯粹存在的科学”这一命题是自相矛盾的,只有“形而上学是研究支撑着通常科学的前提的科学”这一命题才是正确的。[⑦] 在他看来,“形而上学一直是一门历史的学科”[⑧],因而不仅不能“用本体论来称形而上学”[⑨],而且“所有形而上学的问题都是历史的问题,所有的形而上学的命题都是历史的命题”[⑩]。

(10)英国哲学家彼得·F.施特劳森在《个体:论描述的形而上学》中说:“形而上学往往是修正的,而很少是描述的。描述的形而上学满足于描述我们关于世界的思想结构,修正的形而上学则关心产生一种更好的结构。”[⑪]

---

① 《马克思恩格斯选集》第1卷,人民出版社2012年版,第217页。
② 《马克思恩格斯全集》第20卷,人民出版社1971年版,第547页。
③ 《马克思恩格斯文集》第4卷,人民出版社2009年版,第299页。
④ 《马克思恩格斯文集》第4卷,人民出版社2009年版,第282页。
⑤ 《毛泽东选集》第一卷,人民出版社1991年版,第300页。
⑥ 参见[英]科林伍德:《形而上学论》,北京大学出版社2007年版,第5页。
⑦ 参见[英]科林伍德:《形而上学论》,北京大学出版社2007年版,第10—11页。
⑧ [英]科林伍德:《形而上学论》,北京大学出版社2007年版,第46页。
⑨ [英]科林伍德:《形而上学论》,北京大学出版社2007年版,第14页。
⑩ [英]科林伍德:《形而上学论》,北京大学出版社2007年版,第39页。
⑪ [英]彼得·F.施特劳斯:《个体:论描述的形而上学》,中国人民大学出版社2004年版,第1页。

(11)海德格尔认为"哲学即形而上学"①。

(12)美国当代哲学家布鲁斯·昂在其撰写的《形而上学》教科书中说:"亚里士多德将他关心的形而上学学科称为'第一哲学'",并"将第一哲学划分为三个相关的学科":"第一个是'是之为是(being qua being)的学科',指出其目标是探究万物的普遍本质",这是后人所说的"本体论";"第二个学科涉及'最高种类的是',他视其为对神的恰当描述",这是后人所说的"神学";"第三个学科致力于'第一原理',它对于每一个存在物而言都是真的,并且构成一切论证和推理",这是后人所说的"普遍科学"。② 又说:"正如其现存的状况一样,可以用17—18世纪成为标准的特征来描述形而上学学科。根据这种特征,形而上学有两个主要领域:一般形而上学和特殊形而上学。一般形而上学包括本体论和大部分被称为普遍科学的东西;在整体上它关注于实在的普遍本质……特殊形而上学关注于是之特殊性质或方面的某些问题。"③

(13)美国当代哲学家麦克尔·路克斯在《当代形而上学导论》一书中说:"至今,我们遇到的是亚里士多德对于形而上学两种不同的解释。一方面,形而上学是确定第一原因,特别是上帝的专门学科;另一方面,形而上学是最普遍的或最一般的学科,它的任务是从存在作为存在或者存在者本身这一角度来考察对象,并对整个存在领域提出一般的表述。"④

(14)美国当代哲学家彼得·范·因瓦根在《形而上学》一书中认为:"形而上学试图告诉我们关于世界、关于万物的终极真理。"⑤

(15)西蒙·布莱克伯恩在《当代英美哲学概论》一书中说:"形而上学是对世界的最一般特征的探索。我们用各种高度概括的方式想象我们周围的世界。它是有秩序、用空间和时间构造的;它包括物质与心智、事物及其特性、必然性、事件、因果关系、创造、变化、价值、事实和事态。形而上学试图较好地理

① [德]海德格尔:《面向思的事情》,商务印书馆1996年版,第68页。
② [美]布鲁斯·昂:《形而上学》,中国人民大学出版社2006年版,第3页。
③ [美]布鲁斯·昂:《形而上学》,中国人民大学出版社2006年版,第12页。
④ [美]麦克尔·路克斯:《当代形而上学导论》,复旦大学出版社2008年版,第4页。
⑤ [美]彼得·范·因瓦根:《形而上学》,北京大学出版社2007年版,第5页。

解世界的这些特征。它广泛地研究事物结合在一起的方式。在这个概略的叙述中，关于此论题有两种观点：形而上学家可以把自己看作是对事实的研究或对实在的广袤结构的探索，或者，形而上学家可以把这一事业更多地视为自我反思地获得对我们如何向我们自己描述事实的一种理解：我们的'概念图式'，或者任何可能的概念图式，如何构造我们自己关于实在的思想。一旦这种描述得以完成，那么任何可能的事情都可以做了，因为除了在我们已描绘出特征的概念图式中继续思考以外，我们别无选择。"①

（16）英国著名的形而上学研究专家、《牛津形而上学研究》的主编齐默曼（Dean Zimmerman）将20世纪分析时代的形而上学家分为"非分析的形而上学家"、"分析的形而上学家"和"新潮流形而上学家"三种。②

本书作者认为，就以上哲学家给予的定义而言，形而上学在大体上可以划分为两类：一类是作为哲学基本形态的形而上学，主要有三个方面的特征：（1）在研究对象上，研究超验对象或局限于纯粹的思想领域；（2）在研究方法上，使用纯粹逻辑推论或者单纯依靠直观；（3）在研究目的上，追求纯粹概念体系或是单纯认识世界。第二类则专指与辩证法对立的用片面、孤立、静止的观点看问题的方法。从外延上看，前者远远大于后者，并且前者蕴涵后者。在作为哲学基本形态的传统形而上学当中，唯心主义辩证法、机械唯物主义和与辩证法对立的"形而上学"都是其组成部分。其中，仅就对形而上学的理解而言，以黑格尔和《不列颠百科全书》的观点比较符合传统形而上学的原义，布鲁斯·昂、麦克尔·路克斯等人的观点，则是传统形而上学含义的现当代扩展；对于作为与辩证法对立的用片面、孤立、静止的观点看问题的"形而上学"而言，则以恩格斯、毛泽东的定义最为准确，《现代汉语词典》和《中国大百科全书》的定义只是恩格斯和毛泽东定义的转述。因此，本书在对传统形而上学进行考察的时候，必须将这两大类形而上学均考虑在内。③

---

① [英]尼古拉斯·布宁、[中]燕宏远等主编：《当代英美哲学概论》，社会科学文献出版社2002年版，第112页。

② 参见张志伟主编：《形而上学的历史演变》，中国人民大学出版社2010年版，第228—229页。

③ 本书在谈到与辩证法对立意义上的形而上学时，均将"形而上学"一词加上引号，以免产生歧义。

第二节 传统形而上学的理论特征

随着现当代形而上学与反形而上学思想的激烈碰撞，当代哲学家对形而上学的关注程度超过了任何一个时代，不论是形而上学的维护者还是形而上学的批判者，都想准确把握形而上学的理论特征。

总的来看，传统形而上学和本体论具有以下基本特征：

一、超然于经验之上

传统形而上学的一个显著特征，就是从概念或从本体出发，仅仅凭借概念而非经验来建立自己的哲学体系，亦即我们通常所说的“超然于经验之上”。它们之间的区别仅仅在于：建立体系所依据的概念，是通过“分析”得来的，还是通过“归纳”得来的，是通过逻辑抽象得来的，还是通过体悟和直观得来的；思想理论的表达，是以严密的逻辑体系表现出来，还是以随想、片段和语录的形式表现出来；研究的对象，是更多地关注人生还是更多地关注自然；等等。孔子、苏格拉底的思想，是以语录和对话的形式表现出来，康德、黑格尔的思想是以严密的逻辑体系表现出来，但他们的思想都很伟大，影响久远，都可以称得上是伟大的思想家、形而上学家。西方的传统形而上学更多地是关注自然，中国的传统形而上学更多地是关注人生（近代以后这种现象已经发生了重大改变），等等。

这里应该注意的是，传统形而上学的“超越于经验之上”，并不说它的一切内容都是脱离一切经验的胡思乱想。实际上，绝大多数的形而上学家都力图以从个人经验中抽象和概括出来的概念或原则为出发点。正如黑格尔在《小逻辑》中所说：“思辨的科学与别的科学的关系，可以说是这样的：思辨科学对于经验科学的内容并不是置之不理，而是加以承认与利用，将经验科学中的普遍原则、规律和分类等加以承认和应用，以充实其自身的内容。……所以思辨的逻辑，包含有以前的逻辑与形而上学，保存有同样的思想形式、规律和对象，但同时又用较深广的范畴去发挥和改造它们。”①中国南宋的哲学家朱

① ［德］黑格尔：《小逻辑》，商务印书馆 1980 年版，第 49 页。

熹认为:“造化已是形而下,所以造化之理是形而上。”(《朱子语类》卷第四“理性一”)①也是把超越于经验之上作为“形而上”的主要特征。也就是说,传统形而上学的“超越于经验之上”,主要是在哲学家新的哲学思想的形成阶段——从“从孤寂的头脑”中而不是从对现实的调查研究中产生出思想,这是与马克思创立的唯物主义辩证法明显不同的。

二、局限于“纯粹的思想领域”

这里的“纯粹的思想领域”,主要是“解释世界”和“认识世界”。不论是西方的传统形而上学,还是中国的传统形而上学,都以局限于“纯粹的思想领域”为特征,都是对统一的认识—实践过程的割裂。至于在“改造世界”方面,也仍然没有超出“纯粹的思想领域”。形而上学家们只关心人的内心世界的改造、个人修养的提高,至于自己的思想能否运用来改造客观世界、如何改造客观世界并在改造客观世界的过程中实现理论与实际的动态统一,则很少予以理会。黑格尔曾经说:“旧形而上学的前提与一般素朴信仰的前提相同,即认为思想可以把握事物的本身,且认为事物的真实性质就是思想所认识的那样。”②既然形而上学家认为单凭自己的思想就可以认识事物,而事物的真实性质就是自己的思想所认识的那样,因而满足于在“纯粹的思想领域”进行孤寂的思考也就成了许许多多形而上学家的不二选择。这种选择的最终结果,很容易导致马克思在《〈科隆日报〉第179号的社论》中批评当时德国哲学时所描述的情况出现:“哲学,尤其是德国哲学,爱好宁静孤寂,追求体系的完满,喜欢冷静的自我审视;所有这些,一开始就使哲学同报纸那种反应敏捷、纵论时事、仅仅热衷于新闻报道的性质形成鲜明对照。哲学,从其体系的发展来看,不是通俗易懂的;它在自身内部进行的隐秘活动在普通人看来是一种超出常规的、不切实际的行为;就像一个巫师,煞有介事地念着咒语,谁也不懂得他在念叨什么。”③虽然这是传统形而上学的一种极端表现,但自形而上学产生之后就不断在各个历史时期出现。然而,这并不是说传统形而上学对现实漠

---

① 朱熹:《朱子语类》第1册,中华书局1986年版,第63页。
② [德]黑格尔:《小逻辑》,商务印书馆1980年版,第96页。
③ 《马克思恩格斯全集》第1卷,人民出版社1995年版,第219页。

不关心。任何一种哲学都会在不同程度上关注现实，只是认识和解决现实问题的方法和途径不同而已。在中外哲学史上，关注现实、关注人生的哲学家比比皆是，并不都是与世隔绝、不食人间烟火的怪物，形而上学家也是如此。与唯物主义辩证法相比，传统形而上学也会关注现实问题——虽然它是仅仅局限于"纯粹的思想领域"来认识和解决现实问题，但对现实的关注仍然是它能够存在和发展的内在动力。否则，就不会有形而上学这一门学问了，也不会有那么多的世代相传的形而上学名著。

三、追求普遍、完美、永恒和绝对

追求普遍、完美、永恒和绝对，是传统形而上学的另一个重要特征。

中国哲学中，老子的"道"、孔子的"仁"、朱熹的"理"，无不是在追求普遍的规律、永恒的准则。比如，老子说："万物莫不尊道而贵德"（《老子》第五十一章）①，"道者，万物之奥"（《老子》第六十二章）②，"道生一，一生二，二生三，三生万物。万物负阴而抱阳，冲气以为和。"（《老子》第六十二章）③孔子把"仁"体现在视为人生的最高要求："能行五者于天下，为仁矣。……恭、宽、信、敏、惠。恭则不侮，宽则得众，信则人任焉，敏则有功，惠则足以使人。"（《论语·阳货》）④主张用"仁"来约束人的一切言行："夫温良者，仁之本也；慎敬者，仁之地也；宽裕者，仁之作也；逊接者，仁之能也；礼节者，仁之貌也；言谈者，仁之文也；歌乐者，仁之和也；分散者，仁之施也；儒皆兼此而有之，犹且不敢言仁也。"（《孔子家语·儒行解》）⑤强调"志士仁人，无求生以害仁，有杀身以成仁"（《论语·卫灵公》）。⑥ 朱熹把"理"视为一种最普遍的存在，认为"太极只是天地万物之理。在天地言，则天地中有太极；在万物言，则万物中各有太极。未有天地之先，毕竟是先有此理。动而生阳，亦只是理；静而生阴，亦只是理。……有此理，便有此天地；若无此理，便亦无天地，无人无物，都无

---

① 《老子注》，《诸子集成》第3卷，中华书局1954年版，第31页。
② 《老子注》，《诸子集成》第3卷，中华书局1954年版，第38页。
③ 《老子注》，《诸子集成》第3卷，中华书局1954年版，第26—27页。
④ 《论语正义》，《诸子集成》第1卷，中华书局1954年版，第371页。
⑤ 王国轩、王秀梅译注：《孔子家语》，中华书局2011年版，第43页。
⑥ 《论语正义》，《诸子集成》第1卷，中华书局1954年版，第337页。

该载了！有理,便有气流行,发育万物。”(《朱子语类》卷第一《理气上》)①又说:“‘理一分殊。’合天地万物而言,只是一个理;及在人,则又各自有一个理。”(《朱子语类》卷第一《理气上》)②并进一步认为“理未尝离乎气。然理形而上者,气形而下者。自形而上下言,岂无先后！……此本无先后之可言。然必欲推其所从来,则须说先有是理。然理又非别为一物,即存乎是气之中;无是气,则是理亦无挂搭处。气则为金木水火,理则为仁义礼智。”(《朱子语类》卷第一《理气上》)③

西方哲学中,在古希腊时期,追求普遍、完美、永恒和绝对在哲学家中也是一种比较普遍的现象。赫拉克利特的“道”,巴门尼德的“存在”,柏拉图的“理念”和“实在”,亚里士多德的“实体”和“四因”,都是对普遍、完美、永恒和绝对的追求。此后,特别是到了近代,康德、笛卡尔、黑格尔等西方哲学家,都试图在世界上建立一种自成一体、无所不包、前后一贯的哲学体系,企图囊括包括认识论、形而上学、伦理学、美学、政治学、自然科学在内的一切知识领域。这是一个绝对体系,是绝对真理的化身,是不容怀疑和改变的。即使是西方以反对“同一性”和“中心”自居的后现代主义,也因强调绝对的否定,而把传统形而上学追求绝对的本性发挥到了极致。

四、统领一切的世界观

传统形而上学把哲学视为一种凌驾于人和社会之上,能毫无遗漏地概括自然科学、经济、政治、宗教、心理学等各个知识领域,建构把自然的和超自然的因素都连结起来的完善的体系,从而为人们提供完整、统一的世界观的学问。它试图涉及所有的领域,力求把生活中和世界上的所有领域统一在一个相互联系着的整体中。这就容易导致两个弊端:一是拼凑理论,强迫综合那些不能综合的方面,把那些本来并无联系的东西连在一起,容易导致错误。二是排斥异说,扼杀真理。某人一旦建立了一种“世界观”,那么凡是与之不相一致的就将受到排斥,而且不管其是否重要和是否是真理。对于这一点,中国历

① 朱熹:《朱子语类》第1册,中华书局1986年版,第1页。
② 朱熹:《朱子语类》第1册,中华书局1986年版,第2页。
③ 朱熹:《朱子语类》第1册,中华书局1986年版,第3页。

史上长达两千年的“罢黜百家,独尊儒术”、欧洲自古希腊直至整个中世纪对亚里士多德哲学的长期崇拜,都很好的例证。

西方现当代哲学中的“反形而上学”和“后形而上学”,反对“基础主义”,反对“中心主义”,但实质上他们反对的只是传统的或他人的世界观。而与此同时,他们要做的却是将自己的世界观、将自己对世界的看法强加给他人。当今资本主义世界出现的把资本主义制度视为完美和永恒的制度,把自己所说的“民主”凌驾于他国“主权”之上的霸权行径,就是这种理论的现实表现。

五、永不过时的绝对真理

传统形而上学的世界观,大多自封为绝对真理。既然是绝对真理,那就是绝对正确的,甚至是不需发展的。古今中外的形而上学家,能够指出自己理论的局限性的,不能说没有,但非常稀少。中国传统儒家学派中,孔子和孟子的思想,历经两千多年仍然被一些人视为金科玉律,视为绝对真理。这都是传统形而上学基本特征的重要体现。

这里必须注意的是,尽管马克思主义哲学是一种与传统形而上学有着根本区别的哲学基本形态,是一种与时俱进、随着历史的发展而不断发展和完善的理论,但如果把马克思主义哲学片面化、绝对化和永恒化,也仍然会产生出与传统形而上学一般无二的理论效应。

第三节　传统形而上学的研究目的

尽管求知是形而上学的首要目的,但传统形而上学与所有的哲学一样,有着强烈的现实性,企图关注现实并改造现实。只是,它改造现实的途径主要是通过提高人们的个人修养特别是思想道德水平来实现的。也就是说,对于传统形而上学来说,“求知”或“解释世界”是它的主要目的,而对如何改造世界则缺乏足够的重视。总的来看,其研究目的可以分为四个方面:

一、求知

“知”是孔子思想中仅次于“仁”的重要概念，在《论语》中就有记载：“樊迟问仁。子曰：‘爱人。’问知。子曰：‘知人。’”（《论语·颜渊》）①与此相关，孔子还特别重视知识的学习与传授：《论语》开篇第一句话就是“学而时习之，不亦悦乎？”（《论语·学而》）②《论语·为政》说：“温故而知新，可以为师矣。”③“学而不思，则罔；思而不学，则殆。”④《论语·阳货》进一步说：“好仁不好学，其蔽也愚；好知不好学，其蔽也荡；好信不好学，其蔽也贼；好直不好学，其蔽也绞；好勇不好学，其蔽也乱；好刚不好学，其蔽也狂。”⑤认为不好学习，就没有知识，就会产生各种偏蔽。也正因为如此，孔子在《论语·述而》中提出要“学而不厌，诲人不倦”⑥。迄今为止，尊师重教仍然是中华民族的一个优良传统。

古希腊学术文化的根本目的是追求知识。柏拉图在《理想国》中说：“追求真实存在是真正爱知者的天性。”⑦亚里士多德认为：“求知是人类的本性。”⑧又说：“探索哲理只是为想脱出愚蠢，显然，他们为求知而从事学术，并无任何实用的目的。”⑨黑格尔在《〈小逻辑〉第二版序言》中说：“我的哲学的劳作一般地所曾趋赴和所欲趋赴的目的就是关于真理的科学知识。这是一条极艰难的道路，但是唯有这条道路才能够对精神有价值、有兴趣。”⑩此后，不论是黑格尔对理念的推崇、胡塞尔对本质的追寻，还是海德格尔对此在的关注，都是这一传统的延续。

但要注意，按照西方哲学的柏拉图主义传统，知识是有等级的，只有形而上学追求的“实在”、“本质”才是最高学问。柏拉图就说：每一门学问如果“追

---

① 《论语正义》，《诸子集成》第1卷，中华书局1954年版，第278页。
② 《论语正义》，《诸子集成》第1卷，中华书局1954年版，第1页。
③ 《论语正义》，《诸子集成》第1卷，中华书局1954年版，第29页。
④ 《论语正义》，《诸子集成》第1卷，中华书局1954年版，第31页。
⑤ 《论语正义》，《诸子集成》第1卷，中华书局1954年版，第373—374页。
⑥ 《论语正义》，《诸子集成》第1卷，中华书局1954年版，第136页。
⑦ ［古希腊］柏拉图：《理想国》，商务印书馆1986年版，第237页。
⑧ ［古希腊］亚里士多德：《形而上学》，商务印书馆1959年版，第1页。
⑨ ［古希腊］亚里士多德：《形而上学》，商务印书馆1959年版，第5页。
⑩ ［德］黑格尔：《小逻辑》，商务印书馆1980年版，第5页。

使灵魂转向真实”,“如果它迫使灵魂看实在,它就有用。如果它迫使灵魂看产生世界,它就无用”①。“因为除了研究实在和不可见者外我想不出任何别的学习能使灵魂的视力向上。如果有人想研究可见事物,无论是张开嘴巴向上望还是眨巴着眼睛向下看,我都不会认为他是在真正学习(因为任何这类的事物都不可能包含有真正的知识),我也不会认为他的灵魂是在向上看。”②迄今为止,形而上学在西方还是被作为哲学教科书的主要内容。

二、学以致用

尽管求知是形而上学的首要目的,但传统形而上学与所有的哲学一样,有着强烈的现实性,企图关注现实并改造现实。只是,它改造现实的途径主要是通过提高人们的个人修养特别是思想道德水平来实现的。

中国哲学有着悠久的学以致用传统。管仲、商鞅、韩非、申不害等法家人物均以依法治国为己任;孔子周游列国的政治活动和有教无类的教育实践,后世儒家倡导“修身、齐家、治国、平天下”的方针,都是中国传统形而上学学以致用的生动体现。但总的来看,儒家改造现实的途径除了个人的道德实践以外,主要是通过提高人们的个人修养特别是思想道德水平来实现的,并且这些道德是古代的“圣人”们的“古训”,与现实社会的发展保持着相当大的距离,其政治主张往往很难在现实社会中行得通,以致这些儒学家们时不时发出“礼坏乐崩”、“人心不古”的慨叹。

西方哲学也有着久远的学以致用传统。柏拉图在《理想国》中认为,哲学家应是政治家,政治家应是哲学家。哲学家不能是躲在象牙塔里的书呆子,而是应该学以致用。他有一个哲学家治国的著名论断:“只有在某种必然性碰巧迫使当前被称为无用的那些极少数的未腐败的哲学家,出来主管城邦(无论他们出于自愿与否),并使得公民服从他们管理时,或者,只有在正当权的那些人的儿子、国王的儿子或当权者本人、国王本人,受到神的感化,真正爱上了真哲学时——只有这时,无论城市、国家还是个人才能达到完善”③。他力

① [古希腊]柏拉图:《理想国》,商务印书馆1986年版,第290页。
② [古希腊]柏拉图:《理想国》,商务印书馆1986年版,第294页。
③ [古希腊]柏拉图:《理想国》,商务印书馆1986年版,第251页。

主“使最善的哲学家管理国家”①,“使他把在彼岸所看到的原型实际施加到国家和个人两个方面的人性素质上去,塑造他们(不仅塑造他们自己)”②,使“哲学家成为城邦的统治者”③。黑格尔在《哲学史讲演录》的“开讲辞”中说:他之所以讲授哲学史,就是看到“时代的艰苦使人对于日常生活中平凡的琐屑兴趣予以太大的重视,现实上很高的利益和为了这些利益而作的斗争,曾经大大地占据了精神上一切的能力和力量以及外在的手段,因而使得人们没有自由的心情去理会那较高的内心生活和较纯洁的精神活动,以致许多较优秀的人才都为这种艰苦环境所束缚,并且部分地被牺牲在里面。因为世界精神太忙碌于现实,所以它不能转向内心,回复到自身”,而他的目的就是“除了那吞并一切兴趣的国家之外,教会也要上升起来,除了那为一切思想和努力所集中的现实世界之外,天国也要重新被思维到,换句话说,除了政治的和其他与日常现实相联系的兴趣之外,科学、自由合理的精神世界也要重新兴盛起来”④。这与儒家哲学的学以致用是基本一致的,都是单纯致力于改造人的内心世界。

中西传统形而上学的学以致用传统不仅一直延续至今,而且越来越得到强化。但我们必须注意的是,尽管传统形而上学也关注现实并企图改造现实,但它在关注和改造现实方面与唯物主义辩证法走着截然相反的道路:唯物主义辩证法坚持从现实出发、从最广大人民的根本利益出发来改造现实,不仅要求改造现实的生活条件、生产条件,而且要求从绝大多数人的利益出发改造生产关系和社会制度,实现绝大多数人以至全人类的解放;而传统形而上学则是从概念、思想、原则出发,从抽象的人出发,脱离具体的生活和社会环境,撇开人与人之间的阶级和利益差别,仅仅立足于思想上的“批判”和设想,泛泛地谈论人的解放、谈论多数人的幸福。在绝大多数传统形而上学家们看来,哲学家的任务就是解释世界或是通过解释世界而改变人的主观世界,而不需在改造现有的社会关系和社会制度方面付出艰苦的努力。对于他们当中的大多数

---

① ［古希腊］柏拉图:《理想国》,商务印书馆 1986 年版,第 251 页。
② ［古希腊］柏拉图:《理想国》,商务印书馆 1986 年版,第 253 页。
③ ［古希腊］柏拉图:《理想国》,商务印书馆 1986 年版,第 255 页。
④ ［德］黑格尔:《哲学史讲演录》第 1 卷,商务印书馆 1959 年版,第 1—2 页。

人来说，更多的是关心人的内心世界的改造、个人修养的提高，至于自己的思想能否运用来改造客观世界、能否在改造客观世界的过程中实现理论与实际的动态统一，则很少予以理会。正因为如此，马克思在《关于费尔巴哈的提纲》中批评说，在传统形而上学的范围内，“哲学家们只是用不同的方式**解释**世界”①！

概而言之，传统形而上学关注现实和改造现实的努力都是局限于“纯粹的思想领域”，即局限于“认识世界”和改造主观世界，而马克思主义的关注现实和改造现实则要求从最广大人民的根本利益出发，去改造现实的社会环境和社会制度，实现大多数人以至全人类的解放。

三、赞美现实

毛泽东在《矛盾论》中指出：由于“形而上学家认为，世界上各种不同事物和事物的特性，从它们一开始存在的时候就是如此。后来的变化，不过是数量上的扩大或缩小。他们认为一种事物永远只能反复地产生为同样的事物，而不能变化为另一种不同的事物”②。因而，这种思想常被统治阶级用来赞美自己的统治。毛泽东指出：“这种思想，在欧洲，在十七世纪和十八世纪是机械唯物论，在十九世纪末和二十世纪初则有庸俗进化论。在中国，则有所谓‘天不变，道亦不变’③的形而上学的思想，曾经长期地为腐朽了的封建统治阶级所拥护。近百年来输入了欧洲的机械唯物论和庸俗进化论，则为资产阶级所拥护。”④这也是形而上学思想在阶级社会能够得到统治阶级欢迎的主要原因。马克思在《哲学的贫困》中批判“政治经济学的形而上学”时说：“经济学家们都把分工、信用、货币等资产阶级生产关系说成是固定的、不变的、永恒的范畴。蒲鲁东先生有了这些完全形成的范畴，他想给我们说明所有这些范畴、

① 《马克思恩格斯选集》第1卷，人民出版社2012年版，第136页。

② 《毛泽东选集》第一卷，人民出版社1991年版，第300—301页。

③ 《毛泽东选集》原编者注：见《汉书·董仲舒传》。董仲舒（前179—前104）是孔子学派在西汉的主要代表，他曾经对汉武帝说：“道之大原出于天，天不变，道亦不变。”“道”是中国古代哲学家的通用语，它的意义是“道路”或“道理”，可作“法则”或“规律”解说。

④ 《毛泽东选集》第一卷，人民出版社1991年版，第301页。

原理、规律、观念、思想的形成情况和来历。”①马克思批评这些“经济学家是资产阶级的学术代表”②,认为他们和蒲鲁东一样,都是企图把资产阶级生产关系说成是固定的、不变的、永恒的。与马克思一样,恩格斯在《反杜林论》中谈到18世纪伟大的思想家们为人们描述的“理性的王国”时也说:“现在我们知道,这个理性的王国不过是资产阶级的理想化的王国;永恒的正义在资产阶级的司法中得到实现;平等归结为法律面前的资产阶级的平等;被宣布为最主要的人权之一的是资产阶级的所有权;而理性的国家、卢梭的社会契约在实践中表现为,而且也只能表现为资产阶级的民主共和国。18世纪伟大的思想家们,也同他们的一切先驱者一样,没有能够超出他们自己的时代使他们受到的限制。”③

四、社会批判

社会批判是中西传统形而上学改造现实世界的重要途径。

中国先秦时期的诸子百家,围绕天人之际、古今之变以及名实、礼法等问题展开了激烈的论辩;中国近代开始直至“五四”前后达到高潮的“东西文化论战”,“五四运动”时期的“问题与主义论战”、“社会主义论战”、“无政府主义论战”,以及稍后一点的“科学与人生观论战”(亦称“科学与玄学论战”、“人生观论战”),20世纪30年代的“中国社会性质论战”、“唯物辩证法论战”,都是针对当时社会的重大理论问题展开的理论交锋。

西方哲学自古希腊时期就有社会批判传统。梯利在其所著的《西方哲学史》中说:“智者学派……对传统的思想和制度相应地缺乏信仰。这个思潮是怀疑的、激进的、革命的”④。欧洲近代的“文艺复兴”、“宗教改革运动”和“启蒙运动”均以倡导理性和自由、反对封建制度和天主教迷信、反对天主教与封建国家的密切关系而闻名于世。黑格尔否定之否定的辩证法、康德的批判哲学,更是人人皆知。即使是在马克思生活时代的青年黑格尔派,也是对当时的

---

① 《马克思恩格斯选集》第1卷,人民出版社2012年版,第218页。

② 《马克思恩格斯选集》第1卷,人民出版社2012年版,第235页。

③ 《马克思恩格斯选集》第3卷,人民出版社2012年版,第392页。

④ [美]梯利:《西方哲学史》(伍德增补修订版),商务印书馆1995年版,第8页。

德国宗教进行批判而著名的。[①] 但是,所有这些批判都有一个共同的特点,即局限于思想领域的批判,都是"只为反对'词句'而斗争"[②],而不提对现实进行"武器的批判"。即使是20世纪初"实证主义"等对传统形而上学的批判、五六十年代以后包括"法兰克福学派"在内的"后现代主义"特别是"否定性的后现代主义"对"现代性"的批判等,也仍然深受传统形而上学批判传统的影响。

第四节 传统形而上学的研究领域

形而上学的主要研究领域是世界的"整体"、"总画面"[③],特别是整个世界的性质、联系和规律。它几乎涵盖主客观世界的各个方面。

一、西方传统形而上学的研究领域

西方古代哲学,特别是古希腊哲学,除了研究自然,也研究人和社会。这个传统虽然由于中世纪哲学成为"宗教的侍女"而中断,但文艺复兴以后又逐步得以恢复,并不像有些人认为的那样,仅仅是研究本体论和自然。

亚里士多德的《形而上学》被认为是西方哲学史上第一部专门的形而上学著作,全书的内容主要可以分为两大方面:一是哲学的性质、对象、范围、研

---

① 马克思在《德意志意识形态》中指出:"从施特劳斯到施蒂纳的整个德国哲学批判都局限于对宗教观念的批判"(《马克思恩格斯选集》第1卷,人民出版社2012年版,第144页)。

② 《马克思恩格斯选集》第1卷,人民出版社2012年版,第145页。

③ 这里是借用恩格斯在《反杜林论》中批判形而上学思维时所使用的概念来描述传统形而上学的理论特征。在这部著作中,恩格斯说:"古希腊哲学的世界观……虽然正确地把握了现象的总画面的一般性质,却不足以说明构成这幅总画面的各个细节;而我们要是不知道这些细节,就看不清总画面。为了认识这些细节,我们不得不把它们从自然的或历史的联系中抽出来,从它们的特性、它们的特殊的原因和结果等等方面来分别加以研究。"(《马克思恩格斯选集》第3卷,人民出版社2012年版,第395页。)又说:"无论在18世纪的法国人那里,还是在黑格尔那里,占统治地位的自然观都认为,自然界是一个沿着狭小的圆圈循环运动的、永远不变的整体,牛顿所说的永恒的天体和林耐所说的不变的有机物种也包含在其中。"(《马克思恩格斯选集》第3卷,人民出版社2012年版,第400页。)

究的主要问题(如个别和一般的问题)和范畴等;二是关于实体(或本体)的学说以及对柏拉图及其学派将数和理念看作独立存在的实体的观点的驳斥。①亚里士多德在对"实体"的论述中,有时认为"实体"是独立存在的个别事物,有时将"实体"视为普遍本质,这为后人把形而上学划分为一般形而上学和特殊形而上学开了先例。

康德认为:"玄学②之全部体系由四种主要部分所成:(一)本体论;(二)合理的自然学;(三)合理的宇宙论;(四)合理的神学。其第二部分,即由纯粹理性所发展之自然学说,包含二分科,即合理的物理学(physica rationalis)及合理的心理学(psychologia rationalis)。"③

在黑格尔看来,形而上学包括四个部分:"形而上学的第一部分是本体论,即关于本质的抽象规定的学说。"④"形而上学的第二部分是理性心理学或灵魂学,它研究灵魂的形而上学的本性,亦即把精神当作一个实物去研究。"⑤"形而上学的第三部分是宇宙论,探讨世界,世界的偶然性、必然性、永恒性、在时空中的限制,世界在变化中的形式的规律,以及人类的自由和恶的起源。"⑥"形而上学的第四部分是自然的或理性的神学,它研究上帝的概念或上帝存在的可能性,上帝存在的证明和上帝的特性。"⑦

德国当代哲学家海德格尔认为:"形而上学是包含人类认识所把握的东西之最基本根据的科学。……(与形而上学相关的有存在论、宇宙论、心理学以及自然神学)。"⑧"形而上学着眼于存在,着眼于存在中的存在者之共属一体,来思考存在者整体——世界、人类和上帝。形而上学以论证性表象的思维方式来思考存在者之为存在者。"⑨

美国当代哲学家J.P.蒂洛在《哲学——理论与实践》一书中认为:哲学有

---

① 参见《中国大百科全书》(第一版·哲学卷二),中国大百科全书出版社1985年版,第1029页。
② "玄学"又译形而上学。——作者注(下同)
③ [德]康德:《纯粹理性批判》,商务印书馆1960年版,第578页。
④ [德]黑格尔:《小逻辑》,商务印书馆1980年版,第102页。
⑤ [德]黑格尔:《小逻辑》,商务印书馆1980年版,第103页。
⑥ [德]黑格尔:《小逻辑》,商务印书馆1980年版,第104页。
⑦ [德]黑格尔:《小逻辑》,商务印书馆1980年版,第106页。
⑧ [德]海德格尔:《海德格尔选集》上卷,生活·读书·新知三联书店1996年版,第84页。
⑨ [德]海德格尔:《面向思的事情》,商务印书馆1999年版,第68页。

三个分支：形而上学（Metaphysics）、伦理学（Ethics）、认识论（Epistemology）。认为“形而上学就是研究‘事物’（任何事物）、研究它们的存在和它们的本质的学问”①。

《不列颠百科全书》则把形而上学的问题概括为六个方面：（1）关于形式、范畴和个别的存在；（2）关于上帝的存在；（3）关于灵魂、心灵和身体；（4）关于自然和外部世界；（5）时间与空间；（6）关于精神概念。②

《大美百科全书》认为形而上学是“哲学的一个部门，讨论事物之间最抽象及普遍的差别。例如超自然存有者（上帝、天使与不朽的灵魂）和自然存有者（动物与岩石）之间的差别；或共相（如善和数字）和殊相（或特殊物，如一张桌子）之间的差别；或精神实体（观念）和物质实体（脑）之间的差别。形而上学企图正确地规划出这些差别，并决定是否真有这两边的差别做例证的实体存在”③。

以上这些界定，大同小异，基本上涵盖了人的主客观世界及其相互关系所能牵涉到的所有领域。

二、中国传统形而上学的研究领域

与西方古代哲学如出一辙，中国古代哲学（特别是中国先秦诸子哲学），除了研究人和社会，也研究自然，这个传统虽然由于从西汉时期开始“独尊儒术”而中断，但到五四运动以后又得以恢复。因此，笼统地说中国的哲学是“向内的形而上学”，只研究个人道德，是很不严谨的。

冯友兰先生在其所著的《中国哲学史》中说：“以现在之术语说之，哲学包含三大部：宇宙论——目的在求一‘对于世界之道理’（A Theory of World），人生论——目的在求一‘对于人生之道理’（A Theory of Life），知识论——目的在求一‘对于知识之道理’（A Theory of Knowledge），此三分法，自柏拉图以后，至中世纪末，普遍流行；即至近世，亦多用之。……就以上三分中若复再分，则宇宙论可有两部：一、研究‘存在’之本体及‘真实’之要素者，此是所谓

---

① ［美］J.P.蒂洛：《哲学——理论与实践》，中国人民大学出版社 1989 年版，第 13 页。

② 参见《不列颠百科全书》（国际中文版修订版）第 11 卷，中国大百科全书出版社 2007 年版，第 152 页。

③ 《大美百科全书》第 18 卷，台湾光复书局 1990 年版，第 458 页。

'本体论'(Ontology);一、研究世界之发生及其历史,其归宿者,此所谓'宇宙论'(Cosmology)(狭义的)。人生论亦有两部:一、研究人究竟是什么者,此即心理学所考究;一、研究人究竟应该怎么者,此即伦理学(狭义的)、政治社会哲学等所考究。知识论亦有两部:一、研究知识之性质者,此即所谓知识论(Epistemology)(狭义的);二、研究知识之规范者,此即所谓论理学(狭义的)。就上三部中,宇宙论与人生论,相即不离,有密切之关系。"①冯先生还认为:这三部分密切联系,人生论以宇宙论为根据,知识论为宇宙论提供论证,人生论与知识论相关联。冯先生对哲学研究领域的理解,与《不列颠百科全书》对形而上学研究领域的解释十分接近,可以看作是对中国传统形而上学研究领域的较为全面的概括。譬如,冯先生在《中国哲学简史》一书中,就"把儒家的形而上学"划分为"万事之'理'"、"万物生成之'道'"、"万物变易之道"、"'中'与'和'"、"'庸'与'常'"、"从启蒙至于至善——明与诚"六个部分。基本上涵盖了冯先生描述的哲学的三个部分。②

此外,我们还必须注意,不论是在西方哲学史上,还是在中国哲学史上,自形而上学产生以来,其研究领域一直随着社会的发展而不断地发生变化。在哲学产生初期,不论是中国形而上学还是西方形而上学,在研究领域上都非常广泛;到哲学发展中期,中西形而上学在研究领域上发生了明显分化:西方哲学演变成经院哲学,中国哲学演变成道德哲学;到了近现代以后,中西形而上学的研究领域又逐步恢复了其广泛性(西方之文艺复兴开始,中国自"五四运动"开始)。尤其值得一提的是,中国在"五四运动"以后,随着马克思主义哲学和西方哲学进入中国,中国形而上学的研究领域迅速拓宽。到了现时代,中西形而上学在研究领域上已经没有多少差别了。

第五节 传统形而上学的思维模式

传统形而上学作为一种基本的哲学形态,一种历史最为悠久的哲学形态,

① 冯友兰:《中国哲学史》上卷,重庆出版集团、重庆出版社2009年版,第3—4页。

② 参见冯友兰:《中国哲学简史》,新世界出版社2004年版,第十五章"儒家的形而上学"。

其思维模式极具普遍性,渗透到哲学、理论、生活等多个领域,至今仍然发挥着不可取代的作用。但是,传统形而上学的思维模式并不是万能的,它有着自己的适用范围,一旦超出了这个范围,它就失去了自己的合理性。

一、传统形而上学的常见思维模式

一般而言,传统形而上学的思维模式主要有以下几个特征:

1. 先验的理论前提:从概念、原则、思想出发

传统形而上学坚持从概念、原则、思想出发,建立绝对的体系。黑格尔的先验前提就是自己思维的绝对正确性。

这种思维模式容易导致理论与实际相脱离,其总体特征就是用孤立、静止、片面的观点看问题。

2. 两极分立的二分思维

(1)两极对立,要么肯定,要么否定,不存在第三种选择。

这种思维模式可以表示为:A 或 B,是一种点性思维。

(2)两极分立,单向决定。

不再非 A 即 B,但永远是 A 决定 B 或 B 决定 A(如黑格尔)。当前国内的一些马克思主义哲学教科书仍在沿用这种思维模式。

这种思维模式可以表示为:A>B,仍然是一种点性思维。

3. 单向逻辑推论和单向决定思维

(1)线性单向决定。

这种思维模式可以表示为:A→B 或 A→B→C→D……是一种线性单向决定思维。

(2)单向决定的圆圈。

这种思维模式看起来是抛弃了两极对立的思想,但实际上是由单向决定而形成的圆圈。如黑格尔就主张从理念的自我运动产生出精神。他始终把精神、理念放在不可动摇的首要位置,放在决定一切的位置,从而形成单向决定的圆圈。

这种思维模式可以表示为:

这是线性单向决定思维的特殊形式,思维模式仍然是线性单向决定:A→

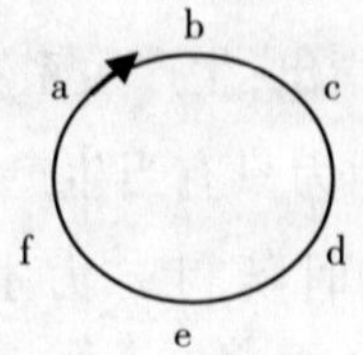

B→C→D→……→A,但有所改良。恩格斯在《路德维希·费尔巴哈和德国古典哲学的终结》中谈到这种思维模式时说:“人们已经知道,自然界处在永恒的运动中。但是根据当时的想法,这种运动是永远绕着一个圆圈旋转,因而始终不会前进;它总是产生同一结果。”①

黑格尔的逻辑学就是一系列范畴的单向决定形成的圆圈,是理念从自身出发而回到自身的圆圈。在他那里,理念是决定一切的,既是圆圈的逻辑起点,也是终点,并且不会被任何其他的概念所替代。

在马克思主义哲学发展史上,也有一些马克思主义者深受黑格尔思维模式影响,混淆人类历史纵向发展规律与人类社会现实发展状况的区别,即使是在考察现实社会的发展状况时,也片面主张物质决定意识,意识具有反作用;生产力决定生产关系,生产关系具有反作用;实践决定认识、认识具有反作用;社会存在决定社会意识,社会意识对社会存在具有反作用。这实际上是盲目地用人类历史纵向发展规律来套到人类社会现实发展状况上,片面强调物质、生产力、实践、社会存在在现实社会中的单向决定作用,是违背唯物主义辩证法的。例如,斯大林在其撰写的《辩证唯物主义与历史唯物主义》一书中,虽然承认“生产、生产方式既包括社会生产力,也包括人们的生产关系,而体现着两者在物质资料生产过程中的统一”②。但同时又认为:“生产的变化和发展始终是从生产力的变化和发展,首先是从生产工具的变化和发展开始的。所以生产力是生产中最活动、最革命的因素。先是社会生产力变化和发展,然后,人们的生产关系、人们的经济关系**依赖**这些变化、**与这些变化相适应地**发生变化。但这并不是说,生产关系不影响生产力的发展,生产力不依赖于生产

① 《马克思恩格斯文集》第4卷,人民出版社2009年版,第282页。
② 《斯大林选集》下卷,人民出版社1979年版,第442页。

关系。生产关系依赖于生产力的发展而发展，同时又反过来影响生产力，加速或者延缓它的发展。而且必须指出：生产关系不能过分长久地落后于生产力的增长并和这一增长相矛盾，因为只有当生产关系适合于生产力的性质、状况，并且给生产力以发展余地的时候，生产力才能充分地发展。……所以，生产力不仅是生产中最活动最革命的因素，而且是生产发展的决定要素。"并进一步强调说："生产力怎样，生产关系也就应怎样。"①对于斯大林的这个观点，我们可以称之为"生产关系适应论"。这种"生产关系适应论"虽然也承认生产力与生产关系的相互依赖和相互作用，承认生产力与生产关系共处于统一体中，但两者中只有生产力始终起着决定性作用，而生产关系只能"适应"生产力的性质。这实质上是对黑格尔的单向决定的圆圈的改良，仍然属于单向决定的思维模式。这种"生产关系适应论"在新中国成立以后相当长的时期内，仍然具有相当大的影响。

对于这种"生产关系适应论"，毛泽东在《矛盾论》中谈到矛盾的主要方面与次要方面的相互转化时指出："有人觉得有些矛盾并不是这样。例如，生产力和生产关系的矛盾，生产力是主要的；理论和实践的矛盾，实践是主要的；经济基础和上层建筑的矛盾，经济基础是主要的：它们的地位并不互相转化。这是机械唯物论的见解，不是辩证唯物论的见解。诚然，生产力、实践、经济基础，一般地表现为主要的决定的作用，谁不承认这一点，谁就不是唯物论者。然而，生产关系、理论、上层建筑这些方面，在一定条件之下，又转过来表现其为主要的决定的作用，这也是必须承认的。当着不变更生产关系，生产力就不能发展的时候，生产关系的变更就起了主要的决定的作用。当着如同列宁所说'没有革命的理论，就不会有革命的运动'的时候，革命理论的创立和提倡就起了主要的决定的作用。当着某一件事情（任何事情都是一样）要做，但是还没有方针、方法、计划或政策的时候，确定方针、方法、计划或政策，也就是主要的决定的东西。当着政治文化等等上层建筑阻碍着经济基础的发展的时候，对于政治上和文化上的革新就成为主要的决定的东西了。"②因而，坚持辩

① 《斯大林选集》下卷，人民出版社 1979 年版，第 444—445 页。

② 《毛泽东选集》第一卷，人民出版社 1991 年版，第 325—326 页。

证的矛盾观,承认生产关系、理论、上层建筑在一定条件下的主要的决定的作用,避免机械唯物论,这是真正的马克思主义者必须具备的理论品质。

新中国成立以后直到20世纪80年代的绝大多数马克思主义哲学教科书,也对斯大林的“生产关系适应论”进行了纠正,如艾思奇主编的《辩证唯物主义历史唯物主义》①、陶德麟等主编的《辩证唯物主义与历史唯物主义》②等,基本上都继承毛泽东关于生产力与生产关系、经济基础与上层建筑辩证关系的论述,在承认生产力和经济基础的主要的决定作用的同时,承认生产关系和上层建筑在一定条件下的“决定作用”或“突出作用”。但可能是出于对“一大二公”的计划经济体制进行反思的原因,从20世纪80年代开始,我国的绝大多数教科书就不再提这种“决定作用”了。但在本书作者看来,虽然新中国成立以后曾出现了生产关系不适应生产力发展的情况,但改革开放三十多年的实践恰恰证明了在中国的现实社会发展过程中生产关系表现出来主要的决定的作用。不仅如此,中国三十多年来的高速发展,也证明了中国特色社会主义的生产关系与资本主义生产关系的相比优越性,证明了它比资本主义的生产关系更加适宜于推动现代生产力的发展。

二、传统形而上学思维模式的日常适用范围

传统形而上学思维模式的适用范围主要是人们的日常生活和对自然科学等进行分门别类的研究,即人们直观性或习惯性地认知世界和解释世界的领域。人们在建构哲学叙述体系(或表达体系)、塑造主观世界、选择人生道路和处理个人的日常事务的时候,都必须从原则出发、从经验和习惯出发,划清事物的界限,是就是,不是就不是,这是必须坚持的,不容有丝毫犹豫,否则世界就失去了秩序,失去了稳定性,失去了判断是非的标准。

关于这一点,亚里士多德认为:“每一事物之真理与各事物之实是必相符合。”③黑格尔则把“康德以前的形而上学”看作是“思想对客观性的第一态度”,认为尽管“它还没有意识到思想自身所包含的矛盾和思想自身与信仰的

---

① 艾思奇主编:《辩证唯物主义历史唯物主义》,人民出版社1961年版。

② 陶德麟等主编:《辩证唯物主义与历史唯物主义》,湖北人民出版社1983年版。

③ [古希腊]亚里士多德:《形而上学》,商务印书馆1959年版,第33页。

对立”,“但这种形而上学只有就哲学史来说才可以说是某种过去了的东西;就其本身来说,即单纯用抽象理智的观点去把握理性的对象,却仍然一般地总是出现的”①。道理很简单,在日常生活中,生活有条理,用稳定、持续、肯定的态度对待生活,这不仅是难以避免的,也是十分必要的。

不过,在黑格尔看来,“康德以前的形而上学”一旦面对事物的矛盾和发展时,就显得不够用了,就必然为高级的思维模式——概念辩证法所取代。只是,黑格尔的概念辩证法也由于局限于“纯粹的思想领域”,依靠逻辑推论建立绝对体系,导致理论与实际相脱离,在本质上仍然是一种形而上学的思维模式,从而被马克思斥为“汇集了思辨的一切幻想”②。

在《黑格尔法哲学批判》中,马克思批评黑格尔:“具体的内容即现实的规定成了形式的东西,而完全抽象的形式规定则成了具体的内容。国家的各种规定的实质并不在于这些规定是国家的规定,而在于这些规定在其最抽象的形式中可以被看作逻辑学的形而上学的规定。真正注意的中心不是法哲学,而是逻辑学。哲学的工作不是使思维体现在政治规定中,而是使现存的政治规定消散于抽象的思想。哲学的因素不是事物本身的逻辑,而是逻辑本身的事物。不是用逻辑来论证国家,而是用国家来论证逻辑。”③。马克思进一步说:“黑格尔把现代欧洲立宪君主的一切属性都变成了**意志**的绝对的自我规定。他不说君主的意志是最后决断,却说意志的最后决断是君主。第一个命题是经验的。第二个命题把经验的事实歪曲为形而上学的公理。”④

对于传统形而上学思维模式的适用范围,恩格斯在《反杜林论》和《自然辩证法》中有一系列论述。在《反杜林论》中,恩格斯认为“形而上学”思维方式是与自然科学分门别类的研究方式相一致的,指出:“真正的自然科学只是从 15 世纪下半叶才开始,从这时起它就获得了日益迅速的进展。把自然界分解为各个部分,把各种自然过程和自然对象分成一定的门类,对有机体的内部按其多种多样的解剖形态进行研究,这是最近 400 年来在认识自然界方面获

① [德]黑格尔:《小逻辑》,商务印书馆 1980 年版,第 94—95 页。
② 《马克思恩格斯文集》第 1 卷,人民出版社 2009 年版,第 213 页。
③ 《马克思恩格斯全集》第 3 卷,人民出版社 2002 年版,第 22 页。
④ 《马克思恩格斯全集》第 3 卷,人民出版社 2002 年版,第 34 页。

得巨大进展的基本条件。但是,这种做法也给我们留下了一种习惯:把各种自然物和自然过程孤立起来,撇开宏大的总的联系去进行考察,因此,就不是从运动的状态,而是从静止的状态去考察;不是把它们看做本质上变化的东西,而是看做固定不变的东西;不是从活的状态,而是从死的状态去考察。这种考察方式被培根和洛克从自然科学中移植到哲学中以后,就造成了最近几个世纪所特有的局限性,即形而上学的思维方式。"①并说"初看起来,这种思维方式对我们来说似乎是极为可信的,因为它是合乎所谓常识的",而"常识在日常应用的范围内……是极可尊敬的东西"。② 在《自然辩证法》中,恩格斯进一步指出了形而上学在日常应用中的适用性:"对于日常应用,对于科学上的细小研究,形而上学的范畴仍然是有效的。"③"抽象的同一性,像形而上学的一切范畴一样,足以满足日常应用,在这种场合涉及的只是狭小的环境或很短的时间;它所能适用的范围差不多在每一场合都是不相同的。"④也就是说,"形而上学"在一定范围内是具有一定适用性的,是应该予以尊重的——尽管这个范围是狭窄的、短时间的。

张志伟先生在其主编的《形而上学的历史演变》一书中,在谈到恩格斯把形而上学看作与辩证法相对立的思维方式时说:"恩格斯这样使用形而上学概念与黑格尔有关,黑格尔将近代形而上学称为知性思维,以区别于他的辩证思维,而恩格斯则泛化了这个概念,遂使形而上学变成了与辩证法相对的思维方式。在西方学术界一般情况下只是在第一种含义上使用形而上学这个概念,与我们的主题相关,我们主要在西方哲学的核心部门或学科的意义上使用形而上学这个概念。"⑤在这里,张志伟先生只是"主要在西方哲学的核心部门或学科的意义上使用形而上学这个概念",而不是在"形而上学变成了与辩证法相对的思维方式"的意义上使用形而上学这个概念。但值得我们注意的是:"形而上学变成了与辩证法相对的思维方式"这种现象,是在人类的认识

① 《马克思恩格斯选集》第3卷,人民出版社2012年版,第395—396页。

② 《马克思恩格斯选集》第3卷,人民出版社2012年版,第396页。

③ 《马克思恩格斯选集》第3卷,人民出版社2012年版,第910页。

④ 《马克思恩格斯选集》第3卷,人民出版社2012年版,第915页。

⑤ 张志伟主编:《形而上学的历史演变》,中国人民大学出版社2010年版,第4页。

和实践中普遍存在的。只是,这种思维方式的社会功能随着其发生作用的范围而发生变化:在其适用范围之内,“形而上学”是辩证法得以实现的前提和基础,没有“形而上学”也就无所谓辩证法;但“形而上学”思维方式一旦超越了自己的适用范围,就失去了它的合理性,便马上转变为一种有害的思维方式,它的社会功能也由基础性或建设性转变为破坏性,因而必须坚决予以纠正。

第六节 传统形而上学的研究方法和逻辑工具

研究方法和逻辑工具是哲学形态的关键要素之一。强调绝对,依靠单向逻辑推论,坚持从概念、思想产生出世界,割裂理论与实际的关系,恰恰是传统形而上学根本理论特征最典型的表现。这在上一节已经谈到了。这里进一步对传统形而上学的研究方法和逻辑工具进行描述。

一、传统形而上学的研究方法

在国内哲学界,通常把用孤立、片面、静止的观点看问题说成是形而上学的思维方式。但对于这种思维方式与研究方法之间究竟是一种什么样的关系,则很少有人进行研究。

1. 传统形而上学的主要方法

传统形而上学作为历史最为悠久的哲学基本形态,是其后的一切哲学形态的基础。它的一些常用研究方法,尽管有其适用范围和局限性,但迄今仍然是哲学研究中难以彻底抛弃的方法,并在不同程度上渗透到当今的各种哲学研究当中。

(1)分析与综合。分析和综合是传统形而上学首要的研究方法。康德在《任何一种能够作为科学出现的未来形而上学导论》一书中说:“真正的形而上学判断全都是综合判断。必须把属于形而上学的判断同真正的形而上学判断区分开来。很多属于形而上学的判断是分析判断,这些判断对形而上学判断来说只是一些工具,而形而上学判断才是这门科学的唯一目的,它们永远是综合判断。”①这种说法未免有些偏颇。因为，对于形而上学来说，分析和综合都是不可缺少的，如果离开了分析，综合判断也就失去了赖以生存的基础。正如黑格尔在《小逻辑》中所说：“哲学的方法既是分析的又是综合的，这倒并不是说对这两个有限认识方法的仅仅平列并用，或单纯交换使用，而是说哲学方法扬弃了并包含了这两个方法。因此在哲学方法的每一运动里所采取的态度，同时既是分析的又是综合的。”②也正因为如此，现代西方哲学中的“分析哲学”，虽然以“拒斥形而上学”为己任，但它只是片面地把分析作为主要的研究方法，也就仍然无法摆脱传统形而上学的思维模式。在这一点上，他们与黑格尔相比，不能不说是一个倒退。

(2)归纳与演绎。归纳与演绎是形式逻辑的重要论证方法。迄今为止，归纳和演绎仍然是哲学研究中的基本方法。《不列颠百科全书》在描述形而上学的方法的时候，主要列举了演绎论证和归纳论证两种论证形式，认为演绎主要是由把形而上学看成是先验科学的哲学家（如笛卡尔和斯宾诺莎）使用；归纳论证根据有限的事实构成基本论题，然后用以解释各种现象，主要是由早期的形而上学家使用。此外，还列举了先验论证，即从一件事实推进到它唯一可能的情况。③ 这三种形式确实是形而上学最为重要的思维方法，但并不是全部的方法。并且，每一位哲学家的思想往往都是以其中的某一种思维方法为主，辅之以其他各种思维方法。

(3)单向绝对抽象。单向绝对抽象，也叫终极抽象、绝对抽象，是寻求表达事物性质的终极概念的逻辑方法。这是传统形而上学普遍使用的一种方法，马克思在《哲学的贫困》中把它称为“最后的抽象”④、“绝对方法”⑤、“应用的形而上学”⑥。马克思批评说：“在黑格尔看来，形而上学，整个哲学，是概

---

① ［德］康德：《任何一种能够作为科学出现的未来形而上学导论》，商务印书馆1978年版，第24—25页。

② ［德］黑格尔：《小逻辑》，商务印书馆1980年版，第424页。

③ 参见《不列颠百科全书》（国际中文版修订版）第11卷，中国大百科全书出版社2007年版，第152页。

④ 《马克思恩格斯选集》第1卷，人民出版社2012年版，第219页。

⑤ 《马克思恩格斯选集》第1卷，人民出版社2012年版，第220页。

⑥ 《马克思恩格斯选集》第1卷，人民出版社2012年版，第220页。

括在方法里面的。”①那么，黑格尔是怎么做的呢？马克思说：“关于这种绝对方法，黑格尔这样说过：‘方法是任何事物所不能抗拒的一种绝对的、唯一的、最高的、无限的力量；这是理性企图在每一个事物中发现和认识自己的意向。’②（《逻辑学》第3卷）”③马克思还对这种绝对方法的实质进行揭露，指出：“那么，这种绝对方法到底是什么呢？是运动的抽象。运动的抽象是什么呢？是抽象形态的运动。抽象形态的运动是什么呢？是运动的纯粹逻辑公式或者纯粹理性的运动。纯粹理性的运动又是怎么回事呢？就是设定自己，自相对立，自相合成，就是把自身规定为正题、反题、合题，或者就是它自我肯定、自我否定和否定自我否定。”④马克思认为，传统形而上学只会局限于“纯粹的思想领域”进行概念推论，一旦超出自己的适用范围，进入到对现实的经济社会和现实事物的考察，就必然颠倒理论与现实的关系。马克思在批判经济研究中形而上学方法的基础上，指出自己的研究方法与“现代经济学家”的研究方法之间的区别就在于：后者仍然是沿用黑格尔以前的旧形而上学进行研究。在这里，马克思对黑格尔绝对方法的批判还是很中肯的，因为黑格尔自己也强调：“这里所要考察的作为方法的东西，只是概念本身的运动”⑤，“它的活动就是概念”⑥。马克思批评说：“既然把任何一种事物都归结为逻辑范畴，任何一个运动、任何一种生产行为都归结为方法，那么由此自然得出一个结论，产品和生产、事物和运动的任何总和都可以归结为应用的形而上学。黑格尔为宗教、法等做过的事情，蒲鲁东先生也想在政治经济学上如法炮制。”⑦

恩格斯在其为马克思所写的书评《卡尔·马克思〈政治经济学批判·第一分册〉》中，也认为“黑格尔的辩证法……具有完全抽象的‘思辨的’形式，黑

① 《马克思恩格斯选集》第1卷，人民出版社2012年版，第217页。

② 这段话，杨一之在商务印书馆1976年版《逻辑学》下卷的译文中是这样翻译的：“它是最高的力，或者不如说不仅是理性的**唯一**的和绝对的**力**，而且也是理性的最高的和唯一的**冲动**，要**由自己在一切中**找到并认识自己。”（［德］黑格尔：《逻辑学》下卷，商务印书馆1976年版，第532页。）

③ 《马克思恩格斯选集》第1卷，人民出版社2012年版，第220页。

④ 《马克思恩格斯选集》第1卷，人民出版社2012年版，第220页。

⑤ ［德］黑格尔：《逻辑学》下卷，商务印书馆1976年版，第531页。

⑥ ［德］黑格尔：《逻辑学》下卷，商务印书馆1976年版，第532页。

⑦ 《马克思恩格斯选集》第1卷，人民出版社2012年版，第220页。

格尔就是以这种形式把它留下来的"①,并指出:在"对待科学"的时候,"黑格尔的方法以其现有的形式是完全不能用的。它实质上是唯心的,而这里要求发展一种比从前所有世界观都更加唯物的世界观。它是从纯粹思维出发的,而这里必须从最过硬的事实出发。一种自己承认是'从无通过无到无'的方法,以这种形式在这里是根本不适用的"②。可见,不论是马克思把黑格尔的方法称为"绝对的方法",还是恩格斯把黑格尔的方法称为"黑格尔的辩证法",两人对黑格尔方法的本质的认识是完全一致的。

实际上,黑格尔在《小逻辑》中也并不否认自己哲学的形而上学性质。他说:"思想,按照这样的规定,可以叫做客观的思想,甚至那些最初在普通形式逻辑里惯于只当作被意识了的思维形式,也可以算作客观的形式。因此逻辑学便与形而上学合流了。形而上学是研究思想所把握住的事物的科学,而思想是能够表达事物的本质性的。"③只是,与马克思和恩格斯不同,他只是在作为一门学科、一门学问的意义上而不是在与"辩证法"对立的意义上承认自己的哲学是"形而上学"。④

(4)从概念推演世界。从概念推演世界,也可以叫作从头脑或从思想产生出世界。在《哲学的贫困》中,马克思在谈到这种方法时说:"如果说有一个英国人把人变成帽子,那么,有一个德国人就把帽子变成了观念。这个英国人就是李嘉图,一位银行巨子,杰出的经济学家;这个德国人就是黑格尔,柏林大学的一位专任哲学教授。"⑤在这种思维方式之下,不论是唯物主义的推演,还是唯心主义的推演,都很容易导致理论和实际相割裂或是理论与现实相颠倒。在《哲学的贫困》中,马克思批判蒲鲁东效法黑格尔,先是"把任何一种事物都

---

① 《马克思恩格斯选集》第 2 卷,人民出版社 2012 年版,第 11 页。

② 《马克思恩格斯选集》第 2 卷,人民出版社 2012 年版,第 12 页。

③ [德]黑格尔:《小逻辑》,商务印书馆 1980 年版,第 79 页。

④ 黑格尔在《小逻辑》中认为,形而上学共分为四个部分:形而上学的第一部分是本体论,即关于本质的抽象规定的学说。形而上学的第二部分是理性心理学或灵魂学,它研究灵魂的形而上学的本性,亦即把精神当作一个实物去研究。形而上学的第三部分是宇宙论,探讨世界,世界的偶然性、必然性、永恒性、在时空中的限制,世界在变化中的形式的规律,以及人类的自由和恶的起源。(参见《小逻辑》,商务印书馆 1980 年版,第 102—106 页。)

⑤ 《马克思恩格斯选集》第 1 卷,人民出版社 2012 年版,第 216 页。

归结为逻辑范畴”①,然后经过正题、反题、合题的推演,“形成一个新的思想”,进而“产生出思想群”,再“从群的辩证运动中产生出系列,从系列的辩证运动中又产生出整个体系”,指出“把这个方法运用到政治经济学的范畴上面,就会得出政治经济学的逻辑学和形而上学”②。

恩格斯在其为马克思所写的书评《卡尔·马克思〈政治经济学批判·第一分册〉》中也批评说:“自从黑格尔逝世之后,把一门科学在其固有的内部联系中来阐述的尝试,几乎未曾有过。官方的黑格尔学派从老师的辩证法中只学会搬弄最简单的技巧,拿来到处应用,而且常常笨拙得可笑。对他们来说,黑格尔的全部遗产不过是可以用来套在任何论题上的刻板公式,不过是可以用来在缺乏思想和实证知识的时候及时搪塞一下的词汇语录。结果,正如一位波恩的教授所说,这些黑格尔主义者懂一点‘无’,却能写‘一切’。……只是在费尔巴哈宣布废弃思辨概念以后,黑格尔学派才逐渐销声匿迹,于是,旧的形而上学及其固定不变的范畴似乎在科学中又重新开始了它的统治。”③恩格斯进一步指出,这种“旧的形而上学”,亦即“沃尔弗式的形而上学的方法”④,虽然“也是资产阶级经济学家写他们那些缺乏内在联系的大部头著作时采用的方法”,但它与“黑格尔的辩证法”相比,仍然是“平庸的”方法,这种方法“曾被康德特别是黑格尔在理论上摧毁,只是由于惰性和缺乏一种别的简单方法,才使它能够在实际上继续存在”⑤。

实际上,不仅仅是黑格尔式的概念推论,只要是局限于“纯粹的思想领域”,即使是唯物主义的概念推论,也要犯黑格尔同样的错误——费尔巴哈的人本唯物主义就是一个很好的例证。当他认识现实社会和人类历史的时候,便陷入了唯心主义。当前国内的许多学者,仍然持有“凡形而上学为恶,凡辩证法为善”的观念,只要一谈到黑格尔的方法,就认为是他的辩证法,就认为是完全正确的,根本看不到黑格尔的辩证法是其形而上学的运载工具,看不到

① 《马克思恩格斯选集》第1卷,人民出版社2012年版,第220页。
② 《马克思恩格斯选集》第1卷,人民出版社2012年版,第221页。
③ 《马克思恩格斯选集》第2卷,人民出版社2012年版,第10—11页。
④ 《马克思恩格斯选集》第2卷,人民出版社2012年版,第11页。
⑤ 《马克思恩格斯选集》第2卷,人民出版社2012年版,第11—12页。

它在本质上仍然是一种割裂理论与实际的片面性思维。

(5)分门别类的研究方法。这是借助自然科学搜集材料阶段的分门别类研究而形成的形而上学方法。对这种方法,恩格斯在《社会主义从空想到科学的发展》一文中进行了详细描述。恩格斯说:"真正的自然科学只是从15世纪下半叶才开始,从这时起它就获得了日益迅速的进展。把自然界分解为各个部分,把各种自然过程和自然对象分成一定的门类,对有机体的内部按其多种多样的解剖形态进行研究,这是最近400年来在认识自然界方面获得巨大进展的基本条件。但是,这种做法也给我们留下了一种习惯:把各种自然物和自然过程孤立起来,撇开宏大的总的联系去进行考察,因此,就不是从运动的状态,而是从静止的状态去考察;不是把它们看做本质上变化的东西,而是看做固定不变的东西;不是从活的状态,而是从死的状态去考察。这种考察方式被培根和洛克从自然科学中移植到哲学中以后,就造成了最近几个世纪所特有的局限性,即形而上学的思维方式。在形而上学者看来,事物及其在思想上的反映即概念,是孤立的、应当逐个地和分别地加以考察的、固定的、僵硬的、一成不变的研究对象。他们在绝对不相容的对立中思维;他们的说法是:'是就是,不是就不是;除此以外,都是鬼话。'在他们看来,一个事物要么存在,要么就不存在;同样,一个事物不能同时是自身又是别的东西。正和负是绝对互相排斥的;原因和结果也同样是处于僵硬的相互对立中。"①恩格斯认为,这种思维方式是我们深思熟虑地考察自然界或人类历史或我们自己的精神活动所必需的——以说明构成这幅总画面的各个细节。它把自然界分解为各个部分,把各种自然过程和自然对象分成一定的门类,对有机体的内部按其多种多样的解剖形态进行研究,这是从15世纪以后的几百年人类在认识自然界方面获得巨大进展的基本条件。但这种做法也导致了用孤立、静止的观点看问题。这种考察方法被培根和洛克从自然科学中移植到哲学中以后,就造成了最近几个世纪所特有的局限性,即"形而上学"的思维方式。

我们必须注意的是,恩格斯在这里是把这种思维方式作为人类认识的基本条件之一提出来的,虽然严肃地批评了它的缺陷,但并没有完全否认这种

---

① 《马克思恩格斯选集》第3卷,人民出版社2012年版,第790—791页。

"形而上学"思维方式的作用,这在下面还要谈到。

(6)套用原理或公式。一些原理和公式,在原来的理论背景和社会环境下是正确的,但如果改变了原来的理论背景和社会环境,超出了其适用范围,就会成为一种理论教条,对问题的解决不仅没有帮助,而且会适得其反。例如,西方近现代哲学借用自然科学方法特别是物理学方法解决社会问题时形成的"唯科学主义"、"社会达尔文主义"和"社会物理学"等,企图利用自然科学的知识和方法解决人类社会所面临的各种问题,很难得出正确的结论。

又如,马克思在《哲学的贫困》中批判蒲鲁东套用黑格尔的公式的时候指出:尽管蒲鲁东套用黑格尔"肯定、否定、否定的否定"的公式,但并不就是在坚持辩证法,并不能正确反映现实。马克思批评说:蒲鲁东像黑格尔一样,从概念和想象出发,"只想把这些范畴看做是观念、不依赖现实关系而自生的思想","忽略了生产关系(范畴只是它在理论上的表现)的历史运动","只想把这些范畴看作是观念、不依赖现实关系而自生的思想",从而颠倒了范畴和现实的关系:"他们在进行这些抽象时,自以为在进行分析,他们越来越远离物体,而自以为越来越接近,以至于深入物体。"①

(7)直观。直观是传统形而上学重要的研究方法之一。不论是唯物主义还是唯心主义,都具有适用性。冯友兰先生在其编写的《中国哲学史》中认为:"近人有谓研究哲学所用之方法,与研究科学之方法不同。科学的方法是逻辑的,理智的;哲学之方法,是直觉的,反理智的。其实,凡所谓直觉、顿悟、神秘经验等,虽有甚高的价值,但不必以之混入哲学方法之内。无论科学、哲学,皆系写出或说出之道理,皆必以严刻的理智态度表出之。"②其实,在这里,冯先生是把"研究之方法"与研究结果的表述(冯先生所说的"写出或说出之道理")混淆了。因为,不论是科学研究还是哲学研究,"直觉、顿悟"都是其中不可或缺的一种方法——对传统形而上学的研究来说就更是如此。

哲学上的"直觉、顿悟",就是哲学家们所说的"直观"。《哲学大辞典》中关于直观是这样解释的:"①指人的感受器官在与事物的直接接触中产生的

① 《马克思恩格斯选集》第1卷,人民出版社2012年版,第218—219页。
② 冯友兰:《中国哲学史》上卷,重庆出版集团、重庆出版社2009年版,第5页。

感觉、知觉和表象等的反映形式。它不经过中间环节，是对客观事物直接的、生动的反映。如列宁说的‘从生动的直观到抽象的思维’。②指旧唯物主义对认识的理解。旧唯物主义不懂得人的认识是在实践的基础上对客观事物的能动反映，而把事物看做是照相那样的机械静止的反映，因此旧唯物主义又称‘直观的唯物主义’"。[①] 实际上，他们虽然摆脱了唯心主义的直观，但却没有摆脱理论和实际相脱离的弊端。

对于唯物主义的直观，马克思在《关于费尔巴哈的提纲》中有一个简明的概括，指出："从前的一切唯物主义（包括费尔巴哈的唯物主义）的主要缺点是：对对象、现实、感性，只是从客体的或者直观的形式去理解，而不是把它们当做感性的人的活动，当做实践去理解，不是从主体方面去理解。"[②]费尔巴哈的人本学唯物主义就是建立在直观的基础之上的。

"直观"并不是旧唯物主义所独有的思维方式，对于唯心主义来说，直观的研究方法也被大多数哲学家或多或少地使用。胡塞尔现象学对"纯粹意识"的研究，也是依靠直观的思维方式。他的"本质还原"，就是一种直观的方法。对于唯心主义的直观，黑格尔在《小逻辑》中说："哲学的要求可以说是这样的：精神，作为感觉和直观，以感性事物为对象；作为想象，以形象为对象；作为意志，以目的为对象。"[③]又说："思想不但构成外界事物的实体（Substanz），而且构成精神性的东西的普遍实体。在人的一切直观中都有思维。同样，思维是［贯穿］在一切表象、记忆中，一般讲来，在每一精神活动和在一切意志、欲望等等之中的普遍的东西。所有这一切只是思想进一步的特殊化或特殊形态。这种理解下的思维便与通常单纯把思维能力与别的能力如直观、表象、意志等能力平列起来的看法，有不同的意义了。当我们把思维认为是一切自然和精神事物的真实共性时，思维便统摄这一切而成为这一切的基础了。我们可以首先把认思维为 Nous 这种对思维的客观意义的看法，和什么是思维的主观意义相结合。我们曾经说，人是有思想的。但同时我们又说，人是有直观、有意志的。就人是有思想的来说，他是一个有普遍性者，但只有当他意识到他

---

① 《哲学大辞典》上卷，上海辞书出版社 2007 年版，第 54 页。
② 《马克思恩格斯选集》第 1 卷，人民出版社 2012 年版，第 133 页。
③ ［德］黑格尔：《小逻辑》，商务印书馆 1980 年版，第 51 页。

自身的普遍性时,他才是有思想的。"①也就是说,这种唯心主义的"直观"并不是以客观事实为基础的,而是以"思想"为基础的。因而,黑格尔的哲学也正是由于它的方法而成为了"形而上学"。

以上这七类研究方法,也可以按照冯友兰先生在其编写的《中国哲学史》中的看法,将其简单概括为两大类:一类是"论证"(前六条),一类是"直观"。其中,现当代形而上学主要是采用"论证"的方法,"直观"的方法只是辅助。

2. 传统形而上学研究方法的适用范围和理论局限

传统形而上学的研究方法,自康德以来,几乎无时无刻不受批判,但屡受批判而终不能杜绝。屡受批判,是因为它具有自己的理论局限;屡受批判而不能杜绝,则是由于它有着自己的适用范围。也就是说,在其适用范围之内,它是准确的、有效的方法,并且不能被其他方法所取代。

(1)传统形而上学研究方法的适用范围。

如前所述,传统形而上学研究方法主要表现为直观、套用原理或公式、分门别类、从概念推演世界、单向绝对抽象、归纳与演绎、分析与综合等适用于"静态"世界的方法,其最常见的形式就是局限于"纯粹的思想领域",依靠逻辑推理建立绝对体系。这种研究方法的适用范围主要是:

①日常生活和社会秩序的建立;

②自然科学的绝大部分研究领域和研究过程;

③其他具体科学的资料整理阶段;

④哲学以及其他理论的叙述体系(或表达体系)的建构。

对于传统形而上学研究方法的适用范围,恩格斯在《社会主义从空想到科学的发展》一文中有过一个评价:"初看起来,这种思维方式对我们来说似乎是极容易理解的,因为它是合乎所谓常识的。……在相当广泛的、各依对象性质而大小不同的领域中是合理的,甚至必要的"②。

马克思也对传统形而上学的方法在叙述体系中的运用予以肯定。他在《资本论》第二版"跋"中明确表示:"在关于价值理论的一章中,有些地方我甚

---

① [德]黑格尔:《小逻辑》,商务印书馆 1980 年版,第 80—81 页。

② 《马克思恩格斯选集》第 3 卷,人民出版社 2012 年版,第 791 页。

至卖弄起黑格尔特有的表达方式。”①尽管黑格尔对现实世界的认识是颠倒的，但他的表达方式却仍然是有效的，可以借鉴的。实际上，我们每一个人，在日常生活和日常工作当中，都很难彻底避免上述方法的使用。但需要做到的是，严格遵守传统形而上学研究方法的适用范围，不能超越它的合理界限。

(2)传统形而上学研究方法的局限性。

传统形而上学研究方法的局限性，恩格斯在《社会主义从空想到科学的发展》一文中有一个准确的描述：“常识在日常应用的范围内虽然是极可尊敬的东西，但它一跨入广阔的研究领域，就会碰到极为惊人的变故。形而上学的考察方式，虽然在相当广泛的、各依对象性质而大小不同的领域中是合理的，甚至必要的，可是它每一次迟早都要达到一个界限，一超过这个界限，它就会变成片面的、狭隘的、抽象的，并且陷入无法解决的矛盾，因为它看到一个一个的事物，忘记它们互相间的联系；看到它们的存在，忘记它们的生成和消逝；看到它们的静止，忘记它们的运动；因为它只见树木，不见森林。”②因此，如果超出日常生活和自然科学领域，在解决重大理论问题和实践问题的过程中，仍然坚持用传统形而上学研究方法，就必然导致用片面、孤立、静止的观点看问题。

对于这种情况，毛泽东在《矛盾论》中指出：“形而上学，亦称玄学。……所谓形而上学的或庸俗进化论的宇宙观，就是用孤立的、静止的和片面的观点去看世界。这种宇宙观把世界一切事物，一切事物的形态和种类，都看成是永远彼此孤立和永远不变化的。如果说有变化，也只是数量的增减和场所的变更。而这种增减和变更的原因，不在事物的内部而在事物的外部，即是由于外力的推动。”③与马克思和恩格斯一样，毛泽东也非常关注“形而上学”在现实中的具体表现，指出：“在形而上学家看来，资本主义的剥削，资本主义的竞争，资本主义社会的个人主义思想等，就是在古代的奴隶社会里，甚至在原始社会里，都可以找得出来，而且会要永远不变地存在下去。说到社会发展的原因，他们就用社会外部的地理、气候等条件去说明。他们简单地从事物外部去找发展的原因，否认唯物辩证法所主张的事物因内部矛盾引起发展的学说。

---

① 《马克思恩格斯选集》第 2 卷，人民出版社 2012 年版，第 94 页。
② 《马克思恩格斯选集》第 3 卷，人民出版社 2012 年版，第 791—792 页。
③ 《毛泽东选集》第一卷，人民出版社 1991 年版，第 300 页。

因此,他们不能解释事物的质的多样性,不能解释一种质变为他种质的现象。”①在这里,毛泽东对“形而上学”的理论局限和现实表现的描述还是非常精确的。

二、传统形而上学的逻辑工具

逻辑工具是传统形而上学的必备武器。在传统形而上学发展的不同阶段,使用的逻辑工具也不相同:

1. 知性形而上学:依靠形式逻辑(拒斥矛盾)

知性形而上学(黑格尔把康德及其以前的形而上学称为“旧形而上学”和“知性形而上学”)的逻辑工具是形式逻辑,严格遵守同一律、矛盾律和排中律,拒斥矛盾。这在近代以前的西方哲学中表现最为典型。

2. 思辨哲学②:依据辩证逻辑(承认矛盾,但仅运用于概念推演)

为了扬弃知性形而上学的独断论孤立、片面的思维方式,黑格尔主张建立理性形而上学,即“思辨哲学”。所谓思辨,就是运用理性去把握对象,运用逻辑推导而进行的纯理论、纯概念的思考。而“思辨哲学”则是从概念出发进行纯粹逻辑思维,以推演出客观实在及其规律的哲学。“思辨哲学”正视矛盾,承认矛盾,认为内在矛盾是理性发展的动力。它建立在理性逻辑的基础上,是具体的逻辑、辩证的逻辑。黑格尔的“思辨哲学”,依据肯定—否定—否定之否定的辩证逻辑,建立起一套由正题、反题、合题组成的概念推演体系,把传统形而上学推向了它的最高峰。

---

① 《毛泽东选集》第一卷,人民出版社 1991 年版,第 301 页。

② 黑格尔把自己的哲学称为思辨哲学。关于“思辨”一词,《哲学大辞典》是这样解释的:思辨,一般指区别于经验认识方法的思维方式。是通过概念的形式进行纯粹思维活动去把握无限的实在。思辨思维是以揭示事物的多样性统一和对立统一为目标。从这个意义上讲,思辨思维不仅被认为高于感觉、直观、想象、意志,即“感性思维”,而且也高于非此即彼,坚持对立的“知性思维”。思辨是达到真正必然性的真正的哲学思维,因而是表述和认识自在自为真理的“真正形式”或“最完善的方式”(《哲学大辞典》上卷,上海辞书出版社 2007 年版,第 59 页)。而“思辨哲学”则是“从概念出发进行纯粹逻辑思辨,推演出整个客观实在,使客观世界的发展服从于人的思维的一般法则的哲学”。(《哲学大辞典》下卷,上海辞书出版社 2007 年版,第 1670 页。)

3. 传统形而上学的衍生形态：依据现代逻辑（形式逻辑的现代形式）

传统形而上学的衍生形态，即所谓的"反形而上学"、"后形而上学"和"新形而上学"，其逻辑工具除了传统的形式逻辑以外，还有在传统形式逻辑基础之上发展出来的现代逻辑。施太格缪勒在其撰写的《当代哲学主流》一书中说："现代基础研究和分析哲学对逻辑和认识论特别感兴趣。在现代逻辑体系中所关心的就是：首先建立一个完整而严密的逻辑规则体系，这个体系与传统的逻辑相反，也能适用于最困难的数学推论。"①事实上，现代逻辑体系与传统形式逻辑并没有那么大的差别，它只是传统形式逻辑的升级版，只是表达更为精确、适用范围更广而已。而对于思辨哲学所擅长的辩证逻辑，当代的各种形而上学衍生形态均很少使用。

第七节　传统形而上学的人学立场

海德格尔曾经说过："每个思想家总是在形而上学中有其基本哲学立场。"②实际上，每个哲学家不仅在形而上学中，而且在其整个的思想体系中都有其基本哲学立场，更准确地说是人学立场。

一、中国传统形而上学的人学立场

中国传统形而上学具有鲜明的人学立场。我们常常听一些国学家说"中国哲学"③一直具有浓郁的"人本"传统。譬如，《论语·颜渊篇》有"樊迟问仁。子曰'爱人'"④的记载；墨子说："顺天之意何若？曰：兼爱天下之人"（《墨子·天志下第二十八》）⑤；老子说："天道无亲，常与善人"（《老子·第七

---

① ［德］施太格缪勒：《当代哲学主流》上卷，商务印书馆1986年版，第37页。

② ［德］海德格尔：《林中路》，上海译文出版社1997年版，第224页。

③ 本书作者眼里的"中国古代哲学"。

④ 《论语正义》，《诸子集成》第1卷，中华书局1954年版，第278页。

⑤ 《墨子闲诂》，《诸子集成》第4卷，中华书局1954年版，第131页。

十九章》)①;孟子说:"仁者爱人,有礼者敬人"《孟子·离娄下》②;等等。但我们只要剥去"抽象的人"这层外衣,便不难发现:这种抽去了现实社会属性、没有阶级立场、没有利益取向的"抽象的人"背后掩盖的,完全是为统治阶级服务的人学立场。因为,在阶级社会,尽管在不同的历史时期阶级斗争的激烈程度不尽相同,但包括哲学家在内,每一个人都有着自己的阶级利益和阶级立场,绝无例外。这种阶级性不可避免地影响到哲学家的思想,决定着他们哲学思想的人学立场。因而,这种"抽象的人"看似站在"人人"的立场上,是为"每一个人"考虑,但往往只是为一定的阶级服务。比如,尽管孟子也有"民为贵,社稷次之,君为轻"(《孟子·尽心下》)③的名言,但也只是站在封建统治阶级的角度,从以德治国的角度讲的人君南面之术,恰恰是为了"治人"④,并不是真的要把人民利益放在国君的利益之上。荀子虽然也说:"天之生民,非为君也;天之立君,以为民也。"(《荀子·大略》)⑤但又强调:"君者,民之原也。"(《荀子·君道》)⑥认为君只有"爱民",才能使民"为己用,为己死"(《荀子·君道》)⑦。至于中国哲学史上的其他著名哲学家,维护封建统治的哲学立场就更加鲜明。

二、西方传统形而上学的人学立场

在西方哲学史上也是这样。早在古希腊时期,智者学派的普罗泰戈拉就提出"人是万物的尺度,是存在事物存在的尺度,也是不存在的事物不存在的尺度"⑧。文艺复兴运动要求肯定人,重视人、人性特别是人的理性,要求把

---

① 《老子道德经》,《诸子集成》第3卷,中华书局1954年版,第46页。
② 《孟子正义》,《诸子集成》第1卷,中华书局1954年版,第350页。
③ 《孟子正义》,《诸子集成》第1卷,中华书局1954年版,第573页。
④ 《孟子。滕文公章句上》中有这样一段话:"故曰:或劳心,或劳力;劳心者治人,劳力者治于人;治于人者食人,治人者食于人,天下之通义也。"(《孟子正义》,《诸子集成》第1卷,中华书局1954年版,第219页。)
⑤ 《诸子集成》第2卷,中华书局1954年版,第332页。
⑥ 《诸子集成》第2卷,中华书局1954年版,第154页。
⑦ 《诸子集成》第2卷,中华书局1954年版,第154页。
⑧ 北京大学哲学系外国哲学史教研室编译:《古希腊罗马哲学》,生活·读书·新知三联书店1957年版,第138页。

人、人性从宗教神学的禁锢中解放出来，从而形成了西方影响久远的人本主义传统。

在《〈科隆日报〉第179号的社论》中，马克思对西方的人本主义传统进行了概括，指出："先是马基雅弗利、康帕内拉，后是霍布斯、斯宾诺莎、许霍·格劳秀斯，直至卢梭、费希特、黑格尔则已经开始用人的眼光来观察国家了，他们从理性和经验出发，而不是从神学出发来阐明国家的自然规律"①。这些哲学家的思想，如果按照马克思成熟时期的观点，他们所主张的人都是"抽象的人"，即超越了具体的社会环境、没有利益和价值取向、没有阶级性的人，仅仅与其他生物相区别的人。

在马克思所说的这些哲学家之后，费尔巴哈的人本学唯物主义、尼采的"超人哲学"、海德格尔的"此在本体论"，都是坚持从"抽象的人"出发。尤其是费尔巴哈的人本学唯物主义，认为人是肉体与灵魂的统一，爱是人的本质，人对人的爱是实践中的最高原则。认为人的最高本质是"类"，人就是人的上帝，主张建立"爱的宗教"。他的"人"实际上是由"肉体"和"精神"、"你"和"我"、"男人"和"女人"所组成的自然的、生物意义上的人，是一般的、抽象的人，抽去了人的各种社会属性的人，脱离了具体社会环境的人。马克思在《关于费尔巴哈的提纲》中批评费尔巴哈"抽象的个人"，指出："费尔巴哈把宗教的本质归结于人的本质。……因此他不得不：(1)撇开历史的进程，把宗教感情固定为独立的东西，并假定有一种抽象的——孤立的——人的个体。(2)因此，本质只能被理解为'类'，理解为一种内在的、无声的、把许多个人自然地联系起来的普遍性。"②

但与中国的哲学家们一样，这种"抽象的个人"并不能真正掩盖西方哲学家们真正的人学立场。因为哲学总是要面向现实进行思考的，而一触及现实的经济和社会领域，"抽象的个人"就不得不变得"具体"了，哲学家们的人学立场也就暴露无疑了。黑格尔在《法哲学原理》中就直言不讳地说："我们不象希腊人那样把哲学当做私人艺术来研究，哲学具有公众的即与公众有关的

---

① 《马克思恩格斯全集》第1卷，人民出版社1995年版，第227页。
② 《马克思恩格斯选集》第1卷，人民出版社2012年版，第135页。

存在，它主要是或者纯粹是为国家服务的。”①现当代西方资产阶级哲学家在“抽象的人”的掩护之下，推崇的是“资本”本位、“资本”优先的哲学理念，宣扬的是“资本”本位和“资本”优先基础之上的“博爱”、“平等”和“自由”，这实际上坚持的是资产阶级的人学立场，是把资本家的利益放在首要地位。

三、“抽象的人”掩盖下的真实人学立场

总的说来，不论是中国的传统形而上学，还是西方的传统形而上学，都是从“抽象的人”出发，坚持把“理性”、“意志”、“仁”、“爱”等作为人的本质，因而很难正确把握人类社会的发展状况和发展方向。实际上，不论是在中国，还是在西方，从“抽象的人”出发的传统形而上学家们并不是没有自己的阶级立场，他们或是站在“人民”或“民”的立场上，或是站在“君主”或“君”的立场上，并不会有什么真正的“中间立场”。而事实上，他们中的绝大多数往往是站在“君主”或“君”的立场上，只是由于传统形而上学研究方法的局限性，而影响了研究的深度、广度和正确性而已。

马克思在《德意志意识形态》中对这种现象进行了深刻的分析，马克思说：由于“每一个企图取代旧统治阶级的新阶级，为了达到自己的目的不得不把自己的利益说成是社会全体成员的共同利益，就是说，这在观念上的表达就是：赋予自己的思想以普遍性的形式，把它们描绘成唯一合乎理性的、有普遍意义的思想”②，这就使不同时代“占统治地位的将是越来越抽象的思想，即越来越具有普遍性形式的思想”③，并最终导致“统治阶级的思想在每一时代都是占统治地位的思想。这就是说，一个阶级是社会上占统治地位的**物质**力量，同时也是社会上占统治地位的**精神**力量”④。“例如，在贵族统治时期占统治地位的概念是荣誉、忠诚，等等，而在资产阶级统治时期占统治地位的概念则是自由、平等，等等。一般说来，统治阶级总是自己为自己编造出诸如此类的

---

① 黑格尔：《法哲学原理》，商务印书馆 1961 年版，“序言”第 8 页。
② 《马克思恩格斯选集》第 1 卷，人民出版社 2012 年版，第 180 页。
③ 《马克思恩格斯选集》第 1 卷，人民出版社 2012 年版，第 180 页。
④ 《马克思恩格斯选集》第 1 卷，人民出版社 2012 年版，第 178 页。

幻想。”①实际上，每一个时代的大多数哲学家都在为自己所从属的阶级提供哲学理论的支持。正如马克思在《哲学的贫困》中批判蒲鲁东时所指出的：“正如经济学家是资产阶级的学术代表一样，社会主义者和共产主义者是无产者阶级的理论家。……蒲鲁东先生自以为他既批判了政治经济学，也批判了共产主义；其实他远在这两者之下。说他在经济学家之下，因为他作为一个哲学家，自以为有了神秘的公式就用不着深入纯经济的细节；说他在社会主义者之下，因为他既缺乏勇气，也没有远见，不能超出（哪怕是思辨地也好）资产者的眼界。”②

第八节　传统形而上学的学科体系

康德认为：“哲学乃一切哲学的知识之体系。”③《不列颠百科全书》在区分形而上学的种类的时候，则主要列举了“柏拉图主义”、“亚里士多德主义”、“托马斯主义”、“笛卡尔主义”、“唯心主义”、“唯物主义”六种④。这种划分，有些是从哲学基本派别的高度进行的，如唯物主义、唯心主义和笛卡尔主义（二元论）；其余的三种划分，相互间的差别就要小得多，如柏拉图主义——其本质在于区分两种世界，即现象世界和真正实在的不可见世界；亚里士多德主义——认为形式体现在物质之中，哲学家的任务就在于了解此时此地的现世，其基本概念是实体、形式与内容、潜能与现实以及原因；托马斯主义——是一种在中世纪以后仍有影响的基督教形而上学，其主旨是通过对日常事物和日常世界的反复思考，启示人们向往上帝。这些描述对于区别不同哲学流派的特点很有帮助，但还不足以使人们准确把握它们所属的哲学形态的层次和特征。

---

① 《马克思恩格斯选集》第 1 卷，人民出版社 2012 年版，第 180 页。

② 《马克思恩格斯选集》第 1 卷，人民出版社 2012 年版，第 235—236 页。

③ ［德］康德：《纯粹理性批判》，商务印书馆 1960 年版，第 573 页。

④ 参见《不列颠百科全书》（国际中文版修订版）第 11 卷，中国大百科全书出版社 2007 年版，第 152 页。

本书作者认为,哲学形态是具有层次性的,在考察传统形而上学的学科体系的时候,必须首先从其层次结构着手。

一、传统形而上学的三个层次

对于传统形而上学,可以有三个层次的理解:

一是作为哲学基本形态的传统形而上学,其主要特征是局限于“纯粹的思想领域”,对“认识世界”予以不懈的追求,其表现形式是严谨的“研究体系”和“叙述体系”。这是从哲学形态角度的理解。

作为哲学基本形态的传统形而上学,是在人类不能够对客观世界进行科学而深入的认识的情况下产生的,是一种与小农社会相适应的哲学基本形态,到了大工业时代就开始衍化,产生出诸多衍生形态和与自己全面对立的哲学基本形态。这种哲学基本形态,对“认识世界”予以不懈的追求,追求严谨的“研究体系”和“叙述体系”,为新的哲学基本形态——唯物主义辩证法的理论表述奠定了基础,但在改造世界方面却很容易造成理论与实际相脱离。

二是作为思维模式和思维方式的传统形而上学,其主要特征是依靠单向逻辑推论,对事物进行分门别类的研究。其表现形式是哲学社会科学中终极抽象、绝对抽象的研究方法,自然科学研究中分门别类的研究方式,以及日常生活的习惯和秩序。对此,恩格斯在《自然辩证法》中、毛泽东在《矛盾论》中都有详细描述。这是从方法论角度的理解。

这种思维方式,运用得当,是日常生活和工作以及科学研究中的重要方法和手段;超出了其适用范围,便表现为与辩证法对立的孤立、片面、静止的思维方式。因此,目前国内的马克思主义哲学教科书中仅仅将这种思维方式视为与辩证法对立的孤立、片面、静止的思维方式并加以反对,并不是十分恰当。

三是作为实践理性的传统形而上学,其主要特征是执着地相信真理、追求真理和坚持真理,对事物要么绝对肯定,要么绝对否定。主要表现是在生活和工作中为一切事物设定严格的界限,是就是,不是就不是,其他一切都是鬼话。对此,恩格斯在《社会主义从空想到科学的发展》中有详细描述[①]。这是从实

---

① 参见《马克思恩格斯选集》第 3 卷,人民出版社 2012 年版,第 791—792 页。

践理性的角度理解。

这种实践理性,对实践具有重要作用,其积极方面,可以表现为坚持真理、克己奉公、恪尽职守;其消极方面,则表现为因循守旧、教条主义以及用孤立、片面、静止的眼光看问题。在实践中必须随时坚持其积极方面,避免其消极方面。

在这一节里,将主要从第一个层次,即从哲学形态的角度来考察传统形而上学的学科体系,特别是它的叙述体系(或表述体系)。

二、传统形而上学的具体形态

1. 传统形而上学的主要类型

唯物主义与唯心主义、辩证法与"形而上学",是用来区分传统形而上学的具体哲学形态的两个最重要的标准,被称为哲学上的"两个对子"。这两个对子的四个组成要素,即"唯物主义"、"唯心主义"、"辩证法"、"形而上学",同时也是传统形而上学这一哲学基本形态的四个最主要的哲学类型。

关于传统形而上学的"两个对子"的划分标准,恩格斯在《路德维希·费尔巴哈和德国古典哲学的终结》中已有详细论述。这里从略。主要内容如下:

(1)唯物主义与唯心主义。唯物主义与唯心主义,也被称为"哲学上的两大阵营"。区分的标准在于对什么是世界本原问题的不同回答。这首先是由恩格斯在《路德维希·费尔巴哈和德国古典哲学的终结》中进行了详细表述(见第三章第三节之一:"现有哲学评价最高标准及其缺陷")。恩格斯指出,唯物主义与唯心主义的划分标准十分明确,不能给它加上别的意义,否则就会造成混乱。

唯物主义和唯心主义同是传统形而上学组成部分,同属传统形而上学的"两大阵营"。就像海德格尔在《关于人道主义的书信》中所说的:"萨特却这样说出存在主义的基本命题:存在先于本质。他这样说的时候却取了在形而上学的意义之下的 existentia 与 essentia 两词,而形而上学却自柏拉图以来就说:essentia 先于 existentia。萨特把这个命题倒转过来了。但是把一个形而上学的命题倒转过来仍然还是一个形而上学的命题。"①就唯物主义与唯心主义

---

① [德]海德格尔:《海德格尔选集》上卷,生活·读书·新知三联书店 1996 年版,第 372 页。

来说也是这样，仅就对思维与存在关系的颠倒，并不能改变它们的形而上学本性。它们同属传统形而上学这一哲学基本形态，也都具备传统形而上学基本特征。

此外，在《路德维希·费尔巴哈和德国古典哲学的终结》中，恩格斯还区分了唯物主义的不同具体形式，认为，唯物主义有注重灵与肉关系的古代唯物主义，有注重揭示人与自然关系的近代唯物主义，有注重揭示人与社会关系的现代唯物主义。

（2）辩证法与“形而上学”（机械论）①。恩格斯在《自然辩证法》中，把“形而上学”与辩证法称为“两个哲学派别”②。恩格斯进一步表述辩证法的性质：“主张流动范畴的辩证法派（亚里士多德，特别是黑格尔）……证明：理由和推断、原因和结果、同一和差异、现象和本质这些固定的对立是站不住脚的，经分析证明，一极已经作为核内的东西存在于另一极之中，到达一定点一极就转化为另一极，整个逻辑都只是从这些前进着的对立中展开的。——这在黑格尔本人那里是神秘的，因为各种范畴在他那里表现为预先存在的东西，而现实世界的辩证法表现为这些范畴的单纯的反照。实际上恰恰相反：头脑中的辩证法只是现实世界即自然界和历史的各种运动形式的反映。”③这是对辩证法的基本内涵的非常好的概括。

对于与辩证法对立的“形而上学”，恩格斯在《自然辩证法》中把它称为“关于事物的科学——不是关于运动的科学”④，即分门别类对事物进行研究的科学；在《路德维希·费尔巴哈和德国古典哲学的终结》一书中又说：“旧的

---

① 根据作者前面在论述传统形而上学的三个层次时候的论述，传统形而上学的三个层次，不论是作为哲学形态的形而上学、作为思维方式的形而上学还是作为实践理性的形而上学，都有着自己存在的适合范围，在这个范围内，它不仅是合理的，而且还是必需的。因此，本书作者认为，可以把与辩证法对立意义上的形而上学称为“机械论”也许更为恰当。只是为了符合大众的语言习惯，本书才在谈到与辩证法对立意义上的“形而上学”时将其全部加上引号，以免产生歧义。

② 恩格斯在《〈自然辩证法〉札记和片断》中，在两大阵营之外提出“两个哲学派别：主张固定范畴的形而上学派，主张流动范畴的辩证法派”（《马克思恩格斯选集》第3卷，人民出版社2012年版，第892页）。

③ 《马克思恩格斯选集》第3卷，人民出版社2012年版，第892页。

④ 《马克思恩格斯全集》第20卷，人民出版社1971年版，第547页。

研究方法和思维方法，黑格尔称之为'形而上学的'方法，主要是把事物当做一成不变的东西去研究"①。毛泽东在《矛盾论》中也认为："所谓形而上学的或庸俗进化论的宇宙观，就是用孤立的、静止的和片面的观点去看世界。"②也正是由于经典作家的这些著名论述，国内哲学界目前一直把形而上学作为一种与辩证法对立的思维方式来对待，对其予以彻底否定。

2. 传统形而上学的其他类型

在哲学上的"两个对子"之外，传统形而上学还有形而上学唯物主义、唯心主义辩证法、主观唯心主义、客观唯心主义等常见类型。

（1）形而上学唯物主义。形而上学唯物主义，是一种以片面、孤立、静止的观点看待世界的唯物主义学说。③ 其中，机械唯物主义是形而上学唯物主义的一种极端形式，其主要特征是以机械的观点去看待自然界、人以及人的认识。

对于机械唯物主义，恩格斯在《路德维希·费尔巴哈和德国古典哲学的终结》中对其最具代表性的样式——18 世纪法国唯物主义的哲学形态特征进行了详细的描述："上一世纪的唯物主义主要是机械唯物主义，因为那时在所有自然科学中只有力学，而且只有固体（天上的和地上的）力学，简言之，即重力的力学，达到了某种完善的地步。化学刚刚处于幼稚的燃素说的形态中。生物学尚在襁褓中；对植物和动物的机体只作过粗浅的研究，并用纯粹机械的原因来解释；正如在笛卡儿看来动物是机器一样，在 18 世纪的唯物主义者看来，人是机器。仅仅运用力学的尺度来衡量化学性质的和有机性质的过程（在这些过程中，力学定律虽然也起作用，但是被其他较高的定律排挤到次要地位），这是法国古典唯物主义的一个特有的、但在当时不可避免的局限性。"

"这种唯物主义的第二个特有的局限性在于：它不能把世界理解为一种过程，理解为一种处在不断的历史发展中的物质。"④机械唯物主义虽然只是形而上学唯物主义的样式之一，但却极具代表性。

---

① 《马克思恩格斯选集》第 4 卷，人民出版社 2012 年版，第 251 页。
② 《毛泽东选集》第一卷，人民出版社 1991 年版，第 300 页。
③ 参见《哲学大辞典》上卷，上海辞书出版社 2007 年版，第 20 页。
④ 《马克思恩格斯选集》第 4 卷，人民出版社 2012 年版，第 235 页。

(2)唯心主义辩证法。唯心主义辩证法,即建立在唯心主义基础上的辩证法学说。这种学说的特点是在把客观物质世界归结为精神的基础上,论证精神、概念的辩证运动和发展。①

(3)主观唯心主义。主观唯心主义是唯心主义的基本形式之一,把"感觉"、"自我意识"等主观因素视为本原,否定物质世界的客观存在。②

(4)客观唯心主义。唯心主义的另一种基本形式,与主观唯心主义相对。把"理念"、"绝对精神"、"绝对观念"等"客观精神"视为世界万物的本原。③

三、传统形而上学的主要流派

传统形而上学的流派,是指在传统形而上学的流变、发展过程中得以流传并被以后的哲学家予以继承或发展的观点和学说。传统形而上学的主要流派则是指在传统形而上学的发展史上具有重要地位和影响的流派。

1. 可知论与不可知论

可知论是与不可知论相对应的概念,主张世界可以被认识;不可知论则认为世界是不可能被认识或不可能被彻底认识。④

可知论与不可知论的划分标准,也是恩格斯在《路德维希·费尔巴哈和德国古典哲学的终结》中提出来的。恩格斯在谈到思维和存在的关系问题的第二方面的内容时说:"思维和存在的关系问题还有另一个方面:我们关于我们周围世界的思想对这个世界本身的关系是怎样的?我们的思维能不能认识现实世界?我们能不能在我们关于现实世界的表象和概念中正确地反映现实?用哲学的语言来说,这个问题叫做思维和存在的同一性问题,绝大多数哲学家对这个问题都作了肯定的回答。"⑤恩格斯之所以在论述唯物主义与唯心主义的划分标准时一并提出这方面的问题,是因为可知论与不可知论在哲学史上的出现,几乎和唯物主义与唯心主义一样久远,并产生了久远的影响。但

① 参见《哲学大辞典》上卷,上海辞书出版社 2007 年版,第 74 页。
② 参见《哲学大辞典》上卷,上海辞书出版社 2007 年版,第 24 页。
③ 参见《哲学大辞典》上卷,上海辞书出版社 2007 年版,第 24 页。
④ 参见《哲学大辞典》上卷,上海辞书出版社 2007 年版,第 32 页。
⑤ 《马克思恩格斯选集》第 4 卷,人民出版社 2012 年版,第 231 页。

事实上，康德的“不可知论”仍然认为人的认识能够达到现象，只是对“自在之物”无法认识，这只是部分的“不可知”，因而仍然可以用哲学上的“两个对子”进行哲学形态描述。而古希腊皮浪的“怀疑论”则要彻底得多，皮浪认为由感觉与理性得来的知识都不可靠，事物是不可以认识的，人们对任何事物都应该心存怀疑。英国近代哲学家休谟则认为人们不可能知道知觉如何获得及知觉之外是否有客观事物存在。

一般说来，传统形而上学就是片面强调认识世界的学问。在传统形而上学发展史上，绝大多数哲学家都坚持可知论，而坚持不可知论者则少之又少，并且很难将不可知论贯彻到底。

2. 经验论与唯理论

经验论和唯理论是传统形而上学发展史上又一对重要的流派。

经验论，亦译“经验主义”。认为感性经验是知识的唯一源泉。根据其对经验的本源与内容看法的不同，可分为唯物主义的经验论和唯心主义的经验论两种。唯物主义（如洛克）的经验论认为感性经验是客观事物的反映、是人类知识的来源，但却轻视理性认识，只承认感性认识在认识上的可靠性；唯心主义（如贝克莱、休谟、马赫等）的经验论则否认外界事物是感性经验的源泉，或是拒绝回答外界事物是否存在的问题，认为经验是人的内省体验，是纯主观的东西。唯物主义的经验论虽然在对感性经验进行唯物主义的说明这一点上是正确的，但它片面地夸大了感性经验的作用，不懂得感性认识到理性认识的能动的飞跃。唯心主义的经验论把主观经验作为认识的唯一对象，否定理性认识，是一种主观唯心主义，它发展到极端，就是唯我论。①

唯理论，亦译“理性主义”。只承认理性认识的可靠性，认为理性是知识的主要来源，否认理性认识依赖于感性经验。根据其对认识对象看法的不同，又可分为唯物主义的唯理论与唯心主义的唯理论两种。唯物主义（如斯宾诺莎）的唯理论承认认识对象的客观性和规律的客观性，但认为只有理性才能把握规律，而感性经验是靠不住的。唯心主义（如柏拉图）的唯理论，根本否认客观物质世界是认识的对象和来源，认为认识等于记忆，不过是唤醒灵魂中

---

① 参见《辞海》（普及本上），上海辞书出版社 2010 年版，第 1988 页。

早已存在的理念而已。唯物主义的唯理论虽然在承认认识对象即自然界的客观性这一点是唯物主义的,但它片面夸大了理性的作用。唯心主义的唯理论主张理性是第一性的,把理性当作主宰世界、派生自然的东西,因而是一种客观唯心主义。①

经验和理性是人类统一认识过程中必备的两个发展阶段,相互依存、相互促进。而经验论和唯理论都是强调其中的某一方而忽视另一方,因而都是片面的。

3. 人本主义与科学主义

人本主义和科学主义是传统形而上学发展史上至今仍然发生着重大影响的两个哲学流派。刘放桐先生在其编著的《新编现代西方哲学》的“绪论”当中,将 19 世纪中期以来西方哲学演变过程中的主要流派大致划分为人本主义和科学主义两大思潮。

人本主义,又称“非理性主义”。强调人是哲学的出发点和归宿,反对把人归结为科学理性的存在,要求揭示人的生命、本能、情感、意志等非理性或超理性存在的意义,并认为这些非理性或超理性的存在才是人的本真的、始源性的存在,才应当成为哲学研究的核心。被归结为人文主义思潮的有叔本华和尼采等人的意志哲学、克尔凯郭尔哲学、德法生命哲学、存在主义、弗洛伊德主义等。② 他们认为,以往哲学,无论是经验派还是理性派,从主客(思有、灵肉等)二元分立出发所进行的研究只能及于现象界,而不能达到人和世界的真正存在。为了揭示人和世界的真正存在,必须超出二元分立的界限,转向非理性的直觉;必须超越理性派思想家对普遍的人性,即人类共同本性以及普遍的自由、平等、博爱的颂扬,转向强调个人的独特个性、生命、本能。③

科学主义,又称“唯科学主义”。把科学理想化,用科学理性的观点来解释人,强调哲学与科学的联系,甚至把哲学和科学相提并论,否定哲学具有超越科学的世界观意义。被归结为科学主义思潮的有实证主义、马赫主义、结构

---

① 参见《辞海》(普及本下),上海辞书出版社 2010 年版,第 4077 页。

② 参见刘放桐等编著:《新编现代西方哲学》“绪论”,人民出版社 2000 年版,第 29 页。

③ 参见刘放桐等编著:《新编现代西方哲学》“绪论”,人民出版社 2000 年版,第 20—25 页。

主义、各派分析哲学(如逻辑经验主义等)以及当代各种科学哲学。[1] 其主要观点包括:自然科学知识是人类知识的典范,是必然正确的;唯有自然科学的方法才能有效地用来获取知识,它能够推广用于包括哲学、人文科学和社会科学在内的一切研究领域,摒弃它们的非科学形态;科学的发展对人类的影响总是积极的、有益的,通过科学及其发展能够保证人类社会的进步。[2]

人本主义和科学主义是由经验论和唯理论演变而来,与经验论和唯理论有着千丝万缕的联系。人本主义可以追溯到经验论,科学主义可以追溯到唯理论,但二者均随着时代的发展而注入了新的内容,研究对象也发生了相当大的改变。实际上,这两种思潮自五四运动以后就逐步传入中国,至今仍然具有重要影响。中国 20 世纪 20 年代"科学与人生观论战"中的"科学派"[3],就主张科学能够解决人生观问题。

4. 唯道德论与唯法律论

唯道德论,也可称为道德至上论或道德主义,片面强调道德的作用;唯法律论,也可称为法律至上论或法律主义,片面强调法律的作用。前者以中国的儒家学派为代表,强调道德的至上性,轻视法律的作用,片面强调"以德治国";后者则以中国的法家为代表,强调法律的重要性,轻视道德的作用。

5. 崇古主义与疑古主义

崇古主义也称复古主义,主张复古守旧,反对改革;疑古主义则与其相反。前者以中国的儒家学派和道家学派为代表,美化上古社会,崇尚上古圣贤,厚古薄今;后者则以五四运动以后出现的"疑古派"(又称"古史辨派")[4]为代表,怀疑上古社会和上古圣贤的真实性。这两种学术思潮在当今中国仍然具有相当大的影响。

6. 保守主义与激进主义

保守主义与改良主义十分接近,都反对社会制度的根本变革。保守主义

---

① 参见刘放桐等编著:《新编现代西方哲学》"绪论",人民出版社 2000 年版,第 29 页。
② 参见《辞海》(普及本下),上海辞书出版社 2010 年版,第 4077 页。
③ 参见《哲学大辞典》下卷,上海辞书出版社 2007 年版,第 1223 页。
④ 参见《哲学大辞典》下卷,上海辞书出版社 2007 年版,第 1223 页。

的首要特征是反对“全面的”与“激进的”变革，致力于维护“现存的制度”。但保守主义并非一概反对变化，它有时也会接受一些必要的变化。[①] 改良主义反对从根本上推翻不合理的社会制度，主张在原有社会制度的基础上加以改善。[②] 激进主义则与二者相反，它对现存制度持激烈批判态度，并主张通过极端方式改变现实社会。[③]

四、哲学家思想体系

哲学家的思想体系是由哲学家本人绝大部分（甚至全部）观点和学说构成的具有内在逻辑性的理论系统，它通过一系列论文和专著表现出来。判断哲学家的思想体系的标准主要是看其各个领域的思想是否自成体系并具有独具特色的学术价值和社会价值。哲学家的思想体系可以是单个哲学家的思想，也可以是由同时代观点相近的哲学家共同构筑的学术派别；既可以局限于单一的研究领域，也可以横跨诸多研究领域。

五、哲学学说

哲学学说是哲学家在某一研究领域或某一方面具有独创性和系统性的哲学观念。判断哲学学说的标准是哲学家在某一研究领域的哲学观念能否自成体系并具有独具特色的学术价值和社会价值。

六、哲学家的具体观点

哲学观点是哲学家对具体问题（理论、实践或事实）的独创性见解。判断哲学观点的标准，主要是看这个观点是否其本人新创的以及有没有学术价值和社会价值。

---

① 参见《中国大百科全书》（第二版简明版）第 1 卷，中国大百科全书出版社 2011 年版，第 246 页。

② 参见中国社会科学院语言研究所词典编辑室编：《现代汉语词典》，商务印书馆 2016 年版，第 417 页。

③ 参见《中国大百科全书》（第二版简明版）第 4 卷，中国大百科全书出版社 2011 年版，第 56 页。

第九节　传统形而上学的社会功能

传统形而上学的社会功能，主要可以从认识世界、改造主观世界和对社会现实进行解释和批判三个方面来考察。

一、认识包括人的精神世界在内的整个世界

传统形而上学的首要功能是认识包括人的精神世界在内的整个世界，寻求关于世界的真理性认识，发现世界的规律。

一是为人的行为提供理论指导。对于传统形而上学来说，“求知”或“解释世界”是它的首要目的。不论是在西方哲学史上，还是在中国哲学史上，自形而上学产生以来，其研究领域和研究深度一直随着社会的发展而不断地发生变化。西方哲学发展到黑格尔时，其研究范围已经涵盖了逻辑学、自然哲学、历史哲学、精神哲学、法哲学和美学等诸方面。这种传统不仅一直延续至今，而且研究范围还在不断扩大，研究深度也超过以往任何时代。中国哲学自近代以后，随着西方哲学特别是马克思主义哲学的进入，形而上学的研究领域和研究深度更是逐步与西方接近，到现时代与西方的差别已经很少了。

中国哲学自古以来就特别重视知识的学习与传授①，古希腊学术文化的根本目的也是追求知识。黑格尔在 1807 年 1 月给他的一个学生蔡尔曼的信里写道：“只有知识是唯一救星。唯有知识能够使我们对于事变之来，不致如禽兽一般，木然吃惊，亦不致仅用权术机智以敷衍应付目前的一时。唯有知识才可以使我们不至于把国家灾难的起源认作某某个人智虑疏虞的偶然之事，把国家的命运认作仅系于一城一堡之被外兵占领与否，且可以使我们不致徒兴强权之胜利与正义之失败的浩叹。”②这无疑是对传统形而上学这一社会功能的一个很好的诠释。

---

① 儒家哲学，特别是“经学时代”的儒家哲学，把“知识”仅仅限于“古人之言”和伦理道德的范围内，但它并不能代表整个的中国传统形而上学。

② ［德］黑格尔：《精神现象学》上卷，商务印书馆 1979 年版，“译者导言”第 4 页。

二是为科学研究提供理论基础。爱因斯坦在《论科学》一文中强调了科学研究的两个重要因素：一是想象力，认为“想象力比知识更重要”，“想象力概括着世界上的一切，推动着进步，并且是知识进化的源泉”①。二是信念，认为“相信世界在本质上是有秩序的和可认识的这一信念，是一切科学工作的基础”②。这两个因素都是靠传统形而上学来提供的。此外，传统形而上学还为科学研究提供思维模式和理论框架。爱因斯坦还认为：“如果把哲学理解为最普遍和最广泛的形式中对知识的追求，那么，显然，哲学就可以被认为是全部科学研究之母。”③传统形而上学对终极原因的追寻，对体系完美和体系更新的执着追求，都是科学发展的重要支撑。也正是在这个意义上，恩格斯在《自然辩证法》中，才称赞“黑格尔——他对自然科学的百科全书式的概括和合理的分类是超过一切唯物主义胡说的伟大成就”④。

与此相关，中国近代以来科学落后的一个重要原因，就是儒家哲学不仅长期在中国传统形而上学中占有统治地位，而且中国自汉朝以后就实行“罢黜百家，独尊儒术”的政策。儒家哲学推崇道德修养，强调内省和感悟，崇拜圣人之言，喜欢厚古薄今，把对自然的探索视为“奇技淫巧”，把民族精神生产力⑤束缚于死读经书上，是一种彻头彻尾的“向后看”的哲学、彻头彻尾的“过世”⑥的哲学。如果它仅仅是作为一家之言，还不足以对中国的科学发展造成太大的影响，但不幸的是，这种“向后看”的哲学、“过世”的哲学、排斥“百家”的哲学，恰恰自西汉就在中国取得了统治地位，并持续统治了长达两千多年的时间，再加上儒家哲学“述而不作”（《论语·述而》）⑦的传统，擅于内省和感悟，疏于理论体系和理论框架建设，导致科学研究中的学科建设在理论体系和理论框架方面缺乏延续和积累，这些都是导致中国的科学与西方的差距越来

---

① ［德］爱因斯坦：《爱因斯坦文集》第1卷，商务印书馆2009年版，第409页。
② ［德］爱因斯坦：《爱因斯坦文集》第1卷，商务印书馆2009年版，第409页。
③ ［德］爱因斯坦：《爱因斯坦文集》第1卷，商务印书馆2009年版，第696页。
④ 《马克思恩格斯选集》第3卷，人民出版社2012年版，第893页。
⑤ 民族精神生产力，也可以称为“社会精神生产力”，是一个国家、一个民族个人精神生产力的总和。
⑥ 这里，本书作者把“过世”与“现世”和“来世”并列，以对应过去、现在和将来三种历史状态。
⑦ 《论语正义》，《诸子集成》第1卷，中华书局1954年版，第134页。

越大的重要原因。[1]

不过,即使是在儒家哲学占统治地位的“经学时期”,儒家哲学对科学技术发展的阻碍作用也有不那么强烈的地方。同整个中国传统形而上学一样,儒家哲学也主张“实用理性”。它“信而好古”(《论语·述而》)[2],是为了巩固现世的封建统治;而科学技术中对封建统治无害的建筑术、造纸术等儒家并不反对,对礼(礼仪)、乐(音乐)、射(射箭)、御(驾车)、书(识字)、数(计算)等六艺[3]更是提倡——它对中国科学的最大阻碍,是把知识分子的主要精力导向对“四书五经”等儒家经典的死记硬背,而不是对自然和社会的探究。时至今日,在国内的科学界——不论是在自然科学研究中还是在社会科学中,儒家哲学的这种“述而不作”的传统和“实用理性”仍然具有一定影响。“述而不作”,导致以古释今、以洋释中;“实用理性”,导致“急功思维”:自然科学片面强调“技术创新”和“实用新型发明”,社会科学片面强调“应用研究”甚至“对策建议”,艰苦的基础理论研究不被提倡也很少有人问津。长此以往,中国与西方在科学研究方面的差距将会越拉越大。

三是为社会制度提供理论支撑。与对科学的支撑作用相似,传统形而上学作为一种意识形态,也为社会制度建设提供指导思想、理论框架和制度预设。欧洲的“文艺复兴”运动和资产阶级大革命,中国的“古今、中西之争”特别是“东西文化论战”,都要依靠传统形而上学为其提供指导思想、理论框架和制度预设。在这方面,中西的差别在于:西方的形而上学向前看,强调体系的更新和发展,因而注重制度的改造和变革;而中国的形而上学向后看,强调体系的稳定和修复,因而注重制度的稳定和传承。这种情况自五四运动直到中华人民共和国成立,曾一度受马克思主义哲学的冲击而发生转变,但中华人民共和国成立后又很快得到恢复;到“改革开放”之初,理论上反对“两个凡是”,触动的也主要是经济体制,至于政治体制改革直到中国共产党十八次代

---

① 在作者看来,中国历史上长达2000年的“罢黜百家,独尊儒术”,其对中国文化特别是对科学技术发展的损害,要千万倍于秦始皇的“焚书坑儒”。

② 《论语正义》,《诸子集成》第1卷,中华书局1954年版,第134页。

③ 中国社会科学院语言研究所词典编辑室编:《现代汉语词典》,商务印书馆2016年版,第840页。

表大会以后才开始破题,并且阻力重重。在改革开放以后形成的“国学热”中,有人甚至以“德治”反对“法治”,厚古薄今,否定五四运动,甚至否定中国共产党领导的社会主义革命。也就是说,儒家哲学占统治地位的中国传统形而上学,对旧制度具有强烈的赞誉和向往,但对制度的改革创新极为不利。对于这一点,国人必须有一个清醒的认识。

二、改造人的主观世界

传统形而上学的另一功能是改造人的主观世界,为人的日常生活提供行为规范、思维模式和精神支柱。在传统形而上学发展史上,许多哲学家认为形而上学是人的理性的必然要求,甚至属于“人的本性”,它在改造人的精神世界方面具有不可取代的作用。

康德在《纯粹理性批判》中说:“人类理性自其最初开始思维(毋宁谓之反省)以来,从不能废弃玄学;但又从未能以充分免除一切外来要素之方式获得玄学。”①在《未来形而上学导论》中又说:“每人,尤其是每个善于思考的人,都要有形而上学”②;“人类精神一劳永逸地放弃形而上学研究,这是一种因噎废食的办法,这种办法是不能采取的。世界上无论什么时候都要有形而上学;不仅如此,每人,尤其是每个善于思考的人,都要有形而上学……至今被叫做形而上学的东西并不能满足任何一个善于思考的人的要求;然而完全放弃它又办不到。”③“且人类理性就其本质之为辩证的而言,绝不能废弃此种学问”④,并想建立“作为科学的形而上学”,以作为人的实践理性。

黑格尔在《逻辑学》第一版序言中说:“假如一个民族觉得它的国家法学、它的情思、它的风习和道德已变为无用时,是一件很可怪的事;那么,当一个民族失去了它的形而上学,当从事于探讨自己的纯粹本质的精神,已经在民族中不再

---

① [德]康德:《纯粹理性批判》,商务印书馆1960年版,第576页。

② [德]康德:《任何一种能够作为科学出现的未来形而上学导论》,商务印书馆1978年版,第163页。

③ [德]康德:《任何一种能够作为科学出现的未来形而上学导论》,商务印书馆1978年版,第163页。

④ [德]康德:《纯粹理性批判》,商务印书馆1960年版,第580页。

真实存在时,这至少也同样是很可怪的。”①接下来他还进一步强调:“一个有文化的民族竟没有形而上学——就像一座庙,其他各方面都装饰得富丽堂皇,却没有至圣的神那样。”②认为形而上学是民族文化的灵魂,是时代精神的精华。

甚至以批判思辨哲学为己任的费尔巴哈在《关于哲学改造的临时纲要》中也说:“新哲学是实在化了的理念,是基督教的真理。但是,正因为它包含了基督教的本质,所以它放弃了基督教这个名称。基督教只是在与真理矛盾中说出了真理。无矛盾的、纯粹的、毫不掺假的真理是一种新的真理,是一种新的、自主的人类的行动。”③力图以他的新哲学取代基督教对人们思想的统治。

海德格尔则说:“形而上学属于‘人的本性’。形而上学既不是学院哲学的一个部门,也不是任意心血来潮的一块园地。形而上学是此在内心的基本现象。形而上学就是此在本身。”④“只要人生存,哲学活动就以一定方式发生。哲学——我们这样称呼它——就是把形而上学带动起来”⑤。他借用笛卡尔“哲学树”的比喻来说明形而上学的功能:“在致《哲学原理》法文版译者皮柯的一封信中,笛卡尔写道:‘整个哲学就像一棵树:树根就是形而上学,树干就是物理学,而从树干长出来的许多树枝,就是一切其他科学’……作为树之根,形而上学把一切养分和活力输送到树干和树枝之中。根在土壤深处蔓延,由此,树才能为了生长从土壤深处生出,并因而离开土壤深处。哲学之树从形而上学所植根的土壤中长出。土壤诚然是树根所赖以生长的要素,但树的生长决不能如此这般地吸收根基土壤,使得根基土壤作为树的一部分而消失于树中。相反地,树根乃至最微细的须蔓,倒是完全消失于土壤之中。”⑥认为形而上学是哲学大树赖以成长的基础。

三、对社会和历史进行阐释和批判

对所在时代的社会和历史进行思考、阐释和批判,是几乎每一位形而上学

① [德]黑格尔:《逻辑学》上卷,商务印书馆 1966 年版,“第一版序言”第 1 页。
② 参见[德]黑格尔:《逻辑学》上卷,商务印书馆 1966 年版,“第一版序言”第 2 页。
③ [德]费尔巴哈:《费尔巴哈哲学著作选集》上卷,商务印书馆 1984 年版,第 119 页。
④ [德]海德格尔:《海德格尔选集》上卷,生活 · 读书 · 新知三联书店 1996 年版,第 152 页。
⑤ [德]海德格尔:《海德格尔选集》上卷,生活 · 读书 · 新知三联书店 1996 年版,第 152 页。
⑥ [德]海德格尔:《路标》,商务印书馆 2000 年版,第 430—432 页。

家都想做好的事情。不论是孔子的《论语》,还是柏拉图的《理想国》,或是黑格尔的《历史哲学》和《法哲学》,都是在做这方面的尝试,其中不乏真见卓识。但传统形而上学却总给人一种远离尘世的感觉,即使是解释和批判现实也很容易形成错误的结论。之所以产生这种现象,主要有两方面原因:一是传统形而上学研究方法本身的局限性(参见本章第五节)。二是在传统形而上学漫长的发展历史中,大部分情况下哲学家都因政治环境的限制而不敢议论政治问题,不论在中国、在西方都是如此。因而,哲学家们对社会和历史进行阐释和批判的时候往往是赞美之词多于批判之词,甚至闭口不谈国事。

在《德意志意识形态》中,马克思在批评当时青年黑格尔派开展的宗教批判时说:"这种哲学批判所能达到的唯一结果,是从宗教史上对基督教作一些说明,而且还是片面的说明。至于他们的全部其他论断,只不过是进一步修饰他们的要求:想用这样一些微不足道的说明作出具有世界历史意义的发现。"这些哲学家没有一个想到要提出关于德国哲学和德国现实之间的联系问题,关于他们所作的批判和他们自身的物质环境之间的联系问题。① "在施蒂纳那里,客观世界的关系在反思中成为他的反思的**创造物**"②。青年黑格尔派脱离现实的社会环境,仅仅依靠"反思""从宗教史上对基督教作一些说明",是无法解决现实的社会问题的。

针对这种情况,哈贝马斯也说:"事实证明,脱离了任何实践生活的关联并试图以此种方式把握世界结构的纯粹理论,当它解释自在之物时必然是虚假的,因为,认识活动植根于一种意义关联之中,而这一意义关联只有在生活实践,在语言和行为所具有的本质中才能成立。一种哲学必须在方法上将自身通过历史与实践反思而得出的结论纳入自己的理论中,明确自己的社会使命,并以批判的态度对待自身。哲学在科学中只能作为批判而存在,除了批判,留给哲学的并没有别的权利。"③哈贝马斯还说:"在传统观念中,哲学的现实社会功能没有任何体现,它所关心的,仅仅是自身在被割裂的抽象领域之内

---

① 《马克思恩格斯选集》第1卷,人民出版社2012年版,第145—146页。
② 《马克思恩格斯全集》第3卷,人民出版社1960年版,第301页。
③ 章国锋:《哈贝马斯访谈录》,《外国文学评论》2000年第1期。

有何意义。专业哲学家把社会现实及其产物看作外在的、与己无关的。”①这也代表了许多现当代西方哲学家的观点。

总之,传统形而上学在社会功能方面的欠缺之处,就在于对现实社会的认识和改造缺乏合理有效的手段和方法。

第十节　传统形而上学的根本缺陷

由于传统形而上学局限于“纯粹思想的领域”,满足于认识世界和用思想改造主观世界,因而在认识世界和改造世界两个方面都存在着与生俱来的缺陷。

一、认识世界方面具有局限性

传统形而上学在认识世界方面的局限性主要表现在两个方面:

一是适用范围受到局限。这主要是受思维模式直观性的影响。恩格斯在《自然辩证法》中指出:“真实的具体的同一性自身包含着差异、变化(见前面)。——抽象的同一性,像形而上学的一切范畴一样,足以满足日常应用,……但是,对综合性自然科学来说,即使在每一单个部门中,抽象的同一性也是完全不够用的”②。传统形而上学的直观思维模式完全能够满足日常应用,但也只能满足日常应用,一旦超出了这个范围去承担综合性自然科学研究任务,就失效了。科林伍德③则认为,对于传统形而上学来说,“它的正当方法的某些部分在盲目地探询实际上没有的东西。如果它的对象是达不到的,对于那些对象的研究就是徒劳无功的”④。

二是认识方法存在缺陷。“传统形而上学”作为哲学形态,是致力于概念逻辑推论的一门学问,习惯于进行“单向终极逻辑推论”,其必然结果就是用“孤立、片面、静止的观点看问题”。其中的原因就在于:一个事物,一个系统,

---

① 章国锋:《哈贝马斯访谈录》,《外国文学评论》2000 年第 1 期。
② 《马克思恩格斯选集》第 3 卷,人民出版社 2012 年版,第 915 页。
③ 科林伍德(1889—1943),又译柯林武德,英国哲学家、历史学家。
④ [英]科林伍德:《形而上学论》,北京大学出版社 2007 年版,第 49 页。

都是多元素、多方面的。而“传统形而上学”习惯于用一个表述事物的某一元素或某一方面的最抽象的概念(哲学上所说的“本体”)作为出发点,进行单向终极逻辑推论,就必然得出片面的结论。比如说,在现实中,人既是物质的又是精神的,是二者有机结合的统一体。如果片面强调精神的作用,就会出现“人有多大胆,地有多大产”的荒唐现象;如果片面强调物质或实践的作用,忽视了精神和思想的价值,社会的发展就失去了精神动力。片面强调人的物质性,忽视人的主观能动性,就必然导致天命论;片面强调人的能动性,一味追求“人定胜天”,很容易导致忽视客观规律而遭受自然界的惩罚。前些年出现的“实践本体论”,片面强调“实践”的作用,甚至得出了“实践没有涉及到的世界就不存在”的结论,这是非常错误的。这类现象,在现实社会中并不少见。如,在经济社会发展方面,强调经济的作用,就有“经济唯一论”和“唯生产力论”,片面追求国内生产总值(GDP),从而忽视人和社会的发展,忽视环境建设;在科学研究领域,强调应用研究的作用,就片面追求实用型发明(自然科学)和领导批示(社会科学),而忽视基础理论研究和理论创新的作用,等等。这些,都是传统形而上学思维模式在现实当中的表现。

也可以这样说,在现实社会当中,“纯粹的”唯物主义和“纯粹的”唯心主义,都难以贯彻到底。因为,从学理角度理解,唯物主义就是在世界本源问题上,认为世界是物质的,物质第一性,精神第二性;唯心主义就是在世界本源问题上,认为世界是精神的,精神第一性,物质第二性。从这个角度来看,唯物主义和唯心主义是传统形而上学内部的两大阵营,都具有传统形而上学的共同特征和根本缺陷,如终极性、片面性,等等。

二、改造世界方面存在功能缺陷

马克思在《关于费尔巴哈的提纲》中批评青年黑格尔派“只是用不同的方式**解释**世界”①,在《德意志意识形态》中批评他们局限于“纯粹的思想领域”②,认为他们仅仅满足于解释世界,而对改造世界漠不关心。事实上,一旦

① 《马克思恩格斯选集》第1卷,人民出版社2012年版,第136页。
② 《马克思恩格斯选集》第1卷,人民出版社2012年版,第142页。

面临“改造世界”的需要的时候，传统形而上学就超出了自己的适用范围，就很容易变成错误的东西。因为它只会“解释世界”，只能通过思想发挥作用，而看不到实践的作用，看不到对现实社会进行现实改造的必要。并且，如果到实践当中去，把理论与实践结合起来，主观和客观就不仅不是对立的，反而是统一的，也只有实现了主客观的统一，我们才能正确地认识世界和改造世界。而传统形而上学局限于“纯粹的思想领域”，必然割裂主观与客观、理论与实践的关系，不仅导致认识与现实难以统一，而且使认识世界与改造世界相分裂。主要表现在两个方面：

其一，是认识与现实难以统一。传统的形而上学家大多相信世界就是自己认识的那样，甚至认为自己所得到的认识都是关于世界本质的真理，因而很容易颠倒理论与现实的关系。黑格尔就批评康德之前的旧形而上学：“康德以前的形而上学认为思维的规定即是事物的基本规定，并且根据这个前提，坚持思想可以认识一切存在，因而凡是思维所想的，本身就是被认识了的。……它们认为抽象的孤立的思想概念即本身自足，可以用来表达真理而有效准。这种形而上学大都以为只需用一些名词概念［谓词］，便可得到关于绝对的知识，它既没有考察知性概念的真正内容和价值，也没有考察纯用名言［谓词］，去说明绝对的形式是否妥当。”[①]实际上，康德以前的旧形而上学存在的问题，在黑格尔的哲学当中也仍然存在。

其二，是认识世界与改造世界相脱离。传统形而上学以认识世界为主要目的，很容易导致脱离实际的逻辑推论的产生。恩格斯在批判费尔巴哈时也指出，由于“他虽然有‘基础’，但是在这里仍然受到传统的唯心主义的束缚……从他的孤寂的头脑中，而不是从同与他才智相当的人们的友好或敌对的接触中产生出自己的思想”[②]。马克思在《关于费尔巴哈的提纲》和《德意志意识形态》等著作中，都对青年黑格尔派仅仅局限于解释世界的领域，而对改造世界漠不关心的做法进行了严厉的批判。恩格斯这样评价黑格尔和费尔巴哈的哲学：“归根到底，黑格尔的体系只是一种就方法和内容来说唯心主义

---

① ［德］黑格尔：《小逻辑》，商务印书馆1980年版，第95页。

② 《马克思恩格斯选集》第4卷，人民出版社2012年版，第237页。

地倒置过来的唯物主义”[①]；而对于费尔巴哈来说，“在社会领域内，正是费尔巴哈本人没有‘前进’”[②]，“我们一接触到费尔巴哈的宗教哲学和伦理学，他的真正的唯心主义就显露出来了”[③]。恩格斯在批判费尔巴哈受传统形而上学哲学体系束缚时还进一步说：“不仅哲学这一似乎凌驾于一切专门科学之上并把它们包罗在内的科学的科学，对他来说，仍然是不可逾越的屏障，不可侵犯的圣物，而且作为一个哲学家，他也停留在半路上，他下半截是唯物主义者，上半截是唯心主义者”[④]。就是说他仍然未能逃脱传统形而上学建构绝对的、普遍有效的体系的老套路。而他用形而上学方法建立起来的体系，也免不了“上半截是唯心主义”。

除此以外，传统形而上学作为一种历史悠久的哲学形态，也对西方哲学家的“反形而上学”和“后形而上学”产生了深刻影响。在作为哲学形态的层面上，后现代主义哲学试图反对一切形而上学，反对基础主义、逻格斯中心主义以至反对任何“中心”，就是仍然在坚持传统形而上学要么绝对肯定、要么绝对否定的思维模式。这实际上是在运用传统形而上学的思维模式去做超出传统形而上学的适用范围的事，是很难达到预期目的。

这里应该注意的是，在表述传统形而上学的局限性的时候，人们最常提起的就是马克思在《关于费尔巴哈的提纲》中的一句话：“哲学家们只是用不同的方式**解释**世界，而问题在于**改造**世界。”[⑤]这句话常常被一些人解释成马克思只主张改造世界。实际上，在这里马克思只是反对仅仅局限于解释世界的领域，而并没有反对解释世界——改造世界必须以解释世界为基础。

---

① 《马克思恩格斯选集》第4卷，人民出版社2012年版，第233页。

② 《马克思恩格斯选集》第4卷，人民出版社2012年版，第237页。

③ 《马克思恩格斯选集》第4卷，人民出版社2012年版，第239—240页。

④ 《马克思恩格斯选集》第4卷，人民出版社2012年版，第248页。

⑤ 《马克思恩格斯选集》第1卷，人民出版社2012年版，第136页。

第六章　作为哲学形态的唯物主义辩证法

唯物主义辩证法不仅是一个崭新的哲学基本形态，也是一个比传统形而上学更高一级的哲学形态，代表着世界哲学的发展方向。由于从马克思创立这个哲学基本形态到现在仅有一个半世纪多一点的时间，人们对它的理解还有待进一步修正和提高，因而对其层次和划分标准予以准确把握也就显得尤为重要。

第一节　唯物主义辩证法的定义、性质和地位

自唯物主义辩证法诞生以来，人们在对它的理解上始终受到黑格尔辩证法的纠缠，特别是在对辩证法与唯物主义辩证法的区别与联系、唯物主义辩证法与黑格尔辩证法的区别与联系等问题的认识上，受到的影响更大。以致迄今为止，一些广为流行的唯物主义辩证法定义也未必能够准确反映唯物主义辩证法的真谛。这无疑对我们把握唯物主义辩证法的层次和划分标准造成了相当大的困难。

一、唯物主义辩证法的定义

可能是由于恩格斯的《自然辩证法》借用了黑格尔概念辩证法的表达方式的原因，唯物主义辩证法自其产生之日起就常常受到误解，即使是列宁这样

的伟大人物也不例外①。关于唯物主义辩证法的定义，可以划分为目前流行的定义、马克思本人的界定以及本书作者对马克思创立的唯物主义辩证法的理解三个部分。

1. 目前流行的定义

与对辩证法的理解受黑格尔辩证法的严重影响相联系，国内目前通行的唯物主义辩证法的定义，也在很大程度上受到黑格尔辩证法的影响。

(1)恩格斯在1876年9月—1878年6月撰写的《反杜林论》中说："辩证法不过是关于自然界、人类社会和思维的运动和发展的普遍规律的科学。"②与此同时，恩格斯在该书的"第一编哲学"中专门有"辩证法·质和量"、"辩证法·否定和否定"两节，借用黑格尔对"质量互变规律"和"否定之否定规律"的概括来表述唯物主义辩证法并批判杜林对辩证法的错误理解。1878年8月到9月，在为撰写《自然辩证法》拟定的具体计划中，进一步说："辩证法是关于普遍联系的科学。主要规律：量和质的转化——两极对立的相互渗透和它们达到极端时的相互转化——由矛盾引起的发展或否定的否定——发展的螺旋形式。"③全面借用黑格尔对"对立统一规律"、"质量互变规律"和"否定之否定规律"的概括来表述唯物主义辩证法。1885年在《反杜林论》新版的《序言》中又说："在自然界里，正是那些在历史上支配着似乎是偶然事变的辩证运动规律，也在无数错综复杂的变化中发生作用；这些规律也同样地贯串于人类思维的发展史中，它们逐渐被思维着的人所意识到。这些规律最初是由黑格尔全面地、不过是以神秘的形式阐发的……"④。这两方面的内容都对国内外的传统马克思主义哲学教科书对"唯物辩证法"的界定造成了深刻的影响。

---

① 列宁在1914年的《黑格尔〈逻辑学〉一书摘要》中指出："要继承黑格尔和马克思的事业，就应当**辩证地**探讨人类思想、科学和技术的历史"。"马克思把黑格尔辩证法的合理形式**运用于**政治经济学。""黑格尔逻辑学的总结和概要、最高成就和实质，就是**辩证的方法**，——这是绝妙的。还有一点：在黑格尔这部**最唯心**的著作中，唯心主义**最少**，唯物主义**最多**。'矛盾'，然而是事实！"(《列宁全集》第55卷，人民出版社1990年版，第122、149、202—203页。)1915在《谈谈辩证法问题》一文中也认为："辩证法**也就是**(黑格尔和)马克思主义的认识论"(《列宁选集》第2卷，人民出版社2012年版，第559页)。

② 《马克思恩格斯选集》第3卷，人民出版社2012年版，第520页。

③ 《马克思恩格斯选集》第3卷，人民出版社2012年版，第841页。

④ 《马克思恩格斯选集》第3卷，人民出版社2012年版，第386页。

(2)《现代汉语词典》:"唯物辩证法:马克思、恩格斯所创立的建立在彻底的唯物主义基础上的辩证法。唯物辩证法认为物质世界本身有着自己的辩证运动规律,任何事物都是处在普遍联系和相互作用之中;任何事物都有它产生、发展和灭亡的过程;事物发展的根本原因在于事物内部的矛盾性,矛盾着的对立面又统一又斗争,由此推动事物的运动和变化。对立统一规律,是唯物辩证法的实质和核心。"①

(3)《哲学大辞典》:"唯物辩证法,亦称马克思主义辩证法。建立在唯物主义基础上的辩证法理论。它是'关于自然、人类社会和思维的运动和发展的普遍规律的科学'。"②

(4)《辞海·普及本》和《大辞海·哲学卷》:"唯物辩证法,亦称'马克思主义辩证法'。以自然界、人类社会和思维发展最一般规律为研究对象。是辩证法思想发展的高级阶段。马克思主义哲学的重要组成部分。认为物质世界是普遍联系和不断运动变化的统一整体;辨证规律是物质世界自己运动的规律;主观辩证法或辩证的思维是客观辩证法在人类思维中的反映。它是最全面、最丰富、最深刻的发展学说。它包括三个基本规律(对立统一规律、质量互变规律和否定之否定规律)以及现象与本质、原因与结果、必然与偶然、可能与现实、形式与内容等一系列基本范畴,而以对立统一规律为核心。它是宇宙观,又是认识论和方法论。"③

(5)《中国大百科全书》(第一版·哲学卷),把"唯物辩证法"归入"辩证唯物主义"辞条下解释。认为"辩证唯物主义"是"马克思和恩格斯创立的唯物主义和辩证法相统一的无产阶级的世界观和方法论,即关于自然、社会和人类思维发展的最一般规律的科学。……列宁、斯大林、毛泽东在讲到马克思主义世界观时,还用过'完备的唯物主义'、'唯物辩证法'概念。这些概念的实质完全一致,只是侧重点不同"④。《中国大百科全书》(第二版简明版)则说:

---

① 中国社会科学院语言研究所词典编辑室编:《现代汉语词典》,商务印书馆 2016 年版,第 1362 页。

② 《哲学大辞典》上卷,上海辞书出版社 2007 年版,第 74 页。

③ 《辞海·普及本》(下),上海辞书出版社 2010 年版,第 4077 页;《大辞海》(哲学卷),上海辞书出版社 2015 年版,第 115—116 页。

④ 《中国大百科全书》(第一版·哲学卷),中国大百科全书出版社 1985 年版,第 54 页。

“唯物辩证法:关于自然界、人类社会和思维运动、发展的普遍规律的科学。它是辩证法思想发展的高级阶段,马克思主义哲学的重要组成部分。见辩证唯物主义。”①也是把“唯物辩证法”与“辩证唯物主义”相提并论。

(6)马克思主义理论研究和建设工程重点教材《马克思主义哲学》的定义是:“马克思、恩格斯在总结自然科学的新成就和社会历史发展经验的基础上,批判地继承了人类的优秀成果,特别是批判地吸取了黑格尔辩证法的合理内核,创立了唯物辩证法。唯物辩证法是从自然界、社会生活和人的认识活动概括出来的哲学理论,既揭示了客观事物发展的普遍规律,又揭示了人的认识、思维发展的普遍规律,因而是唯物论和辩证法的统一,是科学的世界观和方法论的统一。”②

如前所述,以上这些关于唯物主义辩证法的定义,由于受恩格斯思想的影响,在解释辞条时,在强调“辩证法不过是关于自然界、人类社会和思维的运动和发展的普遍规律的科学”的同时,无一例外地把黑格尔概括的三大规律作为唯物主义辩证法的主要内容,因而除了强调唯物主义辩证法是唯物主义的以外,很难找出唯物主义辩证法与黑格尔辩证法的更多区别。相比而言,《不列颠百科全书》虽然没有专门的唯物主义辩证法辞条,并且也像《中国大百科全书》(第一版·哲学卷)一样,把“辩证唯物主义”与马克思和恩格斯的研究方法等同起来,但它却着重强调“辩证唯物主义”是“一种以马克思和恩格斯学说研究现实的哲学方法”,强调马克思和恩格斯认为“不能像黑格尔那样企图从某些‘辩证法原理’演绎出事变的实际进程;相反,原理必须从事变中推论出来”③,倒是比上述诸种解释更接近于唯物主义辩证法的本质。

实际上,在《反杜林论》的《序言》中,恩格斯在说出“这些规律最初是由黑格尔全面地、不过是以神秘的形式阐发的”之后,紧接着就说:“而剥去它们的神秘形式,并使人们清楚地意识到它们的全部的单纯性和普遍有效性,这是我

① 《中国大百科全书》(第二版简明版)第7卷,中国大百科全书出版社2011年版,第546页。

② 本书编写组:《马克思主义哲学(马克思主义理论研究和建设工程重点工程教材)》,高等教育出版社、人民出版社2009年版,第13页。

③ 《不列颠百科全书》(国际中文版修订版)第5卷,中国大百科全书出版社2007年版,第285页。

们的期求之一。显然,旧的自然哲学,无论它包含多少真正好的东西和多少可以结果实的萌芽,是不能满足我们的需要的。正如本书比较详细地阐明的那样,旧的自然哲学,特别是在黑格尔的形式中,具有这样的缺陷:它不承认自然界有时间上的发展,不承认'先后',只承认'并列'。这种观点,一方面是由黑格尔体系本身造成的,这个体系认为只是'精神'才有历史的不断发展,另一方面,也是由当时自然科学的总的状况造成的。……最后,对我来说,事情不在于把辩证法规律硬塞进自然界,而在于从自然界中找出这些规律并从自然界出发加以阐发。"①也就是说,恩格斯自己在《反杜林论》和《自然辩证法》中,仅仅是想从认识世界的角度来阐述唯物主义辩证法,并没有计划涉及如何改造世界。即使是在认识世界的领域,也只是在探讨关于自然界、人类社会和思维的运动和发展的最普遍的规律,而对于唯物主义辩证法擅长的如何认识人类社会的具体运行和发展规律,则很少涉及。对于这一点,前面列举的那些关于唯物主义辩证法的定义都很少注意到。

2. 马克思本人的界定

尽管马克思本人并没有关于"唯物主义辩证法"的定义,甚至也没有提"唯物主义辩证法"或"唯物辩证法"一词,但他在多个地方以黑格尔辩证法为对照来阐述自己的辩证法,特别是在《〈资本论〉第二版跋》中的阐述,是他关于自己的辩证法思想的最完整的表述。在《〈资本论〉第二版跋》中,马克思对"我的实际方法"、"辩证方法"进行了三点描述:

其一,唯物主义辩证法的研究方法,必须坚持从现实出发,用联系和发展的观点对占有的材料进行分析:"当然,在形式上,叙述方法必须与研究方法不同。研究必须充分地占有材料,分析它的各种发展形式,探寻这些形式的内在联系。只有这项工作完成以后,现实的运动才能适当地叙述出来。这点一旦做到,材料的生命一旦在观念上反映出来,呈现在我们面前的就好像是一个先验的结构了。"②也就是说,黑格尔的辩证法只是在表述和叙述的时候才能适当使用,而在研究的时候是无法使用的。因而马克思接下来说道:"在关于

---

① 《马克思恩格斯选集》第3卷,人民出版社2012年版,第386—387页。
② 《马克思恩格斯选集》第2卷,人民出版社2012年版,第93页。

价值理论的一章中,有些地方我甚至卖弄起黑格尔特有的表达方式。”①除此之外,正如恩格斯在《卡尔·马克思〈政治经济学批判。第一分册〉》中所说:“黑格尔的方法以其现有的形式是完全不能用的。它实质上是唯心的,而这里要求发展一种比从前所有世界观都更加唯物的世界观。它是从纯粹思维出发的,而这里必须从最过硬的事实出发。一种自己承认是‘从无通过无到无’的方法,以这种形式在这里是根本不适用的。”②

其二,唯物主义辩证法是在理论与现实的关系上对黑格尔辩证法的颠倒:马克思的辩证法“只限于批判地分析既成的事实”③。马克思说:“我的辩证方法,从根本上来说,不仅和黑格尔的辩证方法不同,而且和它截然相反。在黑格尔看来,思维过程,即甚至被他在观念这一名称下转化为独立主体的思维过程,是现实事物的创造主,而现实事物只是思维过程的外部表现。我的看法则相反,观念的东西不外是移入人的头脑并在人的头脑中改造过的物质的东西而已。”④

其三,区分两种形式的辩证法,即黑格尔“神秘形式”的辩证法和马克思“合理形态”的辩证法。

一是黑格尔“神秘形式”的辩证法:“辩证法在黑格尔手中神秘化了,但这决没有妨碍他第一个全面地有意识地叙述了辩证法的一般运动形式。在他那里,辩证法是倒立着的。必须把它倒过来,以便发现神秘外壳中的合理内核。辩证法,在其神秘形式上,成了德国的时髦东西,因为它似乎使现存事物显得光彩。”⑤这种神秘形式,就是青年黑格尔派生搬硬套黑格尔的概念辩证法以建构自己体系的形式,其根本缺陷就在于把黑格尔的“叙述方法”当成了“研究方法”来使用,并把这个方法用于分析和解决现实问题。其结果,必然得出与事实相反的结论,甚至使这种方法沦为关于现实社会的“形而上学”观点的论证工具。例如,当时的资产阶级政治经济学就是“把资本主义制度不是看

① 《马克思恩格斯选集》第2卷,人民出版社2012年版,第94页。
② 《马克思恩格斯选集》第2卷,人民出版社2012年版,第12页。
③ 《马克思恩格斯选集》第2卷,人民出版社2012年版,第91页。
④ 《马克思恩格斯选集》第2卷,人民出版社2012年版,第93页。
⑤ 《马克思恩格斯选集》第2卷,人民出版社2012年版,第94页。

做历史上过渡的发展阶段,而是看做社会生产的绝对的最后的形式”①。当时的德国评论家认为《资本论》是“形而上学地研究经济学”②、“是整个英国学派的演绎法”③,就是将马克思的“叙述方法”当成了他的“研究方法”。

二是马克思“合理形态”的辩证法,“批判的和革命的”辩证法,认识、批判和改造现实世界的辩证法:“辩证法,在其合理形态上,引起资产阶级及其空论主义的代言人的恼怒和恐怖,因为辩证法在对现存事物的肯定的理解中同时包含对现存事物的否定的理解,即对现存事物的必然灭亡的理解;辩证法对每一种既成的形式都是从不断的运动中,因而也是从它的暂时性方面去理解;辩证法不崇拜任何东西,按其本质来说,它是批判的和革命的。使实际的资产者最深切地感到资本主义社会充满矛盾的运动的,是现代工业所经历的周期循环的各个变动,而这种变动的顶点就是普遍危机。这个危机又要临头了,虽然它还处于预备阶段;由于它的舞台的广阔和它的作用的强烈,它甚至会把辩证法灌进新的神圣普鲁士德意志帝国的暴发户们的头脑里去。”④这种辩证法已经不再满足于用黑格尔的概念辩证法推演世界,而是要用辩证法的一般形式去正确地把握现实世界的矛盾运动及其发展趋势,并对现实社会进行批判;不仅如此,它也不再满足于对现实社会进行认识和批判,还要“革命”,要改造世界,通过社会的“充满矛盾的运动”“把辩证法灌进新的神圣普鲁士德意志帝国的暴发户们的头脑里去”。

3. 本书作者对马克思唯物主义辩证法思想的概括

根据马克思本人的以上界定,并全面考察马克思的整个哲学,我们就会发现:唯物主义辩证法是马克思创立的,从最广大人民的利益出发,在认识世界的基础上改造世界的理论。它是理论和实际的统一、价值观与方法论的统一、认识世界与改造世界的统一。而传统的马克思主义哲学教科书习惯于把唯物主义辩证法表述为三大规律和若干对范畴,远远不能反映马克思辩证法的本质特征——唯物主义辩证法就是整个马克思主义哲学,而不仅是它的一个部

① 《马克思恩格斯选集》第2卷,人民出版社2012年版,第88页。
② 《马克思恩格斯选集》第2卷,人民出版社2012年版,第91页。
③ 《马克思恩格斯选集》第2卷,人民出版社2012年版,第91页。
④ 《马克思恩格斯选集》第2卷,人民出版社2012年版,第94页。

分或一个要素，它是比传统形而上学更高一个层次的哲学形态，是马克思主义区别于西方近现代哲学的主要标志。因此，从哲学形态高度重新诠释唯物主义辩证法，不论是对于正确认识唯物主义辩证法的本质特征，还是对于克服传统形而上学思维模式的影响，都是十分必要的。

这里需要强调的是，马克思一贯主张超出"纯粹的思想领域"，实现认识世界与改造世界的统一。因此，仅仅有正确的抽象与综合、正确的理论和认识，还不能说就是唯物主义辩证法的全部内容，只有把正确的理论和认识付诸实践，指导实践，实现理论与实践的统一，才是彻底的唯物主义辩证法。也就是说，"从抽象上升到具体的方法"作为"政治经济学的方法"，仅仅是一种认识的方法，是唯物主义辩证法的一部分，而不是全部。

问题的关键就在于：唯物主义辩证法绝不能被视为单纯的认识辩证法，而传统的马克思主义哲学教科书和国内外的一些学者却恰恰就这样做了。

二、唯物主义辩证法的产生发展过程与性质范围

唯物主义辩证法走着与传统形而上学相反的哲学路线，它不再局限于"纯粹思想的领域"，不再局限于认识世界和改造主观世界，而是把自己的目光转向改造社会制度和环境、为最广大的人民群众谋取现实利益上。然而，虽然它与传统形而上学相比理论特征十分明显，但由于它是一个崭新的哲学形态，在对其理论特征的理解上很容易受传统形而上学的影响，从而造成了许多混乱。因此，弄清其产生发展过程和性质范围，是准确把握其理论特征的重要环节。

1. 唯物主义辩证法的产生和发展

如前所述，"唯物主义辩证法"是马克思在对其所在时代的资本主义社会结构进行研究并寻求改造途径的过程中，创立的一种对现实社会进行认识和改造的辩证方法。它在把黑格尔关于概念的矛盾和发展的思想改造成了关于现实社会的矛盾和发展思想的基础上，进一步提出了理论与实际相统一、认识世界与改造世界相统一的问题，把辩证法改造成了一个崭新的哲学基本形态——一个超越了"纯粹的思想领域"，在认识世界的基础上改造世界的哲学形态。

至于“唯物主义辩证法”名词的提出，则是在马克思逝世以后由恩格斯在《路德维希·费尔巴哈和德国古典哲学的终结》中提出来的。在这部著作中，恩格斯说：“概念的辩证法本身就变成只是现实世界的辩证运动的自觉的反映，从而黑格尔的辩证法就被倒转过来了，或者宁可说，不是用头立地而是重新用脚立地了。而且值得注意的是，不仅我们发现了这个多年来已成为我们最好的工具和最锐利的武器的唯物主义辩证法，而且德国工人约瑟夫·狄慈根不依靠我们，甚至不依靠黑格尔也发现了它。”①需要注意的是，在这里以及此前恩格斯撰写的《自然辩证法》里，恩格斯把“辩证法”（亦即他所理解的唯物主义辩证法）理解成“关于普遍联系的科学。主要规律：量和质的转化——两极对立的相互渗透和它们达到极端时的相互转化——由矛盾引起的发展或否定的否定——发展的螺旋形式”②，这显然是对黑格尔概念辩证法合理因素的继承和发展，即把马克思创立的唯物主义辩证法仅仅理解成了对世界的联系、发展和规律的正确认识。对此，恩格斯自己也有表述：“马克思的功绩就在于，他和‘今天在德国知识界发号施令的愤懑的、自负的、平庸的模仿者们’相反，第一个把已经被遗忘的辩证方法、它和黑格尔辩证法的联系以及差别重新提到人们面前，同时在《资本论》中把这个方法应用到一种经验科学即政治经济学的事实上去。”③这里，“把被遗忘的辩证方法、它和黑格尔辩证法的联系以及差别重新提到人们面前”，“把这个方法应用到一种经验科学即政治经济学的事实上去”，这些表述显然与马克思创立的唯物主义辩证法的真正本质还有相当大的距离。

由于马克思本人并没有留下专门的辩证法著作，后人对“唯物主义辩证法”的认识也就仅仅以恩格斯的论述为依据，即把唯物主义辩证法仅仅视为对世界的联系、发展和规律的正确认识，而不是认识世界和改造世界的方法论。从列宁、斯大林、毛泽东，直到目前的马克思主义哲学教科书，都是如此。最浅显的例证就是，在我们的马克思主义哲学教科书里，“调查研究”、“实事求是”、“群众路线”等，都只是仅仅被看作是唯物主义，而不是被看作唯物主

---

① 《马克思恩格斯选集》第 4 卷，人民出版社 2012 年版，第 250 页。
② 《马克思恩格斯选集》第 3 卷，人民出版社 2012 年版，第 841 页。
③ 《马克思恩格斯选集》第 3 卷，人民出版社 2012 年版，第 878 页。

义辩证法。所以,在我们讲马克思主义哲学的唯物主义因素的时候,是很容易与黑格尔的哲学区别开来的,但只要一讲到马克思主义哲学的辩证法因素,就很难与黑格尔的辩证法划清界限了。对于这一点,凡是有点马克思主义哲学常识的人都比较熟悉,在此不再详细陈述。

也就是说,对于唯物主义辩证法,恩格斯以及其后的马克思主义者尽管有不少丰富和发展,但其核心内容还是由马克思所创立的。并且,我们目前对马克思创立的唯物主义辩证法的认识,还是很片面的、很不完整的,还不能全面而准确地反映马克思创立的唯物主义辩证法的本质特征。

2. 唯物主义辩证法的性质范围

如前所述,马克思所创造的唯物主义辩证法,是认识世界和改造世界的方法论,它追求的是认识世界与改造世界的统一、认识世界和改造世界与人民根本利益的统一。这是一种与以黑格尔为代表的传统形而上学有着根本区别的崭新的哲学基本形态。而我们目前的马克思主义哲学教科书,把唯物主义辩证法仅仅视为三大规律和若干对范畴,即把它仅仅看作对世界的联系、发展和规律的正确反映,而不是正确认识世界和改造世界的方法论,显然是很不恰当的。

三、唯物主义辩证法在"马克思主义辩证法"中的地位,特别是与"自然辩证法"的关系

"马克思主义辩证法"或"马克思主义的辩证法",是指自马克思主义产生以来马克思主义经典作家从各个层次理解和使用的"辩证法"的统称,而不是专指由马克思创立的"唯物主义辩证法";"唯物主义辩证法"与"自然辩证法"都是"马克思主义辩证法"的组成部分,它们之间既相互联系,又相互区别:"自然辩证法"是"唯物主义辩证法"的认识论基础,仅仅是"唯物主义辩证法"的一个组成部分或一个方面,而"唯物主义辩证法"则是一个包含"自然辩证法"在内的独立的哲学基本形态。

1. 马克思主义辩证法的三个层次

从目前国内学术界对马克思主义辩证法的理解来看,"马克思主义辩证法"可以划分为三个层次:

第一个层次,我们通常在一般意义上所说的"辩证法",即马克思在《〈资本论〉第二版跋》中所说的"辩证法的一般运动形式",或黑格尔辩证法的"合理内核"。

"辩证法"一词源于古希腊文,其原意是指通过揭示和克服对方论辩中的矛盾而求得真理的方法,以后逐步演变成通过分析事物内在矛盾的变化和发展,用全面、联系和发展的眼光看待事物的方法。它在整个哲学史上主要有三种基本形态,即古代朴素辩证法、德国古典哲学中的唯心主义辩证法和马克思主义的唯物主义辩证法。这三种形态的辩证法,形态从低级到高级,在内容上有着很大的差别。但其中的共同点,就是坚持用全面、联系和发展的眼光看待事物。也就是说,"用全面、联系和发展的眼光看待事物",是马克思主义辩证法与古代朴素辩证法和德国古典哲学中的唯心主义辩证法的共同特征,只是辩证法的其他两种形态在面对理论与实际关系问题时不能把这一特征贯彻到底而已。在《〈资本论〉第二版跋》中,马克思称赞黑格尔"第一个全面地有意识地叙述了辩证法的一般运动形式"①,正是从这个意义上讲的。

第二个层次,唯物主义辩证法的认识论基础,即恩格斯在《自然辩证法》中论述的"自然辩证法"——"辩证法是关于普遍联系的科学"。

在《自然辩证法》中,恩格斯把辩证法称作"同形而上学相对立的关于联系的科学",认为自然辩证法是阐述"辩证法这门同形而上学相对立的关于联系的科学的一般性质",并进一步指出:"辩证法的规律是从自然界的历史和人类社会的历史中抽象出来的。辩证法的规律无非是历史发展的这两个方面和思维本身的最一般的规律。它们实质上可归结为下面三个规律:量转化为质和质转化为量的规律;对立的相互渗透的规律;否定的否定的规律。"②并且说"此外,凡是稍微懂得一点黑格尔的人都知道,黑格尔在几百处地方都善于从自然界和历史中举出最令人信服的例证来证明辩证法规律"③。也就是说,在他看来,自然辩证法的规律是关于自然、社会和思维本身的最一般规律——自然辩证法的研究对象也是整个现实世界,而不仅仅是自然和自然科学。这

① 《马克思恩格斯选集》第2卷,人民出版社2012年版,第94页。
② 《马克思恩格斯选集》第3卷,人民出版社2012年版,第901页。
③ 《马克思恩格斯选集》第3卷,人民出版社2012年版,第902页。

里的“自然”，是哲学意义上的“自然”，是包含“社会和思维”在内的“自然”，而不仅仅是自然科学意义上的“自然”。在《自然辩证法》全书内容的安排上，恩格斯除了讲“各门科学的辩证内容”之外，还讲了“自然界和社会”，也正是出于这个原因。

因此，上海辞书出版社2007年版的《哲学大辞典》，将“自然辩证法”定义为“研究自然界和自然科学发展一般规律以及人类认识自然和改造自然的一般规律和方法的学科”①，无疑是极大地缩小了恩格斯“自然辩证法”研究的对象范围。至于该辞典进而把“科学技术哲学”解释成“当代自然辩证法的新范式”，并把“自然辩证法”详细阐释条目归到“科学技术哲学”的学科条目之下，认为自然辩证法包括“自然界辩证法”、“自然科学辩证法”、“自然科学研究的辩证法”、“自然科学各部门的辩证法”，更是进一步压缩了“自然辩证法”的对象范围。

恩格斯论述的自然辩证法，在三大规律和诸多范畴的表述上与黑格尔基本一致，但在“立脚点”上却与黑格尔大不相同。因为在恩格斯看来，“黑格尔著作中已提出一个虽然是从完全错误的出发点阐发的、却无所不包的辩证法纲要”②。恩格斯认为：自然科学上反对黑格尔的论战，在对黑格尔有大致正确理解的范围内，仅仅针对以下两点：唯心主义的立脚点和不顾事实而任意编造体系。在黑格尔的辩证法中，正像在他的体系的所有其他分支中一样，一切真实的联系都是颠倒着的：“黑格尔的出发点：精神、思维、观念是本原的东西”，“而现实世界只是观念的摹写”③。而与黑格尔相反，自然辩证法“在自然界和历史的每一科学领域中，都必须从既有的**事实**出发，因而在自然科学中要从物质的各种实在形式和运动形式出发；因此，在理论自然科学中也不能构想出种种联系塞到事实中去，而要从事实中发现这些联系，而且这些联系一经发现，就要尽可能从经验上加以证明”④。

也就是说，在恩格斯看来，马克思的辩证法与黑格尔的辩证法除了黑格尔

---

① 《哲学大辞典》上卷，上海辞书出版社2007年版，第942页。
② 《马克思恩格斯选集》第3卷，人民出版社2012年版，第877页。
③ 《马克思恩格斯选集》第3卷，人民出版社2012年版，第878页。
④ 《马克思恩格斯选集》第3卷，人民出版社2012年版，第878页。

唯心主义的立脚点和不顾事实而任意编造体系以外,唯有的区别就是应用的领域不同:黑格尔是运用在超验的领域,而马克思则是应用到一种经验科学即政治经济学的事实上去。英国哲学家罗素、美国哲学家 M.怀特以及国内的马克思主义哲学教科书,也都是持有这样的观点。

第三个层次,马克思主义辩证法的最高层次,即马克思在研究他所在时代资本主义社会的过程中所创立的“唯物主义辩证法”——一种认识世界和改造世界相统一的方法论。

坚持认识世界和改造世界相统一,在认识世界的基础上改造世界,是马克思创立的唯物主义辩证法的根本理论特征。如前所述,马克思系统地谈论自己的辩证法与黑格尔辩证法的区别,不是在其他地方,而是在《资本论》第二版《跋》里;恩格斯在《自然辩证法》中,也认为马克思的功绩就在于重提辩证法,并在《资本论》中把这个方法应用到一种经验科学即政治经济学的事实上去。这里需要说明,尽管马克思重点研究的领域是经济社会领域,但并不代表唯物主义辩证法只能适用于这一领域,它仍然能够与恩格斯论述的“自然辩证法”一样,适用于包括自然、社会和思维在内的整个“世界”。美国哲学家 M.怀特认为“把这一方法生硬地推广到其他领域,特别是物理学、生物学和数学上,其所得的结果往往是全然荒谬的”①。他之所以这样说,仅仅是由于他把马克思的“唯物主义辩证法”看成了黑格尔的“正题”、“反题”、“合题”的“辩证格式”而已。实际上,这种做法早在杜林那里就有了。

并且,还特别应该注意:虽然马克思创立的“唯物主义辩证法”与恩格斯阐述的“自然辩证法”应用领域基本相同,但二者的区别也非常明显,主要表现在三个方面:

其一,在性质上,恩格斯阐述的“自然辩证法”强调的是世界的联系、发展和规律,而不是认识世界的方法和过程、改造世界的方法和过程,因而仍然是概念辩证法;马克思创立的“唯物主义辩证法”强调认识现实世界的方法与改造世界的方法,强调认识世界和改造世界统一,因而是认识世界和改造世界的方法论。

其二,在功能上,恩格斯阐述的“自然辩证法”着重于对自然、社会和思维

---

① ［美］M.怀特编著:《分析的时代——二十世纪的哲学家》,商务印书馆 1981 年版,第 8 页。

的存在和发展规律的描述;而马克思创立的"唯物主义辩证法"着重于对自然和社会的改造。

其三,在目的上,恩格斯阐述的"自然辩证法"坚持的是客观性立场,旨在取得真理性的认识,为改造世界奠定基础;而马克思创立的"唯物主义辩证法"坚持的是人民大众的立场,坚持以最广大人民的根本利益为立足点和出发点,为最广大人民群众谋利益、求解放。

从哲学形态学的角度看,在马克思主义辩证法的三个层次中,"辩证法的一般运动形式"是最初级的层次;恩格斯创立的"自然辩证法"(唯物主义辩证法的认识论基础),是高一级的层次。一方面,三者的形成经历了一个由低级向高级的发展过程,高级层次包含了低级层次所不具有的功能;另一方面,高级层次必须以低级层次为基础,必须包含低级层次的功能于自身当中。也就是说,在马克思主义辩证法的三个层次中,马克思创立的"唯物主义辩证法"属于最高层次,是唯一能够全面代表马克思主义哲学基本精神的辩证法;恩格斯创立的"自然辩证法",局限于认识世界的范围,只是唯物主义辩证法的认识论基础;而"辩证法的一般运动形式",虽然也仍然为马克思创立的唯物主义辩证法所遵循,但在内容和功能上则与马克思创立的唯物主义辩证法相去甚远。因而,目前国内学术界笼统地使用"唯物主义辩证法"一词来概括"马克思主义辩证法"的三个层次,这是很不恰当的,很容易造成对唯物主义辩证法的错误理解。

2. 国内外哲学界对唯物主义辩证法的误解

在对马克思主义辩证法的三个层次进行区分的基础上,我们还要注意一些西方著名哲学家对唯物主义辩证法的误解,譬如:

罗素在其撰写的《西方哲学史》中认为:"马克思的历史哲学是黑格尔哲学和英国经济学的一个掺和体。他和黑格尔一样,认为世界是按照一个辩证法公式发展的,但是关于这种发展的原动力,他和黑格尔的意见完全不同。……在马克思看来,推进力其实是人对物质的关系,其中最重要的部分是人的生产方式。这样,马克思的唯物论实际上成了经济学。"①并且,罗素一方

① [英]罗素:《西方哲学史》下卷,商务印书馆1961年版,第339页。

面认为:"'唯物主义'是一个可以有许多意义的字眼;我们讲过马克思根本改变了它的含义。"①另一方面又认为"马克思把他的历史哲学纳入了黑格尔辩证法所提出的模子"②,"把马克思纯粹当一个哲学家来看,他有严重的缺点。他过于尚实际,过分全神贯注在他那个时代的问题上"③。在这里,罗素关于马克思在对世界发展的原动力的认识上"和黑格尔的意见完全不同"、马克思根本改变了"唯物主义"的含义的看法都无疑是正确的,但由于他只把传统形而上学作为唯一的哲学基本形态,这就导致了他把马克思的唯物主义辩证法混同于黑格尔的唯心主义辩证法、把马克思哲学的理论特征看成马克思哲学的严重缺点,从而得出了"马克思的历史哲学是黑格尔哲学和英国经济学的一个掺和体"、"马克思把他的历史哲学纳入了黑格尔辩证法所提出的模子"、"把马克思纯粹当一个哲学家来看,他有严重的缺点"等结论。

无独有偶,美国哲学家 M.怀特在《分析的时代》一书中,也认为黑格尔影响了马克思:"出色地把黑格尔思想的纯粹辩证法方面运用到历史哲学上的是马克思,他把资产阶级当正题,它引起了工人阶级的出现作为反题,而他们之间的斗争被设想为归于综合。"④马克思"真正把这个体系翻转过来,……在他发现的辩证法中割下它的唯心主义的头而为它按上唯物主义的脚。这就是马克思的由辩证唯心主义到辩证唯物主义的转化"⑤。

但是,罗素和怀特都没有看到,马克思的唯物主义辩证法的最重要之处就在于:(1)理论前提——从现实出发;(2)建立于实际调查之上的研究方法;(3)人民大众的立场。

目前国内通行的马克思主义哲学教科书,虽然在对唯物主义辩证法的理解上比罗素和怀特大有进步,但仍然将马克思创立的唯物主义辩证法与恩格斯创立的自然辩证法相提并论。在上海辞书出版社 2007 年版的《哲学大辞典》里,将"马克思主义辩证法"诠释为"即'唯物辩证法'"⑥,并进而借用恩格

① [英]罗素:《西方哲学史》下卷,商务印书馆 1961 年版,第 342 页。
② [英]罗素:《西方哲学史》下卷,商务印书馆 1961 年版,第 343 页。
③ [英]罗素:《西方哲学史》下卷,商务印书馆 1961 年版,第 343 页。
④ [美]M.怀特编著:《分析的时代——二十世纪的哲学家》,商务印书馆 1981 年版,第 8 页。
⑤ [美]M.怀特编著:《分析的时代——二十世纪的哲学家》,商务印书馆 1981 年版,第 9 页。
⑥ 《哲学大辞典》上卷,上海辞书出版社 2007 年版,第 75 页。

斯在《反杜林论》中所说的“辩证法不过是关于自然界、人类社会和思维的运动和发展的普遍规律的科学”①一语，将“唯物辩证法”界定为“关于自然、人类社会和思维的运动和发展的普遍规律的科学”②，实际上是把恩格斯阐释的“自然辩证法”与马克思创立的“唯物主义辩证法”混为一谈了，这显然不够全面和准确，亟须予以纠正。

第二节 唯物主义辩证法的理论特征

虽然唯物主义辩证法作为一种哲学形态，必须以逻辑抽象为必要的手段，因而离不开形式逻辑和辩证逻辑，但唯物主义辩证法又是一种全新的哲学形态，它既不同于黑格尔的概念辩证法，也不同于亚里士多德和康德主张的形式逻辑。也就是说，虽然唯物主义辩证法离不开逻辑抽象，但对于唯物主义辩证法来说，逻辑抽象只是统一的认识—实践过程的一个方面、一个阶段，而不是全体。其理论特征主要包括以下几个方面：

1. 唯物主义辩证法注重于对认识世界和改造世界的方法论的研究

马克思在自己理论的形成过程中，最为重视的就是自己的方法。马克思早在《〈黑格尔法哲学批判〉导言》中就开始转向对现实世界的批判，指出：“真理的彼岸世界消逝以后，历史的任务就是确立此岸世界的真理。人的自我异化的神圣形象被揭穿以后，揭露具有非神圣形象的自我异化，就成了为历史服务的哲学的迫切任务。于是，对天国的批判变成对尘世的批判，对宗教的批判变成对法的批判，对神学的批判变成对政治的批判。”③在《1844 年经济学哲学手稿》中，强调“从当前的国民经济的事实出发”④。在《关于费尔巴哈的提纲》中强调“哲学家们只是用不同的方式解释世界，问题在于改变世界”⑤。

---

① 《马克思恩格斯选集》第 3 卷，人民出版社 2012 年版，第 520 页。
② 《哲学大辞典》上卷，上海辞书出版社 2007 年版，第 74 页。
③ 《马克思恩格斯选集》第 1 卷，人民出版社 2012 年版，第 2 页。
④ 《马克思恩格斯选集》第 1 卷，人民出版社 2012 年版，第 50 页。
⑤ 《马克思恩格斯选集》第 1 卷，人民出版社 2012 年版，第 136 页。

在《德意志意识形态》中，除了强调在认识世界方面要应用“符合现实生活的考察方法”和“描述人们实践活动和实际发展过程的真正的实证科学”以外，更强调在改造世界方面“只有在现实的世界中并使用现实的手段才能实现真正的解放”，强调“对实践的唯物主义者即共产主义者来说，全部问题都在于使现存世界革命化，实际地反对并改变现存的事物”①。在《哲学的贫困》中，专门拿出一章批判“政治经济学的形而上学”。在《共产党宣言》中强调“废除资产阶级的所有制”②，强调“全世界无产者，联合起来！”③在《〈政治经济学批判〉导言》中，专门拿出第3部分谈自己的“政治经济学”方法与“抹杀一切历史差别”的资产阶级经济学家研究方法的根本区别。在《〈资本论〉第二版跋》中，用将近一半的篇幅谈自己的辩证法，强调“我的辩证方法，从根本上来说，不仅和黑格尔的辩证方法不同，而且和它截然相反”④。

甚至可以这样说：虽然马克思在《〈政治经济学批判〉序言》、《德意志意识形态》和《资本论》等著作中也大段阐述自己的研究结论，但真正能够代表其哲学基本特征的恰恰是他的方法，而不是结论。因为，马克思创立的唯物主义辩证法与黑格尔的辩证法相比，已经不再是表述认识世界结论的概念体系或规律、范畴，而是如何从人民（大多数人）的根本利益出发去认识世界和改造世界的方法论。

2. 唯物主义辩证法注重对社会重大现实问题的研究

唯物主义辩证法是关于现实社会及其发展的辩证法。马克思创立的唯物主义辩证法，自产生之日起就注重对其所在社会中的政治、经济、意识形态等方面的重大现实问题的研究。

马克思在1879年致马·马·柯瓦列夫斯基的信中，就把资本的理论即《资本论》看作是“现代社会结构的理论”，而不是经济学。他强调：“我主张资本的理论，即现代社会结构的理论。”⑤也就是说：马克思撰写《资本论》的主

① 《马克思恩格斯选集》第1卷，人民出版社2012年版，第152—155页。
② 《马克思恩格斯选集》第1卷，人民出版社2012年版，第414页。
③ 《马克思恩格斯选集》第1卷，人民出版社2012年版，第435页。
④ 《马克思恩格斯选集》第2卷，人民出版社2012年版，第93页。
⑤ 《马克思恩格斯全集》第34卷，人民出版社1972年版，第343页。

要目的是用唯物主义辩证法从经济学的角度去研究资本主义的社会结构和运行情况，而不仅仅是研究资本主义经济的运行。因而，一些人认为《资本论》仅仅是研究资本主义经济的运行，并进而认为马克思主要是一个经济学家，这是非常错误的。

与此同时，马克思除了撰写《资本论》以外，还对所在资本主义社会的政治、经济、哲学（特别是法哲学）、意识形态等一系列重大的现实问题展开研究，撰写了《1844年经济学哲学手稿》、《哲学的贫困》、《神圣家族》、《黑格尔法哲学批判》、《德意志意识形态》、《共产党宣言》等举世闻名的论著，使得唯物主义辩证法在根本理论特征上与传统形而上学区别开来。

3. 唯物主义辩证法注重在人民根本利益的基础上认识世界和改造世界

唯物主义辩证法是理论与实际关系层次上的辩证法，它不仅是认识世界的理论，也是改造世界的理论，是认识世界与改造世界的统一；它强调绝大多数人的利益和幸福，强调全人类的解放，强调理论和实际在最广大人民根本利益基础上的统一，因而不仅是科学的世界观和方法论，也是以最广大人民根本利益为导向的价值观，是世界观、方法论和价值观的统一。

与传统形而上学仅仅局限于“纯粹的思想领域”不同，唯物主义辩证法关注的是人类的整个“认识—实践”过程，而不仅仅是人的认识过程或是人的抽象思维。在唯物主义辩证法看来，人的认识与实践是一个统一的、不可分割的过程。抽象思维作为认识的手段，只是人类统一的认识—实践过程的一个环节。逻辑抽象主要是在认识世界中发挥作用，而改造世界更重要的是靠实践。在这里，认识世界与改造世界的统一、理论与实际的统一是双向的统一：一方面，现实—抽象的规定—具体的再现，这是由现实产生理论的过程，是唯物主义辩证法所坚持的认识世界的正确方法。在这个过程中，理论不只是对事物本质和规律的被动的反映，还是对事物发展趋势的预见。另一方面，从理论到实践，在实践中实现理论，并使理论得到进一步发展，这是理论的运用和发展过程。理论经过宣传、普及，为广大的人民群众所熟知和掌握，并以管理为中介，转化为改造世界的力量。同时，唯物主义辩证法具有价值观的功能，它要求理论和实践为最广大的人民群众服务，为最广大的人民群众理解和掌握，转化为广大人民群众认识世界和改造世界的力量。

总之,马克思主义哲学既立足于现实,又面向未来;既坚持在认识世界的基础上改造世界,又追求人与自然的和谐统一;既关注人类的命运,又为维护人类的生存和发展而斗争。因此,作为一种与传统形而上学有着根本区别的哲学形态,唯物主义辩证法不再局限于“纯粹的思想领域”,片面追求“认识世界”,搞纯粹概念的推演,而是坚持一切从实际出发,坚持理论与实际具体的、历史的统一,具有多样性的统一,在最广大人民群众根本利益基础上的统一;坚持在认识世界的基础上改造世界。它是从现实出发、为现实服务的哲学,是从人民利益出发、为人民服务的哲学,是在实践中生存和发展的哲学,是理论与实际相统一的哲学。

在此基础上,可以把唯物主义辩证法的理论特征进一步概括为:从实际出发、从人民的根本利益出发,认识和解决重大的现实问题,追求“认识世界”与“改造世界”的统一。如果用一句话来表达,就是坚持理论与实际在最广大人民群众根本利益基础上的统一,坚持在认识世界的基础上改造世界。

此外,还需要特别指出的是,这里的“实际”绝不能仅仅理解为“实践”。在这里,实际=历史事实(过去的实践过程和结果)+现实环境(自然环境、人文环境、社会环境)+当前和未来的实践。其中,人文环境又包括已有的人类物质文明成果和精神文明成果两类;社会环境则包括当前的政治、经济、文化、思想、军事等社会现实状况在内。也就是说,“实际”是一个外延远远大于“实践”的概念,绝不可与“实践”概念相混淆。

第三节　唯物主义辩证法的研究目的

在研究目的上,唯物主义辩证法以改造世界、解决重大社会现实问题为最终目的,坚持从现实出发,理论联系实际、理论服务于现实。具体表现为以下几个方面:

一是为最广大的人民群众服务。唯物主义辩证法改变了传统形而上学从“抽象的人”出发,脱离人民群众,成为少数人的专宠甚至成为统治者的理论工具的遗风,使哲学面向人民大众,为最广大的人民群众服务,成为人民自己的哲学。马克思一生都把"人类的幸福"、"为大多数人带来幸福"作为"应该遵循的主要指针"①,把实现"人类的大多数"、"无产阶级"的解放作为自己的终生事业。在《德意志意识形态》中,马克思和恩格斯不再关注费尔巴哈的"一般人",而是把目光投向"人类的大多数"和"人民大众",认为"人民大众即无产阶级"②,"这个阶级构成了全体社会成员中的大多数,从这个阶级中产生出必须实行彻底革命的意识,即共产主义的意识"③。马克思坚持按照人类绝大多数人的利益去认识世界和改造世界,以至实现共产主义,明确强调:"无论为了使这种共产主义意识普遍地产生还是为了实现事业本身,使人们普遍地发生变化是必需的,这种变化只有在实际运动中,在革命中才有可能实现"④。

二是为认识和改造社会、推动社会健康发展服务。马克思的全部理论,都是在把唯物主义辩证法用于认识和解决社会现实问题,如社会意识形态问题(包括法哲学在内)、政治问题、经济问题和社会发展问题时形成的,它们是一个统一有机的整体,而不是互不联系的几个部分。早在1843年,马克思就撰写了《黑格尔法哲学批判》,对市民社会和国家的关系进行分析,并对黑格尔法哲学的思辨唯心主义进行批判。在其后撰写的《〈黑格尔法哲学批判〉导言》中,马克思在观察法国工人运动和研究当时先进政治思想的基础上,论述了人的解放的历史必然性以及实现人的解放的前提和动力问题,第一次论述了无产阶级的历史作用,并阐述了革命理论与革命实践相结合的必要性,指出无产阶级要完成自己的历史使命,必须掌握革命理论同革命实践相统一的原理。在《1844年经济学哲学手稿》中,马克思就开始把目光投向经济领域,关注经济领域的根本性问题,对德国哲学、资产阶级政治经济学和空想社会主义的最初成果进行分析批判。马克思用当时德国哲学界广泛使用的异化概念分析社会关系,提出了"异化劳动"的概念。他认为私有财产是一切异化特别是劳动异化的基础和原因,又是劳动异化的结果,只有扬弃私有财产才能结束异化劳动,才会消除产生私有财产的条件。并在此基础上关注"现实中的矛

---

① 《马克思恩格斯全集》第1卷,人民出版社1995年版,第459页。
② 《马克思恩格斯选集》第1卷,人民出版社2012年版,第175页。
③ 《马克思恩格斯选集》第1卷,人民出版社2012年版,第170页。
④ 《马克思恩格斯选集》第1卷,人民出版社2012年版,第171页。

盾”、“无产和有产的对立”以及“私有制和劳动”，阐述了自己对“共产主义”的理解：认为“**共产主义**是**私有财产**即**人的自我异化**的**积极的**扬弃，因而是通过人并且为了人而对人的本质的真正**占有**；因此，它是人向自身、向**社会的**即合乎人性的人的复归，这种复归是完全的，自觉的和在以往发展的全部财富的范围内生成的。这种共产主义，作为完成了的自然主义＝人道主义，而作为完成了的人道主义＝自然主义，它是人和自然界之间、人和人之间的矛盾的**真正**解决”①。此后，从《关于费尔巴哈的提纲》、《德意志意识形态》、《哲学的贫困》、《共产党宣言》、《资产阶级和反革命》、《雇佣劳动和资本》、《1848 年至 1850 年的法兰西阶级斗争》、《路易·波拿巴的雾月十八日》，到《政治经济学批判》及其“序言”和“导言”，再到三卷本巨著《资本论》，马克思将自己的研究视野从包括哲学和法律在内的意识形态领域、扩展到政治领域，再扩展到经济领域，对所在资本主义社会的结构、特征以及发展规律和发展趋势进行了全面研究，并在此基础上不断探索改造资本主义社会、为绝大多数人谋利益的现实道路。也正因为如此，马克思才称自己的哲学是“为历史服务的哲学”②。

第四节　唯物主义辩证法的研究领域

在哲学与现实的关系上，唯物主义辩证法不只是要正确地认识和解释世界，更强调在认识世界的基础上改造世界。马克思在 1843 年 5 月致卢格的信中说：“我们必须彻底揭露旧世界，并积极建立新世界。事件的进程给思维着的人思索的时间越长，给受难的人团结起来的时间越多，那么在现今社会里孕育着的成果就会越完美地产生。”③在《关于费尔巴哈的提纲》中又说：“自从发现神圣家族的秘密在于世俗家庭之后，世俗家庭本身就应当在理论上和实践中被消灭。”④因此，唯物主义辩证法的研究领域主要包括两个方面：一是现

① 《马克思恩格斯全集》第 3 卷，人民出版社 2002 年版，第 297 页。
② 《马克思恩格斯选集》第 1 卷，人民出版社 2012 年版，第 2 页。
③ 《马克思恩格斯全集》第 47 卷，人民出版社 2004 年版，第 63 页。
④ 《马克思恩格斯选集》第 1 卷，人民出版社 2012 年版，第 134—135 页。

实世界特别是现实人类社会的真实面目、运行规律和发展趋势；二是人们改造世界的实践活动。

在对现实世界的认识方面，早在1842年11月30日致阿尔诺德·卢格的信中，马克思就主张“少发些不着边际的空论，少唱些高调，少来些自我欣赏，多说些明确的意见，多注意一些具体的事实，多提供一些实际的知识”①。在《德意志意识形态》中又说：“德国哲学从天国降到人间；和它完全相反，这里我们是从人间升到天国。”②马克思认为理论来自现实、是现实的反映，因而必须坚持理论与实际在实践基础上的统一。他把研究的视野集中在“**现实的**发展进程”③和“现实的世界”④，认为应该“按照事物的真实面目及其产生情况来理解事物”⑤，强调“描述人们实践活动和实际发展过程的真正的实证科学”、“真正的知识”——“对人类历史发展的考察中抽象出来的最一般的结果的概括”⑥。在《〈政治经济学批判〉导言》中，马克思还指出自己的研究目的是“解释现实的关系”，而不是“对概念作辩证的平衡”⑦。恩格斯在《卡尔·马克思〈政治经济学批判。第一分册〉》中也说：“我们这里考察的不是只在我们头脑中发生的抽象的思想过程，而是在某个时候确实发生过或者还在发生的现实过程，因此这些矛盾也是在实践中发展着的”⑧。认为唯物主义辩证法的重要任务之一就是考察现实的矛盾及其解决方式。

在对改造世界的实践活动的认识方面，马克思在1843年11月30日致阿尔诺德·卢格的信中指出：“所以，什么也阻碍不了我们把政治的批判，把明确的政治立场，因而把**实际**斗争作为我们的批判的出发点，并把批判和实际斗争看作同一件事情。……这样，我们就能用一句话表明我们杂志的倾向：对当代的斗争和愿望作出当代的自我阐明（批判的哲学）。这是一项既为了世界，

① 《马克思恩格斯选集》第4卷，人民出版社2012年版，第403页。
② 《马克思恩格斯选集》第1卷，人民出版社2012年版，第152页。
③ 马克思：《1844年经济学哲学手稿》，人民出版社2000年版，第71页。
④ 《马克思恩格斯选集》第1卷，人民出版社2012年版，第154页。
⑤ 《马克思恩格斯选集》第1卷，人民出版社2012年版，第156页。
⑥ 《马克思恩格斯选集》第1卷，人民出版社2012年版，第153页。
⑦ 《马克思恩格斯选集》第2卷，人民出版社2012年版，第690页。
⑧ 《马克思恩格斯选集》第2卷，人民出版社2012年版，第14页。

也为了我们的工作。它只能是联合起来的力量的事业。”①既强调对当代的斗争和愿望作出当代的自我阐明,又强调实际斗争、强调联合起来的力量。在《1844年经济学哲学手稿》中,强调“**理论的**对立本身的解决,**只有**通过**实践**方式,只有借助于人的实践力量,才是可能的;因此,这种对立的解决绝对不只是认识的任务,而是**现实**生活的任务”②。在《德意志意识形态》中,进一步强调“‘人’的‘解放’”的“现实的手段”③。此后,从《哲学的贫困》、《共产党宣言》、《1848年至1850年的法兰西阶级斗争》、《路易·波拿巴的雾月十八日》,到《政治经济学批判》及其“序言”和“导言”,再到《资本论》,对改造世界的实践活动、对人的解放特别是社会主义革命道路的关注和探索,成为马克思终生研究事业的重要组成部分。

第五节　唯物主义辩证法的思维模式

唯物主义辩证法作为一种崭新的哲学基本形态,其思维模式至今还没有被人们普遍接受,甚至还没有被人们正确认识。并且,与传统形而上学的思维模式一样,它也不是万能的,它有着自己的适用范围,一旦超出了这个范围,它就失去了自己的威力。

一、唯物主义辩证法的常见思维模式

如前所述,目前国内哲学界通常把用全面、联系、发展的观点看问题说成是唯物主义辩证法的思维方式,这是很不准确的。因为这种用全面、联系、发展的观点看问题的思维方式,只是包括唯物主义辩证法在内的一切形式的辩证法的一般形式,用它来描述唯物主义辩证法虽然谈不上是张冠李戴,但无疑是以偏概全。唯物主义辩证法的常见思维模式主要有以下四种:

① 《马克思恩格斯全集》第47卷,人民出版社2004年版,第66—67页。
② 马克思:《1844年经济学哲学手稿》,人民出版社2000年版,第88页。
③ 《马克思恩格斯选集》第1卷,人民出版社2012年版,第154页。

1. 求实思维:注重调查研究

唯物主义辩证法注重调查研究,坚持实事求是,从事实、现状、实践出发,从“现实的人”、从“当前的经济事实”和“社会结构”等出发。

这种思维模式可以表示为:$A>A'$

虽然它仍然是对事物进行认识,但已经是一种动态发展中的平面思维。这里的符号“A”表示事实、现状、实践等,符号“A′”表示认识、理论等,符号“>”表示“A′”对“A”的反映关系①。

2. 对立统一思维:对立面的统一和共同发展

唯物主义辩证法坚持用矛盾的观点看问题,认为矛盾是事物发展的内在动力,矛盾双方既同一又斗争,共同推动事物的发展。

这种思维模式可以表示为:$r(p\wedge\neg p)r'\rightarrow(p'\wedge\neg p')$

它是一种发展思维(或纵向思维)。这里,“r”和“r′”代表事物变化前后的对立统一关系,“p”和“¬p”、“p′”和“¬p′”代表变化前后的矛盾双方,符号“¬”表示矛盾双方的对立关系,符号“∧”代表矛盾双方的“统一”或“共存”关系,符号“→”表示辩证逻辑的生成和发展关系,而不是现代形式逻辑中的蕴涵关系。

在当前,一些人借口建设和谐社会而片面强调“和谐”,否认“斗争”或回避“斗争”,这是与唯物主义辩证法的思维模式不相容的,实际上也违背人类社会发展的客观规律。

3. 社会系统思维:社会的各种要素共同构成社会有机体

马克思的社会有机体理论,把社会看成是由各种相互作用的要素共同构成的社会有机体,《资本论》就是用社会有机体理论研究资本主义的社会结构、运行规律和发展趋势的典范。

这种思维模式可以表示为:

---

① 这里借用现代形式逻辑中的逻辑符号来表达辩证思维模式,下同。在现代形式逻辑中,“→”或“>”表示蕴涵(如果……那么……),“∧”表示合取(……并且……),“∨”表示析取(……或……),“¬”表示否定(并非……)。(参见《哲学大辞典》上卷,上海辞书出版社2007年版,第409页。)为了与下文的生成关系“→”相区别,这里使用符号“>”表示反映关系。

$R(A \wedge B \wedge C \wedge D \cdots\cdots \wedge N) \rightarrow R'(A' \wedge B' \wedge C' \wedge D' \cdots\cdots \wedge N')$

这是一种动态发展的系统思维。这里,“R”和“R′”代表变化前后系统诸要素的协同关系,“A”、“B”、“C”、“D”……“N”和“A′”、“B′”、“C′”、“D′”……“N′”代表变化前后的系统诸要素,符号“∧”代表系统诸要素的共存或相互依存关系,符号“→”表示辩证逻辑的生成和发展关系。

在现实中,这几种思维模式往往需要综合使用,才能避免传统形而上学理论与实际相脱离的根本缺陷。

4. 唯物辩证思维:认识世界和改造世界在人民根本利益基础上的统一

这种思维模式不仅强调认识世界与改造世界统一,还强调认识世界和改造世界与人民根本利益的统一,因而是一种动态发展的立体型思维。

这种思维模式可以表示为:$L(r \wedge g) \rightarrow L'(r' \wedge g')$,它是一种动态发展的立体型思维。这里,“L”和“L′”代表变化前后人民大众的人学立场,“r”和“r′”代表变化前后对世界的认识,“g”和“g′”代表变化前后对世界的改造,符号“∧”代表认识世界与改造世界的相互依赖关系,符号“→”表示辩证逻辑的生成和发展关系。

二、唯物主义辩证法思维模式的适用范围

唯物主义辩证法思维模式最佳的适用范围,是超出日常生活和习惯的范围,面对复杂多变的学习、工作和社会环境,特别是在分析和解决经济社会发展中的重大现实问题的时候。

反之,在日常生活和习惯的范围内,当按照日常生活习惯办事即可确保无虞的时候,唯物主义辩证法就没有多大用武之地了。

第六节　唯物主义辩证法的研究方法

由于马克思本人并没有撰写专门的辩证法著作,我们对唯物主义辩证法关于研究方法的论述只能从对他本人著述的概括中获得。

一、马克思本人对唯物主义辩证法研究方法的论述

马克思生前曾经打算写一本辩证法的专门著作①,但最终未能如愿。他对自己创立的唯物主义辩证法的表述,除了前面提到的《资本论》第二版跋中的表述以外,主要散见于以下著作中:

1. 在《〈政治经济学批判〉导言》手稿中的表述

马克思在1857年8月底撰写的《〈政治经济学批判〉导言》手稿,是马克思为自己计划中的政治经济学巨著而写的,虽然后来并没有发表,但在这篇手稿中,马克思比在任何其他地方都更详细地论述了他关于政治经济学的对象和方法的观点,特别是政治经济学的从抽象上升到具体的方法。马克思在肯定这个方法是“科学上正确的方法”②的同时,对资产阶级经济学以及它们赖以立足的哲学阵地——黑格尔的唯心主义辩证法进行了深入的批判。但是,其中的“从抽象上升到具体的方法”往往被一些学者看作是唯一的“政治经济学的方法”,并且是与“唯物主义辩证法”没有太大关系的经济学方法,这是很不恰当的。因为持这种观点的人根本就忘记了,马克思创立的唯物主义辩证法,恰恰就是以解决现实问题为己任的辩证法。

那么,马克思的“政治经济学的方法”到底是怎样的,它与黑格尔“从抽象到具体”的方法、与资产阶级政治经济学的方法都有什么区别?

马克思在《〈政治经济学批判〉导言》中谈及“从政治经济学的角度考察某一个国家的时候”,对抽象在认识过程中的地位进行了论述,认为政治经济学的建构上有两条道路。对于这两条不同的道路,可以简单表述为:

第一条道路,早期资产阶级经济学家的方法:具体—抽象的规定—体系。

---

① 马克思在1858年1月16日致恩格斯的信中说:“完全由于偶然的机会——弗莱里格拉特发现了几卷原为巴枯宁所有的黑格尔著作,并把它们当做礼物送给了我——,我又把黑格尔的《逻辑学》浏览了一遍,这在材料加工的方法上帮了我很大的忙。如果以后再有工夫做这类工作的话,我很愿意用两三个印张把黑格尔所发现、但同时又加以神秘化的方法中所存在的合理的东西阐述一番,使一般人都能够理解……”(《马克思恩格斯文集》第10卷,人民出版社2009年版,第143页。)马克思在1868年5月9日给狄根慈的信中更是进一步表示:“一旦我卸下经济负担,我就要写《辩证法》。辩证法的真正规律在黑格尔那里已经有了,当然是具有神秘的形式。必须除去这种形式……”(《马克思恩格斯文集》第10卷,人民出版社2009年版,第288页。)

② 《马克思恩格斯选集》第2卷,人民出版社2012年版,第701页。

即从“整体的一个混沌的表象”开始,将“完整的表象蒸发为抽象的规定”,然后再从“一些最简单的规定”出发,建立起“各种经济学体系”。这是一条追求终极抽象的道路,用这种方法并不能正确地认识社会现实。针对“第一条道路”存在的严重缺陷,马克思指出:“从实在和具体开始,从现实的前提开始,因而,例如在经济学上从作为全部社会生产行为的基础和主体的人口开始,似乎是正确的。但是,更仔细地考察起来,这是错误的。”①

马克思认为,这种方法之所以错误,是因为这种由具体到抽象的过程,仅仅是科学的认识过程的半个行程。因此,还必须继续往前走。

第二条道路,马克思强调的、而资产阶级经济学家却没有走的道路:抽象的规定—具体的再现。即在对“混沌表象”进行分析而得到“一些最简单的规定”的基础上,继续往前走,从这些“最简单的规定”那里回过头来,把这些抽象规定放到现实社会当中,与影响它的各种社会因素联系起来,直到最后又回到“具体”,从而得到一个具有许多规定和关系的丰富的总体。这是正确的方法,只有依靠这种方法,才能从统一体各环节和整体的关系上、从统一体内部各要素的关系上、从统一体内部的差别上再现具体。

但我们也必须看到:即使是第二条道路,也仅仅是认识的方法、研究的方法,是统一的认识—实践过程的一个环节。

对于“从抽象上升到具体的方法”,国内学术界许多人甚至包括一些著名的学者,认为马克思是主张经济学研究方法的起点是“抽象”、是概念,是从“抽象”出发,然后上升到“具体”,这是完全错误的。“从抽象上升到具体”并不是完整的认识过程,它只是“政治经济学的方法”的一个组成部分。“政治经济学的方法”的起点仍然应该是从现实中的事物出发,它的第一步仍然是“从表象中的具体达到越来越稀薄的抽象,直到我达到一些最简单的规定”。

综上所述,马克思的“政治经济学的方法”的完整路径就是:具体—抽象—具体。其中包含着两个环节:其一为具体—抽象;其二为抽象—具体。两个环节互为依存,不可或缺。早期资产阶级经济学家们的错误主要有两个:一是只走第一步而不走第二步;二是纯粹依靠抽象思维而不是对实际情况的调

① 《马克思恩格斯选集》第2卷,人民出版社2012年版,第700页。

查研究来建立政治经济学体系，这都导致了理论与实际相脱离。

2. 在《关于费尔巴哈的提纲》中的表述

在《关于费尔巴哈的提纲》中，马克思强调实践对解决理论问题的重要意义，指出："全部社会生活在本质上是实践的。凡是把理论引向神秘主义的神秘东西，都能在人的实践中以及对这种实践的理解中得到合理的解决。"①而提纲的最后一句话，则成了他所创立的唯物主义辩证法的标志性语言："哲学家们只是用不同的方式解释世界，问题在于改变世界。"②

3. 在《德意志意识形态》中的表述

在《德意志意识形态》中，马克思对唯物主义辩证法的表述共有四个层次：

其一，要按照事物的真实面目及其产生情况来理解事物。在《德意志意识形态》中，马克思批评青年黑格尔派一切都是在纯粹的思想领域中发生的，没有一个想到要提出关于德国哲学和德国现实之间的联系问题、关于他们所作的批判和他们自身的物质环境之间的联系问题。"我们开始要谈的前提不是任意提出的，不是教条，而是一些只有在臆想中才能撇开的现实前提。这是一些现实的个人，是他们的活动和他们的物质生活条件，包括他们已有的和由他们自己的活动创造出来的物质生活条件。因此，这些前提可以用纯粹经验的方法来确认。"③"在思辨终止的地方，在现实生活面前，正是描述人们实践活动和实际发展过程的真正的实证科学开始的地方。"④"只要这样按照事物的真实面目及其产生情况来理解事物，任何深奥的哲学问题……都可以十分简单地归结为某种经验的事实。"⑤

其二，要改造主观世界。马克思说："发展着自己的物质生产和物质交往的人们，在改变自己的这个现实的同时也改变着自己的思维和思维的产物。"⑥认为人们在改造客观世界的同时，也改造着自己的主观世界。

---

① 《马克思恩格斯选集》第1卷，人民出版社2012年版，第135—136页。
② 《马克思恩格斯选集》第1卷，人民出版社2012年版，第136页。
③ 《马克思恩格斯选集》第1卷，人民出版社2012年版，第146页。
④ 《马克思恩格斯选集》第1卷，人民出版社2012年版，第153页。
⑤ 《马克思恩格斯选集》第1卷，人民出版社2012年版，第156页。
⑥ 《马克思恩格斯选集》第1卷，人民出版社2012年版，第152页。

其三，也是最主要的一点，就是利用现实手段改造客观世界。马克思说："当然，我们不想花费精力去启发我们的聪明的哲学家，使他们懂得：如果他们把哲学、神学、实体和一切废物消融在'自我意识'中，如果他们把'人'从这些词句的统治下——而人从来没有受过这些词句的奴役——解放出来，那么'人'的'解放'也并没有前进一步；只有在现实的世界中并使用现实的手段才能实现真正的解放……实际上，而且对实践的唯物主义者即共产主义者来说，全部问题都在于使现存世界革命化，实际地反对并改变现存的事物。"①

其四，鲜明的为大多数人谋利益的人学立场。在《德意志意识形态》中，马克思具有鲜明的人学立场，这就是作为全体社会成员中的大多数的无产阶级的立场。马克思这样描述这个阶级："一个阶级，它必须承担社会的一切重负，而不能享受社会的福利，它被排斥于社会之外，因而不得不同其他一切阶级发生最激烈的对立；这个阶级构成了全体社会成员中的大多数，从这个阶级中产生出必须实行彻底革命的意识，即共产主义的意识。"②马克思又进一步这样描述自己的立场："迄今为止的一切革命始终没有触动活动的性质，始终不过是按另外的方式分配这种活动，不过是在另一些人中间重新分配劳动，而共产主义革命则针对活动迄今具有的性质，消灭劳动，并消灭任何阶级的统治以及这些阶级本身"③。这个阶级在当时是占人口绝大多数的无产阶级，在当今社会则是占人口绝大多数的人民群众。这个人学立场在《共产党宣言》中得到进一步确立。

二、笔者对唯物主义辩证法的研究方法的概括

概括起来说，马克思创立的唯物主义辩证法主要包括从现实出发、从抽象到具体的认识世界的方法，用共产主义的意识改造主观世界的方法，按照人民的根本利益改造客观世界的方法三个方面。也就是说，唯物主义辩证法的现实性和人民性是它的有机组成部分，而不是在它之外的什么东西。

我们此前的马克思主义哲学教科书，在对唯物主义辩证法的理解上，存在

---

① 《马克思恩格斯选集》第 1 卷，人民出版社 2012 年版，第 154—155 页。

② 《马克思恩格斯选集》第 1 卷，人民出版社 2012 年版，第 170 页。

③ 《马克思恩格斯选集》第 1 卷，人民出版社 2012 年版，第 170—171 页。

着仅仅把它作为一种认识方法、一种认识的辩证法来认识的倾向，从而在唯物主义辩证法的主要规律与范畴的列举上，只是限于黑格尔概念辩证法中所给出的规律和范畴，亦即通常所说的三大规律和五对范畴，即对立统一规律、量变质变规律和肯定否定规律这三大规律，本质和现象、内容和形式、原因和结果、必然性和偶然性、可能和现实五对范畴，即使是有所改变，也仅仅是在此基础上范畴的数量有一定的增减而已。而这样做的结果，就是使唯物主义辩证法成了真正的概念辩证法、认识辩证法。因为，唯物主义辩证法的"唯物"二字，主要是体现在它的现实性和人民性上，否则，马克思创立的唯物主义辩证法就无法与黑格尔的唯心主义辩证法和费尔巴哈的人本学唯物主义划清界限。

因此，我们坚持唯物主义辩证法，就必须改变这种仅仅把唯物主义辩证法视为认识辩证法甚至概念辩证法的倾向，把唯物主义辩证法视为在认识世界的基础上改造世界的辩证法，理论与实际相统一的辩证法，理论和实际与人民根本利益相统一的辩证法。

第七节　唯物主义辩证法的逻辑工具

马克思创立的"唯物主义辩证法"与黑格尔的"唯心主义辩证法"以及恩格斯阐述的"自然辩证法"具有明显区别，它有着自己独特的逻辑工具。如果说黑格尔的"唯心主义辩证法"运用的是"辩证逻辑"，恩格斯创立的"自然辩证法"运用的是"唯物辩证逻辑"中认识客观世界的部分，马克思创立的"唯物主义辩证法"运用的则是"唯物辩证逻辑"的整体——它既是认识客观世界的逻辑，也是改造客观世界的逻辑。它主要包括以下四个方面：

一、"形而上学"与"辩证法"相辅相成

唯物主义辩证法与传统形而上学是两个不同的哲学基本形态，但它仍然是在传统形而上学基础之上生长起来的哲学基本形态。也就是说，传统形而上学是低一级的哲学基本形态，唯物主义辩证法是高一级的哲学基本形态，但高一级的哲学基本形态必须以低一级的哲学形态为基础，而无法与低一级的

哲学基本形态彻底隔绝。在思维方式上也是这样，唯物主义辩证法必须把传统形而上学作为自己的基础。

在《德意志意识形态》中，马克思阐述了人们的观念和思想与逻辑规定的关系，指出："人们是什么，人们的关系是什么，这种情况反映在意识中就是关于人**自身**、关于人的生存方式或关于人的最切近的逻辑规定的观念。"①唯物主义辩证法在面对现实事物的时候，并不能完全抛弃传统形而上学的逻辑规定，不仅要承认人们在进行生产和生活时遇到的不以他们为转移的客观条件、与这些条件相联系的必然的交往形式以及由这一切所决定的个人的关系和社会的关系，而且当要把它们以思想表现出来的时候，就必须遵循包括形式逻辑在内的逻辑规定。这一切，都说明坚持唯物主义辩证法无法完全抛弃传统形而上学的思维方式。

二、认识世界与改造世界相统一

传统形而上学也主张主观与客观统一，但由于它局限于"纯粹的思想领域"，把主观与客观的统一建立在观念的基础上，因而很容易导致主观与客观相脱离。

与传统形而上学不同，唯物主义辩证法则超越了"纯粹的思想领域"，通过实践获得正确的认识，并把正确的认识运用于实践，按照正确的认识去改造世界。在实践的基础上，把主观与客观、认识与实践、认识世界与改造世界统一起来。

在主观与客观的关系方面，马克思在《1844年经济学哲学手稿》中说："主观主义和客观主义，唯灵主义和唯物主义，活动和受动，只是在社会状态中才失去它们彼此间的对立，从而失去它们作为这样的对立面的存在；……**理论的**对立本身的解决，**只有**通过**实践**方式，只有借助于人的实践力量，才是可能的；因此，这种对立的解决绝对不只是认识的任务，而是**现实**生活的任务，而**哲学**未能解决这个任务，正是因为哲学把这**仅仅**看作理论的任务。"②也就是说，传

---

① 《马克思恩格斯全集》第3卷，人民出版社1960年版，第200页。

② 《马克思恩格斯全集》第3卷，人民出版社2002年版，第306页。

统形而上学片面局限于“纯粹的思想领域”，把“认识世界”作为自己的唯一的任务，必然导致主观与客观、理论与实践的对立，从而看不到实践的作用。而唯物主义辩证法则主张理论的对立本身的解决，只有通过实践方式，只有借助于人的实践力量，才是可能的。如果到实践当中去，把理论与实践结合起来，主观和客观就不仅不是对立的，反而是统一的，也只有实现了主客观的统一，我们才能正确地认识世界和改造世界。一方面，理论和实践各自具有相对的独立性，相互区别甚至“对立”；另一方面，二者又都是人类统一的认识—实践过程的两个相互依赖的环节或方面，是“统一”的。传统形而上学将二者割裂开来，只看到二者的区别和对立，而看不到二者的统一，必然陷入不可解决的理论矛盾当中。

在理论与实践的关系方面，唯物主义辩证法并不反对认识世界，但认识世界是为了改造世界。在《德意志意识形态》中，马克思和恩格斯赋予哲学的主要任务是改造世界：“实际上，而且对实践的唯物主义者即共产主义者来说，全部问题都在于使现存世界革命化，实际地反对并改变现存的事物。”①但他们不仅不否定认识世界的作用，而且还强调要从现实出发对人类社会历史进行研究，要“按照事物的真实面目及其产生情况来理解事物”②，认为“这样做当然就能够完整地描述事物了（因而也能够描述事物的这些不同方面之间的相互作用）”③。

三、方法论与价值观相统一

把价值观作为方法论的基础，是唯物主义辩证法区别于其他哲学的重要特征之一。马克思主义哲学以解放全人类为最终目标，而不是局限于某个阶级的利益。在《〈黑格尔法哲学批判〉导言》中，马克思“要求人民的现实幸福”④，要求“彻底的革命、普遍的人的解放”⑤，要求“解放整个社会”⑥。马克

① 《马克思恩格斯选集》第1卷，人民出版社2012年版，第155页。
② 《马克思恩格斯选集》第1卷，人民出版社2012年版，第156页。
③ 《马克思恩格斯选集》第1卷，人民出版社2012年版，第171—172页。
④ 《马克思恩格斯选集》第1卷，人民出版社2012年版，第2页。
⑤ 《马克思恩格斯选集》第1卷，人民出版社2012年版，第12页。
⑥ 《马克思恩格斯选集》第1卷，人民出版社2012年版，第13页。

思把无产阶级视为马克思主义哲学的载体，视为实现马克思主义哲学最终目标的先锋队。认为这个阶级应该为全人类利益而奋斗，而不是为小集团的利益而奋斗——为了实现全人类的利益，它甚至应该最终"消灭自己"，而不是把自己视为一个永恒存在或凌驾于一切阶级之上的阶级。在《德意志意识形态》中，马克思和恩格斯强调"人类的大多数"①和"人民大众"，认为"人民大众即无产阶级"②，"这个阶级构成了全体社会成员中的大多数"③。在《共产党宣言》中"强调和坚持整个无产阶级共同的不分民族的利益"④，明确指出："过去的一切运动都是少数人的，或者为少数人谋利益的运动。无产阶级的运动是绝大多数人的，为绝大多数人谋利益的独立的运动。"⑤这个思想贯穿于马克思和恩格斯终生的著述与实践当中，并为列宁、斯大林、毛泽东等后来的马克思主义者所继承。以毛泽东为代表的中国共产党人，强调"全心全意为人民服务"，强调一切以人民的根本利益为立足点和出发点，进一步体现了唯物主义辩证法方法论与价值观相统一的逻辑特性。

四、社会现实和逻辑表述相统一

历史和逻辑相统一，本来是黑格尔表述自己思辨哲学的理论特征时的用语，后来也被马克思主义者借用过来表述唯物主义辩证法的性质，但很难与黑格尔的表述相区别。这里用"社会现实和逻辑表述相统一"取代"历史和逻辑相统一"的传统表述，以与黑格尔的表述相区别。

关于唯物主义辩证法"社会现实和逻辑表述相统一"的逻辑特性，恩格斯在《卡尔·马克思〈政治经济学批判。第一分册〉》中有一段精彩的表述："我们采用这种方法，是从历史上和实际上摆在我们面前的、最初的和最简单的关系出发，因而在这里是从我们所遇到的最初的经济关系出发。我们来分析这种关系。既然这是一种关系，这就表示其中包含着两个相互关联的方面。我

---

① 《马克思恩格斯选集》第1卷，人民出版社2012年版，第165页。

② 《马克思恩格斯选集》第1卷，人民出版社2012年版，第175页。

③ 《马克思恩格斯选集》第1卷，人民出版社2012年版，第170页。

④ 《马克思恩格斯选集》第1卷，人民出版社2012年版，第413页。

⑤ 《马克思恩格斯选集》第1卷，人民出版社2012年版，第411页。

们分别考察每一个方面;由此得出它们相互关联的性质,它们的相互作用。于是出现了需要解决的矛盾。但是,因为我们这里考察的不是只在我们头脑中发生的抽象的思想过程,而是在某个时候确实发生过或者还在发生的现实过程,因此这些矛盾也是在实践中发展着的,并且可能已经得到了解决。我们考察这种解决的方式,发现这是由建立新关系来解决的,而这个新关系的两个对立面我们现在又需要展开说明,等等。"①在恩格斯看来,唯物主义辩证法所考察和分析、解决的矛盾,正是现实中存在着的或是正在发生的矛盾及其过程。

因此,恩格斯进一步指出:"我们看到,采用这个方法时,逻辑的发展完全不必限于纯抽象的领域。相反,逻辑的发展需要历史的例证,需要不断接触现实。"②与黑格尔的辩证法不同,唯物主义辩证法的逻辑发展不是局限于"纯抽象的领域",而是从一开始就是与"现实历史进程"相一致的,并随着"现实历史进程"的发展而发展。

第八节 唯物主义辩证法的人学立场

马克思和恩格斯终生坚持"人类的大多数"和"人民大众"的立场,为实现"人类的大多数""无产阶级"的解放而奋斗。

早在《〈科隆日报〉第 179 号的社论》中,马克思就认为:"哲学要求国家是合乎人性的国家。"③

在《〈黑格尔法哲学批判〉导言》中,马克思完全站在无产阶级的立场上,认为:"德国人的解放就是人的解放。这个解放的头脑是哲学,它的心脏是无产阶级。哲学不消灭无产阶级,就不能成为现实,无产阶级不把哲学变成现实,就不可能消灭自身。"④

在《神圣家族》中,马克思进一步指出:"历史活动是群众的事业,随着历

① 《马克思恩格斯选集》第 2 卷,人民出版社 2012 年版,第 14 页。
② 《马克思恩格斯选集》第 2 卷,人民出版社 2012 年版,第 16 页。
③ 《马克思恩格斯全集》第 1 卷,人民出版社 1995 年版,第 225 页。
④ 《马克思恩格斯选集》第 1 卷,人民出版社 2012 年版,第 16 页。

史活动的深入,必将是群众队伍的扩大。"①强调最广大人民群众是历史的主体,哲学应该面向人民,面向广大群众,并认为"现代社会秩序正在组织'真正的群众',因而它是群众的组织"②。

在《德意志意识形态》中,马克思认为"费尔巴哈设定的是'人',而不是'现实的历史的人'"③。"他承认人也是'感性对象'。但是,他把人只看做是'感性对象',而不是'感性活动',因为他在这里也仍然停留在理论领域,没有从人们现有的社会联系,从那些使人们成为现在这种样子的周围生活条件来观察人们——这一点且不说,他还从来没有看到现实存在着的、活动的人,而是停留于抽象的'人',并且仅仅限于在感情范围内承认'现实的、单个的、肉体的人',也就是说,除了爱与友情,而且是理想化了的爱与友情以外,他不知道'人与人之间'还有什么其他的'人的关系'。"④也就是说,费尔巴哈的"抽象的人",即是抽去了人的社会关系和社会差别的人。而与费尔巴哈相反,马克思认为:"无产阶级"即是"人民大众"⑤。马克思指出,资本主义及其以前社会的统治阶级,均是少数人的统治,只代表着少数人的利益,是牺牲大多数人的利益以维护少数人利益的统治。统治者与作为大多数人的劳苦大众在利益关系上是对立的。而每一个社会的统治阶级,为了巩固自己的统治,均通过思想的统治来掩盖这种对立。

在《共产党宣言》中,马克思和恩格斯代表共产党人"向全世界公开说明自己的观点、自己的目的、自己的意图",认为过去的一切运动都是少数人的或者为少数人谋利益的运动。无产阶级的运动是绝大多数人的、为绝大多数人谋利益的独立的运动。"无产阶级,现今社会的最下层,如果不炸毁构成官方社会的整个上层,就不能抬起头来,挺起胸来。"⑥而共产党人没有任何同整个无产阶级的利益不同的利益,并在宣言结尾公开号召"全世界无产者,联合

---

① 《马克思恩格斯全集》第2卷,人民出版社1957年版,第104页。
② 《马克思恩格斯全集》第2卷,人民出版社1957年版,第170页。
③ 《马克思恩格斯选集》第1卷,人民出版社2012年版,第155页。
④ 《马克思恩格斯选集》第1卷,人民出版社2012年版,第157页。
⑤ 《马克思恩格斯选集》第1卷,人民出版社2012年版,第175页。
⑥ 《马克思恩格斯选集》第1卷,人民出版社2012年版,第411—412页。

起来!”①

恩格斯在《卡·马克思〈1848年至1850年的法兰西阶级斗争〉一书导言》中指出,以往的一切统治阶级,对被统治的人民群众而言,都只是区区少数。以往的一切革命“都是少数人的革命”,“多数人即使参加了,他们也只是自觉地或不自觉地为少数人效劳”②,认为只有“不是为了少数人的利益,而是为了多数人的真正利益而进行的革命”③才是真正的革命。把绝大多数人的利益、人民的利益提到了空前的高度来认识,并用它来解释历史上的阶级统治以及无产阶级反对资产阶级的革命。

在《〈资本论〉第一卷1867年第一版序言》中,马克思指出:“在政治经济学领域内,自由的科学研究遇到的敌人,不只是它在一切其他领域内遇到的敌人。政治经济学所研究的材料的特殊性质,把人们心中最激烈、最卑鄙、最恶劣的感情,把代表私人利益的复仇女神召唤到战场上来反对自由的科学研究。”④马克思的政治经济学,揭露了资本家剥削的秘密,揭示了资本主义社会的内在矛盾和必然灭亡的发展趋势,因而触动了资产阶级的私人利益,必然遭到资产阶级及其代言人的强烈反对。

对于唯物主义辩证法强烈的人学立场,传统马克思主义哲学教科书习惯性地表述为“马克思主义哲学的阶级性”。这为当代西方国家的资产阶级学者攻击马克思主义提供了口实,他们认为在西方发达国家,“中产阶级”已经占了人口的绝大多数,“无产阶级”已经成了少数人甚至消亡了,“阶级斗争”已经不存在了,因而马克思主义也“过时了”、失效了。实际上,他们根本没有注意到,马克思所讲的“无产阶级”是作为其所在时代的绝大多数人来看待的;他们更没有看到,马克思所讲的“阶级斗争”只是其所在时代的首选方式,而不是一切时代的首选方式——马克思追求的是绝大多数人以至全人类的幸福和解放,至于获得解放的途径则要根据不同的社会环境而予以改变。

实际上,即使是在当今西方发达的资本主义国家,资本主义的内在矛盾和

---

① 《马克思恩格斯选集》第1卷,人民出版社2012年版,第435页。
② 《马克思恩格斯选集》第4卷,人民出版社2012年版,第383页。
③ 《马克思恩格斯选集》第4卷,人民出版社2012年版,第384页。
④ 《马克思恩格斯选集》第2卷,人民出版社2012年版,第84页。

运行规律并没有发生根本性改变:2008 年发生的世界性金融危机,欧美不断出现的工人大罢工,都是马克思学说的有力例证。至于一些西欧发达国家实行的“福利国家”政策,虽然能够在一定程度上缓和资本主义制度的内在矛盾,但并不能从根本上解决这些矛盾,一旦经济危机爆发,福利政策也必然受到影响。希腊、西班牙等欧洲国家在世界性金融危机发生后遇到的财政困难,也从一定程度上说明了这个问题。

第九节　唯物主义辩证法的学科体系

《哲学大辞典》在解释“唯物辩证法”的时候,把它与“马克思主义辩证法”等同,认为它是“建立在唯物主义基础之上的辩证法理论。它是‘关于自然界、人类社会和思维的运动和发展的普遍规律的科学’①”,并认为“它的基本规律有对立统一规律、质量互变规律、否定之否定规律。对立统一规律是唯物辩证法的实质和核心”。对于“唯物辩证法”,该词典还有以下表述:“唯物辩证法研究的对象是存在及思维运动及发展的最一般、最普遍的规律”;“唯物辩证法按其本质来说是批判的,革命的,它在对现存事物的肯定理解中包含着对现存事物的否定的理解”;“唯物辩证法提供了客观地、全面地、发展地观察分析事物的钥匙和具体、科学地解决矛盾的方法,它是马克思主义的‘根本的理论基础’”。该辞典把“唯物辩证法”划分为三类:一是“用来研究自然界,总结自然界和自然科学发展的普遍规律就是自然辩证法”;二是“用来研究社会,总结社会发展的普遍规律,就是历史辩证法(历史唯物论、唯物史观)”;三是“用来研究思维,总结思维发展的普遍规律就是辩证逻辑”。此外,该辞典还指出:“有的哲学家把唯物辩证法当作辩证唯物论的同义语,如李达主编的《唯物辩证法大纲》,讲的就是整个辩证唯物论。”虽然该辞典也认为“唯物辩证法提供了客观地、全面地、发展地观察分析事物的钥匙和具体、科学地解决

---

① 这是恩格斯在《反杜林论》中对“辩证法”的概括。(参见《马克思恩格斯选集》第 3 卷,人民出版社 2012 年版,第 520 页。)

矛盾的方法，它是马克思主义的‘根本的理论基础’”，但从其整个表述来看，主要是把“唯物辩证法”看作“普遍规律”而不是“方法”。① 而在笔者看来，这些“普遍规律”仅仅是运用“方法”获得的结果，并不能取代“方法”本身。

实际上，与传统形而上学一样，作为哲学基本形态，唯物主义辩证法也具有不同的层次：

一、唯物主义辩证法的三个层次

作为哲学基本形态，唯物主义辩证法具有三个不同的层次。而要准确把握唯物主义辩证法，就必须对这三个不同的层次进行正确划分和把握。

1. 唯物主义辩证法的基础理论

唯物主义辩证法的基础理论，亦即恩格斯在《自然辩证法》里所说的“辩证法”，它与《哲学大辞典》里所说的“唯物辩证法”是一致的——它包括三大部分：(1)用来研究自然界、总结自然界和自然科学发展的普遍规律的“自然辩证法”；(2)用来研究社会、总结社会发展的普遍规律的“历史辩证法”(历史唯物论、唯物史观)；(3)用来研究思维、总结思维发展的普遍规律的“辩证逻辑”。

这仅仅是唯物主义辩证法的基础理论部分，而不是它的主体。其内涵可用恩格斯《反杜林论》中的定义来表述：“辩证法不过是关于自然界、人类社会和思维的运动和发展的普遍规律的科学。”②如本节开头所述，这种界定是基于辩证法的一般形式和一般意义上的唯物主义对唯物主义辩证法进行理解，基本上是给黑格尔的辩证法加上唯物主义的“基础”，即承认黑格尔认识到的三大规律和若干对范畴不是头脑的产物，而是对客观世界运动和发展规律的反映。至于对唯物主义辩证法如何观察和分析事物，如何具体、科学地解决现实矛盾则很少论述。

2. 唯物主义辩证法认识世界的方法论

唯物主义辩证法认识世界的方法论，即马克思在《〈政治经济学批判〉导言》中所说的“政治经济学的方法”，毛泽东在《实践论》和《矛盾论》等著作中

① 《哲学大辞典》上卷，上海辞书出版社 2007 年版，第 74—75 页。
② 《马克思恩格斯选集》第 3 卷，人民出版社 2012 年版，第 520 页。

论述的正确认识世界的方法，在《中国社会各阶级的分析》和《湖南农民运动考察报告》中所运用的、在《反对本本主义》和《〈农村调查〉的序言和跋》中所强调的“时时进行实际调查”①、“向社会作调查”②的方法。对于这种方法，本章第六节第二部分“唯物主义辩证法的研究方法”中有详细表述，在这里不再详细论述。这里需要强调的是，马克思的“政治经济学的方法”，恰恰是马克思在《〈资本论〉第二版跋》中所描述的“我的方法”的重要组成部分——按照事物的本来面目去认识事物的方法，即关于认识世界的辩证法。在这里我们必须注意的是，传统的马克思主义教科书之所以把这种方法仅仅视为经济学的研究方法，恰恰是由于把唯物主义辩证法的认识论基础等同于整个的唯物主义辩证法所致。

3. *唯物主义辩证法改造世界的方法论*

唯物主义辩证法改造世界的方法论，主要是马克思在《关于费尔巴哈的提纲》、《德意志意识形态》和《共产党宣言》中提出的改造世界的方法。这种方法在本书第六章第二部分“唯物主义辩证法的研究方法”中也有比较详细的表述。其要旨主要有以下两点：一是要用现实的手段改变现实的环境和制度；二是坚持为大多数人谋利益的人学立场，两者缺一不可。其中，一切从占人口绝大多数的人民群众的根本利益出发去认识世界和改造世界，是唯物主义辩证法最为鲜明的理论特色，是唯物主义辩证法与黑格尔辩证法、费尔巴哈的人本学唯物主义以至现当代西方哲学相区别的关键。毛泽东的《论持久战》、《中国革命和中国共产党》、《新民主主义论》、《在延安文艺座谈会上的讲话》、《论联合政府》、《论人民民主专政》等著作，都集中体现了这种改造世界的方法。

唯物主义辩证法的三个层次，相互依赖，共成一体。没有唯物主义辩证法的认识论基础，认识世界的方法和改造世界的方法就失去了最基本的理论支撑；没有认识世界的方法，改造世界的方法就不能发挥作用；没有改造世界的方法，认识世界的方法也就失去自身的价值；没有认识世界和改造世界的方法，唯物主义辩证法的认识论基础就成了纯粹的概念体系，就很难与传统形而

---

① 《毛泽东选集》第一卷，人民出版社 1991 年版，第 115 页。
② 《毛泽东选集》第三卷，人民出版社 1991 年版，第 789 页。

上学真正划清界限。

对于唯物主义辩证法的三个层次，传统的马克思主义哲学教科书或是分三个部分在“辩证唯物主义”（“认识论”和“辩证法”）和“历史唯物主义”中分头表述，或是在“认识论”、“方法论”、“价值论”中分头表述。但不论怎么表述，都极大缩小了唯物主义辩证法的外延，影响了对唯物主义辩证法的准确把握。

二、唯物主义辩证法的主要流派

唯物主义辩证法的主要流派，从整个马克思主义哲学发展史来看，主要可以分为以下四种：

一是马克思原创的“唯物主义辩证法”，强调从最广大人民根本利益出发去认识世界和改造世界；

二是恩格斯创立的“自然辩证法”，强调世界运动、发展的规律和范畴；

三是苏联和当代中国马克思主义哲学教科书理解的唯物主义辩证法，基本上是把唯物主义辩证法仅仅理解成恩格斯创立的“自然辩证法”，强调世界运动、发展的规律和范畴。

李达主编的《唯物辩证法大纲》，在与当前的马克思主义哲学教科书中的“辩证唯物主义”同等意义上理解“唯物辩证法”，即把唯物主义辩证法的前两个层次——唯物主义辩证法的认识论基础和认识世界的方法论两个层次，都纳入其中。这无疑是一个极大的进步，可惜未能被后来的马克思主义哲学教科书所采用。

四是“中国模式的唯物主义辩证法”，在与“马克思主义哲学”同等意义上理解唯物主义辩证法。①

依笔者愚见，唯物主义辩证法就是整个的马克思主义哲学，它的基本精神就是从最广大人民根本利益出发去认识世界和改造世界，换句话说就是坚持理论和实际、认识世界和改造世界在最广大人民根本利益基础上的统一。当

① 李达先生于20世纪30年代撰写的《社会学大纲》，虽然没有把明确地把唯物主义辩证法等同于整个马克思主义哲学，但他把唯物辩证法视为解决社会、政治、经济问题的总方法，而不仅仅是一种认识的方法。毛泽东称赞此书是“中国人自己写的第一本马克思主义哲学教科书”。（详见本书第十章第三节）

前的马克思主义哲学教科书，不论是把马克思主义哲学划分为辩证唯物主义和历史唯物主义两个部分，还是划分为本体论、认识论、方法论、历史观、价值观五个部分，都是对统一的唯物主义辩证法的人为割裂，严重影响了人们对马克思主义哲学的理解和把握，是不值得提倡的。

三、哲学家的思想体系（或学派）、研究领域（或著作）和具体观点（学说）

除了层次结构、主要流派以外，唯物主义辩证法的学科体系还可以进一步划分为哲学家的思想体系、哲学家的具体研究领域（或著作）、某一研究领域的具体观点（或学说）三个层次。受篇幅所限，在这里不再详细论述。

第十节 唯物主义辩证法的社会功能

唯物主义辩证法的功能不仅在于教给我们科学地思考和合乎逻辑地推理，提高人的思维能力，更在于提高认识世界和改造世界的能力，以使人们能够更好地研究、分析和解决重大现实问题。

1. 为认识世界提供方法论

唯物主义辩证法的认识世界的含义是很广泛的——这里的世界是包括人的精神世界、自然、社会和历史在内的整个世界；这里的认识则是对包括人的精神世界、自然、社会和历史在内的整个世界的阐释和批判。唯物主义辩证法在认识世界方面，主要是为认识世界提供方法论指导，提供研究的“指南”。

恩格斯在1890年6月5日致保·恩斯特的信中，强调要把唯物主义方法当作研究的指南：“如果不把唯物主义方法当做研究历史的指南，而把它当做现成的公式，按照它来剪裁各种历史事实，那它就会转变为自己的对立物。”①在1890年8月5日致康·施米特的信中，恩格斯批评一些青年著作家：“对德国的许多青年著作家来说，‘唯物主义’这个词大体上只是一个套语，他们把这个套语当做标签贴到各种事物上去，再不作进一步的研究，就是说，他们一

① 《马克思恩格斯选集》第4卷，人民出版社2012年版，第595页。

把这个标签贴上去,就以为问题已经解决了。但是我们的历史观首先是进行研究工作的指南,并不是按照黑格尔学派的方式构造体系的杠杆。必须重新研究全部历史,必须详细研究各种社会形态的存在条件,然后设法从这些条件中找出相应的政治、私法、美学、哲学、宗教等等的观点。”①恩格斯强调:许多年轻的德国人只是用历史唯物主义的套语来把自己的相当贫乏的历史知识尽速构成体系,就自以为非常了不起了,这是非常错误的。

2. 为改造主观世界提供方法论

为改造主观世界提供方法论指导,是唯物主义辩证法的重要功能。在《〈黑格尔法哲学批判〉导言》中,马克思指出:“批判的武器当然不能代替武器的批判,物质力量只能用物质力量来摧毁;但是理论一经掌握群众,也会变成物质力量。理论只要说服人[ad hominem],就能掌握群众;而理论只要彻底,就能说服人[ad hominem]。”②认为彻底的理论、符合人民群众需求的理论,一旦被人民群众所掌握,就会转化成改造世界的物质力量。

马克思认为,即使从历史的观点来看,理论的解放对当时的德国来说也有特别重要的意义,占人口绝大多数的无产阶级一旦用彻底的哲学把自己的头脑武装起来,自身获得解放的时间也就不远了:“哲学把无产阶级当做自己的物质武器,同样,无产阶级也把哲学当做自己的精神武器;思想的闪电一旦彻底击中这块素朴的人民园地,德国人就会解放成为人。”③马克思还进一步阐述了改造主观世界的重要性:“德国人的解放就是人的解放。这个解放的头脑是哲学,它的心脏是无产阶级。”④

3. 为改造客观世界提供方法论

为改造客观世界提供方法论指导,是唯物主义辩证法区别于其他一切哲学的关键所在。

在《〈黑格尔法哲学批判〉导言》中,马克思开始探讨人的解放的道路,指出:“德国唯一实际可能的解放是以宣布人是人的最高本质这个理论为

① 《马克思恩格斯选集》第4卷,人民出版社2012年版,第599页。

② 《马克思恩格斯选集》第1卷,人民出版社2012年版,第9—10页。

③ 《马克思恩格斯选集》第1卷,人民出版社2012年版,第16页。

④ 《马克思恩格斯选集》第1卷,人民出版社2012年版,第16页。

立足点的解放。在德国，只有同时从对中世纪的部分胜利解放出来，才能从中世纪得到解放。在德国，不摧毁一切奴役制，任何一种奴役制都不可能被摧毁。彻底的德国不从根本上进行革命，就不可能完成革命。德国人的解放就是人的解放。……哲学不消灭无产阶级，就不能成为现实；无产阶级不把哲学变成现实，就不可能消灭自身。”①认为无产阶级要解放自己，就必须用彻底的哲学武装起来，在先进理论的指导下，去实际地推翻一切奴役人的制度。

在《1844年经济学哲学手稿》中，马克思用“异化劳动”理论来探讨人特别是工人的解放道路问题，指出：“从异化劳动对私有财产的关系可以进一步得出这样的结论：社会从私有财产等等解放出来、从奴役制解放出来，是通过工人解放这种政治形式来表现的，这并不是因为这里涉及的仅仅是工人的解放，而是因为工人的解放还包含普遍的人的解放；其所以如此，是因为整个的人类奴役制就包含在工人对生产的关系中，而一切奴役关系只不过是这种关系的变形和后果罢了。”②认为要真正实现人特别是工人的解放，就必须采取现实的手段，消灭私有制。

在《德意志意识形态》中，马克思强调人的解放的现实手段。马克思指出，只有在现实的世界中并使用现实的手段才能实现真正的解放。如果像青年黑格尔派那样，仅仅是以词句反对词句，把哲学、神学、实体和一切废物消融在“自我意识”中，仅仅想把“人”从这些词句的统治下解放出来，那么“人”的“解放”也并没有前进一步。马克思说：“当人们还不能使自己的吃喝住穿在质和量方面得到充分保证的时候，人们就根本不能获得解放。‘解放’是一种历史活动，不是思想活动，‘解放’是由历史的关系，是由工业状况、商业状况、农业状况、交往状况促成的”③。认为必须按照人类的大多数人的利益去认识世界和改造世界，以至实现共产主义：“无论为了使这种共产主义意识普遍地产生还是为了实现事业本身，使人们普遍地发生变化是必需的，这种变化只有

---

① 《马克思恩格斯选集》第1卷，人民出版社2012年版，第16页。
② 《马克思恩格斯选集》第1卷，人民出版社2012年版，第61页。
③ 《马克思恩格斯选集》第1卷，人民出版社2012年版，第154页。

在实际运动中,在革命中才有可能实现"①。

在1886年11月29日致弗里德里希·阿道夫·左尔格的信中,恩格斯强调要把马克思主义作为"行动的指南",批评那种"用学理主义和教条主义的态度"对待马克思主义的现象,指出:这种人对待马克思主义是"用学理主义和教条主义的态度去对待它,认为只要把它背得烂熟,就足以满足一切需要。对他们来说,这是教条,而不是行动的指南"②。

毛泽东在《实践论》中也说:"辩证唯物论的认识运动,如果只到理性认识为止,那末还只说到问题的一半。而且对于马克思主义的哲学说来,还只说到非十分重要的那一半。马克思主义的哲学认为十分重要的问题,不在于懂得了客观世界的规律性,因而能够解释世界,而在于拿了这种对于客观规律性的认识去能动地改造世界。"③

总之,我们在实现唯物主义辩证法社会功能的时候,必须站在哲学基本形态的高度,从认识世界、改造主观世界和改造客观世界三个层次予以全面把握,绝不能仅仅把它视为认识世界的结果和规律。

第十一节 坚持唯物主义辩证法必须处理好的几个问题

总的来说,实现唯物主义辩证法的社会功能,特别是实现其改造客观世界的方法论功能,必须处理好以下八个方面的关系:

一、正确处理"矛盾辩证法"与"系统辩证法"的关系

当前,在国内学术界,有人主张把"矛盾辩证法"与"系统辩证法"对立起来,认为"矛盾辩证法"已经过时了,只有"系统辩证法"才是正确的,这是完全错误的。"矛盾辩证法"的"对立同一律"是从一切事物存在与发展的角度看

---

① 《马克思恩格斯选集》第1卷,人民出版社2012年版,第171页。
② 《马克思恩格斯选集》第4卷,人民出版社2012年版,第583页。
③ 《毛泽东选集》第一卷,人民出版社1991年版,第292页。

问题,其适应范围是一切事物,条件是事物的性质还没有发生根本改变,同一系统内两个相互对立的事物或事物内部相互对立的两个方面既同一又斗争,仍然处于共存状态;"系统辩证法"的"差异协同律",仅仅是从同一个系统内诸要素共存的角度看问题,其反映的仅仅是自成体系的有机系统内部诸要素的相互协调,并且系统内的诸要素必须以相互协作和相互依赖作为自身存在的条件,至于诸要素之间的斗争和不协调因素并不在其考察范围之内。但实际上,不论是这个系统内部,还是系统与系统之间,仍然存在着各种各样的矛盾,并且通过矛盾双方的斗争与协作而推动事物的发展。因而,一味否定"矛盾辩证法"的"对立同一律",片面强调"系统辩证法"的"差异协同律",不仅不能更好地"协同",反而会损害了"协同"。

二、正确处理自由与必然的关系

在《〈资本论〉1867 年第一版序言》中,马克思认为,在认识世界与改造世界的关系上,必须正确把握自由与必然的关系。一是要正确认识规律并根据规律预测社会:"我要在本书研究的,是资本主义生产方式以及和它相适应的生产关系和交换关系。……问题本身并不在于资本主义生产的自然规律所引起的社会对抗的发展程度的高低。问题在于这些规律本身,在于这些以铁的必然性发生作用并且正在实现的趋势。工业较发达的国家向工业较不发达的国家所显示的,只是后者未来的景象。"①就是说,人们可以认识规律,并利用对必然性的认识对社会的发展趋势进行预测。二是要积极发挥主观能动性,为改造社会创造条件:"一个社会即使探索到了本身运动的自然规律——本书的最终目的就是揭示现代社会的经济运动规律——它还是既不能跳过也不能用法令取消自然的发展阶段。但是它能缩短和减轻分娩的痛苦。"②也就是说,人们认识世界和改造世界都是有限度的,并不能随心所欲,但能在尊重必然性的前提下获得一定程度的自由,缩短创造新社会的过程,减轻社会革命给社会发展带来临时性破坏。

---

① 《马克思恩格斯选集》第 2 卷,人民出版社 2012 年版,第 82 页。
② 《马克思恩格斯选集》第 2 卷,人民出版社 2012 年版,第 83 页。

三、正确处理普遍原理与现实状况的关系

马克思和恩格斯认为，在改造世界的过程中，必须正确处理普遍性与特殊性的关系，把一般原理与具体的时代和国情相结合，避免生搬硬套。

在《哲学的贫困》中，马克思指出："每个原理都有其出现的世纪。……但是，只要你们把人们当成他们本身历史的剧中人物和剧作者，你们就是迂回曲折地回到真正的出发点，因为你们抛弃了最初作为出发点的永恒的原理。"① 马克思认为，历史是由人来创造的，每个世纪都有自己的原理，适合一切时代的永恒的原理是不存在的。因此，蒲鲁东认为"自古以来一切就存在着活动着……整个社会经济也是如此"②，这是完全错误的。马克思在 1859 年 7 月 22 日致恩格斯的信中，在商定《政治经济学批判》一书的书评时认为，自己的《政治经济学批判》一书就是要"通过最简单的形式、即商品形式，阐明了资产阶级生产的特殊社会的，而决不是绝对的性质"③。强调该书是阐明特殊社会的性质，是从资本主义社会的具体情况出发，研究现实问题，而不是从形而上学的本体出发，不是阐明绝对的性质，不是建立绝对的体系和追求绝对的真理。

在 1885 年 4 月 23 日致维·伊·查苏利奇的信中，恩格斯明确强调要把马克思的历史理论与本国的具体情况相结合，指出："马克思的历史理论是任何**坚定不移**和**始终一贯**的革命策略的基本条件；为了找到这种策略，需要的只是把这一理论应用于本国的经济条件和政治条件。"④认为要在俄国做到这一点，"就必须了解这些条件"，了解"俄国现状"。并说："至于我，对俄国现状知道得太少，不能冒昧地对那里在某一时期所应采取的策略的细节作出判断。"⑤

四、正确处理肯定与否定的关系

唯物主义辩证法是发展的哲学。发展是在事物的内在矛盾的推动下，肯

① 《马克思恩格斯选集》第 1 卷，人民出版社 2012 年版，第 227 页。
② 转引自《马克思恩格斯选集》第 1 卷，人民出版社 2012 年版，第 228 页。
③ 《马克思恩格斯全集》第 29 卷，人民出版社 1972 年版，第 445 页。
④ 《马克思恩格斯选集》第 4 卷，人民出版社 2012 年版，第 574 页。
⑤ 《马克思恩格斯选集》第 4 卷，人民出版社 2012 年版，第 574 页。

定方面和否定方面共同起作用的结果，而不是纯粹的否定。马克思在《〈资本论〉第二版跋》中说："辩证法，在其合理形态上，引起资产阶级及其空论主义的代言人的恼怒和恐怖，因为辩证法在对现存事物的肯定的理解中同时包含对现存事物的否定的理解，即对现存事物的必然灭亡的理解；辩证法对每一种既成的形式都是从不断的运动中，因而也是从它的暂时性方面去理解；辩证法不崇拜任何东西，按其本质来说，它是批判的和革命的。"①正是由于辩证法是用发展的眼光看问题，才导致它在对现存事物的肯定的理解中同时包含对现存事物的否定的理解，导致它具有批判性和革命性。但是这里必须注意，辩证法是"在对现存事物的肯定的理解中同时包含对现存事物的否定的理解"，而不是只有否定性。黑格尔的"扬弃"、马克思的"批判"和"革命"，都是如此。否则，它就是片面的、违背辩证法的。阿多尔诺"否定的辩证法"片面强调否定方面，抛弃肯定方面，最终走向了与辩证法对立意义上的"形而上学"。

五、正确处理社会批判和社会革命与社会建设的关系

社会批判、社会革命和社会建设是唯物主义辩证法改造世界的三大主题。

在《〈黑格尔法哲学批判〉导言》中，马克思详细论述了社会批判与社会革命的关系，指出：在同德国制度进行的斗争中，批判是头脑、是武器、是手段，它的主要工作是揭露靠维护一切卑劣事物为生、不公平的政府制度。在给敌人以打击的同时，让受现实压迫的人意识到压迫和耻辱，不再自欺欺人和俯首听命，积极投入到反对压迫制度的斗争当中去。因为"为了激起人民的**勇气**，必须使他们对自己**大吃一惊**。这样才能实现德国人民的不可抗拒的要求，而各国人民的要求本身则是能使这些要求得到满足的决定性原因"②。马克思还进一步指出："对思辨的法哲学的批判既然是对**德国**迄今为止政治意识形式的坚决反抗，它就不会专注于自身，而会专注于**课题**，这种课题只有一个解决办法：**实践**。"③因为，"批判的武器当然不能代替武器的批判，物质力量只能用

① 《马克思恩格斯选集》第2卷，人民出版社2012年版，第94页。

② 《马克思恩格斯选集》第1卷，人民出版社2012年版，第5页。

③ 《马克思恩格斯选集》第1卷，人民出版社2012年版，第9页。

物质力量来摧毁;但是理论一经掌握群众,也会变成物质力量"①。马克思在《关于费尔巴哈的提纲》中进一步把社会批判与社会革命联系起来,指出:"自从发现神圣家族的秘密在于世俗家庭之后,世俗家庭本身就应当在理论上和实践中被消灭。"②认为理论批判和实践变革紧密联系,缺一不可。

然而,马克思主义强调社会批判和社会革命的根本目的在于能够推翻旧的社会制度,建设一个人民当家作主的新社会。也就是说,批判与革命的最终目的是为了建设,而不是为了批判而批判,为了革命而革命。关于这一点,马克思和恩格斯在《德意志意识形态》中说得非常清楚:"革命之所以必需,不仅是因为没有任何其他的办法能够推翻**统治**阶级,而且还因为**推翻**统治阶级的那个阶级,只有在革命中才能抛掉自己身上的一切陈旧的肮脏东西,才能胜任重建社会的工作。"③在《哲学的贫困》中也说:"被压迫阶级的解放必然意味着新社会的建立。"④在《共产党宣言》中更是描绘了这样一个蓝图:"工人革命的第一步就是使无产阶级上升为统治阶级,争得民主。"然后,"无产阶级将利用自己的政治统治,一步一步地夺取资产阶级的全部资本,把一切生产工具集中在国家即组织成为统治阶级的无产阶级手里,并且尽可能快地增加生产力的总量","并以统治阶级的资格用暴力消灭旧的生产关系",最终"当阶级差别在发展进程中已经消失而全部生产集中在联合起来的个人的手里的时候,公共权力就失去政治性质","代替那存在着阶级和阶级对立的资产阶级旧社会的,将是这样一个联合体,在那里,每个人的自由发展是一切人的自由发展的条件"⑤。列宁的《国家与革命》,毛泽东的《新民主主义论》、《论联合政府》和《论人民民主专政》,也都有不少论述革命与建设关系的主要内容。

六、正确处理问题与答案的关系

马克思不仅一贯主张从现实出发,研究和解决重大的社会现实问题,而且

① 《马克思恩格斯选集》第1卷,人民出版社2012年版,第9页。
② 《马克思恩格斯选集》第1卷,人民出版社2012年版,第134—135页。
③ 《马克思恩格斯选集》第1卷,人民出版社2012年版,第171页。
④ 《马克思恩格斯选集》第1卷,人民出版社2012年版,第274页。
⑤ 《马克思恩格斯选集》第1卷,人民出版社2012年版,第421—422页。

强调在研究和解决重大的社会现实问题的过程中必须正确处理问题与答案的关系:"一个时代的迫切问题,有着和任何在内容上有根据的因而也是合理的问题共同的命运:主要的困难不是**答案**,而是**问题**。因此,真正的批判要分析的不是答案,而是问题。正如一道代数方程式只要题目出得非常精确周密就能解出来一样,每个问题只要已成为**现实**的问题,就能得到答案。世界史本身,除了用新问题来回答和解决老问题之外,没有别的方法。因此,每个时代的谜语是容易找到的。这些谜语都是该时代的迫切问题,如果说在答案中个人的意图和见识起着很大作用,因此,需要用老练的眼光才能区别什么属于个人,什么属于时代,那么相反,**问题**却是公开的、无所顾忌的、支配一切个人的时代之声。问题是时代的格言,是表现时代自己内心状态的最**实际的**呼声。"①认为要把着眼点放在发现、分析和解决"时代的迫切问题"上,而不是从头脑中想象出这些问题的"答案"和"词句"。毛泽东在《整顿党的作风》一文中也说:"如果我们身为中国共产党员,却对于中国问题熟视无睹,只能记诵马克思主义书本上的个别的结论和个别的原理,那末,我们在理论战线上的成绩就未免太坏了。如果一个人只知背诵马克思主义的经济学或哲学,从第一章到第十章都背得烂熟了,但是完全不能应用,这样是不是就算得一个马克思主义的理论家呢?这还是不能算理论家的。我们所要的理论家是什么样的人呢?是要这样的理论家,他们能够依据马克思列宁主义的立场、观点和方法,正确地解释历史中和革命中所发生的实际问题,能够在中国的经济、政治、军事、文化种种问题上给予科学的解释,给予理论的说明。我们要的是这样的理论家。"②充分强调运用马克思主义普遍原理正确解决中国实际问题的重要性。

七、正确处理研究结论与研究方法的关系

在《德意志意识形态》中,马克思阐述了自己关于历史观研究的大段结论③:在《政治经济学批判》序言中,马克思对这一结论作了进一步发和完善④,并被

---

① 《马克思恩格斯全集》第1卷,人民出版社1995年版,第203—204页。
② 《毛泽东选集》第三卷,人民出版社1991年版,第814页。
③ 参见《马克思恩格斯选集》第1卷,人民出版社2012年版,第170—171页。
④ 参见《马克思恩格斯选集》第2卷,人民出版社2012年版,第2—3页。

认为是马克思关于唯物主义历史观的经典表述。恩格斯在《共产党宣言》1883 年德文版《序言》中也对马克思历史观方面的研究结论进行概括:"贯穿《宣言》的基本思想:每一历史时代的经济生产以及必然由此产生的社会结构,是该时代政治的和精神的历史的基础;因此(从原始土地公有制解体以来)全部历史都是阶级斗争的历史,即社会发展各个阶段上被剥削阶级和剥削阶级之间、被统治阶级和统治阶级之间斗争的历史;而这个斗争现在已经达到这样一个阶段,即被剥削被压迫的阶级(无产阶级),如果不同时使整个社会永远摆脱剥削、压迫和阶级斗争,就不再能使自己从剥削它压迫它的那个阶级(资产阶级)下解放出来。——这个基本思想完全是属于马克思一个人的。"①毛泽东在《改造我们的学习》一文中,也研究方法与研究结论联系起来考察,强调"要有目的地去研究马克思列宁主义的理论,要使马克思列宁主义的理论和中国革命的实际运动结合起来,……为着解决中国革命的理论问题和策略问题而去从它找立场,找观点,找方法",坚持"实事求是","凭客观存在的事实,详细地占有材料,在马克思列宁主义一般原理的指导下,从这些材料中引出正确的结论",认为只有这样才是"理论和实际统一的马克思列宁主义的作风"。②

长期以来,国内的马克思主义教科书在阐述马克思的历史唯物主义时,主要是集中阐述这些研究结论,而不是研究方法。针对类似现象,恩格斯在 1895 年 3 月 11 日致威·桑巴特的信中明确指出:"马克思的整个世界观不是教义,而是方法。它提供的不是现成的教条,而是进一步研究的出发点和**供**这种研究**使用**的方法。"③他在《社会主义从空想到科学的发展》1882 年德文第一版序言中也强调:"唯物主义历史观及其在现代的无产阶级和资产阶级之间的阶级斗争上的特别应用,只有借助于辩证法才有可能。"④至于马克思本人对研究方法的重视,在本书第六节"唯物主义辩证法的研究方法和逻辑工具"的第二部分已有详细阐述,这里不再重复。

---

① 《马克思恩格斯选集》第 1 卷,人民出版社 2012 年版,第 380 页。
② 《毛泽东选集》第三卷,人民出版社 1991 年版,第 801 页。
③ 《马克思恩格斯选集》第 4 卷,人民出版社 2012 年版,第 664 页。
④ 《马克思恩格斯选集》第 3 卷,人民出版社 2012 年版,第 746—747 页。

八、正确处理现实性与人民性的关系

唯物主义辩证法作为与传统形而上学有着根本区别的哲学基本形态，它最基本的特征是：面向现实、面向人民大众，坚持理论与实际、认识世界与改造世界的统一，坚持理论和实际、认识世界和改造世界与最广大人民根本利益的统一。这种新的哲学形态，已不再是那种局限于“纯粹的思想领域”进行逻辑推论的旧哲学，不再是传统意义上的“唯物主义”和“辩证法”：它的“唯物主义”，不是主张从“物质”或“实践”的概念出发推演绝对体系，而是主张从现实出发、从最广大人民的利益出发，在认识世界的基础上改造世界；它的“辩证法”也不再是概念辩证法，不再是纯粹概念相互关系的逻辑推演，而是现实社会中理论与实际的关系问题、绝大多数人与少数人或人民群众与统治阶级的关系问题以及如何来处理这些问题的方法论。也就是说，它不仅要求理论是正确的，而且要求正确的理论能够付诸实施，要求理论能够与实际、与最广大人民的根本利益相统一，从而实现现实性和人民性的统一。

第七章　哲学基本形态的表现形态

正如本书第四章第二节所述,每一种哲学基本形态也都要经历诞生和发育、成熟、衰老三个阶段,并在这三个阶段呈现出初始形态、成熟形态和衍生形态三种表现形态,它们都是哲学基本形态演化过程中的重要环节。对这些哲学基本形态演化的重要环节进行考察,是我们更好地认识和把握世界哲学形态的演化过程、发展现状和发展趋势的必然要求。

第一节　哲学基本形态的初始形态

哲学基本形态的初始形态,是已经诞生但尚处于发育阶段的哲学基本形态,它已初步具备该哲学基本形态的理论特征和基本要素,但还不够成熟和完备。

一、传统形而上学的初始形态:朴素哲学

朴素哲学既是哲学的早期阶段,也是传统形而上学这一哲学基本形态的初始形态。在这里,"朴素"一词取"萌芽状态的"、"未发展的"之意。[①] 朴素哲学包含着以后诸种哲学形态的萌芽。

---

① 参见中国社会科学院语言研究所词典编辑室编:《现代汉语词典》,商务印书馆 2016 年版,第 1017 页。

1. 朴素哲学的定义及其性质范围

一般认为，最初的哲学形态——朴素哲学，产生于奴隶社会的中国上古时期和欧洲古希腊时期，大致相当于中国的商周时期和古希腊的“前苏格拉底”时期。① 在这一时期，人们借助当时积累的知识，开始对世界本原和人类自身进行探索，从而形成了最初的哲学。

朴素哲学是人类知识的总汇，与自然科学、伦理学、美学、逻辑学等交织在一起。由于它对世界的认识是整体的、朦胧的，常常与宗教和迷信相互渗透、相互利用。中国商周时期《周易》中的八卦观物取象的观念，《尚书·洪范》篇中的“五行说”；古希腊的泰勒斯把“水”看成万物的本原，阿那克西米尼把《气》看成万物的本原，赫拉克利特把“火”看成万物的本原，等等，都是这种哲学形态的代表。罗素在其撰写的《西方哲学史·绪论》中也认为，在西方哲学中，“与神学相区别的哲学，开始于纪元前六世纪的希腊”②。

朴素哲学由神话发展而来，依靠直观和猜想来认识世界，其中不仅有由神话发展而来的“经院哲学”成分，还有由猜想而来的“知识论哲学”成分和由直观而来的“实践哲学”成分。与此同时，在朴素哲学的三个主要成分中，还同时交织着“朴素唯物主义”和“朴素唯心主义”、“朴素辩证法”和“朴素形而上学”这四种因素。对此，恩格斯在《〈反杜林论〉旧序·论辩证法》中也说：“在希腊哲学的多种多样的形式中，几乎可以发现以后的所有看法的胚胎、萌芽。”③因此，以往人们在提到朴素哲学时只关注其中的两种因素——朴素唯物主义和朴素辩证法④，这是非常片面的，不足以全面反映朴素哲学的实际构

---

① 德国哲学家黑格尔在谈到古希腊哲学时说：“从这个时代希腊的外在历史情况说来，希腊哲学开始于基督降生前六世纪，亦即居鲁士的时代，当小亚细亚伊奥尼亚诸自由邦衰落的时期。因为这个进入高度文化的美丽世界衰落了，所以发生了哲学。”（[德]黑格尔：《哲学史讲演录》第1卷，商务印书馆1959年版，第162页。）E.策勒尔在《古希腊哲学史纲》一书中也把这一时期限定在公元前6世纪—公元前5世纪中期。

② [英]罗素：《西方哲学史》上卷，商务印书馆1961年版，第13页。

③ 《马克思恩格斯选集》第3卷，人民出版社2012年版，第877页。

④ 之所以出现这种现象，可能与下文提到的恩格斯在不同场合曾经分别说过“古希腊罗马哲学是原始的自发的唯物主义”和“古希腊的哲学家都是天生的自发的辩证论者”有关。但持这种观点的人显然是片面理解了恩格斯的话，因为恩格斯只是在谈到唯物主义和辩证法的时候才分别谈到了以上这两句话，他在全面评价古希腊哲学的时候则是说：“在希腊哲学的多种多样的形式中，几乎可以发现以后的所有观点的胚胎、萌芽。”

成。其实,“朴素唯心主义”即我们前面提到的“原始唯心主义”,是一种与万物有灵论相联系的唯心主义;而“朴素形而上学”,则是仅仅依靠建立在日常生活经验之上的猜想来判断宇宙整体以及事物稳定性和发展规律的“形而上学”。

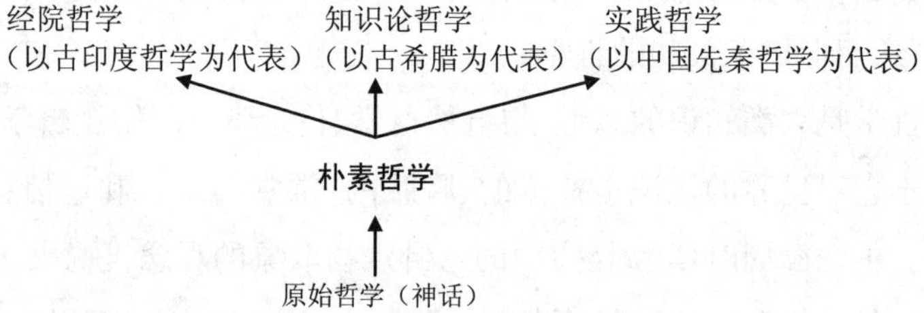

在朴素哲学中,就其三个主要成分而言:“经院哲学”成分属于对来世的关注,“知识论哲学”成分和“实践哲学”成分属于对现世的关注。而不论是对来世的关注与对现世的关注,彼此都是相互作用、相互影响的。西方在中世纪长达1000多年的时间内,哲学成为“神学的婢女”;中国在西汉以后长达2000年的时间内,虽然在大部分的时间内都是儒家哲学占统治地位,但也出现过道家哲学和佛教哲学各自在一定历史时期内成为社会主流思想的现象,甚至出现了儒、释、道融合的现象。

对于交织于朴素哲学三个主要成分中的“朴素唯物主义”和“朴素唯心主义”、“朴素辩证法”和“朴素形而上学”四个方面的因素而言,国内外哲学界最为关注的是其中的“朴素唯物主义”和“朴素辩证法”:

关于朴素唯物主义,亚里士多德在《形而上学》一书中说:“初期哲学家大都认为万物唯一的原理就在物质本性。万物始所从来,与其终所从入者,其属性变化不已,而本体常如,他们因而称之为元素,并以元素为万物原理。”①恩格斯在《反杜林论》中也说:“古希腊罗马哲学是原始的自发的唯物主义。作为这样的唯物主义,它没有能力弄清思维对物质的关系。”②《中国大百科全书》的定义是:“直观的、从常识出发的、缺乏坚实科学基础的唯物主义哲学。它是唯物主义的最初形式,产生于奴隶社会,在东方延续至封建社会。”③《辞

① [古希腊]亚里士多德:《形而上学》,商务印书馆1959年版,第7页。
② 《马克思恩格斯选集》第3卷,人民出版社2012年版,第517页。
③ 《中国大百科全书》(第二版简明版)第6卷,中国大百科全书出版社2011年版,第106页。

海》的定义有两个:"(1)一般指古代唯物主义。用某种或几种具体物质形态来解释世界本原的哲学学说。往往与朴素辩证法思想结合在一起。中国古代有'五行'(木、火、土、金、水)之说。古希腊哲学家如泰勒斯、赫拉克利特等以水、火等来说明宇宙的始源。古印度的遮缚迦派认为万物是由'四大'(地、水、火、风)构成的。(2)有时亦作为自发的唯物主义的别称。"①以上这些定义,在对朴素唯物主义的理解上,是基本一致的。

关于朴素辩证法,《辞海》的定义是:"古代原始的辩证法。它直观地认识到一切事物都在普遍联系和运动变化之中,猜测到对立面的统一和斗争。如中国古代《老子》说'有无相生,难易相成,长短相形,高下相倾,音声相和,前后相随'等。在欧洲,古希腊的赫拉克利特认为'一切皆变,无物常住','统一物是由两个对立面组成的'。它是辩证法的初级形态,虽是正确的,但缺乏严格的科学论证,因而又是不完备的。"②实际上,在中国哲学史上,除了老子《道德经》里的辩证法思想以外,韩非提出了朴素的"矛盾之说"③;汉代董仲舒提出:"凡物必有合。合必有上,必有下,必有左,必有右,必有前,必有后,必有表,必有里。有美必有恶,有顺必有逆,有喜必有怒,有寒必有暑,有昼必有夜,此皆合也。"④"阴阳无所独行,其始也不得专起,其终也不得分功,有所兼之义。是故臣兼功于君,子兼功于父,妻兼功于夫,阴兼功于阳,地兼功于天。"⑤"天使阳出布施于上而主岁功,使阴入伏于下而时出佐阳,阳不得阴之助,亦不能独成岁。"⑥扬雄强调:"阳不极则阴不萌,阴不极则阳不牙。极寒生热,极热生寒;信道致诎,诎道致信。其动也日造其所无而好其所新,其静也日灭其所为而损其所成。"⑦"有生者必有死,有始者必有终,自然之道也。"⑧并且与

---

① 《辞海》(普及本中),上海辞书出版社 2010 年版,第 3031 页。

② 《辞海》(普及本)(中),上海辞书出版社 2010 年版,第 3031 页。

③ 参见《韩非子·难一》,《韩非子集解》,《诸子集成》第 5 卷,中华书局 1954 年版,第 265 页。

④ 董仲舒:《春秋繁露》,中华书局 2012 年版,第 464 页。

⑤ 董仲舒:《春秋繁露》,中华书局 2012 年版,第 465 页。

⑥ 董仲舒:《举贤良对策一》,《中国哲学史资料简编》(两汉—隋唐部分·上册),中华书局 1963 年版,第 6 页。

⑦ 中国社会科学院哲学研究所编:《中国哲学史资料选辑》(两汉之部上),中华书局 1982 年版,第 195—196 页。

⑧ 《中国哲学史资料简编》(两汉—隋唐部分·上册),中华书局 1963 年版,第 161 页。

董仲舒相比，扬雄在对“道”的态度上已有所进步，主张对道“可则因，否则革”①。对于礼法也主张“新则袭之，蔽则益损之”②。张载也认为：“两不立，则一不可见；一不可见，则两之用息。”③这些，均蕴含着丰富的朴素辩证法思想。之所以说这种辩证法是朴素的，是因为它虽然直观地看到了事物的矛盾，甚至看到了矛盾双方的相互依存，但对矛盾双方的对立统一关系则缺乏深刻的理解，甚至片面强调矛盾一方的决定作用。比如董仲舒在谈“阳为德，阴为刑”、阴与阳的相互依赖关系之后，强调“终阳以成岁为名，此天意也”④，强调“天之任德不任刑”⑤，都是其辩证法的朴素性、不彻底性的表现。

在西方哲学史上也是如此。恩格斯在《反杜林论》里认为，尽管“古希腊的哲学家都是天生的自发的辩证论者，他们中最博学的人物亚里士多德就已经研究了辩证思维的最主要的形式”⑥，但古希腊的辩证法仍然是“原始的、朴素的……这种观点虽然正确地把握了现象的总画面的一般性质，却不足以说明构成这幅总画面的各个细节；而我们要是不知道这些细节，就看不清总画面”⑦。也就是说，它仍然属于朴素哲学，属于朴素辩证法。恩格斯在《自然辩证法》中论述辩证法的第一种形态时也说：“在这种哲学中，辩证思维还以原始的朴素的形式出现，……在希腊人那里——正是因为他们还没有进步到对自然界进行解剖、分析——自然界还被当做整体、从总体上来进行观察。自然现象的总的联系还没有在细节上得到证明，这种联系在希腊人那里是直接观察的结果。这是希腊哲学的缺陷所在，由于这种缺陷，它后来不得不向其他的观点让步。然而这也正是希腊哲学要比它以后的所有形而上学对手更高明之处。如果说，形而上学同希腊人相比在细节上是正确的，那么，希腊人同形而

① 《中国哲学史资料简编》（两汉—隋唐部分·上册），中华书局1963年版，第156页。

② 《中国哲学史资料简编》（两汉—隋唐部分），中华书局1963年版，第156页。

③ 中国社会科学院哲学研究所编：《中国哲学史资料选辑》（宋元明之部上），中华书局1982年版，第114页。

④ 董仲舒：《举贤良对策一》，《中国哲学史资料简编》（两汉—隋唐部分·上册），中华书局1963年版，第6页。

⑤ 董仲舒：《举贤良对策一》，《中国哲学史资料简编》（两汉—隋唐部分·上册），中华书局1963年版，第6页。

⑥ 《马克思恩格斯选集》第3卷，人民出版社2012年版，第394页。

⑦ 《马克思恩格斯选集》第3卷，人民出版社2012年版，第395页。

上学相比则在总体上是正确的。"[①]对朴素辩证法进行了较为全面的描述。

至于对"朴素唯心主义"和"朴素形而上学",学术界虽然没有给予太多关注,但作为"朴素唯物主义"和"朴素辩证法"的对立面,也并不难理解。其中,"朴素唯心主义",不仅像"朴素唯物主义"一样"没有能力弄清思维对物质的关系",并不把"灵魂"看成是人类特有的,甚至认为万物都是有灵的。它们中的主观唯心主义把人的"精神"视为第一性的,视为整个世界的本原,它们中的客观唯心主义则把"上帝"视为第一性的,视为整个世界的本原。中国古代的朴素唯心主义者还把"德"、"诚"、"孝"等道德规范视为第一性的,视为整个世界的本原。例如,《大学》中说:"是故君子先慎乎德。有德此有人,有人此有土,有土此有财,有财此有用。德者本也,财者末也。"[②]孟子说:"诚者,天之道也。思诚者,人之道也。"[③]《孝经》说:"夫孝,天之经也,地之义也,民之行也。天地之经,而民是则之,则天之明,因地之利,以顺天下。"[④]古希腊的柏拉图在感官世界之前设计了一个理念世界,从理念世界派生出感官世界,并以神学目的论来解释宇宙的演化,提出"宇宙灵魂"(亦译"世界灵魂")概念,认为如果宇宙是一个有生命的统一体,则和其他动物一样,它必须有灵魂,即宇宙灵魂。[⑤] 这些,都可以视为朴素的唯心主义思想。

而"朴素形而上学",则表现为对"一"、"绝对"和"静止"的追求,它是"朴素辩证法"的孪生兄弟。譬如,中国汉代的董仲舒在认为阴阳相互依存的同时,认为:"天之道,终而复始。"[⑥]"常一而不灭,天之道。"[⑦]"阴者,阳之合;妻者,夫之合;臣者,君之合。"[⑧]"阳之出也,常县于前而任事;阴之出也,常县于

---

① 《马克思恩格斯选集》第3卷,人民出版社2012年版,第876—877页。

② 中国社会科学院哲学研究所编:《中国哲学史资料选辑》(先秦之部下),中华书局1984年版,第1555页。

③ 中国社会科学院哲学研究所编:《中国哲学史资料选辑》(先秦之部中),中华书局1984年版,第529页。

④ 《十三经注疏》下册,中华书局1980年版,第2549页。

⑤ 参见《哲学大辞典》下卷,上海辞书出版社2007年版,第1547页。

⑥ 董仲舒:《春秋繁露》,中华书局2012年版,第440页。

⑦ 董仲舒:《春秋繁露》,中华书局2012年版,第455页。

⑧ 董仲舒:《春秋繁露》,中华书局2012年版,第464页。

后而守空出。此见天之亲阳而疏阴,任德而不任刑也。”[①]“故王者有改制之名,亡变道之实。……道之大原出于天,天不变,道亦不变。是以禹继舜,舜继尧,三圣相受而守一道,亡救弊之政也,故不言其所损益也。”[②]这种朴素的“形而上学”,到了公孙龙子那里,竟然发展到把同一事物的不同属性看成是互不相关的。如公孙龙子的《白马论》,认为“马者所以命形也,白者所以命色也。命色者非命形也,故曰白马非马也”[③],在《坚白论》中认为“视不得其所坚而得其所白者,无坚也;拊不得其所白而得其所坚者,无白也”[④]。在古希腊哲学中,毕达哥拉斯学派认为,一是数和万物的最高本原;色诺芬尼则用宗教神学来解释“一”,认为神具有“一”的本性,神是唯一的、不动的、不生不灭的。[⑤]这均是朴素的“形而上学”。这种朴素的“形而上学”,与后来的“传统形而上学成熟形态”中的“形而上学”相比,逻辑推理很不严密,更谈不上体系化。

总的说来,依靠建立在日常生活经验之上的直觉和猜想来认识世界,这是朴素哲学的思维模式。黑格尔在《哲学史讲演录》中说:“开始的思想看起来非常贫乏,高度抽象,它的内容和东方人加在他们的对象上的内容对比起来,是很少的。思想的开始本身是直接的,是在自然性和直接性的形式之下的。希腊思想和东方思想都同有着这种自然性和直接性。”[⑥]在这一时期,人们依靠感觉和直觉获取对世界的认识,并在此基础上对世界的奥秘进行猜想。但这种最为初级的思维模式并不因为哲学形态由初级阶段向高级阶段的发展而完全湮灭。正如爱因斯坦所说的,即使是有了逻辑思维以后,概念和命题的意义和内容同感觉经验之间的联系仍然离不开直觉:“概念和命题只有通过它们同感觉经验的联系才获得‘意义’和‘内容’。后者同前者的联系纯粹是直

---

① 董仲舒:《春秋繁露》,中华书局 2012 年版,第 465 页。

② 中国社会科学院哲学研究所编:《中国哲学史资料选辑》(两汉之部上),中华书局 1982 年版,第 89 页。

③ 中国社会科学院哲学研究所编:《中国哲学史资料选辑》(先秦之部中),中华书局 1984 年版,第 949 页。

④ 参见中国社会科学院哲学研究所编:《中国哲学史资料选辑》(先秦之部中),中华书局 1984 年版,第 965 页。

⑤ 《哲学大辞典》下卷,上海辞书出版社 2007 年版,第 1541 页。

⑥ [德]黑格尔:《哲学史讲演录》第 1 卷,商务印书馆 1959 年版,第 162 页。

觉的联系,并不具有逻辑的本性。科学'真理'同空洞幻想的区别就在于这种联系,即这种直觉的结合能够被保证的可靠程度,而不是别的什么。"①

需要特别指出的是,国内外哲学界有人认为,同是朴素哲学,中国的朴素哲学一开始就偏重于对人性和人类社会的伦理道德的研究,而西方的朴素哲学从一开始就面向自然,偏重于对自然哲学的研究,这些特点延续到后世,逐步形成了近代以前的东西方哲学在研究对象上的重要差别,这种看法并不准确。详细考察世界哲学史,我们就可以发现:与黑格尔在《哲学史讲演录》中关于"在希腊生活的历史中,当我们进一步追溯时,以及有追溯之必要时,我们可以不必远溯到东方和埃及"②的看法不同,"古代文献和近代考古资料都确凿地证明,希腊文化是在西亚和埃及的文化影响之下发展起来的"③。这一点,就连黑格尔也不敢完全否认,因为黑格尔也不得不承认当时"如果和东方人想象中的华美壮丽宏大相比,和埃及的建筑、东方诸国的宏富相比,希腊人的清妙作品(美丽的神、雕像、庙宇)以及他们的严肃作品(制度与事迹),可能都像是一些渺小的儿童的游戏:希腊所发展的思想,尤其是这个样子"④。古希腊朴素哲学也是这样,它产生之初不论是在研究对象、思维方式还是研究方法上,都与作为其文化来源的"东方文化"没有太大的差别。连黑格尔自己也说:"思想的开始本身是直接的,是在自然性和直接性的形式之下的。希腊思想和东方思想都同有着这种自然性和直接性。但是希腊思想把东方的内容化

---

① [德]爱因斯坦:《爱因斯坦文集》第1卷,商务印书馆2009年版,第6页。

② 黑格尔在《哲学史讲演录》中谈到外来文化对古希腊文化的影响时说:"他们当然多多少少从亚细亚、叙利亚、埃及取得了他们宗教、文化、社会组织的实质来源,但是他们把这个来源的外来成分大大地消融了;大大地改变了,加工改造了,转化了,造成了另外一个东西,所以他们和我们一样,所珍视、所认识、所爱好的那些东西,本质上正是他们自己的东西。因此,在希腊生活的历史中,当我们进一步追溯时,以及有追溯之必要时,我们可以不必远溯到东方和埃及,即在希腊世界与希腊生活方式之内,就可以追寻出:科学与艺术的发生、萌芽、发达直到最盛的历程,以至衰落的根源,都纯粹在希腊人自己的范围里面。因为希腊精神的发展只需要外来的东西当作材料,当作刺激。他们在这些材料中自己意识到自己是自由的,并且有了自由的活动。他们加在外来的材料基础上的形式,是一种特有的精神气息——自由与美的精神;这个精神,从一方面看,可以说是形式,但是从另一方面看,事实上却正是更高的实质内容。"([德]黑格尔:《哲学史讲演录》第1卷,商务印书馆1959年版,第158页。)

③ 汪子嵩等:《希腊哲学史》第1卷,人民出版社1988年版,第61—62页。

④ [德]黑格尔:《哲学史讲演录》第1卷,商务印书馆年版,第161页。

成了一些完全贫乏的范畴，所以这些思想在我们看来，是不大值得注意的，因为它们还不是真正的思想，尚未具备思想的形式与范畴，而还存在着自然性。”①至于黑格尔所说的把这些“来源的外来成分大大地消融了”，“大大地改变了，加工改造了，转化了，造成了另外一个东西”②之类的事情，在古希腊时并没有真正发生，这类事情的发生至少应该是笛卡尔以后的事情了。如果仅就研究对象而言，即使是亚里士多德和黑格尔本人，也仍然是在追求这种“知识的大全”或“知识的总汇”，他们与前人的差别仅仅至于逻辑工具和表述方式大不相同而已。

实际上，不论是在自然科学的发展水平上还是在哲学的发展水平上，古代中国与古希腊和整个西方的中世纪基本上是同步的。至于中国哲学，在春秋战国时期还是诸子百家争鸣，偏重于对人性和人类社会的伦理道德的研究，只是从西汉实行“罢黜百家，独尊儒术”政策以后才开始的，而西方的朴素哲学面向自然、偏重于对自然哲学的研究，也只是从文艺复兴以后才开始的，否则也就不会有中世纪哲学成为“神学的婢女”和布鲁诺的被焚了。

2. 朴素哲学的哲学形态描述

朴素哲学处于哲学产生和发展的早期阶段。根据恩格斯在《反杜林论》和《自然辩证法》中以及亚里士多德在《形而上学》中对古希腊的朴素哲学的描述，我们可以对这种传统形而上学的初始形态进行如下概括：

（1）理论特征。局限在“经验”领域，依靠直觉和猜想对世界（包括自然界和人类社会）进行整体性观察，猜测世界的开端、始基和本原。

（2）研究目的。求知，试图在自然事物中选取一种或多种具体物质作为世界上万事万物的本原。

（3）研究领域。“大全”，整个世界。中国和西方的朴素哲学最初都是要追求“大全”，只是中国的朴素哲学在西汉到清末更加重视对人性和人类社会的伦理道德的研究，而西方的朴素哲学到文艺复兴以后更加重视对自然哲学的研究。

---

① ［德］黑格尔：《哲学史讲演录》第1卷，商务印书馆1959年版，第162页。
② ［德］黑格尔：《哲学史讲演录》第1卷，商务印书馆1959年版，第158页。

(4)思维模式。具象性思维、简单抽象。

(5)研究方法。经验、习惯基础上的直觉、体悟和猜想。

(6)逻辑工具。类比和假设。

(7)人学立场。奴隶社会和封建社会统治阶级的立场。

(8)学科体系。哲学思想缺乏单一而完整的表达体系,往往是通过对话或语录的形式记录下来。像老子《道德经》、亚里士多德著作这样的系统著述十分少见。

(9)社会功能。获得对世界模糊的整体性的认识。

由于朴素哲学作为哲学的早期形态,对现代社会和现代哲学的影响已经相当微弱。但在日常生活中,直觉和猜想仍然是人们常用的思维模式。只是,与古代人的直觉和猜想不同,现代人的直觉和猜想已经是建立在学习了科学知识以后,对客观世界有了广泛了解的基础之上。

二、唯物主义辩证法的初始形态

对于唯物主义辩证法来说,马克思和恩格斯的哲学是初始形态。本书第九章"唯物主义辩证法的四大基本样式及其演变(一)——马克思创立的唯物主义辩证法",第十章"唯物主义辩证法的四大基本样式及其演变(二)——恩格斯创立的自然辩证法",对此已有详细论述,在此不再赘言。

第二节 哲学基本形态的成熟形态

哲学基本形态的成熟形态,是处于成熟阶段的哲学基本形态,已经基本具备了该哲学基本形态的理论特征和基本要素,并且已经发育成熟和完备。

一、传统形而上学的成熟形态

传统形而上学的成熟形态,当以 18 世纪法国唯物主义和德国古典哲学特别是黑格尔哲学和费尔巴哈哲学为代表。详见本书第五章"作为哲学形态的传统形而上学",第八章"传统形而上学的三大基本样式及其历史演变"之第三节“西方的形而上学”。

二、唯物主义辩证法的成熟形态

唯物主义辩证法的成熟形态，当以中国特色的马克思主义（或“中国模式的唯物主义辩证法”）为代表。详见本书第十二章“唯物主义辩证法的四大基本样式及其演变（四）——中国模式的唯物主义辩证法”。

第三节　哲学基本形态的衍生形态

哲学基本形态的衍生形态是某种哲学基本形态在成熟期之后所呈现的一种表现形式，是由这种哲学基本形态衍生出来的变种。它在基本上保持了这种哲学基本形态根本特征的同时，又发生了明显的变化。哲学基本形态的衍生形态主要有传统形而上学的衍生形态和唯物主义辩证法的衍生形态两种。

一、传统形而上学的衍生形态

传统形而上学的衍生形态，包括“应用的形而上学”、“反形而上学”、“新形而上学”（或“修正的形而上学”）和“反马克思主义”四大思潮。而“新形而上学”（或“修正的形而上学”）思潮又可划分为“后形而上学”和“建设性后现代主义”两大流派。“反马克思主义”又可以划分为“修正主义的马克思主义”、“后马克思主义”和“新马克思主义”三大流派。这实质上是西方主流意识形态借用各种西方现当代哲学流派来攻击马克思主义，但由于它们均是打着“马克思主义”的旗号，因而极具欺骗性，必须予以明确辨析。

1. 传统形而上学衍生形态主要样式之一：“应用的形而上学”

“应用的形而上学”是传统形而上学最重要的一个衍生形态。它是一个与“西方哲学的核心部门或学科的意义上”的形而上学相对应的概念，是一种“与辩证法相对的思维方式”。这种思维方式是形而上学超出了其适用范围（如人们的日常生活）而进入到经济社会的宏观发展领域时所形成的一种不合理的、有害的思维方式。

(1)“应用的形而上学”的定义及其性质范围。

“应用的形而上学”是马克思在《哲学的贫困》一书中的用语。马克思在《哲学的贫困》中批判蒲鲁东政治经济学的形而上学时说:“既然把任何一种事物都归结为逻辑范畴,任何一个运动、任何一种生产行为都归结为方法,那么由此自然得出一个结论,产品和生产、事物和运动的任何总和都可以归结为应用的形而上学。黑格尔为宗教、法等做过的事情,蒲鲁东先生也想在政治经济学上如法炮制。”①

从马克思主义经典作家的论述来看,这种“应用的形而上学”主要有两种主要样式:一是与辩证法相对立的“形而上学”思维模式,表现为用片面、孤立、静止的观点看待一切问题,它具有一定的适用范围,但只要超出了这一范围就必然导致谬误;二是用依靠绝对抽象建立起来的绝对体系来“分析”社会问题的“绝对方法”,其主要特征就是理论与实际相脱离。

第一种样式,即作为与辩证法相对立的“形而上学”思维模式,可以用恩格斯的一段话来表述:“在形而上学者看来,事物及其在思想上的反映即概念,是孤立的、应当逐个地和分别地加以考察的、固定的、僵硬的、一成不变的研究对象。他们在绝对不相容的对立中思维;他们的说法是:‘是就是,不是就不是;除此以外,都是鬼话。’在他们看来,一个事物要么存在,要么就不存在;同样,一个事物不能同时是自身又是别的东西。”②即坚持绝对的肯定或绝对的否定,追求绝对的、普遍有效的真理。毛泽东在《矛盾论》中也说:“所谓形而上学的或庸俗进化论的宇宙观,就是用孤立的、静止的和片面的观点去看世界。这种宇宙观把世界一切事物,一切事物的形态和种类,都看成是永远彼此孤立和永远不变化的。如果说有变化,也只是数量的增减和场所的变更。而这种增减和变更的原因,不在事物的内部而在事物的外部,即是由于外力的推动。”③这种思维模式实质上是传统形而上学的思维方式超出了其适用范围后的极端表现形式。当我们超出了日常生活领域,进入到经济、政治、社会和文化的宏观管理领域的时候,如果仍然坚持一切从概念、原则、思想出发,坚持

---

① 《马克思恩格斯文集》第1卷,人民出版社2009年版,第600—601页。
② 《马克思恩格斯文集》第9卷,人民出版社2009年版,第24页。
③ 《毛泽东选集》第一卷,人民出版社1991年版,第300页。

两极对立的二分思维,坚持单向逻辑推论和单向决定思维,就必然造成用静止、片面、孤立的眼光看问题,造成理论和实际相脱离。

第二种样式,即研究社会问题时使用的“绝对方法”,马克思在《哲学的贫困》第二章中所说的“政治经济学的形而上学”就是其典型的表现形式。马克思说:“这种绝对方法到底是什么呢?是运动的抽象。运动的抽象是什么呢?是抽象形态的运动。抽象形态的运动是什么呢?是运动的纯粹逻辑公式或者纯粹理性的运动。纯粹理性的运动又是怎么回事呢?就是设定自己,自相对立,自相合成,就是把自身规定为正题、反题、合题,或者就是它自我肯定、自我否定和否定自我否定。……把这个方法运用到政治经济学的范畴上面,就会得出政治经济学的逻辑学和形而上学”①。说穿了,就是脱离对实际情况的调查研究,局限于“纯粹的思想领域”,单纯依靠逻辑推论建立绝对体系。这是一种必然导致理论与实际相脱离的方法。

(2)“应用的形而上学”的哲学形态描述。

“应用的形而上学”,不论是作为与辩证法相对立的“形而上学”思维模式,还是研究社会问题时使用的“绝对方法”,都有着基本相同的哲学形态特征。

①“应用的形而上学”的理论特征。“应用的形而上学”,虽然具有“应用”二字,但并不表明其与理论没有关系。恰恰相反,在实践中,作为与辩证法相对立的“形而上学”思维模式,往往是以教条主义和“一点论”为指导,或是机械地照搬公式,或是片面强调一时、一点、一面,而不能用全面、联系和发展的眼光看问题;作为研究社会问题时使用的“绝对方法”,其主要表现就是从头脑中而不是从对社会现实的调查和研究中产生出关于社会的认识。② 因而,二者共同的理论特征就是理论与实际相脱离。其中,与辩证法相对立的“形而上学”思维模式,往往是用不符合实际的理论指导实践;研究社会问题时使用的“绝对方法”,则是用错误的方法得出与社会现实不相符合的理论。

②“应用的形而上学”的研究目的。与传统形而上学往往与“现实”保持

---

① 《马克思恩格斯文集》第1卷,人民出版社2009年版,第601页。

② 在作者看来,如果非要指出这种“绝对方法”的适用范围,那也只能是在对调查研究得到的研究结论进行表达的时候,并且还要努力避免片面性和绝对性。

一定距离不同,“应用的形而上学”的研究目的则是很“现实”的:与辩证法相对立的“形而上学”思维模式,往往是为了改造现实世界;研究社会问题时使用的“绝对方法”,则是为了解释现实世界。只是,由于其超出了自己的适用范围,往往导致错误的行为或得出错误的结论。

③“应用的形而上学”的研究领域。与传统形而上学不同,“应用的形而上学”的研究领域也是很“现实”的,主要是现实中人们认识世界和改造世界的理论与实践。

④“应用的形而上学”的思维模式。单向决定的线性思维和两极对立的二分思维去追求终极和绝对,其结果必然是要么绝对肯定、要么绝对否定。

⑤“应用的形而上学”的研究方法。坚持先验的理论前提,从概念、原则和思想出发,依靠绝对抽象或套用原理和公式,来建立解释世界和改造世界的思想体系。

⑥“应用的形而上学”的逻辑工具。基于形式逻辑或辩证逻辑(如黑格尔的三段论)基础之上的单向逻辑推论。

⑦“应用的形而上学”的人学立场。“应用的形而上学”作为传统形而上学的衍生形态,在人学立场与传统形而上学略有区别,并不全是从“抽象的人”出发来建立自己的思想体系。它被资产阶级学者使用时,往往是在“抽象的人”的掩护下坚持占人口少数的统治阶级的立场;被坚持教条主义的马克思主义者使用时,往往是虽然想坚持绝大多数人的立场,但却由于理论与实际相脱离而损害绝大多数人的利益。

⑧“应用的形而上学”的学科体系。与传统形而上学相比,“应用的形而上学”不再关注“天国”、关注“彼岸世界”,而只关注“尘世”、关注“此岸世界”。不过,其学科体系虽然仅限于对“现实问题”的研究,但范围非常广泛,横跨现实社会中从思想、道德、文化到政治、经济、军事等的各个方面。

⑨“应用的形而上学”的社会功能。由于“应用的形而上学”在多数情况下都属于传统形而上学超出了其适用范围(日常生活领域)之后的一种特殊表现形式,因而其社会功能基本上是负面的,在其指导下形成的认识世界和改造世界的理论与实践往往会对历史的健康发展造成巨大的危害,必须随时予以警惕和避免。

2. 传统形而上学衍生形态主要样式之二:"反形而上学"

自19世纪上半叶开始,西方哲学界在"拒斥形而上学"或对传统形而上学进行"修正"的旗帜下,"反形而上学"、"后形而上学"和"建设性后现代主义"等学术流派先后出现,对世界哲学产生了很大的影响。但它们仍然属于同一种基本哲学形态,或说只是传统形而上学的一种衍生形态。三者在理论特征上略有区别,但都是从反对或"修正"传统形而上学出发而最终成为新的形而上学,因而同属于传统形而上学的衍生形态。其中,不论是从产生的时间上看,还是从发展的逻辑上看,"反形而上学"都要先于"后形而上学"和"建设性后现代主义",并对"后形而上学"和"建设性后现代主义"产生了深刻影响。

(1)"反形而上学"的定义及其性质范围。

柯林伍德在《形而上学论》中这样定义"反形而上学":"反形而上学是指这样一种思想,它将形而上学看作是知识进步过程中的谬见和阻碍,并要求废除形而上学。"①他把"反形而上学"划分为"进步的反形而上学"、"反动的反形而上学"和"非理性主义的反形而上学"三种。② 其中,"进步的反形而上学"认为形而上学阻碍科学的进步;"反动的反形而上学"将形而上学看作是一种颠倒的或倒转的思想,在企图禁止所有的形而上学的同时,却由于自身思考方式的陈旧而允许新的形而上学的存在,在本质上这是一种"将自己的伪形而上学当作是反形而上学"③;"非理性主义的反形而上学"企图最终废除任何系统的、有序的思想。柯林伍德在《形而上学论》一书的结尾这样评论他所说的"反动的反形而上学家":"由于形而上学是科学的不可或缺的条件,形而上学的敌人就是科学的敌人,一个反动的反形而上学家就是任何进步的科学的敌人,试图用一只笨拙的手拨回科学进步的钟表。"④

在西方哲学史上,西方近代哲学家休谟、康德、黑格尔等,开始对传统形而上学的一些缺陷进行抨击,并力图在自己的哲学中能够弥补这些缺陷。但由于他们仍然受传统形而上学思维模式的影响,并没有从根本上解决这些缺陷,

---

① [英]柯林伍德:《形而上学论》,北京大学出版社2007年版,第63页。

② 参见[英]柯林伍德:《形而上学论》,北京大学出版社2007年版,第64—65页。

③ [英]柯林伍德:《形而上学论》,北京大学出版社2007年版,第77页。

④ 柯林伍德:《形而上学论》,北京大学出版社2007年版,第262页。

反而使自己的哲学成了更为严密的形而上学体系。因而,本书仍然把他们视为典型的形而上学家,并在“作为哲学形态的传统形而上学”一章内探讨他们的哲学所具备的哲学形态特征。

真正的“反形而上学”运动是从孔德(1789—1857)的“实证主义”开始。[①]“实证主义”亦称“实证论”,19 世纪 30—40 年代产生于英国和法国,一般认为法国的孔德是其创始人。柯林伍德在《形而上学论》中说:“实证主义是一种在 19 世纪备受青睐的哲学,它具有许多和 18 世纪的唯物主义相同的动机。它的核心学说是,获得知识的唯一有效方法是那些在自然科学中使用的方法,因此除非一门知识要么是自然科学,要么在方法上类似于自然科学,否则它就不是真正的知识。”[②]实证主义者宣称自己是“科学的哲学家”,认为科学只是对“实证的事实”即经验事实的描述,并不反映事物的本质和规律,事物的本质超出了感觉经验的范围,因而是不可认识的,从而提出“拒斥形而上学”的口号。在他们看来,唯物主义与唯心主义都是“不科学的”和“不确实的”,都是“形而上学”,并声称自己的学说是唯物主义与唯心主义之外的第三条道路。“实证主义”开辟了西方现当代哲学的一个声势浩大的“反形而上学”思潮。但正如柯林伍德所说:由于“他们的攻击的基础不是反对形而上学的方法,而是反对形而上学的主题”[③],因而必然造成这样的结果:“任何实证主义者都会在逻辑上承认这个原则,即形而上学是不可能的。但在同时,他又任凭形而上学以及伪形而上学充斥他们的头脑……因此,虽然从表面上看实证主义者是一切形而上学的宿敌,但实际上它们都是某种形而上学方法的支持者。”[④]也正因为如此,柯林伍德才把实用主义称为“实用主义的形而上学”[⑤]。与此类似,对于同一时期企图从研究对象方面对传统形而上学进行改造的各种非理性主义,如叔本华(1788—1860)的“唯意志论”,克尔恺郭尔(1813—

---

① 同一时期,几乎与“实证主义”同时产生的马克思主义,也对传统形而上学持坚决批判的态度。但它已不再是传统形而上学的衍生形态,而是与传统形而上学有着根本区别的哲学基本形态,因而与一般意义上的“反形而上学”有着本质区别。

② [英]柯林伍德:《形而上学论》,北京大学出版社 2007 年版,第 109 页。

③ [英]柯林伍德:《形而上学论》,北京大学出版社 2007 年版,第 112 页。

④ [英]柯林伍德:《形而上学论》,北京大学出版社 2007 年版,第 113 页。

⑤ [英]柯林伍德:《形而上学论》,北京大学出版社 2007 年版,第 109 页。

1855)等人的“存在主义”等,柯林伍德则称之为“非理性主义的宣教”①或“非理性主义的反形而上学”②。

19世纪70—80年代,由奥地利马赫(1838—1916)与德国阿芬那留斯(1843—1896)所创立的“马赫主义”(亦称经验批判主义),是实证主义的演变形态。仿效康德的“批判哲学”而命名。主张“批判掉”或“清洗掉”经验中的客观内容,认为只有这样,才能使经验“纯粹化”。“纯粹经验”构成世界的一切,它既不是心理的也不是物理的,而是“中立”的东西。马赫提出要素说,认为构成世界的是要素,要素即感觉,客观事物是“感觉的复合”。经验批判主义的理论曾被第二国际修正主义者用来反对马克思主义。③

19世纪末,美国哲学家皮尔斯(1839—1914)创立了“实用主义”,并于1901年创用了“实用主义”一词。他提出“皮尔斯原则”,认为名词、概念、命题、论断的意义在于它们的可感觉到的实际效果。詹姆斯(1842—1910)对皮尔斯的观点进行系统化,自称其哲学为“彻底经验主义”。“实用主义”的另一位重要代表是杜威(1859—1952),他把自己的哲学称为“经验自然主义”。此外还有美国的胡克、英国的席勒等。他们都把客观现实与经验等同起来,宣称认识的主体与客体之分只是经验内部的区别。他们强调的“实践”,是指个人应付环境的活动,真理的标准是“兑现价值”和“效用”。譬如詹姆斯就认为,有效、有用、成功是真理的主要标志。真理相对于人的变化着的经验而存在,以满足人的变化着的需要为尺度,人按照自己的需要创造真理。检验真理的标准是是否对人有用。实用主义20世纪初在西方国家广泛流行,并通过胡适等人传入中国。第二次世界大战以后,实用主义与逻辑实证主义及语义哲学合流,主要代表有美国的刘易斯、莫里斯等。④ 同一时期的各种非理性主义,如尼采(1844—1900)的“唯意志论”等,也从研究对象和研究方法等方面对传统形而上学进行改造。

20世纪上半叶,分析哲学成为西方哲学的主要思潮之一。分析哲学在20

---

① [英]柯林伍德:《形而上学论》,北京大学出版社2007年版,第102页。

② [英]柯林伍德:《形而上学论》,北京大学出版社2007年版,第65页。

③ 参见《大辞海·哲学卷》,上海辞书出版社2015年版,第458页。

④ 参见《大辞海·哲学卷》,上海辞书出版社2015年版,第463—464页。

世纪哲学中产生的一个重要结果，就是促进了哲学的"语言的转向"，使哲学研究从认识的内容转向了认识的表达，特别是表达的语言形式。弗雷格(1848—1925)于19世纪80—90年代发表了一系列文章，认为哲学首先必须是一种逻辑，是一种建立在意义理论上的真理理论，对语言意义的分析就是哲学研究的主要任务。弗雷格的观点对后来分析哲学的形成产生了决定性影响，他所创立的数理逻辑也成为分析哲学的研究工具，他本人也被称为分析哲学之父。其后，经罗素(1872—1970)、摩尔(1873—1958)、维特根斯坦(1889—1951)、石里克(1882—1936)、卡尔纳普(1891—1970)等人的努力，分析哲学得以发展壮大，成为20世纪西方哲学影响最大的哲学流派。分析哲学主张把哲学问题归结为语言问题，认为哲学的首要任务就是运用现代逻辑工具对语言进行分析，坚决拒斥形而上学，反对构造体系的传统哲学，特别是思辨形而上学，取消传统哲学的各种争论，把全部哲学归结为语言和逻辑的分析活动。而同时代的其他重要哲学派别，如柏格森(1859—1941)的生命哲学与"直觉主义"、以胡塞尔(1859—1938)为代表的现象学，以海德格尔(1889—1976)、萨特(1905—1980)为代表的存在主义等，也认为哲学应当研究形而上学问题，但不能依靠传统哲学的理性方法，而只能依靠本质直觉或意识分析等非理性的方法。以杜威为代表的实用主义，则主张改造早期实用主义的形而上学不彻底性，强调哲学的科学性和实践性，提倡关注社会政治问题。

20世纪中叶以后，西方激进的后现代主义哲学，对现代社会的基础主义、本质主义、逻各斯中心论、二元逻辑等，进行了彻底的否定，认为这是西方传统哲学的通病，应该加以彻底抛弃。他们强调差异性、易变性、不确定性，反对体系，反对中心，反对绝对和终极，甚至否定哲学，主张建立后哲学文化。如，阿多诺(1903—1969)在《否定的辩证法》一书中认为："矛盾就是非同一性"①，主张"瓦解的逻辑"②、"怀疑一切同一性"③和"对同一性的抵制"④；以德里达(1930—2004)等为代表的"后结构主义"(也称"解构主义")，公开地与传统

---

① [德]阿多诺：《否定的辩证法》，重庆出版社1993年版，第4页。
② [德]阿多诺：《否定的辩证法》，重庆出版社1993年版，第141页。
③ [德]阿多诺：《否定的辩证法》，重庆出版社1993年版，第142页。
④ [德]阿多诺：《否定的辩证法》，重庆出版社1993年版，第158页。

形而上学的认识论唱反调,认为“结构主义”推崇的固定的、绝对的结构仍然是传统形而上学的“逻各斯中心论”的反映,所以“结构要被破坏、解开”——即要“解构”,要求摧毁传统形而上学的“逻各斯中心论”,并改变“写、言、思”的关系甚至从根本上颠覆人们早已习以为常的认识范式;等等。但由于这些“激进的后现代主义”片面强调对传统的否定和抛弃,反而由此走向了极端化和绝对化(绝对的否定)。有鉴于此,其后发展起来的“建设性后现代主义”哲学,在对现代性、对传统进行批判的同时,又强调继承性。其他一些哲学家也对“激进的后现代主义”对传统形而上学进行绝对否定甚至进而否定全部传统哲学的现象进行了批判。形而上学逐步返回分析哲学,但依靠的工具均是不同于传统哲学的语言分析方法。对此,笔者在本章第四节将作详细阐述。

对于“后现代主义”思潮,赵光武在其主编的《后现代主义哲学述评》一书中说:“反形而上学(本体论)是后现代主义哲学思潮的根本特征之一,也是其否定近、现代主义哲学的根本表现之一。”①对于赵先生的这个表述,我只能部分同意。主要原因有两点:一是后现代主义可以划分为“否定性后现代主义”和“建设性后现代主义”两种,其中只有“否定性后现代主义”是把“反形而上学(本体论)”作为根本特征,而“建设性后现代主义”则是要建立一种“新的形而上学”。二是西方现代哲学中也有“拒斥形而上学”的运动,在这一点上西方现代哲学和“否定性后现代主义”基本上是一致的。至于赵先生在阐释“形而上学”和“反形而上学”的理论特征时,认为“在德里达看来,形而上学是西方哲学文化的根本特征,这种理论可以概括为‘逻各斯中心论’(Logocenterism),它的特征就是始终以外在的绝对的参照物作为解释世界万物的基础、本源、中心或出发点等。他认为,西方的这种形而上学实际上是以二元对立的逻辑为其存在基础的,在围绕着诸如真与假、确定的与隐喻的、实在的与虚构的、经验的与先验的、事实的与价值的、客观的与主观的等无数对立中建构哲学理论时,它总是把第一项看作先于第二项,并让第一项支配第二项。所以,这种形而上学本体论可以看作是一种以理想化方式返回到被视为简单的、原本的、正常的、纯粹的、规范的和自身同一的‘本源’或‘在先性’上去的哲学理论或

① 赵光武主编:《后现代主义哲学述评》,西苑出版社2000年版,第25页。

活动。德里达强调,虽然这种形而上学的典型形式是近代主义哲学,但现代主义哲学也并没有从根本上改变这一本体论传统……为此,德里达提出了'解构',用以消解'结构',并以此为突破口,对建立在二元对立逻辑上的所有固定的等级结构实施颠覆,他企图以此为契机达到弄塌整个西方形而上学大厦的目的。为实现这一目的,德里达以'矫枉过正'的方式,坚决拒斥确定性、基础、中心、本质等元概念,从而他成了对近、现代主义哲学进行彻底否定的后现代哲学家代表。正是他,使后现代哲学具有了反基础、反中心、不确定性、易逝性、零散化、非体系等等的特征,以至于许多人误把后现代哲学思潮直接等同于他所属的后结构主义流派,并认为后现代哲学对现代哲学的关系就是一种绝对的否定关系"①,虽然不够精练,但还是比较准确的。

然而,在英国著名的形而上学研究专家、《牛津形而上学研究》的主编齐默曼(Dean Zimmerman)看来,所谓的"反形而上学"大多数仍然是"伪形而上学"或"形而上学"。他将20世纪分析时代的形而上学家分为三种:①"非分析的形而上学家",如过程哲学家、新托马斯主义者、人格主义者、新柏拉图主义者、某些现象主义者、某些类型的观念论者,以及一些受到黑格尔启发却不是观念论者的体系结构者;②"分析的形而上学家",如齐硕姆、克里普克、刘易斯等,特别是撰写《从逻辑的观点看》的蒯因、撰写《个体:论描述的形而上学》的施特劳斯;③"新潮流形而上学家",如普特南、麦克道威尔等。②

在笔者看来,总体而言,西方19世纪初直至20世纪70年代中期的"反形而上学"思潮,更多的是只反对传统形而上学的研究对象和研究结论而不反对它的思维模式,仍然是因循从抽象概念出发、建立绝对体系的老套路,用一种形而上学反对另一种形而上学,或是为批判而批判、只破不立,并不能从根本上终结传统形而上学。对此,列宁在《唯物主义和经验批判主义》一书中对比马赫主义与实用主义时就说:"实用主义既嘲笑唯物主义的形而上学,也嘲笑唯心主义的形而上学;它宣扬经验而且仅仅宣扬经验;认为实践是唯一的标准;依靠一般实证论思潮,**特别是依靠奥斯特瓦尔德、马赫、毕尔生、彭加勒、杜**

① 赵光武主编:《后现代主义哲学述评》,西苑出版社2000年版,第25—26页。

② 参见张志伟主编:《形而上学的历史演变》,中国人民大学出版社2010年版,第228—229页。

恒,依靠科学不是'实在的绝对复写'的说法;并且……极其顺利地从这一切中推演出上帝"①。实际上,其他的各种"反形而上学"思潮,也大致走着与"实证主义"相同的道路。

(2)"反形而上学"的哲学形态描述。

以理论与实际的关系问题作为哲学基本形态的划分标准,我们可以发现,作为传统形而上学衍生形态的"反形而上学",所具备的仍然是"传统形而上学"的哲学形态特征,并不能算得上是一种与"传统形而上学"不同的哲学基本形态。

①理论特征。在否定形而上学时连辩证法也一同抛弃了,片面强调经验或非理性的作用,或者极力回避传统形而上学的研究对象,但仍然沿用传统形而上学的思维模式:局限于纯粹思想的领域,依靠逻辑推论建立绝对体系。

我们就以"反形而上学"的著名旗手逻辑实证主义者卡尔纳普为例。卡尔纳普在其著名的《通过语言的逻辑分析清除形而上学》一文中,利用现代逻辑对形而上学的有效性和合理性问题进行否定,认为"形而上学的词没有意义"②,"全部形而上学都是无意义的"③,"一切自称超越经验的所谓知识为无意义"④,通过逻辑分析可以证明"在**形而上学**领域里,包括全部价值哲学和规范理论,逻辑分析得出反面结论:**这个领域里的全部断言陈述全都是无意义的**。这就做到了彻底清除形而上学,这是早期的反形而上学观点还不可能做到的"⑤。在卡尔纳普看来,这个判决不仅"打击了一切思辨的形而上学,打击了一切自称不要经验、通过**纯思维**或**纯直观**就可以办到的所谓知识",也打击了"从经验出发,却想凭借一些特殊的推断获知超经验的东西",并将这些论断"扩展到整个**规范哲学**或**价值哲学**,扩展到任何作为规范科学的伦理学或美学"的形而上学;甚至也"打击了那些通常不恰当地称为认识论运动的形而上学运动,那就是实证论(因为它超出经验事实,声称事件的相继就表明有某

① 《列宁全集》第18卷,人民出版社1988年版,第358页脚注。
② 洪谦主编:《逻辑经验主义》上卷,商务印书馆1982年版,第18页。
③ 洪谦主编:《逻辑经验主义》上卷,商务印书馆1982年版,第28页。
④ 洪谦主编:《逻辑经验主义》上卷,商务印书馆1982年版,第31—32页。
⑤ 洪谦主编:《逻辑经验主义》上卷,商务印书馆1982年版,第13—14页。

种规律性使应用归纳法成为可能）和它的对手：**主观唯心主义**、唯我主义、现象主义和（早期意义的）**实证主义**"[①]。也就是说，卡尔纳普基本上把他之前的所有哲学都视为"形而上学"来加以反对。

然而，卡尔纳普本人也发现了否定一切哲学的严重性："如果形而上学只不过是一些毫无意义地拼凑在一起的词，那么，古今中外有那么多的人，其中包括卓越的有识之士，在形而上学上花费了那么多的精力，不，花费了真正的热忱，这怎么解释呢？如果形而上学书籍的内容连错误都不是，而是一无所有，又怎么解释它们至今还给读者如此强大的影响这一事实呢？"[②]对此，卡尔纳普为"形而上学"开了两道后门：其一，"如果无论什么陈述，只要它有所断言，就具有经验性质，就属于事实科学，那么留给**哲学**的还有什么呢？留下来的不是陈述，也不是理论，也不是体系，而只是一种**方法**：逻辑分析法"[③]。其二，"形而上学的确有其内容，只不过不是理论方面的内容。形而上学的（假）陈述并不是用来**描述事态**的，既不描述存在的事态（如果那样，它们就是真陈述了），也不描述不存在的事态（如果那样，它们至少是假陈述）。它们是用来**表达一个人对人生的总态度**"——亦即"当作人生态度的形而上学"。[④] 问题的关键是：卡尔纳普的"逻辑分析法"所依据的"现代逻辑"，仍然是传统形而上学的逻辑工具"形式逻辑"的现代表现形式，两者并无本质区别（退一步讲，即使假设"现代逻辑"与"形式逻辑"已经截然不同，卡尔纳普在这篇文章中使用更多的恰恰是"形式逻辑"，而不是"现代逻辑"）；卡尔纳普的"当作人生态度的形而上学"，也仍然是形而上学，这种"形而上学"也仍然离不开"陈述"，也仍然无法与"经验"断绝一切往来。

一句话：卡尔纳普"彻底清除形而上学"亦即对"形而上学"的绝对否定，其本身就是一个形而上学命题，并且使用的是传统形而上学思维方式的极端形式——"绝对否定"。这不仅违背辩证法，也与事实不符。并且，他在表述自己的"反形而上学"思想的时候，恰恰是使用着传统形而上学超越于经验之

---

① 洪谦主编：《逻辑经验主义》上卷，商务印书馆1982年版，第32页。
② 洪谦主编：《逻辑经验主义》上卷，商务印书馆1982年版，第33页。
③ 洪谦主编：《逻辑经验主义》上卷，商务印书馆1982年版，第32页。
④ 洪谦主编：《逻辑经验主义》上卷，商务印书馆1982年版，第33页。

上的思维模式，使用着传统形而上学的逻辑工具——形式逻辑，其中也充斥着大量的“陈述”语句。并且，如上所述，即使是在同一篇文章当中，他也不得不为“形而上学”开了两道不算小的后门。

②研究目的。否定“形而上学的有效性和合理性”，以转向“研究行动的人一生中每天面临的实际任务”①。亦即从认识宏观世界转向认识人自身。

③研究领域。经验事实，语言和意义，或生命、直觉、意志和情感等非理性领域。

④思维模式。超越于经验之上二元分立思维，绝对肯定或绝对否定。

⑤研究方法。单向逻辑推论或纯粹的逻辑分析。

⑥逻辑工具。形式逻辑及其现代表现形式——现代逻辑。②

⑦人学立场。表面上是脱离了具体社会环境、没有阶级和利益差别的抽象的人。实际上是为资产阶级服务。

⑧学科体系。“反形而上学”作为一种传统形而上学衍生形态，与作为哲学基本形态的传统形而上学更为接近。在哲学类型上，唯心主义和主观主义的成分更浓一些，唯物主义的成分则要淡一些；“形而上学”的成分更浓一些，辩证法的成分则要淡一些。

此外，“反形而上学”运动从总体上还可以划分为“科学主义”和“人本主义”两大思潮。其中，“科学主义”思潮以各种分析哲学、科学哲学为主，主要包括实证主义、马赫主义、逻辑实证主义③、结构主义等流派；“人本主义”思潮主要以非理性主义哲学为主，主要包括意志哲学、生命哲学、存在主义、弗洛伊德主义等。其余的一些唯心主义和宗教哲学流派，或分属于两大思潮之一，或是兼有两大思潮的特征。

---

① 洪谦主编：《逻辑经验主义》上卷，商务印书馆1982年版，第13页。

② 施太格缪勒在《当代哲学主流》中提到的作为这一时期西方的逻辑工具和研究对象的现代逻辑有数理逻辑、模态逻辑、义务逻辑、认识逻辑、多值逻辑、时间逻辑、决定逻辑、量子逻辑，此外还有拓扑逻辑、感觉逻辑、确然逻辑、情报逻辑，等等。（参见［德］施太格缪勒：《当代哲学主流》上卷第十章、下卷第二章，商务印书馆1986年版。）在这里不作详细介绍。

③ 施太格缪勒在《当代哲学主流》中说“现代经验主义和分析哲学有时也被称为‘逻辑实证主义’”，并认为这是“一件怪事”。（参见［德］施太格缪勒：《当代哲学主流》上卷，商务印书馆1986年版，第38页。）

⑨社会功能。局限于“纯粹的思想领域”，单一追求认识世界，通过否定旧的形而上学而自觉或不自觉地建立起新的形而上学。

对于“反形而上学”这种传统形而上学衍生形态具有的传统形而上学特征，美国哲学家M.怀特在其编著的《分析的时代——二十世纪的哲学家》一书中有精彩的评价：“那些追随克尔凯郭尔以强调个人存在的重要性去反对抽象体系和绝对理念的人，如存在主义者海德格尔，雅斯贝尔斯，马塞尔，和萨特尔等，仍然以烦琐的、夸张的方式去搞哲学；这虽然正是直接反对黑格尔的，却使人回想到黑格尔。”①即使是维特根斯坦和卡尔纳普这样毫不妥协地反对形而上学、坚持对黑格尔学说和黑格尔风格彻底和全部抛弃的哲学家，“也有自己的中心概念、语言和意义”②。哈贝马斯则说：“即使是尼采，在他对柏拉图主义的拒斥中，也仍然离不开强大的传统理论概念，及其对总体性的把握，和对通往真理的特殊途径的诉求。”③刘放桐在其主编的《新编现代西方哲学》绪论中也说：“与马克思主义哲学相比，现代西方哲学的各个流派在超越近代哲学时几乎都存在着种种不彻底性，甚至自相矛盾。他们往往以不同形式重犯、甚至发展了近代哲学的某些片面性。例如他们大都激烈抨击传统哲学的形而上学倾向，但往往把哲学所应有的对真理、理想等的形而上的追求与近代哲学之将这种追求思辨化、绝对化混为一谈，对之简单否定。然而他们自己又不得不以新的形态去构造某种形而上学。他们对传统哲学的理性独断和绝对主义作了可谓淋漓尽致的揭露和批判，却又因忽视甚至排斥理性的作用而往往走向另一极端，即某种形式的相对主义和非理性主义。他们揭示了主客、心物等二元分立的种种弊病，特别是使人对象化和物化（异化）的弊病，强调发挥人的能动性和创造性，然而却由此走向了无视客观实际的主观主义。”④

“反形而上学”运动，特别是否定性的后现代主义，在否定传统哲学、否定黑格尔学说的时候，连辩证法也一起否定掉了（阿多诺甚至强调“否定的辩证法”），因而不得不用传统形而上学要么绝对肯定、要么绝对否定的思维模式

① ［美］M.怀特编著：《分析的时代——二十世纪的哲学家》，商务印书馆1981年版，第11页。
② ［美］M.怀特编著：《分析的时代——二十世纪的哲学家》，商务印书馆1981年版，第14页。
③ ［德］哈贝马斯：《后形而上学思想》，译林出版社2001年版，第6页。
④ 刘放桐等编著：《新编现代西方哲学》“绪论”，人民出版社2000年版，第34—35页。

来反形而上学，这必然陷入与辩证法对立的“形而上学”，其研究结果也必然与他们面向现实、研究实际问题的初衷背道而驰。

3. 传统形而上学衍生形态主要样式之三：“新形而上学”（或“修正的形而上学”）

从 20 世纪 60 年代中期开始，西方哲学界就开始对“反形而上学”思潮进行反思，到 20 世纪 80 年代以后，作为对否定性后现代主义的修正，逐步形成了一种回归形而上学的思潮，可以统称为“新形而上学”。这些“新形而上学”以“后现代主义”为哲学基础，主要包括“后形而上学思想”和“建设性后现代主义”两大流派。这两大流派的研究领域和研究对象虽然有较大差别，但仍然沿用传统形而上学的思维模式、研究方法和人学立场，因而同属于传统形而上学的衍生形态。

（1）“后形而上学”。“后形而上学”在回避传统形而上学思维特征的基础上，强调主体间性和交往理论的重要性，对“生活世界”进行深刻的理论思考，努力打造自己的“新形而上学”体系。

①“后形而上学”的定义及其性质范围。“后形而上学思想”最早是由哈贝马斯于 20 世纪 80 年代在自己的论文中提出的概念。哈贝马斯的“后形而上学思想”，是一种与上一节阐述的“反形而上学”相区别的思想，它不再像“反形而上学”那样对形而上学及其特征持绝对否定的态度，因而是对“反形而上学”绝对否定思维模式的修正。后来，哈贝马斯又把“后形而上学思想”作为自己论文集的题目，“后形而上学”一词也逐渐为人们理解和接受。因此，本书当中所理解的“后形而上学”，从哲学形态的角度看，主要的不是“传统形而上学”之后，而是作为传统形而上学衍生形态的“反形而上学”之后。

总的看来，以哈贝马斯为代表的“后形而上学”主要有以下三个方面的内容：

一是对“反形而上学”予以修正，以建立一种新的形而上学。

哈贝马斯在继承西方 20 世纪以来的“反形而上学”传统，反对形而上学“同一性主题、存在与思想的一致性问题以及理论生活的神圣意义”①的基础

① ［德］哈贝马斯：《后形而上学思想》，译林出版社 2001 年版，第 28 页。

上，力图对“反形而上学”的绝对否定予以修正。一方面，他承接“反形而上学”的惯性思维，片面强调“非对象性”、“非同一性”，片面强调“程序合理性”、“交往”和“前理论直观”，否定“实质合理性”和“对象性”；另一方面又把理论与实践、整体与自我、理性与生活世界联系起来，显示出一定的辩证性。

哈贝马斯认为：“反形而上学”运动对形而上学的绝对否定是站不住脚的，“后形而上学”则要建立一种“新的形而上学”。他在《后形而上学思想》一书中说：“长期以来，实证主义及其后继者的立场一直都很明确；他们认为，形而上学问题毫无意义，因而也站不住脚，可以置之不理。这种狂热的反形而上学立场无疑暴露了他们想使经验科学思想成为绝对思想这样一种含糊的科学主义意图。尼采克服形而上学始终拖泥带水。海德格尔对形而上学历史的解构，阿多诺对披着伪装的现代本源哲学所做的意识形态批判，都是为了建立一种‘否定辩证法’，并围绕着形而上学一直孜孜以求却始终未能如愿的东西而展开。如今，从这股否定主义的死灰中，又复燃起要求更新形而上学的火焰；（革命后的形而上学）要么宣称自己从康德那里惊醒，要么干脆步康德先验辩证法的后尘。”①也就是说，他自己不想再像康德那样寻求一种超验的形而上学，而是要在“交往”的基础上建立一种新的形而上学。

二是由传统形而上学迷恋超验领域转向对“生活世界”的关注。

哈贝马斯认为，“第一科学和百科全书”式的传统哲学已经不行了，必须转向面向“生活世界”的新哲学。他认为，“个体的生活历史和主体间的生活方式共同构成了生活世界，并在其整体结构中占有一席之地”②。但这个“生活世界”与胡塞尔的“生活世界”以及马克思的“现存世界”均不相同：“生活世界总是作为不成问题的、非对象化的和前理论的整体性，作为每天想当然的领域和常识的领域而让我们大家直觉地感知到。”③也就是说，这个“生活世界”是“非对象化的”，只能“让我们大家直觉地感知到”，即它不是、也不能作为哲学的研究对象。这就产生了一个问题：哲学就不仅不能拥有特殊的真理观，也不能拥有自己独有的方法和对象领域，甚至连一种属于自己的直观方式

① ［德］哈贝马斯：《后形而上学思想》，译林出版社 2001 年版，第 27 页。
② ［德］哈贝马斯：《后形而上学思想》，译林出版社 2001 年版，第 17 页。
③ ［德］哈贝马斯：《后形而上学思想》，译林出版社 2001 年版，第 37 页。

也不行。

那么,哲学能干什么呢?哈贝马斯接下去说道:“哲学……适合担任科学体系这边的角色,即担任解释者的角色。这样,哲学便把科技、法律和道德等专家文化与交往的日常实践沟通起来,其方法同文艺批评沟通生活和艺术是一样的。当然,哲学与之保持一种非对象化关系的生活世界,不容和普遍统一的整体性混为一谈。关于这种普遍统一的整体性,形而上学试图给出一个摹本,确切地说,是想给出一种世界观。后形而上学则不然,它凭着另一种世界观行事。”①只是,哈贝马斯并没有详细说明:在把“生活世界”“非对象化”或不当成一个对象来认识的情况下,仅担任“沟通”角色的“哲学”凭什么像“文艺批评”批评(哈贝马斯称为“沟通”)、“生活和艺术”那样来批评“专家文化与交往的日常实践”?按哈贝马斯的以上说法,那只有仅凭“直觉地感知到”!可是,如果仅仅是“直觉地感知到”,那是无法完成这一批评(哈贝马斯称为“沟通”)任务的——因为,批评或哈贝马斯所说的“沟通”,恰恰是要以认识的对象化为前提,并在此基础上进行深刻的理论思考——而这些恰恰是传统形而上学或传统哲学所承担的任务。因此,为“反形而上学”而反形而上学,或把“反形而上学”作为自己的理论前提,势必要使自己的理论陷入真正的“形而上学”!

这里必须指出的是,与费尔巴哈“抽象的人”相似,哈贝马斯的生活世界也是“抽象的生活世界”:“我们生活历史的视野及我们先天就置身其中的生活方式,构成了一种我们所熟悉的透明整体……无论从哪个角度看,生活世界的这种整体性都既不言而喻又有待确证,同时也是一种陌生的存在,其中有许多值得重视的问题,如‘人是什么’等。因此,生活世界是对我们再熟悉不过的整个世界的基础加以追问的自然源头。由此,哲学的基本问题才和整体发生了关系,并获得了整合和终极的特征。”②可见,与传统形而上学相比,这种“新形而上学”或“后形而上学”仅仅是解释世界视角的改变,而不是质的变化。有人把哈贝马斯的“生活世界”概念等同于马克思的“世俗世界”、“此岸

① [德]哈贝马斯:《后形而上学思想》,译林出版社2001年版,第37—38页。
② [德]哈贝马斯:《后形而上学思想》,译林出版社2001年版,第17页。

世界"和"现存世界",这是很不恰当的。在马克思那里,"世俗世界"、"此岸世界"和"现存世界"就是现实运行中的有着阶级和利益差别的社会,而哈贝马斯的"生活世界"则是抽去现实差别的"一般"社会、"抽象的"社会,看不到人与人之间差别的社会。因此,胡塞尔提出"生活世界"的概念,是为了把"生活世界"与自然科学的理想世界对立起来,以批判科学主义赋予自然科学的特权地位;马克思提出"世俗世界"、"此岸世界"和"现存世界"的概念,是为了把认识世界与改造世界联系起来,以批判传统形而上学理论和实际相脱离、认识世界与改造世界相脱离的理论局限性;而哈贝马斯提出"生活世界"的概念,则是为了把"生活世界"与理论世界对立起来,借用"生活世界"概念来批判形而上学的纯理论性。可见,哈贝马斯的"生活世界"仍然是一个用形而上学的"绝对抽象"得出的"纯粹概念"。

三是既强调"理论"、"理性",也强调实践。

在理论与实践的关系上,传统形而上学特别是主观唯心主义过于夸大理论、理性的作用,把理论、理性凌驾于实践之上。"反形而上学"运动则在反对传统形而上学的同时,否认理性的作用,甚至将其作为与经验完全无关的东西加以批判。以哈贝马斯为代表的"后形而上学",已经不再像"反形而上学"那样割裂理论、理性与实践的关系,而是主张把二者结合起来。哈贝马斯在《后形而上学思想》一书中说:"理性对于实践的经典领先地位不得不让位于越来越清楚的相互依存关系。"①在后来的一个访谈录中又说:"我所说的实践是一种在理性原则指导下的实践,而不是盲目的、无任何理论规范的实践。经验主义和实证主义否认理性的作用,往往将其作为与经验完全无关的甚至反经验的东西加以批判。实际上,言和行的理性历来是哲学探讨的重要主题,甚至可以说,哲学思维本身便产生于体现在认识、言说和行为中的理性,哲学的基础问题便是理性。哲学自产生以来,始终致力于用蕴含于理性中的原则来解释世界的总体,解释表现于现象多样性中的统一性。但是,这里的理性不是一种神秘抽象的、虚无缥缈的、由精神虚构出来的纯思辨的东西,而

① ［德］哈贝马斯:《后形而上学思想》,译林出版社 2001 年版,第 33 页。

是具体的,存在并体现于人的认识、言说和行为之中。"[①]但是,哈贝马斯把他的理性限定为"交往理性",把他的实践限定为"交往实践",因而与马克思主义"改造世界"意义上的实践并不是同一个东西。他的"实践"仅仅停留在概念上,停留在"纯粹的思想领域",并不与改造社会的制度、改造社会的环境相联系。

②"后形而上学"的哲学形态描述。在哈贝马斯看来,西方哲学的语言学转向已经具有了超越形而上学和反形而上学、唯心论和唯物论的性质:"从意识哲学向语言哲学过渡,不仅仅是方法论上的革新,还带来了实实在在的好处。它把我们带出了形而上学和反形而上学思想,即唯心论和唯物论之间无休止的争论怪圈,并使我们有可能着手处理形而上学的基本概念无法解决的问题,即个体性问题"[②]。但如果我们坚持把理论与实际的关系作为划分两大哲学基本形态的标准,我们就会发现:形而上学并不等于唯心主义,反形而上学也不等于唯物主义——唯物主义和唯心主义都是传统形而上学的组成部分。并且,以分析哲学为主要力量的"后形而上学"也仍然具备着"传统形而上学"这一哲学基本形态的各种构成要素。其具体包括如下:

理论特征:对"现代主义者"的绝对否定思维进行改良,在否定传统形而上学的理论前提下,一定程度地接受辩证思维,对传统形而上学及其理论特征予以一定程度的肯定,并力图建立新的形而上学。

研究目的:反对旧的形而上学,建立新的形而上学,以便把"专家知识"与交往的日常实践沟通起来。

研究领域:作为不成问题的、非对象化的和前理论的整体性的"生活世界"。

思维模式:以"反形而上学"为理论前提,追求超越于经验之上的概念推演和体系构建。

研究方法:单向逻辑推论或纯粹的逻辑分析。

---

① 章国锋:《哈贝马斯访谈录》,《外国文学评论》2000年第1期。

② [德]哈贝马斯:《后形而上学思想》,译林出版社2001年版,第42页。

逻辑工具:形式逻辑及其现代表现形式——现代逻辑。①

人学立场:脱离了具体社会环境、没有阶级和利益差别的“抽象的人”。但实际上,当代的绝大多数西方学者,并不能真正把这种“抽象的人”的立场贯彻到底,即使是在其哲学著作中也仍然是自觉或不自觉地站在资产阶级的立场上说话。

学科体系:“后形而上学”以否定传统形而上学或传统哲学为其理论前提。因而只是“反形而上学”的修正与改良,与“反形而上学”属于同一种哲学基本形态的衍生形态,与作为哲学基本形态的传统形而上学更为接近。在哲学类型上,它与“反形而上学”相比,唯心主义和主观主义的成分要淡一些,唯物主义的成分则相对要浓一些;“形而上学”的成分要淡一些,辩证法的成分则要浓一些。其他方面,如主要思潮、流派等,与“反形而上学”基本一致,两者并无严格界限,并且常常交织在一起。

社会功能:其一,影响人的意识:“把理论活动放到其实际的发生和应用语境当中”,“唤醒”“人们注重行为和交往的日常语境的意识”②。哈贝马斯还认为:“哲学揭示出了一种早就在日常交往实践中活动的理性”③,这种实践理性就是交往理性,它为交往和生活方式提供了一种准绳。

其二,沟通专家知识和有待深究的日常实践:“哲学在沟通专家知识④和有待深究的日常实践之间充当了解释者;就此角色而言,哲学可以使用这种专家知识,并使人们意识到这种畸形的生活世界。但它只能发挥批判力量,因为它已不再拥有一种关于好的生活的肯定理论。形而上学之后,具体的生活世界只是作为背景而存在,其非对象性的整体性避免了被理论作为对象加以把

---

① 施太格缪勒在《当代哲学主流》中,把现代逻辑划分为“数理逻辑”和“哲学逻辑”两大类,其中的“哲学逻辑”几乎包括除“数理逻辑”以外所有的现代逻辑。在施太格缪勒看来,不仅“数理逻辑”是由形式逻辑发展而来,即使是“哲学逻辑”也是由形式逻辑发展而来:“哲学逻辑的特征就是,它是由形式逻辑或是引入另外的意义公设,或是通过引入另外的意义公设加上对在形式逻辑中适用的意义公设的修改而形成的。”([德]施太格缪勒:《当代哲学主流》下卷,商务印书馆1986年版,第139页。)也就是说,现代逻辑在本质上仍然属于形式逻辑。

② [德]哈贝马斯:《后形而上学思想》,译林出版社2001年版,第33页。

③ [德]哈贝马斯:《后形而上学思想》,译林出版社2001年版,第49页。

④ 在哈贝马斯那里,专家知识是指科学、道德和法律等哲学以外的知识。

握。"①由于"生活世界"的非对象性，哲学只能充当它的中介，而不能对其进行准确把握。

其三，关注生活世界。哈贝马斯认为哲学应该关注纷繁复杂的生活世界："只要哲学不变成科学的自我反思，并把目光转移到科学体系之外，变换视角，关注纷繁复杂的生活世界，就能从逻各斯中心主义中解脱出来。"②但这种关注只能是对世界进行"解释"，而不能把它作为认识对象。哈贝马斯说："哲学必须放弃其信仰地位。哲学所剩下的以及力所能及的就是通过解释把专家知识和需要探讨的日常实践沟通起来。哲学剩下的就是通过阐释来推动生活世界的自我理解进程。"③认为哲学的阐释只是一种理论中介，而认识生活世界只能是法学、道德和法律等"专家知识"的任务。但是，同卡尔纳普一样，哈贝马斯在彻底否定"生活世界"的对象性的时候也遇到了难题，很难真正贯彻到底。于是他一方面不得不说"哲学只能把握生活世界的一般结构"④，另一方面又认为哲学能够发现实践理性或交往理性，并以"交往"概念为核心建立起了自己的交往理论体系，力图在此基础上"重建历史唯物主义"。他还进而关注科学技术和艺术，企图通过语言和艺术改造社会。

其四，社会批判。"西方马克思主义"的最大的流派法兰克福学派⑤，以其"社会批判理论"而闻名。该派主张恢复马克思主义作为批判理论的本质，力图破坏一切既定性、事实性的东西，并把对现代资本主义社会进行综合性研究

---

① ［德］哈贝马斯：《后形而上学思想》，译林出版社 2001 年版，第 49 页。

② ［德］哈贝马斯：《后形而上学思想》，译林出版社 2001 年版，第 49 页。

③ ［德］哈贝马斯：《后形而上学思想》，译林出版社 2001 年版，第 18 页。

④ ［德］哈贝马斯：《后形而上学思想》，译林出版社 2001 年版，第 18 页。

⑤ 法兰克福学派，现代西方哲学派别，西方马克思主义主要流派之一。20 世纪 30 年代初在德国出现，50—60 年代在美国、联邦德国等国家广泛传播。主要代表有霍克海默、马尔库塞、弗洛姆、阿多诺、哈贝马斯等，由于他们 1931 年前后都曾在德国法兰克福大学工作，学派因此而命名。该派的主要人物以"马克思主义的现代化者"自居。认为现代资本主义社会已变为"发达的工业社会"，工人阶级富裕起来后不再是革命的动力，现在的革命力量是"新左派"，包括"激进"的青年知识分子及受排挤和被遗弃的社会阶层。该派成员众多，学说因人而异，一般认为其共同特征是：用弗洛伊德主义以及存在主义的人本主义来代替马克思主义的辩证唯物主义与历史唯物主义；用新黑格尔主义的所谓"辩证法"来代替马克思主义的唯物主义辩证法；用该派的"社会批判理论"来代替马克思主义的科学社会主义。（参见《大辞海·哲学卷》，上海辞书出版社 2015 年版，第 505 页。）

与批判作为主要任务。但他们主要依据马克思的早期著作或存在主义等当代思潮,对社会现象进行解释,并对马克思主义进行“补充”,或是认为马克思主义已经“过时”。对于法兰克福学派来说,20 世纪上半叶是它的创立和发展期,主要研究社会哲学;至 50—60 年代达到鼎盛期,主要研究发达工业社会理论的批判理论;70 年代以后逐步衰落,但其批判理论仍然对“后形而上学”造成相当大的影响。

一句话,以哈贝马斯为代表的“后形而上学思想”,仍然是局限于“纯粹的思想领域”,单一追求认识世界或解释世界,通过否定旧的形而上学而自觉或不自觉地建立起新的形而上学。实际上,它仍然是一种“新形而上学”,并没有超越“传统形而上学”这一哲学基本形态。

总之,“反形而上学”和“后形而上学”虽然对传统形而上学的研究对象和研究目的有一定改变,但其思维模式、研究方法、社会功能、人学立场等均没有发生根本性变化,因而仍然属于“传统形而上学”这一哲学基本形态。

(2)建设性后现代主义。

相对于“反形而上学”和“后形而上学”而言,以大卫·雷·格里芬为代表的“建设性后现代主义”①的“改造社会”的思想,则是更为先进的传统形而上学衍生形态。它在唯心主义和辩证法的理论基础上,力图超越“纯粹的思想领域”,对各种现实问题、特别是对后现代社会的建设问题进行理论思考。因此,吴伟斌在《论第三种形而上学——建设性后现代主义哲学研究》一书中,把“建设性后现代主义”称为“思辨的后现代主义”②,还是比较准确地反映了它的理论特征的。

①“建设性后现代主义”的定义及其性质范围。后现代主义可以划分为前期“激进的后现代主义”和后期“建设性后现代主义”两种。前期的“激进的后现代主义”(也称“否定性的后现代主义”)强调“否定”和“摧毁”,后期的“建设性后现代主义”(也称“修正性的后现代主义”)则力图对这种过激的观

---

① 虽然“建设性后现代主义”把怀特海的过程哲学为理论基础,但“建设性后现代主义”概念的提出和理论体系的建设,主要是 20 世纪 80 年代的事情。

② 吴伟斌:《论第三种形而上学——建设性后现代主义哲学研究》,学林出版社 2002 年版,第 28 页。

点予以修正,它既承认"激进的后现代主义"的多元性、不确定性和多变性思想,又更加强调现实的整体性、确定性和综合性。

大卫·雷·格里芬在《后现代科学》一书的英文版序言中,对"建设性后现代主义"作了详细界定,指出:"本丛书中的后现代主义均可称为**建设性**的或**修正的后现代主义**。它试图战胜现代世界观,但不是通过消除上述各种世界观本身存在的可能性,而是通过对现代前提和传统概念的修正来建构一种后现代世界观。建设性或修正的后现代主义是一种科学的、道德的、美学的和宗教的直觉的新体系。它并不反对科学本身,而是反对那种允许现代自然科学数据单独参与建构我们世界观的科学主义。""这类后现代思想的建构性活动不仅仅局限于一种修正后的世界观,它同样是关于一个与一种新的世界观互倚的后现代世界。一个后现代世界一方面将涉及具有后现代精神的后现代的个人,另一方面,它最终要包含一个后现代的社会和后现代的全球秩序。超越现代世界将意味着超越现代社会存在的个人主义、人类中心论、父权制、机械化、经济主义、消费主义、民族主义和军国主义。建设性后现代思想为我们时代的生态、和平、女权及其他解放运动提供了依据,它同时强调,范围广泛的解放必须来自现代性本身。然而,与**前现代**相对的**后现代**一词强调的是,现代世界已取得了空前的进步,不能因为反对其消极特征而抛弃这些进步。"①与"激进的后现代主义"不同,在思维方式上,"建设性后现代主义"把辩证法引入自己的哲学当中,不再对"现代性"绝对否定,而是强调在"现代性"基础之上的"后现代"。在研究目标上,它既要通过对现代世界观的修正而建立起一种新的世界观,也要探讨以这种世界观为指导的后现代的社会和后现代的全球秩序。

王治河在《后现代主义与建设性》一文中,把"建设性后现代主义"的理论特征概括为三方面:创造性、多元性和对世界的关心爱护三个方面。② 他在后

---

① [美]大卫·雷·格里芬编:《后现代科学》,中央编译出版社 2004 年版,"英文版序言"第 21—22 页。

② 参见[美]大卫·雷·格里芬编:《后现代精神》,中央编译出版社 1998 年版,"代序"第 3—11 页。

来的《另一种后现代主义》一文①中,也对"建设性后现代主义"作了较为详细的阐述:"格里芬等人所倡导的建设性的后现代主义也只是建设性的后现代主义的一种形式。与以罗蒂、霍伊等哲学家为代表的建设性后现代主义相比,格氏的建设性后现代主义更多关注的是人与世界、人与自然的关系问题,而且很大程度上是从科学的层面出发讨论问题的。而罗蒂和霍伊等建设性后现代主义者则主要是从哲学的层面讨论问题,所探讨的领域也宽广得多,不仅包括人与自然的关系问题,而且包括人与人、人与文化、人与哲学的关系问题。尽管存在着这些差别,但双方在'富有建设性'这一点上是一致的。也正是这一点,将它们与否定性的或激进的后现代主义区分开来。……它积极寻求重建人与世界、人与人的关系,积极寻求重建一个美好的新世界,颇有点乐观主义精神。"②对"建设性后现代主义"的主要流派进行了初步划分。

赵光武在其主编的《后现代主义哲学述评》一书的导言中,在谈到"建设性后现代主义"时说:"以美国学者大卫·雷格里芬③为代表的建设性后现代主义哲学,作为后现代主义哲学中后起的一个重要流派,对现代文化也采取基本否定的态度,不过它的否定不是激进性的彻底摧毁、全盘根除,而是强调通过对现代性的批判反思,实现对现代性的超越,建立新的世界观,以适应西方现代社会的需要。"④并在该书的第六章指出:"建设性后现代主义在对待和超越现代主义的态度和立场上与其他后现代主义不一样,它认为问题的关键不在于彻底摧毁现代世界观,而在于通过批判现代世界观而建立起一个新的后现代世界观。这是其建设性的宗旨所在。"⑤对"建设性后现代主义"理论特征的把握还是相当准确的。

②"建设性后现代主义"的主要观点。"建设性后现代主义"的观点林林总总,但大体上可以划分为以下四个方面:

其一,"建设性后现代主义"相对于反现代运动的进步。

① 参见[美]大卫·雷·格里芬编:《后现代科学》,中央编译出版社2004年版,"代序"。
② [美]大卫·雷·格里芬编:《后现代科学》,中央编译出版社2004年版,"代序"第1—2页。
③ 作者注:这里的大卫·雷格里芬,其他学者一般译为大卫·雷·格里芬。
④ 赵光武主编:《后现代主义哲学述评》,西苑出版社2000年版,第2页。
⑤ 赵光武主编:《后现代主义哲学述评》,西苑出版社2000年版,第92页。

在《后现代精神》一书的导言中，大卫·雷·格里芬对“现代社会和精神”与“后现代社会与精神”进行区别：“现代精神开始于一种二元的、超自然的精神，结束于一种虚假的精神性或反精神；而后现代性则是向一种真正的精神的回归，这种精神吸收了前现代精神的某些成分。不过，由于后现代精神并不是向前现代精神的简单回归，它的社会类型必须既有别于前现代社会，也不同于现代社会。尽管这种后现代社会将保留并发扬现代世界的许多特征，但是，它将改变现代性的个人主义和国家主义，不再让人类隶属于机器，不再让社会的、道德的、审美的、失态的考虑服从于经济利益，它将超越于两种经济制度之上。”①认为“建设性后现代主义”不再是对现代性的绝对否定，并对后现代社会进行了设想。

在《后现代科学》的英文版序言中，大卫·雷·格里芬对“建设性后现代主义”与以前的反现代运动的区别进行概括，归纳为以下四个方面：其一，与以前的反现代运动号召回到前现代社会的生活和思想方式不同，“建设性后现代主义”坚持应该看到人类的精神是不断向前发展的，是不能够后退的；其二，与以前的反现代运动要么就拒斥现代科学、要么就从根本上假设它是合理的不同，“建设性后现代主义”把自然科学本身当作反现代世界观合理性的根据，揭示科学主义的危害；其三，“建设性后现代主义”充分揭示了现代性及其世界观在社会和精神两方面的毁灭性；其四，“建设性后现代主义”充分意识到现代性的持续危及到了我们星球上的每一个幸存者。在《后现代科学》的中文版序言中，大卫·雷·格里芬则主张以“灵活的自然主义”代替“崇尚物质自然主义、决定论、还原论以及虚无主义，因而排斥自由、价值以及我们生活中对终极意义的信念”的“顽固自然主义”②。在解释现代性的危害的同时，承认人类精神是不断发展的、承认科学的作用。

其二，承认“基础”和秩序在现实世界中的重要地位和作用。

与“激进的后现代主义”不同，“建设性后现代主义”不再一味地反对“基础”和“秩序”，而是更加关心“大多数人”、“整个社会”和“人类”。大卫·伯

---

① ［美］大卫·雷·格里芬编：《后现代精神》，中央编译出版社 1998 年版，第 3 页。

② ［美］大卫·雷·格里芬编：《后现代科学》，中央编译出版社 2004 年版，“英文版序言”第 22—23 页。

姆在《后现代科学和后现代世界》一文中认为，我们整个的世界秩序早在一个世纪以前便瓦解了，这种瓦解进而侵蚀了稳定的世界秩序赖以生存的基本价值观。在20世纪，现代思想的基石被彻底动摇了，人们普遍认为生命的普遍意义作为一个整体已经不复存在了，这将会对工人、整个社会、人类相互之间关系的性质以及人类与其他生命之间关系的性质产生严重的后果："没有了这个基础，还有什么能够鼓舞人们向着具有更高价值的共同目标而共同奋斗？只停留在解决科学和技术难题的层次上，或即便把它们推向一个新的领域，都是一个肤浅和狭隘的目标，很难真正吸引住大多数人。它不能释放出人类最高和最广泛的创造能量，而没有这种能量的释放，人类就陷入渺小和昙花一现的境地。从短时期看，它导致了不利于生产力发展的毫无意义的活动，从长远看，它正把人类推向自我毁灭的边缘。……上述发展将会对个人、整个社会、人类相互之间关系的性质以及人类与其他生命之间关系的性质产生严重的后果。"①大卫·伯姆进一步认为：这种基本价值观的破坏，导致我们目前面临全球性的崩溃，这不仅表现在政治层面，而且表现在小团体和个人的意识中。人们越来越求助于愚蠢的暴力行为，等待人们的是更加愚蠢的暴力行为，这种威胁已经在目前的国际形势中显露出来。他主张："在整个世界秩序四分五裂的状况下，如果我们想通过一种有意义的方式得到拯救的话，就必须进行一场真正有创造力的全新的运动，一种最终在整个社会和全体个人意识中建立一种新秩序的运动。"②

其三，强调"相互联系"、"内在联系"、"社会秩序"和"完整的整体"。

在《后现代精神》一书的导言中，大卫·雷·格里芬强调"一个社会与它的成员的精神之间的关系是相辅相成的。"③在《后现代科学》一书的前言中，大卫·雷·格里芬进一步强调"科学、精神和社会秩序这三者的相互依存关系"，指出："本书所提倡的后现代世界是一种新的科学、一种新的精神和一种新的社会。上述每一方面的全面发展都将是互为条件的。只有当人们具备了一种后现代精神，即超越了使现代科学成为模棱两可现象的二元论，只有当人

---

① ［美］大卫·雷·格里芬编：《后现代科学》，中央编译出版社2004年版，第82页。

② ［美］大卫·雷·格里芬编：《后现代科学》，中央编译出版社2004年版，第82—83页。

③ ［美］大卫·雷·格里芬编：《后现代精神》，中央编译出版社1998年版，第2页。

们生活在一个从把地球作为一个整体的利益着眼的社会中,才会充分发展一种返魅的和自由的科学。同样,只有在一个以后现代科学为后盾的后现代社会中,相互联系的、生态的、星球的、后父权制的精神才能变为主导思想。最后,如果后现代科学不能被人们广泛接受,而且不具备一种后现代精神,便不可能出现一个超越个人主义、民族主义、军国主义、人类中心论和男性中心论的社会。"①认为科学、精神和社会秩序这三者是相互联系、相互依存的,缺一不可。

大卫·伯姆在《后现代科学和后现代世界》一文中主张把"完整的整体作为理解新情况的出发点"②,认为"外在联系是第二位的,是衍生的真理,只适用于事物的第二位的秩序",而"内在联系的真理"则是"更为根本的真理",是"基本秩序"③,强调"万物都是通过相互的包含而彼此有内在联系的"④。

弗雷德里克·费雷在《宗教世界的形成与后现代科学》一文中,认为"世界是一个有机体和无机体密切相互作用的、永无止境的复杂的网络。在每一系统中,较小的部分(它们远不能提供所有的解释)只有置身于它们发挥作用的较大的统一体中才能是清晰明了的。而且,这些统一体本身不只是部分的聚集"⑤。这些观点,都是建立在辩证法和系统论的基础之上的。

其四,"先验一元论"——"第三种形而上学假设"。

同"后形而上学"一样,"建设性后现代主义"不仅不反对形而上学,而且还在努力寻求"作为现代世界基础的形而上学的假设",并把形而上学的假设称为区别于认为"物产生心"的"唯物主义一元论"和认为宇宙的基本构成既有"物质—能量的方面,也有心—精神方面"的"准二元论"的"第三种形而上学假设"。

威利斯·W.哈曼在《后现代的异端:作为原因的意识》一文中指出:"这第三种形而上学假设发现,**宇宙的最终物质是有意识的**。心或意识是第一性的,

---

① [美]大卫·雷·格里芬编:《后现代科学》,中央编译出版社 2004 年版,"前言"第 25—26 页。
② [美]大卫·雷·格里芬编:《后现代科学》,中央编译出版社 2004 年版,第 91 页。
③ [美]大卫·雷·格里芬编:《后现代科学》,中央编译出版社 2004 年版,第 93 页。
④ [美]大卫·雷·格里芬编:《后现代科学》,中央编译出版社 2004 年版,第 94 页。
⑤ [美]大卫·雷·格里芬编:《后现代科学》,中央编译出版社 2004 年版,第 132—133 页。

物质—能量从某种意义上讲产生于'心'。每个人的'心'都不是相分离的(尽管每个人的大脑看上去是相分离的),它们在某种层面上下意识地产生联系。物质世界对于较大的'心'与梦想对于个人的'心'有着相似之处。从根本上讲,我们不是通过有形的器官,而是通过深层直觉才触及到现实。意识不是物质进化的最终产物,还必须有待于人类大脑皮层中复杂的神经中枢系统的进一步发展。因此,意识在此是第一位的。"①他认为,"这种观察现实的方法"不仅"是在实际科学的积累经验之上建立和发展起来的",而且还"允许包括""那些在传统科学观念中相当难解的意识的所有方面"②。哈曼并不在乎自己的学说与当前的科学理论相冲突,面对宇宙大爆炸学说和进化论,他说:"与这种普遍接受的理论形成鲜明对比的是,第三种形而上学理论的出发点是一个截然不同的假设,**这就是意识**。"③哈曼还把这"第三种形而上学假设"称为"先验一元论",强调指出:"先验一元论(心产生物):宇宙的基本构成是心或意识;在宇宙的心中,物质—能量世界如同梦幻一般。"④

大卫·雷·格里芬在《论心与分子:心身相关宇宙中的后现代医学》一文中,持有与哈曼相同的观点。他把"二元论和唯物论"之外的这种假设称为"泛经验论",认为"泛经验论"是"后现代范式的依据":"泛经验论认为,**感觉器官**为感觉**增添了准确性和可信性**,但它决**不是**感知的最原始形成的**依据**。"⑤大卫·雷·格里芬认为,"泛经验论"的观点来自怀特海,怀特海展示了心与分子得以因果关联的方式,每一个实际活动都被称为一个经验的活动,这种经验是自为的,它分两个阶段:第一阶段,事件受先前经验的影响称为"形的一极",第二阶段的经验具有自创性,称为"神的一极"。这一面之所以被称为"神的一极",不仅仅是由于它是对现实事物的反应,而且由于它对理想或责任亦作出反应。在此基础上,大卫·雷·格里芬认为:"心并不是单纯或永远是一个主体,分子也不是单纯和永远是一个客体。相反,心是一系列先

---

① [美]大卫·雷·格里芬编:《后现代科学》,中央编译出版社2004年版,第172页。
② [美]大卫·雷·格里芬编:《后现代科学》,中央编译出版社2004年版,第172页。
③ [美]大卫·雷·格里芬编:《后现代科学》,中央编译出版社2004年版,第174页。
④ [美]大卫·雷·格里芬编:《后现代科学》,中央编译出版社2004年版,第175页。
⑤ [美]大卫·雷·格里芬编:《后现代科学》,中央编译出版社2004年版,第212页。

主体后客体的事件,而分子亦同样是一系列先主体后客体的事件。它们之间的差异是巨大的,但只是程度上的差异,而非是否具有经验这种绝对的差异。……内部生成是第一性的,移动是派生的。”①并且,“心—身关系并不是万物运作中的一个特例,而是自然界中普遍的一种关系的例证”②。

③“建设性后现代主义”的哲学形态描述。“建设性后现代主义”与“反形而上学”和“后形而上学”具有很多相似之处,但也有着自己鲜明的形态表现:

理论特征:从“抽象的人”出发,面向现实世界,对个人、“大多数人”、“整个社会”以至整个“人类”的前途和命运进行理性思考,探讨解决重大现实问题的途径。

研究目的:通过改造人们的精神,“在整个社会和全体个人意识中建立一种新秩序”,实现具有“一种新的科学、新的精神和一种新的社会”的“后现代世界”。

研究领域:把目光从传统形而上学关于世界的“整体”、“总画面”及其性质、联系和规律的认识,反形而上学对“经验事实,语言和意义,或生命、直觉、意志和情感等非理性领域”的认识,转向对“把地球作为一个整体的利益着眼的社会中”“个人、整个社会、人类相互之间关系的性质以及人类与其他生命之间关系的性质”的认识。

此外,“建设性后现代主义”在批判现代性的时候,把被现代性逐出的上帝又请回到自己的后现代世界观中,这在科学昌明的今天,不能不说是一种退步。③

思维模式:一是“深层直觉”,一种主观唯心主义的思维模式。用前文提到的威利斯·W.哈曼的话说就是:“心或意识是第一性的,物质—能量从某种意义上讲产生于‘心’。……从根本上讲,我们不是通过有形的器官,而是通过深层直觉才触及到现实。”用前文提到的大卫·雷·格里芬的话说就是“内部生成是第一性的”。

二是辩证思维。与“激进的后现代主义”不同,在思维方式上,“建设性后

① [美]大卫·雷·格里芬编:《后现代科学》,中央编译出版社2004年版,第215—216页。
② [美]大卫·雷·格里芬编:《后现代科学》,中央编译出版社2004年版,第218—219页。
③ 赵光武主编:《后现代主义哲学述评》,西苑出版社2000年版,第101页。

现代主义”把辩证法重新引入哲学，反对机械论，强调“个人、整个社会、人类相互之间关系”，强调世界万物的“内在联系”。同时，也不再对“现代性”绝对否定，而是强调在“现代性”基础之上的“后现代”。

研究方法：主要是“思辨”、“反思”、“直觉”、“内部生成”。用前文引用的大卫·雷·格里芬在《后现代科学》一书的英文版序言中的话说就是：“它试图战胜现代世界观，但不是通过消除上述各种世界观本身存在的可能性，而是通过对现代前提和传统概念的修正来建构一种后现代世界观。”

对于“建设性后现代主义”，吴伟斌在《论第三种形而上学——建设性后现代主义哲学研究》一书中还指出了它的两大缺陷：“强烈的宗教神秘色彩”和“认识论缺陷”。认为前者是来自体系的需要、神学家的身份和认识论根源三个方面，后者则是由于把经验泛化至万物，认为原子、分子等客观事物也有类似我们人类经验一样的知觉的结果。①

逻辑工具：形式逻辑和辩证逻辑。

人学立场：抽象的人，人人，全人类（相当于费尔巴哈的“类”）。其实，与传统形而上学的其他衍生形态一样，“建设性后现代主义”在其“抽象的人”的招牌下，往往坚持的仍然是资产阶级的立场。譬如，一心要发展一种“后现代世界观”的大卫·雷·格里芬在《后现代精神》一书的导言中就说：“马克思主义通常比资本主义的自由主义更现代化”，“马克思主义的社会主义对现代化二分化的影响也许更为迅猛”②。乔·霍兰德在《后现代精神和社会观》一文中也说：“很显然，作为现代文化激进的一翼，社会主义运动根本没有给人类文化传统和制度中的智慧以足够的重视。这种智慧不是被肆意曲解，就是被罪恶的统治所掩盖，致使它不能有所变化和增长。”③

学科体系：用前文提到的大卫·雷·格里芬本人的话来说：“建设性或修正的后现代主义是一种科学的、道德的、美学的和宗教的直觉的新体系。”

从哲学类型上看，“建设性后现代主义”依然有唯物主义与唯心主义、辩

---

① 参见吴伟斌：《论第三种形而上学——建设性后现代主义哲学研究》，学林出版社2002年版，第142—143页。

② ［美］大卫·雷·格里芬编：《后现代精神》，中央编译出版社1998年版，第17页。

③ ［美］大卫·雷·格里芬编：《后现代精神》，中央编译出版社1998年版，第82页。

证法与"形而上学"之分,但总体而言,他们更强调"心"、"精神"和"价值观"的作用而相对轻视"经济"的作用,因而基本上属于唯心主义阵营中的主观唯心主义和宗教唯心主义;更强调整体、联系和发展,因而基本上属于辩证法中的唯心主义辩证法。

此外,建设性后现代主义哲学内部又可以划分成"科学派"和"哲学派",以大卫·雷·格里芬为代表的"科学派"更多关注的是人与世界、人与自然的关系问题,而且很大程度上是从科学的层面出发来讨论问题;而以罗蒂和霍伊等为代表的"哲学派"则主要是从哲学的层面讨论问题,所探讨的领域也宽广得多,不仅包括人与自然的关系问题,而且包括人与人、人与文化、人与哲学的关系问题。

社会功能:对现代主义以及现实当中的个人主义、民族主义、军国主义、人类中心论和男性中心论等进行理论批判。主要体现在两个方面:

其一,改造主观世界:大力倡导相互联系的、生态的、星球的、后父权制的后现代精神,使其成为主导思想被人们广泛接受。

其二,改造客观世界:探讨解决重大现实问题的途径,描绘后现代社会的蓝图。

然而,尽管建设性后现代主义者能够面向现实社会进行思考,但由于他们受先验唯心主义和宗教唯心主义立场的影响,都是把人当作"抽象的人"来看待,他们所说的"整个社会"、"人类"也只能相当于费尔巴哈所说的"类";对于诸多社会问题,他们只是一味地从"科学"、"现代性"、"文化"中找原因,而绝不触及资本主义的社会制度;他们所采取的思维方式,也只是"直观"和辩证法的一般形式,而不是从现实的人出发、建立在调查研究以及阶级分析和利益分析之上的唯物辩证逻辑;他们解决社会问题的出路是生态的、星球的、后父权制的、宗教的、女性主义的,等等,根本就把社会的经济基础以及社会制度等上层建筑因素排除在外。因而,与两大哲学基本形态相比,"建设性后现代主义"仍然属于"传统形而上学"这一哲学基本形态。但与"反形而上学"和"后形而上学"相比,又是比它们离"唯物主义辩证法"这一哲学基本形态更近一些的"传统形而上学衍生形态"。

4. 形而上学衍生形态主要样式之四:“反马克思主义”

“反马克思主义”可以划分为“修正主义的马克思主义”、“后马克思主义”和“新马克思主义”三大流派。在本质上,是西方主流意识形态借用各种西方现当代哲学流派来否定和攻击马克思主义。虽然它们都打着“马克思主义”的旗号,但其作为传统形而上学衍生形态的一种主要样式还是非常典型的,不仅影响巨大,而且具有强烈的欺骗性,值得我们强烈关注。

(1)反马克思主义的定义和性质范围。

“反马克思主义”是马克思主义产生以后,资产阶级阵营中依据传统形而上学及其衍生形态,为对抗马克思主义特别是唯物主义辩证法而形成的一种衍生形态。尽管其具体哲学形态随着时代的发展而不断发生变化,但其根本宗旨一直保持不变,就是否定和攻击马克思主义特别是马克思主义哲学。

“反马克思主义”是一个与“西方马克思主义”有着明显区别的概念。以“西方马克思主义”自诩或被国内学者称为“西方马克思主义”的学者中,有不少是打着马克思主义旗号的“反马克思主义”者,但“西方马克思主义”并不全是“反马克思主义”;从另一个角度说,“反马克思主义”中有一部分是来自“西方马克思主义”,但又不全是来自“西方马克思主义”,其中还有相当大的部分来自现当代西方资产阶级哲学(如,卡尔·波普尔 karl popper)①,来自中国、苏联、东欧等国家和地区的非马克思主义哲学。

(2)反马克思主义的产生与发展。

“反马克思主义”自 19 世纪 40 年代马克思主义产生以后就已经形成,其之所以产生,根本原因就在于马克思主义特别是其中的剩余价值学说和科学社会主义理论对资本主义制度构成了严重威胁。

恩格斯 1883 年《在马克思墓前的讲话》中说:“马克思首先是一个革命家。他毕生的真正使命,就是以这种或那种方式参加推翻资本主义社会及其所建立的国家设施的事业,参加现代无产阶级的解放事业,正是他第一次使现代无产阶级意识到自身的地位和需要,意识到自身解放的条件。……正因为

---

① 卡尔·波普尔就公开宣称:“在我 17 岁的时候,已成为一个反马克思主义者。”(转引自[英]卡尔·波普尔:《历史决定论的贫困》“中文版序”,上海人民出版社 2009 年版,第 2 页。)

这样,所以马克思是当代最遭嫉恨和最受诬蔑的人。各国政府——无论专制政府或共和政府,都驱逐他;资产者——无论保守派或极端民主派,都竞相诽谤他,诅咒他。”①因为,马克思的剩余价值理论证明:“工人,不仅再生产着他那由资本家付酬的劳动力的价值,而且除此之外还生产**剩余价值**,这个剩余价值首先被这个资本家所占有,然后按一定的经济规律在整个资本家阶级中进行分配,构成地租、利润、资本积累的基础,总之,即非劳动阶级所消费或积累的一切财富的基础。这样也就证明了,现代资本家,也像奴隶主或剥削徭役劳动的封建主一样,是靠占有他人无酬劳动发财致富的,而所有这些剥削形式彼此不同的地方只在于占有这种无酬劳动的方式有所不同罢了。这样一来,有产阶级胡说现代社会制度盛行公道、正义、权利平等、义务平等和利益普遍和谐这一类虚伪的空话,就失去了最后的立足之地,而现代资产阶级社会就像以前的各种社会一样真相大白:它也是人数不多并且仍在不断缩减的少数人剥削绝大多数人的庞大机构。”②这一切,都使资产阶级关于资本主义正当性和永恒性的理论受到了严重挑战,并在欧洲的工人阶级中产生了巨大影响。对此,恩格斯在1885年为《资本论》第二卷所做的《序言》中形象地说:“马克思的剩余价值理论,好像晴天霹雳震动了一切文明国家”③。

马克思主义及其产生的巨大影响引起了资产阶级的恐慌,也遭到了资产阶级学者从哲学、经济学和政治学各方面的猛烈攻击。马克思1873年在《资本论》第二版《跋》中说:在经济学方面,“德国庸俗经济学的油嘴滑舌的空谈家,指责我的著作的文体和叙述方法”④。在哲学方面,法国“巴黎的《实证论者评论》一方面责备我形而上学地研究经济学,另一方面责备我——你们猜猜看!——只限于批判地分析既成的事实,而没有为未来的食堂开出调味单(孔德主义的吗?)”⑤。而“德国的评论家当然大叫什么黑格尔的诡辩。彼得堡的《欧洲通报》在一篇专谈《资本论》的方法的文章(1872年5月号第427—

① 《马克思恩格斯文集》第3卷,人民出版社2009年版,第602页。
② 《马克思恩格斯文集》第3卷,人民出版社2009年版,第461页。
③ 《马克思恩格斯文集》第6卷,人民出版社2009年版,第19页。
④ 《马克思恩格斯文集》第5卷,人民出版社2009年版,第19页脚注。
⑤ 《马克思恩格斯文集》第5卷,人民出版社2009年版,第19页。

436页）中，认为我的研究方法是严格的实在论的，而叙述方法不幸是德国辩证法的。作者写道：'如果从外表的叙述形式来判断，那么最初看来，马克思是最大的唯心主义哲学家，而且是德国的极坏的唯心主义哲学家。而实际上，在经济学的批判方面，他是他的所有前辈都无法比拟的实在论者……决不能把他称为唯心主义者。'"①抛开这些人对马克思主义特别是马克思主义哲学的基本精神把握不准不谈，仅就反对马克思主义这一点而言，他们是非常一致的。恩格斯在1878年出版的《反杜林论》中，在许多地方都谈到杜林对马克思的攻击。② 在《反杜林论》中，恩格斯自始至终都在揭露杜林在把黑格尔哲学称为"热昏的胡话"的同时却对其进行大肆抄袭的现象③予以批判，认为"从思想中，从世界形成之前就久远地存在于某个地方的模式、方案或范畴中，来构造现实世界，这完全像**一个叫做黑格尔的人**的做法"④。在此基础上，恩格斯批评杜林"犯了错误，把马克思的辩证法和黑格尔的辩证法等同起来"⑤，"按照黑格尔来纠正马克思，把马克思只字未提的什么所有制的更高的统一硬加给马克思"⑥，甚至把马克思解释成"黑格尔主义者"⑦。恩格斯强调，应该"把方法和通过方法所获得的成果区别开来"⑧，不能把两者混为一谈。实际上，杜林的手法也是大多数反马克思主义者经常采取的方法。

列宁1908年在《唯物主义和经验批判主义》一书中说："民粹派分子、马克思主义的死敌、马赫主义者维·切尔诺夫先生，为了'自在之物'直接攻击恩格斯……公开地仇视马克思主义"⑨。1914年在《卡尔·马克思（传略和马克思主义概述）》一文的"书目"中，列举了赫尔曼·哥尔特、杜冈—巴拉诺夫斯基、谢·普罗科波维奇、哈马赫尔、威·桑巴特、麦克斯·阿德勒、柏姆—巴

---

① 《马克思恩格斯文集》第5卷，人民出版社2009年版，第20页。

② 参见《马克思恩格斯选集》第3卷，人民出版社2012年版，第407—407、421、500—505、507—508、577、579、582、594页。

③ 参见《马克思恩格斯选集》第3卷，人民出版社2012年版，第406、410、418、420、421、422页。

④ 《马克思恩格斯选集》第3卷，人民出版社2012年版，第410页。

⑤ 《马克思恩格斯选集》第3卷，人民出版社2012年版，第501页。

⑥ 《马克思恩格斯选集》第3卷，人民出版社2012年版，第509页。

⑦ 《马克思恩格斯选集》第3卷，人民出版社2012年版，第510页。

⑧ 《马克思恩格斯选集》第3卷，人民出版社2012年版，第501页。

⑨ 《列宁选集》第2卷，人民出版社2012年版，第72页。

维克、里克斯、冯·博尔特克维奇等反马克思主义者的著作。①

可以这样说,自马克思主义产生以后,“反马克思主义”作为一个流派,几乎贯穿整个马克思主义发展史,影响十分巨大。它大体可以划分为早期“反马克思主义”、“修正主义的马克思主义”、现代主义的“反马克思主义”(或新马克思主义)、后现代主义的“反马克思主义”(或后马克思主义)四个历史时期。尽管它在不同的历史时期具有不同的表现,但其反马克思主义的本质没有丝毫改变。

(3)“反马克思主义”的哲学形态构成。

从哲学形态的生成来看,“反马克思主义”并不是由唯物主义辩证法演变而来,而是由传统形而上学演变而来。因而,它更多地具备的是传统形而上学的哲学形态特征,而不是唯物主义辩证法的哲学形态特征。

①“反马克思主义”的理论特征。“反马克思主义”之对于马克思主义,基本上是本着一个“反”字。这里的“反”,只是不顾事实地一味反对:或是把马克思说成是黑格尔主义,或是用变化了的生活状况来否定马克思主义的当代价值——凡是马克思主义赞成的它就反对,而马克思主义反对的它就赞成,在哲学、政治、经济、法律、道德、思想、文化各方面均是如此。

②“反马克思主义”的研究目的。通过反对马克思主义特别是科学社会主义,美化和维护资产阶级的统治地位。

③“反马克思主义”的研究领域。“反马克思主义”的研究领域并不是整个的马克思主义理论和实践,而是集中力量对马克思的哲学思想以及马克思关于其所在资本主义社会的研究结论中与现时代不一致的内容进行攻击。其研究范围也非常广泛,横跨现实社会从思想、道德、文化到政治、经济、军事等各个领域。主要包括以下四个方面:

一是研究马克思著作特别是马克思的早期著作与黑格尔的联系,以便把马克思主义作为一种形而上学予以否定。例如英国哲学家罗素在其撰写的《西方哲学史》中说:“马克思在青年时代是个黑格尔的信徒,他在自己的完成

① 参见《列宁全集》第26卷,人民出版社1988年版,第91—92页。

了的学说体系中保留下来若干重要的黑格尔派特色。”①再进一步说：“马克思把他的历史哲学纳入了黑格尔辩证法所提出的模子”②。最后则直接说：“概括地说，马克思的哲学里由黑格尔得来的一切成分都是不科学的，意思是说没有任何理由认为这些成分是正确的。”③

二是将马克思的阶级学说和革命学说与“暴力”和“专制”联系起来，以便把马克思主义作为一种“极权主义”甚至“法西斯主义”予以否定。

三是研究马克思主义理论与当今社会的不一致之处以及马克思主义在实践当中遇到的挫折，以否定马克思主义的当代价值。

四是否定马克思是哲学家或是否定马克思的哲学。英国哲学家罗素在其撰写的《西方哲学史》中谈到马克思时说：“把马克思纯粹当一个哲学家来看，他有严重的缺点。他过于崇尚实际，过分全神贯注在他那个时代的问题上。他的眼界局限于我们的这个星球，在这个星球范围之内，又局限于人类。自从哥白尼以来已经很显然，人类并没有从前人类自许的那种宇宙重要地位。凡是没彻底领会这个事实的人，谁也无资格把自己的哲学称作科学的哲学。”④

④“反马克思主义”的思维模式。“反马克思主义”主要是坚持与辩证法对立的“形而上学”思维方式：二分对立基础上的绝对肯定或绝对否定。

一是对马克思主义绝对否定，决不手软。对于这种思维方式，恩格斯在《反杜林论》中谈到包括杜林在内的形而上学者对否定之否定规律的攻击时就说：“但是，现在有人会提出反驳，说这里所实现的否定根本不是真正的否定：如果我把大麦粒磨碎，我也就否定了大麦粒；如果我把昆虫踩死，我也就否定了昆虫；如果我把正数 a 涂掉，我也就否定了正数 a，如此等等。或者，我说玫瑰不是玫瑰，我就把玫瑰是玫瑰这句话否定了；如果我又否定这一否定，并且说玫瑰终究还是玫瑰，这样能得出什么结果来呢？——这些反驳其实就是形而上学者反对辩证法的主要论据，它们同形而上学思维的狭隘性完全合拍，在辩证法中，否定不是简单地说不，或宣布某一事物不存在，或用随便一种方

---

① ［英］罗素：《西方哲学史》下卷，商务印书馆 1961 年版，第 276 页。
② ［英］罗素：《西方哲学史》下卷，商务印书馆 1961 年版，第 343 页。
③ ［英］罗素：《西方哲学史》下卷，商务印书馆 1961 年版，第 344 页。
④ ［英］罗素：《西方哲学史》下卷，商务印书馆 1961 年版，第 343 页。

法把它毁掉。”[①]“反马克思主义”者就是这样，恨不得把马克思主义磨碎、涂掉，使其不留任何痕迹。

二是通过否定矛盾、否定辩证法来否定马克思主义。杜林在1875年出版的《哲学教程——严密科学的世界观和人生观》中就大谈“矛盾的非现实性”[②]，认为“在事物中没有任何矛盾，或者换句话说，实际存在的矛盾本身，是背理的顶点”，主张“关于存在的基本逻辑特性的第一个命题，而且是最重要的命题，就是矛盾的排除”[③]。在1871年发表的《国民经济学和社会主义批判史》中，甚至大骂“辩证法的神秘破烂”和“辩证法蠢见”[④]。杜林的这一做法被其后的反马克思主义者所继承。

⑤“反马克思主义”的研究方法。脱离现实，从头脑中产生思想。

⑥“反马克思主义”的逻辑工具。形式逻辑，特别是以二分对立思维为主导的单向决定逻辑。

⑦“反马克思主义”的人学立场。公开站在西方资产阶级的立场上反对马克思主义，或是表面上从“抽象的人”出发，实则坚持西方资产阶级的立场。譬如，杜林在《哲学教程》中，就是从“抽象的人”出发，用“两个男人”的理论来解释历史。而实际上，杜林在这里并不是没有自己的人学立场，他是要用“两个男人”的理论来论证资本主义的永恒性和合理性，论证“雇佣劳动向另一种谋生形式的转变，怎样能够在某一时候符合于人类本性的规律，符合于社会机体的合乎自然必然性的构造”[⑤]。对此，恩格斯在《反杜林论》中批评说：“在哲学上，当他不是简简单单地胡说八道的时候（像在自然哲学中那样），他的观点是对18世纪的观点的歪曲。在他看来，这里所涉及的不是历史的发展规律，而是自然规律，是永恒真理。道德和法这样的社会关系，不是由当时历史地存在的条件决定的，而是由著名的两个男人来决定的，两人中的一人或者

---

① 《马克思恩格斯文集》第9卷，人民出版社2009年版，第149页。

② ［德］杜林：《哲学教程——严密科学的世界观和人生观》，商务印书馆1991年版，第27页。

③ ［德］杜林：《哲学教程——严密科学的世界观和人生观》，商务印书馆1991年版，第28页。

④ 转引自《马克思恩格斯文集》第9卷，人民出版社2009年版，第130页。

⑤ 转引自《马克思恩格斯文集》第9卷，人民出版社2009年版，第163页。

压迫对方，或者不压迫对方，可惜后一种情况直到现在还从来没有出现过。”①不仅如此，“两个男人”的理论还被杜林反复使用：“杜林先生在第 252 页②上向我们重复的只不过是我们已经听过十次的东西，他用早已为人所知的两个男人的冒险来说明这种职能的产生，其中的一个人在历史的开端用暴力制服另一个人，从而把自己的生产资料转化为资本。”③之所以这样，就是由于这个理论比较适宜于掩盖杜林的真实人学立场。

⑧“反马克思主义”的社会功能。为资本主义制度的巩固和发展提供理论“防火墙”，尽力减弱马克思主义对人民群众思想的影响。

⑨“反马克思主义”的学科体系。“反马克思主义”以反对马克思主义为己任，自马克思主义产生以后就一直存在，其具体哲学形态和研究侧重点也随着社会的发展而不断变化。但从它的研究目的、思维模式、研究方法、逻辑工具、研究领域、人学立场、社会功能等哲学形态构成要素来看，它仍然是传统形而上学的一种衍生形态，其形态特征在不同的历史时期先后与“传统形而上学”、“反形而上学”和“新形而上学”相近。在哲学类型上，则往往是唯心主义和主观主义的成分更多一些，唯物主义的成分更少一些；“形而上学”的成分更多一些，辩证法的成分则更少一些。

（4）“反马克思主义”的主要样式。

“反马克思主义”自其产生以后，经历了不同的历史时期。但其主要样式与其历史分期基本一致，共有四种：

①早期“反马克思主义”。在西方哲学史上，杜林是举起反马克思主义旗帜比较早的人，也是早期“反马克思主义”的主要代表人物。杜林在 1867 年《补充材料》第 3 卷第 3 期中，把马克思的辩证法和黑格尔的辩证法等同起来④；在 1872 年的《力学一般原则批判史》中，在否定辩证法、认为它“缺乏自然的和可以理解的逻辑，这正是辩证法的一团混乱和各种观念的混乱交织的

---

① 《马克思恩格斯文集》第 9 卷，人民出版社 2009 年版，第 158 页。

② 这里是指杜林《国民经济学和社会经济学教程》的页码。

③ 《马克思恩格斯文集》第 9 卷，人民出版社 2009 年版，第 216 页。

④ 参见恩格斯：《反杜林论》，《马克思恩格斯文集》第 9 卷，人民出版社 2009 年版，第 130 页。

特色”①的同时，还对马克思的《资本论》进行攻击，说什么在《资本论》中“引证黑格尔关于量转变为质这一混乱的模糊观念，从而认为预付达到一定界限时就会单单由于这种量的增加而成为资本，——这岂不显得多么滑稽！”②

对于杜林对马克思剩余价值学说的歪曲，恩格斯批评说：“杜林先生就是靠这一风格把那种同马克思实际所说的相反的话强加给马克思的。马克思说：只有当价值额达到虽然因条件不同而有所不同但在每一个场合都是一定的最低限量时，它才能转化为资本——这一事实是黑格尔规律的**正确性的证明**③。杜林先生却硬要马克思这样说：**因为**根据黑格尔的规律，量转变为质，‘**所以**预付达到一定的界限时就……成为资本’。可见这正好说反了。”④也就是说，马克思在谈到黑格尔的量变质变规律时，仅仅是说它与从事实中概括出来的剩余价值学说相一致，并没有说是依靠它才推演出剩余价值学说；而杜林则相反，在他看来，马克思是依靠黑格尔的量变质变规律从头脑中推演出剩余价值学说，而不是从事实中概括出剩余价值学说。

杜林攻击辩证法是“神秘破烂”和“蠢见”，说马克思的方法在于“为自己的信徒创造辩证法的奇迹”⑤。恩格斯在《反杜林论》中说：“马克思的《资本论》使杜林先生发泄他的反辩证法的怒气有了新的口实。”⑥恩格斯指出：“在这里我们涉及的还根本不是马克思的研究中的经济学成果是正确或不正确的问题，而只是马克思所运用的辩证方法。”⑦而杜林却把两者弄混了。恩格斯一针见血地批评说：“仅仅‘辩证法’这个字眼就已经使杜林先生陷入一种神经错乱而无能负责的状态，以致对他来说，由于某种混乱的和错误的观念，无论他说的和做的是什么，归根到底‘都是一个东西’。”⑧杜林还进一步对辩证

① 转引自《马克思恩格斯文集》第9卷，人民出版社2009年版，第129页。
② 转引自《马克思恩格斯文集》第9卷，人民出版社2009年版，第131页。
③ 马克思在《资本论》第1卷中说：“在这里，也像在自然科学上一样，证明了黑格尔在他的《逻辑学》中所发现的下列规律的正确性，即单纯的量的变化到一定点时就转变为质的区别。”（《马克思恩格斯全集》第44卷，人民出版社2001年版，第358页。）
④ 《马克思恩格斯文集》第9卷，人民出版社2009年版，第132—133页。
⑤ 转引自《马克思恩格斯文集》第9卷，人民出版社2009年版，第130页。
⑥ 《马克思恩格斯文集》第9卷，人民出版社2009年版，第129页。
⑦ 《马克思恩格斯文集》第9卷，人民出版社2009年版，第130页。
⑧ 《马克思恩格斯文集》第9卷，人民出版社2009年版，第130页。

法的量变质变规律、对立统一规律和否定之否定规律及其在马克思《资本论》中的体现进行全面攻击，恩格斯在《反杜林论》中逐一予以批驳，由于篇幅所限，在这里不做详细阐述。

恩格斯指出，杜林之所以这样做，其实质无非是想“不大费力地按照黑格尔来纠正马克思，把马克思只字未提的什么所有制的更高的统一硬加给马克思”①。恩格斯强调指出：“当马克思把这一过程称为否定的否定时，他并没有想到要以此来证明这一过程是个历史地必然的过程。相反，他在历史地证明了这一过程一部分实际上已经实现，一部分还一定会实现以后，才又指出，这是一个按一定的辩证法规律完成的过程。这是一个按一定的辨证法规律完成的过程。他说的就是这些。由此可见，如果说杜林先生断定，否定的否定不得不在这里执行助产婆的职能，靠它的帮助，未来便从过去的腹中产生出来，或者他断定，马克思要求人们凭着否定的否定的信誉来确信土地和资本的公有（这种公有本身是杜林所说的‘见诸形体的矛盾’）的必然性，那么这些论断又都是杜林先生的纯粹的捏造。”②

那么，杜林自己使用的是什么方法呢？杜林说：“‘我的具有伟大风格的历史记述’或者也称为‘总括方法’的样品，‘这一总括方法考虑到类和型，并且决不会硬去通过细枝末节的揭露来礼遇被一个叫做休谟的人称为学界小人的那类货色；只有这种具有崇高而尊贵的风格的方法，才和完全真理的利益相容，才和在摆脱了行会的公众面前所承担的义务相容’”③。“考虑到类和型”——分门别类，即恩格斯所说的“形而上学的思维方式”；不考虑“细枝末节”——连“形而上学的思维方式”也不愿意认真坚持；“和完全真理的利益相容”、“和在摆脱了行会的公众面前所承担的义务相容”——坚持从“抽象的人”出发的伪善的人学立场。无怪乎恩格斯批评杜林在这里“大讲其泛泛的空话”④！因此，在《反杜林论》哲学编的结论中，恩格斯毫不客气地说：“当我们读完全书的时候，我们懂得的东西还是和以前的完全一样，而且不得不承认，‘新的思维方式’、‘完全

① 《马克思恩格斯文集》第9卷，人民出版社2009年版，第137页。
② 《马克思恩格斯文集》第9卷，人民出版社2009年版，第141—142页。
③ 转引自恩格斯：《反杜林论》，《马克思恩格斯文集》第9卷，人民出版社2009年版，第131页。
④ 《马克思恩格斯文集》第9卷，人民出版社2009年版，第131页。

独特的结论和观点'和'创造体系的思想'的确已经给我们提供了各种新的无稽之谈,可是没有一行字能够使我们学到什么东西。这个人大吹大擂叫卖自己的手艺和商品,不亚于最粗俗的市场小贩,而在他的那些大话后面却是空空如也,简直一无所有——这个人竟敢把费希特、谢林和黑格尔这样的人叫做江湖骗子,而他们当中最渺小的人和杜林先生比起来也还是巨人。"①

实际上,与一切遵循黑格尔路线的"反形而上学"者一样,杜林在反对辩证法的同时,不仅不能从根本上摆脱黑格尔哲学的影响,反而要处处遵循黑格尔路线。对此,恩格斯在《反杜林论》哲学编的结论中予以了彻底揭露:"'现实的、从而以自然和生活的现实为目标的哲学的各个要素','严格科学的世界观','创造体系的思想',以及杜林先生以傲慢的语气大肆炫耀的杜林先生的其他一切功绩,只要我们一接触,就看出是**纯粹的欺人之谈**。'已经稳固地确立了存在的基本形式,而丝毫没有损害思想的深度'的世界模式论,的确是黑格尔逻辑学的一个肤浅得无以复加的复制品,而且和黑格尔的逻辑学一样陷入这样一种迷信:这些'基本形式'或逻辑范畴,在它们应当'运用于'其中的那个世界之前和世界之外已经在某个地方神秘地存在了。"②

此外,恩格斯在 1885 年为《资本论》第二卷所做的《序言》中也提到:"在马克思逝世以后……德国讲坛社会主义者一国家社会主义者及其信徒,当做不容置疑的事实加以宣扬,说什么马克思剽窃了洛贝尔图斯。"③恩格斯一针见血地指出:这些家伙"竟把那些在亚·斯密和李嘉图那里就可以读到的东西,煞有介事地硬说是马克思从洛贝尔图斯那里窃取来的,——这个事实就证明,官方的经济学今天已经堕落到何等地步"④。

②"修正主义"⑤的"反马克思主义"。"修正主义"的"反马克思主义"的理论特征就是打着马克思主义的旗号来反对真正的马克思主义,因而极具欺骗性。

---

① 《马克思恩格斯文集》第 9 卷,人民出版社 2009 年版,第 152 页。

② 《马克思恩格斯文集》第 9 卷,人民出版社 2009 年版,第 150—151 页。

③ 《马克思恩格斯文集》第 6 卷,人民出版社 2009 年版,第 9 页。

④ 《马克思恩格斯文集》第 6 卷,人民出版社 2009 年版,第 19 页。

⑤ 修正主义,是国际共产主义运动内部歪曲、篡改、否定马克思主义的资产阶级思潮。产生于 19 世纪 90 年代。因德国社会民主党人伯恩施坦以完整的形式提出了对马克思学说的"修正",故名,亦称伯恩施坦主义。(参见《大辞海·哲学卷》,上海辞书出版社 2015 年版,第 179 页。)

"修正主义"的"反马克思主义",主要流行在19世纪末20世纪初,最具代表性的就是以伯恩施坦[①]为代表的"第二国际修正主义"[②],此外还有"考茨基主义"[③]、"合法马克思主义"[④]、"经济主义"[⑤]、"俄国的马赫主义"[⑥]、"狄慈

① 伯恩施坦(Eduard Bernstein,1850—1932),德国社会民主党和第二国际的领导人之一,修正主义和改良主义理论家。1896—1898年间,在《新时代》杂志上以"社会主义问题"为总标题发表了6篇论文,后整理汇编成《社会主义的前提和社会民主党的任务》一书,于1899年出版,力图对马克思主义进行全面修正。(参见《哲学大辞典》上卷,上海辞书出版社2007年版,第241—242页。)在哲学方面,称马克思的唯物主义为"独断主义",称唯物辩证法为黑格尔的"陷阱",提出"回到德康德去"的口号,用庸俗进化论来代替辩证法;在政治经济学方面,否认马克思的剩余价值理论;在社会主义理论方面,认为在普选权出现的这个时代,坚持无产阶级专政已经过时,主张资本主义"和平长入"社会主义。其学说被称为"伯恩施坦主义",盛行于当时的欧洲工人运动中,成为民主社会主义思潮的思想来源之一,其影响一直持续至今。(参见《哲学大辞典》上卷,上海辞书出版社2007年版,第216—217页。)

② 第二国际修正主义,主要指以伯恩施坦为代表的国际工人运动中的修正主义思潮,也包括当时对这种修正主义采取怂恿态度的考茨基"中派主义",以及在这个思潮的基础上产生的"社会沙文主义"等第二国际右倾机会主义。它以1896—1898年间伯恩斯坦发表的一系列以《社会主义问题》为总标题的论文为产生标志,到1900年第二国际第五次代表大会时已经在第二国际各工人政党中泛滥,1910年前后在第二国际的大多数工人政党中取得统治地位,到1914年第一次世界大战爆发时达到发展的顶点。"第二国际修正主义"这个词最早见于列宁的著作中,目的在于能够使它与"第二国际"区别开来。(参见《哲学大辞典》上卷,上海辞书出版社2007年版,第217页。)

③ 考茨基主义,第二国际中以"中间派"形式出现的机会主义,以其主要代表考茨基而得名。产生之初(1910—1914)坚持改良主义,提出"超帝国主义论";1914年第一次世界大战爆发以后,为社会沙文主义作辩护;1917年俄国十月革命胜利以后,对布尔什维克的胜利持怀疑态度;1918年以后,攻击俄国布尔什维克领导的无产阶级专政为"恐怖主义",系统提出否定无产阶级专政的修正主义理论。(参见《哲学大辞典》上卷,上海辞书出版社2007年版,第220页。)

④ 合法马克思主义,亦称"司徒卢威主义"。俄国自由资产阶级知识分子中的资产阶级思潮,19世纪90年代流行,因常在沙皇政府准许的合法的报刊上发表文章而得名。主要代表人物有司徒卢威、布尔加柯夫等。他们站在自由资产阶级的立场上,肯定资本主义,否认资本主义灭亡和社会主义革命的必然性,并用宿命论的观点来解释马克思主义的历史阶段论,将历史的客观必然性与人、阶级、政党的能动活动对立起来,以庸俗的"经济唯物主义"来论证其改良主义的政治主张。(参见《哲学大辞典》上卷,上海辞书出版社2007年版,第217页。)

⑤ 经济主义,机会主义派别之一。19世纪末出现于俄国工人运动内部。主要代表人物有克里切夫斯基等。因热心于单纯的经济斗争而得名。接受新康德主义观点,把历史发展过程中的客观因素和主观因素、自发性和自觉性、经济斗争和政治斗争对立起来,否认革命理论的指导作用,否认政治斗争,主张工人只进行经济斗争,放弃独立的政治要求。(参见《哲学大辞典》上卷,上海辞书出版社2007年版,第217—218页。)

⑥ 俄国的马赫主义,马赫主义在俄国流传中所产生的各种派别。产生于19世纪末20世纪初。主要代表为波格丹诺夫等。试图用马赫主义"修正"马克思主义。(参见《哲学大辞典》上卷,上海辞书出版社2007年版,第218—219页。)

根主义”①、托洛茨基主义②等。他们的共同特征就是口头上承认马克思主义,但却以各种理由否认马克思主义的正确性。

针对修正主义对马克思主义的攻击,列宁在1908年撰写的《唯物主义和经验批判主义》第一版《序言》中说:“许多想当马克思主义者的著作家,今年在我们这里对马克思主义哲学进行了真正的讨伐。不到半年就出版了四本书,这四本书主要是并且几乎完全是攻击辩证唯物主义的。……然而所有这些因敌视辩证唯物主义而联合起来的人(尽管政治观点截然不同)在哲学上又自命为马克思主义者!别尔曼说,恩格斯的辩证法是‘神秘主义’。恩格斯的观点‘过时了’,——巴扎罗夫随便一说,好像这是不言而喻的。唯物主义看来被我们的勇士们驳倒了,他们自豪地引证‘现代认识论’,引证‘最新哲学’(或‘最新实证论’),引证‘现代自然科学的哲学’,或者甚至引证‘20世纪的自然科学的哲学’。……在事实上,他们完全背弃了辩证唯物主义即马克思主义。在口头上,他们却百般狡辩,企图避开问题的实质,掩饰他们的背弃行为,用某一个唯物主义者来代替整个唯物主义,根本不去直接分析马克思和恩格斯的无数唯物主义言论。按照一位马克思主义者的公正说法,这真是‘跪着造反’。这是典型的哲学上的修正主义,因为只有修正主义者违背马克思主义的基本观点,而又不敢或者是没有能力公开、直率、坚决、明确地‘清算’被他们抛弃的观点,才获得了这种不好的名声。”③简单一点说就是:“日益巧妙地伪造马克思主义,日益巧妙地把各种反唯物主义的学说装扮成马克思主义,这就是现代修正主义在政治经济学上、策略问题上和一般哲学(认识论和社会学)上表现出来的特征。”④

① 狄慈根主义,一种利用德国J.狄慈根哲学思想的弱点来调和唯物主义和唯心主义的对立、曲解马克思主义的思潮。主要代表人物是J.狄慈根的儿子E.狄慈根。狄慈根主义提出来以后,被马克思主义的敌人用来反对马克思主义哲学。(参见《哲学大辞典》上卷,上海辞书出版社2007年版,第219页。)

② 托洛茨基主义,从“左”的方面来解释马克思主义和反对列宁主义的一种机会主义思潮,因其主要代表人物托洛茨基而得名。核心内容是“不断革命论”,认为社会主义革命的胜利不能在一国完成,必然要以世界革命为前提,并否认农民的革命性。(参见《哲学大辞典》上卷,上海辞书出版社2007年版,第220页。)

③ 《列宁选集》第2卷,人民出版社2012年版,第12—13页。

④ 《列宁选集》第2卷,人民出版社2012年版,第226页。

20世纪20年代以后,修正主义的"反马克思主义"逐步演变成各种"重新解释"和"重新设计"马克思主义的"新马克思主义"和"西方马克思主义"。其中:

"新马克思主义"是20世纪20年代以来"重新解释"和"重新设计"马克思主义的各种思潮和流派的统称。德国梅林在1901年《新时代》杂志发表的《新马克思主义》一文中首先使用了该词。它发端于20世纪20年代。当时匈牙利、德国和意大利一些共产党员想通过总结俄国社会主义革命胜利和本国革命失败的经验教训,探索适合于西方国家情况而有别于列宁主义的马克思主义的理论和实践,自称既反对第二国际的新康德主义,又反对共产国际的"机械唯物主义",要"重新发现"马克思主义。其创立标志是卢卡奇的《历史和阶级意识》、柯尔施的《马克思主义和哲学》和葛兰西在《新秩序》上撰写的论文。第二次世界大战以后发展出各种流派,20世纪60年代达到鼎盛,70年代以后逐步衰弱。主要可以划分为两大派别:一是西方马克思主义;二是1956年苏共20大以后东欧各国出现的"人道主义的马克思主义"①。"新马克思主义"不是一个统一的具有共同理论体系的学派,但其目标是相同的,就是在否定正统马克思主义的基础上"重新解释"和"重新设计"马克思主义,其中不乏对马克思主义的歪曲。主要代表人物有卢卡奇、柯尔施、葛兰西、马尔库塞、阿尔图塞、萨特、科尔西、哈贝马斯、E.布洛赫、哥德曼、沙夫等。其主要观点有:19世纪产生的马克思主义不能用来分析现阶段的资本主义,它的阶级斗争学说、剩余价值理论等已经过时;苏联等国的正统马克思主义者将马克思主义"官方化"、"教条化"、"公式化",使之"停滞"、"僵化",形成危机;马克思主义应该"开放",同各种流派的现代西方哲学相结合,以此"补充"、"革新"马克思主义;等等。②

而西方马克思主义,则是现代西方资本主义社会中认为马克思主义已经发

---

① 人道主义的马克思主义,1956年苏共二十大以后东欧各国出现的不同于苏联和东欧正统马克思主义理论的各种的哲学派别。其中有南斯拉夫实践派、匈牙利布达佩斯学派、波兰华沙学派、捷克斯洛伐克学派。他们大都是各国"持不同政见者",着重探索公有制条件下出现的新问题,主要论述实践和社会主义社会中的人、异化、民主和自由等问题,争取实现"具有人情味的社会主义"。其中,卢卡奇是布达佩斯学派的首要人物;马尔库塞、哈贝马斯、E.布洛赫、哥德曼等都参加过南斯拉夫实践派的《实践》杂志编委会。(参见《哲学大辞典》上卷,上海辞书出版社2007年版,第224页。)

② 参见《哲学大辞典》上卷,上海辞书出版社2007年版,第224页。

生“危机”,因而要求对它重新评价和阐释并把它与现代西方哲学流派相结合的各种思潮的统称。20 世纪 20 年代初,捷克斯洛伐克总统马萨里克最早提出建立西方的马克思主义,以对抗列宁主义。1930 年,柯尔施在《关于〈马克思主义和哲学〉问题的现状》一文中正式提出“西方马克思主义”这一名称。严格一点说,它是上文提到的“新马克思主义”中除去 20 世纪 20 年代匈牙利、德国和意大利共产党内部产生的早期“新马克思主义”以及 1956 年苏共 20 大以后东欧各国出现的“人道主义的马克思主义”之后的剩余部分。但实际上,在当前中国学术界,“新马克思主义”与“西方马克思主义”往往是合二而一的,并没有严格的界限。如李青宜著,1990 年出版的《“西方马克思主义”的当代资本主义理论》的《序论》①和《哲学大辞典》的“西方马克思主义”条目②,都将 20 世纪 20 年代匈牙利、德国和意大利共产党内部产生的早期“新马克思主义”以及 1956 年苏共 20 大以后东欧各国出现的“人道主义的马克思主义”包括于“西方马克思主义”之内。“西方马克思主义”派别众多,在观点上互有分歧,除了上面提到的早期“新马克思主义”和“人道主义的马克思主义”以外,主要有“法兰克福学派”、“存在主义的马克思主义”③、“新实证主义的马克思主义”④、

---

① 参见李青宜:《“西方马克思主义”的当代资本主义理论》,重庆出版社 1990 年版,第 1—34 页。

② 参见《哲学大辞典》下卷,上海辞书出版社 2007 年版,第 2003 页。

③ 存在主义的马克思主义,西方马克思主义流派之一。主张用存在主义解释和补充马克思主义。始于第二次世界大战后,发展于 20 世纪 60 年代,以法国为中心,影响波及西方各国。主要代表有梅洛-庞蒂和萨特。认为马克思主义应当是一种真正的人道主义,一种以个人的实践为基础的“人学”。但马克思主义在其发展过程中却“把人吞没在观念里”,失去了生命力,只有把存在主义合并到马克思主义中去,才能使马克思主义重新具有生命力。

④ 新实证主义的马克思主义,西方马克思主义流派之一。主张用实证主义来说明和补充马克思主义。形成于第二次世界大战后。主要代表为意大利的德拉-沃尔佩和克莱蒂。强调马克思辩证法与黑格尔辩证法的对立,将马克思的辩证法解释成“科学实验方法”、“现代实验科学的唯物主义逻辑”、“具体—抽象—具体循环”,溶解在逻辑范畴之中。用康德的“真正的对立”,即“没有矛盾的对立”,来否定马克思主义的矛盾观,认为被辩证唯物主义者所描述的现实世界中的“矛盾对立”,其实都是非矛盾的对立。把恩格斯同马克思对立起来,认为恩格斯的《反杜林论》是黑格尔主义,从而背离了《资本论》的科学唯物主义;列宁的“辩证唯物主义的物质辩证法”也是“抄自黑格尔”。认为 20 世纪 20 年代以来统治着马克思主义理论舞台的是苏联模式的辩证唯物主义和从卢卡奇到法兰克福学派的“西方马克思主义”,两者都是从黑格尔哲学这个母体中产生的,有着共同的哲学来源。但两者对黑格尔哲学强调的重点不同,前者强调黑格尔的“物质辩证法”,后者强调黑格尔的 “总体性”和“异化”问

“结构主义的马克思主义”[①]等。各派的共同特点是：深受当代各种传统形而上学衍生形态的影响，将反对马克思主义“教条化”作为一项重要任务，提出“马克思主义危机论”和“马克思主义多元论”；大都对无产阶级革命抱悲观失望的态度，认为“阶级妥协”已成为现代资本主义结构的基础等。在马克思主义同黑格尔哲学的关系方面，法兰克福学派和存在主义的马克思主义等将马克思主义黑格尔化，而新实证主义的马克思主义、结构主义的马克思主义等则否认两者有任何联系。[②]

从理论特征上看，“西方马克思主义”往往是基于黑格尔哲学或是西方现当代哲学来解读或是“重构”马克思主义。值得注意的是，“西方马克思主义”虽然也把“批判”发达资本主义作为重要任务，但他们的批判仅仅限于形而上学、“现代性”、“文化”、“男权主义”、“生态”等不触及资本主义根本制度的问题；虽然他们都以马克思主义者自居，但他们的学说实际上大都是用当时流行的某种西方哲学流派的思想去“修正”、“补充”、“革新”或“重建”马克思主义。也就是说，“西方马克思主义”并不使用马克思成熟时期的观点来进行研究和批判，而是用黑格尔哲学或现当代西方哲学主要流派的思想来阐释马克思主义和分析社会，如卢卡奇、葛兰西、柯尔施、E.布洛赫、马尔库塞等的“黑格尔主义的马克思主义”[③]，梅洛·庞蒂和萨特的“存在主义的马克思主义”，

题。两者都没有对社会生产的具体过程、资本主义社会的阶级关系等历史唯物主义的根本内容进行批判的、科学的和具体的分析和研究，特别是拒绝从工人阶级的观点出发，而仅仅从辩证的方法本身出发，使历史唯物主义的批判和科学的潜力消失在辩证方法的思辨之中。（参见《哲学大辞典》下卷，上海辞书出版社 2007 年版，第 2004—2005 页。）

① 结构主义的马克思主义，西方马克思主义流派之一。主张用结构主义解释和补充马克思主义。形成于 20 世纪 60 年代初，以 1965 年阿尔图塞《保卫马克思》论文集的出版为主要标志。60 年代后期到 70 年代中期为最盛时期。认为马克思的思想经历了一个“认识论上的决裂”，早期马克思的著作属于意识形态范畴，没有科学价值；成熟期马克思的著作运用了结构主义的方法，属于科学范畴，其代表作是《资本论》，揭示了资本主义社会的结构演变过程。认为马克思主义是“理论上的反人道主义”。批评列宁关于马克思主义有三个理论“来源”的说法，主张从“结构的历史”提出问题。（参见《大辞海·哲学卷》，上海辞书出版社 2015 年版，第 506 页。）

② 参见《大辞海·哲学卷》，上海辞书出版社 2015 年版，第 504 页。

③ 黑格尔主义的马克思主义，西方马克思主义流派之一。注重探讨马克思和黑格尔之间的思想联系。产生于 20 世纪 20 年代。主要指一些西方马克思主义者（如卢卡奇、葛兰西、柯尔施、E.布洛赫、马尔库塞等）中间的共同的思想倾向。其基本特征是：（1）强调马克思的许多

阿尔图塞“结构主义的马克思主义”，德拉—沃尔佩和科莱蒂的“新实证主义的马克思主义”，赖希、弗洛姆等人的“弗洛伊德主义的马克思主义”，等等。至于“西方马克思主义”的最大学派“法兰克福学派”，则包括“黑格尔主义的马克思主义”、“存在主义的马克思主义”、“弗洛伊德主义的马克思主义”等多种成分。因而，从哲学形态的构成来看，“西方马克思主义”并不是唯物主义辩证法的衍生形态，而是传统形而上学的衍生形态。其哲学理论基本上属于其所在时代的西方某一个哲学流派，并没有形成自己独立的哲学形态。

③现代主义的“反马克思主义”。秉承现代主义哲学的一贯风格，现代主义的“反马克思主义”最显著的理论特征就是旗帜鲜明地对马克思主义予以绝对否定。现代主义的“反马克思主义”虽然不像修正主义的“反马克思主义”那样具有清晰的流派，而是散见于现代资产阶级哲学之中，但由于其旗帜鲜明地反对马克思主义，因而极易识别。比如说，挪威哲学家G.希尔贝克、N.伊耶在他们编纂的《西方哲学史》中，是把社会主义和法西斯主义放在同一章①论述的，英国哲学家罗素在其撰写的《西方哲学史》中谈到马克思时，也是把马克思主义与法西斯主义相提并论：“马克思主义和法西斯主义是近代工业国家所特有的哲学。我觉得，这一点既真实也很重要。不过，我认为马克思有两点是错误的。第一，必须加以考虑的社会情况有经济一面，同样也有政治一面；这些情况同权力有关，而财富只是权力的一个形式。第二，问题只要一成为细节上的和专门性的，社会因果关系大多不再适用。”②可见，他们反马克思主义的立场是多么坚定。

④后现代主义的“反马克思主义”。立足于后现代哲学的思维模式和研究方法，后现代主义的“反马克思主义”也由不顾一切地反对马克思主义，向“后马克思主义”转变。其研究领域主要集中在社会现实领域，但解决问题的

重要思想，如“辩证法”、“主体—客体”、“总体”、“三大社会形态”等都是与黑格尔的哲学紧密相关的；(2)偏重于探讨青年黑格尔和青年马克思的思想联系，特别是《1844年经济学哲学手稿》和《精神现象学》之间的继承和批判关系；(3)重视研究马克思主义的哲学基础——本体论。(参见《哲学大辞典》下卷，上海辞书出版社2007年版，第2004页。)

① 参见[挪]G.希尔贝克、N.伊耶：《西方哲学史》，上海译文出版社2004年版，“第二十二章 社会主义和法西斯主义”。

② [英]罗素：《西方哲学史》下卷，商务印书馆1961年版，第340页。

立场、观点和方法不仅不是马克思主义的，反而是与马克思主义截然不同的，因而得出的研究结论也是与马克思主义背道而驰的。但由于它们声称自己是“后马克思主义”，因而极具欺骗性，国内的有些学者甚至不加分辨地把它们放到“西方马克思主义”的框架内予以介绍。

二、唯物主义辩证法的衍生形态

唯物主义辩证法经马克思和恩格斯创立以后，传入苏联，形成了苏联教科书模式的马克思主义，又经苏联传入中国，形成了中国特色的马克思主义（中国模式的唯物主义辩证法）。其中，列宁、斯大林的哲学，在认识帝国主义的本质特征和把马克思主义的理论系统化方面作出了理论贡献，形成了苏联教科书模式的马克思主义，为社会主义苏联的诞生和成长提供了理论支撑，从实践上实现和验证了马克思主义按照最广大人民根本利益去改造世界的社会功能，使唯物主义辩证法得到实践的检验，但苏联教科书模式的马克思主义不仅存在着在一定程度上受黑格尔哲学的影响，把恩格斯创立的自然辩证法与马克思创立的唯物主义辩证法相混淆的问题，也存在着在根据苏联社会主义革命和社会主义建设的成功经验对马克思主义进行丰富和发展方面相对不足的问题。当列宁和斯大林相继去世以后，苏联于20世纪下半叶逐步形成了把马克思主义教条化的倾向，致使意识形态领域逐步被西方的资产阶级意识形态所占领，苏联解体，苏联的社会主义制度消亡。而马克思主义经苏联传入中国以后，中国共产党将其与中国革命和建设的具体实践相结合，形成了中国特色的马克思主义，既解决了马克思哲学和恩格斯哲学缺少实践方式、实践效果和实践经验的验证与支持的问题，又解决了苏联模式的马克思主义哲学教科书对唯物主义辩证法把握不准以及在根据苏联社会主义革命和社会主义建设的成功经验对马克思主义进行丰富与发展方面相对不足的问题，使唯物主义辩证法逐步成熟起来，成为“中国模式的唯物主义辩证法”。

不过，尽管苏联模式的马克思主义哲学教科书是在唯物主义辩证法走向成熟的过程中形成的，还具有这样那样的理论缺陷，并且由于没能实现马克思主义的与时俱进，最终陷入了教条主义，但由于它基本上具备了唯物主义辩证法的理论特征和基本要素,因而在本质上是唯物主义辩证法的衍生形态,而不是传统形而上学的衍生形态。详见本书第十一章“唯物主义辩证法的四大基本样式及其演变(三)——苏联模式的马克思主义哲学教科书”。

第八章　传统形而上学的三大基本样式及其历史演变

传统形而上学作为一种古老的哲学基本形态，是哲学中最为基础的部分，也是哲学中引起争议最多的部分。有人认为它是“确定事物的真实本质”的学问，有人认为它是认识“普遍事实和永恒规律”的学问，还有人认为它是一种与辩证法相对立的，用孤立的、静止的、片面的观点观察世界的思维方式，因而要对其理论特征予以准确描述也就显得非常困难。张志伟在其主编的《形而上学的历史演变》一书的前言中说：“在中西哲学中都存在着形而上学的问题，只不过由于种种原因中西哲学走了不同的道路，中国哲学没有形成类似西方哲学形而上学那样的学科而已。”①对于这个说法，我是完全赞成的。总体而言，形而上学具有中国的形而上学、印度的形而上学、阿拉伯的形而上学、西方的形而上学等主要样式。这里只介绍其中最有代表性的三种：中国的形而上学、印度的形而上学和西方的形而上学。

第一节　中国的形而上学

中国的形而上学，最初是一种对自然和社会进行全面思考的哲学，但到西汉“罢黜百家，独尊儒术”以后，儒家哲学占据了统治地位，使中国的形而上学

① 张志伟主编：《形而上学的历史演变》，中国人民大学出版社 2010 年版，“前言”第 1 页。

在长达2000年的时间内痴迷于对圣人之言的崇拜与诠释当中而不能自拔，从而成为彻头彻尾的"向后看"的哲学、彻头彻尾的"过世"的哲学。这种现象直到五四运动以后才逐步得到改变。

一、中国形而上学的演化过程

中国的形而上学，产生于先秦①时期，历经两千多年，内容和表现形式都发生了很大变化。中国形而上学发展史与中国历史分期相对应，大致分可为生成期（春秋战国至秦）、专制期（西汉至鸦片战争前夕）、过渡期（鸦片战争至五四运动前夕）、反专制期（五四运动至新中国成立前夕）和偏执期（新中国成立至今）这五个历史分期。② 它在生成时期表现为诸子百家的学说，法家、道家、儒家、墨家等各自从特定的角度出发思考社会问题，主要代表人物有老子、孔子、墨子、庄子、孟子、荀子、韩非子等；到"经学时代"则专注于儒家学说的考证与阐释，力图通过改变人的思想道德来维护社会秩序，主要代表人物有董仲舒、程颢、程颐、朱熹、陆九渊、王守仁、王夫之等；到过渡期，注重于如何处理传统文化与西方文化关系问题的讨论，主要代表人物有魏源、曾国藩、张之洞、

① 先秦，指秦统一以前的历史时期，一般指春秋战国时期。（参见中国社会科学院语言研究所词典编辑室编：《现代汉语词典》，商务印书馆2016年版，第1417页。）

② 关于中国历史的分期，我赞同冯友兰先生的观点。冯友兰先生在20世纪80年代完成的《中国哲学史新编》一书的绪论中认为，在中国历史中，有三次社会大转变时期：一次在古代，是春秋战国时期，是从奴隶社会转向封建社会的大转变；一次在近代，是封建社会转向半殖民地半封建社会；一次在现代，是半殖民地半封建社会转向社会主义社会。以这三大转变时期为关键，中国历史显然分为四个时代：第一个时代是第一个大转变及其以前的时期，主要是秦朝及以前的时期；第二个时代是从第一个大转变时期以后到第二个大转变的前夕，主要是两汉到鸦片战争之前这一时期；第三个时代是从第二个大转变时期以后到新民主主义革命时期，主要是从1840年鸦片战争到新中国成立这一时期；第四个时代是从第三个大转变之后的时期，即新中国成立之后的社会主义革命和社会主义建设时期。（参见冯友兰：《中国哲学史新编》上册，人民出版社2007年版，"全书绪论"第42—44页。）值得注意的是，冯友兰先生在该书正文的具体写作过程中，在对中国哲学史进行分期时，后两个时代并没有严格遵循绪论中对中国历史发展阶段所做的划分，近代的截止时间是戊戌变法失败，现代的起始时间是孙中山领导的旧民主主义革命。我认为，在蒋家王朝统治中国时期，中国并没有彻底摆脱西方列强的压迫，直到新中国成立，中国才彻底摆脱了半殖民地半封建状态，因而冯先生在绪论中的划分更为合理。在这里，为了能够充分表达中国形而上学的历史演变，本书把冯先生主张的第四个时期进一步细分为反专制期（五四运动至新中国成立前夕）和反辩证法期（新中国成立至今）。

郑观应、严复、康有为、谭嗣同、孙中山、章炳麟、梁启超等；到反专制期，转变为中国实现现代化应该以何种理论为指导的争论，主要代表人物有马一浮、熊十力、张东荪、张君劢、戴季陶、胡适、梁漱溟、金岳霖、冯友兰、贺麟、唐君毅、牟宗三等，马克思主义阵营中的教条主义在这一时期也有比较突出的表现；到偏执期主要表现为教条主义、片面性和急功思维等反辩证法特征，主要代表人物主要来自两个方面：一是马克思主义阵营，主要是其中的教条主义；二是“国学”研究阵营，在改革开放以前主要是港澳台学者及外籍华人中的“国学家”，改革开放以后扩大至大陆的“国学家”。①

1. 生成期——子学时代②

中国的形而上学产生于奴隶社会，一直到封建社会初期都可以视为它的产生期。其中，从春秋战国直至汉初这一时期称为诸子百家时期，既是中国学术的第一个活跃期，也是中国形而上学的全面奠基时期，通常称为“子学时代”③。目前中华书局编纂的《诸子集成》，就是搜集的这一时期的著作。

早在春秋战国时期，追求最根本的本体，探求人生和社会最高本原的形而上学就已基本成型。《论语》里充斥着“道”字，如“本立而道生”、“天道”、“君子之道”、“先王之道”、“父之道”、“善人之道”、“古之道”、“有道”、“无道”、“志于道”、“至于道”、“弘道”、“以道事君”、“谋道”、“信道”、“忧道”，等等。孔子甚至说：“朝闻道，夕死可矣。”④又说：“吾道一以贯之。”⑤《老子》开篇就讲“道可道，非常道”⑥，全书随处可见“道”字，并围绕“道”展开全篇的论证，

---

① 需要说明的是，这里的五个阶段划分，仅仅是根据中国形而上学自身的演化过程而言的。对于五四运动以后马克思主义在中国的传播和发展过程，将在本书第九章中专门阐述。

② 冯友兰先生于20世纪30年代出版的《中国哲学史》两卷本，把汉武帝“罢黜百家，独尊儒术”之前的时代称为“子学时代”，把这之后直到戊戌变法时期称为“经学时代”。我基本同意这种观点，但认为“经学时代”应该延续到五四运动前后，到马克思主义传入中国为止。

③ 对于“子学时代”，冯友兰先生在20世纪30年代出版的《中国哲学史》两卷本中，认为“在中国哲学史各时期中，哲学家派别之众，其所讨论问题之多，范围之广，及其研究兴趣之浓厚，气象之蓬勃，皆以子学时代为第一”。就其所处时代而言，是“自春秋迄汉初，在中国历史中，为一大解放之时代。于其政治制度，社会组织，及经济制度，皆有根本的改变”。（冯友兰：《中国哲学史》上卷，重庆出版集团、重庆出版社2009年版，第18页。）

④ 《论语正义》，《诸子集成》第1卷，中华书局1954年版，第78页。

⑤ 《论语正义》，《诸子集成》第1卷，中华书局1954年版，第81页。

⑥ 《老子道德经》，《诸子集成》第3卷，中华书局1954年版，第1页。

提出“人法地，地法天，天法道，道法自然”（《老子·二十五章》）①。《易经》通篇从“道”生阴阳，阴阳生万物的思想出发，利用“阴”和“阳”二爻演变出六十四卦。在《易经·系辞》里，则讲“形而上者谓之道，形而下者谓之器”②。这都标志着中国的形而上学基本形成。这一时期，由于各种思想激烈碰撞，产生了诸如“天人之辨”③、“名实之辩”④、“礼法之争”⑤、“坚白同异之辨”⑥、“力命之争”⑦、“德力之争”⑧、“形神之辨”⑨、“王霸之辨”⑩、“义利之辨”⑪等学术争论。

2. 专制期——经学时代

独尊儒术时期，即“经学时代”，中国形而上学的片面发展时期。时间区间从公元前140年汉武帝“罢黜百家，独尊儒术”开始，到1840年鸦片战争前夕为止。堪称中国的“中世纪”⑫。

在这个时期，为了维护封建专制统治，汉武帝于公元前140年采取的“罢

① 《老子道德经》，《诸子集成》第3卷，中华书局1954年版，第14页。

② 《十三经注疏》上册，中华书局1980年版，第83页。

③ “天人之辨”，中国哲学史上关于天与人、天道与人道或自然与人为关系的辩论。从先秦开始，贯穿于整个封建社会。（参见《哲学大辞典》下卷，上海辞书出版社2007年版，第1098页。）

④ “名实之辩”，即中国哲学史上对名实关系的研究和争论，产生于春秋时期。（参见《哲学大辞典》下卷，上海辞书出版社2007年版，第1124页。）

⑤ “礼法之争”，亦称“德法之争”。中国古代关于礼治（德治）和法治的争论，产生于春秋时期。（参见《哲学大辞典》下卷，上海辞书出版社2007年版，第1112页。）

⑥ “坚白同异之辨”，战国时期关于“离坚白”、“合同异”的争论。（参见《哲学大辞典》下卷，上海辞书出版社2007年版，第1136页。）

⑦ “力命之争”，中国古代关于人为与天命、人为与自然、人的主观能动性与客观规律性关系的争论。是天人之辨的组成部分，发端于先秦时期。（参见《哲学大辞典》下卷，上海辞书出版社2007年版，第1142页。）

⑧ “德力之争”，中国哲学史上关于道德（道德意识、道德行为）与人力（生命力、体力、意志力、国力）相互关系的争论，是人生价值问题争论的一个重要方面。开始于春秋战国时期。（参见《哲学大辞典》下卷，上海辞书出版社2007年版，第1143页。）

⑨ “形神之辨”，中国哲学史上关于人的形体与人的精神之间相互关系的争论，始于先秦时期。（参见《哲学大辞典》下卷，上海辞书出版社2007年版，第1150页。）

⑩ “王霸之辨”，中国古代关于两种统治方法的争论，即关于坚持以仁义治天下的“王道”还是坚持以武力结诸侯的“霸道”的争论。源于先秦时期。（参见《哲学大辞典》下卷，上海辞书出版社2007年版，第1162页。）

⑪ “义利之辨”，中国哲学史上关于道德原则、规范与物质利益、物质欲求相互关系的争论，源于战国时期。（参见《哲学大辞典》上卷，上海辞书出版社2007年版，第868—869页。）

⑫ 周谷城先生在其撰写的《中国通史》中，把自公元9年王莽代汉自立到公元1840年鸦片战争这段时间称为“中世”。对此，笔者不敢苟同。

黜百家,独尊儒术”政策被后来的历代统治者所继承,从而导致了儒家道德形而上学将近两千年的学术垄断地位,诸子百家和科学技术的发展受到严重影响。对于这一时期,德国哲学家汉斯·约阿西姆·施杜里希在其所著的《世界哲学史》中认为:“中国的中世纪是指从公元前200年至公元前1000年这一段时期,通常被认为是中国哲学的黑暗时期。儒家僵化为一种国家文化形态。如前所述,道家沦落为一种炼丹术和迷信。对《易经》的注释和增补蔚然成风,人们利用神秘的八卦占卜未来,并使其发展为一种伪科学,有时甚至会依赖它做出国家的重大决定。”①对于这一观点,我基本赞同,但对其持续时间存在异议。在我看来,中国的“中世纪”应该是长达2000年的时间,而不是只有1000年。与欧洲的中世纪相比,中国的“中世纪”持续时间更久、结束得更晚,对中国文化和科学技术的危害更为严重。李约瑟虽然不是哲学家,但他在《中国古代科学思想史》中说:“在中国,哲学一词的含义与欧洲不尽同,因其着重于伦理的与社会的较之形而上的远为多。虽然,道家与墨家已完成一种甚为重要的自然主义世界观,而名家从事于逻辑的研究,惜乎未有开展。”②这种观点只应被视为中国整个“经学时代”的真实写照。

在整个“经学时代”,片面尊崇儒术成了中国形而上学的最为显著的特征。特别是到宋明理学时期,儒家倡导的纲常伦理甚至被奉为至高无上的“天理”。程颐认为“万物皆是一理”(《语录》)③,程颢强调“天下善恶皆天理”(程颢:《语录》)④,认为:“得天理之正,极人伦之至,尧舜之道也”(程颢:《论王霸之辨》)⑤。既把“天理”视为自然法则的体现、宇宙万物的本体,又把“天理”视为封建纲常伦理。朱熹认为“合天地万物而言,只是一个理”(《朱子语类》理气上)⑥,“未有天地之先,毕竟也只是理。有此理,便有此天地;若

---

① [德]汉斯·约阿西姆·施杜里希:《世界哲学史》,山东画报出版社2006年版,第64页。

② 李约瑟:《中国古代科学思想史》,江西人民出版社2006年版,第2页。

③ 中国社会科学院哲学研究所编:《中国哲学史资料选辑》(宋元明之部上),中华书局1982年版,第237页。

④ 中国社会科学院哲学研究所编:《中国哲学史资料选辑》(宋元明之部上),中华书局1982年版,第219页。

⑤ 中国社会科学院哲学研究所编:《中国哲学史资料选辑》(宋元明之部上),中华书局1982年版,第212页。

⑥ 朱熹:《朱子语类》第1册,中华书局1986年版,第2页。

无此理,便亦无天地,无人无物”(《朱子语类》理气上)[①],强调“天下莫尊于理,故以帝名之。‘惟皇上帝降衷于下民’,降,便有主宰意”[②]。又说:“理只是这一个。道理则同,其分不同。君臣有君臣之理,父子有父子之理。”[③]把三纲五常视为“天理”。他还进一步说:“致知、格物,是穷此理;诚意、正心、修身,是体此理;齐家、治国、平天下,只是推此理。”(《朱子语类》卷十五)[④]把探究和践行“天理”作为人生的终极目标。王阳明在用“天理”解释忠、孝、信与仁的同时,甚至主张“尽夫天理之极,而无一毫人欲之私”[⑤]、“去人欲、存天理”[⑥]。

对于“经学时代”,冯友兰先生是这样描述的:“在经学时代中,诸哲学家无论有无新见,皆须依傍古代即子学时代哲学家之名,大部依傍经学之名,以发布其所见。其所见亦多以古代即子学时代之哲学中之术语表出之。此时诸哲学家所酿之酒,无论新旧,皆装于古代哲学,大部分为经学之旧瓶内。而此旧瓶,直到最近始破焉。由此方面言之,则在中国哲学史中,自董仲舒至康有为,皆中古哲学,而近古哲学尚甫在萌芽也。”[⑦]冯先生还进一步指出:这种一味考古释古的作风,并不仅仅局限于儒家哲学,对于佛学也是如此:“中国人所讲之佛学,其精神亦为中古的。盖中国之佛学家,无论其自己有无新见,皆依傍佛说,以发布其所见。其所见亦多以佛经中所用术语表出之。中国人所讲之佛学,亦可称为经学,不过其所依傍之经,乃号称佛说之经,而非儒家所谓之六艺耳。”[⑧]实际上,在“经学时代”,不仅是儒学和佛学,道家也是这样。在“经学时代”的中后期,儒、释、道三教能够合一,除了它们都有利于巩固封建统治以外,循古释古的共同特征,则为它们的结合奠定了坚实的方法论基础。

---

① 朱熹:《朱子语类》第1册,中华书局1986年版,第1页。

② 朱熹:《朱子语类》第1册,中华书局1986年版,第63页。

③ 朱熹:《朱子语类》第1册,中华书局1986年版,第99页。

④ 朱熹:《朱子语类》第1册,中华书局1986年版,第312页。

⑤ 王阳明:《阳明先生集要》上卷,中华书局2008年版,第29页。

⑥ 王阳明:《阳明先生集要》上卷,中华书局2008年版,第30页。

⑦ 冯友兰:《中国哲学史》下卷,重庆出版集团、重庆出版社2009年版,第3—4页。

⑧ 冯友兰:《中国哲学史》下卷,重庆出版集团、重庆出版社2009年版,第4页。

这一时期学术争论主要围绕儒家学说展开，有“才性之辨”①、“理欲之辨”②等。

不可否认，“经学时代”在中国形成大一统格局、中华民族的繁衍和发展、中华民族的认同、社会基本伦理道德的形成等方面均产生了巨大的作用。但也必须看到，长达两千多年的思想专制，也导致了官本位、轻视法律和商业、反对科学技术等一系列社会传统，严重阻碍了中国经济、社会和科学技术的发展。

3. 过渡期——反思时代

从鸦片战争至五四运动前夕这一时期，在中国形而上学史上，介于专制期与反专制期之间。是统治阶级内部对“经学”进行反思并企图在不触动社会根本制度的前提下对社会进行改良的时期。这一时期在中国历史分期上，属于中国近代。

关于中国的近代，《现代汉语词典》认为：“在我国历史分期上多指 19 世纪中叶到五四运动之间的时期。”③戚其章先生的《中国近代社会思潮史》也基本上遵循着这种划分格局。时间区间是从 1840 年鸦片战争开始，到 1919 年五四运动前夕为止。在这期间，中英鸦片战争失败签订“中英南京条约”，英法联军进攻中国签订“天津条约”及“续增条约”、中日甲午战争签“马关条约”、八国联军攻北京签“辛丑条约”，中国割地赔款、丧权辱国，几乎沦为西方列强的殖民地，从而引发了太平天国运动、戊戌变法④和辛亥革命，直到中华

① “才性之辨”，魏晋时期关于人的才能与人的德行、素质关系的争论，源于先秦时期。（参见《哲学大辞典》上卷，上海辞书出版社 2007 年版，第 864 页。）

② “理欲之辨”，“天理与人欲之辨”的简称。中国哲学史上关于道德规范与物质欲望相互关系的论辩。（参见《哲学大辞典》上卷，上海辞书出版社 2007 年版，第 869 页。）

③ 中国社会科学院语言研究所词典编辑室编：《现代汉语词典》，商务印书馆 2016 年版，第 681 页。

④ 戊戌变法，指 1898 年（农历戊戌年）以康有为为首的改良主义通过光绪皇帝所进行的政治改革，主要内容是，学习西方，提倡科学文化，改革政治、教育制度，发展农、工、商业等。这次运动遭到以慈禧太后为首的守旧派的强烈反对。当年九月慈禧太后等发动政变，光绪被囚，维新派遭捕杀或逃亡国外。历时仅 103 天的变法终于失败。也叫戊戌维新。旧称百日维新。（见中国社会科学院语言研究所词典编辑室编：《现代汉语词典》，商务印书馆 2016 年版，第 1392 页。）

民国成立以后还经历了袁世凯和张勋两次帝制复辟。国家的落后挨打，虽然不能直接触动儒学在思想统治上的主导地位，却引发了统治阶级内部和有识之士对"罢黜百家，独尊儒术"政策的深刻反思，1898年以康有为为首的改良主义通过光绪皇帝实行的戊戌变法，虽然最终以失败而告终，但其在国民教育和兴办实业方面的积极成果得以保留，废科举、兴学校、派留学、学西学、办实业已渐成风气，儒学在思想统治上的专制地位已经开始动摇。在这一时期，中国的学术争论逐步开始活跃，主要围绕"古今、中西之争"①展开，体用关系即如何处理传统文化与西方文化的关系问题成为形而上学的主要论题。

4. 反专制期——应变时代

这一时期的时间区间是从五四新文化运动②至新中国成立前夕，属于中国形而上学又一次面临巨大挑战并全力应变的时期，中国思想界面临的主要历史使命就是反对皇权和反对儒家哲学的思想专制。

这一时期，1840年鸦片战争以后中华民族近80年的屈辱历史，充分证明了儒家形而上学禁锢思想、压制科学、蔑视法制，只能充当封建专制的工具，而与经济社会的现代化建设背道而驰，是造成中国科学落后、国力衰弱的罪魁祸首，已经从维护封建社会大一统的工具沦落为误国之学，因此到五四运动前后终于爆发了新文化运动，史称五四新文化运动。五四新文化运动宣传西方现代文化，提出"科学"和"民主"口号，提倡白话文和文学革命，并将马克思主义传入中国，冲击了封建传统思想，引起了封建复古派的攻击，被诬为"覆孔孟、铲伦常"的邪说，白话文被攻击为"都下引车卖浆之徒所抄之语"。五四运动

---

① "古今、中西之争"：在近代中国的西学东渐过程中，围绕如何向西方学习和如何对自己的传统进行反省，以寻求救国救民的真理而形成的争论。（参见《哲学大辞典》下卷，上海辞书出版社2007年版，第1169页。）

② 五四新文化运动，五四运动前后以《新青年》为中心的反对封建制度和封建文化思想、宣传民主和科学、主张文学革命的文化思想运动。主要代表人物是陈独秀、李大钊、鲁迅、胡适、吴虞、蔡元培、陈望道等，他们针对辛亥革命以后一度出现的尊孔复辟逆流以及"国体虽变而纲常未变"的现实，撰文提出"民主"和"科学"口号，批判以"三纲五常"为中心的儒家学说，提倡白话文和文学革命，并将马克思主义传入中国，在知识分子中产生了很大的影响。（参见《哲学大辞典》下卷，上海辞书出版社2007年版，第1176—1177页。）

后，新文化运动进一步发展为马克思主义思想运动。经过"问题与主义论战"①"社会主义论战"②"无政府主义论战"③"东西文化论战"④"科学与玄学论战"⑤"中国社会史论战"⑥"唯物辩证法论战"⑦等论战，马克思主义在中国得到了广泛传播。⑧ 由于各种社会思潮相互激荡，这一时期是中国学术的又一个活跃期，"经学"一统天下的局面受到了来自西方现代哲学思潮和马克思主义两个方面的强烈冲击。但是，在五四新文化运动中，所用思想武器主要还是资产阶级的民主主义，运动本身也仅限于知识分子范围之内，而没有和政治运动紧密结合。

与此同时，在中国形而上学自身的发展方面，五四新文化运动在反帝反封建的同时，把矛头直接指向了儒家形而上学这个维护封建专制的精神堡垒，明确提出"打倒孔家店"的口号，儒家思想在中国的地位一落千丈，建设科学的、大众的、民主的文化成为时代的最强音。从此以后，马克思列宁主义在中国迅速传播，得到了全中国的大多数人——广大工人和农民的拥护，但同时也形成

① "问题与主义论战"，"五四"时期马克思主义与资产阶级改良主义在思想理论上的一次重要争论。（参见《哲学大辞典》下卷，上海辞书出版社 2007 年版，第 1178 页。）

② "社会主义论战"，20 世纪 20 年代初中国思想界关于社会主义问题的一次重要论战，中心论题是中国是否要建立无产阶级政党，是走资本主义道路还是走社会主义道路。（参见《哲学大辞典》下卷，上海辞书出版社 2007 年版，第 1178 页。）

③ "无政府主义论战"，"五四"时期马克思主义同反马克思主义思潮之间展开的一次规模较大的论战，中心论题是马克思主义的国家学说是否正确。（参见《哲学大辞典》下卷，上海辞书出版社 2007 年版，第 1178—1179 页。）

④ "东西文化论战"，关于如何认识和处理东西文化关系的争论。始于近代，"五四"前后争论尤为激烈。（参见《哲学大辞典》下卷，上海辞书出版社 2007 年版，第 1179—1180 页。）

⑤ "科学与玄学论战"，亦称"科学与人生观论战"、"人生观论战"。20 世纪 20 年代中国思想界关于社会历史领域是否有客观规律和社会科学是否可能的一次辩论。（参见《哲学大辞典》下卷，上海辞书出版社 2007 年版，第 1180 页。）

⑥ "中国社会史论战"，20 世纪 20 年代中国思想界围绕着帝国主义、封建主义和民族资本主义这三种社会势力的相互关系及农村经济性质而展开的一场论战。（参见《哲学大辞典》下卷，上海辞书出版社 2007 年版，第 1181 页。）

⑦ "唯物辩证法论战"，亦称"哲学论战"、"辩证唯物主义和反辩证唯物主义的论战"。20 世纪 30 年代中国哲学界继"中国社会史论战"之后发生的关于哲学消灭与否、本体论与认识论的关系和唯物主义辩证法的实质等问题的一次论战。（参见《哲学大辞典》下卷，上海辞书出版社 2007 年版，第 1181 页。）

⑧ 参见《哲学大辞典》下卷，上海辞书出版社 2007 年版，第 1177 页。

了一种新的形而上学——教条式的马克思主义；不仅如此，由于受西方哲学和科学的影响，儒学家们也一改传统儒学单一释经述古的传统思维，开始借用西方近现代哲学的研究方法和表述体系来阐释儒学，并力图将儒学与现当代中国社会的发展结合起来，力图使儒学在遭受重创之后能够获得新生，从而形成了所谓的"新儒家"。但这个努力并不成功。儒家形而上学在社会中的影响力已非常微弱，只是在所谓"国学"界尚占有一席之地。

5. 偏执时期——守缺时代

中国形而上学的偏执时期，处于新中国成立至今这一段时间。主要特点是因循守旧，反对改革。在港澳台，"国学家"继续研究和宣传"新儒家"，一味抱残守缺，再也没有新的创造。在中国大陆则是以马克思主义哲学为指导思想的现代化建设时期，形而上学作为与马克思主义哲学相对立的哲学形态，已经从思想专制的宝座上重重地摔了下来，原来的单一释古崇古已经基本上行不通了。这一时期共分两个阶段：从新中国成立到"文化大革命"结束阶段为第一阶段，作为中国传统形而上学的核心儒家哲学处于受批判阶段，基本上偃旗息鼓，只是在"中国哲学史"教学和研究中被提及，形而上学主要表现为与同时代的中国式马克思主义相对立的教条式的马克思主义；第二个阶段，即从改革开放到现在，与港澳台和外籍华人中的"国学家"遥相呼应，中国大陆的"国学"研究蓬勃兴起，以至于形成了"国学热"、"儒学热"。其中，作为中国传统形而上学的核心儒家哲学，最初也是一味抱残守缺、缺乏新的创造，仅仅在教学和研究中被提及，但到21世纪10年代以后，一些"国学家"逐渐不满足于这种现状，开始借"文化自信"、"本土化"、"弘扬优秀传统文化"等口号，在无限制拔高儒家哲学、把其与社会主义核心价值观和马克思主义相混淆的基础上，全面否定"阶级斗争"、否定"革命"、否定"五四"、否定"法家"、否定现代自然科学和社会科学，进而否定马克思主义和社会主义，企图复辟延续两千年的"罢黜百家，独尊儒术"政策。在我看来，不仅人类历史是不断进步和发展的，人类的文化也是不断进步和发展的。由于"国学家"们的倒行逆施缺乏强有力的理论支撑，一味依靠延续两千年的陈词滥调来拔高"儒学"的地位，既与中国近代以来的历史发展状况相悖，又与中国社会的发展趋势和要求相悖，因而在本质上仍然是一种"抱残守缺"行为，对儒家哲学自身的发展也是有百害而无一利。这种所谓的“儒学热”也就只能算是儒家哲学的“回光返照”,很难经得起历史的检验。因此,中国形而上学在新中国成立以来的这一历史阶段,可统称为“守缺时代”。

至于说其“偏执”,则是就形而上学在中国大陆的总体表现而言的。总的看来,新中国成立以后,整个中国形而上学具有十分明显的反辩证法的特征——主要表现为三点:一是教条主义,二是好走极端,三是“急功”思维,因而也可称为偏执时期。

首先是教条主义,共分两个阶段。其中,从新中国成立到无产阶级文化大革命结束阶段为第一阶段,表现为与同时代的中国式马克思主义相对立的教条式的马克思主义。这一阶段,在中国式马克思主义发扬光大的同时,儒家形而上学销声匿迹,但受苏联模式教科书的影响,教条式的马克思主义仍然存在,尤其是在“大跃进”和“文化大革命”期间,这种教条式马克思主义的表现尤为突出。第二个阶段,即从改革开放到现在,与海外“国学家”相呼应,“国学”研究蓬勃兴起,以至于形成了“国学热”。这一时期,与同时期的中国特色马克思主义相对立,形而上学的三个教条同时产生作用:一是“马教条”。教条式的马克思主义不仅存在于大学课堂,也存在于党政领导干部的执政理念当中,从生产力决定生产关系、经济基础决定上层建筑的单向决定思维出发,片面追求生产力发展、片面追求 GDP 的现象屡见不鲜。二是“洋教条”。随着西方哲学思想被大量地、迅速地翻译进来,又有了“洋教条”——对现当代西方哲学的盲目崇拜,西方哲学被视作教条而予以迅速传播,很难见到清醒而精准的评论。特别是在学术界和教育界,崇洋之风盛行,只要是外国的学校、外国的专家、外国的著作,就受到无条件追捧,其结果难免鱼龙混杂,泥沙俱下。有人甚至对西方“马克思学”和“西方马克思主义”中的一些反马克思主义的东西也不加鉴别地全盘接受过来,到处宣讲,严重扰乱了人们的思想。三是“古教条”。随着国力的增强,儒家形而上学又死灰复燃,一些人又开始以古释今甚至厚古薄今,大谈儒学与现代化的关系,大谈儒学与马克思主义中国化的关系,像“三纲五常”这样失去现实价值的儒家核心思想竟然也能引起学者的激烈辩论。这三种教条是当前中国形而上学最主要的表现形式。需要特别说明的是,与三种教条主义相伴生的,并不是中国形而上学的健康发展,而恰恰是对中国形而上学的伤害，主要表现在两个方面：一个方面是对马克思主义和社会主义的攻击导致马克思主义阵营对“国学”特别是“经学”从哲学形态发展和社会历史发展两个方面的理论清算，其落后性与腐朽性更加凸显；另一个方面是对自然科学和社会科学发展的形而上学基础的伤害。形而上学虽然具有片面性，但它要求追求终极、普遍和绝对，要分门别类地进行研究，要求在“纯粹思想领域”进行锲而不舍的思考，要求按照逻辑规范进行严谨的判断和推理，这恰恰是自然科学和社会科学发展的形而上学基础。这三种教条主义恰恰放弃了艰苦的独立思考，以“与国际接轨”、“经济效益”为借口，心甘情愿地做他人思想的传声筒和扬声器，只会照说和模仿，因而对自然科学和社会科学发展的形而上学基础造成了严重伤害。此外，一些坚持“马教条”的马克思主义哲学工作者满足于苏联式马克思主义哲学教科书的已有成果，对马克思主义的哲学基础理论，如马克思主义哲学的基本精神、马克思主义哲学的哲学形态特征及其与现当代西方哲学的根本区别等缺乏精确的概括与提炼，导致马克思主义哲学在面对现当代西方思潮的时候缺乏足够的批判力，在面对国内外经济社会发展现状的时候缺乏足够的说服力。

其次是好走极端。比如说，生产力与生产关系作为生产方式的两个方面，总是共同起作用，而一些人却单方面强调生产力的最终决定作用，而忽视生产关系的调整；经济基础与上层建筑作为社会系统的两个重要方面，必须相互协调，共同发展，而一些人却单方面强调经济基础的最终决定作用，而忽视上层建筑的调整和改革；在生产力内部，体力劳动与脑力劳动、体力劳动者与脑力劳动者都同样重要，但一些人却片面强调体力劳动和体力劳动者的作用，而贬低脑力劳动和脑力劳动者的作用；在生产过程当中，工人的生产和管理者的管理同样重要，而一些人却片面强调生产而忽视管理；在经济社会发展的评价上，经济发展与社会发展同样重要，而一些人却片面强调经济的发展而忽视社会的发展；在经济发展与环境保护的关系上，应该坚持经济发展与环境保护兼顾，而一些人却只顾发展经济而忽视环境保护；在地区经济发展的评价上，应该坚持 GDP 与经济效益兼顾，而一些人却片面追求 GDP 而忽视经济效益；在德治与法治的关系上，应该坚持德治与法治兼顾，而有些人却片面强调德治；

等等。反映到哲学上,有人主张建设和谐社会就是不讲斗争、只讲和谐,甚至有人主张"后辩证法"时代。

再次是"急功"思维。片面追求"短、平、快",追求短期效应,企图立竿见影。表现在个人,主要是围绕不同时期的价值导向而设计人生(主要体现为官本位);表现在社会管理特别是科学研究管理政策上,表现为头痛医头、脚痛医脚,疲于应付,不肯做长期而艰苦的努力。凡是短期内看不到显著效果的事,就不肯做或不许做,这也是中国自然科学和社会科学难以取得重大理论创新的根本原因。例如,受"急功"思维的影响,在追求 GDP 快速增长的同时,却放弃了环境保护;在强调应用、追求"产学研"结合的同时,却忽视了长期艰苦的基础理论研究,不仅各省市的自然科学研究机构不搞基础理论研究,甚至各省市的社会科学研究机构也不搞基础理论研究,不仅导致了在自然科学基础研究领域全面落后,也导致了在社会科学研究领域"洋教条"盛行。对于这种思维模式,李泽厚先生在《中国思想史论》中笼统地称之为"'实践理性'或'实用理性'"①,并不是太恰当,因为这种说法不仅容易与一般意义上的实践理性相混淆,也无法准确反映这种思维模式急功近利的浮躁性和片面、孤立的直观性。

这里需要强调指出的是:对于中国自近代以来科学技术落后,特别是新中国成立以来迟迟不能获得自然科学方面的诺贝尔奖,一些人要么归罪于中国人的思维方式,要么归罪于中国的教育制度,其实都是找错了方向!在我看来,中国自近代以来科学技术落后,特别是新中国成立以来迟迟不能获得自然科学方面的诺贝尔奖,其最为根本的原因既不在于中国人的思维方式,也不在于中国的教育制度,而是在于中国对整个民族精神生产力②的片面导向!因为,思维方式和教育制度最终都是由这种导向所决定的。譬如,有了自汉代以来就形成的"罢黜百家,独尊儒术"的宏观管理政策,整个民族的精神生产力

---

① 李泽厚先生在《中国思想史论》中称这种思维模式为"'实践理性'或'实用理性'",认为"这种理性具有极端重视现实实用的特点。即它不在理论上去探求讨论、争辩难以解决的哲学课题,并认为不必要去进行这种思辨的抽象……重要的是在现实生活中如何妥善地处理它"。(李泽厚:《中国思想史论》(上),安徽文艺出版社 1999 年版,第 34—35 页。)

② 民族精神生产力,即整个民族中每一个人的精神生产力或精神创造力的合力、总和。

才能片面指向考古释古而不是开拓创新①；有了新中国成立以来特别是改革开放以来片面强调应用研究的宏观管理政策，整个民族的精神生产力才片面指向应用研究而忽视基础理论研究。事实上，中华民族是一个非常聪明的民族，也是一个非常勤劳的民族，是一个具有强大的创造力的民族，一旦中华民族将整个民族的精神生产力充分解放出来，予以正确导向，将所向披靡，没有什么克服不了的实践难题，也没有什么攻不克的理论高地！

二、中国形而上学的哲学形态构成

中国的形而上学的五个时期，各有特点。但整体而言，中国的形而上学在哲学形态上，具有以下几方面的表现：

1. 理论特征

同一切形而上学一样，中国的形而上学也同样具备形而上学的四个理论特征：一是超然于经验之上，从概念或从本体出发，仅仅凭借概念而非经验来建立自己的哲学体系，如老子从“道”出发来建立自己的思想体系，《易经》从“阴”、“阳”的相互关系出发来建立自己的推演体系；二是局限于“纯粹的思想领域”，要么是单纯“解释世界”、“认识世界”，要么是改造人们的主观世界，或是通过改造人们的主观世界而影响对客观世界的改造，如孔子主张“克己复礼”、“为政以德”，孟子主张“以德行仁”、“以德服人”；三是追求普遍、完美、永恒和绝对，如老子对“道”的追求、孔子对“仁”的追求、朱熹对“理”的追求、康有为对“大同”的追求，等等；四是统领一切的世界观，如孔子说：“一日克己复礼，天下归仁焉。……非礼勿视，非礼勿听，非礼勿言，非礼勿动。”（《论语·颜渊篇》）②董仲舒在《举贤良对策三》中，则明确主张用儒家思想统领一

① 清朝顾炎武在《亭林文集》中批评说：“古之所谓理学，经学也，非数十年不能通也。故曰：君子之于《春秋》，没身而已矣。今之所谓理学，禅学也，不取之五经，而但资之语录，校诸帖括之文而尤易也。又曰：《论语》，圣人之语录也。舍圣人之语录，而从事于后儒，此之谓不知本矣。”（《与施愚山书》）（参见中国社会科学院哲学研究所编：《中国哲学史资料选辑（清代之部上）》，中华书局 1982 年版，第 99 页。）这本是批评当时从事“理学”的人只肯师从“后儒”而不肯下苦功夫钻研经书的，但也从另一个方面折射出了所谓“理学”和“经学”对民族精神生产力的巨大损耗。

② 《论语正义》，《诸子集成》第 1 卷，中华书局 1954 年版，第 262 页。

切:“春秋大一统者,天地之常经,古今之通谊也。今师异道,人异论,百家殊方,指意不同,是以上亡以持一统,法制数变,下不知所守。臣愚以为诸不在六艺之科、孔子之术者,皆绝其道,勿使并进;邪辟之说灭息,然后统纪可一而法度可明,民知所从矣。”①

此外,相比西方的形而上学而言,中国的形而上学还具有自己的特征,就是崇古释古、教条主义、好走极端和“急功”思维,这在上文论述“中国形而上学的演化过程”时已经有了比较详细的论述,在此无须赘言。

2. 研究目的

正如本书第五章所言,不论是中国的形而上学,还是西方的形而上学,都具有“求知”、“学以致用”、“赞美现实”和“社会批判”四大目的。前两个方面主要是面向个人,而后两个方面则是面向社会。

就中国的形而上学而言,在其早期(先秦时期)和现当代时期,应该是四大目的俱全。而在其发展的中期,即“经学时代”,其“社会批判”功能基本丧失,其“求知”功能演变成了考古、释古,其“学以致用”功能演变成了以古框今甚至厚古薄今,只有“赞美现实”——赞美封建统治者的功能,不仅没有被削弱反而被加强。只是到了五四新文化运动以后,“求知”和“社会批判”这两大功能才逐步恢复。事实上,直至新中国成立六十多年以后的今天,“国学家”中沿袭“经学时代”考古、释古传统甚至厚古薄今者仍然大有人在。

3. 研究领域

中国的形而上学的主要研究领域是集中在“纯粹的思想领域”——准确一点说是,“子学时代”广泛分布于政治、法律、道德、军事、逻辑等各个领域;“经学时代”主要集中于改造主观世界的领域,集中在道德领域。

冯友兰先生在《中国哲学史》中说:“西洋所谓哲学,与中国魏晋所谓玄学,宋明人所谓道学,及清人所谓义理之学,其所研究之对象,颇可谓约略相当。若参用孟太葛②先生之三分法,吾人可将哲学分为宇宙论、人生论及方法

① 《中国哲学史资料简编》(两汉—隋唐部分·上册),中华书局1963年版,第91页。

② 孟太葛(William Pepperell Montague,1873—1953),今译蒙塔古,美国哲学家,新实在主义主要代表。冯友兰先生在这里提到的是他在《认识之路,或哲学的方法》中的观点。(参见《中国大百科全书·哲学卷Ⅰ》,中国大百科全书出版社1985年第一版,第609—610页。)

论三部分。《论语》云:'夫子之言性与天道'(《公冶长》,《论语》卷三,"四部丛刊"本,页五),此一语即指出后来义理之学所研究之对象之二部分。其研究天道之部分,即约相当于西洋哲学中之宇宙论;其研究性命之部分,即约相当于西洋哲学中之人生论。唯西洋哲学方法论之部分,在中国思想史之子学时代,尚讨论及之;宋明而后,无研究之者。自另一方面而言,此后义理之学,亦有其方法论,即所讲'为学之方'是也。不过,此方法论所讲,非求知识之方法,乃修养之方法,非所以求真,乃所以求善之方法。"①又说:"中国哲学家又特别注重人事之故,对宇宙论之研究,亦甚简略。"②冯先生的这种观点,还是很有道理的,我非常赞成。在先秦以后即所谓"经学时代"的中国形而上学中,主要研究内容可以划分为三个方面:一是人道观,二是天道观,三是天人关系。其中第二和第三方面完全是为第一方面服务。因此,黑格尔把中国哲学视为"道德哲学",虽然并不完全正确(因为这一状况只是适用于"经学时代"),但还是具有一定道理的。在中国哲学史上长达两千年的"经学时代",天道观、人道观、天人之辨、礼法之争、义利之辨、名实之辩、理气和心物之辨、知行关系、形神关系、动静关系、古今中西之争等等,都在不同时代成为形而上学家们专注的研究对象,但作为主线的,还主要是天道观和天人关系掩盖下的人道观。

如前文所述,在西方哲学家中,黑格尔在《哲学史讲演录》中认为东方及东方的哲学不属于哲学史。一方面他认为中国哲学是"道德哲学","关于中国哲学首先要注意的是在基督降生五百年前的孔子的教训。孔子的教训在莱布尼兹的时代曾轰动一时。它是一种道德哲学"③,但另一方面又认为"道德哲学"还不是真正的哲学,说"孔子只是一个实际的世间智者,在他那里思辨的哲学是一点也没有的——只有一些善良的、老练的、道德的教训,从里面我们不能获得什么特殊的东西。西塞罗留下给我们的'政治义务论'便是一本道德教训的书,比孔子所有的书内容丰富,而且更好"④。这种把"道德哲学"

① 冯友兰:《中国哲学史》上卷,重庆出版集团、重庆出版社 2009 年版,第 6 页。
② 冯友兰:《中国哲学史》上卷,重庆出版集团、重庆出版社 2009 年版,第 8 页。
③ [德]黑格尔:《哲学史讲演录》第 1 卷,商务印书馆 1959 年版,第 119 页。
④ [德]黑格尔:《哲学史讲演录》第 1 卷,商务印书馆 1959 年版,第 119—120 页。

排除在哲学之外的做法，显然是很不恰当的，因为即使是黑格尔本人也不得不在《法哲学原理》中谈论道德问题[①]！

与黑格尔不同，康德虽然没有直接对中国的“道德哲学”进行评价，但他却非常看重道德哲学，并把形而上学划分为“自然形而上学”和“道德形而上学”两种，认为“哲学乃一切知识与人类理性之基本目的(Teleologia rationis humanae)相关之学问，哲学家非理性领域之技术家，其自身乃人类理性之立法者”[②]。并且，由于“基本目的并非即最高目的；就理性对于完全系统的统一之要求而言，仅能以其中之一为最高目的。故基本目的或为终极目的，或为必然与前者联结而为前者方策之附属目的。前者实不外人之全部职分，论究此种目的之哲学，名为道德哲学”[③]。因而，“以道德哲学高出于理性所有一切其他职务，故古人之所谓哲学家，常特指道德家而言；即在今日，吾人由某种比拟，称‘以理性自制之人’为哲学家，固不问其知识之如何浅狭也”[④]。那么，究竟什么是“自然形而上学”和“道德形而上学”以及应该如何来看待两者的相互关系呢？康德说：“玄学分为纯粹理性思辨的使用之玄学，及实践的使用之玄学，因而或为自然玄学或为道德玄学。前者包含‘纯自概念(因而数学除外)而来用于一切事物之理论知识中’之一切纯粹理性原理；后者包含先天的规定吾人一切行动及使之成为必然者之原理。顾道德乃应用于吾人所有‘能完全先天的自原理而来之行动’之唯一法典。因之，道德玄学实际乃纯粹的道德哲学，并不以人类学或其他经验的条件为其基础。‘玄学’之名称，就其严格意义言之，通常保留为‘思辨的理性之玄学’之用。但以纯粹的道德哲学实际构成‘自纯粹理性而来之人类知识及哲学的知识特殊部门’之部分，故吾人应为道德哲学保留玄学之名称。”[⑤]也就是说，在康德看来，“道德形而上学”与“自然形而上学”一样，都是形而上学。虽然在现代的西方哲学界，拥护康德观点的哲学家并不比拥护黑格尔观点的哲学家多，但“道德哲学”应该作

---

① 黑格尔的《法哲学原理》总共三篇，第一篇是“抽象法”，第二篇是“道德”，第三篇是“伦理”。黑格尔自己从来没有认为自己的哲学不应该研究与“道德”和“伦理”有关的内容。

② [德]康德：《纯粹理性批判》，商务印书馆1960年版，第574页。

③ [德]康德：《纯粹理性批判》，商务印书馆1960年版，第574页。

④ [德]康德：《纯粹理性批判》，商务印书馆1960年版，第574页。

⑤ [德]康德：《纯粹理性批判》，商务印书馆1960年版，第575页。

为哲学的重要组成部分，"道德形而上学"应该作为形而上学的重要组成部分，则是为学术界所公认的。

L.A.贝克在《东方哲学简史》中，不仅认为道德问题是哲学家应该关心的问题，而且是东西方哲学家共同关心的问题："亚里士多德和孔子都强调道德的重要性，认为有道德的人可以在这个世界上恰如其分地履行他的职责。柏拉图也是这样认为的，甚至比这走得更远。"①

实际上，在西方哲学史上，道德哲学一直是重要的研究领域。不仅黑格尔本人，其他哲学家对道德哲学进行精心研究者并不少见，如：柏拉图的《理想国》、《苏格拉底的申辩》、《克里托篇》、《斐多篇》、《斐莱布篇》、《会饮篇》、《斐德罗篇》等都有着大量的伦理学内容，亚里士多德有《尼各马科伦理学》《大伦理学》和《优台谟伦理学》，斯宾诺莎有《伦理学》，休谟有《道德原则研究》，康德有《道德形而上学探本》，费希特有《伦理学体系》，亚当·斯密有《道德情操论》、费尔巴哈有《幸福论》、边沁有《道德与立法原理导论》、斯宾塞有《伦理学原理》、柏格森有《道德和宗教的两个来源》、叔本华有《伦理学的两个基本问题》、尼采有《善恶的彼岸》和《论道德的谱系》，等等。至于西方哲学家们作为论著片段的道德形而上学论述，就更是数不胜数。这都说明了道德形而上学在西方的形而上学中占有重要的地位，而并非可有可无。

此外，与其他哲学家不同，柯林伍德在《形而上学论》中，则认为"形而上学一直是一门历史的学科"②。在他看来，"所有形而上学问题都是历史的问题，所有的形而上学的命题都是历史的命题。每一个形而上学的问题要么是在某一个具体情况中做出什么样的绝对预设的问题，要么是能被分解为一系列这样的问题，那些问题连带从中产生出来的一个或许多问题"③。按照他的观点，中国形而上学史上以经典考证和诠释为己任的中国"经学"，完完全全属于形而上学的研究领域，对此不必有任何怀疑。

4. 思维模式

冯友兰先生在《中国哲学简史》中，抨击中国哲学的"农民的眼界"，认为

---

① ［锡兰］L.A.贝克：《东方哲学简史》，中国友谊出版公司 2006 年版，第 32 页。

② ［英］柯林伍德：《形而上学论》，北京大学出版社 2007 年版，第 46 页。

③ ［英］柯林伍德：《形而上学论》，北京大学出版社 2007 年版，第 39 页。

“农民的眼界不仅制约着中国哲学的内容……更重要的是它还制约着中国哲学的方法论”①。在他看来，这种所谓的中国哲学的“农民的眼界”，就是离开“理性演绎”，单纯依靠“直觉”，“把直接认知的东西看为哲学思维的出发点”，“这也足以解释何以认识论在中国哲学里从未得到发展的原因”。② 实际上，冯先生的这种观点虽然有一定道理，但还是较为偏颇的，“欧洲中心论”的痕迹非常浓郁③。实际上，同包括西方哲学在内的其他一切类型的哲学一样，中国哲学不仅依靠直觉，也依靠理性演绎；不仅有道德哲学，也有本体论和认识论，只是由于社会历史环境不同而各有侧重罢了。

考察整个中国哲学史，中国形而上学的思维模式，主要有以下三种：

第一种就是冯友兰先生所说的“直觉”思维，即依靠“直觉”和“体悟”而不是逻辑推论进行哲学思考。这是孔子《论语》中的一种常见的思维模式，由于《论语》对后人的巨大影响而被视为中国形而上学最主要的思维模式。实际上，这种思维模式在先秦时期的中国形而上学中并不多见，即使是在《论语》中，“直觉”和“体悟”也不是最主要的思维模式。《论语》的哲学思想虽然是以语录的形式表现出来，但自始至终贯穿着孔子“克己复礼”④、依靠道德维护“君君，臣臣，父父，子子”⑤的社会秩序的核心思想，用孔子自己的话说叫作“一以贯之”⑥。也就是说，即使是在《论语》中，孔子的思想也是自成体系的，是在总结历史经验的基础上经过严密的理性思考的结果，而不仅是依靠“直觉”和“体悟”。至于儒家的其他著作，《孟子》虽然还有对话体的影子，但论述体系已经相当严谨；到《荀子》问世时，论证体系已经非常严谨了。而先秦时

① 冯友兰：《中国哲学简史》，新世界出版社 2004 年版，第 20 页。

② 冯友兰：《中国哲学简史》，新世界出版社 2004 年版，第 21 页。

③ 冯友兰先生在该书中说：“科学的发展已经战胜了地理的限制，今日中国已不再是封闭在‘四海之内’。中国也走上了工业化的道路，虽然还落后于西方，但来得迟比不来好。说东方被西方侵略，并不确切，不如说现代化侵入了中世纪世界。中国要在现代世界生存，就必须现代化。”（冯友兰：《中国哲学简史》，新世界出版社 2004 年版，第 23 页。）强调现代化对中国的重要性是非常正确的，但因此连中国被西方列强侵略都予以否认，则无疑是受“欧洲中心论”的影响。

④ 《论语正义》，《诸子集成》第 1 卷，中华书局 1954 年版，第 262 页。

⑤ 《论语正义》，《诸子集成》第 1 卷，中华书局 1954 年版，第 271 页。

⑥ 《论语正义》，《诸子集成》第 1 卷，中华书局 1954 年版，第 333 页。

期其他学术流派(如法家)的著作,“直觉”和“体悟”的成分就更少了。因而,“直觉”和“体悟”即使是在先秦时期也不是中国形而上学最主要的思维模式。

第二种就是西方的形而上学推崇备至的“理性思维”,即依靠概念推论对人与世界的关系进行体系严密的哲学思考。自先秦时期的《周易》和《老子》开始,这种思维模式就是中国形而上学的一种主要的思维模式。这种思维模式共有以下几种表现:

一是先验的理论前提,即从概念、原则、思想出发,可以表示为 A→B,是一种单向决定的线性思维。如老子在《道德经》中从“道”出发对“无为”思想的论述,虽然具有一定合理性,但由于是从纯粹概念出发,很难在现实当中行得通。

二是两极对立的二分思维,要么绝对肯定,要么绝对否定的思维模式,可以表示为 A 或 B,是一种点性思维。如董仲舒在《举贤良对策一》中把“阴”与“阳”,“刑”与“德”对立起来,片面强调“阳”与“德”,认为:“王者承天意以从事,故任德教而不任刑,刑者不可以任以治世,犹阴之不可任以成岁也。为政而任刑,不顺于天,故先王莫之肯为也。”①

三是两极分立的单向决定的思维模式,这种思维模式不再非 A 即 B,但永远是 A 决定 B 或 B 决定 A,这种思维模式可以表示为:A>B,仍然是一种点性思维。如董仲舒所说的“君臣、父子、夫妇之义,皆取诸阴阳之道。君为阳,臣为阴;父为阳,子为阴;父为阳,妻为阴”②。就是“阳”永远是主要方面,永远对“阴”起主宰、决定作用。

四是线性单向决定思维,这种思维模式可以表示为 A→B→C→D,是一种线性思维,如老子所主张的“人法地,地法天,天法道,道法自然”,就是线性单向决定思维。

五是单向决定的圆圈思维模式,这是线性单向决定思维的特殊形式,思维模式仍然是线性单向决定:A→B→C→D→……A,但有所改良。如五行说中“木生火,火生土,土生金,金生水,水生木”和“水胜火,火胜金,金胜木,木胜土,土胜水”,就是水、火、木、金、土相互间的单向决定与循环。

---

① 《中国哲学史资料简编》(两汉—隋唐部分 · 上册),中华书局 1963 年版,第 6 页。
② 董仲舒:《春秋繁露》,中华书局 2012 年版,第 465 页。

第三种是朴素的辩证思维。如《老子》讲“祸兮福之所倚，福兮祸之所伏”①，《孙子兵法》讲“兵无常势，水无常形。能因敌变化而取胜者，谓之神”②，《周易正义·系辞上》讲“刚柔相推而生变化”③，都是运用了朴素的辩证思维。

5. 研究方法

冯友兰先生在《中国哲学史》中说：“中国哲学家多未竭全力以立言，故除一起即灭之所谓名家者外，亦少有人有意识地将思想辩论之程序及方法之自身，提出研究。……因中国哲学家注重‘内圣’之道，故所讲修之方法，即所谓‘为学之方’，极为详尽。此虽或未可以哲学名之，然在此方面中国实甚有贡献也。”④在这里，冯先生讲了三点：一是中国哲学家对“立言”即建立自己的学说不太重视，二是中国独特的“为学之方”的研究极为详尽，三是中国哲学家很少有人对“思想辩论的程序及方法”进行研究。在当今国内学术界，很多人都同意冯先生的观点，但却从不亲自考察中国哲学史，不去做自己的独立思考。

实际上，冯先生在这里所说的中国哲学存在的三个方面的特点，如果是拿中国古代哲学与近代以后的西方哲学相比，无疑是正确的；但如果是拿中国古代哲学与古希腊哲学和西方的中世纪哲学相比，就另当别论了。其中，就“立言”方面而言，在先秦时期，虽然孔子本身没有亲自将自己的思想写成书，但其弟子已经作了详细的记录，而诸子百家的书籍，则基本上都是哲学家自己所作。“经学时代”的哲学家，虽然是对经典进行诠释，但也绝大多数是哲学家本人亲自著述。而对中国独有的“为学之方”的研究，倒是以“经学时代”为盛，虽然在先秦时期和中国现当代也都有人坚持，但均不是哲学研究的主要方式。至于对“思想辩论的程序及方法”的研究，与其说是中国近代以前很少涉及，倒不如说这一方面的内容没有得到中国哲学家们的足够重视，更没有进一步发扬光大。对此，詹剑锋先生在 1978 年 10 月为《墨家的形式逻辑》第三次印刷所作的“后记”中说：“春秋末年，中国哲学从东方露出晨曦，以逻辑来说：老子

① 《老子道德经》，《诸子集成》第 3 卷，中华书局 1954 年版，第 35 页。

② 《孙子十家注》，《诸子集成》第 6 卷，中华书局 1954 年版，第 102 页。

③ 《十三经注疏》上册，中华书局 1980 年版，第 76 页。

④ 冯友兰：《中国哲学史》上卷，重庆出版集团、重庆出版社 2009 年版，第 8 页。

提出常名论,建立了自然的逻辑;邓析提出刑名论,建立了法理的逻辑;孔子提出正名论,建立伦理的逻辑。春秋战国之交,'墨子作辩经,以立名本',既反对老子的'大名不辩',也反对邓析'两可之说',更反对孔子那套'正名定分'的伦理逻辑,独辟蹊径,创立中国的辩学,与希腊的逻辑、印度的因明鼎足而立。"①

也就是说,中国古代的逻辑学,在完备程度上自然不能与近代以后的西方形式逻辑和现代逻辑相比,但与古希腊时期的逻辑学还是能有一拼的。譬如说,从时间上看,古希腊逻辑学的集大成者亚里士多德是生活在公元前 384—前 322 年。墨子(约公元前 468—前 376 年)生年略早于亚里士多德,他在《墨经》中专门对"辩"学进行了论述。其中对"同"与"异"、"必"与"不必"、"故"(原因)与"然"(结果)的论述,都与西方的形式逻辑关于事物的同一性、必然性、原因和结果的关系的认识基本一致。② 墨子说:"夫辩者,将以明是非之分,审治乱之纪,明同异之处,察名实之理,处利害,决嫌疑。焉摹略万物之然,论求群言之比。以名举实,以辞抒意,以说出故,以类取以类予。有诸己不非诸人,无诸己不求诸人。"(《墨子·小取》)③已经开始对论辩的方法进行全面、系统的研究,建立了中国第一个比较完备的逻辑学体系。在这里,"名"就是概念,"辞"就是判断,"说"就是推理。即是强调"辩学"是要依靠"名"(概念)、"辞"(命题)、"说"(推论)来实现"辩(论证)胜"的目的。墨子还把"故"(原因、依据)、"理"(规律)、"类"(类推,依类推断)视为以"辞"表达思想所不可缺少的三个要素,必须"以故生,以理长,以类行"(《墨子·大取》)④。詹剑锋先生认为"辩学的三物(故、理、类),既不同于因明的三支(宗、因、喻),亦不同于亚里士多德所立的三段论式(大前提、小前提、结论)"⑤。而以我所见,辩学的三物(故、理、类)与亚里士多德所立的三段论式(大前提、小前提、结论)并无本质区别,只是将亚里士多德三段论的大前提与小前提换了位置而已,而判断的三要素并没有发生根本变化。前文提到的孔子(公元前 551—前 479

---

① 詹剑锋:《墨家的形式逻辑》,湖北人民出版社 1956 年版,第 238 页。

② 李世繁:《试述〈墨辩〉中若干范畴的理论》,载刘壮虎主编:《逻辑的历程》,北京大学出版社 2012 年版,第 26—33 页。

③ 《墨子闲诂》,《诸子集成》第 4 卷,中华书局 1954 年版,第 250—251 页。

④ 《墨子闲诂》,《诸子集成》第 4 卷,中华书局 1954 年版,第 249 页。

⑤ 詹剑锋:《墨家的形式逻辑》,湖北人民出版社 1956 年版,第 241 页。

年)、邓析(约公元前545—前501)等人,也均对中国的逻辑发展作出了贡献,而孔子和邓析的生年则要明显早于亚里士多德。与此同时,中国春秋战国时的古籍《易传》、《吕氏春秋》、《黄帝内经》、《淮南子》等,也包含着丰富的逻辑思想。

荀子(约公元前313—约前238年)生年略晚于亚里士多德。他在"非相篇"专门对"谈说之术"进行了认真研讨,认为"谈说之术,矜庄以莅之,端诚以处之,坚强以持之,分别以喻之,譬称以明之"①。荀子在区分"小人之辩"、"士君子之辩"、"圣人之辩"的基础上,赞成"士君子之辩",主张"君子必辩。小辩不如见端,见端不如见本分。小辩而察,见端而明,本分而理,圣人士君子之分具矣。……发之而当,成文而类,居错迁徙,应变不穷"②。认为探究事物的根本、分门别类和及时改正错误都是辩论应该坚持的基本原则。荀子提出"辨说"③一词,认为"辨说也者,心之象道也。心也者,道之工宰也。道也者,治之经理也。心合于道,说合于心,辞合于说。正名而期,质请而喻,辨异而不过,推类而不悖。听则合文,辨则尽故。以正道而辨奸,犹引绳以持曲直。是故邪说不能乱,百家无所窜"④,主张"辨说"就是通过思维活动反映客观规律,并提出了一系列逻辑规则。与此同时,他在对它嚣、魏牟、陈仲、墨翟、慎到、田骈、惠施、邓析的言行进行攻击的同时,又反复提醒人们注意"其持之有故,其言之成理,足以欺惑愚众"⑤。充分说明了他对"谈说之术"的重视。此外,同一时期的惠施(约前370—前310年)、庄子(约前369—前286年)、公孙龙(约前330—前242年)、韩非(约前280—前233年)等人,也对当时的"名辩之学"作出了重要贡献。

事实上,即使是在汉朝以后的"经学时代",哲学家们对论证方法也是非常重视的。西汉董仲舒(前179—前104)提出"合而通之,缘而求之,伍其比,偶其类,览其绪,屠其赘"(《春秋繁露·玉杯》)⑥,后人称之为"伍比偶类",即

---

① 《荀子集解》,《诸子集成》第2卷,中华书局1954年版,第54—55页。
② 《荀子集解》,《诸子集成》第2卷,中华书局1954年版,第55—56页。
③ "辨说"亦称"辩说",荀子用语,是辩论、论证、推理的统称。(参见《哲学大辞典》上卷,上海辞书出版社2007年版,第495页。)
④ 《荀子集解》,《诸子集成》第2卷,中华书局1954年版,第281页。
⑤ 《荀子集解》,《诸子集成》第2卷,中华书局1954年版,第57—59页。
⑥ 董仲舒:《春秋繁露》,中华书局2012年版,第31页。

排列、合并比较同类之义。东汉王充(27—约 97)主张“揆端推类,原始见终;从闾巷论朝堂,由昭昭察冥冥”(《论衡·实知》)①。南宋朱熹讨论“何以为学”,认为“知,便要知得极。致知,是推致到极处,穷究彻底”(《朱子语类》卷第十八)②,都表明了“经学时代”的哲学家们对论证方法的重视。

除此之外,在哲学史上有人把史实考证也视为研究形而上学的一种手段。柯林伍德在《形而上学论》中,在谈到“形而上学家应该就其工作来说受到怎样的训练”时就说:“在中世纪,人们认为形而上学家的主要预备性训练应该是逻辑;在 17 世纪,是物理学;在 19 世纪,是心理学。”③而在他本人看来:“形而上学家是一类特殊的历史学家,他们的训练首先应当包括一般的历史教育;第二,要尤其注意科学的历史;最后要集中于下面这类问题:在具有了关于科学的历史的文献的情况下,如何看待做出了什么样的绝对预设那一问题?”④柯林伍德还进一步说:“形而上学……它的方法也是历史的方法。……一位形而上学家是一位不得不接触事实的人。他必须明白什么是他所要处理的事实,以及通过什么样的证据处理事实。”⑤按照这种观点,中国“经学时代”的形而上学,虽然主要是进行经典考证和诠释,因而在研究对象上与西方近现代形而上学不尽相同,但它仍然不失为一种对“历史问题”的研究,他们所用的方法也不能不说是一种另类的“历史的方法”——尽管经学家们进行经典考证和诠释仅仅是依靠“圣人圣言”,而不是历史事实。可见,中西的形而上学,由于属于同一种哲学形态,在基本特征方面还是非常一致的。

6. 逻辑工具

冯友兰先生在《中国哲学史》中说:“知识论之第二部——逻辑,在中国亦不发达。”⑥与冯友兰不谋而合,李约瑟在《中国科学技术史》中谈到墨家与名家时也说:“这些思想家企图为自然科学的世界奠定些基础。最有意义的事,

---

① 《论衡》,《诸子集成》第 7 卷,中华书局 1954 年版,第 253 页。
② 朱熹:《朱子语类》第 2 册,中华书局 1986 年版,第 390 页。
③ [英]柯林伍德:《形而上学论》,北京大学出版社 2007 年版,第 48—49 页。
④ [英]柯林伍德:《形而上学论》,北京大学出版社 2007 年版,第 49 页。
⑤ [英]柯林伍德:《形而上学论》,北京大学出版社 2007 年版,第 49 页。
⑥ 冯友兰:《中国哲学史》上卷,重庆出版集团、重庆出版社 2009 年版,第 8 页。

是他们明显地趋向于辩证逻辑，而非亚里士多德逻辑”[①]。不过，在这里，李约瑟明显是对墨家与名家的学说不甚了解，墨家与名家确实有丰富的辩证法思想，但他们的著述中蕴含的主要是形式逻辑[②]，而非辩证逻辑。而李约瑟所说的“《道德经》……可谓为辩证逻辑中国趋势之表率”[③]，倒是名副其实。

实际上，中国古代并不缺少形式逻辑的研究，只是由于“罢黜百家，独尊儒术”的缘故，缺少对形式逻辑的系统整理与普及而已。南开大学出版社2012年出版的温公颐、崔清田主编的《中国逻辑史教程》，共十一章、35万字，主要从形式逻辑的角度对《周易》、儒家、名家、墨家、秦汉时期、魏晋南北朝时期、唐代、宋代、明末清初、近现代的逻辑思想进行了阐述。就连李约瑟也认为：“三段式的推理在古代中国的典籍中，当然不是不常隐含的，例如《公孙龙子》书中，其方式即甚完备。”[④]因此，对于中国的形而上学来说，其主要的逻辑工具也是以形式逻辑为主，而以朴素的辩证逻辑为辅。只是与西方的形式逻辑相比，中国的形式逻辑没有那么系统化而已。

我很赞同詹剑锋先生在《墨家的形式逻辑》的后记中所说的观点：“亚里士多德是欧洲逻辑之父，……墨子是中国逻辑之父，亚里士多德的工具论和墨子的辩学都是思维的规范，然而墨子的辩学却具有中华民族文化的特征”[⑤]，墨家的“辩学就是研究思维过程的法则和认识客观现实的思维方法底科学”[⑥]。例如，墨子讲“一，偏弃之，谓而固是也”[⑦]“以名举实”[⑧]，这是同一律[⑨]；讲“攸[⑩]，

---

① 李约瑟：《中国古代科学思想史》，江西人民出版社2006年版，第237页。

② 参见温公颐、崔清田主编：《中国逻辑史教程》，南开大学出版社2012年版，第三章、第四章。

③ 李约瑟：《中国古代科学思想史》，江西人民出版社2006年版，第238页。

④ 李约瑟：《中国古代科学思想史》，江西人民出版社2006年版，第239页。

⑤ 詹剑锋：《墨家的形式逻辑》，湖北人民出版社1956年版，第238页。

⑥ 詹剑锋：《墨家的形式逻辑》，湖北人民出版社1956年版，第238页。

⑦ 《墨子闲诂》，《诸子集成》第4卷，中华书局1954年版，第195页。

⑧ 《墨子闲诂》，《诸子集成》第4卷，中华书局1954年版，第250页。

⑨ 詹剑锋先生认为《墨子·经上》的“同，异而俱于之一也”一语是反映了墨子的同一律思想，本人认为这是在讲事物的普遍性和特殊性的关系，而不是在讲形式逻辑的同一律。因为在这句话下面紧接着墨子就讲“同异交得，放（疑为“知”）有无”。参见《诸子集成》第4卷，中华书局1954年版，《墨子闲诂》第194页。

⑩ 《哲学大辞典》中“攸”字为“彼”（参见《哲学大辞典》上卷，上海辞书出版社2007年版，第485页），下同。

不可两不可也”[①],这是排中律;讲“仁人以其取舍是非之理相告,无故从有故也”[②],是讲充足理由律;“以说出故”[③],是讲通过推理申述理由;“以类取,以类予”[④],“以类取”是讲归纳,“以类予”是讲类推……等等。该书还对“名”(概念)、“辩”(论证)、“说”(推论)、“类”(分类)、“辞”(命题)、“攸”(排中律)、“大故”(充分条件)、“小故”(必要条件)、“止”(归谬)、“必”(必然命题)、“悖”(互相矛盾)、“或”(选言判断、选言推理)、“尽”(全称判断)、“假”(假言命题、假言推理)、“效”(立论的标准)、“法”(推论的程序、方法)、“辟”(类比)、“侔”(附性法推理)、“援”(类比推理)、“推”(推理、推论)等逻辑范畴进行了准确的定义,这在中国古籍中并不多见。其他人,如战国末期的韩非利用“矛盾之说”揭示矛盾律,提出“以为不可陷之盾与无不陷之矛为名,不可两立也”[⑤],并进一步推而广之,指出:“不相容之事,不两立也。”[⑥]明确表述了矛盾律的本质。三国时期魏国的嵇康反对“雅论之矛戟”(《难宅无吉凶摄生论》)[⑦],南宋时期的朱熹讲“以类而推”(《朱子语类》卷第十八)[⑧]等,均说明了“经学时代”的学者仍然对逻辑学抱有比较浓厚的兴趣,只是不像春秋战国时期墨子等人那么专注罢了。

7. 社会功能

中国传统形而上学的社会功能,也可从认识世界、改造主观世界及对社会现实进行解释和批判三个方面来考察。但在长达两千年的“经学时代”,在这

① 《墨子闲诂》,《诸子集成》第4卷,中华书局1954年版,第193页。孙诒让在对原著作集注的时候将句子断为:“攸不可,两不可也。”与上下文不能衔接(上下文皆是解释一字或两字名词,且均从名词后加标点,如“令”、“任”、“似”、“勇”、“次”、“力”、“生”、“佴”、“说”、“梦”、“平”、“辩”、“辩胜”、“利”、“为”、“使”、“誉”、“名”等,后面均从该字后面加标点,该句也应如此),也无法解释原文。方勇在中华书局出版的中华经典名著全本全注全译丛书《墨子》中,对此句遵从孙诒让的断句方法,只能将这句话译为:“攸不可,就是辩争中双方对对方的观点都不认可,加起来是两个‘不认可’。”这就完全曲解了原著的意思。

② 《墨子闲诂》,《诸子集成》第4卷,中华书局1954年版,第182页。

③ 《墨子闲诂》,《诸子集成》第4卷,中华书局1954年版,第250页。

④ 《墨子闲诂》,《诸子集成》第4卷,中华书局1954年版,第250—251页。

⑤ 《韩非子集解》,《诸子集成》第5卷,中华书局1954年版,第300页。

⑥ 《韩非子集解》,《诸子集成》第5卷,中华书局1954年版,第345页。

⑦ 《中国哲学史教学资料汇编》(魏晋南北朝部分·上),中华书局1964年版,第117页。

⑧ 朱熹:《朱子语类》第2册,中华书局1986年版,第398页。

三个方面的功能中，只是片面发展了其中的“改造主观世界”的功能，即通过封建礼教的阐释和灌输，来改造人们的主观世界，使其顺从封建统治，以实现整个社会的稳定。而认识世界及对社会现实进行解释和批判的功能则被极大地削弱了。这一点，用清朝顾炎武在《亭林文集》中的一段话来描述还是非常贴切的：“圣人之道，下学上达之方，其行在孝弟忠信，其职在洒扫应对进退，其文在《诗》、《书》、《三礼》、《周易》、《春秋》，其用之身在出处、辞受、取与，其施之天下在政令、教化、刑法，其所著之书皆以为拨乱反正、移风易俗，以训致乎治平之用，而无益者不谈。”（《答友人论学书》）①圣人之道作为封建社会的指导思想，通过对个人的教化已经渗透到了人的行为举止以至治国理政的方方面面。冯友兰在《中国哲学简史》中则认为，中国传统形而上学的社会功能是为了提高人的心灵：“人不满足于现实世界而追求超越现实世界，这是人类内心深处的一种渴望：在这一点上，中国人和其他民族的人并无二致。但是中国人不那么关心宗教，是因为他们太关心哲学了。他们的宗教意识不浓，是因为他们的哲学意识太浓了。他们在哲学里找到了超越现实世界的那个存在，也在哲学里表达和欣赏那个超越伦理道德的价值；在哲学生活中，他们体验了这些超越伦理道德的价值。”②为什么呢？因为“根据中国哲学的传统，哲学的功能不是为了增进正面的知识（我所说的正面知识是指对客观事物的信息），而是为了提高人的心灵，超越现实世界，体验高于道德的价值”③。不过，这也只是描述了他自己所说的“经学时代”的中国形而上学的社会功能。

实际上，在整个“经学时代”，中国的形而上学虽然强调“经世致用”，但也只是单一运用儒家伦理道德来改造自我，以适应社会。清初顾炎武认为“自一身以至于天下国家，皆学之事也”（《与友人论学书》）④，即在学习圣人之言的基础上，通过践行儒家道德伦理、提高自我修养，来“经世致用”。到洋务运动时期，中国哲学家们就开始研究“中学为体，西学为用”的问题，开始对中国

---

① 中国社会科学院哲学研究所编：《中国哲学史资料选辑》（清代之部上），中华书局 1982 年版，第 101 页。

② 冯友兰：《中国哲学简史》，新世界出版社 2004 年版，第 5 页。

③ 冯友兰：《中国哲学简史》，新世界出版社 2004 年版，第 5 页。

④ 中国社会科学院哲学研究所编：《中国哲学史资料选辑》（清代之部上），中华书局 1982 年版，第 95 页。

的发展道路进行思考。冯桂芬在《校邠庐抗议》中首先提出了“以中国之伦常名教为原本,辅之以诸国富强之术”(《采西学议》)[①]的主张;郑观应在《盛世危言》中,主张“中学其本也,西学其末也,主以中学,辅以西学”(《西学》)[②];张之洞在《劝学篇》中主张“新旧皆学,四书五经、中国史事、政书地图为旧学,西政、西艺、西史为新学,旧学为体,新学为用,不使偏废”(《设学》)[③]。但由于他们仍然站在统治阶级的立场上来思考问题,不仅只是从如何处理“中学”与“西学”的关系方面来寻求国家富强的方案,而且始终把“中学”、把儒家学说放在国家治理的首要位置,从而导致了理论与实际相脱离,并不能从根本上解决中国的发展问题。

8. 人学立场

中国的形而上学,不论是在“子学时代”、“经学时代”,还是在现当代,都是坚持在“抽象的人”掩盖下的为统治阶级服务的人学立场。如“子学时代”孔子讲“爱人”、墨子讲“兼爱”、孟子讲“性善”、讲“恻隐之心,人皆有之;羞恶之心,人皆有之;恭敬之心,人皆有之,是非之心,人皆有之”[④]、韩非子讲“行赏罚”、管子讲“顺民心”等,“经学时代”董仲舒讲“人受命于天”等,均是抽去了现实社会属性、没有阶级立场、没有利益取向的“抽象的人”。但实质上,他们的思想仍然是以为统治阶级服务为其根本目的。冯友兰先生在《中国哲学简史》中就说:“在中国哲学里,无论哪派哲学,其哲学思想必然也就是它的政治思想。”[⑤]比如,孔子强调“君君,臣臣,父父,子子”(《论语 · 颜渊篇》)[⑥],孟子说:“杨氏为我,是无君也;墨氏兼爱,是无父也。无父无君,是禽兽也”(《孟子正义 · 滕文公章句下》)[⑦],荀子强调“君者,民之原也”(《荀子 · 君道》)[⑧],这

① 熊月之编:《中国近代思想家文库 · 冯桂芬卷》,第 324 页。

② 中国史学会主编:《中国近代史资料丛刊 · 戊戌变法》(一),上海人民出版社 1957 年版,第 49 页。

③ 吴剑杰编:《中国近代思想家文库 · 张之洞卷》,中国人民大学出版社 2014 年版,第 307—308 页。

④ 《孟子正义》,《诸子集成》第 1 卷,中华书局 1954 年版,第 446 页。

⑤ 冯友兰:《中国哲学简史》,新世界出版社 2004 年版,第 8 页。

⑥ 《论语正义》,《诸子集成》第 1 卷,中华书局 1954 年版,第 271 页。

⑦ 《孟子正义》,《诸子集成》第 1 卷,中华书局 1954 年版,第 269 页。

⑧ 《荀子集解》,《诸子集成》第 2 卷,中华书局 1954 年版,第 154 页。

都是与孔子主张的“三纲”相一致的。至于“经学时代”的哲学家，维护封建统治的哲学立场就更加鲜明：如董仲舒在《春秋繁露》里说：“民者，瞑也”①，“君者，元也；君者，原也；君者，权也”②；又说“天生民性，有善质而未能善，于是为之立王以善之，此天意也”③。在《白虎通》里说：“德合天地者称帝…号之为皇者，煌煌人莫违也。”④又说：“亦所以尊王者也，以天下之大、四海之内，所共尊者一人耳。”⑤王充也说：“夫上世治者圣人也；下世治者亦圣人也。圣人之德，前后不殊，则其治世，古今不异。上世之天，下世之天也。天不变易，气不改更。上世之民，下世之民也，俱秉元气。……万物之生，俱得一气。气之薄渥，万世若一。帝王治世，百代同道。”（《论衡》齐世篇）⑥维护封建统治的立场十分明显。到了中国形而上学的反专制时期以后，“国学家”们不再明目张胆地肯定封建制度，但崇古薄今之风仍然盛行。至于偏执期的“洋教条”和“马教条”，由于理论与实际相脱离，也很少能够真正站在中国最广大人民的立场上来思考问题。

9. 学科体系

孔子主张述而不作。他在《论语·里仁篇》里说：“古者言之不出，耻躬之不逮也。”⑦“君子欲讷于言而敏于行。”在《论语·颜渊篇》里说：“仁者，其言也讱。”⑧在《论语·宪问篇》里说：“君子耻其言而过其行。”⑨“贤者辟世，其次辟地，其次辟色，其次辟言。”⑩在《论语·述而篇》里说：“述而不作，信而好古，窃比于我老彭。”⑪这些观点对整个经学时代产生了深远的影响，哲学家的各类著述行文从简，并且使用与白话文不同的文言文，严重影响了儒学之外的

---

① 董仲舒：《春秋繁露》，中华书局 2012 年版，第 368 页。
② 董仲舒：《春秋繁露》，中华书局 2012 年版，第 372 页。
③ 董仲舒：《春秋繁露》，中华书局 2012 年版，第 381 页。
④ 《四部精华·子部》，中华书局 1988 年版，第 369 页。
⑤ 《四部精华·子部》，《白虎通精华》，中华书局 1988 年版，第 369 页。
⑥ 《论衡》，《诸子集成》第 7 卷，中华书局 1954 年版，第 185—186 页。
⑦ 《论语正义》，《诸子集成》第 1 卷，中华书局 1954 年版，第 85 页。
⑧ 《论语正义》，《诸子集成》第 1 卷，中华书局 1954 年版，第 263 页。
⑨ 《论语正义》，《诸子集成》第 1 卷，中华书局 1954 年版，第 319 页。
⑩ 《论语正义》，《诸子集成》第 1 卷，中华书局 1954 年版，第 324 页。
⑪ 《论语正义》，《诸子集成》第 1 卷，中华书局 1954 年版，第 134 页。

学术思想的传承。

冯友兰先生在《中国哲学史》中谈到中国哲学的缺少详尽论证时说："中国古代用以写书之竹简，极为夯重。因竹简之夯重，故著书立言务求简短，往往仅将其结论写出。及此方法，成为风尚，后之作者，虽已不受此物质的限制，而亦因仍不改，此亦可备一说。"①对于冯先生的这种说法，我基本同意。但中国在汉朝以后长达两千年的独尊儒术时期，虽然造纸术已经发明，但哲学家著书立言仍然缺少论证，就不能仅仅归结为行文习惯的影响，因为当时哲学家们的主要研究工作是对儒家经典著作进行诠释，文随"经典"走，只讲自己的理解和结论即可，用不着进行深入论证，这才是其中的根本原因。也就是说，是研究任务决定了表达形式，而不仅仅是一个习惯问题。

自五四运动以后，随着"经学时代"的结束，除了教条主义者以外，中国有相当一部分哲学家开始了自己独立的思想创造活动，所撰论文和著作也大都能有自己独立的思想体系，即使是"新儒学家"，也很少走"经学家"们专一考古、释古的老路，而是开始套用儒学的传统概念来表述新事物了。至于那些被称为"洋教条"和"马教条"的学者，要么只是传播西方哲学的学科体系，要么只是模仿苏联模式马克思主义哲学教科书的体系，一直未能开创真正独立的学科体系。

第二节　印度的形而上学

一般认为，近代以前的印度哲学主要是宗教哲学。对此，黑格尔说："印度文化是很发达、很宏大的，但是它的哲学是和它的宗教合一的；所以他们在宗教中注意力所集中的对象和我们在哲学中所发现的对象相同。……印度人

---

① 冯友兰：《中国哲学史》上卷，重庆出版集团、重庆出版社 2009 年版，第 7 页。

的宗教观念几乎与哲学有同样的普遍基础，因此吠陀[①]圣典也成为哲学的一般基础。”[②]挪威哲学家G.希尔贝克和N.伊耶在他们编写的《西方哲学史》中，也像黑格尔一样，认为：“印度哲学并不像我们习惯做的那样对哲学和宗教作清楚的区分。神话和逻各斯之间的区分，言论和行为之间的区分，印度人和欧洲人是以不同方式做出的。”[③]与上述几位哲学家不同的是，L.A.贝克在《东方哲学简史》中，在阐述印度哲学与佛教关系的同时也对印度哲学给予极高的评价：“究竟应该怎样理解佛陀的学说呢？这种学说不仅带来了崇高、纯洁的生活，令所有理解它的人着迷，而且创造了世界上最伟大的、作为人类最高理智结晶的哲学。”他甚至认为：“人们有一天可能会发现，最高形式的佛教是拯救西方的良药；佛教将成为西方可以说是带着死亡基因的哲学思想和文明的避难所。”[④]

对于印度哲学，梁漱溟先生在其所著的《印度哲学概论》中给予很高的评价，认为：“印度土沃气暖，谷米易熟。其民不必劳于治生，辄乃游心于远，故夙富于哲学思想。……古今各国罕有及其盛者。可谓洋洋乎极哲理之大观矣。”[⑤]

一、印度形而上学的演化过程

印度形而上学的研究领域十分广泛，但最主要的研究领域还是宗教领域。

---

① 吠陀（梵文Veda）是印度最古老的宗教历史文献，梵文原意为“知识”，是对神的颂歌和祷文的文集。吠陀有狭义和广义之分，狭义指最古的四部吠陀本集（包括《梨俱吠陀》、《夜柔吠陀》、《娑摩吠陀》、《阿闼婆吠陀》共四部，亦称四吠陀），约形成于公元前1500年至公元前1000年；广义吠陀除了吠陀本集外，还包括《梵书》、《森林书》和《奥义书》以及经书，亦称吠陀文献。吠陀中最晚的作品形成于公元前6—4世纪（《哲学大辞典》认为应该是公元前200年。）吠陀在被规定为神圣的经典以后，就成为神秘的著作，只许祭司和属于高等种姓的人学习，不许低等种姓的人接触。以祭司为职业的婆罗门垄断了这些古代的经典，把它们作为高踞于人民之上的凭借。他们为了保持垄断地位，只通过口头传授这些典籍，不肯写成文字。直到19世纪吠陀才刊行于世。（参见《马克思恩格斯文集》第9卷，人民出版社2009年版，第591页，注128；《哲学大辞典》下卷，上海辞书出版社2007年版，第1522页。）因此黑格尔才得以见到。

② ［德］黑格尔：《哲学史讲演录》第1卷，商务印书馆1959年版，第133页。

③ ［挪］G.希尔贝克、N.伊耶：《西方哲学史》，上海译文出版社2004年版，第21页。

④ ［锡兰］L.A.贝克：《东方哲学简史》，中国友谊出版公司2006年版，第113页。

⑤ 梁漱溟：《印度哲学概论》，世纪出版集团、上海人民出版社2013年版，第11页。

汤用彤在《印度哲学史略》的序言中，把印度教化划分为五个时期：①有史之初，感于自然之象，起禳灾祈福之心，礼自然之神。所求非奢，所需甚简。百姓乐生，乏深忧患，信巫觋，用桃符，重祠祀，崇吠陀，民知畏法。这就是所谓的吠陀时代。②继而民智渐增，旧教衰颓，僧侣败度，迷信纷起，轮回之说、悲观之教既张，而吠陀时代乐生之精神遂至全改。于是祭祀之用，不在敬神造福，而在解脱灭苦。学理几研，苦行致力，亦为此前所罕有。小乘佛教形成。③自时厥后，各宗智慧解脱，争相辩难，学理益密。以是五顶、雨众，渐成一家之言，龙树、世亲，又专宏大乘佛教。谈量谈理，则求因明。总御总持，则精瑜伽。他若胜宗、顺世、明论、声论，亦俱大成。④自阿输迦至商羯罗[①]，是印度哲学的极盛时代。其时释氏尊宿零落，僧伽染异教之颓风，后且受回纥之摧残，遂至大法东移，渐成绝响，婆罗门教之势乃再盛。佛陀以来，早有凭《吠陀》之余烬，而崇拜诸天者，约至自世亲[②]以后，此风大盛。后遂演生所谓印度教[③]。遂成印度教化之最近时期。⑤迨于现代，志士叠出，一方颇受欧西之教化，然仍有欲改进旧风，复兴佛教，如佛教之研究，即其一端。此即印度教化又将另辟一新纪元也。[④]

在我看来，汤先生对于印度教化的概括，虽然非常精到，但仍有改进余地。我主张把汤先生划分的五个时期合并为四个时期，再加上一个印度独立后的形而上学复苏期，仍然划分为五个时期：第一个时期是吠陀时代，时间在公元前7世纪以前，是印度形而上学的生成期，这一时期婆罗门教[⑤]占统治地位，极力通过教义强化种姓制度，主张最低的种姓“首陀罗”无资格阅读婆罗门教

---

① 商羯罗(Sankara，788—820)，古印度吠檀多派(梵文 Vedānte，亦称“后弥曼差派”、“梵弥曼差派”)的大师。(参见《哲学大辞典》下卷，上海辞书出版社2007年版，第1517页。)

② 世亲(Vasubandhu，约4—5世纪，亦译“天亲”、“婆薮槃豆”)，印度大乘佛教瑜伽行派创始人之一。(参见《哲学大辞典》下卷，上海辞书出版社2007年版，第1515—1516页。)

③ 印度教(Hinduism)，亦称“新婆罗门教”。印度的传统宗教。是在传统的婆罗门教基础上吸收印度民间信仰，融合佛教、耆那教以至希腊和罗马一些宗教思想演化而成。4世纪时，在笈多王朝(约4—6世纪)的支持下形成，后在8—9世纪经商羯罗改革逐渐定型。(参见《哲学大辞典》下卷，上海辞书出版社2007年版，第1511页。)

④ 参见汤用彤：《印度哲学史略》，上海世纪出版集团2006年版，“绪论”第1—2页。

⑤ 婆罗门教(Brahmanism)，古代印度宗教。因崇拜梵天，并由婆罗门(祭司)掌管教务而得名。源于吠陀教，形成于公元前10世纪中叶。主要经典是《吠陀本集》、《梵书》和《奥义书》。(参见《哲学大辞典》下卷，上海辞书出版社2007年版，第1506页。)

的经典吠陀。第二个时期是“沙门”时代，时间在公元前 6 世纪—6 世纪，对应汤先生所说的第二个和第三个时期，这是印度形而上学的成熟期。这一时期，先是以佛教为代表的“沙门”思潮形成。“沙门”思潮相当于中国先秦的诸子百家，是当时自由思想界的通称，各派别均要求否认吠陀的权威，并摆脱婆罗门教的绝对统治。这一时期小乘佛教和大乘佛教相继形成，数论派①、胜论派②、顺世派③等各派也先后产生。其中的小乘佛教针对婆罗门教主张的吠陀天启、祭祀万能、婆罗门至上三大纲领，提出了自己的纲领，不承认吠陀的经典地位，主张众生平等，宣传人人都可入教，都可以凭自己的修行达到不生不灭的涅槃境界，因而受到除婆罗门以外的所有种姓的拥护，迅速发展壮大，影响力很快超过了婆罗门教。其后，从小乘佛教又迅速发展出大乘佛教，大乘佛教更具世俗性，理论也更加完备。一直到 7 世纪，由于外族的入侵和地方封建势力的兴起、统一的封建王朝瓦解，以及印度教的产生（4 世纪）与壮大，佛教才开始衰落。第三个时期，从 8 世纪到印度沦为英国殖民地前夕，是印度教时代，属于印度形而上学的过渡期。在这一时期，佛教逐步衰弱，直至 13 世纪完全溃灭。印度教经商羯罗定型之后，迅速发展壮大，直至完全取代了佛教。第四个时期，基本上是印度沦为英国殖民地时期，对应印度形而上学的衰落期。第五个时期，印度形而上学的复苏期，从印度 19 世纪资产阶级民族主义运动开始，特别是在印度独立以后直至今日，印度教和佛教逐步复兴。

---

① “数论派”，音译“僧佉派”，又称“迦毗罗论”、“雨众外道”等，古印度哲学的一个派别，通过理性分析提出宇宙演变原理的学说——“二十五谛说”。创始人为迦毗罗。（参见《哲学大辞典》下卷，上海辞书出版社 2007 年版，第 1509 页。）黑格尔在《哲学史讲演录》中，主要谈到印度哲学的两大内容：一是数论派哲学，二是足目与羯那陀的哲学。这里所讲的“僧佉系统”关于知识的二十五种对象或原则，实际上就是数论派的“二十五谛说”。为了保持表述的统一性，除了引文以外，本书凡涉及僧佉派之处，均表述为数论派。

② 胜论派（梵文 Vaisesika，音译“卫世师迦派”、“毗世师”），是研究各种特殊范畴的学说。创始人为羯那陀（梵文 Kanāda，又译“迦那陀”）。提出极微说、六句义及因中无果论等思想。（参见《哲学大辞典》下卷，上海辞书出版社 2007 年版，第 1510 页。）

③ “顺世派”（梵文 Lokāyata），亦称“斫婆迦派”或“遮缚迦派”。古代印度哲学学派。音译“路迦耶多”，意译“世间行”，意为“流行在人们中间的观点”。认为世界由地、水、风、火四大物质元素构成，不承认有超自然的实体或神，反对轮回业报和祭祀礼仪，否认他世和来世，认为吠陀文献、婆罗门祭司和宗教礼仪都是祭司用以谋生的骗人把戏。坚决反对不平等的种姓制度。在伦理观上持乐观主义和享乐主义，反对苦行和一切虚伪的道德。（参见《哲学大辞典》下卷，上海辞书出版社 2007 年版，第 1506 页。）

二、印度形而上学的哲学形态构成

印度形而上学与其他形而上学一样，在每一个哲学形态构成要素上，都具有自己鲜明的特色。

1. 理论特征

作为形而上学之一种，超然于经验之上，局限于"纯粹的思想领域"，追求普遍、完美、永恒和绝对，追求统领一切的世界观，追求永不过时的绝对真理，也同样是印度形而上学的理论特征。

对整个印度哲学史产生重大影响的吠陀本集中的《奥义书》，为两千年以后的黑格尔提供了一个"绝对精神"的古代样本。《奥义书》中对"梵"的探讨，也就是对宇宙最基本的、最根本力量的探讨。在《奥义书》的作者看来，"梵"就是宇宙的本体和本源。但这种本体和本源并不像老子的"道"那样是一种客观存在的规律，而是像两千年以后被黑格尔称为"绝对精神"的东西。也就是说，它是与自我相统一的，是"梵我合一"的，这种"梵的至高创造"能创造一切："他①创造了优秀的众天神。他作为有死者，创造了那些不死者。因此，这是至高创造。任何人知道这样，他就会处于这种至高创造中。"[《大森林奥义书》第一章第四梵书(6)]②这个"梵"是怎样创造世界的呢？"在太初，这个世界唯有梵。它是唯一者。作为唯一者，它不显现。它创造出优秀的形态刹帝利性"，再"创造出吠舍性"，再"创造出首陀罗性的普善神"，再"创造出优秀的形态正法"，而这种"正法就是真理"，"没有比正法更高者"。③ 因此，"任何人崇拜自我为世界，他的功德就不会消失，因为从这自我中，他能创造出愿望的一切"[《大森林奥义书》第三章第九梵书(15)]④。作者还进一步说："对于自我，只能称说'不是这个，不是那个'。不可把握，因为它不可把握。不可毁灭，因为它不可毁灭。不可接触，因为它不可接触。不受束缚，不受侵犯，不受伤害。"[《大森林奥义书》第三章第九梵书(26)]⑤可见，在《奥义

① 这里的"他"指"自我"，但在具体描述中，又暗指婆罗门。

② 《奥义书》，商务印书馆 2012 年版，第 28 页。

③ 《奥义书》，商务印书馆 2012 年版，第 29—30 页。

④ 《奥义书》，商务印书馆 2012 年版，第 31 页。

⑤ 《奥义书》，商务印书馆 2012 年版，第 70 页。

书》里，局限于“纯粹的思想领域”，追求普遍、完美、永恒和绝对，是其最根本的理论特征。

黑格尔在《哲学史讲演录》中说：“确切点说，印度观念是这样的：他们认为有一个普遍的本体存在，它可以较抽象或较具体地被把握，一切东西都产生于本体。……人所获得的最高境界在宗教上和哲学上一样，都是在意识中使自己与本体合一，是通过礼拜献祭和严格的赎罪行为以及通过哲学，通过从事纯粹思想而获得”①，这是讲局限在纯粹思想领域，追求普遍和绝对；说“印度人的宗教观念是在普遍性的因素中，并且普遍性占着优势”②，这是追求普遍；说印度人认为“结果在原因发生之前就存在”，“由此推出的结论是世界永远存在；因为这里包含有‘无中不能生有’这个命题”③，是讲追求永恒。

梁漱溟先生在《印度哲学概论》中说得更加明白：“印土宗教哲学无不持出世论，殆百家一致之观。其独树一帜者惟顺世外道④而已。”⑤由于顺世派的《路伽耶陀经》早已失传，其在印度哲学史上的影响也比较小，在印度哲学史上占统治地位的，仍然是“出世论”。而“出世论”的主旨就是超脱人世，摆脱世事的束缚，这显然是传统形而上学局限于“纯粹的思想领域”的一种最典型的表现。

2. 研究目的

一般认为，印度哲学的主要目的就是为获得人生的解脱提供工具和方法。佛教的“四谛”、瑜伽派⑥的“瑜伽八支行法”、正理派的“十六谛义”、数论派的“二十五谛”，等等，都是如此。在黑格尔看来，印度哲学的唯一目的就是获得人生的解脱：“一切印度学派和哲学系统的真正目的，不论其为无神论或有神论，都是要指示人在生前和死后能获得永恒快乐的方法。”⑦L.A.贝克在《东方

---

① ［德］黑格尔：《哲学史讲演录》第1卷，商务印书馆1959年版，第134页。

② ［德］黑格尔：《哲学史讲演录》第1卷，商务印书馆1959年版，第116页。

③ ［德］黑格尔：《哲学史讲演录》第1卷，商务印书馆1959年版，第145页。

④ 梁漱溟先生这里指的是“顺世派”。

⑤ 梁漱溟：《印度哲学概论》，世纪出版集团、上海人民出版社2013年版，第14页。

⑥ 瑜伽派，古代印度哲学派别之一。与“数论派”并行。约前2世纪（一说4世纪）钵颠阇梨著《瑜伽经》，标志着瑜伽派的形成。在理论上与数论派大致相同，倡二十五谛说。（参见《哲学大辞典》下卷，上海辞书出版社2007年版，第1509—1510页。）

⑦ ［德］黑格尔：《哲学史讲演录》第1卷，商务印书馆1959年版，第135页。

哲学简史》中说:“六大哲学流派[①]的目的是一致的,即引导人们认识自己在宇宙中的位置。”[②]挪威哲学家G.希尔贝克、N.伊耶在他们合著的《西方哲学史》中也说:“全部印度哲学都追求救赎(moksha),即从永恒的生死循环中解脱出来。这种救赎的观念不仅在《奥义书》中,而且在佛教哲学中都占据优越地位。”[③]汤用彤先生在《印度哲学史略》一书的绪论中,也认为“在印度诸宗,咸以解脱人生为的”[④]。这些哲学家对印度哲学研究目的的认识基本一致。

3. 研究领域

汤用彤先生在《印度哲学史略》一书的绪论中,把印度学说概括为:“印度学说宗派极杂。然其要义,其问题,约有共同之事三:一曰业报轮回,二曰解脱之道,三曰人我问题。”[⑤]并认为佛教的人我问题,是指“神我之于细身,绝为二物。细身轮回,而神我固仍超出生死也”[⑥],即人的肉身参与轮回,而人的灵魂是不灭的。也就是说,佛教所讲的人我问题,只是讲幻想世界的人生轮回,并不关心现实社会的人伦道德。

黑格尔在《哲学史讲演录》中则认为,“僧佉[⑦]系统分为三部分,即(一)认识的方法,(二)认识的对象,(三)认识原则时所用的一定形式”[⑧]。他依据柯耳布鲁克的著作[⑨]列举了印度数论派学说中的二十五种对象或原则[⑩]:

一为自然。作为一切事物的根源的自然,印度人认为“是‘普遍’,是物质因,永久的物质,细微不可见,也复不可分,没有部分,能产生而不能被产生”,

---

① 马克斯·穆勒教授、拉德克里斯曼教授以及其他学者,曾把印度的主要哲学分为六大体系。(参见[锡兰]L.A.贝克:《东方哲学简史》,中国友谊出版公司2006年版,第30页。)

② [锡兰]L.A.贝克:《东方哲学简史》,中国友谊出版公司2006年版,第32页。

③ [挪]G.希尔贝克、N.伊耶:《西方哲学史》,上海译文出版社2004年版,第23页。

④ 汤用彤:《印度哲学史略》,上海世纪出版集团2006年版,“绪论”第4页。

⑤ 汤用彤:《印度哲学史略》,上海世纪出版集团2006年版,“绪论”第3页。

⑥ 汤用彤:《印度哲学史略》,上海世纪出版集团2006年版,“绪论”第3页。

⑦ 僧佉派,即数论派,下同。

⑧ [德]黑格尔:《哲学史讲演录》第1卷,商务印书馆1959年版,第137页。

⑨ 关于印度哲学,黑格尔对《吠陀书》比较熟悉,但其他方面,则主要通过柯耳布鲁克关于印度哲学的著作来了解。黑格尔自己也强调:“我们对于吠陀书知道颇多”,“柯耳布鲁克给我们介绍了两部印度哲学著作的节要”。(参见[德]黑格尔:《哲学史讲演录》第1卷,商务印书馆1959年版,第133—134页。)

⑩ 参见[德]黑格尔:《哲学史讲演录》第1卷,商务印书馆1959年版,第137—138页。

是绝对的本体。

二为心智。从自然最先产生心智,从心智产生其余的原则,心智是不可分的,其有三种性质:善良、不净或丑恶、晦暗,这三种性质形成一身与三神。

三为意识、自我,信念。意识是心智所产生,从意识又产生诸原则。印度哲学相信在一切知觉与沉思中皆有我存在,相信感觉的和知觉的对象和心智的对象一样,皆与我有关,简单地说,相信有我存在。

四至八为意识的五种基素,即五种细微质,原质或原子。这些细微质不是人的感官所能知觉,只有一种更高级的存在才能知觉到,五种基素由意识产生,它们自身又产生五种元素——即地、水、火、风与空。

九至十九为身体的器官,皆由自我所生。其中包括五个感觉器官(耳、皮、眼、舌、鼻)与五个行为器官(嗓子、手、足、肛门、生殖器)。其中第十一器官为内在的心。

二十至二十四为空间里的气、风、火、水与地,是由前面所说的五种细微质所产生的。

第二十五是灵魂。

这二十五种对象,虽然只是数论派一家之言,但基本上能够涵盖整个印度形而上学的研究领域。但与中国哲学不同,这二十五种对象主要是自然、身体和意识,对人的道德和人类社会的秩序很少涉及,反映了印度哲学在研究领域和研究对象方面的独特性。

4. 研究方法

黑格尔在《哲学史讲演录》中主要关注了古印度数论派、正理派①和胜论派的哲学方法论,对印度的佛教则只字未提(黑格尔谈中国哲学时倒是多次提到中国的佛教)。在这三个派别中,数论派侧重于宇宙演变原理(二十五谛

① 正理派(梵文 Nyāya,音译尼夜耶派或尼耶也派),古印度的哲学派别之一。其哲学体系与胜论派大致相同,但侧重于认识论和逻辑学(中国称因明学)。创始人为足目(约公元 10—150 年间人),他所著的《正理经》,内容集中在"十六谛义"中,分别提出了知识来源、获得知识的途径及逻辑推理方法等问题。这个学派的因明学对中国佛教影响很大,至今仍受到中国学术界重视。(参见《哲学大辞典》下卷,上海辞书出版社 2007 年版,第 1510 页。)

说）、正理派侧重于认识论和逻辑学（中国古称“因明”或“因明学”[①]），胜论派则是研究各种特殊范畴的学说，三派在研究方法上也各有所长。其中，黑格尔主要对数论派和正理派的哲学思想特别是它们在逻辑学方面的成就进行了较为详细的论述。

其中，关于迦毗罗[②]创立的数论派的哲学方法，黑格尔认为主要有两个方面：一是解脱烦恼的方法——“梵”[③]。即在虔敬状态下，回返到自己的思想中，精神凝聚。这种纯粹的精神集中的契机就是“梵”。这也是印度的宗教和哲学共有的方法。二是关于获得知识的方法。共有三种确定的证明，第一种是感觉的证明，第二种是推理的证明。推理是运用因果法则的一种推论，由于因果法则的运用，第一个概念就简单地转变为第二个概念。这有三种形式：一是由因推果，二是由果推因，三是据因果的许多不同关系推得[④]。第三种是肯定的证明。这是一切其他证明的根源，如尊重权威、谦虚的品性和传统，都是由肯定的证明而得。肯定的证明包含传统、启示，例如正统的吠陀经典；由广义说，这还包含直接的确定或我的意识中的肯定。由狭义说，经由口头传授或经由传统而得的确信也名为肯定。在这里，明显可以看出，迦毗罗的形式逻辑已经比较完备了，黑格尔对此也较为重视。但值得指出的是，由于迦毗罗的生年（约前650—前570）要早于亚里士多德（约前384—前322）约两个半世纪，且古印度与古希腊一直保持着文化交流（对此黑格尔和其后的西方哲学家也都承认），有人认为亚里士多德的形式逻辑是由印度所传入的，这并不是没有可能。

很显然，黑格尔更愿意以他生活时代德国哲学的模式来解读印度哲学。

---

① 梅德愚在《因明大疏校释》前言中说：“因明是印度逻辑学。”（窥基撰，梅德愚校释：《因明大疏校释》，中华书局2013年版，“前言”第1页。）

② 迦毗罗（kapila，约公元前650—前570），古印度哲学家、逻辑学家，数论派（僧佉派）的创始人。（参见《哲学大辞典》下卷，上海辞书出版社2007年版，第1514页。）

③ 梵（梵文 Brāhman），印度哲学用语。原意为祈祷、祭祀，引申为祈祷的魔力。（参见《哲学大辞典》下卷，上海辞书出版社2007年版，第1497页。）

④ 贺麟先生在译者注中说，根据荷夫麦斯特编排的黑格尔《哲学史》第1卷，这里所说的推理的第三种形式应该是“类比的推理”，即“根据一种关系、联系来推论，而这种关系又不同于因果的关系”。（参见[德]黑格尔：《哲学史讲演录》第1卷，商务印书馆1959年版，第137页脚注。）

因而,在数论派哲学之后,他接下来是关注正理派与胜论派的哲学方法。首先是两派共同认可的《吠陀》中关于寻求教育和学问的必由之路的方法。黑格尔在《哲学史讲演录》中谈正理派创始人足目与胜论派创始人羯那陀①的哲学时,整段引用了柯耳布鲁克的描述:"乔达摩②与羯那陀所考察的秩序在吠陀的一部分中曾有提示,认为那是寻求教育和学问的必由之路,便是:表达(旧译'声义')、定义(旧译'诠义')和研究(旧译'思择')。'表达'是用一个事物的名字去指称这事物,即③用一个名词去标明这事物;而名词是由神的启示给予的;因为印度人认为语言是神所启示于人的。'定义'是把构成一个事物的本质的特殊性质举出。'研究'是研究定义是否适当和充分。依照这个方法,哲学大师们就提出科学的名词,再由名词进到定义,并由定义进到所提主题的研究。"④黑格尔认为,这就是用名字以指示观念,再把定义中所定的观念放在研究中,加以比较。其次是足目及其创立的正理派关于论述的三类方法:第一类方法是证明的证据,共有四种:第一种是感觉;第二种是推论,推论又分为三种方式,即由果推因,由因推果,以及由类比推论;第三种是比较;第四种是确信,包含传统和启示在内。第二类方法是怀疑。第三类方法是合乎规则的证明,即是形式的推理或完全的三段论法,包括五个命题⑤,即:①命题,

---

① 羯那陀又译"迦那陀",古印度胜论派创始人,生活年代约公元前2世纪。(参见《哲学大辞典》下卷,上海辞书出版社2007年版,第1510页。)

② 乔达摩(梵文Gautama),亦译瞿昙,古代天竺人的姓。中国古时因释迦牟尼(释迦牟尼,佛教的创始人。姓"乔达摩",名"悉达多",生年前565—485或前622—543年。)姓瞿昙,故常以瞿昙代表释迦牟尼。这里的乔达摩,即足目(梵文Aksapāda,音译"阿叉波陀"、"恶叉波陀"或"阿叉波达"),是古代印度正理派(梵文Nyāya,音译尼夜耶派或尼耶也派)的创始人、《正理经》的作者。[《辞海》(普及本)(中),上海辞书出版社2010年版,第3120页、第3199页。]与释迦牟尼同姓,但并非一人。在印度称乔达摩,在中国古籍则通称足目,约公元50—150年间人。(参见《哲学大辞典》下卷,上海辞书出版社2007年版,第1514页。)梁漱溟在《印度哲学概论》中,根据其学说推定其生活年代大致应在公元前3世纪。(梁漱溟:《印度哲学概论》,世纪出版集团、上海人民出版社2013年版,第22页。)汤用彤先生在《印度哲学史略》中,根据史料考证,认为其生活年代应在公元3—4世纪之间。(汤用彤:《印度哲学史略》,上海世纪出版集团2006年版,第119页。)

③ 原文是"立即",当为笔误,在此予以校正。

④ [德]黑格尔:《哲学史讲演录》第1卷,商务印书馆1959年版,第148页。

⑤ 古汉语中将这五个命题称为"五支",五支分别译作:宗、因、喻、合、结。对此,贺麟先生在译文中曾一一对照予以说明。

②理由,③例证,④应用,⑤结论。举例来说,①此山有火;②因为山上冒烟;③凡是冒烟的东西都有火,如灶;④而现在此山冒烟;⑤所以此山有火。黑格尔评价说:"这里所提出的论式有如我们的三段论法。但是在这里所采取的论式中,所以如此推论的论据是预先假定了的。我们则与此相反,要从普遍者开始。"①而实际上,西方的形式逻辑与古印度的形式逻辑的差别并没有那么大,二者基本上是一致的。

梁漱溟先生在《印度哲学概论》的绪论中也说:印度"自邃古传说中已有人神关于哲理之问答。《吠陀》时代之人君,时集国中智人论议正理,胜者受上赏。其风至唐玄奘三藏至西域时犹盛。此内典中随处可见。……盖其国君民上下,几以研究哲理为人生唯一事业。故诸宗竞起,异论繁兴,极思想之自由,尽慧悟之能事,辩难征诘,妙穷理致"②。仅在这里就提到了问答、论辩、深思、体悟、推理诸种形式,几乎涵盖了迄古至今印度哲学研究的所有方式,这里不再一一详细阐述。

此外,姚卫群在《印度宗教哲学概论》中则认为,与"经学时代"的中国哲学家类似,印度哲学家的主要研究方法就是崇古、释古。他说:"印度的宗教哲学还有一个重要特点,即后代的思想家对古代经典中提出的基本理论模式极为推崇。印度宗教哲学的许多对立的观点一般都有古老的渊源,历史上的思想家不断出现,但很少创立新的学派,而是每人维护一个古代的思想流派。"③因而,"各派的发展一般都以注释本派的最初根本经典的方式表现出来。各派在历史上的重要思想家通常就是本派根本经典的注释者,或是对注释的注释者"④,这与"经学时代"的中国哲学极为相似。

5. 思维模式

列维—布留尔在《原始思维》中,把中国人和印度人的思维逻辑都说成是"原始逻辑",认为在这种"原始逻辑"中,"即使已经'凝结'成概念的集体表

① [德]黑格尔:《哲学史讲演录》第1卷,商务印书馆1959年版,第149页。
② 梁漱溟:《印度哲学概论》,世纪出版集团、上海人民出版社2013年版,第11页。
③ 姚卫群:《印度宗教哲学概论》,北京大学出版社2006年版,第10页。
④ 姚卫群:《印度宗教哲学概论》,北京大学出版社2006年版,第12页。

象也明显地保留着自己的原逻辑的和神秘的性质”①。他之所以这样说，确实是由于他对中国和印度古代逻辑学的发展情况毫不知情。

在《哲学史讲演录》中，黑格尔则引用荷夫麦斯特的观点，把印度人的思维模式称作“普遍性的直观”：“由于精神在这里是自为的，但它仅完全是抽象的自为。因此我们可以把东方式的思想叫做直观。这种有普遍性的直观有它一定的重要性，因为这种直观是那样的单纯、自我同一、独立不动（因而也还是不完全的）。但达到这种基地对于哲学却是很重要的。而在欧洲人思想里占主导地位的却是完全不同的东西，是东方人这种实体的直观的反面：即反思的主观性。”②黑格尔还进一步说：“在印度人，这种三位一体的意识仅从感性的观察产生”③；“在东方人的眼中，特殊事物是动摇不定的，是注定要消灭的；但是相反地，在西方人思想的基地上特殊事物却有它的地位。在思想里，特殊事物能植下根基，能固定下来；这就是欧洲人的坚硬的理智。这些东方的观念，目的是要取消这种理智的坚执性。……在印度哲学中理念没有成为对象；所以外在的、客观的东西没有按照理念加以理解。这是东方思想的弱点。”④在黑格尔看来，印度人的普遍性的直观与西方人按照理念去理解外在的、客观的东西是完全相反的方法。

而实际上，不论是中国人还是印度人，也不论是东方人还是西方人，“直观”和“反思”都是必备的思维模式。只是在他生活的时代，相比较而言，东方人更擅长运用“直观”，而西方人更擅长运用“反思”而已。事实上，即使是在黑格尔生活的时代，西方哲学家也并不全都蔑视“直观”。与黑格尔同时代、只是比他年少一些的法国生命哲学家柏格森（1798—1857），就提倡“直觉主义”，把自己的哲学称为“直觉哲学”。强调生命冲动是宇宙的本原，对生命现象作非理性的解释，认为对于作为世界本质的生命冲动，只能依靠直觉即依靠不可言传的内心体验才能把握，因而对哲学的研究只能采用直觉的方法，只有直觉才能发现宇宙的真相。在他看来，哲学史上一切有价值的东西都是直觉

---

① 列维—布留尔：《原始思维》，商务印书馆 2004 年版，第 448 页。

② 转引自［德］黑格尔：《哲学史讲演录》第 1 卷，商务印书馆 1959 年版，第 151—152 页。

③ ［德］黑格尔：《哲学史讲演录》第 1 卷，商务印书馆 1959 年版，第 142 页。

④ ［德］黑格尔：《哲学史讲演录》第 1 卷，商务印书馆 1959 年版，第 153—154 页。

的产物，只是在表述这些思想时，才采用理智的、逻辑的、分析的方法。故哲学应以直觉为基础。① 而在黑格尔之后，随着西方现代哲学的兴起，一股“拒斥形而上学”的思潮蓬勃兴起，“非理性”因素得到了前所未有的重视，把“经验”“直觉”等“非理性”因素置于理性之上成为一种潮流。德国的哲学家胡塞尔(1859—1938)在其现象学著作《逻辑研究》中也把“直观”作为“现象学还原”的重要步骤，认为“现象学的目的就是要在意识现象中直观本质，使它得到明证”②。20 世纪初德国慕尼黑大学和哥廷根大学的一批现象学学者，则主张运用胡塞尔创立的方法，从直觉中获得范畴的自明性。③ 意大利哲学家克罗齐(1866—1952)在其撰写的《精神哲学》中，认为精神具有两种形式：理论的和实践的。理论的精神分为直觉的和逻辑的；实践的精神分为经济的和伦理的。并在此基础上提出“直觉即表现”的美学命题，认为直觉是不假思索、不审意义、心中只领会该事物意象的认识活动。它是全部心灵活动的基础。由此推导出直觉即美、即艺术，艺术创造和欣赏都是自觉的表现，美即成功的直觉表现。④ 所有这些，都说明“直观”并非东方哲学家独有的思维模式。因此，如果按照黑格尔的标准，在他之后出现的以“拒斥形而上学”为己任的西方现代哲学和后现代哲学，绝大部分都不是“真正的哲学”，特别是其中的“非理性主义”思潮，更应该排除在“真正的哲学”之外。

其实，印度人很擅长逻辑思维，这是众所周知的事情。依我愚见，同中国和西方的形而上学的思维模式大致相同，印度形而上学的思维模式也主要为以下四种：先验的理论前提、两极对立的二分思维、线性单向决定思维、单向决定的圆圈思维模式。把东方人的思维模式简单地说成是“原始思维”，完全是西方中心论的偏狭之见。

6. 逻辑工具

印度形而上学的逻辑工具也是集中在两个方面：

---

① 《大辞海·哲学卷》，上海辞书出版社 2015 年版，第 459 页。

② 在这部著作中，胡塞尔主张悬置世界存在的观点和历史的观点，在纯粹现象的基础上直观本质。故称“本质直观”。(参见《哲学大辞典》下卷，上海辞书出版社 2007 年版，第 1925 页。)

③ 参见《哲学大辞典》下卷，上海辞书出版社 2007 年版，第 1931 页。

④ 参见《大辞海·哲学卷》，上海辞书出版社 2015 年版，第 527、634 页。

一是形式逻辑。古印度的形式逻辑——"因明学"非常发达。黑格尔虽然认为印度哲学"对特殊事物的考察因此就只有死板的推理形式和推论形式,正如经院派哲学中所表现的一样"①,但也称赞"关于僧佉的第三部分,特别考察到关于原则的知识的各种形式,……在以上所述各种知识中,推理的知识,由因果关系而推得结论的知识,始终是主要的知识",并认为在印度人那里,"'理智和一切其他推出的原则都是结果,他们又由结果去推论它们的原因';从一方面看,这与我们的推论很相似,但是从另一方面看却很不同"②。可见,尽管黑格尔对印度人的形式逻辑并不完全认可,但对于印度哲学中存在大量有关形式逻辑方面的内容这一事实,则是毫不怀疑的。

这里需要指出的是,西方哲学家一向愿意相信亚里士多德是逻辑学的创立者。安东尼·肯尼在《牛津西方哲学史》中说:"亚里士多德自称是逻辑学的创立者,这并非是没有根据的吹嘘。"③实际上,如果从公平公正的角度来讲,古印度和中国先秦时期墨子的形式逻辑,特别是其中相当于亚里士多德以之为傲的"三段论"的部分,已经比较完备了,并且产生时间都要早于亚里士多德。④ 在这种情况下,西方哲学家仍然坚持亚里士多德是逻辑学的创立者,只能是出于以下原因:要么是对古印度和中国先秦的逻辑学发展情况不了解,要么是"西方中心论"在作祟。但不可否认的是,亚里士多德确确实实在形式逻辑的系统化方面作出了巨大贡献,为形式逻辑的普及和传承奠定了坚实的基础。

二是辩证逻辑。黑格尔在论述足目与羯那陀的哲学的时候,认为足目的哲学"是一种特别发达的辩证法"⑤。黑格尔还非常欣赏印度数论派所讲的心智的"三种性质",认为其中充满着辩证法思想:"我们要注意,印度人在他们的观察意识中认识到凡是真实的与自在自为的就包含三个范畴,并且理念的

---

① [德]黑格尔:《哲学史讲演录》第1卷,商务印书馆1959年版,第154页。

② [德]黑格尔:《哲学史讲演录》第1卷,商务印书馆1959年版,第145页。

③ 安东尼·肯尼:《牛津西方哲学史》,吉林出版集团有限责任公司2010年版,第135页。

④ 古印度数论派创始人迦毗罗生活在约公元前650—前570年,中国战国时期的墨子生活在公元前468—前376年,古希腊的亚里士多德则生活在公元前384—前322年。

⑤ [德]黑格尔:《哲学史讲演录》第1卷,商务印书馆1959年版,第148页。

总念是在三个环节中得到完成的。这个对于三位一体①的高卓的意识,我们在柏拉图和其他人的思想中也再度看到。但这种三位一体的辩证思想,后来在抽象的思想领域中却失掉了,只有在宗教里面尚保存着,但是被认为属于一个超越的世界。以后抽象的理智跟着抬头了,宣布它(按指三位一体的思想)是无意义的。直到康德才重新打开理解它的道路。一切事物的总念之真实性与全体性,从其本质来看,都为三体合一的范畴所摄入。重新意识到这一真理,乃是我们时代的任务。"②在这里,黑格尔用"三位一体"来指称印度数论派哲学中所讲的心智的"三种性质"(三德),并直接将其与绝对理念的"三种性质"相媲美。在黑格尔看来,印度数论派的"三位一体"是与他主张的正反合的三段论相一致的:"第一种性质是自身合一。第二种性质是坏意义的相异、欲望、相离的表现与原则。第三种性质则仅是否定……即是破坏或变化的神,在我们看来,重要的分别在于第三种性质并不回复到第一种性质,像精神,理念所要求的那样,藉着否定的'扬弃'与自身协调,并且回到自身。在印度人看来,第三种性质仍然是变化和生灭。"③这都是印度哲学具有辩证思维的生动体现。

7. 社会功能

传统形而上学具备三大社会功能:认识世界、改造主观世界及对社会现实进行解释和批判。但印度宗教哲学作为传统形而上学的一种特殊的样式,强调的是"出世",只是片面发展了其中的"认识世界"(特别是认识人自身)和"改造主观世界"的功能,即通过宗教经典的阐释和灌输,改造人们的主观世界,使其安于现状,以实现整个社会的稳定。而对社会现实进行解释和批判的功能则被极大地削弱了。孟德斯鸠在 1748 年出版的《论法的精神》中,也认为宗教法典可以补充民法的不足:"在专制政府统治下,建立某种观念是有好

① "三位一体",基督教基本教义,认为上帝只有一个,但包含圣父(耶和华)、圣子(耶稣基督)、圣灵(上帝的灵),圣父、圣子、圣灵三者有严格实在的区别,但又同性同体、无大小尊卑之分,所以叫三位一体。(中国社会科学院语言研究所词典编辑室编:《现代汉语词典》,商务印书馆 2016 年版,第 1124 页。)

② [德]黑格尔:《哲学史讲演录》第 1 卷,商务印书馆 1959 年版,第 142 页。

③ [德]黑格尔:《哲学史讲演录》第 1 卷,商务印书馆 1959 年版,第 142—143 页。

处的。因此，中国人把君主看作人民之父。在阿拉伯帝国之初，君主曾是宣讲师。有某种用来作为规范的圣书是很有必要的，如阿拉伯人的《可兰经》、波斯人的佐罗亚斯特的经典、印度人的《吠陀经》和中国人的经典著作。宗教法典补充民法之不足，并对专横统治予以限制。”①在他看来，宗教法典不仅可以驯化人民，对专横统治也能予以限制。

陈麟书、朱森溥在合著的《世界七大宗教》的绪言中，认为宗教的社会功能就是驯化或感化民众：“从宗教在阶级社会中的作用来说，它曾是剥削阶级用来麻痹人们的精神‘鸦片’。宗教的基本宗旨是要人们服从上帝已经安排好了的现实生活，要求人们忍受人生中的一切苦难。它引导人们通过对上帝的信仰和修身、修心，去追求虚幻天国的永恒快乐，或换取来世的幸福。宗教的这种说法，只不过是要求人们消极地去祈求上帝的恩赐，瓦解人们从事现实斗争的意志。那些对于争取现实幸福生活失去信心和勇气的人们，也就盲目地去追求这种虚幻的幸福，使自己的身心得到某种程度的安慰。还应该特别指出的是，宗教从来是把世俗的社会道德纳入它传教的范围内，并把上帝奉为真善美的化身，而宗教职业者则作为行善的使者和劝说者出现在人们的面前，这就使有些善良的人们在这种宗教道德的熏陶下而成为忠实的信徒。这种宗教道德的作用，有时比世俗道德规范和成文法律更具有意想不到的效果，因为它具有一种‘感化’的力量。”②印度形而上学作为一种宗教哲学，也具备了这种驯化和感化功能，因而得到历代统治者的大力支持。

8. 学科体系

婆罗门教③以及由其发展而来的新婆罗门教（即印度教），一直是印度的主要宗教。在印度历史上兴盛一时的佛教，也是在批判、吸收和改造婆罗门教的基础上形成的。姚卫群在《印度宗教哲学概论》中说：“实际上，印度历史上占主导地位的宗教是婆罗门教或印度教，印度近现代绝大多数民众（百分之

---

① ［法］孟德斯鸠：《论法的精神》上册，商务印书馆 1959 年版，第 250—251 页。

② 陈麟书、朱森溥：《世界七大宗教》，重庆出版社 1986 年版，第 3—4 页。

③ 婆罗门教（Brahmannism），古代印度宗教。因崇拜梵天，并由婆罗门（祭司）掌管教务而得名。源于吠陀教，形成于公元前 10 世纪中叶。主要经典是“吠陀本集”、“梵书”和“奥义书”。（参见《哲学大辞典》下卷，上海辞书出版社 2007 年版，第 1506 页。）

八十以上)信奉的是新婆罗门教(即印度教)。"①因此,与婆罗门教的亲缘关系,就成为划分印度形而上学的学科体系的主要标准。

乔底利耶②把世间的学问划分为"四明":"(1)逻辑学(推理之学);(2)三吠陀学;(3)经济学;(4)政治学。"③这其中,逻辑学包括数论、瑜伽论和顺世论三种,三吠陀即《梨俱吠陀》《娑摩吠陀》和《夜柔吠陀》,二者共同构成了印度的形而上学。

《哲学大辞典》把各派对待"吠陀"权威的态度作为划分标准,将印度宗教哲学划分为正统派与非正统派两大类。④ 其中,笃信吠陀绝对正确并拥有至高权威的为正统派,相反的则为非正统派(异端)。正统派亦称"婆罗门教六派哲学",包括前弥曼差派、吠檀多派⑤、数论派、瑜伽派、胜论派、正理派。非正统派包括顺世派、佛教、耆那教。正统派中的前弥曼差派是为吠陀经典所记载的各种传统的计时仪式作论证和注疏;吠檀多派从理论上论证吠陀经典的"梵我如一"思想。另四种派别虽然也列入正统派,但并非完全承认吠陀的绝对权威。如数论派提出自性与神我相结合的"二十五谛说",瑜伽派主要宣传瑜伽修炼的训条,胜论派把整个世界分为"六句义"并提出"极微说",正理派主张"十六谛义"并侧重于逻辑学和认识论的探讨。非正统派则普遍反对吠陀天启、祭祀万能、婆罗门至上,主张种姓平等,否认存在至高无上的神。此

---

① 姚卫群:《印度宗教哲学概论》,北京大学出版社 2006 年版,"前言"第 2 页。

② 乔底利耶(Kautilya,又译阇那迦,约公元前 3 世纪至公元前 2 世纪),古印度孔雀王朝的开国功臣。(参见巫白慧译解:《〈梨俱吠陀〉神曲选》,商务印书馆 2010 年版,"译者导论"第 2—3 页。)

③ 巫白慧译解:《〈梨俱吠陀〉神曲选》,商务印书馆 2010 年版,"译者导论"第 2 页。

④ 参见《哲学大辞典》下卷,上海辞书出版社 2007 年版,第 1506 页。

⑤ 吠檀多派,亦称"后弥曼差派"、"梵弥曼差派"。古代印度哲学派别。与"前弥曼差派"相对。约形成于公元前 4—前 2 世纪之间,由一些不同的派别组成,是古代印度六大哲学派别中影响较大的一派。"吠檀多"一词,亦即"吠陀的终结",原指《奥义书》。相传其创始人跋达罗衍那发挥《奥义书》中关于"梵"(宇宙灵魂、宇宙精神)、"我"(个体灵魂、个体精神)的神秘主义思想,写成该派经典《吠檀多经》(亦即《梵经》)。商羯罗、罗摩奴阇、摩陀婆进一步发展了他的思想。在近现代,该派仍有较大影响。吠檀多哲学传入欧美各国以后,对美国的人格主义者布赖特曼、德国的意志论者叔本华和美国的实用主义者杜威都曾有过一定影响。(参见《哲学大辞典》下卷,上海辞书出版社 2007 年版,第 1511 页;《大辞海·哲学卷》,上海辞书出版社 2015 年版,第 373 页。)

外,顺世派还主张世界由地、水、风、火四种物质元素组成,反对有永恒的脱离肉体而独立存在的灵魂,也反对因果报应和轮回解脱。耆那教①还提倡"七谛说",并在逻辑判断方面提出"或然论"的七支论法。这个划分体系虽然在现代印度哲学界仍有争议,但仍然不失为一种很有效的划分方法。

梁漱溟先生在《印度哲学概论》中认为,印度哲学除了顺世派以外,都坚持出世论。在坚持出世论的诸派当中,从与吠陀的关系来看,只有前弥曼差派和吠檀多派是正统派,两派相较,又以前弥曼差派最接近吠陀思想。而其余各派,如数论派、瑜伽派和胜论派都不是正统,数论派甚至坚持无神论;从各派相互间的关系来看,吠檀多派可附于前弥曼差派②,瑜伽派可附于数论派,正理派可附于胜论派;从哲学理论的丰富程度来看,六派中以吠檀多派、数论派和胜论派最好;从流派影响力的大小来看,以吠檀多派和数论派影响最大;从思想的创新程度来看,吠檀多派的创新程度要小一些,而数论派的创新程度则要大得多;就六派的产生次序而言,虽然谁先谁后很难判定,但产生时间应该相差不是太远。这些论述,尽管个别地方与目前已经掌握的印度哲学史资料不是很符合③,但对印度哲学学科体系的分析还是比较到位的。至于梁先生对正统派与非正统派的区分,虽然与《哲学大辞典》的描述不尽一致,但从两者对各派思想内容的描述来看,还是基本一致的,并无太大分歧。④

黑格尔在《哲学史讲演录》中,也从正统与非正统的角度对印度人保有的

---

① 耆那教(梵文 Jainism),古代印度宗教。公元前 6 世纪—前 5 世纪与佛教同时兴起,流传于南亚次大陆。"耆那"是创教者筏驮摩那的称号,原意为"胜利者",故又称"胜利者的宗教"。与佛教、顺世派同属沙门思潮。(参见《哲学大辞典》下卷,上海辞书出版社 2007 年版,第 1509 页。)

② 原文是"前弥曼差派可附于吠檀多派"。从现有印度哲学史资料以及梁先生自己的论述来看,是前弥曼差派最接近吠陀思想且产生时间在前(吠檀多派又称后弥曼差派),因而此处应为"吠檀多派可附于前弥曼差派"。此处要么是梁先生笔误,要么是印刷错误,故正之。

③ 在这些推断中,据现有的资料,尼耶派的创始人足目,约生活在公元 50—150 年间,应该是最晚的一个,而其他各派的创始人均生活在公元前。(参见《哲学大辞典》下卷,上海辞书出版社 2007 年版,第 1514 页。)

④ 《哲学大辞典》认为,正统派亦称"婆罗门教六派哲学",包括前弥曼差派、吠檀多派(后弥曼差派)、数论派、瑜伽派、胜论派、正理派。非正统派包括顺世派、佛教、奢那教。但也认为正统派中除了前弥曼差派和吠檀多派以外,另外四种派别并非完全承认吠陀的绝对权威。(参见《哲学大辞典》下卷,上海辞书出版社 2007 年版,第 1506 页。)

"若干古代的哲学系统"进行了描述,认为"印度人保有若干古代的哲学系统。其中有一部分他们认为是正统的,特别是那些与吠陀契合的部分;其他部分则被认为外道,认为与圣典的教训不相合"①。但由于黑格尔自己对印度哲学并不是太熟悉②,因而他只是根据柯耳布鲁克《论印度哲学》中对印度哲学的介绍,在开篇对正统派中的前弥曼差派哲学、非正统派中的数论派和正理派进行了简单介绍。在正文中,也只是对非正统派的数论派哲学、在逻辑学方面有建树的正理派创始人足目和胜论派创始人羯那陀的思想进行了详细的描述。而在论述足目和羯那陀的哲学思想时,又以足目的思想为主。黑格尔认为正理派在印度哲学中"是最发达的系统",并引用柯耳布鲁克的话称赞"尼耶也③……特别举出推理的法则,可与亚里士多德的逻辑学相比"④。在这里,黑格尔之所以能够以西方哲学家的视角对正理派的逻辑学予以特别关注,柯耳布鲁克的《论印度哲学》起到了极其重要的支撑作用。相比而言,黑格尔对中国古代哲学的整体把握就要差得多——由于当时西方并没有全面研究中国哲学的书籍,黑格尔只是根据传教士翻译的一些资料,对孔子、老子和《易经》的哲学思想进行了描述,而在论述"道家"思想的时候,由于对中国哲学极不熟悉,黑格尔甚至把大量的儒家学说当作道家思想来论述。⑤ 至于对墨子为代表的中国逻辑学的发展情况,他更是只字未提。对于如此重视逻辑学的黑格尔来说,这不能不说是他的《哲学史讲演录》的一个缺憾。当然,如果黑格尔对中国古代哲学更为了解,至少读过《墨子》,他在《哲学史讲演录》中对中国哲学的评价想必就要改写了。

对于印度形而上学宗派林立的现象,姚卫群在《印度宗教哲学概论》中有一个精辟的概括:由于印度哲学家像中国"经学时代"的哲学家一样喜欢崇古

---

① [德]黑格尔:《哲学史讲演录》第1卷,商务印书馆1959年版,第134页。

② 黑格尔在《哲学史讲演录》中说:"直到近时我们才开始对于印度哲学获得一些确切的知识。大体上我们是把它了解为宗教的观念,不过在现代我们已经认识到真正的哲学著作了。特别是柯耳布鲁克给我们介绍了两部印度哲学著作的节要,这部书成为我们关于印度哲学的第一部著作。"([德]黑格尔:《哲学史讲演录》第1卷,商务印书馆1959年版,第134页。)

③ 尼耶也派即正理派,下同。

④ [德]黑格尔:《哲学史讲演录》第1卷,商务印书馆1959年版,第135页。

⑤ 参见[德]黑格尔:《哲学史讲演录》第1卷,商务印书馆1959年版,第125页。

释古,“印度宗教哲学各派”“在两千多年的漫长时间内,长期共存,并行发展,两千年前是这些派别,两千年后基本上还是这些派别”①。但与中国不同的是,中国有个长达两千年的“罢黜百家,独尊儒术”,而印度却没有出现类似的现象。

三、古印度形而上学对西方的形而上学的影响

在当今西方世界,西方中心论盛行,似乎古希腊哲学就是全人类哲学的唯一发源地。实际上,古印度文化对古希腊文化产生了很大影响,这在许多西方学者的著作中都有描述。黑格尔在《哲学史讲演录》中,也对印度哲学进行了介绍,从中不难窥见印度形而上学对西方的形而上学的影响。

1. 古印度哲学对古希腊哲学的影响

在近代以来的西方哲学史上,虽然受“西方中心论”的影响,但有些哲学家并不否认古印度哲学对古希腊哲学的影响。

对东方哲学持否定态度的黑格尔,在《哲学史讲演录》中描述古代印度哲学与古希腊哲学的关系时说:“我们知道印度的古代光荣如何受到希腊人高度的尊敬,以及希腊人关于裸形智者如何熟悉。这些智者都是虔诚的人物,虽然一般人并不如此称呼他们——他们献身于沉思的生活,与尘世隔离,成群地游行度日,和希腊犬儒派相同,禁绝一切世俗的欲望。”②黑格尔并不否认古印度文化对古希腊文化的影响,至于古希腊哲学在多大程度上受古印度哲学的影响,他没有进行确切的描述。他明确承认的,只是古代印度哲学对古希腊之后的西方哲学的影响:“东方哲学这个名词,是特别用来指一个一定的时代的,在这个时代,这伟大普遍的东方观念曾激动了西方——那主观性的精神占优势,注重限度和节制的地方。特别是在基督教的最初几个世纪——一个重要的时代——那些伟大的东方观念曾经深入西方,到了意大利,并且在知神派(Gnostik)哲学中,开始把那渺茫无限的观念纳入西方精神。一直到教会成立,西方精神才重新占了上风,并且对神性予以明确的规定。”③

---

① 姚卫群:《印度宗教哲学概论》,北京大学出版社 2006 年版,第 12 页。

② [德]黑格尔:《哲学史讲演录》第 1 卷,商务印书馆 1959 年版,第 133 页。

③ [德]黑格尔:《哲学史讲演录》第 1 卷,商务印书馆 1959 年版,第 116—117 页。

挪威哲学家G.希尔贝克和N.伊耶在合著的《西方哲学史》中说:“我们知道希腊人受东方人的重要激励,但要确定一个特定的印度来源却难以找到文献依据。通过波斯人传来的印度学说可能影响了希腊的俄耳甫斯学派和毕达哥拉斯学派;但这在历史上还没有定论。”①这虽然说得有些含糊,但基本上能够承认古印度哲学对古希腊哲学的影响。

L.A.贝克在《东方哲学简史》中谈印度哲学六大流派时则说:“还有一个基本问题是六大哲学流派都认可的:它们都接受轮回和前世(灵魂在与肉体结合之前的存在)学说。柏拉图也接受这一观点,他的观点可能是从印度人的思想那里引申出来的。柏拉图之前或其后的某些希腊哲学家也持有同样观点。”②已经能够比较确切地承认古印度哲学对古希腊哲学的影响。

2. 印度形而上学与黑格尔形而上学的相似点

我们不知道印度哲学对黑格尔到底产生了多大影响,但黑格尔的三段论还是与印度耆那教的“七支论法”(亦称“或然论”)十分相似。“七支论法”认为判断有七种形式:①有,肯定判断;②无,否定判断;③有、无(亦有亦无),是肯定判断和否定判断的结合(到此为止,前三条正好相当于黑格尔的正、反、合);④非有非无,不可言;⑤有,不可言,是肯定判断和第四种判断的结合;⑥无,不可言,是否定判断和第四种判断的结合;⑦有、无、不可言(亦有亦无亦不可言),是第三、第四种判断的结合。③ 黑格尔自己也说对《吠陀书》比较熟悉。但他又说:“在东方哲学中,我们也曾发见被考察过的确定内容,〔如地、水、风等,感觉、推论、启示、理智、意识、感官等皆被一一考察〕;但是这种考察是缺乏思想的,没有系统的,因为这种考察是站立在对象之上的,是存在于统一之外的。……在印度哲学中理念没有成为对象;所以外在的、客观的东西没有按照理念加以理解。这是东方思想的弱点。”④其实,从理念出发来建立哲学体系,即使是在西方哲学史上也不是唯一的哲学样式,更何况在全世界的范围内!

---

① [挪]G.希尔贝克、N.伊耶:《西方哲学史》,上海译文出版社2004年版,第20页。
② [锡兰]L.A.贝克:《东方哲学简史》,中国友谊出版公司2006年版,第32页。
③ 参见《哲学大辞典》下卷,上海辞书出版社2007年版,第1503页。
④ [德]黑格尔:《哲学史讲演录》第1卷,商务印书馆1959年版,第153—154页。

事实上,即使是黑格尔自己也并不认为古代印度哲学与自己的“思辨哲学”有那么大的差别。如前所述,他非常欣赏印度数论派哲学中所讲的心智的“三种性质”,称赞它是“对于三位一体的高卓的意识”、“三位一体的辩证思想”。① 黑格尔说:“‘由于灵魂与自然的合一,于是万有得创生。这是基于理智及其余诸原则的发展。’这种合一是宇宙万有的自在自为的依靠,也是宇宙万有赖以保持的依靠。这是一个伟大的思想。为了理解对象,思维中必须包含着对象的否定,这种否定的活动是必需的。这样的否定比那关于精神与自然的直接合一的许多话远较深刻。有一种见解以为东方人生活在与自然的合一中,这是浅薄而歪曲的话。因为灵魂的活动,精神,当然是与自然相关联的,并且是与自然的真理合一的。但这种真正的合一本质上是包含着否定直接合一的那个环节。那一种直接的合一只是动物的生活,只是感官的生活与知觉。但只有当精神独自存在于本身之内,同时把自然物予以否定的时候,精神乃与自然合而为一。”②他进一步认为:“印度人所提出的观念是灵魂与自然的合一,这种合一便是创造。〔论及万有创生,这种否定的作用还有进一步的意义。〕他们说:‘灵魂的欲望与目的是满足与解脱。为了这个目的,意识就被赋予一个精神的形体(按指 suksma,旧译“细身”),其中包含着所有上述诸原则,但只在这些原则的初步发展之中。’在这个观念中有某种我们所说的抽象性或潜在性的观念存在着,正如花朵已潜在于花蕾中,但还不是现实的和真实的。”③这多么像黑格尔自己对“绝对理念”所作的描述!

不过,黑格尔并没有把古印度的哲学与他的“思辨哲学”进行比较,而是把它与欧洲中世纪的经院哲学相提并论:“吠陀书是印度哲学的基础,甚至是无神论的印度哲学的基础;但印度的无神论哲学却并不缺少神灵,它们极其重视吠陀书。因此印度哲学存在于宗教里面,正如经院派哲学存在于基督教教义里面一样,以教会的信仰为基础,为前提。”④但由于西方中心论的严重影响,在黑格尔那里,印度的宗教哲学终究还是享受不到欧洲经院哲学的待遇。

---

① [德]黑格尔:《哲学史讲演录》第1卷,商务印书馆1959年版,第142页。
② [德]黑格尔:《哲学史讲演录》第1卷,商务印书馆1959年版,第139页。
③ [德]黑格尔:《哲学史讲演录》第1卷,商务印书馆1959年版,第139页。
④ [德]黑格尔:《哲学史讲演录》第1卷,商务印书馆1959年版,第134页。

在他看来,经院哲学虽然是哲学在基督教中,但至少还是一种哲学,而包括古印度哲学在内的东方哲学还不是“真正的哲学”①。

第三节 西方的形而上学

“西方的形而上学”虽然是一个与“东方形而上学”相对应的概念,但它并不纯粹是一个地域性的概念,还有“西方发达国家的形而上学”之意。在地域范围上,除了沿袭古希腊形而上学传统的欧洲,还有继承这一传统的北美,大体包括以德、英、法为代表的欧洲国家和以美国为代表的北美国家。

虽然“形而上学”在中国、印度和西方自古就有,并且东方的形而上学还对古希腊哲学产生过重大影响②,但把形而上学作为一种相对独立的学科来建设,还是自西方开始。持“欧洲中心论”的西方哲学家往往还把这种“西方的形而上学”视为唯一的、真正的哲学。因此,在西方哲学史上,在相当长的时间内,形而上学是作为哲学的代名词出现的。甚至到了20世纪中期以后,海德格尔还认为“哲学即形而上学”③。

---

① 在《哲学史讲演录》里,黑格尔在谈到东方哲学时说:“首先要讲的是所谓东方哲学。然而东方哲学本不属于我们现在所讲的题材和范围之内;我们只是附带先提到它一下。我们所以要提到它,只是为了表明何以我们不多讲它,以及它对于思想,对于真正的哲学有何种关系。当我们讲到东方哲学时,我们应该要讲到哲学;不过在这一点上应该注意到,我们所叫做东方哲学的,更适当地说,是一种一般东方人的宗教思想方式——一种宗教的世界观,这种世界观我们是很可以把它认作哲学的。”([德]黑格尔:《哲学史讲演录》第1卷,商务印书馆1959年版,第135页。)

② L.A.贝克在《东方哲学简史》中说,欧洲的欧罗巴种族和印度的雅利安种族,都源于古印度,具有同一祖先。“由于存在着共同的原始语言,他们的思维习惯相同,后来的欧洲哲学和印度哲学都是遵循着这些习惯而演进的,不管他们的生活状态发生多么大变故,也不管他们相互间有多么巨大的差别。在印欧哲学家的思想之间仍能找到同宗同族的痕迹,希腊哲学家的思想和杰出的印度—雅利安哲学家之间就是如此。他们的早期神话是很相似的。语言方面也存在很多的一致的成分。”并说古印度的“哲学思想堪称奇迹,那里的文化宝藏后来哺育了希腊和印度”,并且讲述了一个印度哲学家访问苏格拉底学派的故事。(参见[锡兰]L.A.贝克:《东方哲学简史》,中国友谊出版公司2006年版,第4—5页。)

③ [德]海德格尔:《面向思的事情》,商务印书馆1996年版,第68页。

一、西方的形而上学的产生与发展

一般认为，在西方，虽然“形而上学”自古希腊时期就已经产生，但把形而上学作为一种相对独立的学科来建设，还是从亚里士多德开始。因此，国内外学术界往往认为是亚里士多德创立了形而上学这门学科。张志伟在其主编的《形而上学的历史演变》一书中也认为：“形而上学是西方哲学的核心学科”，而“亚里士多德是形而上学的创始人”①。对于这种说法，我只能部分赞同。因为，不论是中国先秦时期的形而上学，还是古希腊前亚里士多德时期的形而上学，虽然体系并不是很严谨，但它们仍然具备形而上学的基本特征，因而并不能否认它是形而上学。

在本书作者看来，西方的形而上学大致可分为生成期、基督教哲学时代、文艺复兴时期、知识论时代、“反形而上学”时代、新形而上学时代共六个阶段②。

1. 生成期——古希腊时期③（前6世纪—529年）

在西方，形而上学最早诞生于古希腊。埃利亚学派开辟了一个新的领域，除了研究宇宙生成论以外，该派也把存在、思想作为哲学研究的对象。巴门尼德认为“作为思想和作为存在是一回事情”④，并进一步说“作为思想和思想对象是同一件事情”⑤，从主观唯心主义的角度来看待思维与存在的统一性问题。此后，柏拉图和亚里士多德更是进一步对事物本质与存在进行了艰苦的

---

① 张志伟主编：《形而上学的历史演变》，中国人民大学出版社2010年版，第1页。

② ［德］黑格尔著《哲学史讲演录》，把西方哲学史划分为希腊哲学、中世纪哲学、近代哲学三部分，把“文艺复兴”归入中世纪哲学；与黑格尔一样，［美］梯利著《西方哲学史》把西方哲学史划分为希腊哲学、中古哲学、近代哲学三大部分；［德］A.韦伯著《西洋哲学史》，在希腊哲学、中古哲学、近代哲学三大部分的基础上，又将1860年（叔本华逝世）后欧美哲学的发展增为第四部分；［德］汉斯·约阿西姆·施杜里希著《世界哲学史》，则把西方哲学史划分为古希腊哲学、中世纪哲学、文艺复兴和巴洛克时期哲学、启蒙运动时期的哲学和康德哲学、19世纪哲学、20世纪哲学六个部分。

③ 黑格尔在《哲学史讲演录》第二部“中世纪哲学”中把古希腊时期称为哲学史的第一个时期，时间区间为公元前550年的泰勒斯（约前624—约前547）到公元529年异教哲学的研究机构被封闭为止，接近1000年的时间（参见［德］黑格尔：《哲学史讲演录》第3卷，商务印书馆1959年版，第233页）；［德］A.韦伯在《西洋哲学史》中持有相同观点，认为这一时期的时间区间也是从泰勒斯起到新柏拉图学派在雅典设教的学校被封闭为止，即从公元前600年到公元529年。

④ 苗力田主编：《古希腊哲学》，中国人民大学出版社1989年版，第93页。

⑤ 苗力田主编：《古希腊哲学》，中国人民大学出版社1989年版，第96页。

思辨。柏拉图和亚里士多德除了理念论、实体论以及关于认识、伦理、政治的学说外,也都有着各自的宇宙生成论。

但"形而上学"(metaphysics)这个词直到公元前1世纪才出现。这个词原本是安德罗尼柯为亚里士多德的一部著作所取的名字,意思是"物理学之后"。他把亚里士多德称为"第一哲学"的著作,编排在关于有形物体的学说即物理学之后,并以此定名。亚里士多德的这部著作,因为探讨了存在着的存在物及其本原问题,而被看作是其他所有学科的基础。所以,此后"形而上学"就成为专门术语,专指超越具体事物、在具体事物之上的关于存在的最一般根据的学问。在西方哲学史上,人们曾把其他研究如理性自然学(包括理性心理学和理性物理学)、理性宇宙论和理性神学等都归入过形而上学(譬如康德)。但后来由于理性心理学、理性物理学、理性宇宙论都成了实证科学,便分别被心理学和生命科学、理论物理学、天文学和宏观物理学等所取代,理性神学也从哲学中分离出去,重新回到宗教之中。只有本体论始终留在形而上学内。因此,也有人把形而上学等同于本体论。这样一来,亚里士多德的"第一哲学"就与后人所称的"形而上学"和直到17世纪才拼造出来的"本体论"一词,基本上是同义的。

2. 基督教哲学时代——中世纪(529—1640)①

到中世纪,虽然亚里士多德的这种学术传统得以延续,但形而上学的研究

---

① 中世纪,黑格尔在《哲学史讲演录》第二部"中世纪哲学"中认为这一时期是从公元529年新柏拉图学派在雅典设教的学校被封闭直到16世纪为止,也接近1000年的时间(参见[德]黑格尔:《哲学史讲演录》第3卷,商务印书馆1959年版,第233页);[德]A.韦伯在《西洋哲学史》中持有相同观点,他把1600年布鲁诺被焚作为中世纪结束的标志性事件;黄裕生在其主编的《中世纪哲学》中也认为:"就历史学的分期而言,一般说来,欧洲的'中世纪'或'中古时期'就指公元6世纪至16世纪这段时间。"(叶秀山、王树人总主编:《西方哲学史》第3卷,凤凰出版社、江苏人民出版社2004年版,第3页。)《现代汉语词典》认为:"中世纪:欧洲历史上指封建社会时代。一般指公元476年西罗马帝国灭亡到公元1640年英国资产阶级革命这段时期。"(《现代汉语词典》,商务印书馆2016年版,第1696页。)罗素在其撰写的《西方哲学史》中,认为中世纪大约自公元400年起到公元1400年止(标志性事件是法兰西、英格兰、西班牙等强大的民族国家的兴起)。当代美国学者德里克·皮尔索和约翰·范南根认为中世纪的时间区间是从公元500年到公元1500年。(参见《光明日报》2013年12月19日第11版。)而在笔者看来,哲学史的断代应以哲学思想的发展状况为标准,而不能以与哲学无关的事件为标准。欧洲的"中世纪哲学"应从公元529年新柏拉图学派在雅典设教的学校被封闭开始,直到公元1640年英国资产阶级革命为止。

重心却发生了变化，逐步转向了对基督教哲学的研究。中世纪的基督教哲学①，发源于教父哲学，其顶峰是 13—14 世纪的“经院哲学”。它把本体论作为神学论证的工具，从设想、教义出发，以三段论式的纯概念游戏论证上帝的存在，使传统形而上学由脱离实际的概念推论沦为神学的奴仆。

黑格尔在《哲学史讲演录》中，认为中世纪是一个野蛮的世纪，他说：“单把中世纪叫做野蛮的时代，那对于我们是没有什么帮助的。那是一种独特形态的野蛮，不是纯朴、粗野的野蛮，而是把最高的理念和最高的文化野蛮化了。这正是最丑恶形态的野蛮，并且是一种歪曲，——甚至用思想对绝对理念加以歪曲。我们看见神圣的世界，但只是外在地在表象中，在枯燥、空疏的抽象理智中。……经院哲学完全是抽象理智的紊乱，像在北日尔曼自然景象中多枝的枯树那样。”②因此，他对欧洲一千年的中世纪哲学史，是“穿七里靴尽速跨过”③的——仅仅用了第三卷大约五分之二的篇幅。黑格尔认为，这个时期的欧洲，“哲学是在基督教世界中”④。在他看来，“在基督教教父那里，稍后在经院哲学家⑤那里，哲学思想都同样具有不独立的性格”⑥，“经院哲学家是由于他们惯于作无穷的支离烦琐的分辨而得到坏名声的”⑦。也就是说，黑格尔对中世纪哲学的评价并不是很高。黑格尔对一般经院哲学家共同的观点进行总结时甚至这样说：“他们研究了那样崇高的对象、宗教，他们的思维是那样地锐敏而细致，他们之中也有高尚的、好学深思的个人、学者。但经院哲学整

---

① 基督教哲学，罗素在《西方哲学史》中称之为“天主教哲学”，是指由奥古斯丁（Aurelius Augustinus，354—430 年，古罗马基督教思想家，拉丁教父主要代表，早期基督教哲学体系的完成者）到文艺复兴时期为止大约 1000 的时间内支配着欧洲思想的哲学。

② ［德］黑格尔：《哲学史讲演录》第 3 卷，商务印书馆 1959 年版，第 323 页。

③ ［德］黑格尔：《哲学史讲演录》第 3 卷，商务印书馆 1959 年版，第 234 页。

④ ［德］黑格尔：《哲学史讲演录》第 3 卷，商务印书馆 1959 年版，第 234 页。

⑤ 与现今的一些西方哲学家不同，在黑格尔看来，经院哲学“这一段期间约有六百年，或者从教父算起约有一千年”（［德］黑格尔：《哲学史讲演录》第 3 卷，商务印书馆 1959 年版，第 263 页）。在他看来：“经院哲学真正讲来乃是一个很不确定的名称，它与其说标志着一个哲学体系，不如说标志着一个一般的态度。它作为经院哲学，就不是一派固定的学说，如像柏拉图哲学或怀疑派哲学那样。经院哲学这个名称概括了差不多一千年内基督教的哲学活动。”（［德］黑格尔：《哲学史讲演录》第 3 卷，商务印书馆 1959 年版，第 277 页。）

⑥ ［德］黑格尔：《哲学史讲演录》第 3 卷，商务印书馆 1959 年版，第 263 页。

⑦ ［德］黑格尔：《哲学史讲演录》第 3 卷，商务印书馆 1959 年版，第 281 页。

个讲来却完全是野蛮的抽象理智的哲学，没有真实的材料、内容。它不能引起我们真正的兴趣，我们也不能退回到它那里去。它只是形式、空疏的理智，老是在理智的规定、范畴的无有根据的联系中转来转去。灵明的世界远在彼岸，——因此不像在新柏拉图派那里——而且充满了感性的关系，除了圣父、圣子外，还有天使、圣者、殉道者，但却不是充满了思想。他们的思想是枯燥乏味的理智形而上学。讨论这一切有什么意义？它已经被抛弃在我们后面成为过去了，它本身对于我们是一定没有用处的。"①

张旭在张志伟主编的《形而上学的历史演变》一书的第四章中说："与希腊形而上学或近代各种形而上学体系相比，中世纪的形而上学的典型特征是，其整个思想体系不是以存在论或认识论为最高的部分，而是以神学为最高的部分。中世纪形而上学以 13 世纪的'经院哲学'（这里的'经院'就是当时新兴的教会大学）为成熟的形态，而经院哲学又以亚里士多德的知识体系为主要建构原则，以亚里士多德式论辩推理为主要命题形式，成为天主教教会大学中发展起来的一种学术和教育方式。"②也就是说，与中国"经学时代"因"罢黜百家，独尊儒术"而忽视甚至反对墨家的逻辑学不同，基督教哲学在使哲学成为神学的奴仆的同时，不仅没有伤害到逻辑学的发展，反而推动了形式逻辑的发展，这也是西方中世纪哲学引起当代人重视的一个重要原因。

约翰·马仁邦在其主编的《中世纪哲学》中，认为"中世纪哲学的历史，至少在它的诸种根源上，也是大学作为一种制度的历史"③。因而，他把对大学的研究作为考察中世纪哲学的重要渠道。在他看来，"在中世纪早期，哲学活动有三个主要领域：逻辑研究，古代和古代后期哲学文本的导读和研讨，分析讨论基督教问题"④。不过，这三个方面的研究都是为基督教服务的。该书在评述理查德·费夏克里 1246 年在牛津大学的第一堂课上所发表的讲演时就说："中世纪早期大学的学习方式……所有研究的最终目的就是为了更深入

---

① ［德］黑格尔：《哲学史讲演录》第 3 卷，商务印书馆 1959 年版，第 322—323 页。

② 张志伟主编：《形而上学的历史演变》，中国人民大学出版社 2010 年版，第 89 页。

③ ［英］帕金森、［加］杉克尔总主编：《劳特利奇哲学史》第 3 卷，中国人民大学出版社 2009 年版，第 486 页。

④ ［英］帕金森、［加］杉克尔总主编：《劳特利奇哲学史》第 3 卷，中国人民大学出版社 2009 年版，第 118 页。

地认识上帝的实在观,《圣经》是达到此目的的基本途径,因为它启示了神圣的智慧。……所有其他方面的研究所起的作用就是帮助人们去寻求那神圣的智慧,这智慧以一种隐藏的方式蕴涵在《圣经》的表述中",也就是说,包括逻辑学在内,"所有人类的科目,主要是语法、修辞、辩证法、算术、几何学、天文学和音乐——用更技术性的术语来说就说哲学——都被看作是服务于《圣经》智慧这个主人的婢女"①。值得注意的是,虽然"在这部哲学史中,早期中世纪和12世纪被看作哲学本身的重要领域"②,但作者并没有对上述观点提出任何异议。实际上,直到中世纪晚期哲学,除了意大利以外,这种哲学传统在欧洲各国基本上没有太大改变,以至于约翰·马仁邦主编的《中世纪哲学》把15世纪称为"15世纪的停滞期"。其中,从1250年到1350年③,大约100年的时间内,被称为"经院哲学的黄金时代",而从1525年到1625年,也是大约100年的时间,被称为"经院哲学的白银时代"。④

对于欧洲中世纪哲学,近年国内有的学者开始从信仰与哲学的关系的角度予以积极评价,并据此反对欧洲中世纪哲学是"神学的婢女"的说法。如黄裕生在其主编的《中世纪哲学》的绪论中,开篇就对"神学的婢女"说进行批驳,认为这是一种"片面的甚至是浅薄的想象,首先是在一些近代欧洲哲学家们的影响下形成的"⑤。实际上,黄先生在这里是以欧洲中世纪哲学的优点来掩盖欧洲中世纪哲学的缺点,只讲优点而不讲缺点,是以偏概全。这是违背辩证法的。

在我看来,欧洲中世纪哲学之所以被国内外的哲学家们认为是"神学的婢女",并不是说它一无是处,不是说它在哲学上没有积极作用,而是因为它

---

① [英]帕金森、[加]杉克尔总主编:《劳特利奇哲学史》第3卷,中国人民大学出版社2009年版,第210—211页。

② [英]帕金森、[加]杉克尔总主编:《劳特利奇哲学史》第3卷,中国人民大学出版社2009年版,第8页。

③ 《中世纪哲学》的作者在这里是把1348—1349年欧洲的黑死病作为标志性事件。

④ [英]帕金森、[加]杉克尔总主编:《劳特利奇哲学史》第3卷,中国人民大学出版社2009年版,第517页。

⑤ 叶秀山、王树人总主编:《西方哲学史》第3卷,凤凰出版社、江苏人民出版社2004年版,第1页。

以信仰压制理性，以宗教压制科学①——直到1600年，布鲁诺还被宗教裁判所判处死刑，欧洲中世纪思想专制的严重程度可见一斑。然而，比中国人幸运的是，西方的中世纪思想专制的程度比同期中国思想专制程度要弱得多，其结束时间也比中国早了200多年，这就使他们能够早日摆脱封建社会的思想专制，在世界上率先为社会和科学的快速发展创造了必要条件，从而取得了一直持续至今的先发优势。

3. 文艺复兴时期——过渡期(1453—1640)

欧洲的文艺复兴时期，相当于中国形而上学的过渡期——从鸦片战争至五四运动前夕的反思时代。只是，欧洲的文艺复兴要比中国的"反思时代"早了400多年，使西方从15世纪就开始了摆脱思想专制、进入科学思想自由发展时代的努力，为西方现代科学技术的产生奠定了思想基础。正是在这一时期，西方已经产生了诸如列奥纳多·达·芬奇(1452—1519)、马基雅维利(1469—1527)、哥白尼(1473—1543)、布鲁诺(1548—1600)、伽利略(1564—1642)、康帕内拉(1568—1639)、开普勒(1571—1630)等著名的艺术家、科学家和哲学家，马丁路德②的宗教改革也发生在这一时期。黑格尔在《哲学史讲演录》中谈到他们时说："有一大群极度不安静的人物出现，在他们身上，那种对认识、知识和科学的渴望是以一种汹涌沸腾极为暴烈的方式表现出来的。他们感觉到自己被一种冲动所支配，要去凭自己创造出一个世界，发掘出真理……这种人中最著名的是卡尔丹、布鲁诺、梵尼尼，和康帕内拉、拉梅等；他们乃是最能表明这个过渡时期的时代特点的人物。"③然而，这一时期终究是欧洲的封建时代，基督教的思想专制还非常严重，教会不遗余力地扑灭新说。在黑格尔提到的这些"不安静的人物"当中，除了布鲁诺被宗教裁判所烧死以

---

① 这也正如中国持续两千年的"罢黜百家，独尊儒术"一样，虽不能说它一无是处，但它对政治制度改革、法制建设、学术自由、科学技术发展的巨大阻碍作用，对民族精神生产力的偏导，都是显而易见的。当今中国要实现全面现代化，必须以马克思主义为指导、以法治为基础、以现代自然科学和社会科学为动力、以现代化的社会管理为手段，而这些都是与儒家哲学相悖的。对此，我们必须具有清醒的认识，不可大意。

② 马丁路德(Martin Luther，1483—1546)，16世纪欧洲宗教改革的发起者，基督教新教路德宗的创始人。(参见《哲学大辞典》下卷，上海辞书出版社2007年版，第1700页。)

③ [德]黑格尔：《哲学史讲演录》第3卷，商务印书馆1959年版，第343页。

外，卡尔丹（1501—1575）、梵尼尼（1586—1619）、伽利略、康帕内拉和开普勒也都受到教会的迫害。据黑格尔在《哲学史讲演录》中的描述，梵尼尼在被烧死以前甚至被割去了舌头。

关于文艺复兴时期，一般是把东罗马帝国于1453年崩溃作为起始的标志性事件①（也有学者主张上推至13世纪），到1600年布鲁诺②被焚为止，《不列颠百科全书》认为应该是到1527年罗马陷落为止③；约翰·马仁邦主编的《中世纪哲学》认为"文艺复兴哲学"是一个有争议的名词，但"学者们在下列问题上总是一致的：西欧于1350年和17世纪的头几十年之间存在一种文化运动，大概被称为'文艺复兴'是很有用处的"④。在这里，应该注意的是，14—16世纪产生于意大利的"文艺复兴"运动与17和18世纪欧洲各国为扫除天主教的迷信和世俗的蒙昧思想而发动的资产阶级文化运动有着密切的联系。虽然前者仍然是在封建制度框架下反对思想专制的社会思潮，而后者已经是为资本主义制度而斗争的社会思潮，但前者向欧洲各国的扩散为后者奠定了坚实的思想基础。因此，《现代汉语词典》认为，文艺复兴是"指欧洲（主要是意大利）从14—16世纪文化和思想发展的潮流。据说那时文化的特点是复兴被遗忘的希腊、罗马的古典文化。实际上，文艺复兴是欧洲资本主义文化思想的萌芽，是新兴的资本主义生产关系的产物。文艺复兴时期的主要思想特征是人文主义，提倡以人为本位，反对以神为本位的宗教思想"⑤。而在我看来，文艺复兴时期应该是从1453年东罗马帝国崩溃到1640年英国资产阶级革命前夕这段时间。

---

① 西方学者普遍认为，1453年东罗马帝国崩溃，君士坦丁堡陷落，导致了希腊学者逃往意大利，促进了古希腊哲学的传播，从而导致了意大利的文艺复兴。（参见梯利：《西方哲学史》（伍德增补修订版），商务印书馆1995年版，第254页。）

② 布鲁诺（Giordano Bruno，1548—1600），意大利天文学家、哲学家。泛神论唯物主义的代表。因怀疑宗教教义和反对经院哲学，1600年被宗教裁判所烧死在罗马鲜花广场。（参见《哲学大辞典》下卷，上海辞书出版社2007年版，第1678页。）

③ 《不列颠百科全书》（国际中文版修订版）第14卷，中国大百科全书出版社2007年版，第224页。

④ ［英］帕金森、［加］杉克尔总主编：《劳特利奇哲学史》第2卷，中国人民大学出版社2009年版，第2页。

⑤ 中国社会科学院语言研究所词典编辑室编：《现代汉语词典》，商务印书馆2016年版，第1373页。

对于文艺复兴时期，黑格尔在《哲学史讲演录》中是放到“中世纪哲学”中来讲的，叶秀山、王树人任总主编的八卷本《西方哲学史》也是这样划分的。但由于这一时期是黑格尔所说的“中世纪哲学”与“近代哲学”的过渡时期，一些西方哲学家则把它作为相对独立的历史时期加以研究。如帕金森和杉克尔任总主编的十卷本《劳特利奇哲学史》，就是把《中世纪哲学》与《文艺复兴和17世纪理想主义》分成两卷来写。其中，《中世纪哲学》卷的作者明确表示发生在意大利的文艺复兴运动“在传统意义上它不属于‘中世纪哲学’”①。实际上，哲学家们之所以在对“文艺复兴时期”的时间区间划分上出现分歧，主要是由于对“文艺复兴”精神实质的认识不同所致。笔者认为，欧洲的“文艺复兴”，其精神实质并不只是对古希腊文献的翻译，而是借助古希腊文献的翻译和阐释，来对抗和摆脱基督教的思想专制，为科学的发展铺平道路。它虽然在历史分期上仍然属于“中世纪”，但对于打破基督教对人们思想的控制产生了积极的推动作用。其产生和终止的时间区间也应以“文艺复兴”在欧洲思想发展史的地位来确定。

4. 知识论时代——近代哲学（1640—1840年）

西方近代史，是从1640年英国资产阶级革命到1840年中英鸦片战争这段时间，西方各国经过启蒙运动和资产阶级革命，现代意义上的经济模式和政治模式逐步形成，西方列强在世界范围内的霸权地位逐步确立。

关于欧洲的近代哲学，黑格尔是以哲学思想自身的发展状况作为标准，将16世纪作为开端，并从培根的哲学思想开始谈起的。他认为：“近代哲学的出发点，是古代哲学最后所达到的那个原则，即现实自我意识的立场；总之，它是以呈现在自己面前的精神为原则的。中世纪的观点认为思想中的东西与实存的宇宙有差异，近代哲学则把这个差异发展成为对立，并且以消除这一对立作为自己的任务。因此主要的兴趣并不在于如实地思维各个对象，而在于思维那个对于这些对象的思维和理解，即思维这个统一本身；这个统一，就是某一假定客体的进入意识。”②罗素则是把信仰与科学在社会中的地位作为划分标

---

① ［英］帕金森、［加］杉克尔总主编：《劳特利奇哲学史》第3卷，中国人民大学出版社2009年版，第486页。

② ［德］黑格尔：《哲学史讲演录》第4卷，商务印书馆1978年版，第5—6页。

准，认为"通常谓之'近代'的这段历史时期，人的思想见解和中古时期的思想见解有许多不同。其中有两点最重要，即教会的威信衰落下去，科学的威信逐步上升。旁的分歧和这两点全有连带关系。近代的文化宁可说是一种世俗文化而不是僧侣文化。国家越来越代替教会成为支配文化的统治势力。各民族的统治大权最初大都归国王掌领；后来，如同在古希腊一样，国王逐渐被民主国家或僭主所代替"①。梯利撰写的《西方哲学史》（伍德增补修订版）的近代部分，也是从培根的哲学思想开始讲起。《哲学大辞典》则把一些文艺复兴时期的哲学家归入近代。周晓亮主编的《近代：理想主义和经验主义，英国哲学》，则认为："近代西方哲学是指文艺复兴以后至19世纪中叶以西欧为主要地域的哲学，它大致与西欧资本主义国家从孕育、建立到巩固的整个历史时期相应。"②这个定义应该是比较准确的。

1640年，英国发生了资产阶级革命。其后，欧洲其他国家也相继发生资产阶级革命。西方资产阶级为把哲学从神学的禁锢中解放出来，在着重研究本体论的同时，把认识论的研究提到了重要地位，但哲学作为知识总汇的性质却一直没有改变。到18世纪末19世纪初，资产阶级在一些西方国家已取得统治地位，生产力有了迅速发展，各门实证科学纷纷独立，作为"知识总汇"性质的哲学实际上已土崩瓦解，哲学不得不调整自己的内容和对象，把力量集中在研究认识本身的问题，即解决知识的本性、来源和怎样形成等问题上，这就是通常所说的"知识论哲学"。

康德在《任何一种能够作为科学出现的未来形而上学导论》一书中，把形而上学分为"一般形而上学"和"科学的形而上学"两种。认为一般形而上学超越人的认识能力，是不可能实现的；只有"科学的形而上学"才能真正实现。麦克尔·路克斯在他的《当代形而上学导论》中也认为，康德实际上是把形而上学分为"超验的形而上学"和"批判的形而上学"两种，认为只有他自己的"批判的形而上学"才是一门完全值得尊重的和合理的学科。③ 黑格尔认为

---

① ［英］罗素：《西方哲学史》下卷，商务印书馆1961年版，第4页。

② 叶秀山、王树人总主编：《西方哲学史》第4卷，凤凰出版社、江苏人民出版社2004年版，第1页。

③ 参见［美］麦克尔·路克斯：《当代形而上学导论》，复旦大学出版社2008年版，第7页。

“哲学是认识具体事物发展的科学”①。他在1804—1805年撰写的《耶拿体系:逻辑学和形而上学》中,将形而上学划分为“客体性形而上学”和“主体性形而上学”两种。在《小逻辑》中把“康德以前的形而上学”称为“旧形而上学”,认为“这种形而上学并未能超出单纯抽象理智的思维”②,只有他自己的“逻辑科学”才是“正当的形而上学”③。费尔巴哈认为“哲学是关于存在物的知识”④。在“知识论哲学”中,哲学虽然已不是“知识总汇”,但仍然是知识,甚至是“科学”。

近代西方的形而上学,在达到鼎盛的同时,其地位和作用也越来越受到怀疑。一场包括马克思主义在内的反形而上学运动已经呼之欲出。

5.“反形而上学”时代——现代哲学(1840—1960年左右)

对于现代西方哲学,刘放桐等编著的《新编现代西方哲学》认为应该是“泛指19世纪中期以来在西方各国产生和流传的非马克思主义哲学”⑤。但严格地说来,这个时期的西方哲学,在进入20世纪60年代以后,在哲学特征上又发生了明显变化,形成了所谓的“后现代哲学”。因此,从时间区间上看,现代西方哲学应该是从1840年鸦片战争开始到20世纪60年代这段时间。

19世纪中叶是西方哲学发展的一个转折点。在这个时期,自然科学的发展,不仅提升了人类认识世界的能力,也极大地提升了人类改造世界的能力。在这种情况下,以黑格尔为代表的局限于“纯粹的思想领域”依靠逻辑推论建立体系的传统形而上学已经不能适应社会发展的需要,现代西方哲学和马克思主义哲学便应运而生。现代西方哲学改变了局限于纯粹的思想领域,仅仅依靠逻辑推论获取知识的哲学传统,主张从现实中、从科学中获取知识,创建了实用主义、分析哲学等新的哲学研究的类型。但它仍然没有彻底摆脱西方

---

① [德]黑格尔:《哲学史讲演录》第1卷,商务印书馆1959年版,第32页。

② [德]黑格尔:《小逻辑》,商务印书馆1980年版,第95—96页。

③ 黑格尔在《小逻辑》中认为:“人乃是能思维的动物,天生的形而上学家。真正的问题,不是我们用不用形而上学,而是我们所用的形而上学是不是一种正当的形而上学,换言之,我们是不是放弃具体的逻辑理念,而去采取一种片面的、为知性所坚持的思想范畴,把它们作为我们理论和行为的基础。”([德]黑格尔:《小逻辑》,商务印书馆1980年版,第216页。)

④ [德]费尔巴哈:《费尔巴哈哲学著作选集》上卷,商务印书馆1984年版,第108页。

⑤ 刘放桐等编著:《新编现代西方哲学》,人民出版社2000年版,“绪论”第1页。

哲学的"柏拉图"传统,只是把研究对象由柏拉图关注的理念、宇宙等转向对"单个的人"、"抽象的人"的权力、意志的论述和解释甚至对语言进行分析,很少触及社会现实,更谈不上对资本主义社会的改造。在现代西方哲学家眼里,资本主义社会仍然是人类最美好的社会制度,只需解释,无须改造。

这一时期的西方哲学以"反形而上学"著称。这一时期的大多数哲学家对传统形而上学持全盘否定的态度。如,实证主义的早期代表人物孔德、斯宾塞以科学论据拒斥"形而上学",反对传统的宗教神学和思辨形而上学对科学的束缚,企图克服休谟等古典经验主义尚有的思辨形而上学气息。唯意志主义者叔本华,认为"这世界的一面自始至终是表象,正如另一面自始至终是意志"①,强调他的哲学与以往哲学有着根本区别。尼采则喊出"上帝死了"的呼声,坚持"重新评估一切价值",把否定形而上学当作一个重要的使命。他不仅否定哲学要以整个世界为对象、探究本原性的存在,而且也否定以论证上帝为最高存在的宗教形而上学。19世纪末以来的以皮尔士、詹姆士和杜威为代表的美国实用主义,被詹姆士归结为一种有效结束无谓的形而上学争论的办法,即它对所谓最初的事物、原则、范畴及必然性没有兴趣,只看重最后的事物、收获、后果和实效。20世纪上半叶,则被称为"分析的时代"。以弗雷格、罗素、维特根斯坦、卡尔纳普等为代表的各式各样的分析哲学,坚持经验的证实原则,以现代逻辑为工具,运用剖析语言的方法,坚决拒斥形而上学,反对构造体系的传统哲学,特别是思辨形而上学,取消传统哲学的各种争论,把全部哲学归结为语言和逻辑的分析活动。

但是,值得注意的是,这一时期的"反形而上学",往往只是反对传统形而上学的研究对象而不反对传统形而上学的思维模式和研究方法,实质上仍然是一种形而上学(准确地说是一种传统形而上学的衍生形态,见本书第七章第二节哲学基本形态的衍生形态之二)。不仅如此,这种"反形而上学",在反对传统形而上学的同时也反对黑格尔的辩证法甚至是一切辩证法,因而也具有强烈的"反辩证法"特征。对此,马克思1873年在《资本论》第二版跋中说:"将近30年以前,当黑格尔辩证法还很流行的时候,我就批判过黑格尔辩证

① 叔本华:《作为意志和表象的世界》,商务印书馆1982年版,第28页。

法的神秘方面。但是，正当我写《资本论》第一卷时，今天在德国知识界发号施令的愤懑的、自负的、平庸的模仿者们，却已高兴地像莱辛时代大胆的莫泽斯·门德尔松对待斯宾诺莎那样对待黑格尔，即把他当做一条'死狗'了。……辩证法，在其合理形态上，引起资产阶级及其空论主义的代言人的恼怒和恐怖"①。恩格斯在《社会主义从空想到科学的发展》1882 年德文第一版序言中也说："德国资产阶级的学究们已经把关于德国伟大的哲学家及其创立的辩证法的记忆淹没在一种无聊的折中主义的泥沼里"②。至于 20 世纪激进的后现代主义，反辩证法的特征就更为明显了。

6. *新形而上学时代——后现代哲学(20 世纪 60 年代至今)*

20 世纪中叶以后，西方的形而上学强烈反弹。主要原因有两个：一是继西方现代哲学的"拒斥形而上学"运动之后，新出现的西方激进的后现代主义哲学强调差异性、易变性、不确定性，反对体系，反对中心，反对绝对和终极，甚至否定哲学，片面强调对传统的否定和抛弃，反而由此而走向了极端化、片面化和绝对化(绝对的否定)，使自身成为了彻头彻尾的形而上学；二是西方现代哲学的"拒斥形而上学"运动和西方激进的后现代主义哲学暴露出来的理论缺陷，使一些哲学家看到"消灭"形而上学的艰难性和不可能性，企图建立一种新的形而上学以取代旧的形而上学。譬如，日常语言哲学的代表人物威斯顿姆主张依靠语言的分析和语言的用法来研究传统形而上学课题，斯特劳逊在《个体》一书中主张用"描述的形而上学"驳斥"修正的形而上学"、探讨具有形而上学性质的哲学问题，哈贝马斯倡导"后形而上学"，"建设性后现代主义"主张建立"新形而上学"，等等。至于大学里的"形而上学"课程，更是有条不紊地进行。因此，可以将西方 20 世纪 60 年代至今这段时间称为"新形而上学时代"。

尤其值得注意的是，在后现代西方哲学家眼里，把资本主义社会视为人类最美好的社会制度并为之不遗余力地进行辩护的现象并没有得到根本性的改变：早期的"激进的后现代主义"、否定"基础"、否定"中心"、否定"逻各斯主

---

① 《马克思恩格斯文集》第 5 卷，人民出版社 2009 年版，第 22 页。

② 《马克思恩格斯文集》第 3 卷，人民出版社 2009 年版，第 496 页。

义”、否定“现代性”，但他们坚持的仍然是传统形而上学的本体论思维模式，对“基础”、“中心”、“逻各斯主义”和“现代性”予以绝对否定，因而在哲学形态上并没有产生根本性改变；后期的“建设性后现代主义”，主张对当前的资本主义社会进行认识和“建设性”的改造，因而是一种与马克思主义哲学最为接近的当代西方哲学，但它的认识和改造仍然是立足于“单个的人”和“抽象的人”，而不是“大多数人”和“最广大人民”，仍然是以维护现有资本主义制度为最终目的，因而往往游离于社会现实之外，到“宗教”中寻求出路，不仅很难真正触及到资本主义的本质，也很难从根本上摆脱传统形而上学理论与实际相脱离的根本弊端。

不仅如此，一些西方哲学家在重建形而上学的同时，还从不同角度对形而上学进行划分。哈贝马斯在《后形而上学思想》一书中，把形而上学划分为“自然（知识）的形而上学”和“道德的形而上学”两种①；麦克尔·路克斯在其撰写的《当代形而上学导论》中，把形而上学划分为“一般形而上学”和“特殊形而上学”两种：“一般形而上学”从最普遍的角度考察存在作为存在，“特殊形而上学”则考察可变事物的存在。② 也有人把形而上学划分为描述的形而上学和校正的形而上学两种。描述的形而上学主张形而上学可以是一种纯粹描述性的事业。校正的形而上学则试图从它觉着必要的各个方面来改变我们的思考方式。③ 这一时期的《不列颠百科全书》则认为：“对形而上学有四种看法：它是对存在物的探求；它是关于终极实在的科学；它是对世界的整体研究；它是第一原理（或本体）的理论。”④这一概括对以上哲学家的观点具有很好的包容性。

与西方哲学家相呼应，一些国内的专家学者也对形而上学的性质和范围进行了种种区分，如分析的形而上学与综合的形而上学⑤，“传统形而上

① 参见［德］哈贝马斯：《后形而上学思想》，译林出版社 2001 年版，第 14 页。
② 参见［美］麦克尔·路克斯：《当代形而上学导论》，复旦大学出版社 2008 年版，第 12 页。
③ 参见《当代英美哲学概论》，社会科学文献出版社 2002 年版，第 112—113 页。
④ 《不列颠百科全书》（国际中文版修订版）第 11 卷，中国大百科全书出版社 2007 年版，第 152 页。
⑤ 参见崔平：《对形而上学构建方法的历史批判和逻辑再造》，《江海学刊》2011 年第 5 期。

学"①,"超越的形而上学"、"内在的形而上学"(或"主体形而上学")和"此在的形而上学"②,"本体论意义上的外在形而上学"、"认识论意义上的内在形而上学"、"生存论意义上的此在形而上学"③,等等。

二、西方形而上学的哲学形态构成

西方形而上学的哲学形态构成,与传统形而上学的典型特征基本一致,但在不同的历史时期具有明显差异。

1. 理论特征

在当代西方哲学家中,许多人都力图从总体上把握形而上学的理论特征。

关于形而上学的特征,海德格尔是这样论述的:"形而上学的基本特征被叫做存在—神—逻辑学。因此我们或许得以说明,上帝如何进入哲学之中。"④"形而上学思考存在者之为存在者,也即普遍存在者。形而上学思考存在者之为存在者,也即整体存在者。形而上学既在探究最普遍的东西(也即普遍有效的东西)的统一性之际思考存在者之存在,又在论证大全(也即万物之上的最高者)的统一性之际思考存在者之存在。"⑤他把形而上学的特征归纳为三点:在对象上追求"普遍存在者";在方法上"探究最普遍的东西(也即普遍有效的东西)的统一性""论证大全(也即万物之上的最高者)的统一性";在内容上是"思考存在者之为存在者"和"思考存在者之存在"。应该说,这个概括从传统形而上学的角度来看还是比较准确的。

哈贝马斯在《后形而上学思想》一书中,认为传统的形而上学思想始自巴门尼德,它"把存在者的存在问题作为出发点","追求的永远都是普遍性、永恒性和必然性。"因而是"一种本体论意义上的形而上学思想"⑥。但自康德以后特别是现时代,形而上学的内涵已经有了很大变化,甚至认为"康德之

① 参见郝立忠:《形而上学批判》,《文史哲》2000 年第 6 期。
② 参见李兵等:《"形而上学与反形而上学研讨会"综述》,《哲学动态》2002 年第 11 期。
③ 参见杨大春:《主体形而上学解体的三个维度》,《文史哲》2002 年第 6 期。
④ [德]海德格尔:《海德格尔选集》下卷,生活·读书·新知三联书店 1996 年版,第 832 页。
⑤ [德]海德格尔:《海德格尔选集》下卷,生活·读书·新知三联书店 1996 年版,第 831 页。
⑥ [德]哈贝马斯:《后形而上学思想》,译林出版社 2001 年版,第 13 页。

后，不可能还有什么'终极性'和'整合性'的形而上学思想"[①]。因此，他非常赞同亨利希"坚持用'形而上学'一词来指称对形而上学问题，或有关人和世界的整体性问题所做的任一种探讨"[②]。哈贝马斯对形而上学思想的理论特征从以下几个方面予以界定：(1)同一性思想。"在黑格尔之前，形而上学思想一直是以宇宙论为中心的；一切存在者与自然之间都是同一关系。"[③](2)唯心论。自巴门尼德以来，抽象的思想与其结果即存在之间便建立起一种内在联系。理想的抽象本质赋予了存在其他一些特征，诸如普遍性、必然性和统一性等。唯心论从一开始就搞错了。(3)作为意识哲学的第一哲学。形而上学思想在德国唯心论那里表现为主体性理论。黑格尔的逻辑学把一和多、无限和有限、普遍和特殊、必然和偶然相应地联系了起来，但即使这种逻辑学最终也不得不确定一元性、普遍性和必然性在唯心论中的核心地位。(4)强大的理论概念。哲学把过沉思的生活，即理论生活方式当作拯救途径。同一性思想自成一个体系，它把自己融入它所把握的整体性，想以此来满足一切前提由自己加以证明的要求。

但总体而言，西方的形而上学与传统形而上学的其他样式一样，都是主要具备以下几个基本特征：超然于经验之上，局限于"纯粹的思想领域"，追求普遍、完美、永恒和绝对，统领一切的世界观，永不过时的绝对真理。

2. 研究目的

一般认为，求知是西方的形而上学的首要目的。但西方的形而上学与东方形而上学一样，有着强烈的现实性，企图关注现实并改造现实。只是，它们改造现实的途径都是通过提高人们的个人修养特别是思想道德水平来实现。也就是说，对于西方的形而上学来说，"求知"或"解释世界"是它的首要目的，但并不是唯一目的。总的看来，其研究目的可以分为四个方面：求知、学以致用、赞美现实、社会批判。这四方面的特征在现当代表现得尤为明显。

3. 研究领域

总的来看，西方的形而上学力图使自己成为"知识大全"，它的研究领域

---

① ［德］哈贝马斯：《后形而上学思想》，译林出版社 2001 年版，第 18 页。
② ［德］哈贝马斯：《后形而上学思想》，译林出版社 2001 年版，第 14 页。
③ ［德］哈贝马斯：《后形而上学思想》，译林出版社 2001 年版，第 152 页。

几乎涵盖主客观世界的各个方面,而不像有些人认为的那样只是对本体论和自然观的研究。古希腊哲学及其以后的西方哲学,在研究领域上除了研究自然,也研究人和社会。在研究内容上,除了研究“理念”、研究“绝对精神”,也研究道德和伦理。这个传统虽然由于中世纪哲学成为“神学的婢女”而中断,但文艺复兴以后又逐步得以恢复。到了近代以后,西方的形而上学再度树立自己“知识大全”的形象,费希特、康德、黑格尔都试图建立自己无所不包的哲学体系。到了现当代,西方的形而上学的研究领域进一步扩展,已经延伸到权力、意志、语言、宗教、民族、民生、生态等各个领域,使其“知识大全”的形象更加“丰满”。

4. 思维模式

西方形而上学作为传统形而上学的典型样式,先验的理论前提、单向逻辑推论和单向决定思维、两极对立的二分思维依然是其最主要的思维模式。黑格尔的辩证法虽然抛弃了两极对立的思想,但他主张从理念的自我运动产生出精神,始终把精神、理念放在不可动摇的首要位置,放在决定一切的位置,从绝对精神推演出一切,因而仍然是单向决定思维——一种单向决定的圆圈。这种单向决定的圆圈是线性单向决定思维的特殊形式,思维模式仍然是线性单向决定:A→B→C→D→……→A,只是有所改良而已。西方现代哲学中的“拒斥形而上学”运动和后现代哲学中的“激进的后现代主义”,则抛弃了黑格尔的辩证法,坚持绝对否定,是典型的二分对立思维;“建设性的后现代主义”,虽然对黑格尔的辩证法有所恢复,企图建立新的形而上学,但它仍然以否定“中心”、否定“基础”为理论前提,因而仍然没有从根本上摆脱传统形而上学的二分对立思维。

5. 研究方法

自中世纪以来,依靠纯粹概念的逻辑推论建立绝对体系,一直是西方形而上学的强项。时至今日,形式逻辑的方法,如分析与综合、归纳与演绎、单向绝对抽象、从概念推演世界、分门别类、套用原理或公式、直观,依然是西方形而上学的主要研究方法。

需要强调的是,西方哲学进入现代以来,强调“科学”、强调“实证”,虽然仍然是在运用形式逻辑的方法进行研究,但研究的领域已开始由“纯粹的思想领域”逐步向现实问题转移，对社会中的宗教问题、民族问题、民主问题、生态问题、女性问题等进行研究，已经取得了不少有价值的成果，只是由于受研究方法和人学立场所限，他们中的大多数很难从社会最大多数人的利益出发对社会问题进行调查研究，因而其研究结论往往只是代表一部分人的利益而非绝大多数人的利益。

6. 逻辑工具

发达的形式逻辑，是西方的形而上学赖以生存的法宝。

在古希腊时期，柏拉图就已开始提倡“对自己的观点作出逻辑的论证”①，亚里士多德创立的形式逻辑，为从纯粹概念出发的逻辑推论创造了条件，有力地推动了形而上学的发展。

在中世纪，经院哲学则把逻辑推论作为神学论证的工具，从设想、教义出发，以三段论式的纯概念游戏论证上帝的存在。

16—18 世纪的西方资产阶级，为把哲学从神学的禁锢中解放出来，在着重研究本体论的同时，把认识论的研究提到了重要地位。但哲学作为知识总汇的性质一直没有改变，形而上学虽然仍是只研究经验以外事物的学问，但其内涵却逐渐发生了变化。自然科学分门别类的研究方法开始被引入形而上学，形成了被黑格尔称为“旧形而上学”和“知性形而上学”的阶段。

到 19 世纪，黑格尔把康德之前的形而上学称为知性形而上学。在他看来，片面的东西并不是固定的、独立自存的东西，而是作为被扬弃了的东西包含在全体内。他不再回避矛盾，主张对立面的统一，由此形成了辩证逻辑，建立起了唯心主义的辩证法。这种辩证法之所以被称为是“唯心的”，是因为它仅仅是一种推演体系的概念辩证法，一种仅仅运用于“纯粹的思想领域”的辩证法，只会依靠逻辑进行脱离实际的概念推演。

自马克思主义把黑格尔的辩证法发展成唯物主义辩证法以后，西方哲学家受其人学立场的影响，为了反对马克思而把马克思和黑格尔的辩证法都一同抛弃了，从而导致了现当代西方哲学坚持全面否定、好走极端的不良倾向。

---

① 柏拉图在《理想国》中说：“一个人如果不能对自己的观点作出逻辑的论证，那么他能获得我们主张他们应当具备的任何知识吗？”（参见柏拉图：《理想国》，商务印书馆 1986 年版，第 297—298 页。）

因此，仅就逻辑工具而言，现当代西方哲学不论是“反形而上学”、“后形而上学”还是“新形而上学”，相比马克思和黑格尔而言都是一种倒退，是不足取的。至于现代西方哲学中的数理逻辑，仍然是形式逻辑的发展，在本质上并没有根本的变化。

7. 人学立场

西方传统形而上学的人学立场，主要表现为“抽象的人”掩盖下的人学立场。在古希腊时期是表现为“抽象的人”掩盖下的奴隶主阶级的立场，在中世纪主要表现为“抽象的人”掩盖下的僧侣阶级的立场，在近代时期主要是表现为“抽象的人”掩盖下的封建统治阶级的立场，在现当代主要表现为“抽象的人”掩盖下的资产阶级的立场。

8. 社会功能

西方的形而上学的社会功能，仍然可以从认识世界、改造主观世界及对社会现实进行解释和批判三个方面来考察。但西方的形而上学自产生以后，一直是在“抽象的人”掩盖下为作为少数派的统治阶级服务：在古希腊时期是为奴隶主阶级服务，在中世纪是为占统治地位的基督教和教会服务，在近代时期主要是为封建统治者服务，在现当代是为占统治地位的资产阶级服务。与马克思主义哲学不同的是，西方的形而上学基本上都是以“抽象的人”标志其人学立场，讲无阶级区别的“求知”、“真理”、“善”、“正义”、“自由”、“平等”、“博爱”等。实际上，在阶级社会，这种“抽象的人”只能是在与一般动物相区别的意义上的人，既不能反映阶级之间、多数人与少数人之间的经济和政治利益差别，也不能反映个人与个人之间的经济和政治利益差别，因而很难成为正确认识经济、社会发展状况的可靠立足点。

9. 学科体系

西方的形而上学的学科体系经历了一个由简单到复杂、由粗浅到严谨的发展过程。

早期希腊哲学，最初是与科学结为一体，是从原始的宗教和神话中产生的一种不同于幻想的思维形式。由于当时各种知识还没有形成各自独立的学科领域，哲学与具体科学还是浑然一体的。最早的哲学也是最早的科学，最早的哲学家也是最早的科学家。这时的哲学相当于“知识的总汇”。当时对“哲学”只有一个模糊的观念，认为它是对事物产生的原因作出理智的说明。但哲学的学科特征已经得到逐步显现：巴门尼德创立的“存在论”后经柏拉图（理念论）和亚里士多德等哲学家的丰富和发展，逐步演变成包括唯物主义和唯心主义两大阵营在内的西方哲学史上的“形而上学”传统；赫拉克利特的辩证法思想经苏格拉底的“理智助产术”和柏拉图的丰富发展，也形成了与机械论相对立的哲学派别。但此时的哲学形态的发展还处于自发阶段，只是以各种“学派”和“学说”的形式表现出来。

到古希腊哲学的中期，亚里士多德开始按照研究对象和目的的不同，对已形成的知识进行分类整理。亚里士多德还明确地把“第一哲学”（后人所说的“哲学”）与其他科学区别开来，认为“第一哲学”（后人称之为“形而上学”）是“研究‘实是之所以为实是’的学问①，即研究“本体及其属性”②的学问，而其他学科如数学、物理学等则“不是第一级智慧”③。他把当时的一切知识领域分成三个部门：①理论科学。包括第一哲学（形而上学）、数学、第二哲学（物理学或自然科学）。②实践科学。主要指伦理学和政治学。③创作科学，主要指诗学和修辞学。与此同时，亚里士多德把逻辑学作为研究一切知识的工具独立出来。亚里士多德的学生在编辑亚里士多德著作的时候，把“第一哲学”正式命名为“形而上学”，后人一直沿用至今。

西方社会进入近代之后，伴随着以实验为基础的自然科学的迅速兴起和巨大进步，哲学家们的研究目的也开始由对某些事物特殊原因的说明，转向寻求推动自然界和各类事物变化的最初根源、最高原因和终极实体，哲学和自然科学的研究范围也随之发生了相应改变。培根首先把人们获取知识的手段和方式作为科学分类的根据。他认为人类获取知识的方式共有记忆、想象和理性三种，相应地人类的知识也可以划分为史学、哲学和科学共三大类。在培根的分类表中，虽然与亚里士多德相似，科学和哲学仍然被划归为一个大类，认为二者的共同使命都是借助于理性手段获取知识，但形而上学（即亚里士多德的“第一哲学”）却不再是最高的学问，而只是自然科学下面的一个科目。

① ［古希腊］亚里士多德：《形而上学》，商务印书馆1959年版，第56页。
② ［古希腊］亚里士多德：《形而上学》，商务印书馆1959年版，第61页。
③ ［古希腊］亚里士多德：《形而上学》，商务印书馆1959年版，第61—62页。

这充分反映了当时科学居于崇高地位，而哲学必须为科学服务的社会状况。而狄德罗主编的《大百科全书》虽然也像培根一样根据人类获取知识的方式把人类知识体系划分为记忆、想象和理性三个部分，仍然把科学和哲学归入相同的科目，但他却不再把哲学归入科学的科目之下，而是像亚里士多德一样把科学归入哲学的科目之下。直到德国古典哲学的先驱莱布尼兹及其后继者沃尔夫，才真正奠定了新的哲学划分体系。沃尔夫的哲学不再是包罗一切知识范围，而主要是局限于人文科学和社会科学的范围内。他把哲学划分为理论哲学和实践哲学两大部分，其中理论哲学包含两大部分：①逻辑；②形而上学（甲、本体论；乙、理性心理学；丙、宇宙论；丁、自然神学）；实践哲学包括四大部分：①自然法；②道德学；③国际法或政治学；④经济学。沃尔夫的分类体系中明显缺少数学、物理学等自然科学，并不是由于当时德国这些学科还不够发达，而是由于在培根去世半个多世纪以后，西方哲学自身的发展已经达到了足以与自然科学划清界限的程度。

黑格尔在《哲学史讲演录》中论述"近代的形而上学"的特征时说："我们考察过的那些哲学形态，都带有这样一种性质：它们都是形而上学，都是从普遍的理智规定出发，把它们与经验、观察结合起来，总之是与经验的方式结合起来。在这种形而上学里，只有一个方面，就是使我们意识到思想的种种对立，并致力于解除矛盾。"①并认为在这种"近代的形而上学"里面，思维与存在（广延）、神与世界、善与恶、神的全能和前知与世界上的罪恶以及人的自由的矛盾，灵魂与精神、表象中的东西与物质的东西的对立，发展成了绝对的矛盾。神虽然被提出来当作这些矛盾的绝对解决，这种解决却仍然是抽象的、彼岸的。所有的矛盾都仍然存在于此岸，从内容上说，仍然没有得到解决。他把这种哲学称为"独断论"。黑格尔的《哲学全书》，则根据绝对精神的自我发展过程，把哲学划分为逻辑学（即《小逻辑》）、自然哲学、精神哲学三大部分。不过，黑格尔虽然把哲学与科学区分开来，但仍然极力追求"科学的哲学"，并把自己的《哲学全书》纲要命名为《哲学科学全书纲要》，称自己的哲学是"科学的科学"。黑格尔哲学局限于"纯粹的思想领域"，依靠逻辑推论建立体系，它

---

① ［德］黑格尔：《哲学史讲演录》第4卷，商务印书馆1978年版，第192页。

既是传统形而上学的“最后的最完善的形式”，也是新的哲学形态诞生的前奏。

19世纪中叶以后，现代西方哲学在一定程度上改变了局限于纯粹的思想领域，仅仅依靠逻辑推论获取知识的哲学传统，主张从现实中、从科学中获取知识，创建了实用主义、分析哲学等新的哲学流派。传统形而上学的衍生形态“反形而上学”、“后形而上学”、“新形而上学”相继产生，研究领域也延伸到权力、意志、语言、宗教、民族、民生、生态等各个领域，但它仍然没有从根本上摆脱西方的形而上学的传统学科体系。对于这些传统形而上学的衍生形态，本书在第七章已专门进行了研究，在此不再赘述。

第九章　唯物主义辩证法的四大基本样式及其演变(一)

——马克思创立的唯物主义辩证法

唯物主义辩证法作为一种崭新的哲学基本形态，自其产生以后，主要有四大基本样式：①马克思创立的唯物主义辩证法；②恩格斯创立的自然辩证法；③“苏联模式的马克思主义哲学教科书”(包括中国的马克思主义哲学教科书在内)；④中国模式的唯物主义辩证法，亦即中国特色的马克思主义哲学。马克思创立的唯物主义辩证法，是唯物主义辩证法四大基本样式中最原始也是最典型的样式，在哲学形态构成上不仅与传统形而上学形成了巨大差异，也与恩格斯创立的自然辩证法、苏联模式的马克思主义哲学教科书(包括中国的马克思主义哲学教科书在内)以及中国特色的马克思主义哲学有着比较明显的区别。

第一节　唯物主义辩证法的认识论基础——辩证法一般

马克思主义的辩证法，是由马克思和恩格斯创立的。其中包括马克思创立的唯物主义辩证法和恩格斯创立的自然辩证法两个部分，这两个部分相互补充，相互依存：马克思创立的唯物主义辩证法，站在绝大多数人的立场上，面向现实社会进行研究；而恩格斯创立的自然辩证法，则为马克思创立的唯物主义辩证法提供认识论基础。但不论是马克思创立的唯物主义辩证法,还是恩格斯创立的自然辩证法,都是建立在"辩证法一般"的基础之上。

一、辩证法的定义

考察唯物主义辩证法,不能不从辩证法的一般规定开始。通常认为,自从哲学产生以后,辩证法也随之产生,在古代中国和古希腊时期就已经有了朴素的辩证法。但是,人们对辩证法的界定是多种多样的,理解并不一致。对辩证法一般形式的理解,是把握唯物主义辩证法的理论前提和基础。在这方面,目前共有以下几种:

(1)《现代汉语词典》:"辩证法:①关于事物的矛盾的运动、发展、变化的一般规律的哲学学说。它是和形而上学相对立的世界观和方法论,认为事物处在不断运动、变化和发展之中,是由于事物内部的矛盾斗争所引起的。②特指唯物辩证法。"①

(2)柏拉图:"辩证法"就是"通过推理""达到每一事物的本质"的"思想的过程"②,在辩证法看来,"一切事物都是这样相反相生的"③。

(3)亚里士多德:"哲学在切求真知时,辩证法专务批评。"④

(4)康德:"古人以辩证法为学问技术名称之用者,其意义虽种种不一,吾人就彼等于此名词之实际用法所能断言者,则在古人,此名词绝不出乎'幻相逻辑'(Logik des Scheins)之外。此乃由于模拟逻辑所规定之严密方法,及以逻辑的论题掩藏其主张之空疏,而使其无知及伪辩具有真理外形之伪辩技术。……此种教导实有损哲学之尊严。故辩证法之名词,当别有一用法,已列在逻辑中为批判'辩证的幻相'之一种逻辑。本书中所用之辩证论,即属此种意义。"⑤

(5)黑格尔:"思维自身的本性即是辩证法,认识到思维作为理智必陷于

---

① 中国社会科学院语言研究所辞典编辑室编:《现代汉语词典》,商务印书馆 2016 年版,第 83 页。

② [古希腊]柏拉图:《理想国》,商务印书馆 1986 年版,第 298 页。

③ [古希腊]柏拉图:《斐多》,辽宁人民出版社 2000 年版,第 24 页。

④ [古希腊]亚里士多德:《形而上学》,商务印书馆 1959 年版,第 60 页。

⑤ [德]康德:《纯粹理性批判》,商务印书馆 1960 年版,第 78 页。

矛盾、必自己否定其自身这一根本见解，构成逻辑学上一个主要的课题。"①"辩证法却是一种内在的超越(immanente Hinausgehen)，由于这种内在的超越过程，知性概念的片面性和局限性的本来面目，即知性概念的自身否定性就表述出来了。凡有限之物莫不扬弃其自身。因此，辩证法构成科学进展的推动的灵魂。只有通过辩证法原则，科学内容才达到内在联系和必然性，并且只有在辩证法里，一般才包含有真实的超出有限，而不只是外在的超出有限。……辩证法是现实世界中一切运动、一切生命、一切事业的推动原则。同样，辩证法又是知识范围内一切真正科学认识的灵魂。"②"概念的运动原则不仅消溶而且产生普遍物的特殊化，我把这个原则叫做辩证法。……概念辩证法不仅在于产出作为界限和相反东西的规定，而且在于产出并把握这种规定的肯定内容和成果。只有这样，辩证法才是发展和内在的进展。其次，这种辩证法不是主观思维的外部活动，而是内容固有的灵魂，它有机地长出它的枝叶和果实来。"③

(6)马克思1873年在《资本论》第二版跋中说："辩证法在对现存事物的肯定的理解中同时包含对现存事物的否定的理解，即对现存事物的必然灭亡的理解；辩证法对每一种既成的形式都是从不断的运动中，因而也是从它的暂时性方面去理解；辩证法不崇拜任何东西，按其本质来说，它是批判的和革命的。"④

(7)恩格斯在《自然辩证法》中说："辩证法是关于普遍联系的科学。"⑤"辩证法"是"同形而上学相对立的关于联系的科学"⑥。在《反杜林论》中说："辩证法不过是关于自然界、人类社会和思维的运动和发展的普遍规律的科学。"⑦

(8)《哲学大辞典》："黑格尔关于辩证法是普遍联系和发展的思想，已成

① [德]黑格尔：《小逻辑》，商务印书馆1980年版，第51页。
② [德]黑格尔：《小逻辑》，商务印书馆1980年版，第176—177页。
③ [德]黑格尔：《法哲学原理》，商务印书馆1961年版，第38—39页。
④ 《马克思恩格斯选集》第2卷，人民出版社2012年版，第94页。
⑤ 《马克思恩格斯选集》第3卷，人民出版社2012年版，第841页。
⑥ 《马克思恩格斯选集》第3卷，人民出版社2012年版，第901页。
⑦ 《马克思恩格斯选集》第3卷，人民出版社2012年版，第520页。

为辩证法的通常涵义。在这个意义上,辩证法建立了三种基本的哲学形态:古代朴素辩证法,以黑格尔为代表的唯心主义辩证法和马克思主义的唯物主义辩证法。"①

(9)《辞海·哲学分册》:"辩证法:关于普遍联系和发展的哲学学说。"②

(10)《不列颠百科全书》:"辩证法:起初是一种逻辑论证的形式,现为用于包括思维、自然和历史三个领域中的一种哲学的进化概念。在古希腊思想家那里,辩证法的含义范围很广,从辩论中的一种反驳技巧,到对定义作系统评价的方法,直到研究和划分特殊概念和一般概念之间的关系。从斯多葛派哲学家时代起到中世纪末,辩证法一直同形式逻辑保持相当密切的联系。更晚近一些,康德用术语'先验辩证法'表示揭示假象的努力,这种假象出现在试图在现象和可能的经验范围之外应用知性的范畴和原则时。黑格尔把辩证法看作是:一个概念由于它自己固有的矛盾双方冲突的结果,而向它自己的反面转化的倾向。马克思和恩格斯采纳了黑格尔的定义,并应用于他们对社会和经济过程所作的解释中。"③

(11)马工程教材《马克思主义哲学》关于辩证法的定义与《不列颠百科全书》的定义如出一辙,该教材说:"'辩证法'一词源于古希腊文,其含义是进行谈话论辩、在辩论中揭露对方议论中的矛盾并通过克服这些矛盾以求得真理的方法。黑格尔不只是把辩证法看作一种揭露矛盾的思维方法,同时认为它也是适用于一切现象的普遍原则。在哲学史上,黑格尔首次明确地在世界观意义上使用辩证法概念。马克思、恩格斯在批判地继承黑格尔的唯心主义辩证法的基础上,创立了世界观与方法论相统一的唯物辩证法。"④

在这些定义中,以恩格斯在《反杜林论》中的定义最为准确,即"辩证法不过是关于自然界、人类社会和思维的运动和发展的普遍规律的科学"⑤。因

---

① 《哲学大辞典》上卷,上海辞书出版社 2007 年版,第 73 页。

② 《辞海·哲学分册》,上海辞书出版社 1986 年版,第 97 页。

③ 《不列颠百科全书(国际中文版修订版)》第 5 卷,中国大百科全书出版社 2007 年版,第 285 页。

④ 本书编写组:《马克思主义哲学(马克思主义理论研究和建设工程重点工程教材)》,高等教育出版社、人民出版社 2011 年版,第 12 页。

⑤ 《马克思恩格斯选集》第 3 卷,人民出版社 2012 年版,第 520 页。

为，马克思创立的唯物主义辩证法，不仅关注自然的运动和发展，也关注社会和思维的运动和发展。

二、辩证法的产生和发展

作为一种重要的哲学类型，辩证法几乎是与哲学一起产生的。它划分为三个时期：朴素辩证法、概念辩证法和唯物主义辩证法。

1. 辩证法的产生——朴素辩证法

朴素辩证法，亦称"古代辩证法"，在哲学产生之初就有了。朴素辩证法以中国的老子和古希腊的赫拉克利特为代表。关于朴素辩证法，《哲学大辞典》的定义是："朴素辩证法，亦称'古代辩证法'。产生于古代。辩证法的初级形态。……朴素辩证法在辩证法发展史上有特殊地位，它实质上是正确的世界观，它的许多丰富思想成为以后辩证法思想的历史源泉。它是通过直观天才地猜测到客观世界联系和发展的总图景，缺乏严格的科学证明；只是零星地列举一些矛盾、对立的现象或概念，不能完整地表述辩证法规律，不能系统地把握辩证法的总体，因而是不完备、不彻底的。"①恩格斯在《反杜林论》中也说："当我们通过思维来考察自然界或人类历史或我们自己的精神活动的时候，首先呈现在我们眼前的，是一幅由种种联系和相互作用无穷无尽地交织起来的画面，其中没有任何东西是不动的和不变的，而是一切都在运动、变化、生成和消逝。这种原始的、素朴的、但实质上正确的世界观是古希腊哲学的世界观，而且是由赫拉克利特最先明白地表述出来的：一切都存在而又不存在，因为一切都在流动，都在不断地变化，不断地生成和消逝。但是，这种观点虽然正确地把握了现象的总画面的一般性质，却不足以说明构成这幅总画面的各个细节；而我们要是不知道这些细节，就看不清总画面。"②总的说来，朴素辩证法之所以"朴素"，是由于它只是猜测到了事物的发展和联系，但尚不能真正地了解和把握事物发展变化的内在动力。

2. 辩证法的发展——概念辩证法

概念辩证法是一种严格遵循传统形而上学表达方式的辩证法，它的主要

---

① 《哲学大辞典》上卷，上海辞书出版社 2007 年版，第 73—74 页。

② 《马克思恩格斯选集》第 3 卷，人民出版社 2012 年版，第 395 页。

表达方式就是从纯粹概念出发,依靠逻辑推论建立体系,其典型代表就是黑格尔的《逻辑学》。它与一般的形而上学著作的不同之处,就在于它的逻辑工具由形式逻辑转化为辩证逻辑,强调概念的对立统一和发展过程。

概念辩证法有"唯心的概念辩证法"和"唯物的概念辩证法"两种。其中,"唯心的概念辩证法"亦即通常所说的唯心主义辩证法,是建立在唯心主义基础之上的概念辩证法,仍然属于传统形而上学的一种常见类型。这种学说的特点是在把客观物质世界归结为精神的基础上,论证精神、概念的运动和发展。① "唯心的概念辩证法"在古希腊时已经产生,以柏拉图的辩证法为代表。到西方近代哲学时期,由康德、费希特发扬光大,到黑格尔达到顶峰。"唯物的概念辩证法",即恩格斯所说的"自然辩证法"②,我们之所以将其冠名为"唯物的概念辩证法",主要目的就是将其与马克思的唯物主义辩证法相区别。"唯物的概念辩证法"是唯物主义基础之上的概念辩证法。这种学说的特点是在把客观物质世界归结为物质的基础上,论证客观物质世界的运动和发展,是在马克思主义哲学诞生以后才产生的。它虽然仍然运用传统形而上学的表达方式,但表达的是马克思主义的基本理论,因而仍然属于马克思主义哲学而不是传统形而上学。恩格斯的《自然辩证法》是"唯物的概念辩证法"最典型的代表。

从社会功能上看,"唯心的概念辩证法"主要是作为传统形而上学的逻辑工具,而"唯物的概念辩证法"则主要是以哲学教科书的形式表现出来,为马克思主义哲学提供认识论基础。

3. 辩证法的飞跃——唯物主义辩证法

唯物主义辩证法,亦称"马克思的辩证法",它是在对概念辩证法进行扬弃的基础上产生的。它除了遵循"唯物的概念辩证法"的一般规律以外,其最重要的基本精神共有两点:一是超出"纯粹思想的领域",坚持认识世界与改

---

① 参见《哲学大辞典》上卷,上海辞书出版社 2007 年版,第 74 页。

② 按照恩格斯的理解,《反杜林论》是恩格斯在批判杜林的哲学、经济学和社会主义学说的同时,"确立辩证的同时又是唯物主义的自然观和历史观",这就是所谓的"自然辩证法"。而在作者看来,与恩格斯的自然辩证法相比,马克思的辩证法是观察、分析和研究自然和社会的方法,而不是关于自然和社会发展的规律。马克思也有自然和社会发展规律的表述,而那仅仅是对辩证法研究结果的表述,而不是关于辩证法本身的论述。

造世界相统一、理论与实际相统一；二是坚持人民大众的立场，坚持一切从最广大人民的根本利益出发。概括为一句话，就是坚持理论与实际在最广大人民群众根本利益基础上的统一。① 唯物主义辩证法的创始人是马克思，恩格斯、列宁、毛泽东等都为唯物主义辩证法的发展作出了重大贡献。毛泽东还将唯物主义辩证法发展成为中国特色的马克思主义，使其在中国长盛不衰，直至今日。

这里必须注意的是，在辩证法产生和发展的三个阶段中，反辩证法的思维方式，即恩格斯和毛泽东所说的"形而上学的思维方式"，是自始至终与其相伴的。"形而上学的思维方式"是一种与辩证法相对立的并且与辩证法同样古老的思维方式，其最为显著的特征就是用孤立、片面、静止的观点看问题。对于这种思维方式，恩格斯在《反杜林论》中说："在形而上学者看来，事物及其在思想上的反映即概念，是孤立的、应当逐个地和分别地加以考察的、固定的、僵硬的、一成不变的研究对象。他们在绝对不相容的对立中思维；他们的说法是：'是就是，不是就不是；除此以外，都是鬼话。'在他们看来，一个事物要么存在，要么就不存在；同样，一个事物不能同时是自身又是别的东西。正和负是绝对互相排斥的；原因和结果也同样是处于僵硬的相互对立中。……形而上学的考察方式，虽然在相当广泛的、各依对象性质而大小不同的领域中是合理的，甚至必要的，可是它每一次迟早都要达到一个界限，一超过这个界限，它就会变成片面的、狭隘的、抽象的，并且陷入无法解决的矛盾，因为它看到一个一个的事物，忘记它们互相间的联系；看到它们的存在，忘记它们的生成和消逝；看到它们的静止，忘记它们的运动；因为它只见树木，不见森林。"② 也就是说，反辩证法的思维方式、"形而上学"的思维方式，并不是一无是处，它有着自己的适用范围。在其适用范围之内，它与辩证法一起构成了人类思维方式的整体，共同发挥着认识世界的作用。

这种"形而上学"的思维方式在近代西方的英国和法国达到了顶峰。恩格斯在《社会主义从空想到科学的发展》一文中有这样一段话："近代哲学虽

① 参见郝立忠：《作为哲学形态的唯物主义辩证法》，山东大学出版社2002年版。
② 《马克思恩格斯选集》第3卷，人民出版社2012年版，第396—397页。

然也有辩证法的卓越代表(例如笛卡尔和斯宾诺莎),但是特别由于英国的影响却日益陷入所谓形而上学的思维方式;18 世纪的法国人也几乎全都为这种思维方式所支配,至少在他们的专门哲学著作中是如此。"①需要指出的是,这并不是说这种形而上学的思维方式到西方近代哲学时期才产生,而是说这种思维方式在那时成了英国和法国占统治地位的思维方式。而与此同时,辩证法的思维方式即使是那个时候在两个国家也仍然存在。因为恩格斯紧接着就说:"可是,在本来意义的哲学之外,他们同样也能够写出辩证法的杰作;我们只要提一下狄德罗的《拉摩的侄子》和卢梭的《论人间不平等的起源》就够了。"②就像唯物主义与唯心主义是一对孪生兄弟一样,辩证法和"形而上学"思维方式也是一对孪生兄弟。而在现当代的西方哲学中,随着"反形而上学"和"后形而上学"思潮的兴起,辩证法的思维方式逐步衰微,而绝对否定的"形而上学"思维方式却又重新占据了统治地位。

第二节　唯物主义辩证法的产生、发展及其意义

唯物主义辩证法的产生是人类哲学史上的一个大事件。它的产生,不仅是辩证法自身由低级向高级的发展,也是哲学形态由低级向高级的一个飞跃——一个崭新的、能够与传统形而上学分庭抗礼的哲学基本形态从此正式诞生。

一、唯物主义辩证法产生的历史必然性

唯物主义辩证法的产生,既是社会历史发展的需要,也是自然科学和哲学社会科学,特别是哲学自身发展的必然结果。

1. 科学的发展为唯物主义辩证法的产生创造了条件

马克思和恩格斯所处的时代,自然科学取得了辉煌的成就,人们对自然有

---

① 《马克思恩格斯选集》第 3 卷,人民出版社 2012 年版,第 789 页。
② 《马克思恩格斯选集》第 3 卷,人民出版社 2012 年版,第 789—790 页。

了更加深刻的认识。在哲学社会科学领域，人们对资本主义社会的内在矛盾也开始有了比较清醒的认识，实证主义的科学方法被引入这个研究领域，并显示出巨大的威力。从实际和实验出发，从感性和具体出发，经过归纳、分析和综合抽象出科学概念，然后经逻辑推理走向理性具体以把握事物的本质的实证科学的方法，通行于包括哲学社会科学在内的整个科学界，这也为马克思唯物主义辩证法的产生提供了方法论的支持——它与唯物主义辩证法从实际出发、从现实出发的基本要求是一致的。

2. 严重的社会现实为唯物主义辩证法提供现实需求

在马克思生活的时代，资本主义在生产力迅速发展的同时，社会基本矛盾也日益尖锐。作为少数派的资产阶级掌握政权，生活腐化堕落；而作为多数派的无产阶级却生活困难，现实处境十分悲惨。“事实上情况是这样：积蓄的死劳动的利润，变得越来越大，资本家的资本也变得越来越大，而活劳动的工资，却变得越来越少，只靠工资为生的工人大众越来越多，越来越穷。”①也就是说：资本家利用自己手中“积蓄的死劳动”即资本，对工人进行越来越严重的盘剥，使工人阶级的队伍不断扩大，生活水平也越来越低。这就使人们对资产阶级所标榜的“为了大多数人的幸福”的真实性产生了怀疑，从而推动着以马克思为代表的一大批哲学家对社会现实问题进行理论的反思。在马克思看来，人民，只有人民，才是历史的主体和发展动力。在资本主义主宰着世界历史的时代，绝大多数人的幸福、全人类的解放，只有通过无产阶级的解放才能实现。因此，他抛弃了从抽象的人出发的人本主义理论，把自己的哲学与现实结合起来，从抽象的“人”转向对现实社会生活的科学描述与批判，转向为无产阶级解放事业服务。

3. 哲学理论的发展为终结传统形而上学奠定了基础

马克思之前的哲学家，在批判传统形而上学方面已经取得了相当大的成绩。如康德批判以前欧洲理性派哲学家，认为他们在没有详细探讨人的理性认识的性质和适用范围情况下，就肯定理性认识的可靠性和确定性，不适当地扩大了理性的运用范围。他试图抛弃“旧形而上学”，建立起所谓未来的新的

① 《马克思恩格斯选集》第2卷，人民出版社2012年版，第71页。

形而上学。费希特反对康德把导致“二律背反”的认识过程中的辩证矛盾视为“纯粹理性”所陷入的谬误,认为这种辩证矛盾是存在和认识所固有的实在过程,把康德的二元论改变为主观唯心论,发展了认识主体的能动方面。与此同时,他也看到了理论认识与实践的统一性,认为并不是理论能力使实践能力成为可能,相反地,是实践能力才使理论能力成为可能。黑格尔使用辩证逻辑进行概念推演,解决了传统形而上学单一使用形式逻辑而导致的绝对肯定或绝对否定以及用静止和僵化的观点看问题等重大缺陷。费尔巴哈从批判基督教的本质入手,开始了对传统形而上学歪曲理论与现实关系的批判,力图建立一种从现实出发的“新哲学”——“这种哲学,是从思想之对立物,即从物质、实质、感觉中产生出思想,并且,在通过思维过程来规定对象以前,先就与对象发生感性的,也即受动的、领受的关系”①。但是,由于费尔巴哈并没有从根本上摆脱传统形而上学的思维模式,仍然坚持从头脑中产生出思想,其“从物质、实质、感觉中产生出思想”的想法只能是停留在抽象的“词句”上,还不能真正实现理论与实际、哲学与现实的统一。

以上哲学家对传统形而上学的批判,特别是费尔巴哈新唯物主义的出现,已经使传统形而上学的缺陷基本上暴露出来。以一个全新的哲学形态来取代传统形而上学,已经成了哲学发展的必然趋势。这就为马克思的唯物主义辩证法的产生奠定了坚实的哲学基础。正如马克思在《关于费尔巴哈的提纲》中所说:“自从发现神圣家族的秘密在于世俗家庭之后,世俗家庭本身就应当在理论上和实践中被消灭。”②德国古典哲学家揭露了传统形而上学的病症,而马克思和恩格斯则敲响了传统形而上学的丧钟。

二、唯物主义辩证法的产生过程及阶段划分

关于马克思的思想发展过程,曾有“两个马克思”(青年马克思和老年马克思)的说法,认为青年马克思和老年马克思有着截然不同的区别。这样说不是一点道理都没有,因为任何一个思想家的思想都必然有一个由不成熟到

① 费尔巴哈:《基督教的本质》第二版序言,商务印书馆 1984 年版,第 15 页。
② 《马克思恩格斯选集》第 1 卷,人民出版社 2012 年版,第 134—135 页。

成熟的发展过程。但如果只是由于马克思在从青年到老年的过程中思想具有差别,就把青年马克思和老年马克思截然对立起来,则未免太过分了。因为不可否认的是,从青年时期到老年时期,马克思的思想都有一条主线贯穿于其中,这就是:理论与实际的统一,哲学与现实的统一,哲学为现实服务、为无产阶级服务、为改造旧世界服务。一句话:在认识世界的基础上改造世界,为了广大人民的根本利益去认识世界和改造世界。可以说,马克思的理论活动和革命实践活动,从一开始就是同无产阶级的解放事业紧密联系在一起的。他在批判地吸收人类文明一切优秀成果的基础上,创立了与传统形而上学截然不同的哲学基本形态——唯物主义辩证法,并把它运用于改造现实社会亦即资本主义社会的活动当中去。

总的看来,马克思思想由形而上学向唯物主义辩证法的转变大体可以划分为以下几个阶段。

第一个阶段:1842 年以前,是唯物主义辩证法的萌芽时期。马克思初步探讨了哲学与现实的关系问题,认识到哲学必然要同外部世界发生关系,变成一种实践力量。这是唯物主义辩证法的萌芽,触及了唯物主义辩证法与传统形而上学的根本对立的焦点——理论和现实的关系问题。但只是限于理论上的探讨,并在一定程度上受传统形而上学的影响。

在这一时期,马克思的代表性著作是 1841 年 4 月的博士论文《德谟克利特的自然哲学和伊壁鸠鲁的自然哲学的差别》。在这篇论文中,马克思主要讨论的是哲学与世界的关系问题,是哲学世界化和世界哲学化的问题,而不是自然哲学中的本体论问题和自然科学中的认识论问题。在文章中,马克思深刻地分析了人与自然、自我意识与客观现实、哲学和世界的辩证关系,认为"在自身中变得自由的理论精神成为实践力量,作为意志走出阿门塞斯冥国,面向那存在于理论精神之外的尘世的现实,——这是一条心理学规律"①。指出作为一种意志力量,哲学必然要同外部世界发生关系,变成一种实践力量。哲学体系同世界的关系就是一种反映的关系。当哲学作为意志反对现象世界的时候,体系便被降低为一个抽象的整体。哲学体系必须转向外部,在现实中

① 《马克思恩格斯全集》第 1 卷,人民出版社 1995 年版,第 75 页。

实现自己。哲学的实现同时也就是它的丧失,世界的哲学化同时也就是哲学的世界化。虽然这时马克思对问题的理解还没有完全脱离唯心主义的影响,但以实践作为中介对主体和客体关系的辩证认识,却为正确理解主体的能动作用开辟了道路。

在这篇论文中,马克思已经发现了传统形而上学必然导致"哲学与世界的一种颠倒关系和敌对的分裂",指出:"那个起初表现为哲学同世界的一种颠倒关系和敌对的分裂的东西,后来就成为个别的哲学的自我意识本身中的一种分裂,而最后便表现为哲学的一种外部分裂和二重化,表现为两个对立的哲学派别。"①认为自我意识应该把世界"从非哲学中解放出来,同时也就是把它们自己从作为一定的体系束缚它们的哲学中解放出来",把由"一般原则和目的"推出世界的传统形而上学再"颠倒"过来②。这使他从哲学生涯的开始,便投入到反对传统形而上学的斗争当中。

第二个阶段:从 1842 年年初至 1844 年年底,是马克思开始由传统形而上学向唯物主义辩证法转变的时期。这一时期,他对现实社会的政治经济问题、意识形态,对传统形而上学在政治经济领域的现实表现给予了批判,明确把黑格尔哲学纳入形而上学的范围,但并不认为费尔巴哈哲学是形而上学,并且在许多地方是借用费尔巴哈的词句来批判黑格尔。这一个时期,费尔巴哈在马克思由传统形而上学向唯物主义辩证法的转变中起到了相当大的作用。这一时期的代表性著作是在 1842 年给卢格的信以及发表于《德法年鉴》上的《论犹太人问题》和《黑格尔法哲学批判》及其导言,《1844 年经济学哲学手稿》以及马克思与恩格斯在 1844 年 9—11 月合写的《神圣家族》。

这一时期,马克思在 1843 年撰写的《〈黑格尔法哲学批判〉导言》当中,对黑格尔法哲学进行了批判,这对他由形而上学向唯物主义辩证法的转变起了重要作用。在这篇导言中,马克思提出了从市民社会出发来解释国家、法和理性的科学历史观,从而开始了由传统形而上学向唯物主义辩证法的全面过渡:在对无产阶级历史使命的认识上,马克思明确提出了"彻底的革命、全人类的

---

① 《马克思恩格斯全集》第 1 卷,人民出版社 1995 年版,第 77 页。
② 参见《马克思恩格斯全集》第 1 卷,人民出版社 1995 年版,第 76—77 页。

解放”问题，并且认为要完成这一任务，就“要使人民革命同市民社会特殊阶级的解放完全一致”，这个“特殊的等级”“就是**无产阶级**”①。“无产阶级宣告**迄今为止的世界制度的解体**，只不过是揭示**自己本身的存在的秘密**，因为它就**是**这个世界制度的**实际**解体。”②在哲学与现实的关系问题上，马克思认为：“光是思想力求成为现实是不够的，现实本身应当力求趋向思想。”③进而提出了“武器的批判”（群众实践）和“批判的武器”（哲学批判）的关系问题，认为“批判的武器当然不能代替武器的批判，物质力量只能用物质力量来摧毁；但是理论一经掌握群众，也会变成物质力量。理论只要说服人[ad hominem]，就能掌握群众；而理论只要彻底，就能说服人[ad hominem]。所谓彻底，就是抓住事物的根本。而人的根本就是人本身。”④在人的本质以及人与社会关系问题的认识上，马克思已经由抽象的人转向现实的人，认为“人不是抽象的蛰居于世界之外的存在物。人就是**人的世界**，就是国家，社会。这个国家、这个社会产生了宗教，一种**颠倒的世界意识**，因为它们就是**颠倒的世界**”⑤。不是宗教创造了人，而是人创造了宗教，创造了国家、社会。在对哲学的任务的认识上，马克思发生了两个转折：一是由对天国的批判变成对尘世的批判、对现实的批判：“**真理的彼岸世界**消逝以后，**历史的任务**就是确立**此岸世界的真理**。人的自我异化的**神圣形象**被揭穿以后，揭露具有**非神圣形象**的自我异化，就成了为历史服务的**哲学**的迫切**任务**。于是，对天国的批判变成对尘世的批判，**对宗教的批判**变成**对法的批判**，**对神学的批判**变成**对政治的批判**。”⑥二是明确提出了哲学的现实化问题，提出哲学在改造世界方面的作用：“哲学把无产阶级当做自己的**物质**武器，同样，无产阶级也把哲学当做自己的**精神**武器；思想的闪电一旦彻底击中这块素朴的人民园地，**德国人**就会解放成为**人**。”⑦并认为“哲学不消灭无产阶级，就不能成为现实；无产阶级不把哲学变成现实，就

---

① 《马克思恩格斯选集》第1卷，人民出版社2012年版，第13—15页。
② 《马克思恩格斯选集》第1卷，人民出版社2012年版，第15页。
③ 《马克思恩格斯选集》第1卷，人民出版社2012年版，第11页。
④ 《马克思恩格斯选集》第1卷，人民出版社2012年版，第9—10页。
⑤ 《马克思恩格斯选集》第1卷，人民出版社2012年版，第1页。
⑥ 《马克思恩格斯选集》第1卷，人民出版社2012年版，第2页。
⑦ 《马克思恩格斯选集》第1卷，人民出版社2012年版，第16页。

不可能消灭自身”①。

马克思从 1844 年起开始把目光投向经济领域,关注经济领域的根本性问题,《1844 年经济学哲学手稿》就是他批判地研究德国哲学、资产阶级政治经济学和空想社会主义的最初成果。马克思用当时德国哲学界广泛使用的异化概念分析社会关系,提出了异化劳动的概念。他认为私有财产既是一切异化特别是劳动异化的基础和原因,又是劳动异化的结果,只有扬弃私有财产才能结束异化劳动,才会消除产生私有财产的条件。并在此基础上关注“现实中的矛盾”、“无产和有产的对立”以及“私有制和劳动”,阐述了自己对“共产主义”的理解。在这部著作中,马克思非常赞赏费尔巴哈的唯物主义,认为“对国民经济学的批判,以及整个实证的批判,全靠**费尔巴哈**的发现给它打下真正的基础。从费尔巴哈起才开始了**实证的**人道主义的和自然主义的批判”②。不仅如此,在对旧哲学、对黑格尔辩证法的批判方面,“**费尔巴哈**是唯一对黑格尔辩证法采取**严肃的**、**批判的**态度的人;只有他在这个领域内作出了真正的发现,总之,他真正克服了旧哲学”③,“从根本上推翻了旧的辩证法和哲学”④,“创立了**真正的唯物主义**和**实在的科学**,因为费尔巴哈使社会关系即‘人与人之间的’关系也同样成为理论的基本原则”⑤。马克思借助费尔巴哈反对宗教唯心主义和哲学唯心主义时所阐发的原则,把人看成自然界的特殊的、有意识的存在物,认为唯有比费尔巴哈更彻底的自然主义或人道主义,才能真正摆脱传统形而上学——不论是形而上学中的唯物主义,还是形而上学中的唯心主义。因此,马克思强调:“我们在这里看到,彻底的自然主义或人道主义,既不同于唯心主义,也不同于唯物主义,同时又是把这二者结合起来的真理。我们同时也看到,只有自然主义能够理解世界历史的行动。”⑥创立一种新的哲学,克服传统形而上学中唯物主义和唯心主义的缺陷的想法已经

① 《马克思恩格斯选集》第 1 卷,人民出版社 2012 年版,第 16 页。
② 《马克思恩格斯文集》第 1 卷,人民出版社 2009 年版,第 112 页。
③ 《马克思恩格斯文集》第 1 卷,人民出版社 2009 年版,第 199 页。
④ 《马克思恩格斯文集》第 1 卷,人民出版社 2009 年版,第 198 页。
⑤ 《马克思恩格斯文集》第 1 卷,人民出版社 2009 年版,第 200 页。
⑥ 《马克思恩格斯文集》第 1 卷,人民出版社 2009 年版,第 209 页。

跃然纸上。与此同时,马克思对传统形而上学的代表——黑格尔哲学进行了批判,揭露了其传统形而上学的本质。在《1844年经济学哲学手稿》的最后部分,马克思专门用一章来谈如何对待黑格尔的辩证法的问题。马克思利用了费尔巴哈的积极成果,站在反对传统形而上学的立场上对黑格尔哲学进行批判。这时,他对黑格尔哲学的合理成分和保守方面已经有了比较成熟的看法。他着重分析和批判了黑格尔的《精神现象学》,认为《精神现象学》是"黑格尔哲学的真正诞生地和秘密",是理解黑格尔哲学奥秘的关键。马克思指出,黑格尔的历史是从头脑中产生出来的历史:"因为黑格尔根据否定的否定所包含的肯定方面把否定的否定看成真正的和唯一的肯定的东西,而根据它所包含的否定方面把它看成一切存在的唯一真正的活动和自我实现的活动,所以他只是为历史的运动找到**抽象的**、**逻辑的**、**思辨的**表达,这种历史还不是作为既定的主体的人的**现实**历史,而只是人的**产生的活动**、人的**形成的历史**。"①因此,黑格尔的现象学"汇集了思辨的一切幻想"②。马克思指出,"现代德国的批判"③仍然是在不自觉地沿用黑格尔的概念辩证法,他们在"如何对待黑格尔的**辩证法**这一**表面上看来是形式**的问题,而实际上是**本质的**问题,则完全缺乏认识。对于现代的批判同黑格尔的整个哲学,特别是同辩证法的关系问题是如此缺乏认识,以致像**施特劳斯和布鲁诺·鲍威尔**这样的批判家仍然受到黑格尔逻辑学的束缚"④。强调自己的哲学与"当代批判的神学家"的根本区别就在于:"**神学的批判**……归根结底不外是旧**哲学的**、特别是**黑格尔的超验性**被歪曲为**神学漫画**的顶点和结果。"⑤而马克思自己的哲学则是从现实出发,"从**当前的**国民经济的事实出发"⑥,强调"实践的人的活动"⑦、"通过实践创造**对象世界**,**改造**无机界"⑧,等等,从而使自己的哲学与以黑格尔为代表的

① 《马克思恩格斯文集》第1卷,人民出版社2009年版,第201页。
② 《马克思恩格斯文集》第1卷,人民出版社2009年版,第213页。
③ "现代德国的批判",意指下文提到的"像施特劳斯和布鲁诺·鲍威尔这样的批判家"。
④ 《马克思恩格斯文集》第1卷,人民出版社2009年版,第197页。
⑤ 《马克思恩格斯文集》第1卷,人民出版社2009年版,第113页。
⑥ 《马克思恩格斯文集》第1卷,人民出版社2009年版,第156页。
⑦ 《马克思恩格斯文集》第1卷,人民出版社2009年版,第160页。
⑧ 《马克思恩格斯文集》第1卷,人民出版社2009年版,第162页。

传统形而上学划清了界限。

马克思在1844年9—11月与恩格斯合写的《神圣家族》[①]一书中,从青年黑格尔派与黑格尔哲学在传统形而上学上的一致性入手,对他们进行了深刻的批判。马克思指出:传统形而上学的特征就是从思想中产生出现实事物,“黑格尔在《现象学》中用**自我意识**来代替人”,“最后完全合乎逻辑地用‘**绝对知识**’来代替全部人的现实”,“黑格尔把人变成**自我意识的人**,而不是把自我意识变成**人的自我意识**,变成现实的、因而是生活在现实的对象世界中并受这一世界制约的人的**自我意识**。黑格尔把世界**头足倒置**,……整部《现象学》就是要证明**自我意识是唯一的、无所不包的实在**”[②]。马克思批评说:“**黑格尔的历史观以抽象的或绝对的精神**为前提,这种精神是这样发展的:人类只是这种精神的无意识或有意识的承担者,即**群众**。……人类的历史变成了**抽象精神的历史**,因而也就变成了同现实的人相脱离的人类**彼岸精神**的历史。”[③]这也是从布鲁诺·鲍威尔与黑格尔在历史观上的共同特征。不仅如此,布鲁诺·鲍威尔甚至“宣布‘**群众**’是**精神的真正敌人**”[④]。与这两个人不同,马克思把人民群众视为历史活动的主体,认为“历史活动是群众的活动,随着历史活动的深入,必将是群众队伍的扩大”[⑤]。在此基础上,马克思进一步指出:“思想本身根本**不能实现什么东西**。思想要得到实现,就要有使用实践力量的人。”[⑥]“其实,正是人,现实的、活生生的人在创造这一切,拥有这一切并且进行战斗。……历史不过是追求着自己目的的人的活动而已。”[⑦]对此,恩格斯在《路德维希·费尔巴哈和德国古典哲学的终结》中说:“要从费尔巴哈的抽象的人转到现实的、活生生的人,就必须把这些人作为在历史中行动的人去考察。而费尔巴哈反对这样做……但是,费尔巴哈没有走的一步,必定会有人

---

① 在《神圣家族》一书的撰写过程中,马克思与恩格斯共同拟定了全书的大纲,并合写了序言。马克思承担了全书绝大部分写作任务。(参见《马克思恩格斯文集》第1卷,人民出版社2009年版,第793页注126。)

② 《马克思恩格斯文集》第1卷,人民出版社2009年版,第357—358页。

③ 《马克思恩格斯文集》第1卷,人民出版社2009年版,第291—292页。

④ 《马克思恩格斯文集》第1卷,人民出版社2009年版,第289页。

⑤ 《马克思恩格斯文集》第1卷,人民出版社2009年版,第287页。

⑥ 《马克思恩格斯文集》第1卷,人民出版社2009年版,第320页。

⑦ 《马克思恩格斯文集》第1卷,人民出版社2009年版,第295页。

走的。对抽象的人的崇拜,即费尔巴哈的新宗教的核心,必定会由关于现实的人及其历史发展的科学来代替。这个超出费尔巴哈而进一步发展费尔巴哈观点的工作,是由马克思于1845年在《神圣家族》中开始的。"①实际上,就马克思对费尔巴哈的超越来说,除了在考察现实社会时人学立场发生"从抽象的人"到"现实的人"的转变之外,更重要的是从单纯"认识世界"到在认识世界的基础上"改造世界"的转变!关于这一点,马克思自己在《关于费尔巴哈的提纲》中已经讲得非常清楚了。

第三个阶段:1845年至1846年5月,马克思基本上完成了由传统形而上学向唯物主义辩证法的转变。这一时期,马克思侧重于对德国的意识形态及其理论根源——传统形而上学的批判。他不仅把自己的辩证法与黑格尔的唯心主义辩证法从根本上区别开来,而且把费尔巴哈哲学也视为形而上学。唯物主义辩证法作为一个全新的哲学形态,总体框架已基本形成。代表性著作有1845年春撰写的《关于费尔巴哈的提纲》、1845年秋至1846年5月在布鲁塞尔与恩格斯共同撰写的《德意志意识形态》。

在马克思1845年春撰写的、被恩格斯称为"包含着新世界观的天才萌芽的第一个文件"的《关于费尔巴哈的提纲》中,马克思明确指出了自己的哲学与传统形而上学的根本区别,认为:"从前的一切唯物主义(包括费尔巴哈的唯物主义)的主要缺点是:对对象、现实、感性,只是从**客体的**或者**直观**的形式去理解,而不是把它们当做**感性的人的活动**,当做**实践**去理解,不是从主体方面去理解。因此,和唯物主义相反,唯心主义却把**能动的**方面抽象地发展了,当然,唯心主义是不知道现实的、感性的活动本身的。"②从而把自己的哲学与传统形而上学区别开来:在传统形而上学中,包括费尔巴哈在内的唯物主义,忽视人的能动性、忽视实践,因而导致了理论与实际、与实践的割裂;而包括黑格尔在内的唯心主义,只是"抽象地发展了"能动的方面,从思想中产生出一切,因而"不知道现实的、感性的活动本身",同样导致了理论与实际与实践的割裂。而与传统形而上学相反,马克思则认为:必须把理论与实际统一起

① 《马克思恩格斯选集》第4卷,人民出版社2012年版,第247页。
② 《马克思恩格斯选集》第1卷,人民出版社2012年版,第133页。

来——“哲学家们只是用不同的方式**解释**世界,问题在于**改变**世界”①。既要认识世界,看到实践是认识的基础和标准,世界的可知性、思维的“客观真理性”都必须由实践来证明,又要改造世界,看到人的实践既改变周围环境也改变人自身,既改造客观世界又能创造新的认识。在这个《关于费尔巴哈的提纲》中,马克思已明显把费尔巴哈归于形而上学,并在对费尔巴哈的形而上学进行全面批判的基础上,提出了自己的相应观点,划清了二者的界限:在对实践活动的理解上,马克思的实践是改造世界的活动,是“环境的改变和人的活动或自我改变的一致”,是“**革命的实践**”②,而“费尔巴哈……仅仅把理论的活动看做是真正人的活动,而对于实践则只是从它的卑污的犹太人的表现形式去理解和确定。因此,他不了解‘革命的’、‘实践批判的’活动的意义”③。在这一点上,费尔巴哈的观点与黑格尔把劳动理解为“**抽象的精神的**劳动”④是有一致性的。在对“人的本质”的理解上,马克思认为人是现实的人,“人的本质不是单个人所固有的抽象物,在其现实性上,它是一切社会关系的总和”⑤。而在费尔巴哈那里,“本质只能被理解为‘类’,理解为一种内在的、无声的、把许多个人**自然地**联系起来的普遍性”⑥。在对社会生活的考察上,马克思从实践的角度进行考察,认为“全部社会生活在本质上是**实践的**”⑦,而费尔巴哈“至多也只能达到对单个人和市民社会的直观”⑧。在理论与实际的关系上,马克思坚持认识、理论与实践的统一,认为“人的思维是否具有客观的[gegenständliche]真理性,这不是一个理论的问题,而是一个**实践的**问题。人应该在实践中证明自己思维的真理性,即自己思维的现实性和力量,自己思维的此岸性。关于思维——离开实践的思维——的现实性或非现实性的争论,

① 《马克思恩格斯选集》第1卷,人民出版社2012年版,第136页。
② 《马克思恩格斯选集》第1卷,人民出版社2012年版,第134页。
③ 《马克思恩格斯选集》第1卷,人民出版社2012年版,第133页。
④ 《马克思恩格斯文集》第1卷,人民出版社2009年版,第205页。
⑤ 《马克思恩格斯选集》第1卷,人民出版社2012年版,第135页。
⑥ 《马克思恩格斯选集》第1卷,人民出版社2012年版,第135页。
⑦ 《马克思恩格斯选集》第1卷,人民出版社2012年版,第135页。
⑧ 《马克思恩格斯选集》第1卷,人民出版社2012年版,第136页。

是一个纯粹**经院哲学**的问题"①。同时,他还批判了费尔巴哈理论与实践相脱离的倾向,指出:"凡是把理论引向神秘主义的神秘东西,都能在人的实践中以及对这种实践的理解中得到合理的解决。"②在对各自哲学的理解上,马克思把自己的哲学称为"把感性理解为实践活动的唯物主义"③、"新唯物主义",认为"新唯物主义的立脚点""是人类社会或社会的人类"④,不只是要认识世界,更重视改造世界;而把费尔巴哈的哲学称为"直观的唯物主义"⑤、"旧唯物主义",认为"旧唯物主义的立脚点是市民社会"⑥,它同所有传统形而上学一样,只是在用不同的方式认识世界。这样,马克思就把自己的哲学与传统形而上学,特别是费尔巴哈哲学区分开来,从而为唯物主义辩证法的创立奠定了基础,开辟了道路。

1844 年 8 月底,马克思与恩格斯在巴黎会面以后,由于观点完全一致,二人于 1845 年秋至 1846 年 5 月在布鲁塞尔共同撰写了《德意志意识形态》。马克思在 1859 年谈到该书时曾经指出:"1845 年春……我们决定共同阐明我们的见解与德国哲学的意识形态的见解的对立,实际上是把我们从前的哲学信仰清算一下。这个心愿是以批判黑格尔以后的哲学的形式来实现的。"⑦把表述自己哲学思想的转变以及批判传统形而上学及其在当时的表现——"黑格尔以后的哲学",作为全书的指导思想。《德意志意识形态》是哲学走向现实的典范,是唯物主义辩证法基本精神的重要体现。在这部著作中,马克思和恩格斯对社会发展的客观规律进行了分析,提出政治和思想的上层建筑,归根结底是由历史发展的每一阶段上所存在的经济关系来决定的。并在此基础上揭示了国家的作用,指出国家是经济上占统治地位的阶级的权力工具、阶级斗争和革命是历史发展的动力,揭示了无产阶级的世界历史作用,并首次提出了无产阶级夺取政权的任务。与此同时,马克思和恩格斯从他们所制订的新世界

---

① 《马克思恩格斯选集》第 1 卷,人民出版社 2012 年版,第 134 页。
② 《马克思恩格斯选集》第 1 卷,人民出版社 2012 年版,第 135—136 页。
③ 《马克思恩格斯选集》第 1 卷,人民出版社 2012 年版,第 136 页。
④ 《马克思恩格斯选集》第 1 卷,人民出版社 2012 年版,第 136 页。
⑤ 《马克思恩格斯选集》第 1 卷,人民出版社 2012 年版,第 136 页。
⑥ 《马克思恩格斯选集》第 1 卷,人民出版社 2012 年版,第 136 页。
⑦ 《马克思恩格斯选集》第 2 卷,人民出版社 2012 年版,第 4 页。

观的基本原理出发,对传统形而上学局限于“纯粹的思想领域”①,站在“黑格尔体系的基地上”②,“只为反对‘**词句**’而斗争”、“只是用词句来反对这些词句”、“绝对不是反对现实的现存世界”的做法③进行了彻底的批判。全书不仅对黑格尔及青年黑格尔派的全部哲学,特别是青年黑格尔分子鲍威尔和施蒂纳的哲学观点、经济学观点和社会学观点进行了进一步批判,而且对费尔巴哈哲学的批判也上升到了一个新的高度。

第四个阶段:1846 年 6 月至 1848 年 3 月,是马克思运用唯物主义辩证法认识世界和改造世界的时期。马克思充分发挥唯物主义辩证法的功能,致力于在认识世界的基础上改造世界的伟大实践,坚持哲学为现实服务、为社会发展服务的方针,努力探讨资本主义社会的发展规律,探索无产阶级的解放道路,发现了唯物主义历史观和剩余价值学说④,为马克思主义政治经济学和科学社会主义理论奠定了基础。唯物主义辩证法的形成过程在这个时期已全面完成,并在很大程度上解决了唯物主义辩证法的现实化问题。这一时期代表性的著作是《哲学的贫困》以及与恩格斯合写的《共产党宣言》,这已经是成熟的马克思主义的著作了⑤。

---

① 马克思在《德意志意识形态》中批判青年黑格尔派的“哲学叫卖”时说:“据说这一切都是在纯粹的思想领域中发生的。”(《马克思恩格斯选集》第 1 卷,人民出版社 2012 年版,第 142 页。)

② 《马克思恩格斯选集》第 1 卷,人民出版社 2012 年版,第 143 页。

③ 《马克思恩格斯选集》第 1 卷,人民出版社 2012 年版,第 145 页。

④ 对马克思的这两个伟大发现,恩格斯在《社会主义从空想到科学的发展》中说:“这两个伟大的发现——唯物主义历史观和通过剩余价值揭开资本主义生产的秘密,都应当归功于**马克思**。由于这两个发现,社会主义变成了科学”(《马克思恩格斯文集》第 3 卷,人民出版社 2009 年版,第 545—546 页)。

⑤ 马克思在《〈政治经济学批判〉序言》中,对《哲学的贫困》和《共产党宣言》在自己思想发展中的地位给予了很高的评价:“在我们当时从这方面或那方面向公众表达我们见解的各种著作中,我只提出恩格斯与我合著的《共产党宣言》和我自己发表的《关于自由贸易的演说》。我们见解中有决定意义的论点,在我的 1847 年出版的为反对蒲鲁东而写的著作《哲学的贫困》中第一次作了科学的、虽然只是论战性的概述。”(《马克思恩格斯选集》第 2 卷,人民出版社 2012 年版,第 4 页。)恩格斯在《〈反杜林论〉三个版本的序言》中也说:“论战转变成对马克思和我所主张的辩证方法和共产主义世界观的比较连贯的阐述,而这一阐述包括了相当多的领域。我们的这一世界观,首先在马克思的《哲学的贫困》和《共产主义宣言》中问世,经过足足 20 年的潜伏阶段,到《资本论》出版以后,就越来越迅速地为日益广泛的各界人士所接受。”(《马克思恩格斯选集》第 3 卷,人民出版社 2012 年版,第 383 页。)充分肯定了《哲学的贫困》和《共产党宣言》在马克思主义产生中的重要地位和作用。

马克思在1847年出版的《哲学的贫困》中，从理论与实际的关系的角度，彻底批判了蒲鲁东用“逻辑公式”说明“社会机体”的形而上学方法，提出了“每一个社会中的生产关系都形成一个统一的整体”的观点，要求把社会视为“体系”、“机体”及有机的整体，更全面更深刻地论证了唯物主义辩证法，进一步揭示了唯物主义辩证法与传统形而上学的对立。

在《共产党宣言》中，马克思和恩格斯从意识形态和现存社会制度两个方面对资本主义社会进行了批判，揭示了其必然发展的趋势，使唯物主义辩证法走向了现实化。一方面，《共产党宣言》的任务，“是宣告现代资产阶级所有制必然灭亡”①，是“向全世界公开说明自己的观点、自己的目的、自己的意图并且拿党自己的宣言来反驳关于共产主义幽灵的神话”②。书中分析了资本主义社会的阶级状况、经济状况，揭露了资本主义社会的基本矛盾，提出了无产阶级的历史使命，认为资本主义制度必然灭亡，号召“全世界无产者，联合起来”，③消灭“人对人的剥削”、“民族对民族的剥削”④。另一方面，针对“从宗教的、哲学的和一切意识形态的观点对共产主义提出的种种责难”，马克思和恩格斯认为：“人们的观念、观点和概念，一句话，人们的意识，随着人们的生活条件、人们的社会关系、人们的社会存在的改变而改变”，“精神生产随着物质生产的改造而改造”，“任何一个时代的统治思想始终都不过是统治阶级的思想”。⑤ 并进一步指出：“共产主义革命就是同传统的所有制关系实行最彻底的决裂；毫不奇怪，它在自己的发展进程中要同传统的观念实行最彻底的决裂”⑥，向作为传统形而上学的现实表现的资本主义意识形态，发起了有力的挑战。

第五个阶段：1849年以后，马克思对唯物主义辩证法进一步丰富和发展的时期。1849年以后，马克思通过对资本主义社会现实状况的批判分析，进一步完善了哲学与现实在人民根本利益基础上统一的思想，丰富和发展了唯

---

① 《马克思恩格斯选集》第1卷，人民出版社2012年版，第379页。
② 《马克思恩格斯选集》第1卷，人民出版社2012年版，第399页。
③ 《马克思恩格斯选集》第1卷，人民出版社2012年版，第435页。
④ 《马克思恩格斯选集》第1卷，人民出版社2012年版，第419页。
⑤ 《马克思恩格斯选集》第1卷，人民出版社2012年版，第419—420页。
⑥ 《马克思恩格斯选集》第1卷，人民出版社2012年版，第421页。

物主义辩证法。代表性著作为《〈政治经济学批判〉导言》《资本论》以及马克思的一系列书信。

马克思1859年7月22日致恩格斯的信,在商定《政治经济学批判》一书的书评时认为,该书"通过最简单的形式,即商品形式,阐明了资产阶级生产的特殊社会的,而决不是绝对的性质"①。强调该书是阐明特殊社会的性质,是从资本主义社会的具体情况出发,研究现实问题,而不是从传统形而上学的本体出发,不是阐明绝对的性质,不是建立绝对的体系和追求绝对的真理。

在1857年8月撰写的《〈政治经济学批判〉导言》中,马克思并不反对把社会当作主体,但认为"把社会当做一个单一的主体来考察,是对它作了不正确的考察;思辨式的考察"②。强调自己的研究是把社会主体视为在历史上不断发展的各种"复杂的社会形式",社会主体只有在一定的时代才直接就是"现代资产阶级社会",而"决不是像那些抹杀一切历史差别、把一切社会形式都看成资产阶级社会形式的经济学家所理解的那样"③。在这篇导言中,马克思还指出了自己的研究方法与黑格尔辩证法的区别:首先,研究的出发点是现实对象而不是概念,"摆在面前的对象,首先是**物质生产**"④。其次,研究的目的是"解释现实的关系",而不是"对概念作辩证的平衡"⑤。再次,在哲学与现实的关系上,马克思不仅要正确认识和解释世界,更重视在认识世界的基础上改造世界。马克思批判黑格尔的哲学,认为它不仅局限于认识世界,而且还是歪曲的、虚幻的认识:"黑格尔陷入幻觉,把实在理解为自我综合、自我深化和自我运动的思维的结果,其实,从抽象上升到具体的方法,只是思维用来掌握具体、把它当做一个精神上的具体再现出来的方式。但决不是具体本身的产生过程。"⑥资产阶级经济学家,只看到"生产的一切时代"的"共同标志""共同规定"⑦,而忽视了不同社会的差别,既不能用发展的眼光看待历史,也

① 《马克思恩格斯全集》第29卷,人民出版社1972年版,第445页。
② 《马克思恩格斯选集》第2卷,人民出版社2012年版,第694页。
③ 《马克思恩格斯选集》第2卷,人民出版社2012年版,第705页。
④ 《马克思恩格斯选集》第2卷,人民出版社2012年版,第683页。
⑤ 《马克思恩格斯选集》第2卷,人民出版社2012年版,第690页。
⑥ 《马克思恩格斯选集》第2卷,人民出版社2012年版,第701页。
⑦ 《马克思恩格斯选集》第2卷,人民出版社2012年版,第685页。

不能用发展的眼光看待现实。因而，不仅无法认识资本主义社会的“真实面目”，反而把它看作是永恒的。最后，马克思指出，政治经济学与其他社会科学一样，是对社会现实的反映，必须按照社会现实的真实面目来进行研究：“在研究经济范畴的发展时，正如在研究任何历史科学、社会科学时一样，应当时刻把握住：无论在现实中或在头脑中，主体——这里是现代资产阶级社会——都是既定的；因而范畴表现这个一定社会即这个主体的存在形式、存在规定、常常只是个别的侧面；因此，这个一定社会在科学上也决不是在把它当做这样一个社会来谈论的时候才开始存在的。”①并认为不能“把经济范畴按它们在历史上起作用的先后次序来排列”，而应“由它们在现代资产阶级社会中的相互关系决定”②。

在《资本论》第一卷1867年第一版序言中，马克思把“现实的人”进一步理解为“一定的阶级关系和利益的承担者”，“把经济的社会形态的发展理解为一种自然史的过程”，指出：“这里涉及的人，只是经济范畴的人格化，是一定的阶级关系和利益的承担者。我的观点是把经济的社会形态的发展理解为一种自然史的过程。不管个人在主观上怎样超脱各种关系，他在社会意义上总是这些关系的产物。”③从而进一步把自己与费尔巴哈和黑格尔区别开来。马克思强调理论与现实的相互作用，认为“一个社会即使探索到了本身运动的自然规律——本书的最终目的就是揭示现代社会的经济运动规律——，它还是既不能跳过也不能用法令取消自然的发展阶段。但是它能缩短和减轻分娩的痛苦”④。认识世界并不能代替改变世界，但改造世界必须以认识世界为基础。

在《资本论》第一卷1872年第二版跋中，马克思强调并阐述了自己的唯物主义辩证法与黑格尔辩证法的根本区别，强调自己的辩证法从根本上来说不仅和黑格尔的辩证方法不同，而且和它截然相反。二者的根本区别就在于：黑格尔把思维过程、观念视为现实事物的创造主，而现实事物只是思维过程的

① 《马克思恩格斯选集》第2卷，人民出版社2012年版，第706页。
② 《马克思恩格斯选集》第2卷，人民出版社2012年版，第708页。
③ 《马克思恩格斯选集》第2卷，人民出版社2012年版，第84页。
④ 《马克思恩格斯选集》第2卷，人民出版社2012年版，第83页。

外部表现。马克思则认为观念的东西不外是移入人的头脑并在人的头脑中改造过的物质的东西而已。马克思还指出:“辩证法在黑格尔手中神秘化了,但这决没有妨碍他第一个全面地有意识地叙述了辩证法的一般运动形式。在他那里,辩证法是倒立着的。必须把它倒过来,以便发现神秘外壳中的合理内核。”①既肯定黑格尔辩证法“神秘外壳中的合理内核”,又强调自己的辩证法与黑格尔辩证法的本质区别,力图“把它倒过来”。“辩证法,在其神秘形式上,成了德国的时髦东西,因为它似乎使现存事物显得光彩。辩证法,在其合理形态上,引起资产阶级及其空论主义的代言人的恼怒和恐怖,因为辩证法在对现存事物的肯定的理解中同时包含对现存事物的否定的理解,即对现存事物的必然灭亡的理解;辩证法对每一种既成的形式都是从不断的运动中,因而也是从它的暂时性方面去理解;辩证法不崇拜任何东西,按其本质来说,它是批判的和革命的。”②揭示了资产阶级及其代言人之所以对辩证法的“合理形态”——唯物主义辩证法感到“恼怒和恐怖”,根本原因就在于唯物辩证法否定了资产阶级制度的永恒性。同时,马克思还指出了研究方法与叙述方法的区别:“当然,在形式上,叙述方法必须与研究方法不同。研究必须充分地占有材料,分析它的各种发展形式,探寻这些形式的内在联系。只有这项工作完成以后,现实的运动才能适当地叙述出来。这点一旦做到,材料的生命一旦在观念上反映出来,呈现在我们面前的就好像是一个先验的结构了”③,认为叙述必须建立在正确的研究结论的基础上。

自1857年开始,直到1883年逝世,马克思一直在进行《资本论》的写作工作。《资本论》是一部具有划时代意义的巨著。在这部著作中,马克思运用唯物主义辩证法,从当时社会的绝大多数人——无产阶级的根本利益出发,在对当时资本主义社会的实际状况进行详细考察的基础上,对资本主义社会的基本矛盾进行深入分析,揭示了资本主义社会的经济运行规律以及资本主义产生、发展和灭亡的历史规律,并据此判断“以铁的必然性发生作用并且正在实

① 《马克思恩格斯选集》第2卷,人民出版社2012年版,第94页。
② 《马克思恩格斯选集》第2卷,人民出版社2012年版,第94页。
③ 《马克思恩格斯选集》第2卷,人民出版社2012年版,第93页。

现的趋势”①,论证了资本主义被共产主义取代的历史必然性,为科学社会主义奠定了坚实的理论基础,为全世界人民的社会主义革命和建设指明了方向。《资本论》的诞生,既证明了马克思创立的唯物主义辩证法在研究重大社会现实问题中的有效性,也体现了唯物主义辩证法理论与实际相统一、与人民根本利益相统一的基本精神,宣示了唯物主义辩证法作为崭新的哲学基本形态所具有的强大的生命力。

三、唯物主义辩证法产生的意义

马克思主义哲学的诞生,是人类哲学史上的一次最伟大的革命,是哲学基本形态的根本性变革,标志着人类哲学思维的发展进入了一个崭新的阶段。唯物主义辩证法产生的意义主要表现在以下方面:

(1)克服了传统形而上学从纯粹概念出发,理论脱离实际的根本缺陷,使哲学面向现实,研究和解决重大现实问题,为人类在认识世界的基础上改造世界提供了理论武器,成为现实的哲学。

(2)改变了传统形而上学脱离人民群众,成为少数人的专宠甚至成为统治者的理论工具的遗风,使哲学面向人民大众,为最广大的人民群众服务,成为人民自己的哲学。

(3)改变了传统形而上学以本体论、知识论为代表的理论模式,使哲学转向对现实的分析批判和对现实的改造,成为方法论哲学。

(4)改变了传统形而上学建构绝对体系、追求绝对真理的通病,把自己的哲学当作方法而不是教条,使哲学成为与时代同步发展的哲学,成为时代精神的精华。

马克思一生都致力于从人民大众、从绝大多数人的根本利益出发,分析和解决现实社会中的重大理论问题和实际问题。这也是马克思创立的唯物主义辩证法的根本特征,我们可以称之为“马克思创立的唯物主义辩证法”或“马克思范式”。

① 《马克思恩格斯选集》第2卷,人民出版社2012年版,第82页。

第三节　马克思创立的唯物主义辩证法的哲学形态构成

马克思创立的唯物主义辩证法,是辩证法的一种崭新的类型。但也正是由于其新,才常常遭到误解。有人将其与黑格尔的辩证法相提并论,有人将其等同于恩格斯创立的自然辩证法,从而很难与概念辩证法划清界限。因此,从哲学形态的高度对其进行准确描述,是非常必要的。

一、理论特征

作为一种崭新的哲学基本形态,马克思创立的唯物主义辩证法区别于传统形而上学的最根本的理论特征,就是把解决现实社会重大理论问题和实际问题放在首位,从"现实的人"——即当时社会占人口"绝大多数"的"无产阶级"的利益出发,超出"纯粹的思想领域",把"认识世界"与"改造世界"统一起来,坚持在"认识世界"的基础上"改造世界"。

二、研究目的

为"人民大众"、为"无产阶级"、为"全体社会成员中的大多数"谋解放和谋幸福。马克思和恩格斯在《德意志意识形态》中,强调"人类的大多数"和"人民大众",认为"无产阶级""构成了全体社会成员中的大多数,从这个阶级中产生出必须实行彻底革命的意识,即共产主义的意识"①。在他们共同撰写的《共产党宣言》中又说:"过去的一切运动都是少数人的,或者为少数人谋利益的运动。无产阶级的运动是绝大多数人的,为绝大多数人谋利益的独立的运动。"②并在宣言的结尾公开号召"全世界无产者,联合起来!"③这些都是唯物主义辩证法为最大多数人谋解放和谋幸福的真实写照。

---

① 《马克思恩格斯选集》第1卷,人民出版社2012年版,第170页。
② 《马克思恩格斯选集》第1卷,人民出版社2012年版,第411页。
③ 《马克思恩格斯选集》第1卷,人民出版社2012年版,第435页。

三、研究领域

马克思创立的唯物主义辩证法的研究领域主要是现实世界，包括两个方面：一是对现实的人类社会的批判和研究：马克思对他所在时代资本主义社会的意识形态、法哲学和青年黑格尔派等主要哲学流派进行批判，并对资本主义社会的运行规律和发展趋势进行深入分析研究，得出了资本主义社会必然灭亡和社会主义必然胜利的结论。二是人们改造世界的实践活动。通过对资本主义社会的研究，得出全世界无产者只有联合起来，才能最后解放自己，实现共产主义的结论。

四、思维模式

马克思创立的唯物主义辩证法的思维模式主要是唯物辩证思维，这种思维模式是由以下四个要素构成的有机整体：一是立足于对现实社会的分析和考察，从现实出发，注重调查研究；二是坚持对立统一思维，用矛盾的观点看问题，注重对立面的统一和共同发展；三是坚持社会系统思维，把社会看成是由各种要素共同构成的相互联系的社会有机体；四是坚持理论和实际统一，不仅强调认识世界与改造世界统一，还强调认识世界和改造世界与人民根本利益的统一。

五、研究方法

马克思创立的唯物主义辩证法的研究方法可以概括为理论与实际相统一的研究方法，具体可以分解为以下三个步骤：(1)从现实出发，进行调查研究；(2)利用“从抽象到具体”的方法和矛盾分析法，对事物（如马克思所在的资本主义社会）的性质及其发展动力、发展规律和发展趋势进行分析，做到按照事物的真实面目及其产生情况来理解事物；(3)按照人民的利益，利用现实手段，改造客观世界。

六、逻辑工具

唯物辩证逻辑：一是“形而上学”与“辩证法”相辅相成，在强调辩证法的同时，承认形而上学的适用范围；二是认识世界与改造世界相统一，强调改造世界,但不忽视解释世界和现实批判的作用;三是方法论与价值观相统一,既强调方法论的重要性,又坚持从人民大众的立场出发;四是社会现实和逻辑表述相统一,认为叙述体系虽然具有相对独立性,但其描述的情况必须与现实相符。

七、人学立场

马克思创立的唯物主义辩证法坚持"人民大众"的立场,为现实社会中的"绝大多数人"(马克思认为在他生活的时代是以无产阶级为代表)以至"人类的大多数"的解放而奋斗。

八、社会功能

与传统形而上学局限于"纯粹的思想领域"不同,马克思创立的唯物主义辩证法除了为认识世界和改造主观世界提供世界观和方法论以外,还具有为改造客观世界提供世界观和方法论的功能。这也是唯物主义辩证法能够作为哲学基本形态与传统形而上学分庭抗礼的根本原因。这些功能,在马克思那里是通过对其所在时代的政治、经济、意识形态、法哲学、哲学流派等各方面的批判,以及对资本主义社会的运行规律和发展趋势的研究分析来实现的。

九、学科体系

马克思创立的唯物主义辩证法的学科体系大致由三部分组成:理论基础(包括对唯物主义辩证法理论的表述以及对以黑格尔为代表的传统形而上学的批判两部分)、认识世界的方法论和改造世界的方法论。具体而言又可以进一步划分为五个方面:

1. 唯物主义辩证法的基本特征及其与传统形而上学的根本区别

唯物主义辩证法的基本特征:理论与实际在最广大人民群众根本利益基础上的统一。唯物主义辩证法与传统形而上学的根本区别:唯物主义辩证法坚持从实际出发,解决重大的现实问题,实现理论与实际在最广大人民群众根本利益基础上的统一;而传统形而上学坚持从"本体"、"思想体"出发,依靠纯粹概念的逻辑推论,建构绝对的体系。具体表现在马克思《黑格尔法哲学批判》及其导言、《1844年经济学哲学手稿》《神圣家族》和《哲学的贫困》当中。

2. 唯物主义辩证法的基本原则和要求

唯物主义辩证法的基本原则：理论与实际的统一、哲学与现实的统一、认识世界与改造世界的统一。唯物主义辩证法的基本要求：从实际出发，从最广大人民群众的根本利益出发，研究和解决现实问题。这在马克思的著作当中表现得非常充分，但以《关于费尔巴哈的提纲》的表述最为集中。

3. 唯物主义辩证法关于人与世界的关系的基本理论

唯物主义辩证法的基本问题：人与世界的关系问题，人与自然关系问题，人与社会的关系问题，主体与客体、主观与客观的关系问题。唯物主义辩证法关注的重点：认识世界与改造世界的关系问题，认识世界与改造世界在最广大人民群众根本利益基础上的统一。具体表现在《黑格尔法哲学批判》及其导言、《1844年经济学哲学手稿》和《德意志意识形态》等著作中。

4. 唯物主义辩证法对现实中人与世界关系问题的研究

唯物主义辩证法的宗旨：维护和实现最广大人民群众的根本利益。唯物主义辩证法的现实化：理论与现实的关系，实践评价与检验真理，理论与实际在最广大人民群众根本利益基础上的统一，政治、经济、文化、科技的协调发展与最广大人民群众根本利益的关系，等等。具体表现在《黑格尔法哲学批判》及其导言、《论犹太人问题》、《1844年经济学哲学手稿》、《共产党宣言》、《〈政治经济学批判〉导言》和《资本论》当中。

5. 唯物主义辩证法对未来人与世界关系的前瞻性研究

唯物主义辩证法的纲领：为全人类的根本利益、全人类的解放事业而奋斗。唯物主义辩证法的世界化：现实与未来的关系、民族利益与全球利益的关系、人与自然的协调发展与维护全人类根本利益的关系、改造现实世界与生态保护以及人类未来前途命运的关系，等等。具体表现在《黑格尔法哲学批判》及其导言、《1844年经济学哲学手稿》、《共产党宣言》和《德意志意识形态》中。

应当指出的是，马克思创立的“唯物主义辩证法”是一个有机的整体，在对它的表述上，任何体系都只能是一种描述和阐释，只能是一种“接近”或“近似”，而不可能完全准确地表达马克思的本意。

第十章　唯物主义辩证法的四大基本样式及其演变(二)

——恩格斯创立的自然辩证法

恩格斯创立的自然辩证法,是在对以杜林为代表的假社会主义及其违背辩证法的哲学理论进行批判的过程中产生的。在批判杜林等假社会主义理论并对马克思主义的哲学、经济学和科学社会主义理论进行系统阐述的过程中,恩格斯也全面形成了自己的自然辩证法理论。

第一节　恩格斯自然辩证法的产生过程

恩格斯创立的自然辩证法,主要是通过其撰写的《反杜林论》、《自然辩证法》、《路德维希·费尔巴哈和德国古典哲学的终结》以及《反杜林论》的摘要改编本《社会主义从空想到科学的发展》来实现的。由于《自然辩证法》是1873年开始撰写,到恩格斯完成《反杜林论》写作之前,已经完成了几乎所有的札记和关于细节的研究,基本思想框架已经形成,特别是《自然辩证法》的导言部分已经撰写完毕①,恩格斯将到那时为止产生的有关辩证法的思想基本上都在《反杜林论》中体现出来了,因而在1878年7月《反杜林论》全部发表到1882年完成《自然辩证法》写作,在4年的时间内,恩格斯的辩证法思想

① 参见《马克思恩格斯选集》第3卷,人民出版社2012年版,第1113页注451。

在《自然辩证法》的论文写作过程中并没有产生更多的突破。到1883年年初马克思逝世以后，恩格斯把主要精力都放在马克思《资本论》的编辑出版上，《自然辩证法》的写作实际上已全部停止①。而恩格斯于1886年1—2月初写作的《路德维希·费尔巴哈和德国古典哲学的终结》，写作目的有两个：一是对马克思主义哲学与黑格尔哲学的关系作一个简要而又系统的阐述②；二是对费尔巴哈学说进行批判③，均没有以阐述其自然辩证法思想为主要目的。由于当时恩格斯的主要精力已经转到对马克思遗稿的整理上，因而在这部著作中，恩格斯的主要贡献是在《反杜林论》和《自然辩证法》已有研究的基础上，系统论述马克思主义哲学形成和发展的历史过程、马克思主义哲学与德国古典哲学的批判继承关系以及马克思主义哲学变革的实质和意义。其中，最具创新性的是恩格斯把哲学的基本问题——思维与存在的关系作为划分唯物主义与唯心主义的根本标准，从而为区分唯物主义和唯心主义提供了科学依据，但在自然辩证法的研究方面并没有形成新的突破④。因此，考察恩格斯创立的自然辩证法，应以《反杜林论》为主要线索，以《路德维希·费尔巴哈和德国古典哲学的终结》和《自然辩证法》为辅。至于《社会主义从空想到科学的发展》，由于其本身就是从《反杜林论》摘要改编而来，因而在考察恩格斯创立的自然辩证法时只能起到补充作用。

---

① 恩格斯的《自然辩证法》手稿直到1925年才第一次以德文和俄译文对照的形式全文发表于莫斯科出版的《马克思恩格斯文库》第2卷。（参见《马克思恩格斯选集》第3卷，人民出版社2012年版，第1001页尾注。）

② 恩格斯在《路德维希·费尔巴哈和德国古典哲学的终结》1888年单行本序言中说："我感到越来越有必要把我们同黑格尔哲学的关系，我们怎样从这一哲学出发又怎样同它脱离，作一个简要而又系统的阐述。"（《马克思恩格斯选集》第4卷，人民出版社2012年版，第218页。）

③ 恩格斯在《路德维希·费尔巴哈和德国古典哲学的终结》1888年单行本序言中说："我也感到我们还要还一笔信誉债，就是要完全承认，在我们的狂飙突进时期，费尔巴哈给我们的影响比黑格尔以后任何其他哲学家都大。所以，当《新时代》杂志编辑部要我写一篇批评文章来评述施达克那本论费尔巴哈的书时，我也就欣然同意了。……旧稿中缺少对费尔巴哈学说本身的批判；所以，旧稿对现在这一目的是不适用的。"（《马克思恩格斯选集》第4卷，人民出版社2012年版，第218页。）

④ 在作者看来，用思维与存在的关系问题划分出来的唯物主义与唯心主义、可知论与不可知论，只是对传统形而上学这一哲学基本形态之内的哲学类型进行区分。

一、恩格斯撰写《反杜林论》的时代背景

在19世纪下半叶的德国,整个民族的理论思维已经出现了危机。主要原因有两个:一是马克思主义的诞生,揭露了资本主义剥削的秘密,提供了国际工人阶级的思想觉悟,共产主义运动蓬勃兴起,给统治阶级以及为其服务的知识分子带来了恐慌;二是西方现代哲学的兴起,提出了"拒斥形而上学"的口号,人们在反对德国古典哲学的同时,连同辩证法也一起抛弃了,编造各种空洞的体系成了一种时尚。杜林的《哲学教程》等著作的出笼,更是加剧了这种危机,并严重影响到德国社会主义运动的健康发展。正是在这种情况下,恩格斯的《反杜林论》和《自然辩证法》便应运而生。

二、恩格斯撰写《反杜林论》的目的

恩格斯撰写《反杜林论》的主要目的有两个:

1. 拯救辩证法

在《〈反杜林论〉旧序》中,恩格斯认为辩证法非常重要:"对于现今的自然科学来说,辩证法恰好是最重要的思维形式,因为只有辩证法才为自然界中出现的发展过程,为各种普遍的联系,为一个研究领域向另一个研究领域过渡提供类比,从而提供说明方法。"①然而,19世纪下半叶的德国,人们在摒弃德国古典哲学的同时,却把辩证法随同黑格尔派一起抛进大海,致使旧的形而上学大行其道。因此,恩格斯指出:"1848年这一年在德国一事无成,只是在哲学领域中发生了全面的转折。这个民族由于热衷于实际,一方面初步建立起大工业和投机事业,另一方面为德国自然科学此后所经历的、由巡回传教士和漫画人物福格特、毕希纳等等所揭开的巨大跃进奠定了基础,于是这个民族坚决摒弃了在柏林老年黑格尔派中陷入困境的德国古典哲学。柏林的老年黑格尔派确实应该遭到这样的命运。但是,一个民族要想站在科学的最高峰,就一刻也不能没有理论思维。可是正当自然过程的辩证性质以不可抗拒的力量迫使人们承认它,因而只有辩证法能够帮助自然科学战胜理论困难的时候,人们却把辩证法同黑格尔派一起抛进大海,因而又无可奈何地陷入旧的形而上学。

---

① 《马克思恩格斯选集》第3卷,人民出版社2012年版,第874页。

从此以后，在公众当中流行起来的一方面是叔本华的、尔后甚至是哈特曼的迎合庸人的浅薄思想，另一方面是福格特和毕希纳之流的庸俗的巡回传教士的唯物主义。在大学里，各种各样的折中主义互相展开竞争，不过在一点上它们是一致的，这就是它们全都是由过时哲学的十足的残渣拼凑而成的，并且全都同样地是形而上学的。在古典哲学的各种残余中，只有某种新康德主义得以幸存，这种新康德主义的最终结论就是永远不可知的自在之物，也就是康德哲学中最不值得保存下来的部分。最终的结果就是理论思维现在处处表现出杂乱无章。……在这里，既然没有别的出路，既然无法找到明晰思路，也就只好以这种或那种形式从形而上学思维向辩证思维复归。”①正因为如此，恩格斯1882年9月在《反杜林论》的摘要改编本《社会主义从空想到科学的发展》1882年德文第二版序言中明确指出：“德国资产阶级的学究们已经把关于德国伟大的哲学家及其创立的辩证法的记忆淹没在一种无聊的折中主义的泥沼里，这甚至使我们不得不援引现代自然科学来证明辩证法在现实中已得到证实”②。这就是恩格斯撰写《反杜林论》的根本原因。

2. 阐述辩证的同时又是唯物的自然观和历史观

在正式发表的《反杜林论》第二版“序言”中，恩格斯说：“马克思和我，可以说是唯一把自觉的辩证法从德国唯心主义哲学中拯救出来并运用于唯物主义的自然观和历史观的人。”③这是恩格斯撰写《反杜林论》、《自然辩证法》和《路德维希·费尔巴哈和德国古典哲学的终结》等著作的根本目的——阐述辩证的同时又是唯物的自然观和历史观，而不仅仅是唯物主义的自然观和历史观。

3. 对杜林的哲学、经济学和社会主义学说进行批判

恩格斯在为《反杜林论》1878年版所作的序言中说：“三年前，当杜林先生突然以社会主义的行家兼改革家身份向当代挑战的时候，我在德国的友人再三向我请求，要我在当时的社会民主党中央机关报《人民国家报》上对这一新的社会主义理论进行评析。他们认为，为了不在如此年轻的、不久前才最终统

① 《马克思恩格斯选集》第3卷，人民出版社2012年版，第875—876页。
② 《马克思恩格斯选集》第3卷，人民出版社2012年版，第747页。
③ 《马克思恩格斯选集》第3卷，人民出版社2012年版，第385页。

一起来的党内造成派别分裂和混乱局面的新的可能,这样做是完全必要的。他们比我能更好地判断德国的情况,所以我理应相信他们。……虽然如此,我还是过了一年才下决心放下其他工作,着手来啃这一个酸果。这是一只一上口就不得不把它啃完的果子;它不仅很酸,而且很大。这种新的社会主义理论是以某种新哲学体系的最终实际成果的形式出现的。因此,必须联系这个体系来研究这一理论,同时研究这一体系本身;必须跟着杜林先生进入一个广阔的领域,在这个领域中,他谈到了所有可能涉及的东西,而且还不止这些东西。这样就产生了一系列的论文,它们从 1877 年初开始陆续发表在《人民国家报》的续刊——莱比锡的《前进报》上,现汇集成书,献给读者。"①并且,"创造体系的"杜林先生在当代德国并不是个别的现象,对杜林的哲学体系进行批判也可以对这种动辄就要创造一个完整的"体系"的不良现象进行降温。

三、恩格斯撰写《反杜林论》主客观条件

《反杜林论》是由恩格斯来撰写,而非由马克思来撰写,除了马克思忙于《资本论》的撰写以外,还有以下两个原因:

1. 恩格斯 8 年的充足准备

为了确立辩证的同时又是唯物主义的自然观,需要具备丰富的数学和自然科学的知识。为了做到这一点,恩格斯于 1869 年 7 月 1 日停止了在曼彻斯特的欧门—恩格斯公司的工作,专门从事研究工作,并于 1870 年 9 月 29 日迁居伦敦。② 到 1877 年 7 月《反杜林论》第一版在莱比锡出版时,正好是 8 年的时间。对此,恩格斯在 1885 年为《反杜林论》第二版所作的序言中说:"要确立辩证的同时又是唯物主义的自然观,需要具备数学和自然科学的知识。马克思是精通数学的,可是对于自然科学,我们只能作零星的、时停时续的、片断的研究。因此,当我退出商界并移居伦敦,从而有时间进行研究的时候,我尽可能地使自己在数学和自然科学方面来一次彻底的——像李比希所说的——'脱毛',八年当中,我把大部分时间用在这上面。当我不得不去探讨杜林先

① 《马克思恩格斯选集》第 3 卷,人民出版社 2012 年版,第 379—380 页。
② 参见《马克思恩格斯选集》第 3 卷,人民出版社 2012 年版,第 1075 页注 266。

生的所谓自然哲学时,我正处在这一脱毛过程的中间。所以,如果我有时在这方面找不到确切的术语,如果我在理论自然科学的领域中总的说来表现得相当笨拙,那么这是十分自然的。可是另一方面,我意识到当时自己还做不到确有把握,这使我谨慎起来;没有人能指出我真正违反了当时人所共知的事实,或者不正确地叙述了当时公认的理论。"①利用整整8年的时间来研究数学和自然科学,并且能够成为内行,对于一个哲学家来说,这是非常不容易的。

2. 恩格斯已有的研究基础

恩格斯作为马克思的亲密战友,很早就参与了唯物主义辩证法的创立工作。如1844年在《德法年鉴》发表《政治经济学批判大纲》并与马克思共同撰写《神圣家族》,1845年发表《英国工人阶级状况》,1845年秋至1846年5月与马克思合著《德意志意识形态》,1847年发表《共产主义者和卡尔·海因岑》、起草《共产主义原理》并与马克思共同撰写《关于波兰的演说》和《共产党宣言》,1850年发表《德国农民战争》并与马克思共同起草《共产主义者同盟中央委员会告同盟书》,1851—1952年撰写《德国的革命和反革命》,1859年撰写《卡尔·马克思〈政治经济学批判。第一分册〉》,1872年发表《论住宅问题》,1873年发表《论权威》,1874年发表《流亡者文献》,等等。这些,都为他撰写《反杜林论》和创立自然辩证法奠定了坚实的基础。

四、恩格斯写作《反杜林论》的大体过程②

恩格斯的经典著作《欧根·杜林先生在科学中实行的变革》是以《反杜林论》这个名称载入史册的。这部著作是恩格斯阐述马克思主义基本理论的重要著作。在这部著作中,恩格斯通过对欧根·杜林在哲学、经济学和社会主义领域宣扬的错误观点进行批判,对马克思主义的三个组成部分——哲学、政治经济学和科学社会主义作了全面系统的阐述,揭示了这三个组成部分之间的内在联系,指出唯物辩证法和唯物史观作为科学的世界观和方法论,贯穿于马克思主义的政治经济学和科学社会主义当中,而唯物史观和剩余价值理论的

① 《马克思恩格斯选集》第3卷,人民出版社2012年版,第385页。

② 参见《马克思恩格斯选集》第3卷,人民出版社2012年版,第1070页注258。

创立则使社会主义由空想变为科学。

《反杜林论》是德国社会民主党内思想斗争的直接产物。19 世纪 70 年代中期,杜林的思想在德国社会民主党人中的影响颇大。爱·伯恩施坦、约·莫斯特等都成了杜林的积极追随者,甚至奥·倍倍尔也一度受杜林的影响。杜林的著作《国民经济学和社会主义批判史》第 2 版(1875 年出版)和《哲学教程》(最后一册在 1875 年 2 月出版)的出版尤其助长了这种势头。在这两本书中,自命为社会主义信徒的杜林,对马克思主义进行了极其猛烈的攻击①,这就促使威·李卜克内西在 1875 年 2 月 1 日和 4 月 21 日致恩格斯的信中,直接建议恩格斯在《人民国家报》上反击杜林。1875 年 10 月和 1876 年 5 月,李卜克内西把该报拒绝发表的阿·恩斯特及约·莫斯特吹捧杜林的文章寄给了恩格斯。

马克思和恩格斯最初注意到杜林著作是在 1868 年年初,由于两人看到了杜林在 1867 年 12 月《现代知识补充材料》杂志第 3 卷第 3 期上发表的对马克思《资本论》第 1 卷的评论,因而开始对其留意。从马克思和恩格斯的 1868 年 1—3 月书信中,可以看出他们对杜林观点的批判态度。1876 年 2 月,恩格斯在《人民国家报》上发表的《德意志帝国国会中的普鲁士烧酒》一文中,点名批判了杜林的言论。鉴于杜林思想对 1875 年 5 月成立的德国社会主义工人党造成的危害,恩格斯决定中断《自然辩证法》的写作,全力反击杜林,捍卫马克思主义这一无产阶级政党唯一正确的世界观。这个决定是在 1876 年 5 月底作出的。恩格斯在 1876 年 5 月 24 日给马克思的信中表示打算批判杜林的著作,马克思于 5 月 25 日回信表示坚决支持。于是恩格斯便立即着手这项工作。他在 5 月 28 日给马克思的信中阐述了他的著作的总计划和性质。

恩格斯写作《反杜林论》用了两年的时间,即从 1876 年 5 月底开始做准备工作,到 1878 年 6 月完成。《反杜林论》的完成,标志着恩格斯创立的自然

---

① 恩格斯在《科学社会主义从空想到科学的发展》一书 1892 年英文版导言中说:“大约在 1875 年,柏林大学非公聘讲师欧·杜林博士突然大叫大嚷地宣布他改信社会主义,不仅向德国公众提出一套详尽的社会主义理论,而且还提出一个改造社会的完备的实际计划。当然,他竭力攻击他的前辈,首先选中了马克思,把满腔怒火发泄在他的身上。”(《马克思恩格斯选集》第 3 卷,人民出版社 2012 年版,第 750 页。)

辩证法正式诞生。

五、恩格斯《反杜林论》的理论体系

恩格斯在正式发表的《反杜林论》第一版序言中，讲述了《反杜林论》采用详尽的表述体系的三个原因：

其一，为了便于对杜林哲学进行批判："这种新的社会主义理论是以某种新哲学体系的最终实际成果的形式出现的。因此，必须联系这个体系来研究这一理论，同时研究这一体系本身；必须跟着杜林先生进入一个广阔的领域，在这个领域中，他谈到了所有可能涉及的东西，而且还不止这些东西。……由此可见，对象本身的性质迫使批判不得不详尽，这样的详尽是同这一对象的学术内容即同杜林著作的学术内容极不相称的。"①

其二，为了从正面阐发自己在不同领域的见解："批判之所以这样详尽，……这样做使我在这本书所涉及到的很不相同的领域中，有可能正面阐发我对这些在现时具有较为普遍的科学意义或实践意义的争论问题的见解。这在每一章里都可以看到，尽管这本书的目的并不是以另一个体系去同杜林先生的'体系'相对立，可是希望读者不要忽略我所提出的各种见解之间的内在联系。我现在已有充分的证据，表明我在这方面的工作不是完全没有成效的。"②

其三，揭露"创造体系的"各种伪科学的需要："'创造体系的'杜林先生在当代德国并不是个别的现象。近来，天体演化学、一般自然哲学、政治学、经济学等等的体系如雨后春笋出现在德国。最不起眼的哲学博士，甚至大学生，动辄就要创造一个完整的'体系'。……所谓科学自由，就是人们可以著书立说来谈论自己从未学过的各种东西，而且标榜这是唯一的严格科学的方法。杜林先生正是这种放肆的伪科学的最典型的代表之一，这种伪科学现在在德国到处流行，并把一切淹没在它的高超的胡说的喧嚷声中。诗歌、哲学、政治学、经济学、历史编纂学中有这种高超的胡说；到处都有这种高超的胡说；这种高

---

① 《马克思恩格斯选集》第3卷，人民出版社2012年版，第380页。
② 《马克思恩格斯选集》第3卷，人民出版社2012年版，第380页。

超的胡说妄想出人头地并成为深刻思想，以别于其他民族的粗浅平庸的胡说；这种高超的胡说是德国智力工业最具特色和最大量的产品，它们价廉质劣，完全和德国其他的制品一样，只可惜它们没有和这些制品一起在费城陈列出来。甚至德国的社会主义，特别是自从有了杜林先生的范例以后，近来也十分热衷于高超的胡说，造就出以‘科学’自炫但对这种科学又‘确实什么也没有学到’的各色人物。”①也就是说，杜林以“某种新哲学体系”的形式出现的“新的社会主义理论”不仅十分有害，而且非常具有欺骗性，必须予以揭露。

对此，恩格斯在1885年为《反杜林论》第二版所作的序言中进行了概括：“本书所批判的杜林先生的‘体系’涉及非常广泛的理论领域，这使我不能不跟着他到处跑，并以自己的见解去反驳他的见解。因此消极的批判成了积极的批判；论战转变成对马克思和我所主张的辩证方法和共产主义世界观的比较连贯的阐述，而这一阐述包括了相当多的领域。我们的这一世界观，首先在马克思的《哲学的贫困》和《共产主义宣言》②中问世，经过足足20年的潜伏阶段，到《资本论》出版以后，就越来越迅速地为日益广泛的各界人士所接受。现在，它已远远越出欧洲的范围，在一切有无产者和无畏的科学理论家的国家里，都受到了重视和拥护。”③可见，恩格斯是把《反杜林论》看成是对他和马克思主张的辩证方法和共产主义世界观的比较连贯的阐述，这是与他在《反杜林论》中对辩证法的理解相一致的。但今天看来，马克思创立的唯物主义辩证法与恩格斯创立的自然辩证法在哲学形态上还是有着明显差别的。对此，我们将在本章第三节进行详细论述。

此外，还有一个非常重要的原因，就是在唯物主义辩证法的产生与发展过程中，马克思终生都致力于对现实社会中的重大理论问题和实际问题的研究，对系统阐述自己创立的唯物主义辩证法的工作则无暇顾及。特别是从他开始《资本论》的研究以后，就更没有时间和精力来完成这个工作了④，只能由恩格

---

① 《马克思恩格斯选集》第3卷，人民出版社2012年版，第380—381页。

② 这里的《共产主义宣言》，即《共产党宣言》。（参见《马克思恩格斯选集》第3卷，人民出版社2012年版，第383页注②。）

③ 《马克思恩格斯选集》第3卷，人民出版社2012年版，第383页。

④ 作者注：正如本书第六章第六节所言，马克思生前曾经有写一本辩证法的专门著作的打算，但因《资本论》的写作耗尽了他后半生的全部精力，最终未能如愿。

斯在对杜林等的"形而上学"进行批判的同时,先对自然辩证法进行论述。恩格斯通过《反杜林论》、《社会主义从空想到科学的发展》、《自然辩证法》和《路德维希·费尔巴哈和德国古典哲学的终结》等著作,系统阐述了自然辩证法的规律和范畴,我们可以称之为"恩格斯辩证法"或"恩格斯范式"。"恩格斯范式"以体系性、规范性见长,虽然只是阐述了自然辩证法,但为此后的苏联模式的马克思主义哲学教科书(包括中国的马克思主义哲学教科书)中的"辩证唯物主义"部分提供了范本,产生了很大影响。

第二节　恩格斯对"自然辩证法"相关概念的辨析

在《反杜林论》中,恩格斯围绕"自然辩证法"理论的阐发,对一些相关概念进行了辨析,了解这些辨析,对我们理解恩格斯创立的自然辩证法至关重要。

一、关于辩证法

关于辩证法,恩格斯主要是从三个方面进行阐述:

1. 辩证法的三种历史形态

恩格斯 1878 年在《〈反杜林论〉旧序·论辩证法》中,对"辩证哲学的历史存在的形态"进行了研究,认为在辩证哲学的历史存在的形态中,有两种形态对现代的自然科学可以格外有益:

第一种是希腊哲学。在这种哲学中,辩证思维是以原始的朴素的形式出现。由于历史条件所限,他们还没有进步到对自然界进行肢解、分析——自然界还被当作整体、从总体上来进行观察。自然现象的总的联系还没有从细节上加以证明,这种联系对希腊人来说是直观的结果。这正是希腊哲学的缺陷所在,由于这种缺陷,它后来不得不向其他的观点让步。

辩证法的第二个形态恰好离德国的自然研究家最近,这就是从康德到黑格尔的德国古典哲学。但恩格斯认为,要向康德学习辩证法,这是一件劳而无功和得不偿失的事情,因为相比康德哲学而言,在黑格尔的著作中已经包含了辩证法的一个无所不包的纲要,虽然它是从完全错误的立脚点出发而展开的。

辩证法还发展出第三种形态——唯物主义辩证法。恩格斯指出:“马克思的功绩就在于,他和‘今天在德国知识界发号施令的、愤懑的、自负的、平庸的模仿者们’相反,第一个把已经被遗忘的辩证方法、它和黑格尔辩证法的联系以及差别重新提到人们面前,同时在《资本论》中把这个方法应用到一种经验科学即政治经济学的事实上去。”①辩证法的这种新形态,就是马克思创立的唯物主义辩证法以及恩格斯自己创立的自然辩证法。但由于受哲学形态评价标准的限制,恩格斯不仅对自己创立的自然辩证法主要是从认识世界的高度去阐释的,而且对马克思创立的唯物主义辩证法也主要是从认识世界的高度去把握,而没有从改造世界的高度去把握。不过,即使是这样,恩格斯创立的自然辩证法仍然是马克思主义正确认识世界的理论,是马克思主义辩证法的重要组成部分。它与马克思创立的唯物主义辩证法只有分工的不同,而没有哲学形态上的根本差别。

2. 马克思的辩证法与黑格尔的辩证法

在恩格斯看来,马克思的辩证法与黑格尔的辩证法的区别,实际上是唯心主义辩证法与唯物主义辩证法的区别,而不像资产阶级学者歪曲的那样,仅仅是照搬或是继承黑格尔的辩证法。

恩格斯在《反杜林论》中认为,虽然黑格尔和圣西门一样是当时最博学的人物,但是他毕竟受到了三大方面的限制,一是他自己以至他那个时代的在广度和深度方面都同样有限的知识和见解的限制。二是唯心主义世界观的限制:“黑格尔是唯心主义者,就是说,在他看来,他头脑中的思想不是现实的事物和过程的或多或少抽象的反映,相反,在他看来,事物及其发展只是在世界出现以前已经在某个地方存在着的‘观念’的现实化的反映。这样,一切都被头足倒置了,世界的现实联系完全被颠倒了。所以,不论黑格尔如何正确地和天才地把握了一些个别的联系,但由于上述原因,就是在细节上也有许多东西不能不是牵强的、造作的、虚构的,一句话,被歪曲的。”②三是“形而上学”思

---

① 《马克思恩格斯选集》第3卷,人民出版社2012年版,第878页。

② 《马克思恩格斯选集》第3卷,人民出版社2012年版,第399页。

维方式的限制："黑格尔的体系作为体系来说，是一次巨大的流产，但也是这类流产中的最后一次。就是说，它还包含着一个无法解决的内在矛盾：一方面，它以历史的观点作为基本前提，即把人类的历史看做一个发展过程，这个过程按其本性来说在认识上是不能由于所谓绝对真理的发现而结束的；但是另一方面，它又硬说它自己就是这种绝对真理的化身。关于自然和历史的无所不包的、最终完成的认识体系，是同辩证思维的基本规律相矛盾的；但是，这样说决不排除，相反倒包含下面一点，即对整个外部世界的有系统的认识是可以一代一代地取得巨大进展的。"①实际上，不单单是黑格尔的唯心主义，而是黑格尔的唯心主义连同他的"形而上学"，共同扼杀了黑格尔的辩证法。也就是说，黑格尔的唯心主义辩证法，同时也是"形而上学"的唯心主义。

恩格斯指出，与黑格尔的辩证法相反，马克思创立的辩证法是唯物主义的辩证法，它是坚持从事实出发，把辩证法看成是客观世界联系和发展规律的反映。正如马克思所说的，"辩证法在黑格尔手中神秘化了，但这决没有妨碍他第一个全面地有意识地叙述了辩证法的一般运动形式。在他那里，辩证法是倒立着的。必须把它倒过来，以便发现神秘外壳中的合理内核"②。这里需要指出的是，马克思在这里所讲的"颠倒"，不仅是"唯物"与"唯心"的颠倒，更是"理论"与"实际"关系的颠倒——把"理论"与"实际"相脱离，颠倒成"理论与实际相统一"，"认识世界"与"改造世界"相统一。

3. 主观辩证法与客观辩证法

恩格斯在《自然辩证法》中，把辩证法划分为主观辩证法与客观辩证法，指出："所谓的**客观**辩证法是在整个自然界中起支配作用的，而所谓的主观辩证法，即辩证的思维，不过是在自然界中到处发生作用的、对立中的运动的反映，这些对立通过自身的不断的斗争和最终的互相转化或向更高形式的转化，来制约自然界的生活。"③恩格斯还进一步说："辩证法的规律无论对自然界中和人类历史中的运动，还是对思维的运动，都必定是同样适用的。"④而"头脑

① 《马克思恩格斯选集》第 3 卷，人民出版社 2012 年版，第 399 页。
② 《马克思恩格斯选集》第 2 卷，人民出版社 2012 年版，第 94 页。
③ 《马克思恩格斯选集》第 3 卷，人民出版社 2012 年版，第 908 页。
④ 《马克思恩格斯选集》第 3 卷，人民出版社 2012 年版，第 978 页。

中的辩证法只是现实世界即自然界和历史的各种运动形式的反映”①。这与黑格尔从概念中推演出世界，是根本不同的！

二、旧唯物主义与现代唯物主义

在恩格斯看来，现代唯物主义与旧唯物主义的根本区别主要表现在三个方面：

一是在研究方法上，旧唯物主义主要是从头脑中产生出思想，而现代唯物主义是对现实进行考察。恩格斯在《反杜林论》说：“现代社会主义，就其内容来说，首先是对现代社会中普遍存在的有财产者和无财产者之间、资产者和雇佣工人之间的阶级对立以及生产中普遍存在的无政府状态这两个方面进行考察的结果。”②而“欧文在资本主义生产最发达的国家里，在这种生产所造成的种种对立的影响下，直接从法国唯物主义出发，系统地阐述了他的消除阶级差别的方案”③。实际上，由于这种方案仅仅是空想的产物，严重脱离了社会现实，因而是不可能成功的。

二是在人学立场上，旧唯物主义是坚持从“抽象的人”出发，而现代唯物主义是从现实中人民大众的立场出发。恩格斯在《反杜林论》引论中说：“圣西门、傅立叶和欧文……所有这三个人有一个共同点：他们都不是作为当时已经历史地产生的无产阶级的利益的代表出现的。他们和启蒙学者一样，并不是想解放某一个阶级，而是想解放全人类。他们和启蒙学者一样，想建立理性和永恒正义的王国”。④

三是在思维方式上，旧唯物主义坚持的是“形而上学”的思维方式，而现代唯物主义则是坚持唯物而辩证的思维方式。恩格斯在《反杜林论》引论中说：“现代唯物主义概括了自然科学的新近的进步，从这些进步来看，自然界同样也有自己的时间上的历史，天体和在适宜条件下生存在天体上的有机物种都是有生有灭的；至于循环，即使能够存在，其规模也要大得无比。在这两

① 《马克思恩格斯选集》第 3 卷，人民出版社 2012 年版，第 892 页。
② 《马克思恩格斯选集》第 3 卷，人民出版社 2012 年版，第 391 页。
③ 《马克思恩格斯选集》第 3 卷，人民出版社 2012 年版，第 393 页。
④ 《马克思恩格斯选集》第 3 卷，人民出版社 2012 年版，第 393 页。

种情况下，现代唯物主义本质上都是辩证的，而且不再需要任何凌驾于其他科学之上的哲学了。”①

三、辩证法与“形而上学”

恩格斯在《反杜林论》中谈论辩证法与“形而上学”的关系时说，辩证法是正确的世界观，但辩证法也有自身的局限性：“这种观点虽然正确地把握了现象的总画面的一般性质，却不足以说明构成这幅总画面的各个细节；而我们要是不知道这些细节，就看不清总画面。”②因此，“为了认识这些细节，我们不得不把它们从自然的或历史的联系中抽出来，从它们的特性、它们的特殊的原因和结果等等方面来分别加以研究。……这种考察方式被培根和洛克从自然科学中移植到哲学中以后，就造成了最近几个世纪所特有的局限性，即形而上学的思维方式”③。这里，恩格斯虽然直接把“形而上学”的思维方式称为“最近几个世纪所特有的局限性”，但从他的具体论述来看，并不绝对否定“形而上学”思维方式的作用，因为他明确强调“真正的自然科学只是从 15 世纪下半叶才开始，从这时起它就获得了日益迅速的进展。把自然界分解为各个部分，把各种自然过程和自然对象分成一定的门类，对有机体的内部按其多种多样的解剖形态进行研究，这是最近 400 年来在认识自然界方面获得巨大进展的基本条件”④。只不过，在他看来，相比辩证法而言，形而上学的理论局限更为明显：“常识在日常应用的范围内虽然是极可尊敬的东西，但它一跨入广阔的研究领域，就会碰到极为惊人的变故。形而上学的考察方式，虽然在相当广泛的、各依对象性质而大小不同的领域中是合理的，甚至必要的，可是它每一次迟早都要达到一个界限，一超过这个界限，它就会变成片面的、狭隘的、抽象的，并且陷入无法解决的矛盾，因为它看到一个一个的事物，忘记它们互相间的联系；看到它们的存在，忘记它们的生成和消逝；看到它们的静止，忘记它们

---

① 《马克思恩格斯选集》第 3 卷，人民出版社 2012 年版，第 400 页。
② 《马克思恩格斯选集》第 3 卷，人民出版社 2012 年版，第 395 页。
③ 《马克思恩格斯选集》第 3 卷，人民出版社 2012 年版，第 395—396 页。
④ 《马克思恩格斯选集》第 3 卷，人民出版社 2012 年版，第 395—396 页。

的运动;因为它只见树木,不见森林。”①而“形而上学”思维方式无能为力之处,却正是辩证法能够充分发挥作用的地方,恩格斯指出:“每个有机体永远是它本身,同时又是别的东西。”在进行较精确的考察时,我们也发现,某种对立的两极,例如正和负,既是彼此对立的,又是彼此不可分离的,而且不管它们如何对立,它们总是互相渗透的;同样,原因和结果这两个概念,只有应用于个别场合时才有其本来的意义;可是,只要我们把这种个别的场合放到它同宇宙的总联系中来考察,这两个概念就交汇起来,融合在普遍相互作用的看法中,而在这种相互作用中,原因和结果经常交换位置;在此时或此地是结果,在彼时或彼地就成了原因,反之亦然。

“所有这些过程和思维方法都是形而上学思维的框子所容纳不下的。相反,对辩证法来说,上述过程正好证明它的方法是正确的,因为辩证法在考察事物及其在观念上的反映时,本质上是从它们的联系、它们的联结、它们的运动、它们的产生和消逝方面去考察的。自然界是检验辩证法的试金石,而且我们必须说,现代自然科学为这种检验提供了极其丰富的、与日俱增的材料,并从而证明了,自然界的一切归根到底是辩证地而不是形而上学地发生的。”②

四、指南与教条

在对待马克思主义的态度上,恩格斯一贯认为马克思主义的理论是不断发展的,是行动的指南而不是公式和教条,强调必须坚持理论与实践相结合,而不能以教条主义的态度对待马克思主义。认为那种用学理主义和教条主义的态度对待马克思主义或用历史唯物主义的套语尽速构成体系的所谓“马克思主义者”,实际上是假马克思主义。这方面的思想主要体现在恩格斯后期的一些书信中。

在 1885 年 4 月 23 日致维拉·伊万诺夫娜·查苏利奇的信中,恩格斯强调要把马克思的历史理论与本国的具体情况相结合。指出:“马克思的历史理论是任何**坚定不移**和**始终一贯的**革命策略的基本条件;为了找到这种策略,

① 《马克思恩格斯文集》第 9 卷,人民出版社 2009 年版,第 24 页。
② 《马克思恩格斯选集》第 3 卷,人民出版社 2012 年版,第 397 页。

需要的只是把这一理论应用于本国的经济条件和政治条件。"①认为在俄国"要做到这一点,就必须了解这些条件;至于我,对俄国现状知道得太少,不能冒昧地对那里在某一时期所应采取的策略的细节作出判断"②,主张把马克思主义与俄国的实际情况相结合。

在1886年11月29日致弗里德里希·阿道夫·左尔格的信中,恩格斯在批评那种"用学理主义和教条主义的态度"对待马克思主义的现象时指出:这种人对待马克思主义是"用学理主义和教条主义的态度去对待它,认为只要把它背得烂熟,就足以满足一切需要。对他们来说,这是教条,而不是行动的指南"③,认为应该把马克思主义作为行动的指南,而不是教条。1886年和1887年在致弗洛伦斯·凯利—威士涅威茨基夫人的两封信中,也批评一些以"马克思主义"自居的"德国人",在指导美国的工人运动时犯了"严重的错误":"那里的许多德国人犯了一个严重的错误,他们在面临一个强大而出色的、但不是由他们自己创造出来的运动时,竟企图把他们那一套从外国输入的、常常是没有弄懂的理论变成一种'唯一能救世的教条',并且同任何不接受这种教条的运动保持遥远的距离。"④并强调指出:"我们的理论不是教条,而是对包含着一连串互相衔接的阶段的发展过程的阐明"⑤;"我们的理论是发展着的理论,而不是必须背得烂熟并机械地加以重复的教条"⑥。认为"最主要的是使工人阶级作为阶级来行动","越少从外面把这种理论硬灌输给美国人,而越多由他们通过自己亲身的经验(在德国人的帮助下)去检验它,它就越会深入他们的心坎"。⑦ 在1890年6月5日致保尔·恩斯特的信中,恩格斯说:"如果不把唯物主义方法当做研究历史的指南,而把它当做现成的公式,按照它来剪裁各种历史事实,那它就会转变为自己的对立物。"⑧在1890

① 《马克思恩格斯选集》第4卷,人民出版社2012年版,第574页。
② 《马克思恩格斯选集》第4卷,人民出版社2012年版,第574页。
③ 《马克思恩格斯选集》第4卷,人民出版社2012年版,第583页。
④ 《马克思恩格斯选集》第4卷,人民出版社2012年版,第586页。
⑤ 《马克思恩格斯选集》第4卷,人民出版社2012年版,第586页。
⑥ 《马克思恩格斯选集》第4卷,人民出版社2012年版,第588页。
⑦ 《马克思恩格斯选集》第4卷,人民出版社2012年版,第588页。
⑧ 《马克思恩格斯选集》第4卷,人民出版社2012年版,第595页。

年8月5日致康·施米特的信中,恩格斯批评在一些青年著作家那里,"'唯物主义'这个词大体上只是一个套语,他们把这个套语当做标签贴到各种事物上去,再不作进一步的研究,就是说,他们一把这个标签贴上去,就以为问题已经解决了。……他们只是用历史唯物主义的套语(一切都可能被变成套语)来把自己的相当贫乏的历史知识(经济史还处在襁褓之中呢!)尽速构成体系",并强调指出:"我们的历史观首先是进行研究工作的指南,并不是按照黑格尔学派的方式构造体系的杠杆。必须重新研究全部历史,必须详细研究各种社会形态的存在条件,然后设法从这些条件中找出相应的政治、私法、美学、哲学、宗教等等的观点。"①在同年8月致保尔·拉法格的信中,恩格斯更是明确地对上述的假马克思主义进行批判,指出:"关于这种马克思主义,马克思曾经说过:'我只知道我自己不是马克思主义者。'"②要求划清真假马克思主义的界限。

第三节　恩格斯哲学形态观与马克思哲学形态观的差异

作为马克思的亲密战友、马克思主义的共同创立者,恩格斯是一个坚定的马克思主义者,拥护和支持马克思几乎所有的研究结论和为改变现实世界所做的一切努力,并把维护和发展马克思主义作为自己的终生事业。但由于历史条件、研究领域以及时间与精力等方面的限制,恩格斯的哲学形态观与马克思相比还是具有明显的差异。

一、恩格斯关于哲学形态的划分标准

把"思维与存在的关系问题"作为哲学基本问题,并根据对"思维与存在的关系问题"的不同回答来划分"唯物主义"和"唯心主义"、"可知论"和"不

① 《马克思恩格斯选集》第4卷,人民出版社2012年版,第599页。
② 《马克思恩格斯选集》第4卷,人民出版社2012年版,第603页。

可知论”、“辩证法”和“形而上学”，这是恩格斯在哲学形态划分上的重要理论贡献，为区分“唯物主义”和“唯心主义”、“可知论”和“不可知论”、“辩证法”和“形而上学”提供了可靠的标准。其中，对于唯物主义和唯心主义，恩格斯始终把它们作为哲学上对立的两大阵营来对待。对于辩证法与“形而上学”，恩格斯早在1873年撰写的《自然辩证法》[札记和片断。毕希纳]中，就把它们看作两种对立的思维方式，并据此提出了哲学形态划分上的“两个哲学派别：主张固定范畴的形而上学派，主张流动范畴的辩证法派”①。认为辩证法是关于“各种普遍的联系”的科学，主观辩证法是客观辩证法的反映。能否正确反映客观世界的发展规律，是区分辩证法和“形而上学”的标准。在此后(1876—1878年)撰写的《反杜林论》中，则始终将“辩证法”和“形而上学”作为两种对立的思维方式来研究。在1886年撰写的《路德维希·费尔巴哈和德国古典哲学的终结》中，又明确地把“思维与存在的关系问题”作为哲学评价的最高标准，用以区分唯物主义与唯心主义两大阵营，并结合对费尔巴哈和黑格尔哲学的批判，阐述了唯物主义和唯心主义与辩证法和“形而上学”的关系。这样，在恩格斯那里，唯物主义与唯心主义两大阵营、辩证法与“形而上学”两个派别，就构成了哲学形态划分的四种主要形式。在恩格斯看来，“唯物主义”是正确的，“唯心主义”是错误的；“辩证法”是正确的，而“形而上学”只有在人们的日常生活领域和对自然科学进行分门别类研究的时候，即在人们直观性或习惯性地认知世界和解释世界的时候才是正确的，如果超出了这一范围就是错误的。因此，黑格尔的“唯心主义辩证法”和费尔巴哈的“形而上学唯物主义”是对错参半，而既“辩证”又“唯物”的“辩证唯物主义”才是正确的。

恩格斯的这种哲学形态划分体系，无疑是对哲学评价标准的重大贡献。但是也有一点局限性，就是在评价传统形而上学时非常实用，而一旦超出了这个范围，在描述马克思主义哲学与传统形而上学的区别时就遇到了困难。②这也导致了恩格斯在哲学形态观方面与马克思形成了一定的差异。

---

① 《马克思恩格斯选集》第3卷，人民出版社2012年版，第892页。

② 参见本书第三章第三节“哲学形态划分的标准”。

二、恩格斯对黑格尔哲学的评价

在对哲学形态的理解上,恩格斯仍然是在传统形而上学的框架内按照唯物主义与唯心主义、辩证法与"形而上学"这"两个对子"来评价哲学,因而对马克思创立的唯物主义辩证法超出"纯粹的思想领域",在"认识世界"的基础上"改造世界"的哲学形态特征未能从整体上予以把握,也未能将马克思考察现实社会的辩证方法作为马克思创立的唯物主义辩证法的有机组成部分。就以对黑格尔哲学的评价为例:

1. 黑格尔的唯心主义

恩格斯在1859年为马克思《政治经济学批判。第一分册》所写的书评①中应马克思的要求谈该书的方法问题时说:"黑格尔的方法以其现有的形式是完全不能用的。它实质上是唯心的,而这里要求发展一种比从前所有世界观都更加唯物的世界观。它是从纯粹思维出发的,而这里必须从最过硬的事实出发。一种自己承认是'从无通过无到无'的方法,以这种形式在这里是根本不适用的。"②恩格斯在《反杜林论》中又说:"黑格尔是唯心主义者,就是说,在他看来,他头脑中的思想不是现实的事物和过程的或多或少抽象的反映,相反,在他看来,事物及其发展只是在世界出现以前已经在某个地方存在着的'观念'的现实化的反映。这样,一切都被头足倒置了,世界的现实联系完全被颠倒了。所以,不论黑格尔如何正确地和天才地把握了一些个别的联系,但由于上述原因,就是在细节上也有许多东西不能不是牵强的、造作的、虚构的,一句话,被歪曲的。"③

2. 黑格尔的辩证法

恩格斯在1859年为马克思《政治经济学批判。第一分册》所写的书评中谈到黑格尔的方法时,认为它"是一切现有逻辑材料中至少可以加以利用的唯一材料"④。强调:"黑格尔的思维方式不同于所有其他哲学家的地方,就是

---

① 恩格斯的这篇书评是应马克思的要求写的。马克思在1859年7月19日写给恩格斯的信中建议他"简短地谈一下方法问题和内容上的新东西"。(《马克思恩格斯选集》第2卷,人民出版社2012年版,第880页注14。)

② 《马克思恩格斯选集》第2卷,人民出版社2012年版,第12页。

③ 《马克思恩格斯选集》第3卷,人民出版社2012年版,第399页。

④ 《马克思恩格斯选集》第2卷,人民出版社2012年版,第12页。

他的思维方式有巨大的历史感做基础。形式尽管是那么抽象和唯心，他的思想发展却总是与世界历史的发展平行着，而后者按他的本意只是前者的验证。真正的关系因此颠倒了，头脚倒置了，可是实在的内容却到处渗透到哲学中……这个划时代的历史观是新的唯物主义世界观的直接的理论前提，单单由于这种历史观，也就为逻辑方法提供了一个出发点。如果这个被遗忘了的辩证法从'纯粹思维'的观点出发就已经得出这样的结果，而且，如果它轻而易举地就结束了过去的全部逻辑学和形而上学，那么，在它里面除了诡辩和烦琐言辞之外一定还有别的东西。"①并且指出："同18世纪的法国哲学并列和继它之后，近代德国哲学产生了，并且在黑格尔那里完成了。它的最大的功绩，就是恢复了辩证法这一最高的思维形式。"②

3. 黑格尔的"形而上学"因素

恩格斯在《反杜林论》中，认为黑格尔的辩证法并不彻底："黑格尔的体系作为体系来说，是一次巨大的流产，但也是这类流产中的最后一次。就是说，它还包含着一个无法解决的内在矛盾：一方面，它以历史的观点作为基本前提，即把人类的历史看做一个发展过程，这个过程按其本性来说在认识上是不能由于所谓绝对真理的发现而结束的；但是另一方面，它又硬说它自己就是这种绝对真理的化身。关于自然和历史的无所不包的、最终完成的认识体系，是同辩证思维的基本规律相矛盾的；但是，这样说决不排除，相反倒包含下面一点，即对整个外部世界的有系统的认识是可以一代一代地取得巨大进展的。"③直到1885年，恩格斯在《反杜林论》第二版序言中谈到"辩证规律"时仍然说："这些规律最初是由黑格尔全面地、不过是以神秘的形式阐发的，而剥去它们的神秘形式，并使人们清楚地意识到它们的全部的单纯性和普遍有效性，这是我们的期求之一。……正如本书比较详细地阐明的那样，旧的自然哲学，特别是在黑格尔的形式中，具有这样的缺陷：它不承认自然界有时间上的发展，不承认'先后'，只承认'并列'。这种观点，一方面是由黑格尔体系本身造成的，这个体系认为只是'精神'才有历史的不断发展，另一方面，也是由

---

① 《马克思恩格斯选集》第2卷，人民出版社2012年版，第12—13页。
② 《马克思恩格斯选集》第3卷，人民出版社2012年版，第394页。
③ 《马克思恩格斯选集》第3卷，人民出版社2012年版，第399页。

当时自然科学的总的状况造成的。所以在这方面,黑格尔远远落后于康德,康德的星云说已经宣布了太阳系的起源,而他关于潮汐延缓地球自转的发现也已经宣布了太阳系的毁灭。最后,对我来说,事情不在于把辩证法规律硬塞进自然界,而在于从自然界中找出这些规律并从自然界出发加以阐发。"①

也就是说,在恩格斯看来,在黑格尔那里,唯心主义即"从'纯粹思维'的观点出发"是错误的,而辩证法则是正确的;黑格尔思维方式的"头脚倒置"也仅仅是因为他认为世界历史只是他的思想的验证,黑格尔辩证法的不彻底性也是源自他的体系和唯心主义。他虽然看到了黑格尔方法的唯心性质和不彻底性,但仍然认为它是一切现有逻辑材料中唯一可利用的,并没有把马克思创立的唯物辩证逻辑作为一种比黑格尔的辩证逻辑更高一级的逻辑形式来对待。

这与马克思对黑格尔哲学的评价还是存在一定差异的。马克思虽然在《资本论》第1卷1872年第二版跋中公开承认黑格尔"第一个全面地有意识地叙述了辩证法的一般运动形式",并且他自己"是这位大思想家的学生",并且在关于价值理论的一章中,有些地方"甚至卖弄起黑格尔特有的表达方式",但仍然主张把"叙述方法"与"研究方法"严格区分开来,认为"研究必须充分地占有材料,分析它的各种发展形式,探寻这些形式的内在联系"②,认为从黑格尔那里得到的辩证法的一般形式只能用于研究结论的表达而不能作为研究方法。而与马克思不同,恩格斯在强调黑格尔辩证法的合理性的时候则很少作这种区分。尤其值得注意的是,在马克思那里,除了称赞黑格尔"第一个全面地有意识地叙述了辩证法的一般运动形式"并认为这种形式可以作为"叙述方法"以外,在提到黑格尔的学说的时候,要么说"辩证法在黑格尔手中神秘化了……在他那里,辩证法是倒立着的"③,要么说黑格尔的学说是"**虚假的**实证主义"、"只是**虚有其表的**批判主义","汇集了思辨的一切幻想",④"这

---

① 《马克思恩格斯选集》第3卷,人民出版社2012年版,第386—387页。

② 《马克思恩格斯选集》第2卷,人民出版社2012年版,第93—94页。

③ 《马克思恩格斯选集》第2卷,人民出版社2012年版,第94页。

④ 《马克思恩格斯文集》第1卷,人民出版社2009年版,第213页。

种谎言是他的原则的谎言”①,“只能通过诡辩来证明”②,因为他“有意无意地抛弃事物的固有特征……给具有局限形式的事物加上与这种局限性相反的意义”③,“他不让社会成为现实的决定性的东西,因为这需要一个现实的主体,而他只有一个抽象的主体,一种**虚构**”④,等等,对黑格尔哲学基本上持否定的态度。

三、恩格斯对马克思的辩证方法的评价

恩格斯在1868年发表的《卡·马克思〈资本论〉第一卷书评——为〈民主周报〉而作》中,在提到马克思的辩证方法时,只是把它视为政治经济学的方法,并且只以“在阐述资本时,马克思从简单的众所周知的事实出发”⑤一语一带而过,并没有把它作为马克思创立的唯物主义辩证法的主要组成部分;直至1882年发表的《社会主义从空想到科学的发展》德文第一版序言,恩格斯仍然认为:“科学社会主义本质上就是德国的产物,而且也只能产生在古典哲学还生气勃勃地保存着自觉的辩证法传统的国家,即在德国。唯物主义历史观及其在现代的无产阶级和资产阶级之间的阶级斗争上的特别应用,只有借助于辩证法才有可能。”⑥唯物主义与辩证法仍然是分头表述的。恩格斯1885年撰写的《反杜林论》德文第二版序言中又说:“马克思和我,可以说是唯一把自觉的辩证法从德国唯心主义哲学中拯救出来并用于唯物主义的自然观和历史观的人。”⑦唯物主义与辩证法也是分头表述的。在1886年撰写的《路德维希·费尔巴哈和德国古典哲学的终结》中,恩格斯对马克思创立的唯物主义辩证法有过这样一个描述:“但是,从黑格尔学派的解体过程中还产生了另一个派别,唯一的真正结出果实的派别。这个派别主要是同马克思的名字联系在一起的。同黑格尔哲学的分离在这里也是由于返回到唯物主义观点而发生

① 《马克思恩格斯文集》第1卷,人民出版社2009年版,第214页。
② 《马克思恩格斯全集》第3卷,人民出版社2002年版,第152页。
③ 《马克思恩格斯全集》第3卷,人民出版社2002年版,第152—153页。
④ 《马克思恩格斯全集》第3卷,人民出版社2002年版,第151页。
⑤ 《马克思恩格斯选集》第2卷,人民出版社2012年版,第71页。
⑥ 《马克思恩格斯选集》第3卷,人民出版社2012年版,第746—747页。
⑦ 《马克思恩格斯选集》第3卷,人民出版社2012年版,第385页。

的。这就是说，人们决心在理解现实世界（自然界和历史）时按照它本身在每一个不以先入为主的唯心主义怪想来对待它的人面前所呈现的那样来理解；他们决心毫不怜惜地抛弃一切同事实（从事实本身的联系而不是从幻想的联系来把握的事实）不相符合的唯心主义怪想。除此以外，唯物主义并没有别的意义。不过在这里第一次对唯物主义世界观采取了真正严肃的态度，把这个世界观彻底地（至少在主要方面）运用到所研究的一切知识领域里去了。"[①]这是讲唯物主义辩证法中的"唯物主义"。恩格斯接下来讲："黑格尔不是简单地被放在一边，恰恰相反，上面所阐述的他的革命方面即辩证方法被接过来了。"[②]这是讲的"辩证法"。至于唯物主义辩证法，就是"关于外部世界和人类思维的运动的一般规律的科学"："我们重新唯物地把我们头脑中的概念看做现实事物的反映，而不是把现实事物看做绝对概念的某一阶段的反映。这样，辩证法就归结为关于外部世界和人类思维的运动的一般规律的科学，这两个系列的规律在本质上是同一的，但是在表现上是不同的，这是因为人的头脑可以自觉地应用这些规律，而在自然界中这些规律是不自觉地、以外部必然性的形式、在无穷无尽的表面的偶然性中实现的，而且到现在为止在人类历史上多半也是如此。这样，概念的辩证法本身就变成只是现实世界的辩证运动的自觉的反映，从而黑格尔的辩证法就被倒转过来了，或者宁可说，不是用头立地而是重新用脚立地了。而且值得注意的是，不仅我们发现了这个多年来已成为我们最好的工具和最锐利的武器的唯物主义辩证法，而且德国工人约瑟夫·狄慈根[③]不依靠我们，甚至不依靠黑格尔也发现了它。"[④]可见，按照恩格斯的理解，马克思创立的唯物主义辩证法仍然只是关于客观世界的发展规律的科学。它比黑格尔辩证法优越的地方就是这种规律是客观世界的

---

① 《马克思恩格斯选集》第 4 卷，人民出版社 2012 年版，第 248—249 页。（着重号为作者所加）

② 《马克思恩格斯选集》第 4 卷，人民出版社 2012 年版，第 249 页。

③ 狄慈根（Joseph Ditegen，1828—1888），德国社会主义活动家和哲学家，制革工人。依靠自学进行哲学研究。主要著作有《人脑活动的本质》（1869）、《论逻辑书简》（1880—1883）、《一个社会主义者在认识论领域中的漫游》（1887）、《哲学的成果》（1887）等。他在《一个社会主义者在认识论领域中的漫游》一书中，第一次把马克思主义哲学称为辩证唯物主义。（参见《哲学大辞典》上卷，上海辞书出版社 2007 年版，第 239—240 页。）

④ 《马克思恩格斯选集》第 4 卷，人民出版社 2012 年版，第 249—250 页。

反映，而不是概念的自我发展。也就是说，恩格斯只是从认识世界的层次来界定唯物主义辩证法。

而马克思是怎样看待自己的辩证法呢？马克思讲了两个层次：第一个层次，是理论、认识的真理性和现实性问题。早在《1844年经济学哲学手稿》中，马克思就指出："我们看到，主观主义和客观主义，唯灵主义和唯物主义，活动和受动，只是在社会状态中才失去它们彼此间的对立，从而失去它们作为这样的对立面的存在；我们看到，**理论的**对立本身的解决，只有通过**实践**方式，只有借助于人的实践力量，才是可能的；因此，这种对立的解决绝对不只是认识的任务，而是**现实**生活的任务，而**哲学**未能解决这个任务，正是因为哲学把这**仅仅**看做理论的任务。"①他还借用费尔巴哈的话说："我们在这里看到，彻底的自然主义或人道主义，既不同于唯心主义，也不同于唯物主义，同时又是把这二者结合起来的真理。"②在《关于费尔巴哈的提纲》中，马克思进一步指出："人的思维是否具有客观的[gegenständliche]真理性，这不是一个理论的问题，而是一个**实践**的问题。人应该在实践中证明自己思维的真理性，即自己思维的现实性和力量，自己思维的此岸性。关于离开实践的思维的现实性或非现实性的争论，是一个纯粹**经院哲学**的问题。"③第二个层次是理论、认识与实践、认识世界与改造世界的关系问题。马克思在《关于费尔巴哈的提纲》中指出："哲学家们只是用不同的方式**解释**世界，问题在于**改变**世界。"④唯物主义辩证法就是这两个层次的统一，是按照人民的根本利益在认识世界的基础上改造世界的方法论。

四、恩格斯对费尔巴哈哲学的评价

恩格斯对费尔巴哈的评价也是从唯物主义与唯心主义、辩证法与"形而上学"这两个对子出发，批评费尔巴哈"下半截是唯物主义者，上半截是唯心

① 《马克思恩格斯文集》第1卷，人民出版社2009年版，第192页。
② 《马克思恩格斯文集》第1卷，人民出版社2009年版，第209页。
③ 《马克思恩格斯选集》第1卷，人民出版社2012年版，第134页。
④ 《马克思恩格斯选集》第1卷，人民出版社2012年版，第136页。

主义者”①:

1. 费尔巴哈的唯物主义

恩格斯在《路德维希·费尔巴哈和德国古典哲学的终结》中称赞“费尔巴哈的《基督教的本质》……直截了当地使唯物主义重新登上王座”②,“费尔巴哈的发展进程是一个黑格尔主义者(诚然,他从来不是完全正统的黑格尔主义者)走向唯物主义的发展进程,这一发展使他在一定阶段上同自己的这位先驱者的唯心主义体系完全决裂了。他势所必然地终于认识到,……我们自己所属的物质的、可以感知的世界,是唯一现实的;而我们的意识和思维,不论它看起来是多么超感觉的,总是物质的、肉体的器官即人脑的产物。物质不是精神的产物,而精神本身只是物质的最高产物。这自然是纯粹的唯物主义”③。也就是说,费尔巴哈的唯物主义是在客观世界的认识方面。

2. 费尔巴哈的唯心主义

恩格斯在《路德维希·费尔巴哈和德国古典哲学的终结》中,认为费尔巴哈的弱点就是“以美文学的词句代替了科学的认识,主张靠‘爱’来实现人类的解放,而不主张用经济上改革生产的办法来实现无产阶级的解放,一句话,它沉溺在令人厌恶的美文学和泛爱的空谈中了。”④恩格斯指出:“我们一接触到费尔巴哈的宗教哲学和伦理学,他的真正的唯心主义就显露出来了。……在这里,费尔巴哈的唯心主义就在于:他不是抛开对某种在他看来也已成为过去的特殊宗教的回忆,直截了当地按照本来面貌看待人们彼此间以相互倾慕为基础的关系,即性爱、友谊、同情、舍己精神等等,而是断言这些关系只有在用宗教名义使之神圣化以后才会获得自己的完整的意义。在他看来,主要的并不是存在着这种纯粹人的关系,而是要把这些关系看做新的、真正的宗教。这些关系只是在盖上了宗教的印记以后才被认为是完满的。”⑤也就是说,他的宗教哲学和伦理学是从“抽象的人”出发。但“费尔巴哈的道德是完全适合

① 《马克思恩格斯选集》第4卷,人民出版社2012年版,第248页。
② 《马克思恩格斯选集》第4卷,人民出版社2012年版,第228页。
③ 《马克思恩格斯选集》第4卷,人民出版社2012年版,第233—234页。
④ 《马克思恩格斯选集》第4卷,人民出版社2012年版,第229页。
⑤ 《马克思恩格斯选集》第4卷,人民出版社2012年版,第239—240页。

于现代资本主义社会的,不管他自己多么不愿意或想不到是这样。……简单扼要地说,费尔巴哈的道德论是和它的一切前驱者一样的。它是为一切时代、一切民族、一切情况而设计出来的;正因为如此,它在任何时候和任何地方都是不适用的,而在现实世界面前,是和康德的绝对命令一样软弱无力的"①。这就是费尔巴哈的唯心主义成分。恩格斯指出,对抽象的人的崇拜是费尔巴哈在宗教哲学和伦理学领域走向唯心主义的根源:"费尔巴哈不能找到从他自己所极端憎恶的抽象王国通向活生生的现实世界的道路。他紧紧地抓住自然界和人;但是,在他那里,自然界和人都只是空话。无论关于现实的自然界或关于现实的人,他都不能对我们说出任何确定的东西。要从费尔巴哈的抽象的人转到现实的、活生生的人,就必须把这些人作为在历史中行动的人去考察。而费尔巴哈反对这样做,……但是,费尔巴哈没有走的一步,必定会有人走的。对抽象的人的崇拜,即费尔巴哈的新宗教的核心,必定会由关于现实的人及其历史发展的科学来代替。这个超出费尔巴哈而进一步发展费尔巴哈观点的工作,是由马克思于 1845 年在《神圣家族》中开始的。"②简单一点说就是,费尔巴哈的唯心主义主要集中在对社会历史的认识上。

与恩格斯相比,马克思在对费尔巴哈的超越方面,除了强调在考察现实社会的人学立场上要实现"从抽象的人"到"现实的人"的转变之外,更强调在社会功能上要由单纯"认识世界"向在认识世界的基础上"改造世界"转变!这些,马克思自己在《关于费尔巴哈的提纲》中已经讲得非常清楚了,这里不再赘言。

第四节 恩格斯创立的自然辩证法的哲学形态构成

与马克思创立的唯物主义辩证法相比,恩格斯创立的自然辩证法,更注重于对辩证法的研究结论——关于自然、社会及思维发展规律的描述,"认识

① 《马克思恩格斯选集》第 4 卷,人民出版社 2012 年版,第 246—247 页。
② 《马克思恩格斯选集》第 4 卷,人民出版社 2012 年版,第 247 页。

论”的成分更浓一些,是一种“认识辩证法”;而马克思创立的唯物主义辩证法,更注重于对辩证法的方法论——关于自然、社会及思维研究方法的描述,“方法论”的成分更浓一些,是一种“辩证方法论”。两者虽然侧重点不同,但其基本精神是一致的,就是按照事物的本来面目来认识事物。

1. 恩格斯创立的自然辩证法的定义和性质范围

恩格斯在《反杜林论》中说:“辩证法不过是关于自然界、人类社会和思维的运动和发展的普遍规律的科学。”①这应该是恩格斯创立的自然辩证法的最完整、最准确的定义。也就是说,在恩格斯那里,所谓的“自然辩证法”当中的“自然”,是与“世界”同等意义上的“自然”,是包括通常所说的自然、社会和思维三大部分在内的“自然”;这里的“自然辩证法”,也就是关于自然、社会及思维联系和发展的学说。对此,恩格斯在《自然辩证法》中也有“辩证法的规律是从自然界的历史和人类社会的历史中抽象出来的”②一语,是对此说的进一步印证。

如前所述,在对自然辩证法的表述上,恩格斯更加注重对其研究结果的表述,而对具体研究方法的探讨则放在次要位置。

2. 恩格斯创立的自然辩证法的理论特征

以对客观世界(包括自然、社会和思维三个方面)的联系和发展普遍规律的探索为主,以对辩证方法论的探究为辅。也就是说,与“马克思范式”相比,“恩格斯范式”更加注重理论的阐述,更加注重理论的体系性和规范性。

3. 恩格斯创立的自然辩证法的研究目的

恩格斯创立的自然辩证法,其直接目的有三个,一是对以杜林为代表的假社会主义及其违背辩证法的哲学理论进行批判,二是正面阐述马克思主义的哲学、经济学和科学社会主义理论,三是阐发认识世界的方法论和对客观世界的规律性认识,为马克思主义奠定坚实的理论基础。

4. 恩格斯创立的自然辩证法的研究领域

包括自然、社会和思维三个方面在内的整个客观世界。

---

① 《马克思恩格斯选集》第3卷,人民出版社2012年版,第520页。
② 《马克思恩格斯选集》第3卷,人民出版社2012年版,第901页。

5. 恩格斯创立的自然辩证法的思维模式

恩格斯创立的自然辩证法的思维模式主要是唯物辩证思维：

(1)求实思维:坚持从事实出发,即从自然界出发、从“一切阶级社会中的事实上的联系”出发。

(2)辩证思维:用全面、联系和发展的眼光看问题。

(3)对立统一思维:认为矛盾是事物发展的内在动力,矛盾双方既同一又斗争,共同推动事物的发展。

6. 恩格斯创立的自然辩证法的研究方法

恩格斯创立的自然辩证法的研究方法主要是实事求是的研究方法,即从现实出发、从事实出发的研究方法。共有两个方面:一是从自然界出发找出自然界理性和发展的规律并加以阐发,从“一切阶级社会中的事实上的联系”进行考察,以发现社会发展的规律;二是举出确切的、无可争辩的事实去反驳论敌的错误的或歪曲的论断。

总体而言,恩格斯创立的自然辩证法,在研究方法上与马克思创立的唯物主义辩证法基本一致,都强调从现实出发、强调实事求是。但美中不足的是,恩格斯没有从哲学基本形态变革的高度来理解马克思这种“改造世界”、改造社会的辩证法,而是仅仅把马克思创造的唯物主义辩证法和自己创造的自然辩证法都理解成一种认识世界的方法,以致后人很容易把唯物主义辩证法特别是恩格斯创立的自然辩证法理解为只是纯粹以自然界为研究对象的辩证法。

7. 恩格斯创立的自然辩证法的逻辑工具

同马克思创立的唯物辩证法一样,恩格斯创立的“自然辩证法”使用的逻辑工具也是“唯物辩证逻辑”。但与马克思不同的是,恩格斯仅仅是将“唯物辩证逻辑”运用于认识世界的领域。

8. 恩格斯创立的自然辩证法的人学立场

同马克思创立的唯物辩证法一样,恩格斯创立的“自然辩证法”坚持的是占人口绝大多数的人民大众的立场(在其生活的年代则表现为无产阶级)。

9. 恩格斯创立的自然辩证法的学科体系

一般认为,恩格斯《反杜林论》的学科体系就代表着他创立的自然辩证法的学科体系。整个体系包括三个部分:一是客观世界特别是自然界的联系和发展的规律,二是生产力和生产关系变化和发展的规律,三是社会变化和发展规律。这三个部分分别被视为哲学、政治经济学和科学社会主义,构成了马克思主义的三个组成部分。其中,哲学部分又主要是由辩证法的三大规律和若干范畴构成的体系。不过,这种划分虽然对于按照现有的学科门类对马克思主义进行分门别类的研究还是行之有效的,但在把握马克思主义的基本精神和整体性方面则捉襟见肘,不是多么适用。①

10. 恩格斯创立的自然辩证法的社会功能

探索和阐发自然、社会和思维发展的一般规律,为唯物主义辩证法提供认识论基础。共包括两个方面:一是为人们提供科学唯物而辩证的自然观,为自然科学的健康发展和合理地改造自然提供世界观和方法论;二是为人们提供唯物而辩证的历史观,为改造社会、实现科学社会主义提供世界观和方法论。恩格斯《反杜林论》的这种表述体系对后人影响很大,特别是苏联和中国的马克思主义基本理论教科书中的"辩证唯物主义"部分,基本上都是采用这种模式。只是,与恩格斯的自然辩证法相比,后两者不同程度地弱化了"恩格斯辩证法"的现实指向(尤以前者为甚),已经很少对现实社会中的重大理论问题和实际问题予以分析和解决了。对此后文将详细论述。

马克思和恩格斯相继逝世以后,马克思主义的中心从它的发源地德国逐步向俄国和中国转移,并先后形成了"苏联模式的马克思主义哲学教科书"和"中国特色的马克思主义"两种主要样式,均在世界马克思主义哲学发展史上产生了巨大的作用。其中,"苏联模式的马克思主义哲学教科书"和"中国的马克思主义哲学教科书"(特别是其中的辩证唯物主义部分)受恩格斯创立的自然辩证法的影响更大一些,而"中国特色的马克思主义"(以毛泽东思想为代表)则受马克思创立的唯物主义辩证法的影响更大一些。

① 本书作者更倾向于在把握马克思主义基本精神的基础上,把马克思主义理解成一个有机的整体。详见郝立忠:《理论与实际统一的马克思》,山东人民出版社2006年版。

第十一章　唯物主义辩证法的四大基本样式及其演变(三)

——“苏联模式的马克思主义哲学教科书”

“苏联模式的马克思主义哲学教科书”,是唯物主义辩证法特别是恩格斯创立的自然辩证法的抽象化和系统化。不仅被苏联和同时期中国的大多数马克思主义者视为“正统的马克思主义”予以宣传和普及,也在世界范围内被非马克思主义者作为“正统的马克思主义”看待,甚至马克思主义的敌人们也都普遍将其视为“正统的马克思主义”的标准样式进行攻击。直至今日,它对中国的马克思主义哲学教科书仍然具有重大的影响,并被形形色色的“西方马克思主义”、“后马克思主义”、“新马克思主义”和“马克思学”视为“正统的马克思主义”。因而,对其哲学形态进行详细分析,以分清其与马克思创立的唯物主义辩证法的异同,是十分必要的。

第一节　“苏联模式的马克思主义哲学教科书”的产生过程

唯物主义辩证法在苏联的历史上经历了一个曲折的过程。早期是“马克思范式”与“恩格斯范式”并重:在实践方面,坚持“马克思范式”;在理论方面,则是由“恩格斯范式”开始,逐步形成“列宁范式”。中期,理论上逐步由“列宁范式”发展成“斯大林范式”,亦即所谓的“苏联模式的马克思主义哲学教科书”,简称“苏联模式教科书”;在实践方面则逐步脱离“马克思范式”,而逐步陷入教条主义。“苏联模式教科书”曾经由于苏联的强大而名噪一时,被视为“正统的马克思主义”。到苏联后期,在理论上,“苏联模式教科书”在苏联和东欧的影响力逐步减弱,到苏联解体时戛然而止;在实践上,开始逐步由马克思主义转向修正主义,到苏联解体后最终演变成资本主义意识形态。

一、早期(19世纪80年代初—1914年):“列宁范式”的形成

早在19世纪80年代初,俄国就出现了马克思主义小组。1883年,普列汉诺夫①于侨居日内瓦期间创立了俄国第一个马克思主义团体“劳动解放社”。普列汉诺夫及其创立的“劳动解放社”,把《共产党宣言》等大量的马克思和恩格斯著作翻译成俄文在俄国传播,还写过许多解释马克思和恩格斯的学说、解释科学社会主义思想的著作,为马克思主义在俄国的传播奠定了基础。其哲学著作主要集中在辩证唯物主义、历史唯物主义、哲学史等方面,主要有《社会主义与政治斗争》(1883)、《无政府主义和社会主义》(1884)、《我们的意见分歧》(1885)、《黑格尔逝世60周年》(1891)、《唯物主义史论丛》(1892—1893)、《无政府主义和社会主义》(1894)、《论一元论历史观的发展问题》(1895)、《论唯物主义历史观》(1897)、《论个人在历史上的作用问题》(1898)、《伯恩施坦与唯物主义》(1898)、《论艺术》(又名《没有地址的信》)(1899—1900)②、《唯物主义还是康德主义》(1899)、《对我们批判者的批判》(1902),等等③。其中,他的《论一元论历史观的发展问题》一书主要阐述马

---

① 普列汉诺夫(1856—1918),俄国马克思主义理论家、俄国和国际工人运动及社会主义运动的活动家、文艺理论家、美学家。1880—1917年,因进行革命活动受到沙皇政府追究被迫长期侨居国外。其间于1883创立了俄国第一个马克思主义团体“劳动解放社”。前期翻译和出版了大量马克思和恩格斯的著作,撰写了许多马克思主义作品,对俄国的“民粹派”、“经济主义”、“合法马克思主义”以及第二国际伯恩施坦修正主义进行了批判,为马克思主义在俄国的传播奠定了基础。后期在政治上支持孟什维克,对十月革命持否定态度。(参见《哲学大辞典》上卷,上海辞书出版社2007年版,第243页。)

② 《哲学大辞典》上卷,上海辞书出版社2007年版,第243页。

③ 参见王文英等主编:《著名马克思主义哲学家评传》第1卷,山东人民出版社1990年版,第589页。

克思主义“现代一元论的即唯物主义的历史观”①的产生过程与主要内容，恩格斯曾经对其给予很高的评价。② 列宁1921年在《再论工会、目前局势及托洛茨基同志和布哈林同志的错误》一文中则如此评价普列汉诺夫的哲学著作：“不研究——正是**研究**——普列汉诺夫所写的全部哲学著作，就**不能**成为一个自觉的、**真正的**共产主义者，因为这些著作是整个国际马克思主义文献中的优秀作品”③，并认为普列汉诺夫文集中的哲学论文“应当成为必读的共产主义教科书”④。

列宁终生都致力于把马克思主义与俄国的工人运动相结合。作为“列宁范式”的创造者，他的一生可以根据“列宁范式”的产生过程大体划分为两个阶段：

第一个阶段是1888—1907年，是努力宣传和普及马克思主义并使其与俄国的革命实践相结合的阶段，基本上是宣传和实践“马克思范式”。这一阶段，列宁1888年在嘉桑加入了费多塞也夫组织的马克思主义小组，开始阅读《资本论》，并钻研和宣传马克思和恩格斯的其他著作。1889年和1893年先后移居萨马拉（今古比雪夫）和彼得堡。在彼得堡期间，列宁由于熟知马克思学说，善于把马克思主义应用于当时的俄国政治经济环境，怀有工人事业必胜的坚强的信心，以及具有卓越的组织才能，而成为彼得堡马克思主义者公认的领导者。1895年，列宁把彼得堡所有马克思主义工人小组统一成了“工人阶级解放斗争协会”。在列宁领导下，“工人阶级解放斗争协会”第一次在俄国把社会主义与工人运动结合起来。彼得堡“工人阶级解放斗争协会”的组织形式成为全俄各地的马克思主义小组的榜样，类似的协会在全国相继成立，为建立马克思主义政党奠定了坚实基础。⑤ 与此同时，列宁还坚决地同民粹主义、“合法马克思主义”和“经济主义”作斗争。1894年列宁发表了《什么是

① ［俄］普列汉诺夫：《论一元论历史观的发展问题》，商务印书馆2012年版，第193页。

② 参见［俄］普列汉诺夫：《论一元论历史观的发展问题》，商务印书馆2012年版，“译者序言”第3—5页。

③ 《列宁全集》第40卷，人民出版社1986年版，第292页。

④ 《列宁全集》第40卷，人民出版社1986年版，第292页脚注①。

⑤ 参见联共（布）中央特设委员会编：《联共（布）党史简明教程》，外国文书籍出版局1951年版，第一章。

“人民之友”以及他们如何攻击社会民主主义者?》一文,对民粹派向沙皇政府妥协,冒充“人民之友”对马克思主义和社会民主主义者进行攻击的行为进行批判,系统阐述了马克思主义的基本原理,强调无产阶级将成为资本主义制度的掘墓人,初步提出了工农联盟是推翻沙皇制度、推翻地主资产阶级的主要手段的思想。文章指出:判断真假马克思主义的标准,就是“马克思主义者从马克思的理论中,无疑地只是借用了宝贵的方法,没有这种方法,就不能阐明社会关系,所以他们在评判自己对社会关系的估计时,完全不是以抽象公式之类的胡说为标准,而是以这种估计是否正确和是否同现实相符合为标准的”①。“马克思的理论是在研究和说明某些国家的经济制度的演进;至于把这种理论‘应用’到俄国来,只能是**利用**已经创造出来的**唯物主义**方法和**理论**政治经济学方法,来**研究**俄国生产关系及其演进情形。新的方法论和新的政治经济学理论的创立,是社会科学的极大进步,是社会主义的巨大进展”②。这里,列宁虽然没有把马克思创立的唯物主义辩证法作为一种新的哲学基本形态,作为一个有机整体来对待,但从几个不同角度对马克思主义基本理论进行了系统阐述。列宁强调:“唯物主义,即要求任何纲领都是对现实过程的确切表述的唯一科学方法”③,“社会主义的知识分子只有抛弃幻想,在俄国现实的而不是合乎心愿的发展中,在现实的而不是臆想的社会经济关系中去寻找立脚点,才能指望工作获得成效。同时,他们的**理论**工作的方向应当是**具体地研究俄国经济对抗的一切形式,研究它们的联系和一贯发展,凡是这种对抗被政治史、法制特点和传统理论偏见所掩盖的地方,都应把它揭示出来**。理论工作应**当把我国现实作为一定生产关系的体系给以完备的说明,应当指明劳动者在这个体系下遭受剥削和剥夺的必然性,指明经济发展所昭示的摆脱这个制度的出路**”④。并且,“只要以是否符合社会经济发展的现实过程作为学说的最高的和唯一的标准,那就不会有教条主义:只要把任务归结为协助无产阶级组织起来,因而‘知识分子’的作用就是使特殊的知识分子的领导者成为不需要

① 《列宁全集》第1卷,人民出版社1984年版,第163—164页。
② 《列宁全集》第1卷,人民出版社1984年版,第232页。
③ 《列宁全集》第1卷,人民出版社1984年版,第261页。
④ 《列宁全集》第1卷,人民出版社1984年版,第260—261页。

的人物，那就不会有宗派主义"①。而理论和实际的统一只有通过实践才能实现："如果社会主义者的任务是要做无产阶级的思想领导者，领导无产阶级进行现实斗争，去反对横在一定社会经济发展的现实道路上的现实的真正敌人，那么情形就完全不同了。在这种条件下，理论工作和实际工作就会融合在一起，融合为一个工作"②。1897 年年底，列宁在流放地撰写了《俄国社会民主党人的任务》一文，专门论述了俄国社会民主党人的政治纲领和斗争策略。明确提出"没有革命的理论，就不会有革命的运动"③的论断。认为"按唯物主义观点来了解俄国历史，按唯物主义观点来估计俄国目前的经济和政治情形，承认必须把革命斗争归结为一定阶级的一定利益，并分析这个阶级同其他阶级的关系等，都是十分重大的革命问题，把这些问题叫作'细节'，是绝顶荒谬的"④。1898 年春，俄国各地的社会民主主义组织举行第一次代表大会，宣告俄国社会民主党成立。但这次代表大会未通过明确的党纲和党章。代表大会上所选出的党的中央委员会不久也遭到沙皇政府的破坏，统一的无产阶级政党并没有真正建立起来。党内从思想和组织两方面产生分裂，经济主义思潮在党内占据了优势。列宁 1899 年为《工人报》撰写了《我们的纲领》一文，指出："我们决不把马克思的理论看做某种一成不变的和神圣不可侵犯的东西；恰恰相反，我们深信：它只是给一种科学奠定了基础，社会党人如果不愿落后于实际生活，就**应当**在各方面把这门科学推向前进。我们认为，对于俄国社会党人来说，尤其需要**独立地**探讨马克思的理论，因为它所提供的只是总的指导原理，而这些原理的应用**具体地说**，在英国不同于法国，在法国不同于德国，在德国又不同于俄国。"⑤1900 年创办了《火星报》，对"经济主义"认为工人只应进行经济斗争，而政治斗争则应由自由资产阶级去做的思想进行了批判，为马克思主义政党的成立奠定了思想基础。1902 年又完成并出版了《怎么办?》一书，系统地对经济派主张的自发论进行批判，全面论述了建立新型无产阶级

---

① 《列宁全集》第 1 卷，人民出版社 1984 年版，第 262 页。
② 《列宁全集》第 1 卷，人民出版社 1984 年版，第 262 页。
③ 《列宁选集》第 1 卷，人民出版社 2012 年版，第 153 页。
④ 《列宁选集》第 1 卷，人民出版社 2012 年版，第 153 页。
⑤ 《列宁选集》第 1 卷，人民出版社 2012 年版，第 274—275 页。

政党的思想，论证了建立集中统一的马克思主义政党的必要性，结束了革命队伍中思想上的分歧和组织上的混乱。1903 年 7—8 月，俄国社会民主党召开了第二次代表大会。大会通过了统一的纲领和章程，建立了中央机关。但也由于组织原则上的尖锐分歧，形成了以列宁为首的布尔什维克派（即多数派）和以马尔托夫为首的孟尔什维克派（即少数派）。两派激烈的斗争一直延续到会后，并造成了党内的严重危机。在这种情况下，列宁于 1904 年 2—5 月撰写了《进一步，退两步（我们党内的危机）》一文，对俄国社会民主党第二次代表大会上两派分歧的形成原因、演变过程和会后斗争的发展情况做了详尽分析，揭露了孟尔什维克派在党的组织问题上的机会主义，系统阐述了无产阶级政党学说。1904 年 1 月开始的日俄战争给俄国人民带来了深重灾难，而沙皇军队在战争中的惨败又使沙皇专制制度受到了极其严重的打击。1905 年终于爆发了俄国第一次资产阶级民主革命。面对蓬勃发展的革命形势，为了科学地分析政治形势、准确地估量阶级力量对比、制定正确的斗争策略，1905 年 4—5 月由布尔什维克倡议召开的俄国社会民主党第三次代表大会和同时由孟尔什维克派召开的党的工作者第一次全俄代表大会，分别制定了各自的策略。列宁在这两个会议结束以后不久撰写了《社会民主党在民主革命中的两种策略》一文，在从理论上阐明了布尔什维克在俄国第一次资产阶级民主革命中的战略和策略、批判孟尔什维克派的策略的同时，指明了俄国资产阶级民主革命的特点，论述了无产阶级在民主革命中的领导权、无产阶级和农民的联盟、争取民主共和制的途径和方法、资产阶级民主革命同社会主义革命的关系等问题。① 在文章中，列宁根据马克思主义的基本原理对俄国社会状况进行深入分析，在确认“马克思主义者绝对相信俄国革命是资产阶级性质的革命……就其本身来说，不仅不会摧毁资本主义，不仅不会摧毁资产阶级的统治，反而会第一次为资本主义的广泛而迅速的发展，即欧洲式的而不是亚洲式的发展，真正扫清基地，第一次使资产阶级这个阶级的统治成为可能”②的同时，对资产阶级民主革命的历史作用进行辩证分析，认为：“在像俄国这样一

① 参见《列宁选集》第 1 卷，人民出版社 2012 年版，“第 1 卷说明”。
② 《列宁选集》第 1 卷，人民出版社 2012 年版，第 554 页。

些国家里，工人阶级与其说是苦于资本主义，不如说是苦于资本主义发展得不够。因此，资本主义的最广泛、最自由、最迅速的发展，同工人阶级**有绝对的利害关系**。消灭一切妨碍资本主义广泛、自由和迅速发展的旧时代的残余，对工人阶级是绝对**有利的**。……因此，**资产阶级**革命**对无产阶级是极其有利的**。从无产阶级的利益着想，资产阶级革命是绝对必要的。资产阶级革命进行得愈充分，愈坚决，愈彻底，无产阶级为争取社会主义而同资产阶级进行的斗争就愈有保证。只有不懂得科学社会主义的起码常识的人，才会觉得这是一个新的或者是奇怪的、荒诞的结论。而根据这个结论还应当得出下面的原理：**从某种意义上说**，资产阶级革命对无产阶级要比对资产阶级**更加有利**。"①不仅如此，列宁还进一步指出："马克思主义教导无产者不要避开资产阶级革命，不要对资产阶级革命漠不关心，不要把革命中的领导权交给资产阶级，相反地，要尽最大的努力参加革命，最坚决地为彻底的无产阶级民主主义、为把革命进行到底而奋斗"②，为布尔什维克党奠定了策略基础。

在这一阶段，根据列宁在《卡尔·马克思（传略和马克思主义概述）》一文的参考书目中所作的综述，在普列汉诺夫之外，安东尼奥·拉布里奥拉的《关于唯物主义历史观问题》（1898）、《关于历史唯物主义历史观问题》（1906），论文集《历史唯物主义》（1906），柳·阿克雪里罗得的《哲学概论·答历史唯物主义的哲学批评家》（1906）、本诺·埃尔德曼的《唯物主义历史观的哲学前提》③（1907）、卡·考茨基的《伦理学和唯物史观》（1906）等著作相继问世④，同时还有一些马克思著作的俄译本得以出版，均为马克思主义的宣传与普及作出了贡献。

第二个阶段是从 1908—1924 年列宁逝世，是按照"恩格斯范式"解释马克思主义，并进一步形成"列宁范式"的阶段。这一时期，从列宁为 1914 年 11 月发表的《卡尔·马克思（传略和马克思主义概述）》一文所作的参考书目来

---

① 《列宁选集》第 1 卷，人民出版社 2012 年版，第 556 页。

② 《列宁选集》第 1 卷，人民出版社 2012 年版，第 558 页。

③ 列宁在《卡尔·马克思（传略和马克思主义概述）》一文的参考书目中，称赞该书"对马克思哲学唯物主义的一些基本原理作了很有用的表述"。（《列宁全集》第 26 卷，人民出版社 1988 年版，第 90 页。）

④ 参见《列宁全集》第 26 卷，人民出版社 1988 年版，第 88—91 页。

看,他已经系统地阅读了马克思和恩格斯的《〈黑格尔法哲学批判〉导言》、《论犹太人问题》、《哲学的贫困》、《关于费尔巴哈的提纲》、《共产党宣言》、《雇佣劳动与资本》、《1848 年至 1850 年的法兰西阶级斗争》、《德国的革命和反革命》、《路易·波拿巴的雾月十八日》、《哥达纲领批判》、《反杜林论》、《资本论》、《路德维希·费尔巴哈和德国古典哲学的终结》等主要著作①,对马克思主义已经有了较为深刻的理解。而在当时苏联的国内形势方面,由于俄国1905—1907 年资产阶级民主革命失败,沙皇专制政府向革命人民疯狂反扑,俄国社会民主党的各级组织遭到了严重破坏。革命的失败不仅使革命队伍中的一些人在政治上发生动摇甚至背叛,也造成党内思想上的倒退和混乱,马赫主义、寻神说、造神说等唯心主义思潮泛滥,歪曲和攻击马克思主义成了时髦。针对这种情况,列宁撰写了《马克思主义和修正主义》(1908)、《唯物主义和经验批判主义》(1908)、《马克思学说的历史命运》(1913)、《马克思主义的三个来源和三个组成部分》(1913)、《黑格尔〈逻辑学〉一书摘要》(1914)、《卡尔·马克思》(1914)、《黑格尔〈历史哲学讲演录〉一书摘要》(1915)、《黑格尔辩证法(逻辑学)的纲要》(1915)、《谈谈辩证法问题》(1915)、《帝国主义是资本主义的最高阶段》(1916)、《共产主义运动中的"左派"幼稚病》(1920)、《共产主义》(1920)等文章,揭示了修正主义的社会根源和阶级本质,分析了黑格尔辩证法的革命因素,全面阐述了马克思主义特别是其辩证法思想的精髓和发展特征,捍卫和发展了马克思主义理论体系。

1908 年撰写的《唯物主义和经验批判主义》,是"列宁范式"最主要的代表性著作之一。该书驳斥了俄国马赫主义对马克思主义的攻击,捍卫和发展了马克思主义哲学,阐明了马克思主义的科学世界观是辩证唯物主义和历史唯物主义,系统阐述了辩证唯物主义和历史唯物主义的基本原理,特别是辩证唯物主义认识论的基本原理,并对物质和意识的辩证关系、唯物主义和唯心主义的根本区别、真理的客观性、相对真理与绝对真理的关系、实践在认识论中的地位和作用等问题进行了深入研究,为布尔什维克党奠定了哲学基础。②

① 参见《列宁全集》第 26 卷,人民出版社 1988 年版,第 83—87 页。

② 参见《列宁选集》第 2 卷,人民出版社 2012 年版,"第 2 卷说明"。

用列宁自己的话说，撰写该书的目的是使“它作为一本介绍马克思主义哲学即辩证唯物主义以及介绍从自然科学的最新发现中所得出的哲学结论的参考书，将有所裨益”①。特别值得注意的是，由于马克思 1883 年初就已经逝世，恩格斯则是直到 1895 年才逝世，因而列宁自 1888 年参加革命活动以后，开始接触的是马克思和恩格斯两人的著作，随后更多地是接触恩格斯的著作，并受到恩格斯的深刻影响②。其对狄慈根的看法也与恩格斯基本一致，并对这本专著予以大量引用和阐发。在《唯物主义与经验批判主义》这部著作中，列宁沿用恩格斯用哲学上的“两个对子”划分哲学形态的方法，认为：“马克思和恩格斯的学说是从费尔巴哈那里产生出来的，是在与庸才们的斗争中发展起来的，自然他们所特别注意的是修盖好唯物主义哲学的上层③，也就是说，他们所特别注意的不是唯物主义认识论，而是唯物主义历史观。因此，马克思和恩格斯在他们的著作中特别强调的是**辩证**唯物主义，而不是辩证**唯物主义**，特别坚持的是**历史**唯物主义，而不是历史**唯物主义**。我们那些想当马克思主义者的马赫主义者……片面地歪曲地接受了辩证法的若干组成部分（例如，相对主义），把主要的注意力集中于保护或恢复下半截的唯心主义，而不是集中于保护或恢复上半截的唯心主义。至少，一般实证论特别是马赫主义是在更多地从事对认识论的巧妙的伪造，冒充唯物主义，用似乎是唯物主义的术语来掩盖唯心主义，而对历史哲学却注意得比较少。我们的马赫主义者不理解马克思主义，因为他们可以说是**从另一个方面**接近马克思主义的，他们接受了——

① 《列宁选集》第 2 卷，人民出版社 2012 年版，第 15 页。

② 列宁在《唯物主义与经验批判主义》一书中，通篇都在引用恩格斯的《反杜林论》和《路德维希·费尔巴哈和德国古典哲学的终结》，其中仅直接引用恩格斯观点的地方就有 30 多处，连续两页以上引用和阐发恩格斯观点的地方就达 8 处之多。（参见《列宁选集》第 2 卷，人民出版社 2012 年版，第 27、28、36、37、42、43、56、60、62、73—77、86、91、93—94、98、107、117—118、123、127—128、135、137—139、145、148、150—153、167、172、176—180、181—183、186、192、193、197、212、229—230 页。）

③ 恩格斯在《路德维希·费尔巴哈和德国古典哲学的终结》中评价费尔巴哈哲学时说：“作为一个哲学家，他也停留在半路上，他下半截是唯物主义者，上半截是唯心主义者”。（《马克思恩格斯选集》第 4 卷，人民出版社 2012 年版，第 248 页。）在这里，列宁应该是在与恩格斯所说的“上半截”同等的意义上使用“上层”这个词语——特指哲学中的历史观。而恩格斯以及列宁在下文中所说的“下半截”、“上半截”，则是指具体的个人或学派所持的哲学观点——“下半截”是指认识论，“上半截”是指历史观。

有时候与其说是接受了还不如说是背诵了——马克思的经济理论和历史理论,但并没有弄清楚它们的基础,即哲学唯物主义。因此,应当把波格丹诺夫之流叫做颠倒过来的俄国的毕希纳分子和杜林分子。他们想在上半截成为唯物主义者,但他们却不能摆脱下半截的混乱的唯心主义!在波格丹诺夫那里,'上半截'是历史唯物主义,诚然,是庸俗的、被唯心主义严重地糟蹋了的历史唯物主义;'下半截'是唯心主义,是用马克思主义的术语、马克思主义的词句装饰打扮起来的唯心主义。"①本来,列宁已经意识到马克思的现代唯物主义与旧唯物主义的不同:"马克思和恩格斯的天才正是在于:他们在很长时期内,在**差不多半个世纪**里,发展了唯物主义,向前推进了哲学上的一个基本派别。他们不是踏步不前,只重复那些已经解决了的认识论问题,而是把**同样的**唯物主义彻底地贯彻(而且表明了应当**如何**贯彻)在社会科学的领域中,他们把胡言乱语、冠冕堂皇的谬论以及想在哲学上'发现''新'路线和找出'新'方向等等的无数尝试当做垃圾毫不留情地清除掉。"②但由于他沿用了恩格斯哲学上的"两个对子"的哲学评价系统,对马克思和恩格斯的评价仍然局限于传统形而上学的框架内:"如果把马克思在《资本论》和其他著作中的一些哲学言论考察一下,那么你们就会看到一个**始终不变的**主旨:坚持**唯物主义**,轻蔑地嘲笑一切模糊问题的伎俩、一切糊涂观念和一切向**唯心主义**的退却。马克思的全部哲学言论,都是以说明这二者的根本对立为中心的,但从教授哲学的观点看来,这种'狭隘性'和'片面性'也就是马克思的全部哲学言论的缺点之所在。……和马克思完全一致并同马克思密切合作的恩格斯,在自己的一切哲学著作中,在**一切**问题上都简单明白地把唯物主义路线跟唯心主义路线对立起来。"③列宁还进一步把坚持唯物主义还是坚持唯心主义视为哲学的"党性":"马克思和恩格斯在哲学上自始至终都是有党性的,他们善于发现一切'最新'流派对唯物主义的背弃,对唯心主义和信仰主义的纵容。因此他们对赫胥黎的评价**完全是**从彻底坚持唯物主义的观点出发的。因此他们责备费尔巴哈没有把唯物主义贯彻到底,责备他因个别唯物主义者犯有错误而拒绝

① 《列宁选集》第2卷,人民出版社2012年版,第225—226页。
② 《列宁选集》第2卷,人民出版社2012年版,第227页。
③ 《列宁选集》第2卷,人民出版社2012年版,第229页。

唯物主义,责备他同宗教作斗争是为了革新宗教或创立新宗教,责备他在社会学上不能摆脱唯心主义的空话而成为唯物主义者。"①

在对待黑格尔的态度上,列宁也沿袭了恩格斯的做法。一方面是批评黑格尔的唯心主义:"黑格尔认为现实世界是某种永恒的'绝对观念'的体现,而且人类精神在正确地认识现实世界的时候,就在现实世界中并通过现实世界认识'绝对观念'。"②无疑,这种唯心主义是错误的,因为"任何人都知道什么是人的观念,但是脱离了人的和在人出现以前的观念、抽象的观念、绝对观念,却是唯心主义者黑格尔的神学的虚构"③。另一方面,又对黑格尔的辩证法予以全面肯定:"恩格斯指出,黑格尔已经提出了反对休谟和康德的'决定性的'论据"④;"辩证法,正如黑格尔早已说明的那样,**包含着**相对主义、否定、怀疑论的因素,可是它**并不归结**为相对主义,马克思和恩格斯的唯物主义辩证法无疑地包含着相对主义,可是它并不归结为相对主义,这就是说,它不是在否定客观真理的意义上,而是在我们的知识向客观真理接近的界限受历史条件制约的意义上,承认我们一切知识的相对性。"⑤列宁不仅把黑格尔的辩证法看作是正确的,而且已经不再像马克思和恩格斯那样认为应该把它"倒过来",并引用一系列马克思和恩格斯的话来论证:比如,"很明显,恩格斯在看到德国和英国的**时髦**哲学重复黑格尔以前的康德主义和休谟主义的旧错误时,甚至认为**转向黑格尔**(在英国和斯堪的纳维亚各国)也会是有好处的,他希望这位大唯心主义者和大辩证论者能帮助人们看出浅薄的唯心主义的和形而上学的谬误"⑥。"恩格斯说:'黑格尔第一个正确地叙述了自由和必然之间的关系。'"⑦再如:"马克思、恩格斯和约·狄慈根并不担心叫卖者在几十种出版物中所叫卖的那些唯物主义的起码真理,而是把全部注意力集中于:不让这些起码真理庸俗化、过于简单化,导致思想僵化('下半截是唯物主义,上半截是

① 《列宁选集》第2卷,人民出版社2012年版,第231页。
② 《列宁选集》第2卷,人民出版社2012年版,第74页。
③ 《列宁选集》第2卷,人民出版社2012年版,第169页。
④ 《列宁选集》第2卷,人民出版社2012年版,第75页。
⑤ 《列宁选集》第2卷,人民出版社2012年版,第97页。
⑥ 《列宁选集》第2卷,人民出版社2012年版,第230页。
⑦ 《列宁选集》第2卷,人民出版社2012年版,第150页。

唯心主义’),导致忘却黑格尔的辩证法这个唯心主义体系的宝贵成果——毕希纳之流和杜林之流(以及勒克列尔、马赫、阿芬那留斯等等)一群雄鸡所不能从绝对唯心主义粪堆中啄出的这颗珍珠。”①又如:“恩格斯能够(与斯塔洛不同)抛弃黑格尔的唯心主义,**并且了解**黑格尔辩证法的天才的真理的内核。恩格斯是为了**辩证**唯物主义,而不是为了那陷入主观主义的相对主义而摒弃旧的形而上学唯物主义的。”②还有,“马克思在1870年6月27日给库格曼的信中也轻蔑地斥责‘毕希纳、朗格、杜林、费希纳等人’,因为他们不能理解黑格尔的辩证法,并且还对他采取轻视的态度”③,等等。

在《唯物主义与经验批判主义》中,列宁对唯物主义辩证法的理解,也基本上与恩格斯一致,仅仅限定在与“形而上学”、“相对主义”以及“唯心主义”相对的意义上:“关于相对主义问题在理论上唯一正确的提法,是马克思和恩格斯的唯物主义辩证法指出来的,所以不懂得唯物主义辩证法,就**必然**会从相对主义走到哲学唯心主义。”④又说:“今天的‘物理学’唯心主义,正如昨天的‘生理学’唯心主义一样,不过是意味着自然科学一个门类里的一个自然科学家学派,由于没有能够直接地和立即地从形而上学的唯物主义上升到辩证唯物主义而滚入了反动的哲学。”⑤但与恩格斯创立的自然辩证法相比,列宁的辩证法思想略有退步。在这部著作中,列宁虽然也提到“翻开《反杜林论》第1节,我们就可以读到:‘……事物及其在思想上的反映……’或者翻开哲学编第1节,那里写道:‘思维从什么地方获得这些原则(指一切认识的基本原则)呢?从自身中吗?不……思维永远不能从自身中,而只能从外部世界中汲取和引出这些形式。……原则不是研究的出发点(而在想做一个唯物主义者可又不能彻底贯彻唯物主义的杜林那里则相反),而是它的最终结果;这些原则不是被应用于自然界和人类历史,而是从它们中抽象出来的;不是自然界和人类去适应原则,而是原则只有在符合自然界和历史的情况下才是正确的。这

① 《列宁选集》第2卷,人民出版社2012年版,第179—180页。
② 《列宁选集》第2卷,人民出版社2012年版,第213页。
③ 《列宁选集》第2卷,人民出版社2012年版,第229页。
④ 《列宁选集》第2卷,人民出版社2012年版,第211页。
⑤ 《列宁选集》第2卷,人民出版社2012年版,第215页。

是对事物的唯一唯物主义的观点'"①,但诸如恩格斯强调过的"从自然界出发加以阐发"②、"必须从最过硬的事实出发"③、"从简单的众所周知的事实出发"④之类的关于唯物主义辩证法作为认识世界和改造世界的方法论方面的阐述却越来越少了。列宁1921年在《再论工会、目前局势及托洛茨基同志和布哈林同志的错误》一文中,试图将"形式逻辑"与"辩证逻辑"区分开来,认为"形式逻辑"是"根据最普通的或最常见的事物,运用形式上的定义,并以此为限",而"辩证逻辑则要求我们更进一步。要真正地认识事物,就必须把握住、研究清楚它的一切方面、一切联系和'中介'。我们永远也不会完全做到这一点,但是,全面性这一要求可以使我们防止犯错误和防止僵化。这是第一。第二,辩证逻辑要求从事物的发展、'自己运动'(像黑格尔有时所说的)、变化中来考察事物。……第三,必须把人的全部实践——作为真理的标准,也作为事物同人所需要它的那一点的联系的实际确定者——包括到事物的完整的'定义'中去。第四,辩证逻辑教导说,'没有抽象的真理,真理总是具体的'——已故的普列汉诺夫常常喜欢按照黑格尔的说法这样说"⑤。按照黑格尔辩证法来理解辩证逻辑的倾向已经十分明显。并且,与恩格斯强烈反对把马克思主义作为教条不同,列宁则明确提出:"从马克思的理论是客观真理这一为马克思主义者所同意的见解出发,所能得出的唯一结论就是:**沿着**马克思的理论的**道路**前进,我们将愈来愈接近客观真理(但决不会穷尽它);而**沿着任何其他的道路**前进,除了混乱和谬误之外,我们什么也得不到。"⑥这为此后"苏联模式的马克思主义哲学教科书"的诞生提供了理论依据。

不仅如此,上述著作中,除了《马克思主义和修正主义》是系统批判国际修正主义思潮,《帝国主义是资本主义的最高阶段》创立了马克思主义关于帝国主义的科学理论、丰富和发展了马克思主义经济学和科学社会主义学说,

① 《列宁选集》第2卷,人民出版社2012年版,第36—37页。
② 《马克思恩格斯选集》第3卷,人民出版社2012年版,第387页。
③ 《马克思恩格斯选集》第2卷,人民出版社2012年版,第12页。
④ 《马克思恩格斯选集》第2卷,人民出版社2012年版,第71页。
⑤ 《列宁选集》第4卷,人民出版社2012年版,第419页。
⑥ 《列宁选集》第2卷,人民出版社2012年版,第103—104页。

《共产主义运动中的“左派”幼稚病》论述无产阶级政党的战略和策略,《共产主义》批判匈牙利共产党员库恩·贝拉的口头马克思主义①以外,《马克思学说的历史命运》、《马克思主义的三个来源和三个组成部分》、《黑格尔〈逻辑学〉一书摘要》、《辩证法的要素》、《卡尔·马克思》、《谈谈辩证法问题》等著作则主要是对马克思主义学说的系统介绍,并基本上与恩格斯的有关思想保持一致。而在《黑格尔〈逻辑学〉一书摘要》、《黑格尔〈历史哲学讲演录〉一书摘要》和《黑格尔辩证法(逻辑学)的纲要》等著作中,则相比恩格斯有一些退步,比如在1914年《黑格尔〈逻辑学〉一书摘要》中,列宁虽然对黑格尔关于“精神的运动就是概念的内在发展”的思想②,主张“倒过来:逻辑和认识论应当从‘全部自然生活和精神生活的发展’中引申出来”③;“倒过来说:概念是人脑(物质的最高产物)的最高产物”④。批评“黑格尔的唯心主义的不明确和不透彻。神秘主义”⑤,强调“我总是竭力用唯物主义观点来阅读黑格尔:黑格尔是倒置过来的唯物主义(恩格斯的说法)”⑥。但在他那里,“辩证法”与“唯物辩证法”的界限并不是很清楚:一方面,他认为:“**辩证法**是一种学说,它研究**对立面**怎样才能够**同一**,是怎样(怎样成为)**同一的**——在什么条件下它们是相互转化而同一的,——为什么人的头脑不应该把这些对立面看作僵死的、凝固的东西,而应该看作活生生的、有条件的、活动的、彼此转化的东西。”⑦另一方面又认为黑格尔关于“力是否定的统一”的论证是“黑格尔这类

① 列宁在该文中批评匈牙利共产党员库恩·贝拉说:“文章中的马克思主义纯粹是口头上的,……他忽略了马克思主义的精髓,马克思主义的活的灵魂:对具体情况作具体分析。”(《列宁全集》第39卷,人民出版社1986年版,第128页。)毛泽东在《中国革命的战略问题》和《矛盾论》中均对这句话进行了引用(参见《毛泽东选集》第一卷,人民出版社1991年版,第187、312页)。

② 黑格尔在《逻辑学》第一版“序言”中说:“精神的运动就是概念的内在发展:它乃是认识的绝对方法,同时也是内容本身的内在灵魂。……这种对象的前进运动,正如全部自然生活和精神生活的发展一样,完全是以构成逻辑内容的纯粹本质的本性为基础的。”([德]黑格尔:《逻辑学》上卷,商务印书馆1966年版,第5页。)

③ 《列宁全集》第55卷,人民出版社1990年版,第73页。

④ 《列宁全集》第55卷,人民出版社1990年版,第139页。

⑤ 《列宁全集》第55卷,人民出版社1990年版,第146页。

⑥ 《列宁全集》第55卷,人民出版社1990年版,第86页。

⑦ 《列宁全集》第55卷,人民出版社1990年版,第90页。

话的**千分之一**”,“首先必须从中**剥出**唯物主义辩证法,因为这些东西中十分之九都是些外壳、皮屑”①。从黑格尔哲学中“**剥出**唯物主义辩证法”,这与马克思认为从黑格尔哲学中只能剥出“辩证法的一般运动形式”②以及恩格斯认为“黑格尔哲学的革命方面”即辩证思维的“一般形式”③都是大为不同的。因为不论是在马克思还是恩格斯看来,黑格尔的辩证法与唯物主义辩证法的差别,除了是把辩证法看作是思想的产物而不是看作现实世界运动规律的反映以外,还有一个如何运用辩证法来认识世界和改造世界的问题。列宁对唯物主义辩证法的认识只是解决了第一个方面,而没有解决第二个方面。在另一处,列宁针对黑格尔关于“机械性和化学性”的论述又说:“**唯物主义辩证法**:区分为**机械**规律和**化学**规律的外部世界、自然界的规律(这是非常重要的),是人的**有目的的**活动的基础。”

“人在自己的实践活动中面向客观世界,以它为转移,以它来规定自己的活动。从这方面来看,从人的实践的(有目的的)活动方面来看,世界(自然界)的机械的(和化学的)因果性,似乎是外在的什么东西,似乎是次要的,似乎是隐蔽的。”④也正因为如此,列宁在这本笔记中,一再强调“黑格尔对推理的分析……令人想起马克思曾在第1章中模仿黑格尔”⑤,“马克思把黑格尔辩证法的合理形式**运用于**政治经济学”⑥。“**要义**:不钻研和不理解黑格尔的**全部**逻辑学,就不能完全理解马克思的《资本论》,特别是它的第1章。因此,半个世纪以来,没有一个马克思主义者是理解马克思的!!”⑦以至于称赞黑格

① 《列宁全集》第55卷,人民出版社1990年版,第129页。

② 《马克思恩格斯选集》第2卷,人民出版社2012年版,第94页。

③ 恩格斯在《路德维希·费尔巴哈和德国古典哲学的终结》中说:“一个伟大的基本思想,即认为世界不是既成事物的集合体,而是过程的集合体,其中各个似乎稳定的事物同它们在我们头脑中的思想映象即概念一样都处在生成和灭亡的不断变化中,在这种变化中,尽管有种种表面的偶然性,尽管有种种暂时的倒退,前进的发展终究会实现,——这个伟大的基本思想,特别是从黑格尔以来,已经成了一般人的意识,以致它在这种一般形式中未必会遭到反对了。但是,口头上承认这个思想是一回事,实际上把这个思想分别运用于每一个研究领域,又是一回事。”(《马克思恩格斯选集》第4卷,人民出版社2012年版,第244页。)

④ 《列宁全集》第55卷,人民出版社1990年版,第157—158页。

⑤ 《列宁全集》第55卷,人民出版社1990年版,第148页。

⑥ 《列宁全集》第55卷,人民出版社1990年版,第149页。

⑦ 《列宁全集》第55卷,人民出版社1990年版,第151页。

尔的哲学是“黑格尔的历史唯物主义的胚芽”,“黑格尔和历史唯物主义”[1],“**历史唯物主义,是在黑格尔那里处于萌芽状态的天才思想——种子——的一种应用和发展**”[2],认为黑格尔的《逻辑学》和《哲学全书》的有关部分“**几乎就是关于辩证法的最好的阐述**。也就在这里,可以说是极其天才地指明了逻辑和认识论的一致”[3]。“黑格尔在概念的辩证法中天才地**猜测到了**事物(现象、世界、**自然界**)的辩证法”[4]。不仅如此,“在黑格尔那里,在分析认识过程中,实践是一个环节,并且也就是向客观的(在黑格尔看来是‘绝对的’)真理的过渡。因此,马克思把实践的标准引进认识论时,是直接和黑格尔接近的:见关于费尔巴哈的提纲”[5]。进而又说:“妙就妙在:关于‘绝对观念’的整整一章,几乎没有一句话讲到神(差不多只有一次偶然漏出了‘神的’‘概念’),此外——**注意这点**——几乎没有专门把**唯心主义**包括在内,而是把**辩证的方法**作为自己主要的对象。黑格尔逻辑学的总结和概要、最高成就和实质,就是**辩证的方法**,——这是绝妙的。还有一点:在黑格尔这部**最唯心**的著作中,唯心主义**最少**,唯物主义**最多**。‘矛盾’,然而是事实!”[6]其实,列宁在这里并没有注意到:马克思创立的唯物主义辩证法中的“唯物”二字,不仅是理论符合实际之意,还有认识世界与改造世界相统一之意。也正是由于列宁只看到了前者而忽视了后者,才会得出这样的结论。

此外,在“叙述方法”和“研究方法”的关系、马克思辩证法与黑格尔辩证法的关系等方面,列宁在1915《谈谈辩证法问题》中认为:“马克思在《资本论》中首先分析资产阶级社会(商品社会)里最简单、最普通、最基本、最常见、最平凡、碰到过亿万次的**关系**:商品交换。这一分析从这个最简单的现象中(从资产阶级社会的这个‘细胞’中)揭示出现代社会的**一切**矛盾(或**一切**矛盾的萌芽)。往后的叙述向我们表明这些矛盾和这个社会——在这个社会的各

① 《列宁全集》第55卷,人民出版社1990年版,第159页。
② 《列宁全集》第55卷,人民出版社1990年版,第160页。
③ 《列宁全集》第55卷,人民出版社1990年版,第162页。
④ 《列宁全集》第55卷,人民出版社1990年版,第166页。
⑤ 《列宁全集》第55卷,人民出版社1990年版,第181页。
⑥ 《列宁全集》第55卷,人民出版社1990年版,第202—203页。

个部分的总和中、从这个社会的开始到终结——的发展（**既是**生长**又是**运动）。”①这无疑是非常正确的。但他进一步认为“一般辩证法的阐述（以及研究）方法也应当如此（因为资产阶级社会的辩证法在马克思看来只是辩证法的局部情况）”②，则与马克思在《〈资本论〉第二版跋》中主张把“叙述方法”和“研究方法”区分开来的思想不一致了。至于说“从最简单、最普通、最常见的等等东西开始；从**任何一个命题**开始，如树叶是绿的，伊万是人，茹奇卡是狗等等。在这里（正如黑格尔天才地指出过的）就已经有**辩证法：个别就是一般**”③，就已经与马克思所主张的“从抽象到具体”的研究方法大相径庭了。④因为在这里，唯物主义辩证法已经由认识世界和改造世界的方法论被理解成单纯的叙述方法。正因为如此，也就有列宁关于辩证法的进一步的结论：“在**任何**一个命题中，很像在一个‘单位’（‘细胞’）中一样，都可以（而且应当）发现辩证法**一切**要素的胚芽，这就表明辩证法本来是人类的全部认识所固有的。而自然科学则向我们揭明（这又是要用任何极简单的实例来揭明）客观自然界也具有同样的性质，揭明个别向一般的转变，偶然向必然的转变，对立面的过渡、转化、相互联系。辩证法**也就是**（黑格尔和）马克思主义的认识论：正是问题的这一‘方面’（这不是问题的一个‘方面’，而是问题的**实质**）普列汉诺夫没有注意到，至于其他的马克思主义者就更不用说了。”⑤在这里，马克思的辩证法与黑格尔的辩证法的区别已经很难看到了。与恩格斯对黑格尔的“圆圈”持批判态度⑥不同，列宁在《谈谈辩证法问题》中也提到“哲学上的‘圆圈’”⑦，但

---

① 《列宁选集》第2卷，人民出版社2012年版，第558页。

② 《列宁选集》第2卷，人民出版社2012年版，第558页。

③ 《列宁选集》第2卷，人民出版社2012年版，第558页。

④ 参见本书第六章“第六节　唯物主义辩证法的研究方法”。

⑤ 《列宁选集》第2卷，人民出版社2012年版，第558—559页。

⑥ 恩格斯在《反杜林论》中说：“无论在18世纪的法国人那里，还是在黑格尔那里，占统治地位的自然观都认为，自然界是一个沿着狭小的圆圈循环运动的、永远不变的整体，牛顿所说的永恒的天体和林耐所说的不变的有机物种也包含在其中。同这种自然观相反，现代唯物主义概括了自然科学的新近的进步，从这些进步来看，自然界同样也有自己的时间上的历史，天体和在适宜条件下生存在天体上的有机物种都是有生有灭的；至于循环，即使能够存在，其规模也要大得无比。”（《马克思恩格斯选集》第3卷，人民出版社2012年版，第400页。）

⑦ 《列宁选集》第2卷，人民出版社2012年版，第559页。

不仅不持批判态度①,而且认为"人的认识不是直线(也就是说,不是沿着直线进行的),而是无限地近似于一串圆圈、近似于螺旋的曲线"②。说明列宁的逻辑工具仍然是一般意义上的"辩证逻辑",而不是马克思创立的"唯物辩证逻辑"。其实,列宁在《黑格尔辩证法(逻辑学)的纲要》中的一段话最能代表他对马克思创立的唯物主义辩证法的理解:"虽说马克思没有遗留下'**逻辑**'(大写字母的),但他遗留下《资本论》的**逻辑**,应当充分地利用这种逻辑来解决这一问题。在《资本论》中,唯物主义的逻辑、辩证法和认识论[不必要三个词,它们是同一个东西]都应用于一门科学,这种唯物主义从黑格尔那里吸取了全部有价值的东西并发展了这些有价值的东西。……开始是最简单的、最普通的、最常见的、最直接的'存在':个别的商品(政治经济学中的'存在')。把它作为社会关系来加以分析。**两重**分析:演绎的和归纳的,——逻辑的和历史的(价值形式)。在这里,在每一步分析中,都用事实即用实践来检验。"③显然,在这里,马克思创立的唯物主义辩证法与黑格尔辩证法的界限也是很模糊的。到1905年前后,"列宁范式"基本形成。此后1917年的《国家与革命》、1918年的《无产阶级革命和叛徒考茨基》,对马克思主义国家学说、无产阶级革命和无产阶级专政理论进行了系统阐述。后者还对考茨基的错误思想进行了评判。在《国家与革命》中,列宁指出:"马克思的全部理论,就是运用最彻底、最完整、最周密、内容最丰富的发展论去考察现代资本主义。自然,他也就要运用这个理论去考察资本主义的**即将到来**的崩溃和**未来**共产主义的**未来**的发展。"④仅仅用"最彻底、最完整、最周密、内容最丰富的发展论"去概括马克思的唯物主义辩证法,标志着"列宁范式"已经在列宁的著作中得到了实际运用。十月革命胜利以后,列宁根据俄国国情,积极探索在小农经济占优势的俄国如何过渡到社会主义,如何建设社会主义。列宁范式对苏联马克思主义哲学教科书的形成造成了很大影响。

---

① 列宁在《黑格尔〈哲学史讲演录〉一书摘要》中也有类似情况。(《列宁全集》第55卷,人民出版社1990年版,第207页。)

② 《列宁选集》第2卷,人民出版社2012年版,第560页。

③ 《列宁全集》第55卷,人民出版社1990年版,第290—291页。

④ 《列宁选集》第3卷,人民出版社2012年版,第186页。

同一时期(1908—1924年),在马克思主义的宣传与普及方面,苏联国内还出版了普列汉诺夫的《马克思主义的基本问题》[1](1908)、《论一元论历史观之发展》(1908),亚·波格丹诺夫、弗·巴扎罗夫等的《马克思主义哲学概论》(1908),德波林[2]的《辩证唯物主义哲学入门》(1908)、《辩证唯物主义》[3](1909)等著作。[4] 其中,普列汉诺夫的《马克思主义的基本问题》,认为"唯物主义历史观首先具有**方法论的意义**。……马克思和恩格斯在唯物主义方面的最伟大的功绩之一,就是他们制定了**正确的方法**"[5],德波林的《辩证唯物主义》也认为:"辩证唯物主义,在这里,作为方法、作为研究的指导原则,没有提供问题的绝对答案,而是首先帮助我们正确提出问题"[6],说明他们对马克思主义哲学的方法论特征具有较好的把握。但又必须注意,普列汉诺夫在《马克思主义的基本问题》中,反复强调"黑格尔哲学的**辩证法**要素",在强调"黑格尔的辩证法"的同时,也把马克思的辩证法与黑格尔的辩证法等同起来了,认为"费尔巴哈的意见正确地规定了**哲学的出发点,但不是规定哲学的方法**。这个空白已经由马克思、恩格斯填补起来了,他们知道,如果由于反对黑格尔

---

① 该书1908年5月由我们的生活出版社出版。列宁在该书出版后阅读了该书并作了批注(参见《列宁全集》第55卷,人民出版社1990年版,第445—448页),并在《卡尔·马克思(传略和马克思主义概述)》一文的参考书目中,称赞它是"关于马克思主义哲学及历史唯物主义问题"、"作了最好的论述"的著作之一。(参见《列宁全集》第26卷,人民出版社1990年版,第89页。)

② 德波林(1881—1963),苏联著名哲学家。1928年加入联公(布)。十月革命后,主要从事教育和科学编辑工作。1929年当选为苏联科学院院士。主要著作有《辩证唯物主义》(1909)、《辩证唯物主义哲学导论》(1916)、《思想家列宁》(1926)、《马克思主义的时代性问题》(1929)、《卡尔·马克思和现代性》(1933)、《哲学与政治》(1961)等。(参见《当代学者视野中的马克思主义哲学——东欧和苏联学者卷》(上),北京师范大学出版集团、北京师范大学出版社2012年版,第1—2页。)以他为代表的"德波林学派"认为"联系社会主义建设和社会主义革命运动的实践来研究马克思主义辩证法的要求,是取消理论",因而受到联公(布)的批判。(参见《哲学大辞典》上卷,上海辞书出版社2007年版,第216页。)

③ 该书载于1909年彼得堡出版的文集《在分界线上》。(参见《列宁全集》第55卷,人民出版社1990年版,第654页注218。)列宁在该文发表后阅读了该书并作了批注。(参见《列宁全集》第55卷,人民出版社1990年版,第516—522页。)

④ 参见列宁:《卡尔·马克思(传略和马克思主义概述)》一文的"书目"。(《列宁全集》第26卷,人民出版社1988年版,第89—91页。)

⑤ 转引自《列宁全集》第55卷,人民出版社1990年版,第446页。

⑥ 转引自《列宁全集》第55卷,人民出版社1990年版,第516页。

的思辨哲学而忽视他的辩证法,那是错误的……”①而德波林在《辩证唯物主义》中,力图从恩格斯创立的自然辩证法的角度来理解辩证唯物主义,认为“作为世界观的辩证唯物主义,对物质的构造、世界的构造问题提供了答案”,“辩证唯物主义,作为认识论,分为形式的或逻辑的部分,和现实的或物质的部分”,但由于深受黑格尔哲学的影响,他甚至认为“辩证唯物主义宣布形式是普遍的、客观实在的‘直观’,从而得出认识的‘绝对性’和普遍性。根据这一点就可能对现实进行数学的、或者也可以说是‘几何学的’认识,即精确的认识”②。他们二人对马克思主义哲学的理解,也对列宁造成了深刻的影响。

总的来看,在这一时期的前一阶段,布尔什维克党基本上是“马克思范式”和“恩格斯范式”并行,即在实践上奉行“马克思范式”,在理论上奉行“恩格斯范式”。在后一阶段,即“列宁范式”形成以后,布尔什维克党在实践上仍然是奉行“马克思范式”(如在《共产主义运动中的“左派”幼稚病》中,强调“马克思和恩格斯说过,我们的理论不是教条,而是**行动的指南**”③),根据本国的实际情况进行革命和建设;在理论上则是奉行“列宁范式”。并且,由于“列宁范式”受黑格尔哲学的影响比较大,在实际工作中也往往受到理论思维的影响,出现追求绝对化和一刀切现象。

二、中期(1924—1953年):“斯大林范式”的形成

“斯大林范式”的形成大体经历了三个阶段:

第一个阶段是从1898年斯大林参加革命到1924年列宁逝世前夕,属于奠基时期。这一时期,斯大林认真学习马克思、恩格斯和列宁的著作,不断提高马克思主义理论水平。1906年,他为了批判当时在南高加索出现的克鲁泡特金派的无政府主义思潮,撰写了《无政府主义还是社会主义?》一书,初次系统论述了他自己对马克思主义哲学的理解,标志着他的马克思主义世界观已经形成。该书在对无政府主义进行批判的同时,对马克思主义的辩证方法、唯

---

① 转引自《列宁全集》第55卷,人民出版社1990年版,第446页。
② 转引自《列宁全集》第55卷,人民出版社1990年版,第516—517页。
③ 《列宁选集》第4卷,人民出版社2012年版,第180页。

物史观和科学社会主义思想进行了系统阐述。斯大林在《无政府主义还是社会主义?》一书的"辩证方法"部分说:"马克思主义不只是社会主义的理论,而且是一个完整的世界观,是一个哲学体系,马克思的无产阶级社会主义就是从这个哲学体系中自然而然产生出来的。这个体系叫做辩证唯物主义。因此,阐明马克思主义,也就是阐明辩证唯物主义。为什么这体系叫做辩证唯物主义呢?因为它的方法是辩证的,而理论是唯物的。"①这里,"方法是辩证,而理论是唯物的",不仅是"恩格斯范式"和"列宁范式"中关于马克思主义在方法上是"辩证的"、而在出发点和观点上则是"唯物的"一类说法的延续,而且也为以后的"斯大林范式"把统一的马克思主义哲学划分成几个相对独立的部分埋下了种子。实际上,在马克思创立的唯物主义辩证法中,运用的是"唯物辩证逻辑"而不仅仅是"辩证逻辑"。而在这种"唯物辩证逻辑"中,"唯物论"和"辩证法"是有机统一的,是无法分开的。同列宁一样,斯大林对于辩证法的逻辑工具的理解,也是仅仅限于"辩证逻辑"而不是"唯物辩证逻辑"。斯大林指出:"辩证方法说:必须按生活的实在情形来考察生活。我们看到生活处在不断的运动中,所以我们应当把生活当作动的东西来考察,并且要问:生活走向哪里去?我们看到生活是一幅不断破坏和创造的图画,所以我们应当把生活当作既破坏又创造的过程来考察,并且要问:生活中破坏的是什么,创造的是什么?"②又说:"辩证方法的创始人是黑格尔,马克思澄清了并改进了这个方法。"③也就是说,由于受"列宁范式"的影响,在斯大林这里,马克思辩证法与黑格尔辩证法的界限仍然比较模糊。而在对黑格尔哲学的理解上,斯大林说:"无政府主义者把黑格尔的形而上学体系和他的辩证方法混为一谈。"④他认为:"以永恒观念为依据的黑格尔哲学体系彻头彻尾是形而上学的。但是同样很明显,否定任何永恒观念的黑格尔辩证方法却彻头彻尾是科学的和革命的。……所以马克思给黑格尔的形而上学体系以致命的批判,同时又称赞黑格尔的辩证方法,认为他的辩证方法'在任何东西面前都不低头,在本质

---

① 《斯大林全集》第1卷,人民出版社1953年版,第274页。
② 《斯大林全集》第1卷,人民出版社1953年版,第275页。
③ 《斯大林全集》第1卷,人民出版社1953年版,第278页。
④ 《斯大林全集》第1卷,人民出版社1953年版,第280—281页。

上是批判的和革命的'(见《资本论》第一卷的跋)。"①这与恩格斯在《反杜林论》第二版序言中对黑格尔哲学的理解②是完全一致的。而依我看来,黑格尔的哲学仍然属于传统形而上学这一哲学基本形态。在黑格尔的哲学当中,建构其哲学体系的方法并不全部是辩证方法,甚至主要的并不是"辩证方法",除了"辩证方法"以外还有形而上学从纯粹概念出发依靠逻辑推论建构绝对体系的传统方法;其运用的逻辑工具,除了"辩证逻辑"以外,更多地是"形式逻辑"。因此,并不能笼统地说黑格尔的方法是辩证的,而体系是唯心的。实际上,恩格斯在后来所写的《自然辩证法》中,就已经尝试着把黑格尔"唯心主义的立脚点"与"不顾事实而任意编造体系"联系起来③。恩格斯在《路德维希·费尔巴哈和德国古典哲学的终结》中进一步批评黑格尔:"他不得不去建立一个体系,而按照传统的要求,哲学体系是一定要以某种绝对真理来完成的。……但是这样一来,黑格尔体系的全部教条内容就被宣布为绝对真理,这同他那消除一切教条东西的辩证方法是矛盾的;这样一来,革命的方面就被过分茂密的保守的方面所窒息。在哲学的认识上是这样,在历史的实践上也是这样。"④在这里,"按照传统的要求",实际上就是按照传统形而上学思维模式的要求、按照传统形而上学研究方法的要求。这就好比是航海,目的地、航线和航行方法都已经确定了,造船工艺和推进技术只能影响航速的高低,却不

① 《斯大林全集》第1卷,人民出版社1953年版,第281页。

② 恩格斯在《反杜林论》第二版序言中说:"旧的自然哲学,特别是在黑格尔的形式中,具有这样的缺陷:它不承认自然界有时间上的发展,不承认'先后',只承认'并列'。这种观点,一方面是由黑格尔体系本身造成的,这个体系认为只是'精神'才有历史的不断发展,另一方面,也是由当时自然科学的总的状况造成的。"(《马克思恩格斯选集》第3卷,人民出版社2012年版,第387页。)在《反杜林论》正文中又说:"一切都被头足倒置了,世界的现实联系完全被颠倒了。……关于自然和历史的无所不包的、最终完成的认识体系,是同辩证思维的基本规律相矛盾的"(《马克思恩格斯选集》第3卷,人民出版社2012年版,第399页)。恩格斯在《自然辩证法》中(《马克思恩格斯选集》第3卷,人民出版社2012年版,第878—879页)和《路德维希·费尔巴哈和德国古典哲学的终结》中(《马克思恩格斯选集》第4卷,人民出版社2012年版,第222—229页)也都有相似论述。

③ 在《自然辩证法》里,恩格斯说:"自然科学上反对黑格尔的论战,在对黑格尔有大致正确理解的范围内,仅仅针对以下两点:唯心主义的出发点和不顾事实而任意编造体系。去除这一切之后,剩下的就只是黑格尔的辩证法。"(《马克思恩格斯选集》第3卷,人民出版社2012年版,第878页。)

④ 《马克思恩格斯选集》第4卷,人民出版社2012年版,第224页。

能影响航线、航行方法和最终要到达的目标。

特别值得指出的是，这一时期的斯大林，认真学习和领会马克思、恩格斯和列宁的学说，对教条主义保持明确的反对态度，他在《无政府主义还是社会主义?》一书中说："辩证法说，世界上没有什么永恒的东西，世界上一切都是暂时的、变动的，自然界在变化，社会在变化，风俗习惯在改变，正义的概念在改变，真理本身也在改变，——正因为如此，辩证法对一切都采取批判的态度，正因为如此，它否认一成不变的真理，因而也否认抽象的'一经发现后就只要熟读死记的教条'[①]……形而上学向我们说的却完全是另外一套。在形而上学看来，世界是一种永恒不变的东西(见恩格斯《反杜林论》)，它是由某个人或某种东西永远确定了的，所以形而上学者一开口就是'永恒的正义'和'不变的真理'。"[②]也就是说，在这一阶段，斯大林基本上是马克思、恩格斯和列宁学说的忠诚捍卫者。

这一阶段，为了宣传和普及马克思主义哲学，在苏联国内涌现出了一批马克思主义哲学教材，如布哈林[③]撰写的《历史唯物主义理论》(1921)、阿多拉茨基的《马克思主义基本问题大纲》(1922)、丘缅涅夫的《历史唯物主义理论》(1922年第二版)、戈列夫的《唯物主义——无产者的哲学》(1922)、谢姆科夫斯基的《历史唯物主义讲稿》(1922)、沃尔夫松的《辩证唯物主义》(1922)等。布哈林1921年出版的《历史唯物主义理论》，还被作为马克思主义哲学的基本教材，产生了相当大的影响，被誉为马克思主义的权威著作。[④] 这些著作多数以阐述历史唯物主义为主，对宣传和普及马克

① 参见《马克思恩格斯选集》第4卷，人民出版社2012年版，第222页。

② 《斯大林全集》第1卷，人民出版社1953年版，第279—280页。

③ 布哈林(1888—1938)，联公(布)和共产国际的活动家和理论家。1906年加入俄国社会民主党。十月革命后任莫斯科军事委员会委员和《真理报》主编。1928—1929年，因对斯大林进行的国家工业化和农业集体化有异议而受到批判。1929年被解除《真理报》主编职务，并被开除出联公(布)中央政治局。1937年被开除出党。1938年以"叛国"罪被处决。1988年被恢复名誉。著述颇丰，主要有《共产主义入门》(又译《共产主义ABC》，1920年出版)、《历史唯物主义理论》(1921)、《马克思主义社会学通俗读本》等。(参见《哲学大辞典》上卷，上海辞书出版社2007年版，第247页。)

④ 参见黄楠森等主编：《马克思主义哲学史》第5卷，北京出版社1996年版，第288—290页。

思主义哲学起到了积极的作用。但其中大部分都或多或少地受到机械论的影响。①

第二个阶段是从 1924 年到 1953 年,是由“列宁范式”转变成为“斯大林范式”时期。

1924 年 1 月列宁逝世,斯大林继列宁之后掌握苏维埃政权。

这一时期的苏联,涌现出一大批以“历史唯物主义”、“辩证唯物主义”、“辩证唯物主义和历史唯物主义”、“唯物辩证法”等为题的马克思主义哲学教科书②,有力地推动了马克思主义哲学的宣传和普及。但这一时期,也由于在德波林学派与红色教授学院年轻人进行论战时,斯大林批评德波林学派是孟尔什维克式的唯心主义,要求进行清查,不仅使学术争鸣变成了政治批判,而且从学术领域蔓延到其他领域,使得马克思主义哲学研究方面的教条主义、死啃书本、公式化、注释之风盛行。③

就斯大林本人而言,在列宁逝世前后的一段时间,是“列宁范式”坚定的拥护者和实践者。他从事革命之初,除了阅读马克思和恩格斯的著作以外,还阅读了多种列宁的著作,深受列宁思想的影响。早在 1920 年,斯大林就在《真理报》上发表《列宁是俄国共产党的组织者和领袖》一文,认为“有两派马克思主义者”:“第一派通常只限于表面上承认马克思主义,堂皇地标榜马克思主义。他们不善于或不愿意探究马克思主义的实质,不善于或不愿意实现马克思主义,把马克思主义的革命的活的原理变成毫无意思的死的公式。他们的活动不是以经验、以考虑实际工作为基础,而是以摘引马克思的词句为基础。他们不是从分析活的现实,而是从类比和历史比拟中求得指示和指令。言行不一——这就是这一派的主要毛病。”④认为这实际上是假马克思主义。“第二派恰巧相反,他们把问题的重心从表面上承认马克思主义转到实行和实现

---

① 参见吴元梁主编:《马克思主义哲学形态的演变》上卷,中国社会科学出版社 2010 年版,第 260—261 页。

② 参见吴元梁主编:《马克思主义哲学形态的演变》上卷,中国社会科学出版社 2010 年版,第 257—263 页。

③ 参见黄楠森等主编:《马克思主义哲学史》第 5 卷,北京出版社 1996 年版,第 300—301 页。

④ 《斯大林选集》上卷,人民出版社 1979 年版,第 129 页。

马克思主义。规定适合环境的实现马克思主义的方法和手段,环境改变时就改变这些方法和手段……这其实也就说明在这一派的活动中为什么言行是一致的,为什么马克思学说完全保持着它的革命活力。这一派完全符合马克思所说的话:马克思主义者不能停留于解释世界,而应当更进一步去改变世界。这一派的名字是布尔什维主义,共产主义。这一派的组织者和领袖是弗·伊·列宁。"①认为这才是真正的马克思主义。在这里,斯大林对真假马克思主义的区分还是非常正确的,但"完全保持"、"完全符合"一类的词语,具有明显的"列宁范式"痕迹。1924年列宁逝世以后,斯大林又连续撰写了《悼列宁》(1924)、《论列宁》(1924)、《论列宁主义基础》(1924)、《论列宁主义的几个问题》(1926)等文章,认为"列宁主义是帝国主义和无产阶级革命时代的马克思主义。确切些说,列宁主义是无产阶级革命的理论和策略,特别是无产阶级专政的理论和策略"②。认为列宁主义要求"相信群众"、"要向群众学习,要理解群众的行动,要细心研究群众斗争的实际经验"、"相信群众的创造力"③、"要恢复那个被破坏了的理论和实践的统一"④。

列宁逝世以后,苏联的马克思主义理论界很不平静。从20世纪20年代中期到30年代中期,苏联共产党内斯大林等人与党内反对派围绕如何理解列宁主义以及在一国能否建成社会主义展开了激烈的争论。与此同时,在哲学界也先后发生了对布哈林"平衡论"⑤的批判,德波林学派与机械论者的论战⑥以及德

① 《斯大林选集》上卷,人民出版社1979年版,第129—130页。

② 《斯大林选集》上卷,人民出版社1979年版,第185页。

③ 《斯大林选集》上卷,人民出版社1979年版,第180—181页。

④ 《斯大林选集》上卷,人民出版社1979年版,第194页。

⑤ 布哈林根据马克思在《资本论》中关于生产领域的平衡趋势的论述,提出:"没有平衡,社会是不能长期存在,是要死亡的。但是这同一社会体系能够在短期内处于'不正常'状态,即不平衡状态。"并在《历史唯物主义理论》一书中用三章的篇幅来阐述这一理论。受到苏联哲学界和斯大林的批判。(参见黄楠森等主编:《马克思主义哲学史》第5卷,北京出版社1996年版,第五章第三节。)

⑥ 德波林学派与机械论者的论战,指1924—1929年间,德波林为代表的辩证法派与斯捷潘诺夫为代表的机械论者的论战。后者主张"把整个哲学抛开",用实证科学来代替哲学,反对把唯物辩证法运用于自然科学,因而受到德波林为代表的辩证法派的猛烈批判。(参见黄楠森等主编:《马克思主义哲学史》第5卷,北京出版社1996年版,第五章第四节。)

波林学派与米丁、尤金等人的论战①。在马克思主义经典原著翻译方面,《马克思恩格斯全集》《马克思恩格斯文库》、恩格斯的《自然辩证法》、马克思和恩格斯合著的《德意志意识形态》相继出版;在马克思主义的宣传与普及方面,除了阐述历史唯物主义的马克思主义哲学教材,如拉祖莫夫斯基的《历史唯物主义理论教程》(1924)、戈列夫的《历史唯物主义概论》(1925)、佩尔林的《历史唯物主义》(1925)、拉耶夫斯基的《历史唯物主义入门》(1925)、芬格尔特和希尔文特的《历史唯物主义简明教程》(1928)、库拉佐夫的《历史唯物主义》(1929)、麦德韦杰夫和希尔文特主编的《历史唯物主义概要》(1931)、沃尔夫松和加克的《历史唯物主义概论》(1931)等以外,阐述辩证唯物主义的教材也逐步多了起来,如斯托里亚罗夫的《辩证唯物主义和机械论者》(1930)、蒂缅斯基的《辩证唯物主义导论》(1930)、贝霍夫斯基的《辩证唯物主义哲学概论》(1930)、波兹纳的《辩证唯物主义是无产阶级哲学》(1933),都是这一时期的著作。专门阐述唯物辩证法的教材,如希罗科夫和扬科夫斯基的《唯物辩证法》第一册(1932)、奥比奇金的《辩证认识过程的基本要素》(1933)、米丁的《唯物辩证法的首要问题》(1936)、罗森塔尔②的《唯物辩证法》(通俗概要)(1937)也相继出现。希罗科夫、爱森堡等合著的《辩证法唯物论教程》,

① 德波林学派与米丁、尤金等人的论战,发生于1929年年底和1930年年初,起因于对斯大林在1929年年底的一次演说中提出的"我们的实际工作成就和理论思想的发展有些脱节"一语的讨论。1930年2月,在共产主义学院哲学研究所和战斗唯物主义者与辩证法家协会扩大会议上,围绕哲学战线理论是否脱离实际的问题展开了激烈的争论。以米丁为代表的青年哲学家对哲学界的领导人德波林提出了尖锐的批评,认为哲学理论与社会主义建设发生了脱节,而卡列夫、斯腾等则予以反驳。会后双方争论迅速升级,苏联红色教授学院党组织先后作出了两个决议,在肯定哲学战线的成绩的同时,对德波林派进行批评,认为其有"形式主义倾向"。1930年12月9日,斯大林在对红色教授学院支部委员会成员的谈话中,把德波林派定性为孟什维克式的唯心主义,是用黑格尔主义而且是歪曲了的黑格尔主义代替马克思主义和唯物辩证法。对德波林学派的批判进一步升级,德波林学派迅速解体。这次争论,在苏联哲学界发生了深远的影响。(参见黄楠森等主编:《马克思主义哲学史》第5卷,北京出版社1996年版,第五章第五节。)

② 罗森塔尔(1906—1975)苏联著名哲学家。李正文在对《唯物辩证法》第二版进行翻译时,将其译为罗逊塔尔。一生著述颇丰,影响较大的有《唯物辩证法》(1937)、《马克思〈资本论〉中的辩证法》(1955)、《辩证逻辑原理》(1960)、《列宁与辩证法》(1963)、《马克思主义辩证法史——从马克思主义产生到列宁主义阶段之前》(1971),等等。(参见王文英等主编:《著名马克思主义哲学家评传》第2卷,山东人民出版社1990年版,第416页。)

也是这一时期的著作。与此同时，把辩证唯物主义和历史唯物主义合二为一的教材，如芬格尔特和希尔文特的《辩证唯物主义和历史唯物主义》(1929)，米丁[1]等著的《辩证唯物主义和历史唯物主义》(1932—1934)[2]也先后出版，为斯大林的《论辩证唯物主义和历史唯物主义》奠定了基础。此外，亚历山大罗夫、贝霍夫斯基、米丁和尤金主编的三卷本《哲学史》(1940—1943)也陆续出版。

以上这些著作中，斯大林1938年发表的《论辩证唯物主义和历史唯物主义》[3]一文，成为“斯大林范式”正式形成的标志。该文从“辩证唯物主义”和“历史唯物主义”两个方面、分“马克思主义辩证方法”、“马克思主义哲学唯物主义”和“历史唯物主义”三个部分，对马克思主义哲学的基本原理特别是马克思、恩格斯和列宁的思想进行了简明扼要却又比较系统的概括。这篇文章发表以后对苏联国内外马克思主义者均产生了很大影响，基本上成为“苏联模式的马克思主义哲学教科书”的纲要和范本，至今仍然对中国的马克思主义哲学教科书产生着巨大的影响。但是，该文在对马克思主义哲学的基本原理的概括上也有一些值得商榷的地方，可以概括为以下五点：

其一是在列宁把马克思主义划分为“哲学”、“政治经济学”和“科学社会主义”三个部分的基础上，进一步把马克思主义哲学划分为“辩证唯物主义”和“历史唯物主义”两个方面和“马克思主义辩证方法”、“马克思主义哲学唯物主义”、“历史唯物主义”三大部分，条块化倾向更加严重。该文以“论辩证

---

① 米丁(1901—1989)，苏联哲学家和社会活动家。1939年当选为苏联科学院院士。主要著作有《黑格尔和唯物辩证法》(1932)、《辩证唯物主义和历史唯物主义》(1933)、《哲学和现时代》(1960)等。(参见《哲学大辞典》上卷，上海辞书出版社2007年版，第248—249页。)

② 《辩证唯物主义与历史唯物主义》，旧译《辩证唯物论与历史唯物论》。该书分两册，上册《辩证唯物主义》，由米丁主编，1933—1934年出版；下册《历史唯物主义》，由米丁和拉祖莫夫斯基主编，1932年出版。(参见吴元梁主编：《马克思主义哲学形态的演变》上卷，中国社会科学出版社2010年版，第262页。)

③ 斯大林撰写该文的目的是为了向广大干部普及马克思主义哲学基本理论。全文于1938年作为《联共(布)党史简明教程》的第四章第二节予以公开发表。(参见联共(布)中央特设委员会编：《联共(布)党史简明教程》，外国文书籍出版局1951年版，第133—165页。)毛泽东于1938年12月以后仔细阅读了中国出版社1938年12月出版的由博古翻译的版本(译名为《辩证唯物论与历史唯物论》)，并作了批注。(参见《毛泽东主席批注集》，中央文献出版社1988年版，第284—303页。)

唯物主义和历史唯物主义”为题,旨在把马克思主义哲学划分为“辩证唯物主义”和“历史唯物主义”两大部分。其中,“辩证唯物主义”是专门研究“自然现象”的,之所以叫它“辩证唯物主义”,是因为它的“方法是辩证的”,而“理论是唯物主义的”:“辩证唯物主义是马克思列宁主义党的世界观。它所以叫作辩证唯物主义,是因为它对自然界现象的看法、它研究自然界现象的方法、它认识这些现象的方法是**辩证的**,而它对自然界现象的解释、它对自然界现象的了解、它的理论是**唯物主义的**。”①这样一来,“辩证唯物主义”就在研究领域上和研究方法上与黑格尔的《自然哲学》很相似了,但在研究内容上则比后者更为抽象②。至于“历史唯物主义”,则是专门研究“社会生活”的,它与“辩证唯物主义”的关系是这样的:“历史唯物主义就是把辩证唯物主义的原理推广去研究社会生活,把辩证唯物主义的原理应用于社会生活现象,应用于研究社会,应用于研究社会历史。”③

不仅如此,斯大林还进一步把“辩证唯物主义”分解为“辩证法”和“唯物主义”两大部分。其中:

对于“辩证法”,斯大林认为:“马克思和恩格斯在说明自己的辩证方法的时候,通常援引黑格尔,认为他是表述了辩证法基本特征的哲学家。但这并不是说,马克思和恩格斯的辩证法同黑格尔的辩证法是一样的。其实,马克思和恩格斯从黑格尔的辩证法中采取的仅仅是它的‘合理的内核’,而摒弃了黑格尔的唯心主义的外壳,并且向前发展了辩证法,赋予辩证法以现代的、科学的形态。”④从这段话里我们不难看出,在斯大林看来,黑格尔辩证法的“合理内核”就是“辩证法基本特征”,甚至就是唯物辩证法的基本特征,其“外壳”就是“唯心主义”。也就是说,对于“马克思和恩格斯的辩证法”来说,在“辩证法基本特征”上与黑格尔是一样的,在对辩证法的“向前发展”方面却只有唯物主

---

① 《斯大林选集》下卷,人民出版社1979年版,第424页。

② 黑格尔在《自然哲学》中,除了对时间、空间、物质和运动的关系等抽象问题进行研究以外,还对物理学中的光、空气、元素、比重、声音、热、形态、化学过程以及有机物理学中的地质自然界、植物有机体和动物有机体等具体问题进行研究。([德]黑格尔:《自然哲学》,商务印书馆1980年版,“目录”第1—3页。)

③ 《斯大林选集》下卷,人民出版社1979年版,第424页。

④ 《斯大林选集》下卷,人民出版社1979年版,第424页。

义，即认为“观念的东西不过是移入人的头脑并在人的头脑中改造过的物质的东西而已”①。这实际上是把唯物辩证法视为一种结论、一种“规律”，而不是视为一种方法。因为，斯大林在接下来从四个方面论述“马克思主义的辩证方法的基本特征”的时候，都是以“自然界”为中心词②，都是在论述辩证法在观察自然界时得出的四种结论。然而，认识的正确结论（斯大林所说的“理论”）与正确的认识方法并不是一码事。马克思更加重视的是自己的方法而不是结论。斯大林在这里仅仅强调了运用唯物主义辩证法认识自然和认识社会得出的正确结论，而对怎样运用唯物主义辩证法去认识世界和改造世界却未能深入阐述，这就导致他很难从方法论上划清马克思创造的“唯物主义辩证法”与黑格尔的唯心主义辩证法的界限。

对于“唯物主义”，斯大林是这样说的：“马克思和恩格斯在说明自己的唯物主义的时候，通常援引费尔巴哈，认为他是恢复了唯物主义应有权威的哲学家。但这并不是说，马克思和恩格斯的唯物主义和费尔巴哈的唯物主义是一样的。”③那么，二者的区别到底是什么呢？斯大林继续说：“其实，马克思和恩格斯是从费尔巴哈唯物主义中采取了它的‘基本的内核’，把它进一步发展成为科学的哲学唯物主义理论，而摒弃了它那些唯心主义的和宗教伦理的杂质。大家知道，费尔巴哈虽然在基本上是唯物主义者，但是他竭力反对唯物主义这个名称。恩格斯屡次说过：费尔巴哈‘虽然有唯物主义的基础，但是在这里还没有摆脱传统的唯心主义束缚’，‘我们一接触到费尔巴哈的宗教哲学和伦理学，他的真正的唯心主义就显露出来了’。”④对于费尔巴哈的哲学，斯大林就说了这些。问题是，说费尔巴哈的宗教哲学和伦理学是唯心主义的，国内外研究马克思主义的学者中绝大多数人都知道，因为恩格斯在《路德维希·费尔巴哈和德国古典哲学的终结》中已有明确的论述，但究竟是什么导致了费尔巴哈的宗教哲学和伦理学是唯心主义，斯大林对此没有进行阐述。实际上，关于费尔巴哈的宗教哲学和伦理学是唯心主义的根本原因，马克思在《德意志

① 《斯大林选集》下卷，人民出版社 1979 年版，第 424 页。
② 《斯大林选集》下卷，人民出版社 1979 年版，第 425—429 页。
③ 《斯大林选集》下卷，人民出版社 1979 年版，第 425 页。
④ 《斯大林选集》下卷，人民出版社 1979 年版，第 425 页。

意识形态》中批评青年黑格尔派时已有明确表述,就是“一切都是在纯粹的思想领域中发生的”①;恩格斯在《路德维希·费尔巴哈和德国古典哲学的终结》中也明确指出:“在社会领域内,正是费尔巴哈本人没有‘前进’,没有超过自己在 1840 年或 1844 年的观点,这仍旧主要是由于他的孤寂生活,这种生活迫使这位比其他任何哲学家都更爱好社交的哲学家从他的孤寂的头脑中,而不是从同与他才智相当的人们的友好或敌对的接触中产生出自己的思想。”②局限于“纯粹的思想领域”,仅仅从“孤寂的头脑中”产生出思想,这正是包括黑格尔和费尔巴哈在内一切传统形而上学家遵循的共同传统——这就是斯大林称之为“传统的唯心主义束缚”的那种东西。可惜,斯大林对传统形而上学的共同特征把握得并不是很准确,从而导致了对“马克思主义哲学唯物主义”与费尔巴哈哲学相互间的区别的认识比较模糊。也正因为如此,斯大林把“马克思主义哲学唯物主义的基本特征”概括为如下这样三个方面:特征一,“世界按其本质说来是物质的;世界上形形色色的现象是运动着的物质的不同形态;……世界是按物质运动规律发展的,并不需要什么‘宇宙精神’”;特征二,“物质、自然界、存在,是在意识以外、不依赖意识而存在的客观实在;物质是第一性的,因为它是感觉、表象、意识的来源;而意识是第二性的,是派生的,因为它是物质的反映,存在的反映;思维是发展到高度完善的物质的产物即人脑的产物,而人脑是思维的器官”;特征三,“世界及其规律完全可以认识;我们关于自然界规律的知识,经过经验和实践检验过的知识,是具有客观真理意义的、可靠的知识;世界上没有不可认识的东西,而只有还没有被认识、而将来科学和实践的力量会加以揭示和认识的东西”。③ 正是由于将“马克思主义的哲学唯物主义”局限在认识世界的领域而与改造世界无关,在斯大林这里也就很难将“马克思主义的哲学唯物主义”与费尔巴哈的唯物主义区别开来。在概括了马克思主义哲学唯物主义的三个基本特征之后,斯大林又说:“显而易见,把哲学唯物主义原理推广去研究社会生活和社会历史,该有多么巨大的意义;把这些原理应用到社会历史上去,应用到无产阶级党的实际活动

---

① 《马克思恩格斯选集》第 1 卷,人民出版社 2012 年版,第 142 页。
② 《马克思恩格斯选集》第 4 卷,人民出版社 2012 年版,第 237 页。
③ 《斯大林选集》下卷,人民出版社 1979 年版,第 432—434 页。

上去,该有多么巨大的意义。"①也就是说,"历史唯物主义"不仅是把"辩证法"推广到社会历史领域的结果,也是把"唯物主义"推广到社会历史领域的结果。

此外,斯大林在论述"历史唯物主义"的时候,不仅过于强调规律,认为"既然自然现象的联系和相互制约是自然界发展的规律,那么由此可见,社会生活现象的联系和相互制约也同样不是偶然的事情,而是社会发展的规律","尽管社会生活现象错综复杂,但是社会历史科学能够成为例如同生物学一样的精密的科学,能够拿社会发展规律来实际应用","这就是说,无产阶级党在它的实际活动中,不应该以任何偶然动机为指南,而应该以社会发展规律、以这些规律中得出的实际结论为指南"②。而且过于强调社会存在的决定作用,认为"社会存在怎样,社会物质生活条件怎样,社会思想、理论、政治观点和政治设施也就怎样"③。因此,尽管他也说"科学和实际活动的联系、理论和实践的联系、它们的统一,应当成为无产阶级党的指路明星"④,"从马克思的话中不能引出这样的结论:社会思想、理论、政治观点和政治设施在社会生活中没有意义,它们不反过来影响社会存在,影响社会生活物质条件的发展。我们在这里暂且只是说到社会思想、理论、观点和政治设施的**起源**,只是说到它们的**产生**,只是说到社会精神生活是社会物质生活条件的反映。至于社会思想、理论、观点和政治设施的**意义**,至于它们在历史上的**作用**,那么历史唯物主义不仅不否认,相反,正是着重指出它们在社会生活和社会历史中的重大作用和意义"⑤;甚至也说:"马克思列宁主义的力量和生命力在于,它以正确反映社会物质生活发展需要的先进理论为依据,把这种理论提到它应有的高度,并且把充分利用这种理论的动员力量、组织力量和改造力量,看作自己的职责。"⑥但这些只是停留在理论层面上,而对马克思主义在实践层面上的"群众

---

① 《斯大林选集》下卷,人民出版社 1979 年版,第 435 页。
② 《斯大林选集》下卷,人民出版社 1979 年版,第 435—436 页。
③ 《斯大林选集》下卷,人民出版社 1979 年版,第 437 页。
④ 《斯大林选集》下卷,人民出版社 1979 年版,第 436 页。
⑤ 《斯大林选集》下卷,人民出版社 1979 年版,第 437—438 页。
⑥ 《斯大林选集》下卷,人民出版社 1979 年版,第 439 页。

路线”、“调查研究”、“与时俱进”、“具体事物具体分析”、“马克思主义普遍原理与具体国情相结合”等基本原则,却很少涉及。为后来苏联出现的马克思主义理论教条化埋下了种子。

这样一来,先是把辩证唯物主义的“辩证法”和“唯物主义”局限于对自然现象的研究,之后再把辩证唯物主义的“辩证法”和“唯物主义”推广到社会历史领域,这与马克思所说的运用唯物主义辩证法去研究社会是大不相同的:马克思创立的唯物主义辩证法首先要求的是坚持人民大众的人学立场,即从“现实的人”出发,从当时社会最大多数人的根本利益出发,对所在社会的结构、运行规律和发展趋势进行研究,找出改造世界的科学道路。这是马克思创立的唯物主义辩证法区别于黑格尔方法和费尔巴哈方法的关键所在。而该文对“辩证唯物主义”和“历史唯物主义”的表述,恰恰使这种区别变得模糊了。

其二是在对辩证法研究领域的认识上的偏差。对于辩证法,斯大林说:“辩证法来源于希腊文‘dialego’一词,意思就是进行谈话,进行论战。在古代,所谓辩证法,指的是以揭露对方论断中的矛盾并克服这些矛盾来求得真理的艺术。古代有些哲学家认为,思维矛盾的揭露以及对立意见的冲突,是发现真理的最好方法。这种辩证的思维方式后来推广到自然界现象中去,就变成了认识自然界的辩证方法,这种方法把自然界现象看作是永恒地运动着、变化着的现象,把自然界的发展看作是自然界中各种矛盾发展的结果,看作是自然界中对立力量互相影响的结果。”①把“辩证法”归结为“认识自然界的辩证方法”,在对马克思主义的辨证方法的四个基本特征进行论述时,有三条都是直接或间接地把“自然界”和“自然现象”作为研究对象②,这与恩格斯对“自然辩证法”的理解是大不相同的③,大大缩小了辩证法的适用范围。与此相关,由于这种“辩证方法的原理”是从自然界中概括出来的而不是从“社会生活和社会历史”中概括出来的,要对“社会生活和社会历史”进行研究,就必须把辩证方法的原理推广,去研究社会生活和社会历史,把这些原理应用到社会历史

---

① 《斯大林选集》下卷,人民出版社 1979 年版,第 425 页。
② 参见《斯大林选集》下卷,人民出版社 1979 年版,第 425—429 页。
③ 参见本书第九章第三节三、1.恩格斯创立的自然辩证法的定义和性质范围。

上去,应用到无产阶级党的实际活动上去[①]。而在马克思和恩格斯看来,辩证法是从包括自然、社会和思维在内的整个世界概括出来的,辩证法就是对整个世界的联系、运动、变化和发展的反映。

其三是在对“斗争”与“和谐”的关系认识上的偏差。恩格斯在《反杜林论》、《自然辩证法》和《路德维希·费尔巴哈和德国古典哲学的终结》中,在强调辩证法与“形而上学”的对立时,是以承认“形而上学”在日常生活中的适用性[②]为前提的,而斯大林则认为“辩证法从根本上说来,是同形而上学截然相反的”[③],对“形而上学”在一定范围内的适用性只字未提。对“形而上学”的绝对否定,容易导致对社会团结和稳定的忽视,不论是在革命年代还是在和平年代都很容易陷入“左”倾思维。譬如,在人类社会中,“和谐”和“斗争”或同一性和斗争性是一对矛盾,既要有斗争又要有和谐,斗争是为了和谐,和谐必须通过斗争才能取得。斯大林在这篇文章中则认为:“辩证方法认为,从低级到高级的发展过程不是通过现象和谐的开展,而是通过对象、现象本身固有矛盾的揭露,通过在这些矛盾基础上活动的对立倾向的‘斗争’进行的。”[④]这种与“和谐”势不两立的“斗争”,与后来毛泽东在《矛盾论》中所说的“矛盾诸方面的同一性和斗争性”[⑤]的“斗争”,及“一切事物中包含的矛盾方面的相互依赖和相互斗争”[⑥]中的“斗争”是具有非常大的区别的,仅仅是毛泽东所说的“斗争”的一种极端形式,强调这种与“和谐”势不两立的“斗争”的哲学,就是被后人称为“斗争哲学”的哲学。

其四是从原则出发推定现实。唯物主义辩证法的基本精神就是从现实出发、从最广大人民的根本利益出发,因而马克思和恩格斯一贯反对从原则出发。马克思和恩格斯在共同撰写的《共产党宣言》中说:“共产党人的理论原

---

① 斯大林的原话是:“不难了解,把辩证方法的原理推广去研究社会生活和社会历史,该有多么巨大的意义;把这些原理应用到社会历史上去,应用到无产阶级党的实际活动上去,该有多么巨大的意义。”(《斯大林选集》下卷,人民出版社1979年版,第429页。)

② 见本书第五章第五节二、传统形而上学思维模式的日常适用范围。

③ 《斯大林选集》下卷,人民出版社1979年版,第425页。

④ 《斯大林选集》下卷,人民出版社1979年版,第429页。

⑤ 《毛泽东选集》第一卷,人民出版社1991年版,第299页。

⑥ 《毛泽东选集》第一卷,人民出版社1991年版,第305页。

理,决不是以这个或那个世界改革家所发明或发现的思想、原则为根据的。这些原理不过是现存的阶级斗争、我们眼前的历史运动的真实关系的一般表述。"①马克思在《哲学的贫困》中对蒲鲁东"原理创造历史"的观点进行批判时说:"每个原理都有其出现的世纪。……但是,只要你们把人们当成他们本身历史的剧中人物和剧作者,你们就是迂回曲折地回到真正的出发点,因为你们抛弃了最初作为出发点的永恒的原理。"②恩格斯在《反杜林论》中也说:"原则不是研究的出发点,而是它的最终结果;这些原则不是被应用于自然界和人类历史,而是从它们中抽象出来的;不是自然界和人类去适应原则,而是原则只有在符合自然界和历史的情况下才是正确的。这是对事物的唯一唯物主义的观点"③。

而《论辩证唯物主义和历史唯物主义》一文却恰恰与此相反。尽管斯大林在文章中也强调:"要在政治上不犯错误,要不陷入空想家的地位,无产阶级党在自己的活动中就不应当从抽象的'人类理性原则'出发,而应当从具体的社会物质生活条件,即从社会发展的决定力量出发;不应当从'伟大人物'的善良愿望出发,而应当从社会物质生活发展的现实需要出发。"④"马克思列宁主义的力量和生命力在于,它在自己的实际活动中正是以社会物质生活发展的需要为依据,任何时候也不脱离社会的现实生活。"⑤但实际上该文自始至终都是在运用从原则推定现实的方法:先是像前文所说的,在论述了马克思主义的辩证方法的基本特征以后,把辩证方法的原理推广去研究社会生活和社会历史、应用到无产阶级党的实际活动上去;接下来是在论述了"马克思主义哲学唯物主义的基本特征"以后,"把哲学唯物主义原理推广去研究社会生活和社会历史……把这些原理应用到社会历史上去,应用到无产阶级党的实际活动上去"⑥。概括起来说,就是"把马克思主义的唯物主义应用于社会生

① 《马克思恩格斯选集》第1卷,人民出版社2012年版,第413—414页。
② 《马克思恩格斯选集》第1卷,人民出版社2012年版,第227页。
③ 《马克思恩格斯选集》第3卷,人民出版社2012年版,第410页。
④ 《斯大林选集》下卷,人民出版社1979年版,第437页。
⑤ 《斯大林选集》下卷,人民出版社1979年版,第437页。
⑥ 《斯大林选集》下卷,人民出版社1979年版,第435页。

活和社会历史”①。由于该文发表以后在国际马克思主义者中产生了巨大的影响，这种从原则出发推定现实的做法，为苏联和中国的教条主义马克思主义的产生提供了理论样板。

其五是传统形而上学的“绝对化”遗风。承接“列宁范式”对黑格尔辩证法的推崇，斯大林的哲学思维也在很大程度上受到传统形而上学思维模式的影响，在强调辩证法作用的同时，却仍然难以避免绝对化的影响。除了前文提到的片面强调“斗争”以外，他认为“世界及其规律完全可以认识；我们关于自然界规律的知识，经过经验和实践检验过的知识，是具有客观真理意义的、可靠的知识”②，而“苏联的社会主义国民经济是生产关系完全适合生产力性质的例子，这里的生产资料的公有制同生产过程的社会性完全适合”③，“这里生产关系同生产力状况完全适合，因为生产过程的社会性是由生产资料的公有制所巩固的”④。在生产力与生产关系相互作用的机制上，斯大林认为“生产的**第二个特点**就是生产的变化和发展始终是从生产力的变化和发展，首先是从生产工具的变化和发展开始的。所以生产力是生产中最活动、最革命的因素。先是社会生产力变化和发展，然后，人们的生产关系、人们的经济关系**依赖**这些变化、**与这些变化相适应地**发生变化”⑤。这也未免有些绝对化。实际上，马克思的生产力决定生产关系原理，是从人类历史的发展长河来看的，并不是指一时一地的生产力与生产关系的相互作用——在现实的社会中，生产力与生产关系是相互作用、共同发展的，很难确定究竟是谁先起了作用。人们要解放生产力，首先是通过革命改变生产关系——新中国的成立是通过革命改变生产关系以推动生产力的发展，中国的改革开放则是通过改革改变生产关系来推动生产力发展。不仅如此，即使是一个企业内部也可以通过管理改变生产关系来推动生产力的发展。斯大林这种生产力在任何时候都首先起作用的观点，不仅很难对他所在时代社会主义国家的生产关系并不落后但生产

---

① 《斯大林选集》下卷，人民出版社 1979 年版，第 454 页。
② 《斯大林选集》下卷，人民出版社 1979 年版，第 434 页。
③ 《斯大林选集》下卷，人民出版社 1979 年版，第 445 页。
④ 《斯大林选集》下卷，人民出版社 1979 年版，第 449 页。
⑤ 《斯大林选集》下卷，人民出版社 1979 年版，第 444 页。

力却远不如西方发达国家的现象进行解释,而且也很容易使社会主义国家忽视对生产关系和上层建筑的主动调整。实际上,斯大林自己也发现了这个问题。1950 年,斯大林在撰写的《马克思主义和语言学问题》一文中,阐述了自己关于经济基础与上层建筑关系的观点:一方面,"任何基础都有同它相适应的自己的上层建筑。……如果基础发生变化和被消灭,那么它的上层建筑也就会随着发生变化和被消灭。如果产生新的基础,那就会随着产生同它相适应的上层建筑"①;另一方面,"上层建筑是由基础产生的,但这决不是说,上层建筑只是反映基础,它是消极的、中立的,对自己基础的命运、对阶级的命运、对制度的性质是漠不关心的。相反地,上层建筑一出现,就成为极大的积极力量,积极促进自己基础的形成和巩固,采取一切办法帮助新制度去根除和消灭旧基础和旧阶级"②。对两者的辩证关系有了一定程度的认识。后来,他在 1952 年 4 月 21 日致亚历山大·伊里奇·诺特京的信中又对这个观点作了补充,认为"'完全适合'这种说法是不能在绝对的意义上来理解的"③。

至于斯大林所说的"生产的**第三个特点**就是新的生产力以及同它相适合的生产关系的产生过程不是离开旧制度而单独发生,不是在旧制度消灭以后,而是在旧制度内部发生的;不是人们有意的、自觉的活动的结果,而是自发地、不自觉地、不以人们意志为转移地发生的"④,看起来似乎是对马克思生产力决定生产关系、经济基础决定上层建筑理论的诠释,但并不尽然。仔细考察便可发现,斯大林之所以这样讲,应该是出于两个方面的原因:一是受传统形而

---

① 《斯大林选集》下卷,人民出版社 1979 年版,第 501—502 页。

② 《斯大林选集》下卷,人民出版社 1979 年版,第 502 页。

③ 斯大林在这封信中说:"'完全适合'这种说法是不能在绝对的意义上来理解的。不能把这种说法理解为仿佛在社会主义制度下决没有生产关系落后于生产力的增长的现象。生产力是生产中最活动、最革命的力量。这种力量,就是在社会主义制度下也无可争辩地走在生产关系的前面。生产关系只是经过一些时候,才会被改造得适合于生产力的性质。

"既然这样,那么'完全适合'这种说法该怎样来理解呢?应该理解为在社会主义制度下,通常不会弄到生产关系和生产力发生冲突,社会有可能及时使落后了的生产关系去适合生产力的性质。社会主义社会有可能做到这点,是因为在这个社会中没有那些能够组织反抗的衰朽的阶级。当然,就是在社会主义制度下,也会有落后的惰性的力量,它们不了解生产关系有改变的必要,但是这种力量,当然不难克服,不致把事情弄到冲突的地步。"(《斯大林选集》下卷,人民出版社 1979 年版,第 577 页。)

④ 《斯大林选集》下卷,人民出版社 1979 年版,第 450 页。

上学的“绝对化”遗风的影响，忽视了通过革命和改革改变社会制度和生产关系以推动生产力的发展这种情况；二是对马克思在《〈政治经济学批判〉。序言》中所写的被人们认为是马克思关于唯物史观经典表述的一段话的片面理解。马克思这段话是这样讲的：“人们在自己生活的社会生产中发生一定的、必然的、不以他们的意志为转移的关系，即同他们的物质生产力的一定发展阶段相适合的生产关系。这些生产关系的总和构成社会的经济结构，即有法律的和政治的上层建筑竖立其上并有一定的社会意识形式与之相适应的现实基础。物质生活的生产方式制约着整个社会生活、政治生活和精神生活的过程。不是人们的意识决定人们的存在，相反，是人们的社会存在决定人们的意识。社会的物质生产力发展到一定阶段，便同它们一直在其中运动的现存生产关系或财产关系（这只是生产关系的法律用语）发生矛盾。于是这些关系便由生产力的发展形式变成生产力的桎梏。那时社会革命的时代就到来了。随着经济基础的变更，全部庞大的上层建筑也或慢或快地发生变革。在考察这些变革时，必须时刻把下面两者区别开来：一种是生产的经济条件方面所发生的物质的、可以用自然科学的精确性指明的变革，一种是人们借以意识到这个冲突并力求把它克服的那些法律的、政治的、宗教的、艺术的或哲学的，简言之，意识形态的形式。我们判断一个人不能以他对自己的看法为根据，同样，我们判断这样一个变革时代也不能以它的意识为根据；相反，这个意识必须从物质生活的矛盾中，从社会生产力和生产关系之间的现存冲突中去解释。无论哪一个社会形态，在它所能容纳的全部生产力发挥出来以前，是决不会灭亡的；而新的更高的生产关系，在它的物质存在条件在旧社会的胎胞里成熟以前，是决不会出现的。所以人类始终只提出自己能够解决的任务，因为只要仔细考察就可以发现，任务本身，只有在解决它的物质条件已经存在或者至少是在生成过程中的时候，才会产生。”①在《论辩证唯物主义和历史唯物主义》一文中，斯大林在文章的结尾完整引用了马克思的这段话，认为这是马克思“对历史唯物主义的实质所作的天才的表述”，“这就是把马克思主义的唯物主义应

---

① 《马克思恩格斯选集》第2卷，人民出版社2012年版，第2—3页。

用于社会生活和社会历史的情形”。① 不过,应当注意的是,当马克思在原文中说“人们在自己生活的社会生产中发生一定的、必然的、不以他们的意志为转移的关系,即同他们的物质生产力的一定发展阶段相适合的生产关系”的时候,这是指在特定的社会历史时期,特定的生产关系是与特定的生产力相对应的,是无法随意改变的,而不是说不可以通过革命和改革来改变旧的生产关系以推动生产力的发展;而当马克思说“无论哪一个社会形态,在它所能容纳的全部生产力发挥出来以前,是决不会灭亡的;而新的更高的生产关系,在它的物质存在条件在旧社会的胎胞里成熟以前,是决不会出现的”的时候,则是从人类社会形态演变的高度来谈生产力与生产关系的相互关系,旨在强调“更高的生产关系……的物质存在条件”,亦即斯大林所说的“新的生产力”的产生对形成新的社会形态的重要作用,并不是要谈旧的社会形态内部的“新的生产力”与“更高的生产关系”的相互关系,因为受统治阶级全力维护既得利益的影响,“更高的生产关系”的相互关系是无法在旧的社会体制内自然而然地产生的——这也是为什么需要进行社会革命和社会改革的根本原因。正是由于斯大林没有注意到这个差别,才误将马克思“新的更高的生产关系,在它的物质存在条件在旧社会的胎胞里成熟以前,是决不会出现的”这句话,理解成“新的生产力以及同它相适合的生产关系的产生过程不是离开旧制度而单独发生,不是在旧制度消灭以后,而是在旧制度内部发生的”,以致与马克思的原意出现了较大的差距。事实上,按照马克思的理论,在旧制度内部产生的,只能是“更高的生产关系”的“物质存在条件”,只能是“新的生产力”的萌芽期和发展期而不是“新的生产力”的晚期形态、“新的生产力”发展的衰落期,因为马克思说得很明白:“无论哪一个社会形态,在它所能容纳的全部生产力发挥出来以前,是决不会灭亡的”,也就是说,无论哪一个社会形态,只有在与它相匹配的生产力达到了成熟形态以后,亦即它的生产关系已经开始对相应生产力的进一步发展产生阻碍作用(马克思所说的“所能容纳的全部生产力发挥出来”)以后,才会通过社会革命改变旧的生产关系,建立新的社会形态。

---

① 《斯大林选集》下卷,人民出版社 1979 年版,第 453—454 页。

其实,斯大林也发现了自己的说法有些不妥,他接下来补充说:“但这并不是说,生产关系的变化以及从旧生产关系到新生产关系的过渡是一帆风顺、不经过冲突、不经过震荡的。相反地,这种过渡通常是用革命手段推翻旧生产关系、树立新生产关系的办法实现的。到一定时期为止,生产关系的变化以及从旧生产关系到新生产关系的过渡是一帆风顺、不经过冲突、不经过震荡的。但这只是到一定时候为止,只是到已经产生和正在发展的生产力还没有充分成熟的时候为止。而在新生产力成熟以后,现存的生产关系以及体现这种生产关系的统治阶级就变成‘不可克服的’障碍,这只有通过新兴阶级的自觉活动,只有通过这些阶级的暴力行动,只有通过革命才能扫除。在这方面特别明显地表现出新社会思想、新政治设施和新政权的**巨大作用**,它们的使命就是用暴力消灭旧生产关系。在新生产力同旧生产关系冲突的基础上,在社会新的经济需要的基础上产生出新的社会思想,新思想组织和动员群众,群众团结成为新的政治大军,建立起新的革命政权,并且运用这个政权,以便用暴力消灭生产关系方面的旧秩序,建立新秩序。于是,自发的发展过程让位给人们自觉的活动,和平的发展让位给暴力的变革,进化让位给革命。”①这与马克思的思想是基本一致的,但却与自己关于“新的生产力以及同它相适合的生产关系的产生过程不是离开旧制度而单独发生,不是在旧制度消灭以后,而是在旧制度内部发生”的说法相矛盾,因为“用暴力消灭旧生产关系”是与通过革命消灭旧制度相一致的,这是无法在旧制度内部实现的。斯大林关于在“和平的发展”时期,“生产力的发展以及生产关系方面的变化是自发地、不以人们意志为转移地进行”的观点,消解了人的主观能动性,消解了改革的必要性,对于在社会主义建设时期利用改革来改善生产关系、推动生产力的高速发展,是极其不利的。整个苏联社会主义兴衰史,也充分证明了这一点。

斯大林的《论辩证唯物主义和历史唯物主义》一文写成以后,1938 年被编入《联共(布)党史简明教程》,作为第四章第二节正式发表。1939 年斯大林在《在党的第十八次代表大会上关于联共(布)中央工作的总结报告》中,在部

① 《斯大林选集》下卷,人民出版社 1979 年版,第 452—453 页。

署“对党员和党的干部的马克思列宁主义教育”时,还专门谈到这一点①。该文出版后,被当作马克思主义哲学教科书使用,并形成了对其学习、解释和宣传的热潮。在对其学习和宣传的高潮时期(1938—1953)的大部分时间内,除了对斯大林《论辩证唯物主义和历史唯物主义》进行解释的著作,如罗森塔尔、尤金编写的《简明哲学词典》(1939),罗森塔尔的《唯物辩证法》(1950年第二版)(1941)②、米丁主编的《辩证唯物论与历史唯物论教材大纲》(1949)以外,很少有新的马克思主义哲学教科书问世,直到20世纪50年代初,才有康斯坦丁诺夫主编的《历史唯物主义》(1950)③和《论基础与上层建筑》(1951)、列昂诺夫撰写的《辩证唯物主义概论》(1951)、罗森塔尔撰写的《马克思主义辩证方法》(1952)、亚历山大罗夫④主编的《辩证唯物主义》(1953)等先后出版。其中,罗森塔尔的《唯物辩证法》,于1937年出版了第一版,并很快就由张仲实译成中文出版。1950年第二版则由三联书店出版了李正文翻译的中译本。全书共有五章:第一章,现象的普遍联系与相互依存;第二章,现象的运动与转化、新生与发展;第三章,当作量变向质变转化看的发展;第四章,作为对立的斗争中看的发展;第五章,唯物辩证法的范畴(第二版新增)。第二版译者李正文在“译者序”中评价该书在当时的影响时说:除了《联共党史简明教程》,“单在思想方法论方面,认为极有价值的则不能不首推这一本书了。这本书在苏联之受重视,不仅在销路之广、读者之众上可以看到;从学者与读者们纷纷讨论,且在杂志报章上公开颂扬,补充与指摘上,也可以知道”⑤。但从

① 斯大林在这个报告中说:“关于改进宣传工作和改进对干部进行马克思列宁主义教育的工作的办法问题,联共(布)中央曾经多次讨论过,参加讨论的还有各州党组织中的宣传员。当时注意到了《联共(布)党史简明教程》在1938年9月出版的事实。当时认定,《联共(布)党史简明教程》的出版为我国马克思列宁主义宣传工作的进一步开展奠定了基础。联共(布)中央这些工作的结果曾经公布在《关于〈联共(布)党史简明教程〉出版后党的宣传工作的安排》这一著名的决议中。”(《斯大林选集》下卷,人民出版社1979年版,第463页。)

② 该书的第一版出版于1937年。在生活·读书·新知三联书店1950年出版的该书第二版中译本中,译者将罗森塔尔译为罗逊塔尔。

③ 在人民出版社1955年出版的该书1954年版的中译本中,将康斯坦丁诺夫译为康士坦丁诺夫。

④ 亚历山大罗夫(1908—1990),苏联哲学家。《哲学大辞典》译作亚历山大洛夫(参见《哲学大辞典》上卷,上海辞书出版社2007年版,第250页);在人民出版社1955年出版的该书1954年版的中译本中,将作者译为阿历山大罗夫。

⑤ [俄]罗森塔尔:《唯物辩证法》,生活·读书·新知三联书店1950年版,“译者序”第1—2页。

框架上看,该书主要是对斯大林《论辩证唯物主义和历史唯物主义》进行解释。其他的几部著作,如米丁主编的《辩证唯物论与历史唯物论教材大纲》,1950年由解放社出版了曹葆华翻译的中译本;康斯坦丁诺夫撰写的《论基础与上层建筑》,1952年由五十年代出版社出版了华五翻译的中译本①;康斯坦丁诺夫主编的《历史唯物主义》和亚历山大罗夫主编的《辩证唯物主义》,由人民出版社于1955年出版了中译本;罗森塔尔的《马克思主义辩证方法》,则于1952年8月由作家书屋发行了中译本。作家书屋编委会在罗森塔尔的《马克思主义辩证方法》1952年8月的译者序中说:"罗逊塔尔②的这本新著,即以斯大林创造性地所发展的马克思主义哲学的成果为其基础,根据斯大林在其《论辩证唯物论与历史唯物论》中所提出的唯物辩证法的简要而严密的基本科学公式,而写成的。单就其出版时印行数量达四十万册之巨,亦足见本书为苏联哲学界所如何重视。"③然而,该书在体例和内容上与斯大林的《论辩证唯物主义和历史唯物主义》并不完全一致。全书共分为六个部分:"第一章:马克思主义辩证法——唯一科学的认识方法";"第二章:自然现象和社会现象的普遍联系和相互依存";"第三章:自然界与社会中的运动和发展";"第四章:发展是量的变化向根本的质的变化的过渡";"第五章:发展乃是对立的斗争";"结论:马克思主义辩证方法对无产阶级政党实际活动的意义"。④ 这种描述更加符合马克思主义辩证法的本来面目,与斯大林在《论辩证唯物主义和历史唯物主义》中,认为"辩证唯物主义"是"对自然现象的看法","辩证法"是"认识这些现象的方法"⑤,从自然界的联系、运动和发展、从量变到质变、矛盾双方的斗争四个方面来阐述马克思主义的辩证方法的基本特征,然后才是"应用马克思主义的辩证方法观察社会生活,观察社会历史"⑥的做法具有明显不同。这个问题很快就被发现了,并且受到了点名批评。作家书屋编委会1953年9月在该书中译本的"七版后记"中说:"在今年苏联《哲学问题》

① 在该书中,译者也是将康斯坦丁诺夫译为康士坦丁诺夫。

② 现译罗森塔尔。

③ [俄]罗森塔尔:《马克思主义辩证方法》,作家书屋1952年版,第5页。

④ [俄]罗森塔尔:《马克思主义辩证方法》,作家书屋1952年版,"目录"。

⑤ 《斯大林选集》下卷,人民出版社1979年版,第424页。

⑥ 《斯大林选集》下卷,人民出版社1979年版,第425—431页。

杂志第一期上,曾刊登 л · 巴热诺夫的《评罗森塔尔的〈马克思主义辩证方法〉》一文",该文在指出该书的许多优点的同时,也指出若干缺点,如"斯大林同志在《论辩证唯物论与历史唯物论》中所揭示的,辩证法发展论中最主要的原理:'旧的灭亡和新的生长是发展的法则',作者没有在其所引用的实际材料中加以说明","作者在本书中,不够全面地周密地说明斯大林把发展过程的内容解释为新旧之间的斗争这一主要原理","也不够强调指明斯大林在发展马克思主义—列宁主义对于对立斗争乃系辩证法的实质这一方面所做的巨大贡献",等等。① 而相比较而言,康斯坦丁诺夫主编的《历史唯物主义》和亚历山大罗夫主编的《辩证唯物主义》,在框架和内容上基本上是斯大林《论辩证唯物主义和历史唯物主义》一文相关部分的扩展,也就没有引起多少异议。至此,"斯大林范式"作为"苏联模式的马克思主义哲学教科书"的地位已经非常牢固。并且,由于特殊的历史原因,"苏联模式的马克思主义哲学教科书"的影响并不仅仅局限于国内,也对同时代的中国马克思主义哲学教科书产生了重要的影响。

"苏联模式的马克思主义哲学教科书"的影响力不只是在学术领域,也被"推广"到苏联的社会主义革命建设当中。但由于是从原则出发推定现实,很多地方都造成了理论与实际相脱离,甚至在理论上自相矛盾。就像前文所提到的,晚年的斯大林对自己的一些观点进行修正,使其显得更加完善。但从原则出发推定现实的做法并没有得到根本改变。

三、后斯大林时期(1953—1991 年)②:马克思主义的逐步消解

后斯大林时期基本上可以划分为两个阶段:

第一个阶段是 1953—1985 年戈尔巴乔夫执政前夕。这一时期,赫鲁晓夫、勃列日涅夫、安德罗波夫、契尔年科相继执政,其中赫鲁晓夫(执政时期为 1953 年 3 月—1964 年 10 月)和勃列日涅夫(执政时期为 1964 年 10 月—1982

---

① [俄]罗森塔尔:《马克思主义辩证方法》,作家书屋 1952 年版,第 395—396 页。

② 这一时期的苏联马克思主义哲学研究方面的史料,除了注明的地方以外,主要有两个来源,一是黄楠森等主编:《马克思主义哲学史》第 8 卷,北京出版社 1996 年版,第 12 章,二是吴元梁主编:《马克思主义哲学形态的演变》上卷,中国社会科学出版社 2010 年版,第 9 章。

年11月)先后尝试改革,但均因各种原因而宣告失败。到勃列日涅夫执政的中后期——20世纪70年代及80年代初,保守、僵化的倾向在苏联的政治生活中愈来愈严重。在学术上,1953年3月斯大林逝世之后,苏联科学院经济研究所编写的《政治经济学教科书》(1955)、康斯坦丁诺夫主编的《苏联哲学百科全书》(1960—1970)相继出版,"斯大林范式"得到进一步巩固。从原则推定现实以及教条化和绝对化的倾向逐步占据了上风。

然而,这一状况并没有持续太久。赫鲁晓夫在其执政时期,于1956年苏共二十大的最后一天抛出了全面否定斯大林的"秘密报告"。鲁·格·皮霍亚在《苏联政权史》中评价这个报告时说:"赫鲁晓夫讲话所造成的社会后果难以估计"①,"'秘密报告'无疑为国家社会意识的发展创造了崭新的条件""使评价党在国家历史中作用的统一口径不复存在"。② 实际上,对斯大林的全面否定,在全面否定了斯大林个人的同时,也造成了人们对苏联共产党、社会主义甚至马克思主义的怀疑,反对共产党、反对社会主义的思潮在苏联和东欧泛起。赫鲁晓夫还于1959年苏共二十一大提出了社会主义在苏联已经取得了最终胜利的观点,于1961年苏共二十二大提出了苏联已经成为"全民国家"、苏共已经成为"全民党"的观点,并在苏共二十二大上提出了"一切为了人,一切为了人的幸福"的口号。③ 在勃列日涅夫执政时期,1971年苏共二十四大、1976年苏共二十五大提出并论述了苏联已经建成了发达社会主义的观点。④ 等等。这种要么绝对肯定,要么绝对否定的思维方式,是一种纯粹的"形而上学"思维,它的特征是片面性和极端性,对马克思主义、对社会主义的伤害是不可估量的,为以后苏联的解体和社会制度的改变奠定了思想基础。

这一时期,随着1956年苏共二十大以后对个人迷信及其在哲学领域导致的教条主义的批判,亚历山大罗夫主编的《辩证唯物主义》(俄文版1953,中译本1954),由于完全沿袭斯大林《论辩证唯物主义和历史唯物主义》的理论框

① [俄]鲁·格·皮霍亚:《苏联政权史》,东方出版社2006年版,第155页。
② [俄]鲁·格·皮霍亚:《苏联政权史》,东方出版社2006年版,第158页。
③ 吴元梁主编:《马克思主义哲学形态的演变》上卷,中国社会科学出版社2010年版,第362页。
④ 参见吴元梁主编:《马克思主义哲学形态的演变》上卷,中国社会科学出版社2010年版,第362页。

架而受到批评,而康斯坦丁诺夫主编的《历史唯物主义》1954 年第 2 版,由于对 1950 年第一版进行了较大改动受到肯定和赞扬。斯大林的哲学观点不仅不再被看作是马克思主义哲学的顶峰,而且被视为超越的对象,一批新的马克思主义哲学教科书,如罗森塔尔的《马克思〈资本论〉中的辩证法问题》(1955)和《辩证逻辑原理》(1960)、罗森塔尔与尤金合编的《简明哲学辞典》(1954)、罗森塔尔与施特拉克斯合编的《唯物辩证法范畴》(1958)、鲁特凯维奇的《辩证唯物主义》(1959)、潘茨哈瓦的《辩证唯物主义》(1959)、库西宁的《马克思列宁主义原理》(1959)、安德烈也夫的《辩证唯物主义》(1960)、康斯坦丁诺夫主编的苏联科学院哲学研究所的集体著作《马克思主义哲学原理》(俄文版 1958,中译本 1959)、科瓦尔仲的《历史唯物主义:教材》(1962 年第一版,1969 年第二版)、马卡罗夫等的《历史唯物主义》(1963)、契尔特科夫的《辩证法的核心》(1963)、切斯诺科夫的《历史唯物主义》(1964 年第一版,1965 年第二版)、斯皮尔金的《马克思主义哲学教程》(1966 年第二版)、富尔曼的《历史唯物主义:教材》(1970)、罗森塔尔主编的《马克思主义辩证法史——从马克思主义产生到列宁主义阶段之前》①(1971)、库尔萨诺夫主编的《马克思主义辩证法史——列宁主义阶段》(1973)、费多谢也夫主编的《唯物主义辩证法(理论概要)》(1980)②、苏沃洛夫的《唯物辩证法》(1980)、阿法纳西耶夫③的《哲学基础知识》(1981 年第 12 版)、康斯坦丁诺夫与马拉霍夫主编的《唯物辩证法》(共五卷,1981—1985)、伊利切夫主编的《唯物辩证法是发展的一般理论》(共四卷,1982—1983)、米丁主编的《马克思列宁主义辩证法》(共八卷,1983—1986)等,先后得以出版④。

其中,康斯坦丁诺夫主编的苏联科学院哲学研究所的集体著作《马克思主义哲学原理》,成为当时苏联的马克思主义哲学教科书权威版本,出版后多次修订和再版。该书于 1959 年被翻译成中文,由人民出版社分 5 册予以内部

---

① 该书于 1982 年由人民出版社出版了汤侠声翻译的中译本。

② 北京大学 1983 年版(内部发行)的该书中译本,将费多谢也夫译为费多谢耶夫。

③ 1983 年人民出版社根据该书 1981 年第 12 版出版的中译本,将阿法纳西耶夫译为阿法纳西也夫。

④ 参见吴元梁主编:《马克思主义哲学形态的演变》上卷,中国社会科学出版社 2010 年版,第 9 章第 2、3 节。

刊印,对中国此后的马克思主义哲学教科书造成了很大影响。该书分为“导论”、“第一篇:辩证唯物主义”、“第二篇:历史唯物主义”三部分,共十九章。其中,“导论”部分包括“第一章:哲学的对象”,“第二章:马克思主义产生以前哲学史上唯物主义和唯心主义的斗争”,“第三章:马克思主义哲学的产生和发展”;“第一篇:辩证唯物主义”,包括“第四章:物质及其存在形式”、“第五章:物质和意识”、“第六章:现实中各种现象的合乎规律的联系”、“第七章:辩证法的基本规律:量变到质变的转化规律”、“第八章:对立面的统一和斗争规律”、“第九章:否定的否定规律”、“第十章:认识过程的辩证法”;“第二篇:历史唯物主义”,包括“第十一章:历史唯物主义是关于社会发展规律的科学”、“第十二章:物质生产是社会生活的基础”、“第十三章:生产力和生产关系的辩证法”、“第十四章:社会的基础和上层建筑”、“第十五章:阶级、阶级斗争、国家”、“第十六章:社会革命是社会经济形态更替的规律”、“第十七章:社会意识及其在社会生活中的作用”、“第十八章:人民群众和个人在历史上的作用”、“第十九章:现代资产阶级哲学和社会学的主要流派”。① 1961 年苏共二十二大召开以后,为了贯彻大会提出的苏联已经成为“全民国家”、苏共已经成为“全民党”的观点,该书于 1962 年出版了第二版,加入了和平共处、和平竞赛、和平过渡,全民党、全民国家论,以及发达社会主义等观点。20 世纪 70 年代,该书又进行了第二次调整,更名为《马克思列宁主义哲学原理》,分别于 1971 年、1972 年、1974 年出版了前三版,至 1982 年已出版了第六版。其中的 1972 年第二版于 1976 年由三联书店出版了中译本,1982 年第六版由人民出版社出版了中译本。② 此后,直到 20 世纪 80 年代初,该书没有再作大的调整。此外,费多谢也夫主编的《唯物主义辩证法(理论概要)》,也于 1983 年由北京大学出版社出版了内部发行的中译本。该书共分八个部分:“绪论:作为科学的唯物辩证法及其在其他科学体系中的地位和职能”、“第一章:作为发展学说的唯物辩证法的基本规律和范畴”、“第二章:自然界和社会的辩证法”、“第三章:认识和实践活动中客体与主体的辩证法”、“第四章:认识过程

① [俄]康斯坦丁诺夫主编:《马克思主义哲学原理》第一册,人民出版社 1958 年(内部发行)版,“目录”。

② [俄]康斯坦丁诺夫主编:《马克思列宁主义原理》,人民出版社 1985 年版,“出版说明”。

的辩证法”、“第五章:历史主义是辩证地认识世界的原则”、“第六章:现代科学认识中的系统性问题与辩证法”、“第七章:理论与实践的辩证统一原则”;最后是“结束语”。该书对唯物辩证法的认识比起此前的唯物辩证法教科书已经有了很大的进步。

此外,阿法纳西耶夫的《哲学基础知识》,也产生了很大影响,到 1981 年为止已经出版到第十二版。1983 年人民出版社根据该书 1981 年第十二版出版了中译本。该书分“引言”、“辩证唯物主义”和“历史唯物主义”三部分,共十七章①,与传统的苏联模式马克思主义哲学教科书基本一致。

第二个阶段是从 1985 年 3 月戈尔巴乔夫执政到 1991 年 12 月苏联解体。1985 年 3 月,戈尔巴乔夫执政以后,面对经济增长趋缓、领导干部脱离群众、社会主义民主不能充分发扬、思想僵化等状况,制定了全面改革的方针,从 1986 年苏共召开的二十七大开始启动改革。在改革初期,以戈尔巴乔夫为主要领导人的苏共中央仍然是把完善和发展社会主义作为出发点,但由于改革失败②,产生于赫鲁晓夫时期的怀疑和否定社会主义的思潮愈演愈烈。在 1990 年 7 月召开的苏共二十八大上,改革的性质和方向开始发生转变。戈尔巴乔夫等人正式确立了人道的、民主的社会主义的基本纲领,主张私有化和资产阶级民主,否定社会主义的必然性和马克思主义的指导地位,苏联共产党已经完全变质。苏共二十八大以后,苏联的形势急转直下。经济领域的彻底私有化加快了苏联经济的崩溃。资产阶级性质的政治组织开始夺取国家政权。民族分裂势力、资本主义势力与美国等国家资本主义势力相互勾结,使苏联一步步走向分裂。在 1991 年的“八一九事件”以后,苏联向资本主义制度演变

---

① [俄]阿法纳西耶夫:《哲学知识基础》,人民出版社 1883 年版,“目录”。

② [俄]罗伊·麦德维杰夫在《苏联的最后一年》中这样描述:“在俄罗斯社会、在整个苏联、在各个共和国之间,分裂路线相互繁殖,各种斗争和争论愈演愈烈,甚至连党的出版物都宣称:戈尔巴乔夫所倡导的改革不只是失败的问题,而是已经彻底失败。‘国家在滑坡之中,政权无能为力’,‘商店空空荡荡的货架’,‘犯罪猖獗,失业严重’,‘民族冲突导致流血’,‘街上行人愁眉不展的表情像一面镜子一样,反映出我们社会的昏暗处境和危机’,‘经济和社会政治结构出现危机,意识形态和道德价值遭到侵蚀’——《年青共产党员》杂志在 1990 年年底就是这样描绘国家形势的。”([俄]罗伊·麦德维杰夫:《苏联的最后一年》,社会科学文献出版社 2013 年版,第 5 页。)

的趋势和联盟解体的命运已经无法扭转。1991 年 12 月,苏联正式解体。① 随着苏联共产党被宣布为非法,马克思主义哲学也逐步淡出了原苏联各国的历史舞台。

这一时期,苏联模式马克思主义哲学教科书开始逐步向一般的《哲学导论》过渡。斯比尔金 1988 年出版的《哲学原理》,分为"导论"、"存在和意识"、"辩证法理论"、"认识和创造"、"社会哲学问题"五大部分,共十七章。②与苏联以往的马克思主义哲学教科书相比,虽然体例有了很大变化,但在论述的内容上则基本一致。而戈尔巴乔夫的理论顾问弗罗洛夫 1989 年主编出版的《哲学导论》,就大不一样了。这本书出版后成为苏联新的权威版本的哲学教科书,一直持续到苏联解体以后,到 20 世纪 90 年代中期仍然被俄罗斯等苏联加盟共和国作为通用哲学教材使用,到 90 年代中期以后才被新的哲学教材逐步取代。该书于 2011 年由北京师范大学出版集团和北京师范大学出版社出版了中译本。全书共分上下两卷。上卷"哲学的形成和发展",共分四章:"第一章:哲学及其使命、意义和功能"、"第二章:哲学的产生及其历史类型"、"第三章:马克思主义哲学的形成和发展"、"第四章:20 世纪的非马克思主义哲学";下卷"理论和方法论:问题、概念、原理",包括:"第五章:存在"、"第六章:物质"、"第七章:辩证法"、"第八章:自然界"、"第九章:人"、"第十章:实践"、"第十一章:意识"、"第十二章:认识"、"第十三章:科学"、"第十四章:社会"、"第十五章:进步"、"第十六章:文化"、"第十七章:个性"、"第十八章:未来"。③ 与康斯坦丁诺夫主编的《马克思列宁主义哲学原理》相比,该书增加了关于存在问题的一章,突出了人的问题、实践问题、生态问题和文化问题,删去了哲学的党性原则、马克思主义哲学的阶级基础、阶级、国家、革命等内容,对马克思主义哲学特别是历史唯物主义的基本理论问题以及马克思主义哲学的人学立场等问题进行淡化。该书不论在形式上还是在内容上,只能属于一

---

① 参见吴元梁主编:《马克思主义哲学形态的演变》上卷,中国社会科学出版社 2010 年版,第 441—442 页。

② [俄]А.Г.斯比尔金:《哲学原理》,求是出版社 1990 年版,"目录"。

③ [俄]弗罗洛夫主编:《哲学导论》,北京师范大学出版集团、北京师范大学出版社 2011 年版,"目录"。

般意义上的《哲学导论》甚至《形而上学导论》,已经不能称之为马克思主义哲学教科书了。

第二节　“苏联模式的马克思主义哲学教科书”的哲学形态构成

“苏联模式的马克思主义哲学教科书”基本上是“斯大林范式”的进一步扩展,它是在“列宁范式”的基础上形成的。但与“列宁范式”相比,不仅继承了对黑格尔的辩证法予以全面肯定和对马克思辩证法与黑格尔辩证法的界限模糊不清,忽视马克思和恩格斯主张的“从自然界出发加以阐发”、“从最顽强的事实出发”、“从简单的众所周知的事实出发”的基本原则,混淆“叙述方法”和“研究方法”的区别等特点,而且继承了黑格尔从原则推定现实的研究方法。因此,与马克思创立的唯物主义辩证法和恩格斯创立的自然辩证法把唯物主义辩证法看成一个整体相比,“苏联模式的马克思主义哲学教科书”不仅把马克思主义哲学划分成辩证唯物主义和历史唯物主义两大部分,把辩证唯物主义仅仅看成是关于自然界的规律,把历史唯物主义看成是把辩证法运用到社会生活领域的结果,而且坚持从原则推定现实,从而造成理论和实际相脱离。

一、“苏联模式的马克思主义哲学教科书”的定义和性质范围

如前所述,斯大林在《论辩证唯物主义和历史唯物主义》中说:“辩证唯物主义是马克思列宁主义党的世界观。它所以叫作辩证唯物主义,是因为它对自然界现象的看法、它研究自然界现象的方法、它认识这些现象的方法是辩证的,而它对自然界现象的解释、它对自然界现象的了解、它的理论是唯物主义的。”①而“历史唯物主义就是把辩证唯物主义的原理推广去研究社会生活,把

---

①　《斯大林选集》下卷,人民出版社 1979 年版,第 424 页。

辩证唯物主义的原理应用于社会生活现象，应用于研究社会，应用于研究社会历史”①。这实际上是用哲学上的“两个对子”，把统一的唯物主义辩证法划分成了“唯物主义”和“辩证法”两个部分：作为唯物主义，它是关于自然和社会的正确的观点；作为辩证法，它是黑格尔辩证法的正确内容。而马克思创立的唯物主义辩证法从现实出发的研究方法和从人民根本利益出发的人学立场却被忽视了。这就使得“苏联模式的马克思主义哲学教科书”在一定程度上向传统形而上学这一哲学形态靠拢，而与马克思创立的唯物主义辩证法产生了一定的距离。

二、“苏联模式的马克思主义哲学教科书”的理论特征

教条主义是“苏联模式的马克思主义哲学教科书”的显著特征。“苏联模式的马克思主义哲学教科书”坚持从原则推定现实，实际上是理论和实际在苏联的社会主义革命和社会主义建设过程中相分裂的结果。它的出发点是要走注重理论的体系性和规范性的“恩格斯范式”，但与“恩格斯范式”相比，更加注重“基本规律”和原理的正面阐述，喜欢把研究停留在理论层面上，既不对马克思主义在现实中的成功经验进行概括和总结，也不对现实中的重大理论问题和实践问题进行分析和研究，对马克思主义在实践层面上的“群众路线”、“调查研究”、“与时俱进”、“具体事物具体分析”、“马克思主义普遍原理与具体国情相结合”等基本原则，更是很少涉及。这就容易造成把马克思主义变成理论教条去推定现实，从而对现实作出不切实际的判断，这就在一定程度上使自己变成了“黑格尔主义的马克思主义”，使唯物主义辩证法的创造力和生命力受到严重损害。

三、“苏联模式的马克思主义哲学教科书”的研究目的

“苏联模式的马克思主义哲学教科书”的研究目的很简单，就是以规律解释现实，为无产阶级政党的活动提供指南或依据。斯大林在《论辩证唯物主义和历史唯物主义》中说：“无产阶级党在它的实际活动中，不应该以任何偶

---

① 《斯大林选集》下卷，人民出版社 1979 年版，第 424 页。

然动机为指南，而应该以社会发展规律、以这些规律中得出的实际结论为指南。”①这里，是以社会发展规律或者以这些规律中得出的实际结论为指南，而不是以辩证唯物主义的方法论为指南。虽然斯大林也强调：“要在政治上不犯错误，要不陷入空想家的地位，无产阶级党在自己的活动中就不应当从抽象的‘人类理性原则’出发，而应当从具体的社会物质生活条件，即从社会发展的决定力量出发；不应当从‘伟大人物’的善良愿望出发，而应当从社会物质生活发展的现实需要出发。……马克思列宁主义的力量和生命力在于，它在自己的实际活动中正是以社会物质生活发展的需要为依据，任何时候也不脱离社会的现实生活。”②但是，这种“以社会物质生活发展的需要为依据，任何时候也不脱离社会的现实生活”的理论（马克思主义）一旦形成，就成了改造现实的依据：“马克思列宁主义的力量和生命力在于，它以正确反映社会物质生活发展需要的先进理论为依据，把这种理论提到它应有的高度，并且把充分利用这种理论的动员力量、组织力量和改造力量，看作自己的职责。”③这里的“依据”，与恩格斯所说的把马克思主义作为行动的“指南”还是大为不同的——指南只是强调方法论的指导作用，方法论相同，但必须具体事物具体分析；而“依据”则是具体的复制规程，只需按照理论样本推定现实，而不必进行创新，非常容易导致教条主义。

四、“苏联模式的马克思主义哲学教科书”的研究领域

“苏联模式的马克思主义哲学教科书”的研究领域仍然是包括自然、社会和思维三个方面在内的整个客观世界。与此相对应，它把自己划分为三个部分：辩证唯物主义（自然）、哲学唯物主义（认识）和历史唯物主义（社会）。

五、“苏联模式的马克思主义哲学教科书”的思维模式

“苏联模式的马克思主义哲学教科书”的思维模式来自传统形而上学和唯物主义辩证法两个方面，但与二者均有明显区别。

---

① 《斯大林选集》下卷，人民出版社 1979 年版，第 436 页。
② 《斯大林选集》下卷，人民出版社 1979 年版，第 437 页。
③ 《斯大林选集》下卷，人民出版社 1979 年版，第 439 页。

其中,来自传统形而上学的影响共有三个方面的表现:一是“知识论”思维,坚持从原则出发推定现实;二是追求体系的完美,强调研究结论的绝对正确性;三是矛盾双方的单向决定。主要表现为:

(1)两极对立的二分思维:要么绝对肯定、要么绝对否定(如唯物主义与唯心主义的对立、辩证法与“形而上学”的对立),这种思维模式可以表示为:A或B,是一种点性思维。

(2)两极分立、单极决定思维:不再非A即B,但永远是A决定B或B决定A(如生产力决定生产关系、生产关系适应生产力)。这种思维模式可以表示为A>B,仍然是一种点性思维。

(3)单向逻辑推论和单向决定思维:一是黑格尔以前的形而上学的线性单向决定。这种思维模式可以表示为A→B→C→D,是一种单向决定的线性思维。二是黑格尔的形而上学的单向决定的圆圈。这种思维模式可以表示为:A→B→C→D→……→A,但有所改良。比如生产力→生产关系→经济基础→上层建筑→生产力。

而来自唯物主义辩证法的影响也有三个方面的表现:

(1)全面发展观,用全面、联系和发展的眼光看问题。

(2)对立统一观,认为矛盾是事物发展的内在动力,矛盾双方既同一又斗争,共同推动事物的发展。

(3)唯物主义:认为观念、规律是客观事物的反映。

特别值得指出的是,“苏联模式的马克思主义哲学教科书”对马克思创立的唯物主义辩证法的“求实思维”特别是注重调查研究的思维模式重视不够,对辩证思维特别是矛盾双方主要地位和次要地位的相互转化缺乏准确的把握,这是它容易走向教条主义的重要原因。

六、“苏联模式的马克思主义哲学教科书”的研究方法

“苏联模式的马克思主义哲学教科书”研究方法基本上沿袭传统形而上学的研究方法,坚持依靠单向逻辑推论,从原则出发推定现实。其具体研究方法主要包括分析与综合、归纳与演绎、单向绝对抽象、从原则推定现实、分门别类、套用原理或公式等。

七、"苏联模式的马克思主义哲学教科书"的逻辑工具

"苏联模式的马克思主义哲学教科书"的逻辑工具主要包括两个:一是形式逻辑,二是辩证逻辑。对马克思创立的唯物主义辩证法所使用的"唯物辩证逻辑"缺乏整体把握,也就谈不上很好地运用。

八、"苏联模式的马克思主义哲学教科书"的人学立场

"苏联模式的马克思主义哲学教科书"仍然继承了马克思主义的人学立场,坚持为"人民"、为"群众"谋解放。例如,斯大林在《论辩证唯物主义和历史唯物主义》中说:"新的社会思想和理论在社会物质生活的发展所提出的新任务的基础上一经产生,就为自己开拓道路,成为人民群众的财富,它们动员人民群众,组织人民群众去反对社会上衰颓的势力,从而有助于推翻社会上衰颓的、阻碍社会物质生活发展的势力。"①在《无政府主义还是社会主义?》中也说:"马克思主义……以群众为基础,认为解放群众是解放个人的主要条件。这就是说,在马克思主义看来,群众没有解放以前,个人的解放是不可能的,因此它的口号是'一切为了群众'。"②

九、"苏联模式的马克思主义哲学教科书"的学科体系

辩证唯物主义和历史唯物主义二分,是"苏联模式的马克思主义哲学教科书"的主要形式。在此基础上,进一步展开对辩证唯物主义、历史唯物主义、唯物主义辩证法以及辩证逻辑等问题的研究。

十、"苏联模式的马克思主义哲学教科书"的社会功能

解释世界是"苏联模式的马克思主义哲学教科书"最主要的社会功能。在改造客观世界方面,则由于从原则出发推定现实而导致理论与实际相脱离。

总之,"苏联模式的马克思主义哲学教科书"虽然在很大程度上受到传统形而上学的影响,未能自觉地从哲学形态的高度与传统形而上学划清界限,但

---

① 《斯大林选集》下卷,人民出版社1979年版,第438页。
② 《斯大林全集》第1卷,人民出版社1953年版,第273页。

它仍然继承了唯物主义辩证法这一哲学基本形态的大部分构成要素,因而它是唯物主义辩证法这一哲学基本形态的衍生形态,而不是传统形而上学这一哲学基本形态的衍生形态。与其相反,一些当代的“西方马克思主义”或“新马克思主义”,虽然赞同马克思主义甚至信仰马克思主义,但由于其继承的是传统形而上学这一哲学基本形态的大部分构成要素,因而是传统形而上学这一哲学基本形态的衍生形态,而不是唯物主义辩证法这一哲学基本形态的衍生形态。

第十二章 唯物主义辩证法的四大基本样式及其演变（四）

——“中国模式的唯物主义辩证法”

中国人民很幸运，虽然唯物主义辩证法进入中国以后，仍然是走“马克思范式”和“恩格斯范式”相分裂的道路，但与苏联不同的是，虽然中国的马克思主义哲学教科书在很长时间内是“苏联模式的马克思主义哲学教科书”的翻版，并一度造成了教条主义的盛行，但它最终还是逐步从“苏联模式的马克思主义哲学教科书”的束缚中解脱出来，基本形成了“中国模式的马克思主义哲学教科书”；而“中国模式的唯物主义辩证法”则是“马克思范式”的深化和发展，并由党和国家的主要领导人在领导全国人民进行社会主义革命和建设过程中根据时代的特征进行了丰富和发展，它是一个包括毛泽东思想、邓小平理论、“三个代表”重要思想、科学发展观和社会主义核心价值观理论在内的有机统一的思想体系，是中国革命和建设经验的结晶。借用中国当代学者关于“官方哲学”和“学院哲学”的区分，前者可以称之为“官方的马克思主义”，后者可以称之为“学院派的马克思主义”。但与一些学者的观点①不同的是，我认为恰恰是“官方的马克思主义”而不是“学院派的马克思主义”，才更加接近“马克思范式”，更少受到黑格尔哲学的影响。

---

① 一些学者在使用“官方哲学”和“学院哲学”时，往往把前者视为意识形态，把后者视为学术研究。

第一节 “中国模式的唯物主义辩证法”的产生和发展过程①

总体而言,“中国模式的唯物主义辩证法”的产生和发展大体可以划分为两个阶段:第一个阶段是形成时期(新中国成立以前),第二个阶段是自主探索和发展时期。

一、马克思主义在中国的早期传播

中国的马克思主义理论,最早是通过苏联传入的。

1. 马克思主义在中国传播的历史背景

“自从一八四〇年英国人侵略中国以来,接着就是英法联军进攻中国的战争,法国进攻中国的战争,日本进攻中国的战争,英国、法国、日本、沙皇俄国、德国、美国、意大利、奥地利八国联军进攻中国的战争,日本和沙皇俄国在中国领土内进行的战争,一九三一年开始的日本进攻中国东北的战争,一九三七年开始继续了八年之久的日本进攻中国全境的战争”,最后是长达三年的“表面上是蒋介石实际上是美国进攻中国人民的战争”。② 中国在西方列强的掠夺下,逐步变成了一个半殖民地半封建的社会。正如毛泽东 1949 年 6 月 30 日在《论人民民主专政》中所说,从那时起,以洪秀全、康有为、严复和孙中山③为

---

① 除了特殊标注的以外,本部分的史料主要有两个来源:一是 1945 年 4 月 20 日中国共产党第六届中央委员会扩大的第七次全体会议通过的《关于若干历史问题的决议》(参见毛泽东讲演稿《学习与时局》的附录,载《毛泽东选集》第三卷,人民出版社 1991 年版,第 952—1003 页);二是 1981 年 6 月 27 日中国共产党第十一届中央委员会第六次全体会议通过的《关于建国以来党的若干历史问题的决议》。特此说明。

② 毛泽东:《丢掉幻想,准备斗争》(参见《毛泽东选集》第四卷,人民出版社 1991 年版,第 1484 页。)

③ 孙中山(1866—1925),中国伟大的革命先行者,民主主义革命家、思想家。名文,字德明,号日新,改号逸仙,一号中山。创建同盟会,倡导三民主义,在中国历史上首次全面提出资产阶级民主革命的理论和政纲。1911 年发动辛亥革命,推翻了清王朝,结束了两千多年的封建帝制,成立了民主共和国,被推为中华民国临时大总统。次年因革命党人与袁世凯妥协,被迫辞职。1919 年将由同盟会发展而来的中华革命党改组为中国国民党。1921 年就任非常大总统。1924 年在广州主持召开了中国国民党第一次全国代表大会,提出“联俄、联共、扶助农工”的三大政策,把旧三民主义发展为新三民主义,实现了第一次国共合作。(参见《哲学大辞典》下卷,上海辞书出版社 2007 年版,第 1345 页。)

代表的先进的中国人,经过千辛万苦,向西方国家寻找真理。在向日本、英国、美国、法国、德国派遣大量留学生的同时,在国内废科举、兴学校,努力学习西方。但中国人向西方学得很不少,却总是行不通,理想总是不能实现。国家的情况不仅没有变好,反而一天一天变坏,环境迫使人们活不下去。太平天国运动、中法战争、中日战争、戊戌变法、义和团运动和辛亥革命的先后失败,都证明了:虽然这些是西方资产阶级民主主义的文化,即所谓新学,包括那时的社会学说和自然科学,是和中国封建主义的文化即所谓旧学相对立的,但仅仅依靠学习西方和学习新学、依靠维新,并不能救中国。人们对单纯通过学习西方资产阶级民主制度和科学文化实现民族复兴的可行性越来越产生怀疑。1914年,爆发了帝国主义国家为重新瓜分殖民地和争夺世界霸权而进行的第一次世界大战,也给中国人民带来了更为深重的苦难。而1917年,俄国人举行了十月革命,创立了世界上第一个社会主义国家,俄国无产阶级和劳动人民的革命精力,在列宁、斯大林领导下,像火山一样突然爆发出来,不仅令中国人和全人类都对俄国人刮目相看,也为中国人民树立了榜样。毛泽东对这段历史有一个非常著名的评价:“在十月革命以前,中国人不但不知道列宁、斯大林,也不知道马克思、恩格斯。十月革命一声炮响,给我们送来了马克思列宁主义。十月革命帮助了全世界的也帮助了中国的先进分子,用无产阶级的宇宙观作为观察国家命运的工具,重新考虑自己的问题。走俄国人的路——这就是结论。”①1919年,中国发生了五四运动②。新文化运动在倡导科学和民主的同

① 《毛泽东选集》第四卷,人民出版社1991年版,第1470—1471页。

② 五四运动是以1919年5月4日北京学生游行示威为标志的反帝反封建的爱国运动。当时,第一次世界大战刚刚结束,英、美、法、日、意等战胜国在巴黎召开对德和会,决定由日本继承德国在中国山东的特权。中国是参加对德宣战的战胜国之一,但北洋军阀政府却准备接受这个决定。5月4日,北京学生游行示威,反对帝国主义的这一无理决定和北洋军阀政府的妥协。这次运动迅速地获得了全国人民的响应,到6月3日以后,发展成为有工人阶级、城市小资产阶级和民族资产阶级参加的广大群众性的反帝反封建的爱国运动。五四运动也是反对封建文化的新文化运动。以1915年《青年杂志》(后改名《新青年》)创刊为起点的新文化运动,竖起“民主”和“科学”的旗帜,反对旧道德,提倡新道德,反对旧文学,提倡新文学。五四运动中的先进分子接受了马克思主义,使新文化运动发展成为马克思主义思想运动,他们致力于马克思主义同中国工人运动相结合,在思想上和干部上准备了中国共产党的成立。(参见《毛泽东选集》第一卷,人民出版社1991年版,第297页尾注[6]。)

时,提出"打倒孔家店"的口号,严斥儒家"仁义道德"为"吃人"的教条①,把批判矛头直接指向了作为中国封建社会意识形态理论核心的儒家思想,为马克思主义在中国的传播清除了最大的思想障碍。1921年,中国共产党成立。马克思主义开始在中国扎根,发芽,成长。

2. 马克思主义在中国传播的内因与外因

马克思主义在中国的传播和发展是历史的必然。毛泽东1949年9月16日在《唯心历史观的破产》一文中说:"从一八四〇年的鸦片战争到一九一九年的五四运动的前夜,共计七十多年中,中国人没有什么思想武器可以抗御帝国主义。旧的顽固的封建主义的思想武器打了败仗了,抵不住,宣告破产了。不得已,中国人被迫从帝国主义的老家即西方资产阶级革命时代的武器库中学来了进化论、天赋人权论和资产阶级共和国等项思想武器和政治方案,组织过政党,举行过革命,以为可以外御列强,内建民国。但是这些东西也和封建主义的思想武器一样,软弱得很,又是抵不住,败下阵来,宣告破产了。"②伟大的革命先行者孙中山先生1911年领导的辛亥革命,推翻了清王朝,结束了两千多年的封建帝制。但是,中国社会的半殖民地、半封建性质并没有改变。无论是当时的国民党,还是其他资产阶级和小资产阶级政治派别,都没有也不可能找到国家和民族的出路。在这种情况下,中国的先进知识分子开始对导致中国长期停滞不前的思想根源进行分析和批判。1915年,陈独秀③在上海创办了《青年杂志》(从第二卷开始,改名为《新青年》)。在9月15日创刊号上

① 《哲学大辞典》下卷,上海辞书出版社2007年版,第1177页。

② 《毛泽东选集》第四卷,人民出版社1991年版,第1513—1514页。

③ 陈独秀(1879—1942),安徽怀宁人。五四新文化运动的主要领导人之一。五四运动后,接受和宣传马克思主义,是中国共产党的主要创建人之一。在党成立后的最初6年中是党的主要领导人。其间于1927年上半年犯了右倾投降主义错误。当时他放弃对于农民群众、城市小资产阶级和中等资产阶级的领导权,尤其是放弃对于武装力量的领导权,主张一切联合,否认斗争,对国民党右派反共反人民的阴谋活动采取妥协投降的政策,以致当大地主大资产阶级的代表蒋介石、汪精卫先后背叛革命,向人民突然袭击的时候,中国共产党和广大革命人民不能组织有效的抵抗,使第一次国内革命战争遭到失败。同年8月7日,中共中央在汉口召开紧急会议,总结了大革命失败的经验教训,结束了陈独秀右倾投降主义在党中央的统治。其后,陈独秀对于革命前途悲观失望,接受托派观点,在党内成立小组织,进行反党活动,1929年11月被开除出党。1932年10月被国民党政府逮捕,1937年8月出狱。1942年病故于四川江津。(参见《毛泽东选集》第一卷,人民出版社1991年版,第238页注[4]。)

发表的《敬告青年》一文中,借助柏格森的"创造进化论",对儒家思想指导下的中国社会长达两千年的因循守旧进行批判,认为:"固有之伦理、法律、学术、礼俗,无一非封建制度之遗,……尊重二十四朝之历史性,而不做改进之图,则驱吾民于二十世纪之世界以外,纳之奴隶牛马黑暗沟中而已,复何说哉!于此而言保守,诚不知为何项制度文物,可以适用生存于今世。吾宁忍过去国粹之消亡,而不忍现在及将来之民族,不适世界之生存而归削灭也。"①并进一步指出:"今日之社会制度,人心思想,悉自周汉两代而来,——周崇尚虚文,汉则罢黜百家而尊儒重道。——名教之所昭垂,人心之所祈向,无一不与社会现实生活背道而驰。倘不改弦而更张之,则国力莫由昭苏,社会永无宁日。……若事之无利于个人或社会现实生活者,皆虚文也,诳人之事也。诳人之事,虽诸宗之所遗留,圣贤之所垂教,政府之所提倡,社会之所崇尚,皆一文不值也。"②主张"以科学与人权并重","以科学说明真理,事事求诸实证"③,吹响了新文化运动的号角。在此后短短一年多的时间内,《新青年》高举"科学"与"民主"两面大旗,先后发表了60多篇提倡科学与民主、反对孔教、倡导文学革命的文章。陈独秀在1916年发表的《1916年》一文中痛斥"儒者三纲之说,为一切道德政治之大原"④;吴虞1917年在《儒家主张阶级制度之害》一文中,猛烈攻击儒家独尊儒术对中国学术思想的禁锢,认为"自孔氏诛少正卯,著'侮圣言''非圣无法'之历禁;孟轲继之,辟杨、墨,攻异端,自附于圣人之徒;董仲舒对策,以为诸不在'六艺'之科、孔氏之术者,皆绝其道,勿使并进;韩愈'原道','人其人,火其书,庐其居'之说昌;于是儒教专制统一,中国学术扫地"⑤;鲁迅1918年在《狂人日记》中对封建礼教予以辛辣讽刺:"我翻开历史一查,这历史没有年代,歪歪斜斜的每页上都写着'仁义道德'几个字。我横竖睡不着,仔细地看了半夜,才从字缝里看出字来,满本都写着两个字是'吃人'"⑥!这些观点虽然本身还不是马克思主义的,但他们在抨击封建专

---

① 《五四运动文选》,生活·读书·新知三联书店1959年版,第4页。
② 《五四运动文选》,生活·读书·新知三联书店1959年版,第6页。
③ 《五四运动文选》,生活·读书·新知三联书店1959年版,第7页。
④ 《五四运动文选》,生活·读书·新知三联书店1959年版,第10页。
⑤ 《五四运动文选》,生活·读书·新知三联书店1959年版,第97页。
⑥ 《五四运动文选》,生活·读书·新知三联书店1959年版,第133—134页。

制制度和封建统治思想方面起到了振聋发聩的作用,为马克思主义在中国的广泛传播扫除了思想障碍。

至于马克思主义在中国传播的外因,正如毛泽东所说:"一九一七年的俄国革命①唤醒了中国人,中国人学得了一样新的东西,这就是马克思列宁主义。中国产生了共产党,这是开天辟地的大事变。孙中山也提倡'以俄为师',主张'联俄联共'。总之是从此以后,中国改换了方向。"②在这一方面,自1917年初,陈独秀和李大钊③就开始发表文章(李大钊1917年3月在《甲寅》日刊发表《俄国革命之远因近因》和《俄国大革命之影响》)关注俄国1917年的"二月革命"④。十月革命爆发以后,1918年3月在《驳康有为〈共和平议〉》一文中,陈独秀第一次肯定和赞扬了俄国的十月革命。1918年7月,李

---

① "一九一七年的俄国革命",即十月革命。1917年11月7日(俄历10月25日),俄国工人阶级和农民在以列宁为首的布尔什维克党的领导下进行的社会主义革命。十月革命推翻了俄国资产阶级临时政府,建立了世界上第一个无产阶级专政的社会主义国家。(参见中国社会科学院语言研究所词典编辑室编:《现代汉语词典》,商务印书馆2016年版,第1181页。)

② 《毛泽东选集》第四卷,人民出版社1991年版,第1514页。

③ 李大钊(1889—1927),中国共产主义运动的先驱者,马克思主义思想家,中国共产党创始人之一。字守常。河北乐亭人。1913年赴日本早稻田大学学习,组织"神州学社",进行反对袁世凯的斗争。开始接触社会主义思想和马克思主义学说。1916年回国后协助陈独秀编辑《新青年》,积极投入新文化运动。1917年俄国十月革命爆发以后,逐步由民主主义者向共产主义者转变。其后陆续发表了《我的马克思主义观》等文,宣传十月革命和马克思主义,并与资产阶级改良派胡适展开"问题与主义的论战"。1920年2月,发起成立了"马克思主义研究会",不久又担任北京共产主义小组的领导人。1923年6月积极推动中国共产党与孙中山领导的国民党建立统一战线。1924年在广州参与国民党第一次全国代表大会的领导工作。1927年4月6日被奉系军阀逮捕,4月28日惨遭绞刑。(参见《哲学大辞典》上卷,上海辞书出版社2007年版,第255页。)

④ "二月革命":第一次世界大战期间,俄国企图通过战争实现其称霸世界的野心,导致国力虚弱,经济崩溃,社会矛盾加剧。俄历1917年2月23日(公元1917年3月8日),彼得格勒市普梯洛夫工厂举行罢工和示威游行,反对战争,反对沙皇专制制度。这一行动得到全市工人的支持,由局部罢工转为总罢工,罢工人数达到25万人。2月26日,在彼得格勒市布尔什维克党组织的号召下,总罢工转变为武装起义。2月27日,彼得格勒市成立了工兵代表苏维埃,工人纠察队从警察手中夺取武器,沙皇军队的士兵拒绝向工人开枪,并有6万士兵加入起义行列。工人和士兵的联合队伍迅速摧毁了反动武装的抵抗,逮捕了沙皇政府的大臣和将军,推翻了沙皇政府。统治俄国长达300多年的罗曼诺夫王朝终于垮台。这次革命由于发生在俄历二月,而被称为"二月革命"。"二月革命"胜利后,在俄国国内出现了两个政府并存的局面,一个是资产阶级临时政府,一个是彼得格勒工兵代表苏维埃。(参见马世力主编:《世界史纲》下册,上海人民出版社1999年版,第496—497页。)前者是资产阶级的政权,后者还是处于萌芽状态的工农政权。但是,社会革命党和孟什维克所把持的彼得格勒苏维

大钊在《言志》季刊第三册上发表了《法俄革命之比较观》一文[①],同年 10 月 15 日,又在《新青年》上,同时发表了《庶民的胜利》和《布尔什维克主义的胜利》两篇文章,热情宣传俄国革命和马克思主义,认为“一九一七年的俄国革命,是二十世纪中世界革命的先声”[②],“他们的主义,就是革命的社会主义;他们的党,就是革命的社会党;他们是奉德国社会主义经济学家马客士(Marx)[③]为宗主的;他们的目的,在把现在为社会主义的障碍的国家界限打破,把资本家独占利益的生产制度打破”[④]。1919 年元旦李大钊在《每周评论》上发表的以《新纪元》为题的社论,欢呼以十月革命为标志的“新纪元”的到来,称赞“这个新纪元带来新生活、新文明、新世界”[⑤],认为:“这个新纪元是世界革命的新纪元,是人类觉醒的新纪元。我们在这黑暗的中国,死寂的北京,也仿佛分得那曙光的一线……我们应该趁着这一线的光明,努力去为人类活动,做出一点有益人类的工作。”[⑥]同年 7 月又在《每周评论》上发表了短文《赤色的世界》,认为:“这样演下去,恐怕世界都要变成赤色。”[⑦]。毛泽东也于 1919 年 7 月在《湘江评论》上发表了《民众的大联合》,公开赞颂俄国十月革命及其影响,并明确提出实行社会改造的“根本的一个方法,就是民众的大联合”[⑧]。1919 年 4 月,陈独秀摘译了《共产党宣言》的一部分在《每周评论》上发表。1919 年 7 月和 1920 年 9 月,苏联分别发表了《苏联第一次对华宣言》和《苏联第二次对华宣言》,“请中国人民了解,在争取自由的斗争中,唯一的同盟者和兄弟是俄国工人、农民及其红军”[⑨],表示“俄国政府将以前沙皇政府和俄国资产阶级用强力夺取和占有中国的一切,全部交还中国人民,同时建议中国政府同我国进

埃支持临时政府,自愿把政权奉送给资产阶级。(参见《列宁选集》第 3 卷,人民出版社 2012 年版,“第三卷说明”第 2 页。)

① 《李大钊全集》第 2 卷,人民出版社 2006 年版,“目录”。

② 《五四运动文选》,生活·读书·新知三联书店 1959 年版,第 177 页。

③ 即马克思。

④ 《五四运动文选》,生活·读书·新知三联书店 1959 年版,第 180 页。

⑤ 《五四运动文选》,生活·读书·新知三联书店 1959 年版,第 191—192 页。

⑥ 《五四运动文选》,生活·读书·新知三联书店 1959 年版,第 193 页。

⑦ 《李大钊全集》第 2 卷,人民出版社 2006 年版,第 357 页。

⑧ 《毛泽东传(1893—1949)》,中央文献出版社 2004 年版,第 52 页。

⑨ 《五四运动文选》,生活·读书·新知三联书店 1959 年版,第 361 页。

行正式谈判，以建立友好关系”①，在中国社会各界产生了强烈反响。1920年4月，由陈望道翻译、陈独秀校译的《共产党宣言》全文出版。受马克思主义的深刻影响，1920年5月至8月，在上海建立了共产党支部，陈独秀任书记。随后，北京的李大钊、武汉的董必武、长沙的毛泽东、济南的王尽美以及在东京、巴黎的马克思主义信仰者，分别在各地成立了共产主义小组。其中，首批赴法国留学的新民学会会员蔡和森②等就已经能够阅读法文书刊，“猛看猛译”了几十种革命书刊，马克思主义理论水平得到迅速提高，并决定把“改造中国与世界”作为新民学会的办会方针。蔡和森在1920年8月给毛泽东的信中，已经明确提出中国必须走社会主义道路，认为实现“社会主义之必要方法”就是“阶级战争——无产阶级专政”；“党”、“工团”（工会）、“合作社”和“苏维埃”是“无产阶级革命之四种利器”，提出“先要组织党——共产党，因为他是革命运动的发动者、宣传者、先锋队、作战部”，主张对建党问题“现在就要准备”。③ 在同年9月致毛泽东的信中，蔡和森重点向毛泽东介绍了马克思的唯物史观，并认为“凡社会上发生了种种问题，而现社会制度不能解决他，那么革命是一定不能避免的了”，“所以中国的社会革命，一定不能免的”。④

中国共产党是马克思列宁主义同中国工人运动相结合的产物，是在俄国十月革命和我国五四运动的影响下，在列宁领导的共产国际帮助下诞生的。1921年7月，中国共产党在上海召开了第一次代表大会，中国共产党正式成

---

① 《五四运动文选》，生活·读书·新知三联书店1959年版，第366页。

② 蔡和森（1895—1931），中国共产党的创始人之一，马克思主义宣传家。又名林彬。湖南湘乡永丰镇（今属双峰）人。1918年与毛泽东等一起组织新民学会。1919年10月赴法勤工俭学。其间刻苦攻读并翻译马克思主义著作，由革命民主主义者转变为共产主义者。1921年被法国政府强行遣送回国，后加入中国共产党，从事理论宣传工作。1922年6月在中国共产党第二次全国代表大会上当选为中央委员。1927年4月，在中国共产党第五次全国代表大会上，当选为中央政治局委员，兼任宣传部部长，并代理中央秘书长。1928年6月，在中国共产党第六次全国代表大会上，提出“工农武装割据”的观点。同年7月，被李立三斥为“右倾”，撤去政治局委员和宣传部部长职务。1931年被捕，同年被广东军阀陈济棠杀害。（参见《哲学大辞典》上卷，上海辞书出版社2007年版，第257页。）

③ 《五四运动文选》，生活·读书·新知三联书店1959年版，第401—402页。

④ 《五四运动文选》，生活·读书·新知三联书店1959年版，第413页。

立,陈独秀被选为中央书记。[①] 从此,马克思主义在中国的传播更加具有组织性,影响迅速扩大。

3. 中国首支马克思主义理论队伍的形成

1917 年十月革命——1921 年 6 月中国共产党成立前夕,为中国首支马克思主义理论队伍的形成时期。在这个阶段,李大钊 1919 年 7 月在《每周评论》发表的《阶级竞争和互助》、1919 年 9 月和 11 月在《新青年》上发表的《我的马克思主义观》[②]、1920 年在《新青年》上发表的《唯物史观在现代史学上的价值》、1921 年 1 月在北京出版的日文报刊《新支那》[③]上发表的《中国的社会主义及其实行方法的考察》、1921 年 3 月在《曙光》上发表的《社会主义下之实业》以及在《评论之评论》上发表的《中国的社会主义与世界的资本主义》,陈独秀 1920 年在《新青年》上发表的《论政治》和《关于社会主义的讨论》、1921 年 5 月在广州公立法政学校的演讲《社会主义批评》,蔡和森 1920 年《关于中国革命问题致毛泽东的两封信》、1921 年 2 月致陈独秀的《马克思学说与中国无产阶级》,李达[④] 1920 年发表在《劳动界》上的《劳动者与社会主义》、1921 年 4 月在《新青年》上发表的《讨论社会主义并质梁任公》,毛泽东 1921 年 1 月《在新民学会长沙大会上的发言》、1921 年 1 月《给蔡和森的信》等,都

---

① 以上参见王文英等主编:《著名马克思主义哲学家评传》第 3 卷,山东人民出版社 1990 年版,第 192—196 页。

② 《李大钊全集》第 4 卷,人民出版社 2006 年版,第 353 页关于该文的注释。

③ 《李大钊全集》第 3 卷,人民出版社 2006 年版,第 392 页。

④ 李达(1890—1966),著名马克思主义哲学家。号鹤鸣。湖南零陵人。曾两赴日本求学。第二次赴日期间,钻研马克思主义,翻译了《唯物史观解说》《马克思经济学说》等书,向国内介绍马克思主义。1920 年春回国,发起筹建中国共产党,主编《共产党》月刊,投入关于社会主义问题和无政府主义问题的论战。1921 年主持上海共产主义小组工作,参加中国共产党第一次全国代表大会,被选为中央宣传主任。1926 年发表《现代社会学》,阐述唯物史观和科学社会主义原理,并联系中国历史和现状,从理论上回答了一些亟待明确的重大问题。第一次国内革命战争失败以后,先后到多个大学任教,翻译出版了德国塔尔海玛的《现代世界观》、日本河上肇的《马克思主义之哲学基础》、苏联卢波尔的《理论与实践的社会科学理论》、苏联西洛可夫的《辩证唯物论教程》等著作,系统介绍马克思主义;同时撰写了《社会学大纲》《经济学大纲》《货币学概论》《社会进化史》《法理学大纲》等著作。新中国成立以后历任中央政法干部学校副校长、湖南大学校长、武汉大学校长等职,主要著作有《〈实践论〉解说》,《〈矛盾论〉解说》,《唯物辩证法大纲》等。(参见李达主编:《唯物辩证法大纲》,武汉大学出版社 2007 年版,“作者简介”。)

标志着中国共产党的创始人在思想上完成了从非马克思主义向马克思主义的转变。期间，到 1920 年，《新俄国之研究》、《劳农政府与中国》、《马克思资本论入门》、《社会主义史》等译著，以及上海共产主义小组编辑的刊物《劳动界》，已在国内公开发行。毛泽东等人在长沙创办的文化书社就经营这些书籍，而且很畅销①。与此同时，在日本留学的李达也翻译了《唯物史观解说》、《社会问题总览》、《马克思经济学说》等书，向国内介绍马克思主义。湖南《大公报》还连续转载了上海《共产党》月刊发表的《俄国共产党的历史》、《列宁的历史》、《劳农制度研究》等重要文章。到 1921 年 7 月 1 日李大钊在《新青年》上发表长文《俄罗斯革命的过去及现在》的时候，中国的马克思主义者已经能够从发展过程、中心势力、依靠力量、主要革命家及其著作等方面对俄国革命予以比较全面的把握了。李大钊还把“一般人民对于自由的热烈的要求”，视为比“自由主义派”和“社会主义派”“更大的势力”，②表现出相当高的马克思主义理论素养。

在这些人中，有两个人的思想转变特别值得关注：一是中国共产党的主要创始人之一、中国共产党的首任中央书记陈独秀，二是实现马克思主义中国化并深刻影响中国革命和建设的历史伟人毛泽东。陈独秀在 1918 年 3 月发表《驳康有为〈共和平义〉》一文时，仍然是一个温和改良派。他 1918 年 7 月在《新青年》上发表的《今日中国之政治问题》中仍然主张“当排斥武力政治”、“当抛弃以一党势力统一国家的思想”。③ 到 1920 年 9 月在《新青年》上发表《谈政治》一文时，已经公开反对“马克思修正派”，明确支持“马克思底阶级战争说”，并把马克思《共产党宣言》中的观点作为自己的理论依据，“承认用革命的手段建设劳动阶级的国家”。④ 其后于当年 11 月发表的《〈共产党〉月刊短言》，进一步强调“由劳动者全体结合起来，用革命的手段打倒本国、外国一切资本阶级，跟着俄国的共产党一同试验新的生产方法”⑤。当年 12 月在《新

① 参见《毛泽东传（1893—1949）》，中央文献出版社 2004 年版，第 65 页。
② 《李大钊全集》第 3 卷，人民出版社 2006 年版，第 309 页。
③ 陈独秀：《陈独秀文选》，四川出版集团、四川文艺出版社 2009 年版，第 123—124 页。
④ 陈独秀：《陈独秀文选》，四川出版集团、四川文艺出版社 2009 年版，第 135—137 页。
⑤ 陈独秀：《陈独秀文选》，四川出版集团、四川文艺出版社 2009 年版，第 139 页。

青年》上发表的《革命与作乱》,已经开始对革命的本质和目的进行理论论证,提出:“为什么要革命?是因为现在社会底制度好分子不良,用和平的方法改革不了才取革命的手段。革命不过是手段不是目的,除旧布新才是目的。”但与当时毛泽东明确主张把占中国人口大多数的农民联合起来不同,陈独秀则认为“政治革命是要出于有知识、有职业的市民,社会革命是要出于有组织的生产劳动者,然后才有效果”①。1921 年 6 月发表于《共产党》的《告劳动》及 1921 年 7 月 1 日发表于《新青年》的《革命与制度》和《政治改造和政党改造》,从阶级觉悟、革命手段、制度交替、政治基础等方面,进一步深化了这些思想。而对于毛泽东来说,他 1918 年 8 月—1919 年 4 月到北京在李大钊手下工作时,就认识了陈独秀,并聆听了李大钊的演说《庶民的胜利》,阅读了李大钊在《新青年》上发表的《布尔什维克的胜利》,开始具体地了解十月革命和马克思主义。在当时留学成为时尚的风气中,毛泽东在认为只有深入了解中国实际国情才能更好地研究和学习外国的同时,坚持对西方文明和东方文明均采取分析的态度,这为他以后把马克思主义中国化奠定了认识基础。② 1919 年 7 月在《湘江评论》上发表的《民众的大联合》一文中,毛泽东已经彻底改变了仅仅把注意力放在教育圈子里、期待“大哲学家”和“大伦理学家”出世的做法,明确提出实现社会改造的“根本的一个方法,就是民众的大联合”,号召占中国人口大多数的农民联合起来,号召学生、教员、妇女各界也联合起来。但当时选择的仍然是克鲁泡特金为首的温和派,而不是马克思为首的激烈派,并不赞成暴力革命。③ 直到 1920 年 10—11 月,毛泽东倡导的建立“湘人自治”的“湖南共和国”的和平请愿活动宣告失败,毛泽东开始重新审视和平改良道路,彻底摆脱对社会改良道路的最后一点幻想,义无反顾地走上革命的道路。他在给向警予的信中说:“几个月来,已看透了”,“政治改良一途,可谓绝无希望。吾人惟有不理一切,另辟道路,另造环境一法”④。在为易礼容来信所作的按语中提出,新民学会要致力于“从事于根

---

① 陈独秀:《陈独秀文选》,四川出版集团、四川文艺出版社 2009 年版,第 141 页。

② 参见《毛泽东传(1893—1949)》,中央文献出版社 2004 年版,第 45—48 页。

③ 参见《毛泽东传(1893—1949)》,中央文献出版社 2004 年版,第 52 页。

④ 《毛泽东传(1893—1949)》,中央文献出版社 2004 年版,第 70 页。

本改造之计划和组织,确立一个改造的基础,如蔡和森所主张的共产党"①。在1920年12月给蔡和森、萧子升等人的回信中,毛泽东已经明确选择了马克思为首的激烈派,认为"历史上凡是专制主义者,或帝国主义者,或军国主义者,非等到人家来推倒,决没有自己肯收场的"②。在1921年1月给蔡和森的复信中,毛泽东更是明确表示:"唯物史观是吾党哲学的根据","你这一封信见地极当,我没有一字不赞成"③。标志着他已经确立了对马克思主义的信仰。

4. 对中国革命主要依靠力量的初步思考

在中国共产党成立前夕,在对中国革命道路的选择上,中国共产党人已经在走俄国革命的道路方面达成了基本的一致。但在对革命的主要依靠力量的认识方面具有较大差异,主要有两种观点:一种是以李大钊为代表的"知识阶级中心势力"说,把人口中占少数的知识阶级视为革命的中心势力。李大钊1921年7月在《俄罗斯革命的过去及现在》一文中认为:"俄罗斯的中心只在大俄罗斯一部分,而在大俄罗斯中革命的中心势力又只在大俄罗斯全人口中少数的知识阶级。我们应该把那些农民、无产阶级工人、职业阶级,看作一种另外的要素,而将注意集中于现代俄罗斯的动的要素,就是为革命原动力的知识阶级。"④陈独秀在1921年7月1日发表于《新青年》的《政治改造和政党改造》一文中,不仅对罗素在《中国人到自由之路》中所持的"改革之初,需有一万彻底的人,愿冒自己生命的牺牲,去制驭政府,创兴实业,从新建设"的观点表示赞同,而且认为"俄国式的方法是唯一的道路"。⑤ 实际上,持有这种思想的人在当时中国共产党的主要领导人中并非少数。这种观点为机械地模仿俄国的革命道路,片面强调占领大城市提供了理论依据。另一种是前文提到的以毛泽东为代表的"民众的大联合"说。两种观点后来均对中国革命的发展

---

① 《毛泽东传(1893—1949)》,中央文献出版社2004年版,第71页。
② 《毛泽东传(1893—1949)》,中央文献出版社2004年版,第72页。
③ 《毛泽东传(1893—1949)》,中央文献出版社2004年版,第72页。
④ 《李大钊全集》第3卷,人民出版社2006年版,第308页。
⑤ 陈独秀:《陈独秀文选》,四川出版集团、四川文艺出版社2009年版,第145页。

产生了重大的影响:前者为王明①、博古②等所利用,仅凭熟知马克思主义的理论词句就能占据中国共产党的核心领导地位,造成教条主义和机会主义横行;后者则在中国革命和建设的实践中得到贯彻执行,取得了巨大的成功。

5. 马克思主义在中国的迅速传播

中国共产党成立以后,中国共产党的积极分子开始通过报刊和演讲公开宣传马克思主义。如李大钊 1921 年 12 月在北京中国大学的演讲《由平民政治到工人政治》,1922 年 2 月在北京大学新闻记者同志会成立会上的演讲《马克思的经济学说》,1922 年 11 月《在北京各团体发起的苏俄十月革命纪念会上的演讲》,1923 年在北京大学经济学会的演讲《社会主义下的经济组织》,1922 年 3 月《就中国工人运动问题与〈北京周报〉记者的谈话》,1922 年 5 月在《晨报副刊》上发表的《马克思与第一国际》,1922 年 11 月在《晨报副刊》上发表的《十月革命与中国人民》;毛泽东 1922 年 5 月在《大公报》上发表的《更宜注意的问题》,1923 年发表的《外力、军阀与革命》;陈独秀 1922 年 5 月在《广东群报》发表的《马克思的两大精神》,主张把马克思的学说和行为概括为

① 王明(1904—1974)中国安徽金寨人。原名陈绍禹,笔名韶玉。1925 年加入中国共产党,改名王明。同年秋去莫斯科中山大学学习,1929 年回国。1931 年 1 月,在中国共产党的六届四中全会上,王明(陈绍禹)等人在共产国际及其代表米夫的支持下,取得了在党中央的领导地位。他们在政治上混淆民主革命和社会主义革命的界限,把反资产阶级和反帝反封建并列;否认"九一八"事变后国内阶级关系的明显变化,把中间势力当成"最危险的敌人";继续推行"城市中心论",主张红军夺取中心城市以实现一省数省首先胜利而形成全国的胜利。在军事上,先是推行冒险主义,后来又变为保守主义和逃跑主义。在组织上,实行宗派主义,对不同意他们错误主张的人,进行"残酷斗争,无情打击"。王明"左"倾冒险主义在党内统治达四年之久,给党和革命事业造成了重大的损失。1935 年 1 月,中共中央政治局召开遵义会议,确立了以毛泽东为代表的新的中央的正确领导,从而结束了王明"左"倾冒险主义在党中央的统治。(参见《哲学大辞典》上卷,上海辞书出版社 2007 年版,第 262 页;《毛泽东选集》第一卷,人民出版社 1991 年版,第 238 页注[6]。)

② 博古(1907—1946 年),又名秦邦宪,江苏无锡人。1925 年加入中国共产党。1926 年赴莫斯科中山大学学习,1930 年回国。1931 年 9 月至 1935 年 1 月,曾是中共临时中央和中共六届五中全会后中央的主要负责人。其间犯过严重的"左"倾冒险主义的错误。遵义会议后,被撤销了党和红军的最高领导职务。抗日战争初期,先后在中共中央长江局、南方局工作。1941 年以后,在毛泽东的领导下,在延安创办和主持《解放日报》和新华通讯社。在这期间,对自己过去的错误作了自我批评。1945 年在党的第七次全国代表大会上,继续当选为中央委员。1946 年 2 月到重庆参加同国民党谈判。4 月 8 日在返回延安的途中因飞机失事遇难。(参见《毛泽东选集》第三卷,人民出版社 1991 年版,第 1000 页注[10]。)

两大精神:“实际研究的精神”和“实际活动的精神”①;中国共产党中央执行委员会1922年6月发表的《中国共产党对于时局的主张》,明确宣布“中国共产党是无产阶级的先锋军,为无产阶级奋斗和为无产阶级革命的党”②。

二、“中国模式的唯物主义辩证法”的形成和发展

“中国模式的唯物主义辩证法”是中国共产党历代领导人在对中国革命和建设道路进行艰难探索过程中形成的,经历了一个十分曲折的发展过程。大体可以划分为以下四个阶段:

第一个阶段,机械模仿为主阶段。在中国共产党成立之初,在党内形成了两种截然相反的观点:一种是机械模仿俄国的革命道路,可以简称为机械模仿派;另一种走中国人自己的道路,可以简称为自主发展派。两种观点在党内产生了激烈的交锋,不仅关系到马克思主义在中国的繁荣和发展,关系到中国共产党的发展和壮大,更关系到中国的历史和命运。其中,1921年7月—1934年年底,即从中国共产党成立到长征路上的遵义会议③前夕,为机械模仿派占主要地位的阶段。这一阶段,中国革命的主要任务是反帝反封建。中国共产党在领导中国各族人民为新民主主义而斗争的过程中,经历了国共合作的北伐战争和土地革命战争的考验。在这一时期,在反帝反封建革命取得巨大成就的同时,几个机械模仿派人物如陈独秀(1927上半年)、瞿秋白④(1927年

---

① 陈独秀:《陈独秀文选》,四川出版集团、四川文艺出版社2009年版,第147—148页。

② 《五四运动文选》,生活·读书·新知三联书店1959年版,第601页。

③ 遵义会议指1935年1月长征途中,中共中央政治局在贵州遵义举行的扩大会议。这次会议集中讨论和纠正了军事上和组织上的错误,结束了王明“左”倾冒险主义在党中央的统治,确立了以毛泽东为代表的新的中央的正确领导,在最危急的关头挽救了红军,挽救了党。(参见《毛泽东选集》第一卷,人民出版社1991年版,第239页注[7]。)

④ 瞿秋白(1899—1935),江苏常州人。1922年加入中国共产,是党的早期领导人之一。在1925年至1928年中国共产党的第四次至第六次全国代表大会上,都被选为中央委员。第一次国内革命战争时期,积极反对国民党右派反共反人民的“戴季陶主义”和中国共产党内陈独秀的右倾投降主义。1927年国民党叛变革命后,同李维汉主持召集8月7日的中共中央紧急会议,结束了陈独秀右倾投降主义在党内的统治。但是在1927年冬至1928年春,他在担任中央领导工作中曾经犯过“左”的盲动主义的错误。1930年9月,他同周恩来主持召集中共六届三中全会,停止了危害党的李立三“左”倾路线的执行。但是在1931年1月的中共六届四中全会上,他却受到“左”的教条主义宗派主义分子的打击,被排斥于中央领导机关

冬—1928年春)、李立三①(1930年6—9月)、王明(陈绍禹,1931年1月—1931年9月)、博古(秦邦宪,1931年9月—1935年1月)等先后在执掌中国共产党领导大权期间,对十月革命的经验不加批判地采取全盘接受的态度,犯下严重脱离实际的右倾或“左”倾错误,致使中国革命屡遭挫折。其中,1927年,蒋介石和汪精卫控制的国民党,不顾以宋庆龄为代表的国民党左派的坚决反对,背叛了孙中山所决定的国共合作政策和反帝反封建政策,勾结帝国主义,残酷屠杀共产党人和革命人民。由于中国共产党当时还不够成熟,又处在陈独秀右倾投降主义的领导下,致使革命在强大敌人的突然袭击下遭到惨重失败,已经发展到6万多党员的党只剩下了1万多党员。而从1931年1月第六届中央委员会第四次全体会议到1935年1月的中央政治局扩大会议(遵义会议),王明和博古先后掌握党的领导权期间,所犯政治路线、军事路线和组织路线上的“左”倾错误就更为严重。这次“左”倾机会主义错误,给中国革命造成了严重的损失。其最大的恶果,就是导致中央所在地区第五次反“围剿”战争失败,红军主力退出中央所在地区,不得不于1934年10月开始了艰苦卓绝的2万5千里长征。第一方面军,第二、第四方面军先后经过长征转战到陕北,同在那里坚持斗争的陕北红军和先期到达的红二十五军会合。党在其他绝大多数革命根据地(闽浙赣区、鄂豫皖区、湘鄂赣区、湘赣区、湘鄂西区、川陕区)和广大白区的工作,也同样由于“左”倾路线的错误领导而陷于失败。由于“左”倾路线在退出江西和长征的军事行动中又犯了逃跑主义的错误,使

之外。从这时到1933年的一个时期,他在上海同鲁迅合作从事革命文化运动。1934年2月到中央革命根据地,担任中华苏维埃共和国中央政府教育人民委员(教育部部长)。红军主力长征时,他被留在中央根据地。1935年2月在福建游击区被国民党政府逮捕,6月18日就义于福建长汀。(参见《毛泽东选集》第三卷,人民出版社1991年版,第999页注[6]。)

① 李立三(1899—1967),湖南醴陵人。1921年加入中国共产党,是中国工人运动的主要领导人之一。李立三“左”倾机会主义指第二次国内革命战争期间以他为代表的“左”倾冒险主义错误。1930年6月11日,中共中央政治局在李立三领导下通过了《新的革命高潮与一省或几省的首先胜利》决议案,主张全国各地都要准备马上起义。不久,制订了组织全国中心城市武装起义和集中全国红军进攻中心城市的冒险计划,随后又将党、青年团、工会的各级领导机关,合并为准备武装起义的各级行动委员会,使一切经常工作陷于停顿。同年9月中共中央召开六届三中全会,纠正了李立三的“左”倾冒险主义错误。后来李立三接受了党对他所犯错误的批评,认识和改正了错误,在中共第七次、第八次全国代表大会上继续被选为中央委员。(参见《毛泽东选集》第一卷,人民出版社1991年版,第238页注[5]。)

红军在退出江西的过程中以及在长征的前半段损失惨重。① 王明“左”倾错误造成的失败使革命根据地和白区的革命力量都受到极大损失，红军从 30 万人减到 3 万人左右，共产党员从 30 万人减到 4 万人左右。

值得指出的是，即使是在机械模仿派占主要地位的阶段，以毛泽东为代表的自主发展派，仍然在探索中国特色的革命道路方面作出了相当大的贡献。周恩来、贺龙、叶挺、朱德、刘伯承等领导的八一南昌起义②打响了武装反抗国民党反动派的第一枪。党的“八七会议”③确定了实行土地革命和武装起义的方针，会后举行了秋收起义、广州起义和其他许多地区的起义。毛泽东领导的湖南江西边界地区的秋收起义，创建了工农革命军第一师，在井冈山建立了第一个农村革命根据地。朱德率领八一南昌起义部队不久也到井冈山会师。随着斗争的发展，党创建了江西中央革命根据地和湘鄂西、海陆丰、鄂豫皖、琼崖、闽浙赣、湘鄂赣、湘赣、左右江、川陕、陕甘、湘鄂川黔等根据地，建立了工农红军第一、第二、第四方面军和其他许多红军部队。在国民党统治下的白区，也在艰苦的条件下，发展了党和其他革命组织，展开了群众革命斗争。在土地革命战争中，毛泽东、朱德直接领导的红军第一方面军和中央革命根据地起了最重要的作用。红军各个方面军曾连续击败国民党军队的四次“围剿”。与此同时，毛泽东坚持运用马克思主义的基本理论分析和解决中国的实际问题，从中国国情出发进行理论思考。他早在 1923 年 6 月召开的中国共产党第三

① 以上参见 1945 年四月二十日中国共产党第六届中央委员会扩大的第七次全体会议通过的《关于若干历史问题的决议》(《毛泽东选集》第三卷，人民出版社 1991 年版，第 952—968 页。)

② 八一南昌起义：中国共产党为了挽救第一次国内革命战争的失败，率部分国民革命军于 1927 年 8 月 1 日在江西南昌举行的武装起义。领导人有周恩来、贺龙、叶挺、朱德、刘伯承等。(参见中国社会科学院语言研究所词典编辑室编：《现代汉语词典》，商务印书馆 2016 年版，第 17 页。)

③ 八七会议：1927 年 8 月 7 日，中国共产党在汉口召开的中央紧急会议。1927 年蒋介石、汪精卫先后叛变革命，大批共产党人和革命群众惨遭屠杀，中共中央在共产国际的帮助下，于 8 月 7 日在汉口召开紧急会议，总结了大革命失败的经验教训，批判和纠正了陈独秀右倾投降主义的错误，确定了土地革命和武装反抗国民党反动派的总方针，并把发动农民举行秋收起义作为党当前的主要任务。毛泽东提出“今后要非常注意军事，须知政权是由枪杆子中取得的”重要论断。会议选举瞿秋白、李维汉、苏兆征等组成中共临时中央政治局。(参见《中国大百科全书》(第二版简明版)第 1 卷，中国大百科全书出版社 2011 年版，第 144 页。)

次全国代表大会上，就提出了要注意农民运动，把农民发动起来。[①] 此后于1925年开始，深入湖南开展农民运动，并撰写了《中国社会各阶级的分析》(1925)、《国民革命与农民运动》(1926)、《湖南农民运动考察报告》(1927)等调研报告，针对当时党内出现的以陈独秀为代表，只注意与国民党合作，忘记了与农民合作和以张国焘为代表，只注意工人运动，同样忘记农民的两种错误倾向，对中国社会各阶级的经济地位及其对革命的态度进行分析，指出农民是中国无产阶级最广大和最忠实的同盟军，解决了谁是中国革命最主要的同盟军的问题并科学地预见了当时的民族资产阶级的动摇性。[②] 在第二次国内革命战争时期的前半期(1928—1935年1月遵义会议前夕)，毛泽东在汪精卫控制下的武汉国民政府于1927年7月公开宣布"分共"以前，就针对陈独秀限制工农运动发展以换取蒋介石由右向左的策略，在中央政治局扩大会上提出"保存武力"的主张。[③] 第一次国内革命战争失败以后，在1927年8月7日于汉口召开的中央紧急会议(八七会议)上，毛泽东明确提出"以后要非常注意军事，须知政权是由枪杆子中取得的"[④]。随后毛泽东领导了秋收起义，建立了井冈山根据地，创建人民军队，开辟赣南、闽西根据地，成立中华苏维埃政府，先后打退了国民党政府的四次大规模"围剿"。这一时期，从1931年赣南会议到1934年10月长征开始，整整三年的时间内，尽管毛泽东担任中华苏维埃政府主席，实际上一直身处逆境，遭受着接连不断的批判和不公正对待，许多行之有效的正确主张被指责为"狭隘经验论"、"富农路线"、"保守退却"、"右倾机会主义"等，甚至在相当长的时间内被剥夺了工作的权利。尽管如此，毛泽东仍然顾全大局，深入调查研究，先后发表了《中国的红色政权为什么能够存在》、《井冈山的斗争》、《关于纠正党内的错误思想》、《星星之火，可以燎原》、《反对本本主义》、《必须注意经济工作》、《关心群众生活，注意工作方法》等文章，对"工农武装割据"、人民军队建设和群众路线的重要性进行论证。强调从中国国情出发，对中国社会各阶级的经济地位及其对革命的态度

---

① 参见《毛泽东传(1893—1949)》，中央文献出版社2004年版，第114页。

② 参见《毛泽东选集》第三卷，人民出版社1991年版，第3页及毛泽东本人所做的注释。

③ 《毛泽东传(1893—1949)》，中央文献出版社2004年版，第143页。

④ 《毛泽东传(1893—1949)》，中央文献出版社2004年版，第146页。

进行分析,建设人民的军队,坚持灵活多变的战略战术,这是“中国模式的唯物主义辩证法”的初始形态。

第二个阶段,1935 年 1 月(遵义会议)至 1949 年 10 月(新中国成立),为自主发展阶段。在这个阶段,以毛泽东为首的中国共产党人在领导中国人民进行新民主主义革命的过程中,创立了毛泽东思想(或毛泽东范式)。毛泽东思想的形成,标志着“中国模式的唯物主义辩证法”的诞生。

1935 年 1 月,在遵义召开的中央政治局扩大会议上,结束了“左”倾路线在党中央的统治,确立了以毛泽东为代表的新的中央领导,中国共产党内的自主发展派开始占据主导地位,“左”倾路线在政治上、军事上、组织上都被逐渐地克服,成为中国共产党历史上的一个生死攸关的转折点。也正是由于这一转变,确立了毛泽东在红军和党中央的领导地位,使红军和党中央得以在极其危急的情况下保存下来,并且在这以后战胜了张国焘①的分裂主义,胜利地完成长征,挽救了“左”倾路线所造成的陕北革命根据地的危机②,打开了中国革命的新局面。此后,中国共产党正确地领导了 1935 年的“一二·九”救亡运动③,

---

① 张国焘(1897—1979),江西萍乡人。1921 年参加中国共产党第一次全国代表大会。曾被选为中共中央委员、政治局委员、政治局常委。1931 年任中共鄂豫皖中央分局书记、中华苏维埃共和国临时中央政府副主席等职。1935 年 6 月红军第一、第四方面军在四川懋功(今小金)地区会师后任红军总政治委员。他反对中央关于红军北上的决定,进行分裂党和红军的活动,另立中央。1936 年 6 月被迫取消第二中央,随后与红军第二、第四方面军一起北上,12 月到达陕北。1937 年 9 月起,任陕甘宁边区政府副主席、代主席。1938 年 4 月,他乘祭黄帝陵之机逃离陕甘宁边区,经西安到武汉,投入国民党特务集团,成为中国革命的叛徒,随即被开除出党。1979 年死于加拿大。(参见《毛泽东选集》第一卷,人民出版社 1991 年版,第 166 页注[24]。)

② 1935 年秋,在陕北革命根据地(包括陕甘边和陕北),“左”倾机会主义路线被贯彻到政治、军事、组织各方面工作中去,使执行正确路线的、创造了陕北红军和革命根据地的刘志丹等遭到排斥。接着在肃清反革命的工作中,一大批执行正确路线的干部又被逮捕,从而造成陕北革命根据地的严重危机。同年 10 月中共中央经过长征到达陕北后,纠正了这个“左”倾错误,将刘志丹等从监狱中释放出来,因而挽救了陕北革命根据地的危险局面。(参见《毛泽东选集》第三卷,人民出版社 1991 年版,第 1000 页注[12]。)

③ 1935 年,全国人民的反日爱国运动开始新的高涨。北平学生在中国共产党领导下,首先在 12 月 9 日举行大规模的爱国示威游行,提出“反对华北防共自治运动”、“停止内战,一致对外”、“打倒日本帝国主义”等口号。游行的学生遭到了国民党政府的镇压。第二天,北平各校学生宣布总罢课。16 日,学生和市民一万余人,再度举行示威游行。全国人民纷纷响应,

正确地解决了1936年的西安事变①,组织了抗日民族统一战线,推动了神圣的抗日战争的爆发。抗日战争期间,中国共产党坚持统一战线中独立自主的政策,紧密地依靠广大人民群众,开展敌后游击战争,建立了许多抗日根据地。由红军改编的八路军、新四军迅速地发展成为抗战的中坚力量。东北抗日联军在十分困难的情况下坚持战斗。在敌占区和国民党统治区,广泛开展了各种形式的抗日斗争。特别是1942年开始,毛泽东同志所领导的全党反对主观主义、宗派主义、党八股的整风运动和党史学习,从思想根源上纠正了党的历史上历次"左"倾以及右倾的错误。在此基础上,1945年4月中国共产党六届七中全会作出了《关于若干历史问题的决议》,接着举行了党的第七次全国代表大会,总结了历史的经验,为建立新民主主义的新中国,制定了正确的路线、方针和政策,使全党在思想上、政治上、组织上达到空前的统一和团结。1945年8月,抗日战争胜利结束。面对蒋介石政府依赖美国帝国主义的援助悍然发动的全面内战,中国共产党在全国各解放区人民的全力支持下,在国民党统治区学生运动、工人运动和各阶层人民斗争的有力配合下,在各民主党派和无党派民主人士的积极合作下,领导人民解放军进行了三年多的解放战争,经过辽沈、平津、淮海三大战役和渡江作战,消灭了蒋介石的八百万军队,推翻了国民党反动政府在大陆的统治,成立了中华人民共和国。

这一时期,毛泽东在领导中国革命的同时,坚持马克思主义基本理论与中国实际相结合,注重调查研究和总结实践经验,先后撰写了《论反对日本帝国主义的策略》(1935)、《中国革命的战略问题》(1936)、《关于蒋介石声明的声明》(1936)、《中国共产党在抗日时期的任务》(1937)、《为争取千百万群众进

开始了中国人民抗日运动的新高潮。这就是著名的一二·九运动。全国各阶级的关系由此很明显地表现出新的变化,中国共产党提出的抗日民族统一战线政策,得到一切爱国人们的公开拥护。(参见《毛泽东选集》第一卷,人民出版社1991年版,第163页注[8]。)

① 以张学良为首的国民党东北军和以杨虎城为首的国民党第十七路军,因受中国红军和人民抗日运动的影响,同意中国共产党提出的建立抗日民族统一战线的主张,要求蒋介石联共抗日。蒋加以拒绝,而且更加倒行逆施,积极布置"剿共"军事,下令镇压西安学生的抗日爱国运动。1936年12月12日,张、杨发动西安事变,扣押了蒋介石。中国共产党坚决支持张、杨的爱国行动,同时主张在团结抗日的基础上和平解决这次事变。12月24日,蒋介石被迫接受联共抗日的条件,随后被释放回南京。(参见《毛泽东选集》第一卷,人民出版社1991年版,第248页注[1]。)

入抗日统一战线而斗争》(1937)、《实践论》(1937)、《矛盾论》(1937)、《反对自由主义》(1937)、《抗日游击战争的战略问题》(1938)、《论持久战》(1938)、《中国共产党在民族战争中的地位》(1938)、《中国革命和中国共产党》(1939)、《新民主主义论》(1940)、《改造我们的学习》(1941)、《整顿党的作风》(1942)、《反对党八股》(1942)、《在延安文艺座谈会上的讲话》(1942)、《学习和时局》(1944)、《为人民服务》(1944)、《论联合政府》(1945)、《抗日战争胜利后的时局和我们的方针》(1945)、《迎接中国革命的新高潮》(1947)、《将革命进行到底》(1948)、《在中国共产党第七届中央委员会第二次全体会议上的报告》(1949)、《论人民民主专政》(1949)、《唯心历史观的破产》(1949)等著名文章,用马克思主义的世界观和方法论对不同历史时期中国革命中出现的重大理论问题和现实问题进行分析和解决。特别是1937年7月和8月先后发表的《实践论》和《矛盾论》,丰富和发展了马克思主义的认识论和矛盾辩证法,为反对各种"形而上学"特别是反对教条主义提供了有力的思想武器,为中国革命提供了科学的方法论指导。对此,毛泽东1949年9月16日在《唯心历史观的破产》一文中自豪地说:"马克思列宁主义来到中国之所以发生这样大的作用,是因为中国的社会条件有了这种需要,是因为同中国人民革命的实践发生了联系,是因为被中国人民所掌握了。任何思想,如果不和客观的实际的事物相联系,如果没有客观存在的需要,如果不为人民群众所掌握,即使是最好的东西,即使是马克思列宁主义,也是不起作用的。我们是反对历史唯心论的历史唯物论者。"①至此,毛泽东不仅坚持马克思主义基本理论与中国的实际相结合,强调具体事物具体分析,强调为人民服务,也从认识论和矛盾辩证法的高度对解决重大理论问题和现实问题应该坚持的方法论进行了严密论证,"中国模式的唯物主义辩证法"已经基本形成。

在这一时期,苏联模式的马克思主义哲学教科书也开始传入中国。希罗科夫、爱森堡等合著的《辩证法唯物论教程》,1935年6月由李达和雷仲坚合译成中译本;米丁等著的《唯物主义辩证法和历史唯物主义》,则由沈志远翻译成中文。其中,希罗科夫、爱森堡等合著的《辩证法唯物论教程》共包括"绪

---

① 《毛泽东选集》第四卷,人民出版社1991年版,第1515页。

论:哲学的党派性”、“第一章:唯物论与观念论”、“第二章:当作认识论看的辩证法”、“第三章:辩证法的根本法则——由质到量及由量到质的转变的法则”、“第四章:本质与现象,形式与内容”、“第五章:可能性及现实性,偶然性及必然性”等部分。毛泽东早在 1936 年 11 月—1937 年 4 月间就对该书的李达和雷仲坚合译本第三版进行了认真阅读,并作了详细批注。① 对米丁等著的《辩证唯物论与历史唯物论》(上册),毛泽东也于 1937 年 7 月以前就进行了认真阅读②,并对该书的“第三章:辩证法唯物论”中的“第五节:社会的实践为认识底标度”、“第五章:唯物辩证法之诸法则”中的“第一节:对立体一致底法则”和“第二节:量变质和质变量底法则”作了详细批注③。这两部书对毛泽东撰写《实践论》(1937 年 7 月)和《矛盾论》(1937 年 8 月)提供了很大帮助。此后,毛泽东还先后阅读了艾思奇的《哲学与生活》④(1937 年 9 月)、李达的《社会学大纲》(1938 年 1—3 月)、博古翻译的斯大林的《辩证唯物论与历史唯物论》⑤(1938 年 12 月以后)、艾思奇编的《哲学选辑》(1939 年 5 月以后)等著作,并作了详细批注⑥,对毛泽东的哲学思想产生了重要影响。

第三个阶段⑦:1949 年 11 月—1978 年党的十一届三中全会前夕,既是有中国特色社会主义道路的探索阶段,也是“中国模式的唯物主义辩证法”未能贯彻始终的阶段。在这将近 30 年的时间内,毛泽东为核心的中国共产党第一代领导集体,以马克思列宁主义特别是“中国模式的唯物主义辩证法”为指导,带领全党全国各族人民完成了新民主主义革命,进行了社会主义改造,确立了社会主义基本制度,成功实现了中国历史上最深刻最伟大的社会变革,为当代中国一切发展进步奠定了根本政治前提和制度基础。在探索过程中,虽

① 参见《毛泽东哲学批注集》,中央文献出版社 1988 年版,第 1—136 页。

② 毛泽东阅读的是 1936 年 12 月商务印书馆出版的米丁等著《辩证唯物论与历史唯物论》(上册)。(参见《毛泽东哲学批注集》,中央文献出版社 1988 年版,第 139 页。)

③ 参见《毛泽东哲学批注集》,中央文献出版社 1988 年版,第 137—189 页。

④ 该书再版时改名为《大众哲学》。

⑤ 该书又译《论辩证唯物主义和历史唯物主义》。

⑥ 《毛泽东哲学批注集》,中央文献出版社 1988 年版,“目录”。

⑦ 本部分资料的来源主要有两个:一是中共中央党史研究室编著,中共党史出版社 2011 年出版的《中国共产党历史》,二是 1981 年 6 月 27 日中国共产党第十一届中央委员会第六次会议通过的《关于建国以来党的若干历史问题的决议》。

然经历了严重曲折，但党在社会主义建设中取得的独创性理论成果和巨大成就，为新的历史时期开创中国特色社会主义提供了宝贵经验、理论准备、物质基础。

从1949年10月中华人民共和国成立到1956年，中国共产党领导全国各族人民有步骤地实现从新民主主义到社会主义的转变，迅速恢复了国民经济并开展了有计划的经济建设，在全国绝大部分地区基本上完成了对生产资料私有制的社会主义改造。其中，1952年，党中央按照毛泽东同志的建议，提出了过渡时期的总路线：要在一个相当长的时期内，逐步实现国家的社会主义工业化，并逐步实现国家对农业、对手工业和对资本主义工商业的社会主义改造。这个总路线反映了历史的必然性。1956年4月，毛泽东同志发表《论十大关系》的讲话，初步总结了我国社会主义建设的经验，提出了探索适合我国国情的社会主义建设道路的任务。1956年9月党的第八次全国代表大会指出：社会主义制度在我国已经基本上建立起来，国内主要矛盾已经不再是工人阶级和资产阶级的矛盾，而是人民对于经济文化迅速发展的需要同当前经济文化不能满足人民需要的状况之间的矛盾；全国人民的主要任务是集中力量发展社会生产力，实现国家工业化，逐步满足人民日益增长的物质和文化需要；虽然还有阶级斗争，还要加强人民民主专政，但其根本任务已经是在新的生产关系下保护和发展生产力。大会坚持了1956年5月党中央提出的既反保守又反冒进即在综合平衡中稳步前进的经济建设方针。大会着重提出了执政党的建设问题，强调要坚持民主集中制和集体领导制度，反对个人崇拜，发展党内民主和人民民主，加强党和群众的联系。八大的路线是正确的，它为新时期社会主义事业的发展和党的建设指明了方向。

社会主义改造基本完成以后，中国共产党领导全国各族人民开始转入全面的大规模的社会主义建设。从1956年社会主义改造基本完成，直到1966年"文化大革命"前夕的10年中，虽然发生了1957年反右派斗争扩大化、1958年"大跃进"运动和农村人民公社化运动以及1959年7月中央政治局庐山会议后期由对彭德怀的批判引发的在全党错误地开展的"反右倾"斗争等一系列错误，使发展遭到严重挫折，但这些错误都在1960—1962年期间先后得到了纠正，使得1962年到1966年国民经济得到了比较顺利的恢复和发展。

1966年同1956年相比,取得了很大的成就,全国工业固定资产按原价计算,增长了3倍。党在这十年中积累了领导社会主义建设的重要经验。其间,毛泽东于1957年春提出必须正确区分和处理社会主义社会两类不同性质的社会矛盾,把正确处理人民内部矛盾作为国家政治生活的主题。接着,他提出要"造成一个又有集中又有民主,又有纪律又有自由,又有统一意志、又有个人心情舒畅、生动活泼,那样一种政治局面"的要求。1958年,又提出要把党和国家的工作重点转到技术革命和社会主义建设上来。这些都是八大路线的继续发展,具有长远的指导意义。毛泽东在领导纠正"大跃进"和人民公社化运动中的错误时提出了不能剥夺农民,不能超越阶段,反对平均主义,强调发展商品生产、遵守价值规律和做好综合平衡,主张以农轻重为序安排国民经济计划等观点;刘少奇提出了许多生产资料可以作为商品进行流通和社会主义社会要有两种劳动制度、两种教育制度的观点;周恩来提出了我国知识分子绝大多数已经是劳动人民的知识分子,科学技术在我国现代化建设中具有关键性作用等观点;陈云提出了计划指标必须切合实际,建设规模必须同国力相适应,人民生活和国家建设必须兼顾,制订计划必须做好物资、财政、信贷平衡等观点;邓小平提出了关于整顿工业企业、改善和加强企业管理、实行职工代表大会制等观点;朱德提出了要注意发展手工业和农业多种经营的观点;邓子恢等提出了农业中要实行生产责任制的观点。所有这些,为以后的现代化建设提供了坚实的物质、技术基础,全国经济文化建设等方面的骨干力量和他们的工作经验,大部分也是在此期间培养和积累起来的。1964年年底到1965年年初召开的第三届全国人民代表大会第一次会议宣布:调整国民经济的任务已经基本完成,整个国民经济将进入一个新的发展时期,要努力把我国逐步建设成为一个具有现代农业、现代工业、现代国防和现代科学技术的社会主义强国。这些,都标志着具有中国特色的社会主义道路已经基本明晰。

1966年5月至1976年10月的"文化大革命",使党、国家和人民遭到新中国成立以来最严重的挫折和损失。这场"文化大革命"是毛泽东晚年时期发动和领导的。他的主要论点是:一大批资产阶级的代表人物、反革命的修正主义分子,已经混进党里、政府里、军队里和文化领域的各界里,相当大的一个多数的单位的领导权已经不在马克思主义者和人民群众手里。党内走资本主义道路的当权派在中央形成了一个资产阶级司令部,它有一条修正主义的政治路线和组织路线,在各省、市、自治区和中央各部门都有代理人。过去的各种斗争都不能解决问题,只有实行“文化大革命”,公开地、全面地、自下而上地发动广大群众来揭发上述的黑暗面,才能把被走资派篡夺的权力重新夺回来。这实质上是一个阶级推翻一个阶级的政治大革命,以后还要进行多次。这些论点主要地出现在作为“文化大革命”纲领性文件的《五一六通知》和党的九大的政治报告中,并曾被概括成为所谓“无产阶级专政下继续革命的理论”,从而使“无产阶级专政下继续革命”一语有了特定的含义。“文化大革命”的历史也证明,毛泽东发动“文化大革命”的主要论点既不符合马克思列宁主义,也不符合中国实际。这些论点对当时我国阶级形势以及党和国家政治状况的估计,是完全错误的。“文化大革命”被说成是同修正主义路线或资本主义道路的斗争,这个说法根本没有事实根据,并且在一系列重大理论和政策问题上混淆了是非。“文化大革命”中被当作修正主义或资本主义批判的许多东西,实际上正是马克思主义原理和社会主义原则,其中很多是毛泽东同志自己过去提出或支持过的。“文化大革命”否定了新中国成立以来 17 年大量的正确方针政策和成就,这实际上也就在很大程度上否定了包括毛泽东同志自己在内的党中央和人民政府的工作,否定了全国各族人民建设社会主义的艰苦卓绝的奋斗。这些,都明显地脱离了作为马克思列宁主义普遍原理和中国革命具体实践相结合的毛泽东思想的轨道,违背了具体事物具体分析、坚持理论和实际与人民根本利益相统一的“中国模式的唯物主义辩证法”。

“文化大革命”之所以会发生并且持续 10 年之久,除了前面所分析的毛泽东同志领导上的错误这个直接原因以外,还有复杂的社会历史原因。其主要有四个方面:一是社会主义运动的历史不长,社会主义国家的历史更短,社会主义社会的发展规律有些已经比较清楚,更多的还有待于继续探索。由于中国共产党长期处于战争和激烈的阶级斗争的环境中,出于习惯思维,在观察和处理社会主义社会发展进程中出现的政治、经济、文化等方面的新矛盾新问题时,容易把已经不属于阶级斗争的问题仍然看作是阶级斗争,并且面对新条件下的阶级斗争,又习惯于沿用过去熟习而这时已不能照搬的进行大规模急风暴雨式群众性斗争的旧方法和旧经验,从而导致阶级斗争严重扩大化;与此同时,由于对于迅速到来的新生的社会主义社会和全国规模的社会主义建设事业缺乏充分的思想准备和科学研究,便力图从马克思、恩格斯、列宁、斯大林的著作中寻找解决中国社会主义事业中各种问题的现成答案,从而把马克思、恩格斯、列宁、斯大林著作中的某些设想和论点加以误解或教条化,导致了脱离现实生活的主观主义。这恰恰是中国共产党成立之初党内的机械模仿派的做法。二是中国长达两千年封建专制主义在思想政治方面的遗毒仍然很深,种种历史原因又使得中国共产党在掌握政权以后没能及时把党内民主和国家政治社会生活的民主加以制度化、法律化,或者虽然制定了法律,却没有应有的权威,致使党的权力过分集中于个人,党内个人专断和个人崇拜现象滋长起来,使得党和国家难于防止和制止"文化大革命"的发动和发展。三是毛泽东晚年在威望达到高峰的同时,逐渐骄傲起来,逐渐脱离实际和脱离群众,主观主义和个人专断作风日益严重,日益凌驾于党中央之上,使党和国家政治生活中的集体领导原则和民主集中制不断受到削弱以至破坏。并且由于毛泽东年事已高,已经缺乏足够的精力去进行深入的调查研究和科学透彻的理论分析,以致偏听偏信,对中国社会的实际状况缺乏准确的把握。四是思想理论界教条主义严重,缺乏实事求是、不断创新的精神,导致了理论和实际严重脱离。从这个角度来看,毛泽东晚年的错误,恰恰是由于其违背了坚持理论与实际相统一的毛泽东思想、违背了"中国模式的唯物主义辩证法"的结果。

1976 年 10 月粉碎江青反革命集团的胜利,结束了持续 10 年之久的"文化大革命",从危难中挽救了中国共产党,使中国进入了新的历史发展时期。从这时开始到十一届三中全会之前的两年中,广大干部和群众以极大的热情投入各项革命和建设工作。党和国家组织的整顿,冤假错案的平反,开始部分地进行。工农业生产得到比较快的恢复。教育、科学、文化工作也开始走向正常。党内外同志越来越强烈地要求纠正"文化大革命"的错误,但是遇到了严重的阻碍。由于"两个凡是"(即"凡是毛主席作出的决策,我们都坚决维护,凡是毛主席的指示,我们都始终不渝地遵循")错误方针的影响,1977 年 8 月召开的党的第十一次全国代表大会,在揭批"四人帮"和动员全党建设社会主义现代化强国方面起了积极作用。但是,由于当时历史条件的限制,这次大会没有能够纠正"文化大革命"的错误理论、政策和口号,反而加以肯定。

第四个阶段①:1978年中国共产党十一届三中全会至今,既是中国沿着中国特色社会主义道路的高歌猛进阶段,也是“中国模式的唯物主义辩证法”得以全面贯彻的阶段。这一时期,最为显著的特征是中国特色社会主义道路的确立和改革开放战略决策的实施。

以邓小平同志为核心的中国共产党第二代中央领导集体,带领全党全国各族人民深刻总结中国社会主义建设正反两方面经验,借鉴世界社会主义历史经验,作出把党和国家工作中心转移到经济建设上来、实行改革开放的历史性决策,深刻揭示社会主义本质,确立社会主义初级阶段基本路线,明确提出走自己的路、建设中国特色社会主义,科学回答了建设中国特色社会主义的一系列基本问题,成功开创了中国特色社会主义。其中,1978年12月召开的十一届三中全会,是新中国成立以来我党历史上具有深远意义的伟大转折,开启了改革开放历史新时期。全会结束了1976年10月以来党的工作在徘徊中前进的局面,开始全面地认真地纠正“文化大革命”中及其以前的“左”倾错误。这次全会坚决批判了“两个凡是”的错误方针,充分肯定了必须完整地、准确地掌握毛泽东思想的科学体系;高度评价了关于真理标准问题的讨论,确定了解放思想、开动脑筋、实事求是、团结一致向前看的指导方针;果断地停止使用“以阶级斗争为纲”这个不适用于社会主义社会的口号,作出了把工作重点转移到社会主义现代化建设上来的战略决策;提出了要注意解决好国民经济重大比例严重失调的要求,制定了关于加快农业发展的决定;着重提出了健全社会主义民主和加强社会主义法制的任务;审查和解决了党的历史上一批重大冤假错案和一些重要领导人的功过是非问题。在十一届三中全会提出的解放思想、实事求是的号召下,广大干部和群众从过去盛行的个人崇拜和教条主义的精神枷锁中解脱出来,党内外思想活跃,出现了努力研究新情况解决新问题的生动景象。面对“文化大革命”造成的困难局面,党的第二代中央领导集体坚持解放思想、实事求是、与时俱进、勇于变革、勇于创新,以巨大的政治勇气和理论勇气,科学评价毛泽东同志和毛泽东思想,彻底否定“以阶级斗争为

---

① 本部分资料的来源主要有三个:一是胡锦涛2007年10月15日《在中国共产党第十七次全国代表大会上的报告》,二是胡锦涛2012年11月8日《在中国共产党第十八次全国代表大会上的报告》,三是习近平2017年10月18日在中国共产党第十九次全国代表大会上的报告。

纲”的错误理论和实践,作出把党和国家工作中心转移到经济建设上来、实行改革开放的历史性决策,确立社会主义初级阶段基本路线,逐步确立了一条适合中国情况的社会主义现代化建设的正确道路。邓小平提出“建设有中国特色的社会主义”①,强调“坚持社会主义的发展方向,就要肯定社会主义的根本任务是发展生产力,逐步摆脱贫穷,使国家富强起来,使人民生活得到改善”,而“要发展生产力,就要实行改革和开放的政策”②。认为:“计划多一点还是市场多一点,不是社会主义与资本主义的本质区别。计划经济不等于社会主义,资本主义也有计划;市场经济不等于资本主义,社会主义也有市场。计划和市场都是经济手段。社会主义的本质,是解放生产力,发展生产力,消灭剥削,消除两极分化,最终达到共同富裕。”③为深化改革开放、搞好中国特色社会主义奠定了理论基础,扫清了思想障碍。

此后,从十三届四中全会一直到十九大,党的各代领导集体高举邓小平理论伟大旗帜,坚持改革开放、与时俱进,在国内外政治风波、经济风险等严峻考验面前,依靠党和人民,捍卫中国特色社会主义,创建社会主义市场经济新体制,开创全面开放新局面,继续引领改革开放的航船沿着正确方向破浪前进。

近40年的改革开放,极大地调动了亿万人民的积极性,使中国成功实现了从高度集中的计划经济体制到充满活力的社会主义市场经济体制、从封闭半封闭到全方位开放的伟大历史转折。近40年来,中国共产党坚持马克思主义的思想路线,不断探索和回答什么是社会主义、怎样建设社会主义,建设什么样的党、怎样建设党,实现什么样的发展、怎样发展等重大理论和实际问题,不断推进马克思主义中国化,坚持并丰富党的基本理论、基本路线、基本纲领、基本经验。社会主义和马克思主义在中国大地上焕发出勃勃生机,给人民带来更多福祉,使中华民族大踏步赶上时代前进潮流、迎来伟大复兴的光明前景。近40年来,中国发挥自己独有的制度优势,保持国家宏观发展战略的科学性和稳定性,坚定不移地实施现代化建设“三步走”战略,带领人民艰苦奋斗,推动中国经济以世界上少有的速度持续快速发展起来,国内生产总值已经

① 《邓小平文选》第三卷,人民出版社1993年版,第62页。
② 《邓小平文选》第三卷,人民出版社1993年版,第264—265页。
③ 《邓小平文选》第三卷,人民出版社1993年版,第373页。

跃至世界第二、进出口贸易总额跃至世界第一。一个面向现代化、面向世界、面向未来的社会主义中国已经引起了全世界的关注。

在改革开放的历史进程中，中国共产党始终坚持以“中国模式的唯物主义辩证法”为指导，把坚持马克思主义基本原理同推进马克思主义中国化结合起来，把坚持四项基本原则同坚持改革开放结合起来，把尊重人民首创精神同加强和改善党的领导结合起来，把坚持社会主义基本制度同发展市场经济结合起来，把推动经济基础变革同推动上层建筑改革结合起来，把发展社会生产力同提高全民族文明素质结合起来，把提高效率同促进社会公平结合起来，把坚持独立自主同参与经济全球化结合起来，把促进改革发展同保持社会稳定结合起来，把推进中国特色社会主义伟大事业同推进党的建设新的伟大工程结合起来，取得了使一个具有十几亿人口的发展中大国摆脱贫困、加快实现现代化、巩固和发展社会主义的宝贵经验。中国近 40 年的改革开放取得巨大成功的根本原因，归结起来主要有三条：一是开辟了中国特色社会主义道路，二是完善了中国特色的社会主义制度，三是形成了中国特色社会主义理论体系。其中，中国特色社会主义道路，就是在中国共产党领导下，立足基本国情，以经济建设为中心，坚持四项基本原则，坚持改革开放，解放和发展社会生产力，巩固和完善社会主义制度，建设社会主义市场经济、社会主义民主政治、社会主义先进文化、社会主义和谐社会，建设富强民主文明和谐的社会主义现代化国家。中国特色的社会主义制度，就是在坚持人民代表大会制度的根本政治制度，中国共产党领导的多党合作和政治协商制度、民族区域自治制度以及基层群众自治制度等基本政治制度的基础上，建立和完善中国特色社会主义法律体系，公有制为主体、多种所有制经济共同发展的基本经济制度，以及建立在这些制度基础上的经济体制、政治体制、文化体制、社会体制等各项具体制度。中国特色社会主义理论体系，就是包括邓小平理论、“三个代表”重要思想、科学发展观以及习近平新时代中国特色社会主义思想等重大战略思想在内的科学理论体系。这个理论体系，坚持和发展了马克思列宁主义、毛泽东思想，凝结了几代中国共产党人带领人民不懈探索实践的智慧和心血，是马克思主义中国化的最新成果，是党最宝贵的政治和精神财富，是全国各族人民团结奋斗的共同思想基础。它是一个不断发展的开放的理论体系，是“中国模式的唯物主义辩证法”的崭新的发展阶段。它的产生和发展,不仅证明了在当代中国,马克思主义只有与本国国情相结合、与时代发展同进步、与人民群众共命运,才能焕发出强大的生命力、创造力、感召力,也证明了马克思创立的唯物主义辩证法和毛泽东创立的“中国模式的唯物主义辩证法”,不仅是一种革命的理论,也是发展的理论、建设的理论。坚持中国特色社会主义理论体系,就是真正坚持马克思主义。

第二节　“中国模式的唯物主义辩证法”的哲学形态构成

从哲学形态的高度看,“中国模式的唯物主义辩证法”是马克思创立的唯物主义辩证法在中国的运用和发展,仍然是属于唯物主义辩证法这一哲学基本形态。它不仅是唯物主义辩证法的主要样式之一,而且是一种仍然在生长当中的唯物主义辩证法样式,一种具有强大生命力的唯物主义辩证法样式。其哲学形态构成也与唯物主义辩证法的其他几种主要样式具有明显差异。

一、“中国模式的唯物主义辩证法”的定义和性质范围

纵观整个马克思主义中国化的过程,我们不难发现,“中国模式的唯物主义辩证法”是在把马克思创立的唯物主义辩证法用于解决中国革命和建设过程中所产生的一种世界观和方法论,具体表现在毛泽东思想、邓小平理论、“三个代表”重要思想、科学发展观、习近平新时代中国特色社会主义思想等一系列思想体系和学说当中。其中,毛泽东思想作为马克思列宁主义的基本理论与中国革命具体实践相结合而形成的思想体系,是以毛泽东为主要代表的中国共产党第一代领导集体,在领导中国人民进行民主革命、社会主义革命和社会主义建设的长达半个多世纪的时间内的实践经验的结晶。它既是“中国模式的唯物主义辩证法”最典型的样式,也为“中国模式的唯物主义辩证法”的进一步发展开辟了道路。

中国共产党十一届六中全会所作的《关于建国以来若干历史问题的决

议》认为,毛泽东思想就是把辩证唯物主义和历史唯物主义运用于无产阶级政党的全部工作,在中国革命的长期艰苦斗争中形成了具有中国共产党人特色的立场、观点和方法,丰富和发展了马克思列宁主义。它们不仅表现在《反对本本主义》、《实践论》、《矛盾论》、《〈农村调查〉的序言和跋》、《关于领导方法的若干问题》、《人的正确思想是从哪里来的?》等重要著作中,而且表现在毛泽东同志的全部科学著作中,表现在中国共产党人的革命活动中。毛泽东思想的活的灵魂有三个基本方面,即实事求是、群众路线、独立自主。实事求是,就是从实际出发、理论联系实际,就是要把马克思列宁主义普遍原理同中国革命具体实践相结合,就是从中国社会和中国革命的实际去研究马克思主义;群众路线,就是一切为了群众,一切依靠群众,从群众中来,到群众中去,这是马克思列宁主义关于人民群众是历史的创造者的原理在中国共产党的全部活动中系统而具体的运用;独立自主,就是独立自主,自力更生,立足于本国,依靠本国革命力量和人民群众的努力,使马克思列宁主义的普遍原理同本国革命的具体实践相结合,把本国的革命和建设事业做好。习近平 2013 年 12 月 26 日《在纪念毛泽东同志诞辰 120 周年座谈会上的讲话》中也指出,毛泽东思想活的灵魂是贯穿其中的立场、观点、方法,它们有三个基本方面,这就是实事求是、群众路线、独立自主。其中,实事求是,是马克思主义的根本观点,是中国共产党人认识世界、改造世界的根本要求,是我们党的基本思想方法、工作方法、领导方法。不论过去、现在和将来,我们都要坚持一切从实际出发,理论联系实际,在实践中检验真理和发展真理。坚持实事求是,就要深入实际了解事物的本来面貌。要透过现象看本质,从零乱的现象中发现事物内部存在的必然联系,从客观事物存在和发展的规律出发,在实践中按照客观规律办事。坚持实事求是,就要清醒认识和正确把握我国仍处于并将长期处于社会主义初级阶段这个基本国情。就要坚持为了人民利益坚持真理、修正错误,就要不断推进实践基础上的理论创新。群众路线是我们党的生命线和根本工作路线,是我们党永葆青春活力和战斗力的重要传家宝。它的主要内容就是坚持一切为了群众,一切依靠群众,从群众中来,到群众中去,把党的正确主张变为群众的自觉行动,把群众路线贯彻到治国理政的全部活动之中。群众路线本质上体现的是马克思主义关于人民群众是历史的创造者这一基本原理。坚持群众路线,就要坚持人民是决定我们前途命运的根本力量,坚持人民主体地位,充分调动人民积极性。就要坚持全心全意为人民服务的根本宗旨,就要保持党同人民群众的血肉联系,就要真正让人民来评判我们的工作。独立自主是我们党从中国实际出发、依靠党和人民力量进行革命、建设、改革的必然结论。不论过去、现在和将来,我们都要把国家和民族发展放在自己力量的基点上,坚持民族自尊心和自信心,坚定不移走自己的路。独立自主是中华民族的优良传统,是中国共产党、中华人民共和国立党立国的重要原则。坚持独立自主,就要坚持中国的事情必须由中国人民自己做主、自己来处理。坚持独立自主,就要增强政治定力,增强道路自信、理论自信、制度自信,坚定不移走中国特色社会主义道路。就要根据形势任务发展变化,通过全面深化改革,不断拓展中国特色社会主义道路,不断丰富中国特色社会主义理论体系,不断完善中国特色社会主义制度。就要坚持独立自主的和平外交政策,坚定不移走和平发展道路。而实际上,实事求是,群众路线和独立自主,不仅是毛泽东思想的活的灵魂,也是"中国模式的唯物主义辩证法"的共有灵魂,贯穿于"中国模式的唯物主义辩证法"的整个产生与发展过程。

"中国模式的唯物主义辩证法",是唯物主义辩证法运用于中国革命和建设的产物,其适用范围主要是中国的革命和建设、中国的理论和实际,但对世界上的其他国家的革命和建设而言仍然具有方法论意义。

二、"中国模式的唯物主义辩证法"的理论特征

"中国模式的唯物主义辩证法"的理论特征主要表现为两点:一是理论与实际相统一,二是一切以人民的根本利益为出发点。概括为一句话,就是坚持理论和实际在最广大人民根本利益基础上的统一。① 通俗一点讲,就是毛泽东所说的"全心全意地为人民服务"②。

毛泽东一贯强调"为人民服务"③,强调"理论和实际统一"④,"没有调查

① 郝立忠:《作为哲学形态的唯物主义辩证法》,山东大学出版社 2002 年版,第 212 页。

② 《毛泽东选集》第三卷,人民出版社 1991 年版,第 1094 页。

③ 《毛泽东选集》第三卷,人民出版社 1991 年版,第 1004 页。

④ 《毛泽东选集》第三卷,人民出版社 1991 年版,第 798 页。

就没有发言权”①,“具体地分析具体的情况”②,强调“将马克思列宁主义的普遍真理和中国革命的具体实践互相结合”③,坚决反对“只会片面地引用马克思、恩格斯、列宁、斯大林的个别词句,而不会运用他们的立场、观点和方法,来具体地研究中国的现状和中国的历史,具体地分析中国革命问题和解决中国革命问题”④的假马克思主义。邓小平提出“解放思想,实事求是”⑤,认为对于改革开放,“判断的标准,应该主要看是否有利于发展社会主义社会的生产力,是否有利于增强社会主义国家的综合国力,是否有利于提高人民的生活水平”⑥。“三个代表”重要思想强调代表最广大人民的根本利益,科学发展观强调一切以最广大人民的根本利益为立足点和出发点,习近平新时代中国特色社会主义思想强调以人民为中心,都反映了“中国模式的唯物主义辩证法”的共同理论特征。

三、“中国模式的唯物主义辩证法”的研究目的

“中国模式的唯物主义辩证法”的研究目的就是为人民服务,就是为全中国最广大的人民群众谋解放和谋幸福。不论是认识世界,还是改造世界,都是为了实现这个目的。

四、“中国模式的唯物主义辩证法”的研究领域

“中国模式的唯物主义辩证法”的研究领域是中国革命和建设中的重大的理论问题和实践问题。

五、“中国模式的唯物主义辩证法”的思维模式

“中国模式的唯物主义辩证法”的思维模式忠实地继承和发扬了马克思

---

① 《毛泽东选集》第三卷,人民出版社 1991 年版,第 791 页。
② 《毛泽东选集》第一卷,人民出版社 1991 年版,第 312 页。
③ 《毛泽东选集》第三卷,人民出版社 1991 年版,第 796 页。
④ 《毛泽东选集》第三卷,人民出版社 1991 年版,第 797 页。
⑤ 《邓小平文选》第二卷,人民出版社 1994 年版,第 140 页。
⑥ 《邓小平文选》第三卷,人民出版社 1993 年版,第 372 页。

创立的唯物主义辩证法的思维模式——唯物辩证思维。这种思维模式是由以下四个要素构成的有机整体:一是与时俱进,从现实出发,注重调查研究;二是坚持对立统一思维,用矛盾的观点看问题,注重对立面的统一和共同发展;三是坚持系统思维,把社会看成是由各种要素共同构成的相互联系的社会有机体;四是坚持理论和实际统一,不仅强调认识世界与改造世界统一,还强调认识世界和改造世界与人民根本利益的统一。

六、"中国模式的唯物主义辩证法"的研究方法

马克思创立的唯物主义辩证法的研究方法可以概括为认识世界与改造世界相统一的研究方法,具体可以分解为以下三个步骤:(1)从现实出发,进行调查研究;(2)利用"从抽象到具体"的方法和矛盾分析法,对事物(如当时的资本主义社会)的性质及其发展动力、发展规律和发展趋势进行分析,做到按照事物的真实面目及其产生情况来理解事物;(3)按照人民的利益,利用现实手段,改造客观世界。

七、"中国模式的唯物主义辩证法"的逻辑工具

"中国模式的唯物主义辩证法"的逻辑工具就是唯物辩证逻辑:一是认识世界与改造世界相统一,强调改造世界,但不忽视认识世界和理论批判的作用;二是方法论与价值观相统一,既强调方法论的重要性,又坚持从最广大人民群众的立场出发;三是理论与社会现实相统一,坚持与时俱进,具体事物具体分析,使理论能够正确反映不断变化了的现实。

八、"中国模式的唯物主义辩证法"的人学立场

"中国模式的唯物主义辩证法"的人学立场就是最广大人民群众的立场。毛泽东 1938 年 10 月 14 日在《中国共产党在民族战争中的地位》一文中指出:"共产党员无论何时何地都不应以个人利益放在第一位,而应以个人利益服从于民族的和人民群众的利益。"①1945 年 4 月 23 日在《两个中国之命运》号

① 《毛泽东选集》第二卷,人民出版社 1991 年版,第 522 页。

召全党要“谦虚,谨慎,戒骄,戒躁,全心全意地为中国人民服务”①。1945 年 4 月 24 日在《论联合政府》一文中,又提出中国共产党必须“一切从人民的利益出发,而不是从个人或小集团的利益出发”,强调“共产党人的一切言论行动,必须以合乎最广大人民群众的最大利益,为最广大人民群众所拥护为最高标准”②。

九、“中国模式的唯物主义辩证法”的社会功能

与马克思创立的唯物主义辩证法一样,“中国模式的唯物主义辩证法”在社会功能上,除了为认识世界和改造主观世界提供世界观和方法论以外,还具有为改造客观世界提供世界观和方法论的功能。这些功能,是中国共产党在领导中国人民进行革命和建设的过程中,通过对中国社会运行规律和发展趋势的研究分析来实现的。

十、“中国模式的唯物主义辩证法”的学科体系

“中国模式的唯物主义辩证法”的学科体系也大致由三部分组成:理论基础(包括对马克思创立的唯物主义辩证法的表述、对“中国模式的唯物主义辩证法”的表述以及对各种错误思想的批判三个部分)、认识世界的方法论和改造世界的方法论三个部分。具体而言又可以进一步划分为六个方面:

1.“中国模式的唯物主义辩证法”的基本特征及其与形而上学的根本区别

“中国模式的唯物主义辩证法”的基本特征:理论和实际在最广大人民群众根本利益基础上的统一,或全心全意为人民服务。“中国模式的唯物主义辩证法”与传统形而上学的根本区别:坚持从实际出发,从人民根本利益出发,解决重大的现实问题,为全中国最广大的人民群众谋解放和谋幸福;而形而上学坚持从本本出发,把马克思主义的基本理论当作教条,用孤立、静止、片面的眼光看问题,导致理论和实际相脱离。具体表现在毛泽东的《中国社会

① 《毛泽东选集》第三卷,人民出版社 1991 年版,第 1027 页。
② 《毛泽东选集》第三卷,人民出版社 1991 年版,第 1094—1096 页。

各阶级的分析》、《关于纠正党内的错误思想》、《实践论》、《矛盾论》、《反对本本主义》、《反对自由主义》、《反对党八股》和《人的正确思想是从哪里来的》当中。

2. 对马克思创立的唯物主义辩证法的表述

在对马克思创立的唯物主义辩证法的表述方面，“中国模式的唯物主义辩证法”坚持用通俗易懂的、大众化的、与时俱进的中国语言来表述马克思主义的理论。具体表现在对马克思的唯物主义辩证法介绍性文章和著作当中。如前文提到的中国共产党成立前夕李大钊的《阶级竞争和互助》、《我的马克思主义观》、《唯物史观在现代史学上的价值》，蔡和森的《马克思学说与中国无产阶级》，李达的《劳动者与社会主义》等文章；以及《新俄国之研究》、《劳农政府与中国》、《马克思资本论入门》、《社会主义史》、《唯物史观解说》、《社会问题总览》、《马克思经济学说》等译著。至于中国共产党成立以后，对马克思的唯物主义辩证法介绍性文章和著作就非常多了。新中国成立以后，不仅翻译出版了《马克思恩格斯选集》和《马克思恩格斯全集》，还翻译出版了《马克思恩格斯文集》，各种马克思主义哲学教科书更是层出不穷。

3. 对“中国模式的唯物主义辩证法”的表述

“中国模式的唯物主义辩证法”坚持马克思主义普遍原理与中国革命的实际相结合，坚持从中国国情出发，从最广大人民的根本利益出发，坚持调查研究、具体事物具体分析，坚持实事求是、群众路线和独立自主，形成了自己鲜明的理论特色。如毛泽东的《实践论》、《矛盾论》、《改造我们的学习》、《在延安文艺座谈会上的讲话》、《为人民服务》、《新民主主义论》、《论联合政府》、《论人民民主专政》、《论十大关系》、《正确处理人民内部矛盾》等；邓小平的《马列主义要与中国的实际情况相结合》、《共产党要接受监督》、《完整地准确地理解毛泽东思想》、《解放思想，实事求是，团结一致向前看》、《建设有中国特色的社会主义》、《革命和建设都要走自己的路》、《改革是中国的第二次革命》、《计划和市场都是发展生产力的方法》、《在武昌、深圳、珠海、上海等地的谈话要点》等，都很好地体现了这些特色。

4. 关于人与世界的关系的基本理论

在人与世界的关系方面，“中国模式的唯物主义辩证法”坚持在遵循客观规律的前提下,按照最广大人民的根本利益去认识世界和改造世界。具体表现在毛泽东的《论联合政府》、《新民主主义论》,以及邓小平的《“两个凡是”不符合马克思主义》、《解放思想,独立思考》、《社会主义和市场经济不存在根本矛盾》、《科学技术是第一生产力》等文章中。

5. 对现实社会中人与世界关系问题的研究

在对现实社会中人与世界关系问题的研究方面,“中国模式的唯物主义辩证法”坚持“阶级分析法”,把是否符合最广大人民的根本利益作为判断理论是非和评价实践对错的标准。具体表现在毛泽东的《中国社会各阶级的分析》、《中国革命的战略问题》、《青年运动的方向》、《中国革命和中国共产党》、《论十大关系》、《关于正确处理人民内部矛盾问题》,以及邓小平的《尊重知识,尊重人才》、《在全国科学大会开幕式上的讲话》、《社会主义也可以搞市场经济》、《社会主义首先要发展生产力》、《建设社会主义的物质文明和精神文明》、《改革科技体制是为了解放生产力》等文章中。

6. 对未来社会人与世界关系的前瞻性研究

对未来社会人与世界关系的前瞻性研究方面,“中国模式的唯物主义辩证法”坚持在调查研究和遵循社会的发展规律的基础上,对社会的发展趋势进行预判,并根据实现和维护最广大人民根本利益的要求提出相应对策。具体表现在毛泽东的《新民主主义论》、《论联合政府》、《论人民民主专政》,邓小平的《实现四化,永不称霸》、《中国本世纪的目标是实现小康》、《建设有中国特色的社会主义》等文章当中。

第三节 “中国模式的马克思主义哲学教科书”

将“中国模式的马克思主义哲学教科书”专作一部分论述,是因为它既是“中国模式的唯物主义辩证法”学科体系的组成部分,但又是其中一个特殊的组成部分——一个专事表述的理论体系。它的理论来源有三个方面:一是马克思、恩格斯、列宁、斯大林的经典著作;二是苏联模式的马克思主义哲学教科书;三是“中国模式的唯物主义辩证法”。从哲学形态上看,最初脱胎于“恩格斯范式”、“列宁范式”以及苏联模式的马克思主义哲学教科书,带有浓厚的苏联模式马克思主义哲学教科书的痕迹,到改革开放以后逐步对这个痕迹进行淡化,但始终未能彻底消除。

一、“中国模式的马克思主义哲学教科书”的产生与发展

“中国模式的马克思主义哲学教科书”大体上可以划分为三个时期:

第一个时期,是从 1935 年遵义会议前后到 20 世纪 50 年代末,为“中国模式的马克思主义哲学教科书”的独立探索时期。

1934 年 11 月至 1935 年 10 月,艾思奇撰写的《哲学讲话》在上海的《读书生活》杂志第一、二卷连载,后出版单行本。从 1936 年第 4 版起改名为《大众哲学》。① 该书借助人们身边的生活实例,使用简明通俗的语言,利用生动活泼的表达形式,对辩证法唯物论的认识论、唯物辩证法的基本规律、唯物辩证法的范畴进行了简明而通俗的介绍,是我国最早的马克思主义哲学通俗读本,在社会上产生了很大反响。被视为“马克思主义哲学的‘入门书’”②。全书共分“第一章:绪论”、“第二章:唯心论、二元论和唯物论”、“第三章:辩证法唯物论的认识论”、“第四章:唯物辩证法的基本规律”、“第五章:唯物辩证法的几个范畴”五大部分,主要是从认识论的角度来阐释马克思主义哲学。

与此同时,1932—1937 年,李达在北平大学法商学院任教授期间,撰写了 47 万字的《社会学大纲》并于 1935 年作为讲义首次印行,1937 年由笔耕堂书店正式出版③。该书全面论述了马克思主义的基本理论,强调“社会学的唯一科学的方法,是唯物辩证法。这个科学的方法,是把社会当作不断地发展着的、生动的有机体解释的”④。把唯物辩证法视为解决社会、政治、经济问题的总方法,而不仅仅是一种认识的方法。毛泽东对此书评价甚高,称赞它是“中

① 艾思奇:《大众哲学》,人民出版社 2004 年版,“出版说明”。
② 李达:《社会学大纲》,武汉大学出版社 2007 年版,“再版前言”第 2 页。
③ 李达:《社会学大纲》,武汉大学出版社 2007 年版,“再版说明”第 1 页。
④ 李达:《社会学大纲》,武汉大学出版社 2007 年版,第 3 页。

国人自己写的第一本马克思主义哲学教科书”①。全书共分为五篇:“第一篇:唯物辩证法”、“第二篇:当作科学看的历史唯物论”、“第三篇:社会的经济构造”、“第四篇:社会的政治建筑”、“第五篇:社会的意识形态”。该书与苏联哲学家罗森塔尔 1937 年出版的《唯物辩证法》第一版②仅仅局限于对辩证法的规律和范畴的论述是大不相同的。其中,“第一篇:唯物辩证法”共有 4 章:“第一章:当作人类认识史的综合看的唯物辩证法”、“第二章:当作哲学的科学看的唯物辩证法”、“第三章:唯物辩证法的诸法则”、“第四章:当作认识论和论理学③看的唯物辩证法”。“第二篇:当作科学看的历史唯物论”共有 2 章:“第一章:历史唯物论序说”、“第二章:资产阶级社会学及历史哲学之批判”。“第三篇:社会的经济构造”,共有 2 章:“第一章:生产力与生产关系”、“第二章:经济构造之历史形态”。“第四篇:社会的政治建筑”共有 2 章:“第一章:阶级”、“第二章:国家”。“第五篇:社会的意识形态”共有 2 章:“第一章:意识形态的一般概念”、“第二章:意识形态的发展”。从论述框架和论述内容上看,它就是一部体系严谨的马克思主义哲学教科书,既包括“辩证唯物主义”,又包括“历史唯物主义”。该书把马克思主义哲学视为一个有机的整体,是第一本真正的中国模式马克思主义哲学教科书,对此后中国马克思主义哲学教科书的编写产生了重大影响。

特别值得指出的是,艾思奇的《大众哲学》和李达的《社会学大纲》均完成于 1935 年以前,均早于斯大林 1938 年发表的《论辩证唯物主义和历史唯物主义》,因而很少受到苏联模式马克思主义哲学教科书把辩证唯物主义与历史唯物主义二分的影响。

---

① 据陶德麟先生在《唯物辩证法大纲》再版前言中所作的记载:“1961 年夏天,李达校长到庐山休养,毛泽东主席也在庐山。8 月 20 日,毛泽东主席约李达校长到寓所畅谈理论问题,又一次高度评价了李达的《社会学大纲》,指出此书是‘中国人自己写的第一本马克思主义哲学教科书’,他读了十遍,做了许多眉批,……现在此书还有很大意义,应当修改出版。”(李达主编:《唯物辩证法大纲》,武汉大学出版社 2007 年版,“再版前言”第 1 页。)

② 该书的第一版包括“导言”、“第一章:现象的普遍联系与相互依存”、“第二章:现象的运动与转化、新生与发展”、“第三章:当作量变向质变转化看的发展”、“第四章:作为对立的斗争中看的发展”共五部分。([俄]罗森塔尔:《唯物辩证法》,生活·读书·新知三联书店 1950 年版,“译者序”第 1—2 页。)

③ “论理学”一词,即后来的“逻辑学”。

艾思奇的《辩证唯物主义纲要》,原是中央党校内部讲课的讲稿,1957 年以《辩证唯物主义讲课提纲》为书名由人民出版社出版;1958 年进行修订,并将书名改为《辩证唯物主义纲要》,于 1959 年再版。① 该书共分为 9 章:第一章:哲学是什么,哲学的根本问题,为什么要研究哲学;第二章:哲学史是科学的唯物主义世界观的萌芽、发生和发展的历史,是唯物主义和唯心主义两军对战的历史;第三章:马克思主义的产生是哲学史上的革命的变革,学习辩证唯物主义哲学的基本方法;第四章:世界的物质性、物质的存在形式及其规律性;第五章:物质和意识;第六章:认识过程的辩证规律;第七章:唯物辩证法是关于事物的联系和发展的科学;第八章:辩证法的普遍规律;第九章:唯物辩证法的范畴。② 该书虽然被作者称为"提纲",但实际上是对《大众哲学》的进一步抽象化和系统化,且仍然保持了《大众哲学》通俗易懂的阐述风格。

这一时期,在全国高等院校和各级党校的马克思主义哲学教学方面,还没有自编的全国统一教材。康斯坦丁诺夫主编的《历史唯物主义》(1950)和亚历山大罗夫主编的《辩证唯物主义》(1953),均由人民出版社于 1955 年出版了中译本;康斯坦丁诺夫主编的苏联科学院哲学研究所的集体著作《马克思主义哲学原理》(1958),也于 1959 年由人民出版社出版了中译本,便由这三者临时充当了全国统一的马克思主义哲学教材的任务。③ "中国模式的马克思主义哲学教科书"的编写工作基本上处于停顿状态。

第二个时期,从 20 世纪 60 年代到 20 世纪 80 年代初,为苏联模式马克思主义哲学教科书的直接模仿时期。这一时期虽然重新尝试编写"中国模式的马克思主义哲学教科书",但基本上是以直接模仿为主,自主创新的成分不多。

由于多年被用作全国通用教材,到 20 世纪 60 年代李达主编《马克思主义哲学大纲》的时候,苏联模式马克思主义哲学教科书的影响已经比较大了。

---

① 艾思奇:《辩证唯物主义纲要》,人民出版社 1978 年版,"重印说明"。

② 艾思奇:《辩证唯物主义纲要》,人民出版社 1978 年版,"目录"。

③ 黄楠森等主编:《马克思主义哲学史》第 7 卷,北京出版社 1996 年版,第 252 页。

因而《马克思主义哲学大纲》也采取上卷写唯物辩证法，下卷写唯物史观的形式。[①] 据陶德麟先生回忆，《马克思主义哲学大纲》上册于 1961 年就完成了初稿，并在当年入学的哲学系本科生中讲授，1965 年基本定稿，1978 年经陶德麟先生按照李达先生的遗愿对原稿进行修订后以《唯物辩证法大纲》为书名出版。该书在与唯物辩证法同等意义上理解毛泽东的哲学思想，认为："在毛泽东同志对马克思列宁主义的全面发展中，哲学的部分占有极其重要的地位。毛泽东同志对中国革命建设和国际共产主义运动的丰富经验作了高度的哲学概括，把唯物辩证法提高到了一个光辉的新境界。毛泽东同志的哲学思想，是唯物辩证法在当代的伟大发展。"[②]全书共划分为五个部分："第一篇：马克思主义哲学是无产阶级革命的精神武器"、"第二篇：马克思主义哲学是人类认识史的唯物的辩证的综合"、"第三篇：世界是物质统一体的无限发展过程"、"第四篇：唯物辩证法的规律和范畴"、"第五篇：当作认识论和逻辑学看的唯物辩证法"。从框架和内容上看，该书基本上是《社会学大纲》"第一篇：唯物辩证法"的进一步扩展。该书把马克思主义哲学视为一个有机的整体，视为唯物辩证法的同义词，对马克思主义哲学的理解还是非常准确的，但因受苏联模式马克思主义哲学教科书的影响，在理论框架上已比《社会学大纲》稍逊。可惜李达先生因受迫害英年早逝，该书初稿完成以后只在 1965 年曾经印出少量的稿本，直到 1978 年才由陶德麟先生根据李达先生生前的意见修改出版。[③]

真正担任起全国第一本自编马克思主义哲学教科书重任的，是艾思奇主编的《辩证唯物主义历史唯物主义》。该书于 1961 年由人民出版社出版，分为"绪论"、"上篇：辩证唯物主义"、"下篇：历史唯物主义"三大部分，共 16 章。"第一章：绪论"。"上篇：辩证唯物主义"共 8 章："第二章：世界的物质性"、

---

① 据陶德麟先生在《唯物辩证法大纲》再版前言中所作的记载：李达先生在谈到《马克思主义哲学大纲》的写作时说："苏联人写的马克思主义哲学教科书到处流传，我们中国人就不能写一部吗？我们的书不但要写给国内的人民看，而且要写给全世界的人民看。这本书就叫《马克思主义哲学大纲》，上卷写唯物辩证法，下卷写唯物史观。"（李达主编：《唯物辩证法大纲》，武汉大学出版社 2007 年版，"再版前言"第 2 页。）

② 李达主编：《唯物辩证法大纲》，人民出版社 1978 年版，"引言"第 1—2 页。

③ 参见李达主编：《唯物辩证法大纲》，人民出版社 1978 年版，"出版说明"第 1—2 页。

“第三章:物质和意识”、“第四章:对立统一规律”、“第五章:质量互变规律”、“第六章:否定之否定规律”、“第七章:唯物辩证法的基本范畴”、“第八章:认识和实践”、“第九章:真理”。“下篇:历史唯物主义”共7章:“第十章:历史唯物主义和历史唯心主义的根本对立”、“第十一章:生产力和生产关系”、“第十二章:经济基础和上层建筑”、“第十三章:阶级和国家”、“第十四章:社会革命”、“第十五章:社会意识及其形式”、“第十六章:人民群众和个人在历史上的作用”。该书出版以后,于1962年和1978年两次修订再版,先后印刷15次,发行上百万册。① 结束了借用苏联马克思主义哲学教科书作为全国通用教材的历史。但仔细对照本书(以下简称“艾本”)与康斯坦丁诺夫主编的苏联科学院哲学研究所的集体著作《马克思主义哲学原理》(以下简称“康本”)的目录②,便可以发现,两书的框架结构极其相似:除了康本的“第六章:现实中各种现象的合乎规律的联系”(论述唯物辩证法的基本范畴)在艾本中是把名称改换为“第七章:唯物辩证法的基本范畴”,康本的“第十九章:现代资产阶级哲学和社会学的主要流派”在艾本中没有独立设章,只是在“绪论”中作了简要论述以外,其余章节的内容和题目均没有太大变化——也就是说,艾本基本上是康本的简缩版。至此,中国自编的全国通用马克思主义哲学教科书,便以对苏联模式马克思主义哲学教科书的全盘模仿开始了它的旅程。

但是,由于艾本的高度权威性,在其诞生以后长达20年的时间内没有新的马克思主义哲学教科书问世。直到1981年以后,中国人独立编写的马克思主义哲学教科书才大量涌现,但初期仍然以沿袭苏联模式马克思主义哲学教科书体系为主。如:肖前、李秀林、汪永祥主编的《辩证唯物主义原理》,1981年由人民出版社出版,1982年,3人共同主编的《历史唯物主义原理》(哲学专业试用教材)作为校内用书付印;李秀林、王于、李淮春主编的《辩证唯物主义和历史唯物主义原理》,于1982年由中国人民大学出版社出版;杨焕章主编的《简明哲学原理》,1982年由上海人民出版社出版;陶德麟、黎德扬、郝侠君主编的《辩证唯物主义与历史唯物主义》,1983年由湖北人民出版社出版;等等。

---

① 参见黄楠森等主编:《马克思主义哲学史》第7卷,北京出版社1996年版,第252页。
② 详见本书第十章第一节之三:后斯大林时期(1953—1991)。

这里需要指出的是：长达20年的对苏联模式马克思主义哲学教科书的直接模仿，也导致了中国思想理论界教条主义的盛行，以至于"文化大革命"发生时，思想理论界竟然听不到任何不同的声音。

第三个时期，1985年至今，为对"中国模式的马克思主义哲学教科书"进行探索创新的时期，"中国模式的马克思主义哲学教科书"与"中国模式的唯物主义辩证法"有了一定程度的趋近。

这一时期，国内的马克思主义哲学工作者努力摆脱苏联模式马克思主义哲学教科书的影响，力图创造中国人自己的马克思主义哲学教科书体系。主要集中在以下四个方面：

(1)对改革马克思主义哲学教科书框架体系的探索。

如：高清海主编的《马克思主义哲学基础(上下)》，于1985年由人民出版社出版，吹响了对"苏联模式的马克思主义哲学教科书"进行改革的号角。该书虽然仍然分为上、下两册，但不再是"辩证唯物主义"与"历史唯物主义"二分，而是明确提出要改变"从苏联教科书借鉴来的""按照两个主义(辩证唯物主义和历史唯物主义)和四大块(唯物主义理论、辩证法理论、认识论学说、唯物史观理论)来安排马克思主义哲学内容……把本体论、方法论、认识论和历史观变成几个虽有联系但基本上是相互独立和并列的组成部分"的旧有做法①，努力把马克思主义哲学作为"与实践内在统一的理论"、"在实践中不断发展的理论"来进行描述。该书除了在"绪论"部分对马克思主义哲学的一般常识进行介绍以外，把全书划分为4篇12章。"第一篇：意识与存在的关系——认识的基本矛盾"，包括"第一章：人类认识的基本矛盾及其历史发展"、"第二章：马克思主义哲学对存在与意识关系的科学解决"。"第二篇：客体——世界的统一性和多样性"，包括三章："第三章：客体的规定性"，从事物的规定性、过程的规定性、关系的规定性三个方面，对辩证法的基本范畴和系统理论进行了论述；"第四章：客体的规律性"，主要论述辩证法的三大规律；"第五章：世界统一于运动着的物质"，对世界的起源及其存在方式进行论述。"第三篇：主体——人作为主体的规定性及其主体能力的根据和发展"，包括

① 高清海主编：《马克思主义哲学基础》上册，人民出版社1985年版，"序"第1—2页。

“第六章:人作为主体的基本规定性”、“第七章:主体能力的自然基础”、“第八章:主体的社会规定性”共三章。“第四篇:主体与客体的统一”,包括“第九章:主客体统一的规定性”、“第十章:实践”、“第十一章:认识”、“第十二章:自由”共四章。① 总体上讲,给人以耳目一新的感觉。

周穗明、翁寒松撰写的《马克思主义哲学导论》,1990 年由华夏出版社出版。该书提出“恢复实践唯物主义的权威,还马克思主义哲学以本来面目”②,认为“实践唯物主义、辩证唯物主义、历史唯物主义,不是三个东西,而是一个东西,是同一个马克思主义哲学的三种不同表达”③。全书共分为 6 个部分:“导言”、“第一章:作为马克思主义哲学发展史的实践唯物主义研究”、“第二章:实践唯物主义的诞生”、“第三章:实践唯物主义的理论基石——社会存在本体论”、“第四章:社会存在本体论的基本内容——实践结构”、“第五章:实践唯物主义的主题——人的自由全面发展和共产主义”。

辛敬良主编的《马克思主义哲学导论——实践的唯物主义》,1991 年由复旦大学出版社出版。书中认为,“马克思主义哲学是实践的唯物主义”④。该书分为“引论”、“第一编:马克思主义的实践观”、“第二编:以实践为中介的自然过程”、“第三编:以实践为本质的社会历史过程”、“第四编:以实践为基础的意识和认识过程”5 个部分,共 18 章。⑤

杨耕撰写的《为马克思辩护》,2002 年由黑龙江人民出版社出版,2004 再版,2010 年由中国人民大学出版社出版了第三版。该书认为,“马克思的实践本体论把人的存在本身作为哲学所追寻的目标”⑥,坚持用“实践本体论”来解决马克思主义哲学的一体化问题,解释马克思主义哲学与现当代西方哲学、“西方马克思主义”以及“后马克思主义”的关系。⑦

郝敬之撰写的《整体马克思》,2002 年由东方出版社出版。该书“试图从

---

① 高清海主编:《马克思主义哲学基础》上册,人民出版社 1985 年版,“目录”。
② 周穗明、翁寒松:《马克思主义哲学导论》,华夏出版社 1990 年版,第 5 页。
③ 周穗明、翁寒松:《马克思主义哲学导论》,华夏出版社 1990 年版,第 9 页。
④ 辛敬良主编:《马克思主义哲学导论》,复旦大学出版社 1991 年版,第 7 页。
⑤ 辛敬良主编:《马克思主义哲学导论》,复旦大学出版社 1991 年版,“目录”。
⑥ 杨耕:《为马克思辩护》,中国人民大学出版社 2010 年版,“代序”第 2 页。
⑦ 杨耕:《为马克思辩护》,中国人民大学出版社 2010 年版,“目录”。

社会发展学说的角度解读马克思。在这里,社会发展学说被分成三个分支学科:理想学说、历史哲学和社会现实的批判学说"①。全书划分为6个部分:"第一章:导论"、"第二章:直觉涌动"、"第三章:理论变形"、"第四章:理想设定"、"第五章:哲学论证"、"第六章:学说整体"。②

陶德麟、汪信砚主编的《马克思主义哲学的当代论域》,2005年由人民出版社出版。全书划分为"第一编:面向当代实践"、"第二编:面向当代科学"、"第三编:当代哲学"、"第四编:马克思主义哲学的自我反思"4编共23章③,"把马克思主义哲学的论域不仅指向当代人类实践、科学和哲学,而且也指向马克思主义哲学本身"④。

陶德麟、何萍主编的《马克思主义哲学中国化:历史与反思》,2007年由北京师范大学出版集团、北京师范大学出版社出版。该书分为"总论编"、"思想历程编"和"反思与探索编"三部分。其中,"思想历程编"对整个马克思主义哲学中国化的历程进行系统考察;"反思与探索编"则对"开展以中国现代化为中心论题的马克思主义哲学中国化研究"、"以实际问题为中心研究马克思主义"、"在实践中坚持和发展马克思主义"、"马克思主义哲学中国化的方法论"、"建构和谐社会的马克思主义哲学资源"、"马克思主义哲学与当代中国哲学的创造"等问题进行了系统探讨。⑤

马克思主义理论研究和建设工程重点教材《马克思主义哲学》,2009年由高等教育出版社和人民出版社出版。该书共有15章:"第一章:哲学及其发展规律"、"第二章:马克思主义哲学的创立与发展"、"第三章:世界的物质性"、"第四章:实践与世界"、"第五章:世界的联系与发展"、"第六章:联系与发展的基本规律"、"第七章:社会历史运动的规律性"、"第八章:社会基本矛盾运动及其规律"、"第九章:生产力在社会发展中的作用"、"第十章:人民群众在社会发展中的作用"、"第十一章:文化在社会发展中的作用"、"第十二

---

① 郝敬之:《整体马克思》,东方出版社2002年版,"序言"第1页。

② 郝敬之:《整体马克思》,东方出版社2002年版,"目录"。

③ 陶德麟、汪信砚主编:《马克思主义哲学的当代论域》,人民出版社2005年版,"目录"。

④ 陶德麟、汪信砚主编:《马克思主义哲学的当代论域》,人民出版社2005年版,"序"第2页。

⑤ 陶德麟、何萍主编:《马克思主义哲学中国化:历史与反思》,北京师范大学出版集团、北京师范大学出版社2007年版,"目录"。

章:认识活动及其规律”、“第十三章:真理及其检验标准”、“第十四章:价值与价值观”、“第十五章:人类解放与人的自由全面发展”。

汪信砚主编的《马克思主义哲学概论》,2011 年由人民出版社出版。该书共分为 13 章:“第一章:马克思主义的哲学观”、“第二章:马克思主义哲学的理论特质”、“第三章:马克思主义哲学的实践观”、“第四章:马克思主义哲学的物质观”、“第五章:马克思主义哲学的辩证法”、“第六章:马克思主义哲学的自然观”、“第七章:马克思主义哲学的社会观”、“第八章:马克思主义哲学的历史观”、“第九章:马克思主义哲学的文化观”、“第十章:马克思主义哲学的科学观”、“第十一章:马克思主义哲学的认识论”、“第十二章:马克思主义哲学的价值论”、“第十三章:马克思主义哲学的人学理论”。①

马克思主义理论研究和建设工程党员干部读本《马克思主义哲学十讲》,2013 年由学习出版社和党建读物出版社出版。该书共分 10 讲:“第一讲:建设中国特色社会主义和学习马克思主义哲学”、“第二讲:世界的物质统一性和一切从实际出发”、“第三讲:社会生活的实践本质和理论与实践的统一”、“第四讲:事物的普遍联系和系统思维”、“第五讲:事物的永恒发展和创新思维”、“第六讲:事物的矛盾运动和矛盾分析方法”、“第七讲:社会基本矛盾和社会主义社会的发展与改革”、“第八讲:人民群众的作用和党的基本路线”、“第九讲:价值观和真理与价值的统一”、“第十讲:坚定理想信念和建设中国特色社会主义”。② 该书坚持理论与实际相统一、世界观与方法论相统一,简明扼要地论述马克思主义哲学的基本理论,是自艾思奇的《大众哲学》问世以来,在普及马克思主义哲学基本原理方面十分难得的好本子。与 2009 年出版的马克思主义理论研究和建设工程重点教材《马克思主义哲学》相比,该书也更加贴近“中国模式的唯物主义辩证法”。

(2)对马克思主义哲学形态的认识与评价方面的探索。

在对马克思主义哲学形态的认识与评价方面,这一时期也出现了不少著作。如:陈先达等撰写的《被肢解的马克思》,1990 年由上海人民出版社出版。

---

① 汪信砚主编:《马克思主义哲学概论》,人民出版社 2011 年版,“目录”。

② 中共中央宣传部理论局:《马克思主义哲学十讲(党员干部读本)》,学习出版社、党建读物出版社 2013 年版,“目录”。

该书提出“按照马克思主义本来面目认识马克思”①,并通过揭露西方资产阶级学者“修正”、“重建”、“补充”、“肢解”马克思理论的种种伎俩,揭示了马克思主义发展的一般规律和特点,为人们辨别一些打着马克思主义旗号反对马克思主义的错误理论提供了思想武器。② 全书共分为11个部分:“导论:按照马克思主义本来面目认识马克思”、“第一章:无产阶级的普罗米修斯”、“第二章:黄金时代出现的‘危机’”、“第三章:‘重建’马克思:卢卡奇、柯尔施、葛兰西”、“第四章:‘两个马克思’的神话”、“第五章:形形色色的‘补充’与马克思的变形”、“第六章:分裂‘德奥古利兄弟’的阴谋”、“第七章:‘第三个马克思’的发现:最后的手稿”、“第八章:‘马克思主义宗教化’的趋势”、“第九章:马克思主义在实践中前进”、“结束语:未来属于马克思”。③

孙伯鍨、张一兵主编的《走进马克思》,2001年由江苏人民出版社出版。该书认为:“马克思主义哲学不是‘历史唯物主义’,而是在唯物主义的基础上始终贯穿着的一种历史主义方法。”④全书划分为“导言:马克思主义哲学的150年”、“上卷:马克思主义哲学的基本理论”、“下卷:马克思主义哲学的基本方法”三部分。“上卷:马克思主义哲学的基本理论”部分,包括“第一编:马克思主义哲学的逻辑基点”、“第二编:历史:马克思主义哲学的基本理论空间”、“第三编:社会:马克思主义哲学的核心内容”,共三编十章;“下卷:马克思主义哲学的基本方法”,包括“第一章:批判与超越:马克思主义哲学方法论的奠基”、“第二章:马克思主义经济学和资产阶级经济学在方法论上的对立”、“第三章:唯物辩证法与实证主义的斗争及其当代意义”、“第四章:现象学方法的批判性探讨”共四章内容。⑤

俞吾金撰写的《实践诠释学——重新解读马克思哲学与一般哲学理论》,2001年由云南人民出版社出版,力图从实践诠释学的角度重新解读马克思哲

---

① 陈先达等:《被肢解的马克思》,上海人民出版社1990年版,第1页。

② 陈先达:《处在夹缝中的哲学——走向21世纪的马克思主义哲学》,北京师范大学出版社2004年版,“代序”第3页。

③ 陈先达等:《被肢解的马克思》,上海人民出版社1990年版,“目录”。

④ 孙伯鍨、张一兵主编:《走进马克思》,江苏人民出版社2001年版,第27页。

⑤ 孙伯鍨、张一兵主编:《走进马克思》,江苏人民出版社2001年版,“目录”。

学。全书划分为5个部分:“导论:生存与诠释”、“第一章:对马克思主义哲学的新诠释(上)”、“第二章:对马克思主义哲学的新诠释(下)”、“第三章:对一般哲学的新诠释(上)”、“第四章:对一般哲学的新诠释(下)”。①

郝立忠撰写的《作为哲学形态的唯物主义辩证法》,2002年由山东大学出版社出版,主张把唯物主义辩证法作为与传统形而上学全面对立的哲学基本形态来对待。该书把理论与实际的关系问题作为划分哲学基本形态的标准,坚持从哲学形态的高度来阐释马克思主义哲学及其与传统形而上学的区别,认为:“马克思主义哲学就是唯物主义辩证法,或说唯物主义辩证法就是整个马克思主义哲学。唯物主义辩证法不仅仅是一种方法,更是一种在目的、性质、功能、方法、内容、作用等各方面均与传统形而上学全面对立的哲学形态,一种更为高级的、全新的哲学形态。它的根本特征就是理论与实际、哲学与现实在最广大人民群众根本利益基础上的统一。”②全书共划分为12个部分:“导言”、“第一章:传统形而上学的产生及其基本特征”、“第二章:西方哲学家对形而上学的批判”、“第三章:马克思主义对形而上学的批判”、“第四章:唯物主义辩证法的产生”、“第五章:唯物主义辩证法的本质特征、主要内容及原则要求”、“第六章:划分唯物主义辩证法与形而上学的基本标准”、“第七章:唯物主义辩证法的理论地位”、“第八章:形而上学与唯物主义辩证法的对立及其现实表现”、“第九章:人民根本利益是理论与实际统一的基本前提”、“第十章:唯物主义辩证法的现实化”、“第十一章:唯物主义辩证法的中国化和世界化”。③

赵剑英、孙正聿主编的论文集《中国化马克思主义哲学新形态》,2006年由社会科学文献出版社出版,从“当代中国化马克思主义哲学形态研究”、“马克思开辟的哲学道路”、“马克思主义哲学研究范式的历史形成与现代转换”和“中西方哲学视野中的马克思主义哲学”四个方面,对中国化马克思主义哲学新形态进行了探讨。

---

① 俞吾金:《实践诠释学——重新解读马克思哲学与一般哲学理论》,云南人民出版社2001年版,“目录”。

② 郝立忠:《作为哲学形态的唯物主义辩证法》,山东大学出版社2002年版,第1页。

③ 郝立忠:《作为哲学形态的唯物主义辩证法》,山东大学出版社2002年版,“目录”。

王干才撰写的《实践思维——马克思主义哲学当代形态研究》,2006 年由中国社会科学出版社出版。该书共分为 5 个部分:“一、马克思主义哲学当代形态应是‘实践思维’”、“二、实践思维形成确立的现实依据与思想根源”、“三、实践思维的基本特征”、“四、遵循实践思维变革哲学观念”、“五、运用实践思维回答时代课题”。

吴元梁主编的《马克思主义哲学形态的演变》(上下),2010 年由中国社会科学出版社出版。该书从哲学形态的角度对马克思主义哲学及其发展历史进行系统研究。该书共分 6 个部分:“导论”、“第一编:马克思主义哲学原生形态”、“第二编:马克思主义哲学形态在俄国、苏联的演变”、“第三编:马克思主义哲学形态在西方的演变”、“第四编:马克思主义哲学形态在中国的演变(1)”、“第五编:马克思主义哲学形态在中国的演变(2)”。

(3)对马克思主义哲学的根本特征和基本精神的探索。

陶德麟、汪信砚主编的《马克思主义哲学原理》,1999 年由武汉大学出版社出版。该书认为:“实践性是马克思主义哲学的根本特征”,而具体来说马克思主义哲学的特点主要表现在“科学性与革命性的统一”、“理论与实践的统一”、“自然观与社会历史观的统一”、“唯物主义与辩证法的统一”四个方面。① 全书共有 7 章:“第一章:马克思主义哲学是科学的世界观和方法论”、“第二章:世界的物质性与人的实践活动”、“第三章:世界发展的普遍规律”、“第四章:认识、真理与科学的思维方法”、“第五章:人类社会的本质和基本结构”、“第六章:人类社会的发展与人类历史的创造者”、“第七章:社会进步与人的发展”。② 该书结构新颖,2000 年和 2001 年先后两次修订,2006 年被列入教育部普通高等教育“十一五”国家级规划教材并由人民出版社再版。

杨耕、陈志良、马俊峰撰写的《马克思主义哲学研究》,2000 年由中国人民大学出版社出版。该书认为马克思主义哲学的基本特征是“实践、辩证、历史的唯物主义”③。全书共分为十四章:“第一章:马克思主义哲学的主题和基本特征”、“第二章:马克思主义哲学与哲学革命和当代实践”、“第三章:马克思

① 陶德麟、汪信砚主编:《马克思主义哲学原理》,人民出版社 2010 年版,第 15—16 页。
② 陶德麟、汪信砚主编:《马克思主义哲学原理》,人民出版社 2010 年版,“目录”。
③ 杨耕、陈志良、马俊峰:《马克思主义哲学研究》,中国人民大学出版社 2000 年版,第 10 页。

主义哲学与后现代主义”、“第四章:马克思主义哲学与中国传统哲学”、“第五章:物质、实践与世界”、“第六章:辩证理论的当代反思”、“第七章:从唯心主义概念辩证法到马克思主义实践批判辩证法”、“第八章:从行为思维到概念思维”、“第九章:思维的内在矛盾运动”、“第十章:认识过程中的实践反思规律”、“第十一章:价值论和价值体系的历史选择”、“第十二章:人的本质和存在方式”、“第十三章:社会的本质及其发展过程的特殊性”、“第十四章:世界历史、东方社会和中国的社会主义”。①

叶汝贤、孙麾主编的论文集《马克思与我们同行》,2003 年由中国社会科学出版社出版。书中认为“新世纪的马克思哲学研究不仅仅是‘回到马克思’或‘走近马克思’,而是马克思向我们走来,一个被遮蔽了的马克思正在向我们敞开,马克思活在现世的思想进程中,它是‘文明的活的灵魂’”。全书收入论文 26 篇,从基本精神、哲学观、思维方式、唯物史观、辩证法、本体论、价值论和文本研究等不同角度,对马克思哲学进行了探讨。②

郝立忠撰写的《理论与实际统一的马克思》,2006 年由山东人民出版社出版。该书坚持从马克思主义哲学的基本精神出发来诠释整个马克思主义哲学。书中认为:“马克思哲学的基本精神也就是整个马克思理论的基本精神,这个基本精神贯穿于马克思终生的全部理论和实践当中。不论是马克思的唯物主义辩证法、马克思哲学,还是马克思的整个理论,其基本精神都是相同的,就是按照最广大人民群众的根本利益去认识世界和改造世界。”换句话说就是:“一切从现实出发,研究现实、改造现实,实现理论与实际在最广大人民根本利益基础上的动态统一。”③该书共分 12 个部分:“绪论”、“第一章:马克思主义哲学的基本精神”、“第二章:马克思主义哲学评价的层次与标准”、“第三章:马克思主义哲学的现实基础和理论特征”、“第四章:马克思哲学的方法论”、“第五章:马克思对所在时代重大现实问题的解决”、“第六章:马克思哲学对现当代西方资本主义社会的影响”、“第七章:马克思哲学对现当代西方政治学和经济学的影响”、“第八章:马克思哲学在哲学史上的地位和价值”、

① 杨耕、陈志良、马俊峰:《马克思主义哲学研究》,中国人民大学出版社 2000 年版,“目录”。
② 参见叶汝贤、孙麾主编:《马克思与我们同行》,中国社会科学出版社 2003 年版,“目录”。
③ 郝立忠:《理论与实际统一的马克思》,山东人民出版社 2006 年版,第 46—47 页。

"第九章:人民根本利益是理论与实际统一的基本前提"、"第十章:当代中国马克思主义哲学的发展形态和面临的时代课题"、"第十一章:马克思主义哲学在当代中国的境遇及其原因与对策"。

孙正聿撰写的《辩证法研究》,2007 年由吉林人民出版社出版。该书分为上下两册,上册收入了《理论思维的批判前提——论辩证法的批判本性》一书;下册收入了《马克思辩证法理论的当代反思》一书。其中,在《马克思辩证法理论的当代反思》一书中,作者认为"辩证法是马克思主义的活的灵魂"①。该书共分为 8 个部分:"导言:在反思中发展辩证法理论"、"第一章:反思辩证法的经典命题"、"第二章:反思辩证法的理论遗产"、"第三章:反思辩证法的发展学说"、"第四章:反思辩证法的批判本性"、"第五章:反思辩证法的实践基础"、"第六章:反思辩证法的人类智慧"、"第七章:辩证法理论的当代视野"。

李德顺主编的《哲学概论》,2010 年由中国社会科学出版社出版。全书共分为"导论:学科与学说视野中的哲学"、"第一章:哲学的形态"、"第二章:哲学的样式与方法"、"第三章:哲学的价值"、"第四章:西方哲学"、"第五章:中国哲学"、"第六章:马克思主义哲学"共 7 个部分,"马克思主义哲学"只是其中的一章。但在第六章中论述"马克思主义哲学"的时候,除了对马克思的哲学变革和马克思主义哲学的历史发展进行论述以外,把马克思主义哲学中国化的哲学进程作为单独一部分,对"毛泽东的哲学思想"、"新中国建设的哲学探索"和"中国特色社会主义的哲学精神"进行了详细论述。该书既能从哲学形态的高度考察哲学一般,又能从理论与实际相统一的角度考察马克思主义哲学,这在国内现有的《哲学导论》、《哲学概论》、《哲学通论》中,是非常难得的。

(4)对马克思主义哲学通俗化方面的探索。

韦正翔著的《大众化的马克思主义》,2012 年由中国社会科学出版社出版。全书分为:"导论:做好思想工作"、"第一章:马克思之于中国的重要性"、"第二章:哲学及其社会功能是什么"、"第三章:哲学的基本问题到底在讲什

① 孙正聿:《辩证法研究(下)》,吉林人民出版社 2007 年版,第 1 页。

么”、“第四章：唯物辩证法有什么用”、“第五章：人的认识是从哪里来的”、“第六章：为什么我们无法随意选择我们想要的社会”、“第七章：用《资本论》来解释当代美国社会结构”、“第八章：《资本论》的严整逻辑”、“第九章：人类追求的一切最终都与他的幸福相关”、“第十章：中国共产党的世界性历史使命”，共11个部分。

王伟光主编的7卷本《新大众哲学》，2014年由人民出版社和中国社会科学出版社联合出版。全书一套7本，包括“学好哲学，终生受用”、“反对主观主义”、“照辩证法办事”、“认识世界的目的在于改造世界”、“人类思想史上的新历史观”、“人的精神家园”和“荡起幸福人生的双桨”7个分册，实际上分为“总论篇”、“唯物论篇”、“辩证法篇”、“认识论篇”、“历史观篇”、“价值论篇”和“人生观篇”7大部分，计90余万字。出版后在国内产生了很大影响。

郝立忠撰写的《走出彷徨：马克思教你科学独立地思考》，2016年由山东人民出版社出版。本书力图站在哲学形态学的高度，对马克思主义哲学的根本特征和基本精神进行概括和总结，在此基础上正确认识马克思主义哲学的本质特征及其与一切非马克思主义哲学的根本区别，形成简明扼要、通俗易懂且人民大众喜闻乐见的马克思主义哲学通俗读本。努力做到雅俗共赏。在普及马克思主义哲学基本常识的同时，大力提高广大人民群众鉴别真假马克思主义的能力。全书共分为三大部分：第一部分为“导言：中国人民是怎样从思想上站起来的”，从意识形态与民族精神生产力的关系问题入手，结合中国及世界科学技术和经济社会的发展过程，重新诠释马克思的唯物主义辩证法，在回顾中国两千年来特别是近代以来指导思想的变迁与历史兴衰关系的基础上，阐述马克思主义作为当今中国指导思想的历史必然性。第二部分为对唯物主义辩证法基本理论的阐述，共有“马克思主义来了”、“神奇的唯物主义辩证法”、“唯物主义辩证法的灵魂”、“科学的世界观”、“正确的方法论”、“先进的理论指南”六章。第三部分为用唯物主义辩证法丈量世界。主要是运用唯物主义辩证法的基本理论对当今的各种社会思潮以及中国改革中遇到的重大理论问题和实践问题进行思考。

此外，还有许多在“中国模式的马克思主义哲学教科书”的探索创新方面作出突出贡献的著作，由于篇幅所限和资料搜集等方面的原因，在此不能全部予以介绍。

与此同时，在马克思主义哲学史研究方面，王文英等主编的《著名马克思主义哲学家评传》（四卷本），于1990—1991年由山东人民出版社出版；庄福龄主编的《马克思主义史》（四卷本），于1995—1996年由人民出版社出版；黄楠森、庄福龄主编的《马克思主义哲学史》，于1989—1996年由北京出版社出版；安启念撰写的《新编马克思主义哲学发展史》，2004年由中国人民大学出版社出版；程建宁、丁宏远、刘常仁、袁德金编著的《活着的马克思》，2015年由中央编译出版社出版；庄福龄著的《老祖宗不能丢：学习和掌握马克思主义十讲》，2015年由中国人民大学出版社出版；等等。

二、"中国模式马克思主义哲学教科书"在哲学形态上的进步与不足

1985年至今，中国哲学家对"中国模式的马克思主义哲学教科书"进行了积极的探索创新。从哲学形态的高度看，相对于"苏联模式马克思主义哲学教科书"而言，这种探索主要在以下几个方面取得了明显的进步：

一是学科体系方面的进步。李达于1932—1937年撰写的《社会学大纲》，作为"中国人自己写的第一本马克思主义哲学教科书"，把唯物辩证法视为解决社会、政治、经济问题的总方法，而不仅仅是一种认识的方法，在把社会作为不断地发展着的、生动的有机体来解释的同时，全面论述了马克思主义的基本理论，这是"中国模式的马克思主义哲学教科书"的最早版本，也开创了理论与实际相统一、世界观与方法论相统一的优良传统。但自1937年斯大林在《论辩证唯物主义和历史唯物主义》一文中，把马克思主义哲学划分为"辩证唯物主义"和"历史唯物主义"两大部分以后，康斯坦丁诺夫主编的苏联科学院哲学研究所的集体著作《马克思主义哲学原理》、艾思奇主编的《辩证唯物主义历史唯物主义》，以及1985年之前编写的国内马克思主义哲学教科书，基本上都是沿袭斯大林《论辩证唯物主义和历史唯物主义》的框架。2007年编写的《哲学大辞典》，在对"马克思主义哲学"进行解释时，划分为总论、辩证唯物主义、历史唯物主义和马克思主义哲学史四个部分，仍然是把辩证唯物主义和历史唯物主义二分。这种二分结构，很容易把唯物辩证法等同于黑格尔对"辩证法基本特征"的描述，因而很难准确把握马克思创立的唯物主义辩证

法与黑格尔辩证法的根本区别。到1985年以后,新编的国内马克思主义哲学教科书在理论框架上开始由辩证唯物主义与历史唯物主义的二分结构,逐步向马克思主义哲学一体化转变,逐步恢复了李达的《社会学大纲》开创的优良传统。或是从辩证唯物主义、历史唯物主义、辩证唯物主义和历史唯物主义相统一、实践唯物主义、唯物主义辩证法、理论与实际相统一、世界观与方法论相统一等角度来诠释马克思主义哲学,或是从哲学形态的高度对马克思主义哲学和各种假的马克思主义进行认识与评价,或是对马克思主义哲学的根本特征和基本精神进行探索,相比"苏联模式的马克思主义哲学教科书"而言,取得了巨大的进步。

二是理论特征方面的进步。由注重构造体系逐步向注重方法论、注重哲学形态的甄别、注重根本特征和基本精神的把握、注重研究现实问题四个方面转变;由理论与实际相脱离、教条主义严重,逐步向坚持理论与实际相统一、世界观与方法论相统一转变。

三是逻辑工具,特别是对黑格尔辩证法态度方面的进步。如本章第一节所述,承接"列宁范式"对黑格尔辩证法的推崇,斯大林的哲学思维也在很大程度上受到传统形而上学思维模式的影响,在强调辩证法作用的同时,却仍然难以避免绝对化的影响。而"中国模式的马克思主义哲学教科书",则是以毛泽东的《实践论》和《矛盾论》为理论基础,对传统形而上学特别是对黑格尔辩证法持明显的批判态度,强调理论与实际统一,反对教条主义和本本主义,强调具体事物具体分析,强调矛盾诸方面的同一性和斗争性的统一。

四是研究方法方面的进步。由"苏联模式的马克思主义哲学教科书"从原则出发推定现实,逐步向理论与实际相统一、与时俱进地发展马克思主义转变。

但令人遗憾的是,以上这四个方面的进步,相当大的部分只是体现在这一时期哲学家的个人著作中,并没有被影响广泛的全国性马克思主义哲学教科书吸收和采纳。包括马克思主义理论研究和建设工程重点教材《马克思主义哲学》和马克思主义理论研究和建设工程党员干部读本《马克思主义哲学十讲》在内的现有"中国模式的马克思主义哲学教科书",仍然存在着明显的不足:一是在逻辑工具方面,虽然相对于"苏联模式的马克思主义哲学教科书"

有所进步,但在对马克思主义哲学的逻辑工具的把握上仍然不够准确,把“辩证逻辑”而不是“唯物辩证逻辑”视为马克思主义哲学的逻辑工具;二是在哲学形态的区分上,对马克思主义哲学与非马克思主义哲学(特别是传统形而上学)各自的哲学形态特征及其根本区别缺乏准确把握;三是在对马克思主义哲学形态的认识上,对马克思主义哲学形态的构成要素和评价标准,特别是马克思主义哲学的人学立场缺乏足够的关注。也正是由于这些不足,才造成了一些国内的马克思主义哲学工作者,用黑格尔辩证法取代唯物辩证法,用黑格尔哲学、现当代西方哲学来解释马克思主义哲学,用科学技术哲学取代自然辩证法等错误做法的产生。一些人之所以认为“是否自称‘信奉’和‘发展’马克思主义是‘西方马克思学’和‘西方马克思主义’之间的区别所在”①,并进而把“西方马克思主义”甚至“后马克思主义”、“新马克思主义”都不加区别地统统视为马克思主义,正是由于他们对现有“中国模式的马克思主义哲学教科书”的三大不足缺乏清醒认识的结果。

① 《哲学大辞典》上卷,上海辞书出版社2007年版,第223页。

第十三章　世界哲学形态的演变过程、规律、趋势及其评价

考察哲学形态的演变过程、演变规律及其评价，是哲学形态学的重要任务。它对于更好地认识不同哲学形态的社会功能和当代价值，运用不同形态的哲学指导社会和人生，都具有重要的意义。

第一节　世界哲学形态的演变过程、演变规律及发展趋势

世界哲学形态的演变过程是与人类社会的发展过程紧密相连的。因而，对世界哲学形态的演变过程、演变规律和发展趋势的考察，必须建立在对人类社会发展过程考察的基础上，用全面、联系和发展的眼光看问题，决不可进行孤立、静止、片面的研究。

一、世界哲学形态的演变过程

像其他形态一样，世界哲学形态也经历了一个由低级向高级、由简单到复杂的演变过程。这个演变过程一直持续到今天，仍然没有终止。大体而言，世界哲学形态的发展过程可以划分为四个阶段：

1. 哲学萌芽阶段

原始社会，原始宗教开始产生。宗教是早期人类对自然缺乏足够了解的

产物。早期的宗教与其说是一种信仰,不如说是一种礼仪,自然崇拜、图腾崇拜均是其典型形式。随着语言和文字的产生,才进一步产生了神话、教义和神学。① 原始宗教中的自然崇拜、图腾崇拜和神话,是人们猜想人与自然关系的最早尝试,包含着哲学的萌芽。

2. 传统形而上学阶段

奴隶社会和封建社会,随着社会生产力逐步提高,语言文字进一步发展,开始有了有闲阶级,宗教也开始有了完整的教义。这是第一种哲学基本形态——传统形而上学从产生到发育成熟的时期。这个时期可以进一步划分为两个阶段:

第一阶段:是朴素哲学阶段,是传统形而上学的产生和发育期。时间区间,在中国大致相当于中国的奴隶社会早期到五四新文化运动前夕,在西方相当于从古希腊时期到英国资产阶级大革命前夕。朴素哲学建立在人类对世界缺乏科学认识的基础上,在研究领域上是人类知识的总汇,与宗教、自然科学、伦理学、美学、逻辑学等交织在一起,它对世界的认识是整体的、朦胧的,甚至是虚幻的。严格地说,它是传统形而上学尚未发育成熟的阶段。②

第二阶段:传统形而上学的成熟期(欧洲近代哲学),时间区间大致从英国资产阶级革命的爆发到19世纪30年代。这一阶段,随着英国资产阶级革命的爆发,整个欧洲逐步由封建社会向资本主义社会转变,科学技术得到了迅猛的发展,社会生产力大幅度提升,人们对客观世界的认识达到了前所未有的高度,哲学也开始从宗教的奴仆转变为"科学的哲学",发育成传统形而上学的成熟形态。主要代表是18世纪法国唯物主义和德国古典哲学。传统形而上学的成熟形态局限于纯粹的思想领域,从纯粹概念出发,依靠逻辑推论建立绝对体系,在整个世界哲学史上占据了重要的位置。

3. 反形而上学阶段

反形而上学阶段是传统形而上学的分化期。时间区间,在西方是从19世纪40年代到20世纪70年代末,在中国是从20世纪初到中国改革开放前夕。

---

① 参见马世力主编:《世界史纲》上册,上海人民出版社1999年版,第31页。

② 详见本书第七章"哲学基本形态的表现形态"第一节"哲学基本形态的初始形态"之一"传统形而上学的初始形态:朴素哲学"。

在西方，这一时期的“反形而上学”主要有两条发展路线：一是作为传统形而上学衍生形态的西方反形而上学思潮的诞生与发展，主要是以“实用主义”、“分析哲学”、“非理性主义”等学术思潮表现出来；二是作为与传统形而上学有着根本区别的哲学基本形态的唯物主义辩证法（马克思主义哲学）的产生与发展，主要是以马克思主义哲学的形式表现出来。与其相对应，同期的中国“反形而上学”也有两条路线：一是以反对儒家哲学和教条主义为宗旨的发展路线，二是把马克思主义基本理论与中国实际相结合培育“中国特色马克思主义”的发展路线。二者相较，后一条路线更为成功。特别值得指出的是，反形而上学阶段，传统形而上学并没有销声匿迹，只是不是哲学主流形态而已。

4. 两大哲学基本形态共同繁荣阶段

这个阶段是传统形而上学及其衍生形态与唯物主义辩证法并立的阶段。时间区间，在西方是从 20 世纪 80 年代初至今，在中国是从改革开放至今，两者大体相当。这个时期的西方哲学，主要是传统形而上学及其衍生形态占主导地位，共有三条发展线索：一是伴随着社会主义在苏联、东欧的失败，西方的传统形而上学在一定程度上得到复兴，“西方中心论”甚嚣尘上；二是传统形而上学的衍生形态，如激进的后现代主义的进一步发展；三是新形而上学如“建设性后现代主义”的兴起和发展。这个时期的中国哲学，则是唯物主义辩证法占主导地位，但传统形而上学及其衍生形态的影响也不可小视。其中，传统形而上学主要是以“国学热”特别是“儒学热”的形式表现出来，传统形而上学衍生形态则主要是以译介西方现当代哲学的形式表现出来。

以上这四个阶段，也是世界哲学形态由低级向高级发展的阶段，可以用一张表格形象地表示出来（见表 5）。

表 5　哲学形态的历史演变

时代	原始社会	奴隶社会—封建社会	17 世纪中期—19 世纪初期	19 世纪中期至今	
基本形态		传统形而上学			唯物主义辩证法
具体形态	哲学萌芽	朴素哲学（传统形而上学初始形态）	传统形而上学成熟形态	传统形而上学衍生形态	唯物主义辩证法初始形态、成熟形态、衍生形态

续表

时代	原始社会	奴隶社会—封建社会	17世纪中期—19世纪初期	19世纪中期至今	
主要表现形式	原始宗教	格言、对话、短文、著作	论文、专著	论文、专著	论文、专著
主要样式	中国神话、印度神话、希腊神话等	古希腊哲学、古印度哲学、中国先秦哲学、欧洲经院哲学、中国“经学”等	18世纪法国唯物主义、德国古典哲学、中国现代哲学、美国现代哲学等	应用的形而上学、反形而上学、新形而上学、反马克思主义等	马克思哲学、恩格斯哲学、苏联模式马哲教科书、中国模式的唯物辩证法等
理论特征	模糊认识	局限于思想领域	局限于思想领域	局限于思想领域	理论与实际统一
思维方式	原始思维①	抽象思维	“形而上学”思维、辩证思维	极端的“形而上学”思维	科学思维、系统思维
表现形式	神话	对话与著作	论文、专著	论文、专著	论文、专著
研究对象	神和万物	世界及其本原	自然、社会、思维	科学、生态、人、语言	现实社会
研究目的	为人的生存服务	为统治阶级服务	为统治阶级服务	维护资本主义统治秩序	维护和实现绝大多数人的利益
研究方法	想象②	猜想与思考	逻辑推论	逻辑推论	调查研究
逻辑工具	原逻辑	形式逻辑	形式逻辑、辩证逻辑	形式逻辑、现代逻辑	唯物辩证逻辑、形式逻辑
人学立场	族群	统治阶级	抽象的人掩盖下的少数人	抽象的人掩盖下的少数人	绝大多数人
社会功能	感知世界	认识世界	认识世界	认识世界	认识世界、改造世界

① 原始思维是原始人类的思维方式。这种思维主要有两个特点，一是十分感性具体，是一种尚未分化的、没有规定和区别的、混沌一体的感性思维，它只能描绘最表面的现象，不能把握事物的共性，更无法认识事物的内在关联；二是非逻辑性，缺乏抽象力或逻辑能力。对于人和外物、主体和客体、精神和物质还没有区分也不知道区分，不知道事物之间的因果关系，也不问事物的原因。按照《原始思维》一书的作者列维—布留尔的说法，是一种“原逻辑思维”，一切现象在它眼中只有一种神秘的“互渗”关系。（参见杨适：《哲学的童年》，中国社会科学出版社2011年版，第9—11页。）

② 马克思在《〈政治经济学批判〉导言》中说：“任何神话都是用想象和借助想象以征服自然力，支配自然力，把自然力加以形象化；因而，随着这些自然力实际上被支配，神话也就消失了。……希腊艺术的前提是希腊神话，也就是已经通过人民的幻想用一种不自觉的艺术方式加工过的自然和社会形式本身。”（《马克思恩格斯选集》第2卷，人民出版社2012年版，第711页。）

同生物的低级形态与高级形态既相互区别又相互依存一样，哲学的低级形态与高级形态也是既相互区别又相互依存的。一方面，哲学的高级形态是由哲学的低级形态发展而来，但却具有哲学的低级形态所不具有的功能；另一方面，哲学的高级形态虽然在功能上更为高级，但并不能完全取代哲学的低级形态，两者往往在同一时代中共同存在。

二、世界哲学形态的发展规律及其运用

自古至今，世界哲学形态不仅经历了一个由低级到高级的发展过程，而且具有自己的运行规律。概括和运用这些规律，不论是对于运用不同形态的哲学指导社会和人生，还是推动哲学自身的发展，都是十分必要的。

1. 哲学形态的发展规律

世界哲学形态的规律，主要可以概括为以下几点：

(1)进化律，即哲学形态由低级向高级发展规律。要点有三：

其一，低级哲学形态是高级哲学形态产生和发展的基础，或说高级的哲学形态必须把低级哲学形态作为自己产生和发展的土壤；

其二，越是低级的哲学形态，产生的时间越是久远，其基本功能的发育越是充分；

其三，越是高级的哲学形态，越是具备低级哲学形态所没有的功能。

(2)共存律，即低级哲学形态与高级哲学形态共存规律。要点也有三个：

一是不同的哲学形态，具有不同的结构和功能；

二是不同的哲学形态，可以在同一时代存在和发展；

三是不同的哲学形态，可以在主要功能上相互补充。

(3)适用律，即哲学形态符合人类社会发展需要规律。要点有两个：

其一，越是高级的哲学形态，越是符合人类高级层次的需要，越是符合个人长期发展和经济社会宏观发展的需要。

其二，越是低级的哲学形态，越是符合人类个体低级层次的需要，越是局限于人类个体日常生活和工作领域。

以上这三条规律，只是对哲学形态发展规律的初步概括。更多更好的概括，尚有待于进行更加深入、细致的研究。

2. 哲学形态发展规律的具体运用

从世界哲学形态的演变过程和发展规律不难看出，高级哲学形态与低级哲学形态是相互依存、相互促进的：一方面，高级的哲学形态是由低级的哲学形态演化而来的，必须把低级哲学形态作为自己产生和发展的土壤，但同时又具有低级哲学形态所不具有的功能；另一方面，由于产生的时间久远且基本功能发育充分，低级的哲学形态并不会因为高级哲学形态的产生而消亡，而是作为高级哲学形态的补充在个体日常生活和工作领域发挥作用。因而，任何一个民族，如果想要健康发展，在大力发展高级哲学形态的同时，必须给予低级哲学形态一定的生存空间，让其为高级哲学形态提供滋养，而不能完全弃之不顾，那样反而会影响高级哲学形态的健康发展。但同时也必须看到，高级哲学形态具有低级哲学形态所不具备的功能，它与低级哲学形态相比更加符合个人长期发展和经济社会宏观发展的需要。因而，承认哲学形态的多样性并不是把高级哲学形态与低级哲学形态一视同仁。现代社会是一个高度社会化、高度复杂化的社会，必须把符合个人长期发展和经济社会宏观发展需要的高级哲学形态作为指导社会发展的世界观和方法论。否则，必然严重影响经济社会的健康发展。

(1)把不同的哲学形态运用到人类社会的不同领域、不同层次。

根据适用规律，即哲学形态符合人类社会发展需要规律，越是低级的哲学形态，越是符合人类个体低级层次的需要，越是局限于人类个体日常生活和工作领域，越是高级的哲学形态，越是符合个人长期发展和经济社会宏观发展的需要。在当今社会，对于低级的哲学形态，譬如儒家哲学、道家哲学、现当代西方哲学等，我们要将其主要运用在个人日常生活和工作领域，注重发挥其在个人情感意志、道德品质、行为习惯养成等方面的作用；对于高级的哲学形态，譬如马克思主义哲学，除了要发挥其在个人的世界观、方法论等与个人长期发展相关的基本素质培养方面的作用以外，要将其主要运用在社会发展领域，注重发挥其在指导经济社会宏观发展方面的作用。

(2)坚持把高级哲学形态作为人类社会宏观发展的指导思想。

根据进化规律，即哲学形态由低级向高级发展规律，低级哲学形态是高级哲学形态存在和发展的基础，高级的哲学形态除了吸收低级哲学形态的合理要素以外,还具备低级哲学形态所没有的功能。而根据适用规律,即哲学形态符合人类社会发展需要规律,越是低级的哲学形态,越是局限于个体日常生活和工作的需要,越是高级的哲学形态,越是符合人类社会宏观发展的需要;越是低级的哲学形态,越是符合人类个体低级层次的需求,越是高级的哲学形态,越是符合人类高级层次的需要。因此,不论是在个人的长期发展上,还是在经济社会的宏观发展上,都应该以高级的哲学形态为指导。在当今中国,则要以马克思主义哲学为指导,为个人的长期发展和经济社会的宏观发展提供科学的世界观和方法论。

(3)根据哲学形态的根本特征判断哲学形态的当代价值。

根据共存规律,即低级哲学形态与高级哲学形态共存规律,不同的哲学形态,具有不同的结构和功能。由于低级哲学形态生产时间久远、发育充分,在它适用的领域并不能完全被高级的哲学形态所替代,因而不同的哲学形态可以在同一时代同时存在和发展。但是,在处理低级哲学形态与高级哲学形态的关系上,我们在看到低级哲学形态存在的必要性的同时,必须清醒地认识到它们在社会功能上的局限性,坚持高级哲学形态的指导地位。在当今中国,我们必须坚持马克思主义哲学的指导地位,坚决批判“文化复古主义”和“全盘西化”两大思潮,防止企图用儒家哲学或现当代西方哲学取代马克思主义哲学的不良倾向。

(4)依据人类社会健康发展的需求创新和完善哲学形态。

根据适用规律,即哲学形态符合人类社会发展需要规律,任何一种哲学形态的健康发展,必须符合人类社会发展一定层次和一定领域的需要,在当今社会也不例外。目前,人类已经进入 21 世纪,西方发达国家已经进入后工业化社会,中国虽然是一个发展中国家,也正在为全面实现现代化而奋斗,但总体而言,一方面,人的最低层次的需要在人类生存发展中所占的比重正在逐步降低,而人的高级层次的需要在人类生存发展中所占的比重正在逐步提高;另一方面,人类的物质生产活动也逐步由以家庭为单位的小生产为主,逐步转向了以社会化的大生产为主,社会化的程度大幅度提高,以至于在相当大的程度上实现了全球化。与此同时,人类的交往活动也以前所未有的规模展开,“地球村”正在逐步成为现实。在这种情况下,强调合作共赢的集体主义,强调用全面、联系、发展的眼光看问题的辩证法,强调为最广大人民谋解放和谋幸福的发展理念,越来越符合人类社会发展的需要,哲学形态的创新和完善也必须以这个需要为导向,而不应成为哲学家们“孤寂的头脑”①的产物。

三、世界哲学形态的发展趋势

人类进入 21 世纪以后,尽管以美国为首的西方列强仍然在谋求联合称霸世界,但随着中国等发展中国家努力冲破西方列强的阻挠而加快自身的发展,一个“多极”的世界正在形成,“和平”和“发展”已经成为世界的两大主题,经济全球化的进程日益加快。这就促使全世界的哲学家进行这样的思考:我们究竟应该相信和坚持什么样的哲学,是儒学这样的传统形而上学,西方现当代哲学这样的传统形而上学衍生形态,马克思主义哲学,还是一种新的哲学形态?如果仔细分析,我们就不难发现,世界哲学正在逐步形成如下几个发展趋势:

1. 唯物主义辩证法逐步成为指导人类社会宏观发展的指导思想

唯物主义辩证法的理论要点有三个:一是理论与实际统一、认识世界与改造世界相统一,亦即马克思主义的方法论,如调查研究、具体事物具体分析等;二是人民大众的立场;三是辩证法的一般规律,如对立统一规律、质量互变规律、否定之否定规律,坚持用全面、联系、发展的观点看问题等。唯物辩证法的这三个理论要点,是推动当代世界按照和平发展的方向健康发展的必不可少的条件——只有以美国为首的西方列强放弃依靠武力称霸的野心,依靠和平手段开展国与国之间的交往和发展本国的经济,允许发展中国家根据自己的具体国情走具有本国特色的发展道路;只有以美国为首的西方列强能够从全世界最广大人民的根本利益出发考虑问题,而不再把本国的利益凌驾于他国之上;只有以美国为首的西方列强能够用全面、联系和发展的眼光看问题,放弃“西方中心论”特别是“美国中心论”,世界的和平发展才能真正得以实现。

---

① 恩格斯语。恩格斯在《路德维希 · 费尔巴哈和德国古典哲学的终结》中,批判费尔巴哈理论与实际严重脱离,“从他的孤寂的头脑中,而不是从同与他才智相当的人们的友好或敌对的接触中产生出自己的思想”。(《马克思恩格斯选集》第 4 卷,人民出版社 2012 年版,第 237 页。)

2. 中国特色的马克思主义哲学逐步在世界范围内扩散

中国特色的马克思主义哲学，以全心全意为人民服务为宗旨，坚持一切从最广大人民的根本利益出发，坚持与时俱进，强调根据本国的实际情况选择符合本国的发展道路，正确处理改革开放与坚持四项基本原则的关系、发展市场经济与巩固社会主义制度的关系、推动体制改革与维护社会稳定的关系、发展经济与生态保护的关系、坚持中国共产党的领导与惩治腐败的关系，为中国特色社会主义道路奠定了坚实的理论基础。中国通过30多年的改革开放，GDP总量迅速上升到世界第二位，人民生活水平和综合国力都得到了大幅度提高，国际地位也得到迅速提升。中国的成功，不仅证明了中国特色社会主义道路是正确的，也证明了中国特色的马克思主义哲学作为中国特色社会主义建设的指导思想是不辱使命的。随着中国国际影响力的提高，中国特色的马克思主义哲学，凭借其在中国特色社会主义建设中的重要地位和作用，也必将逐步引起世界人民的关注和重视。假以时日，这种从最广大人民的根本利益出发，坚持与时俱进、具体事物具体分析的马克思主义哲学，必将逐步为世界各国人民所认同，真正取代传统形而上学及其衍生形态作为世界范围内的主流哲学形态的地位。

3. 传统形而上学及其衍生形态逐渐退守个体发展领域

传统形而上学及其衍生形态，作为一种古老的哲学形态，在人类历史上持续发展了两千年的时间，至今仍然在中国以外的世界范围内占据着统治地位，即使是在以马克思主义哲学为指导思想的当今中国也仍然具有不可忽视的影响。传统形而上学及其衍生形态，坚持分门别类的研究，专注于某一领域、某一问题或某一方面，坚持从纯粹概念出发，依靠严谨的逻辑推论建立绝对体系，对特定领域和问题的研究深入而细致，这是其作为迄今为止最为古老的哲学基本形态，能够延续两千年而不消亡的重要原因。但是，正如本书第五章所指出的，传统形而上学及其衍生形态，超然于经验之上，仅仅局限于“纯粹的思想领域”，从纯粹概念出发，依靠逻辑推论建立绝对体系，在专注于某一领域、某一问题或某一方面，追求普遍、完美、永恒和绝对，企图建立统领一切的世界观，寻求永不过时的绝对真理的同时，也必然带来三个无法避免的根本缺陷：一是局限于“纯粹的思想领域”，容易导致理论和实际、认识世界与改造世界相脱离;二是从"抽象的人"出发,忽视人在现实社会中的地位和利益,容易导致无视最广大人民的根本利益,甚至为少数人服务;三是用片面、孤立、静止的观点看问题,使自己只能把适用范围局限于日常生活领域特别是其中的个人发展领域,一旦超出了这个领域,便很难适应人类社会的发展和变化。在当今世界,随着科学技术和经济社会的快速发展,各国内部政治、经济、文化、科技、军事各个领域协调发展,各个阶级、阶层之间矛盾缓和,国与国之间和平共处、互利共赢,已经逐步成为当今世界的发展趋势,只有坚持理论与实际相统一、用全面联系发展的眼光看问题的唯物主义辩证法才能满足世界发展的需要,而这种理论与实际相脱离、坚持用片面孤立静止的观点看问题的传统形而上学及其衍生形态,已经很难适应世界变化发展的需要,必将逐步退守到个体发展领域,在满足个人低层次的需要方面发挥自己相应的作用。

第二节 世界哲学形态的评价

如上所述,世界哲学形态经历了一个由低级向高级发展的阶段。然而,我们应该如何判定不同哲学形态的当代价值,或者说怎样判断哲学低级形态与哲学高级形态各自的当代价值?对这个问题的不同回答,直接关系到在现时代能否正确处理不同哲学形态相互间的关系。

一、世界哲学形态评价的标准

哲学形态的评价即是对哲学形态能够在多大程度上适应人类社会发展需要的认识。它主要包括两方面的内容:一是关于哲学形态的社会功能认识,二是关于哲学形态的当代价值的认识。两个方面紧密联系,缺一不可。

关于哲学形态的评价标准,当前具有两种截然相反的观点:一种是"好古派",认为哲学形态产生的时间越早,就证明其社会功能越优异,越应该成为当今社会的指导思想,譬如当今中国的"儒学家"们大都对儒家哲学持有这种观点;另一种是"颂今派",认为哲学形态是否具有当代价值,不能从其产生时间的早晚来判断,而应从其社会功能能够在多大程度上适应当今社会发展的需要来判断，适应程度越大，当代价值也就越大，反之亦然。笔者就持这种观点。在笔者看来，哲学形态评价的标准主要有三点：

1. 人学立场

人学立场问题，亦即为什么人服务的问题，是每一个哲学家的哲学思想所必备的要素，也是评价哲学形态的重要标准。随着哲学形态由低级向高级发展，哲学家的人学立场也逐步发生变化，服务对象逐步由少数人向大多数人转变。其中，朴素哲学对世界的认识十分模糊，服务对象也不清晰。传统形而上学及其衍生形态，或是以“抽象的人”掩盖自己的人学立场（如西方的传统形而上学），或是以对旧制度、旧礼教的推崇来掩盖自己的人学立场（如中国的传统形而上学），但在本质上都是坚持为统治阶级服务、为少数人服务。尤其是成为现当代西方哲学主流的各种传统形而上学衍生形态，忽视人的阶级和利益差别，口口声声追求“平等、博爱、自由”，但由于他们把“资本”推崇到至高无上的程度，甚至作为评价一切的标准，实际上仍然是在维护资产阶级的根本利益，因为只有资本家们才能拥有比劳动群众多得多的“资本”。而马克思主义哲学或唯物主义辩证法，已经彻底改变了传统形而上学为少数人服务的人学立场，要求一切从最广大人民的根本利益出发，全心全意为人民服务，甚至号召“全世界无产者联合起来”，把自己的人学立场扩展至全世界的广大劳动群众。因此，是为少数人服务还是为绝大多数人服务，这是评价哲学形态是低级形态还是高级形态、认识其社会功能和当代价值的首要标准。

2. 理论与实际的关系

理论与实际的关系问题，是哲学基本问题的当代表现形式，是哲学形态社会功能的重要依据。因为哲学的首要特征就是其现实性，任何一种哲学都力图为现实服务，但由于在理论与实际的关系处理上的差别，它们在认识世界和改造世界方面的作用也大不相同。在世界哲学形态发展史上，随着历史条件和社会需求的不断发展变化，哲学与现实的关系问题也变得越来越密切，由朴素哲学仅仅局限于对世界的模糊认识，到传统形而上学及其衍生形态局限于纯粹思想的领域对世界分门别类地进行研究，再到马克思主义超越“纯粹的思想领域”，从现实出发，力求理论与实际相统一、认识世界与改造世界相统一，哲学形态经历了一个由低级向高级的发展过程。理论与实际、认识世界与改造世界是相分离还是相统一，已经成了区分传统形而上学与唯物主义辩证法两大哲学基本形态的重要标准。这是评价哲学形态是低级形态还是高级形态、认识其社会功能和当代价值的另一个重要标准。

3. *方法论和逻辑工具*

方法论和逻辑工具也是评价哲学形态的重要标准。哲学作为世界观和方法论，作为人们认识世界和改造世界的思想武器，是随着人类社会的发展而不断进步的。特别是哲学研究方法论和逻辑工具，更是随着哲学形态由低级向高级发展而不断变化和发展。其中，在原始社会，与采集文明相适应，对应的主流哲学形态是朴素哲学，这种哲学形态仅仅局限于对世界进行猜想，几乎谈不上使用什么逻辑工具。在奴隶社会和封建社会，与农耕文明相适应，对应的主流哲学形态是传统形而上学，这种哲学形态主要运用的是分门别类的研究方法，其逻辑工具主要是形式逻辑。在资本主义社会，与"私有资本"占据至高无上地位的工业文明相适应，对应的主流哲学形态已不单是传统形而上学（资本主义早期），还有传统形而上学的衍生形态（资本主义中后期），主要运用的是追求终极、追求绝对的研究方法，但由于社会化大生产的出现，其逻辑工具已经由主要依靠形式逻辑向形式逻辑和"辩证法的一般形式"兼顾转变。黑格尔的唯心主义辩证法就是在传统形而上学的框架内，运用"辩证法的一般运动形式"①来进行纯粹概念的逻辑推论。在社会主义社会，与"公有资本"占据至高无上地位的工业文明相适应，对应的主流哲学形态是唯物主义辩证法。唯物主义辩证法作为一种崭新的哲学基本形态，运用的是调查研究、实事求是和群众路线的方法，它的逻辑工具是唯物辩证逻辑，既强调理论与实际相统一、理论和实际与最广大人民的根本利益相统一，又遵循"辩证法的一

① 马克思语。马克思在《〈资本论〉第一卷1872年第二版跋》中说："辩证法在黑格尔手中神秘化了，但这决没有妨碍他第一个全面地有意识地叙述了辩证法的一般运动形式。在他那里，辩证法是倒立着的。必须把它倒过来，以便发现神秘外壳中的合理内核。"（《马克思恩格斯选集》第2卷，人民出版社2012年版，第94页。）在我看来，"辩证法的一般运动形式"既可用于黑格尔的唯心主义辩证法，也可用于马克思的唯物主义辩证法，但马克思的唯物主义辩证法已不仅仅是认识的辩证法，即认为"观念的东西不外是移入人的头脑并在人的头脑中改造过的物质的东西而已"，它是理论与实际相统一、认识世界与改造世界相统一的辩证法，是认识辩证法与实践辩证法的统一，除了遵循"辩证法的一般运动形式"以外，它还包括人民大众的人学立场和实事求是的研究方法于自身当中。

般运动形式”,坚持用全面、联系、发展的眼光看问题。因而,方法论和逻辑工具可以作为评价哲学形态的落后性与先进性的标准,在哲学形态评价中发挥作用。

二、世界哲学形态评价的原则和方法

确定了哲学形态的评价标准,并不意味着能够自然而然地对哲学形态作出正确的评价。要确保对哲学形态的评价能够合理、准确,还必须有科学的评价原则和评价方法作保证。

1. 哲学形态评价的基本原则

哲学形态的评价主要应该把握两个基本原则,一是在哲学形态的静态评价,即哲学形态的社会功能和当代价值的评价上,要把人学立场的评价放在首位,首先弄清楚这种哲学形态的人学立场,然后才能依据其对理论与实际的关系问题的处理以及方法论和逻辑工具的运用,来评价这一哲学形态能够在多大程度上符合现时代经济社会健康发展的需要,具有什么样的社会功能和当代价值;二是在动态评价即对哲学形态演变过程和规律的评价上,要通过哲学形态在推动人类社会发展中的地位与作用的考察,来区分文化的低级形态与高级形态、落后形态与先进形态。在一个国家、一个民族的现实生活中,如果几个哲学形态共同存在,必须以先进形态、高级形态为指导、为主体,而以低级形态和落后形态为辅助、为补充,同时注意克服低级形态和落后形态的缺陷和不足。

2. 哲学形态评价的主要方法

哲学形态评价的方法主要有三大类:

第一类是形态学的方法,即依据哲学形态的要素、结构及其演化过程和演化规律,对哲学形态的社会功能和当代价值进行考察的方法。主要有两种,一种是静态评价方法,另一种是动态评价方法。

静态评价方法,即从不同哲学形态在要素和结构上的区别出发,对哲学形态的社会功能进行横向的、静态的评价。考察的主要标准有三个:一个是以人学立场为主要标志的政治标准,一个是以方法论和逻辑工具为标志的科学标准,另一个标准是实践标准——满足经济社会发展需要的程度。第一个标准考察哲学形态是为什么人服务的问题,第二个标准考察哲学形态的先进性与落后性,第三个标准综合考察特定哲学形态的当代价值。在马克思主义看来,人学立场即政治标准是哲学形态评价中的首要标准,科学标准和实践标准是实现政治标准的可靠保证。因此,在哲学形态的静态评价中,必须坚持动机与效果的统一、形式与内容的统一、政治与学术的统一。

动态评价方法,又称历史考察法,即根据哲学形态的要素、层次、式样、功能的演进形式和发展阶段的分析,对哲学形态的产生与演变过程进行纵向的、动态的考察。考察的主要标准是能否推动社会历史健康发展。根据这一标准,哲学形态可以区分为先进形态与落后形态、高级形态与低级形态。在人类哲学形态的演变过程中,先进形态、高级形态往往与低级形态和落后形态同时存在。一方面,低级形态和落后形态并不会由于先进形态和高级形态的产生而自动退出历史舞台;而另一方面,先进形态、高级形态必须以低级形态和落后形态为基础,但又具有低级形态和落后形态所不具有的作用与功能,更能适应当代社会健康、持续发展的需要。因此,运用动态评价方法对哲学形态的社会功能和当代价值进行评价,对于选用先进的世界观和方法论指导经济社会的健康发展是非常必要的。

第二类是历史唯物主义的方法:坚持经济基础决定上层建筑的原理,立足于当代,把是否有利于最广大人民的根本利益、是否有利于推动经济社会的发展特别是科学技术的发展、是否有利于全面现代化的实现,作为评价哲学形态的重要标准。

第三类是辩证的方法。坚持用全面、联系、发展的眼光看问题,立足于当代,面向世界,面向未来,在对经济社会的发展趋势进行科学预测的基础上,科学评价哲学形态的当代价值。

这三类方法,在哲学形态的评价中往往需要综合应用,并没有绝对的界限。

三、当前世界范围内哲学形态评价存在的主要问题

当前世界范围内哲学形态评价存在的问题主要有两个:一是“西方中心论”的泛滥,二是“文化复古主义”的死灰复燃。这是既有区别又有联系的两

个问题，对于科学合理地进行哲学形态评价有着巨大的危害。

1. 西方中心论的泛滥

西方中心论本质上是种族中心主义。种族中心主义在对各种哲学形态进行评价时，坚持把自己的哲学形态作为标准来解释或评价其他哲学形态，也称为“我族中心主义”。西方中心论则把西方哲学形态看成是人类历史上最优秀的哲学形态，并据此否定东方哲学形态和其他哲学形态在人类进步中的地位和贡献。

(1)西方中心论的产生。

西方中心论的主要理论依据是文化平行论。文化平行论是对不同地区发现相似文化形态进行解释的一种理论，又称文化并行论。文化平行是指在地理上并不相连且很难看出其同源或有相互影响痕迹的不同地区内，在相似的发展阶段出现文化形态相似的现象。持文化平行论观点的学者对文化平行现象的成因有两种解释，一种观点认为人类具有心理一致性，因而在相似的发展阶段会各自创造出类似的文化形态；另一种观点则认为，人类所能创造出的技术和文化有一定的条件限制，其表现形态也有一定限度，因而在相似的发展阶段出现类似的文化现象。① 如摩尔根 1877 年在《古代社会》一书中就认为：“人类一切部落，在野蛮社会以前都曾有过蒙昧社会，正如我们知道在文明社会以前有过野蛮社会一样。人类历史的起源相同，经验相同，进步相同。……在同一发展阶段中人类有类似的需要，并可看出在相似的生活状态中人类有同样的心理作用。”因而，“由于人类起源只有一个，所以经历基本相同，他们在各大陆上的发展，情况虽有所不同，但途径是一样的，凡是达到同等进步状态的部落和民族，其发展均极为相似”②。这种观点的本意是要反对种族中心主义，但却被西方中心论者借来论证自己的观点。在他们看来，只有西方社会才真正进入了文明社会，才具有先进的文化形态，其他民族都是野蛮社会，只拥有落后的文化形态。

西方中心论最早是表现为欧洲中心论。它的产生是与资本主义在欧洲的

---

① 参见《中国大百科全书》(第二版简明版)第 7 卷，中国大百科全书出版社 2011 年版，第 588 页。

② [美]路易斯·亨利·摩尔根：《古代社会》，中央编译出版社 2007 年版，“序言”第 1—2 页。

兴起密切相关的。资本主义在欧洲的诞生，有力地推动了生产力的发展，也推动了欧洲中心论的产生。古代中国的统一、富裕，在世界上是比较少见的。直到西方传教士进入中国，马可·波罗在1298年出版的《马可·波罗游记》中，还认为忽必烈是“众王之王”，“所统治的人民的数目，幅员的辽阔，收入的巨大……已超过了世界上过去和现在的一切君王”①；京城“汗八里”（北京）城内及近郊“有华丽的住宅和宏伟的建筑物”，“居民的人数之多，以及房屋的鳞次栉比，是世人想象不到的”②。对中国的崇拜溢于言表，欧洲中心论也就无从谈起。但约3个世纪以后，随着资本主义在欧洲的兴起以及科学技术和经济的快速发展，中国的社会制度、科学技术和经济发展迅速与欧洲拉开差距，欧洲中心论已经开始兴起。与马可·波罗相比，利玛窦在1582—1610年间撰写的《利玛窦中国札记》中，不仅不再是对中国的一味崇拜，反而更多的是严酷的批评。利玛窦说：“从房屋的风格和耐久性看，中国建筑在各方面都逊于欧洲。……在他们着手建造时，他们似乎是用人生一世的久暂来衡量事物的，是为自己盖房而不是为子孙后代。而欧洲人则遵循他们的文明的要求，似乎力求永世不朽。中国人的这种性格使得他们不可能欣赏表现在我们的公私建筑中的那种富丽堂皇，甚至不相信我们告诉他们的有关情况。”③在对世界的认知方面，“他们对海外世界的全无理解却如此之彻底，以致中国人认为整个世界都包括在他们的国家之内。即使现在，他们也和远古时代一样，称他们的皇帝为天子，即上天的儿子，因为他们奉天为至高无上者，所以天子和神子是一个意思”④。在天文和数学等“这几门学问的教学方面，他们的工作多少有些混乱”⑤。至于谈到中国哲学时，利玛窦就更加不客气了：“中国所熟悉的唯一高深的哲理科学就是道德哲学，但在这方面他们由于引入了错误，似乎非但没有把事情弄明白，反倒弄糊涂了。他们没有逻辑规则的概念，因而处理伦理学的某些教诫时毫不考虑这一课题各个分支相互的内在联系。在他们那里，

---

① ［意］马可·波罗：《马可·波罗游记》，中国文史出版社2011年版，第95页。
② ［意］马可·波罗：《马可·波罗游记》，中国文史出版社2011年版，第127页。
③ ［意］利玛窦：《利玛窦中国札记》，中华书局2010年版，第20页。
④ ［意］利玛窦：《利玛窦中国札记》，中华书局2010年版，第46页。
⑤ ［意］利玛窦：《利玛窦中国札记》，中华书局2010年版，第32页。

伦理学这门科学只是他们在理性之光指引下所达到的一系列混乱的格言和推论。"①而实际上，利玛窦作为传教士，熟悉西方自然科学，对中国自然科学的评价也比较中肯，但对中国哲学，他只是接触了四书五经，而对其余的著作特别是先秦哲学、魏晋玄学、宋明理学等，了解甚少，这是他把中国哲学贬得一塌糊涂的一个重要原因。并且，即便仅就四书五经而言，他把这些经典说成是"一系列混乱的格言和推论"，也是信口开河，说明他并没有认真读过这些典籍。实际上，四书五经作为中国古代的形而上学，在理论体系的严谨性上与近代西方古典哲学自然是无法比拟，但与当时欧洲人崇拜的古希腊哲学相比则属于同一时期的哲学著作，在理论水平上也非常接近。随着西方经济社会的迅速发展，当几十年后孟德斯鸠于 1748 年出版《论法的精神》时，已经开始全面否定中国的社会制度。他在谈到"中国式的典章制度"的时候说："人们曾想使君主以专制主义支配法律，但是任何事物与专制主义联系在一起都会丧失其力量。中国的专制主义在灾难深重的巨大压力下，也曾试图给自己套上锁链，但最终完全徒劳无益；它用自己的锁链武装起自己，而且变得更加凶残。"②认为"中国是一个专制的国家，它的原则是恐怖"③。孟德斯鸠尤其反对中国的法律，他说："中国的法律规定，任何人对皇帝不敬就要处死刑。因为法律没有明确规定什么叫不敬；所以任何事情都可拿来作借口去剥夺任何人的生命，去灭绝任何家族。"④法国哲学家孔多塞在 1795 年出版的《人类精神进步史表纲要》中谈到中国时说："那些其利益只在于骗人的人们，很快地就会厌恶对真理的追求的。他们满足于人民的驯服，并相信不再需要新的办法来保证它的延续。……从此以后，科学中的一切进步就都停顿了；甚至于以前各个世纪所曾经验证过了的科学知识，有一部分也在后世消失了，而人类的精神沦于愚昧和偏见之后，就会在这类广大的帝国中注定成为一种可耻的无所作为，这类广大帝国从不间断的存在，长期以来已经玷污了全亚洲。"⑤而在

---

① ［意］利玛窦：《利玛窦中国札记》，中华书局 2010 年版，第 31 页。
② ［法］孟德斯鸠：《论法的精神》上册，商务印书馆 1959 年版，第 153 页。
③ ［法］孟德斯鸠：《论法的精神》上册，商务印书馆 1959 年版，第 153 页。
④ ［法］孟德斯鸠：《论法的精神》上册，商务印书馆 1959 年版，第 230 页。
⑤ ［法］孔多塞：《人类精神进步史表纲要》，北京大学出版社 2013 年版，第 28—29 页。

谈到古希腊时却说："希腊这个民族对于人类进步起过如此之有力而又如此之有幸的一种影响，天才们为人类开辟了所有通向真理的道路；那是自然界准备好了的，是命运注定了使之成为一切民族和一切时代的恩赐者和引导者的：这一荣誉迄今为止没有任何一个其他民族所曾分享过。从此，唯有一个民族才有可能设想主宰人类命运的一场新革命的那种希望。自然界、各种事件的结合，仿佛是协调一致地在为他们保留着这份光荣。"①一贬一褒之间，欧洲中心论的倾向已经非常明显。

此后，随着资本主义在世界范围内的兴起，西方帝国主义阵营逐步形成，欧洲中心论也逐步演变为西方中心论。西方中心论是 17 世纪以后西方经济崛起的产物，至今仍然在世界范围内广泛存在，其主要表现就是把当下西方的文化、制度甚至人种都看成是世界上最优秀的。

(2)西方中心论在哲学形态评价方面的具体表现。

说到西方中心论在哲学形态评价方面的具体表现，以黑格尔在《哲学史讲演录》中的观点最具代表性。黑格尔在《哲学史讲演录》里说："真正的哲学是自西方开始。唯有在西方这种自我意识的自由才首先得到发展，因而自然的意识，以及潜在的精神就被贬斥于低级地位。在东方的黎明里，个体性消失了，光明在西方才首先达到灿烂的思想，思想在自身内发光，从思想出现开创它自己的世界。"②并专用一节来论述"哲学在希腊的开始"。在黑格尔看来，东方哲学中的"宗教哲学"，即在"宗教里"可以"非常直接地感觉到哲学的概念，它是与哲学很接近的"，或者说是"真理保持在宗教形式里面"③。黑格尔这样说："在古代东方，宗教与哲学是没有分开的，宗教的内容仍然保持着哲学的形式。"④"我们所叫做东方哲学的，更适当地说，是一种一般东方人的宗教思想方式——一种宗教的世界观，这种世界观我们是很可以把它认作哲学的。"⑤至于中国孔子的"道德哲学"，"讲的是一种常识道德，这种常识道德我

① ［法］孔多塞：《人类精神进步史表纲要》，北京大学出版社 2013 年版，第 29 页。
② ［德］黑格尔：《哲学史讲演录》第 1 卷，商务印书馆 1959 年版，第 98 页。
③ ［德］黑格尔：《哲学史讲演录》第 1 卷，商务印书馆 1959 年版，第 115 页。
④ ［德］黑格尔：《哲学史讲演录》第 1 卷，商务印书馆 1959 年版，第 64 页。
⑤ ［德］黑格尔：《哲学史讲演录》第 1 卷，商务印书馆 1959 年版，第 115 页。

们在哪里都找得到，在哪一个民族里都找得到，可能还要好些，这是毫无出色之点的东西。孔子只是一个实际的世间智者，在他那里思辨的哲学是一点也没有的——只有一些善良的、老练的、道德的教训，从里面我们不能获得什么特殊的东西"①。在黑格尔看来，虽然在《易经》里"中国人也曾注意到抽象的思想和纯粹的范畴"②，虽然"书经""说到五行，一切东西都是由五行作成"③，虽然老子的《道德经》里的道也"有'理性'、本体、原理的意思"，"道就是道路、方向、事物的进程、一切事物存在的理性与基础"④，"'夷''希''微'三个字……还被用以表示一种绝对的空虚和'无'"⑤，虽然"洛书""那些图形的意义是极抽象的范畴，是最纯粹的理智规定。〔中国人不仅停留在感性的或象征的阶段〕"⑥但这样的规定仍然是停留"在纯粹抽象的本质中"，这样的"哲学仍是停在初级的阶段"。⑦ 并且，在他看来，这些书中的思想虽然也能够算得上是"初级的阶段"的哲学，但在中国哲学里也并不占据主流，因为"孔子才是中国人的主要的哲学家"⑧。归根结底一句话：虽然中国人"也达到了对于纯粹思想的意识，但并不深入，只停留在最浅薄的思想里面。这些规定诚然也是具体的，但是这种具体没有概念化，没有被思辨地思考，而只是从通常的观念中取来，按照直观的形式和通常感觉的形式表现出来的。因此在这一套具体原则中，找不到对于自然力量或精神力量有意义的认识"⑨。很显然，黑格尔的哲学划分标准是以典型的"欧洲中心论"为理论基础，坚持把 17 世纪以后出现的西方的知识论、把西方哲学中的"概念式的认识"作为唯一的标准，这显然是很不恰当的。正如挪威哲学家 G.希尔贝克和 N.伊耶在他们编写的《西方哲学史》中所说："有人会问，谈论印度和中国的哲学到底有没有道理。……或许这种提问方式本身就是过分欧洲中心论了；人们可以反驳说，要

---

① ［德］黑格尔：《哲学史讲演录》第 1 卷，商务印书馆 1959 年版，第 119 页。
② ［德］黑格尔：《哲学史讲演录》第 1 卷，商务印书馆 1959 年版，第 120 页。
③ ［德］黑格尔：《哲学史讲演录》第 1 卷，商务印书馆 1959 年版，第 123 页。
④ ［德］黑格尔：《哲学史讲演录》第 1 卷，商务印书馆 1959 年版，第 126 页。
⑤ ［德］黑格尔：《哲学史讲演录》第 1 卷，商务印书馆 1959 年版，第 129 页。
⑥ ［德］黑格尔：《哲学史讲演录》第 1 卷，商务印书馆 1959 年版，第 120 页。
⑦ ［德］黑格尔：《哲学史讲演录》第 1 卷，商务印书馆 1959 年版，第 129 页。
⑧ ［德］黑格尔：《哲学史讲演录》第 1 卷，商务印书馆 1959 年版，第 132 页。
⑨ ［德］黑格尔：《哲学史讲演录》第 1 卷，商务印书馆 1959 年版，第 120—121 页。

讨论印度思想,我们必须根据印度思想自身的前提,而不是根据希腊哲学所确定的标准。"①同理,在对待中国哲学和其他国家的哲学时也都应该持有这样的态度——其实道理很简单,希腊哲学既不是传统形而上学中产生最早的样式,也不是传统形而上学的唯一样式,因而也就不能用希腊哲学所确定的标准去评价一切哲学。

况且,由于黑格尔本人不懂中文,他对中国哲学的理解只能借助《论语》《易经》《孟子》等少数几本译著,其中有的还只是介绍性的书籍,因而他对中国哲学的理解有很多不准确的地方,有的地方甚至自相矛盾。譬如,就以对孔子哲学思想的理解而言,一方面,如前所述:他认为孔子的哲学是"道德哲学","讲的是一种常识道德",孔子本人"只是一个实际的世间智者,在他那里思辨的哲学是一点也没有的",有的只是"一些善良的、老练的、道德的教训",但另一方面,他在谈到中国的"国家的宗教"——亦即中国人所说的"儒教"的时候,却又说它是"以思辨作为它的特性"!黑格尔的这段话是这样说的:"另外还有需要提及的,就是中国哲学中另有一个特异的宗派,这派是以思辨作为它的特性,我们也可以把它叫作一种特殊的宗教。中国人有一个国家的宗教,这就是皇帝的宗教,士大夫的宗教。这个宗教尊敬天为最高的力量,特别与以隆重的仪式庆祝一年的季节的典礼相联系。我们可以说,这种自然宗教的特点是这样的:皇帝居最高的地位,为自然的主宰,举凡一切与自然力量有关联的事物,都是从他出发。与这种自然宗教相结合,就是从孔子那里发挥出来的道德教训。"②黑格尔不知道,"孔子的道德教训"中的作为这种"国家的宗教"核心思想的"三纲五常",亦即他在下文中提到的规定"臣对君的义务,子对父、父对子的义务以及兄弟姊妹间的义务"③的"道德教训",正是来自孔子本人的发明④,而不是像他所说的那样"所包含的义务都是在古代就已经说出来的,孔子不过加以综合"。因为孔子的做人信条就是"克己复礼",就是借用古

---

① [挪]G.希尔贝克、N.伊耶:《西方哲学史》,上海译文出版社2004年版,第20页。

② [德]黑格尔:《哲学史讲演录》第1卷,商务印书馆1959年版,第125页。

③ [德]黑格尔:《哲学史讲演录》第1卷,商务印书馆1959年版,第125页。

④ 据《论语》颜渊篇第十二记载:"齐景公问政于孔子。孔子对曰:'君君、臣臣、父父、子子。'"(《论语正义》,《诸子集成》第1卷,中华书局1954年版,第271页。)

人的名义来维护当时社会宝塔形的统治秩序。否则,孔子在中国历史上也不会有那么大的社会影响。当然,把话说回来,如果黑格尔能够真正理解"孔子的道德教训"的创新程度,也绝不会在论述中出现如此明显的自相矛盾。

也就是说,即使是按照黑格尔自己的论述,孔子的哲学思想也不仅仅是他所说的那种"思辨的哲学是一点也没有的""道德哲学",而恰恰是那种"以思辨作为它的特性"的"真正的哲学"——起码应该在一定程度上是"真正的哲学"! 实际上,黑格尔之所以会在书中出现如此矛盾的论述,其根本原因无非是要论证他有关"东方哲学"中没有他所认为的"真正的哲学",如果有,那也只是"宗教哲学"的观点。但值得注意的是,黑格尔在论述中国哲学也主要是"宗教哲学"的时候,虽然有几处提到"佛教"、"佛教徒"的字眼,但对原产生于印度却在中国得以发扬光大且作为中国"三教"之一的"中国佛教"的相关内容只字不提;而作为中国"三教"之一的"道教"一词,在《哲学史讲演录》中甚至没有出现①;而对三教之首的作为"国家的宗教"的"儒教",黑格尔虽然论述了它的主要内容,但不仅没有直接称其为"儒教",而且对其主要内容的论述也不是放在"孔子"的条目下,而是放在"道家"的条目下。究其原因,无非是黑格尔对中国古代哲学不够了解而已。

黑格尔这种贬低中国哲学的观点,对其后的西方哲学家具有很大的影响,至今没有绝迹。实际上,古希腊哲学与中国的儒家哲学和道家哲学以及古印度的宗教哲学,是同属一个历史时期的哲学形态,都属于黑格尔自己也承认的哲学早期形态。当时的中国和印度都是文明古国,不论是物质文明还是精神文明的发展水平都是世界上领先的。不论是从当时哲学家的人学立场和思想水平来看,还是从研究方法、逻辑工具以及表述方式来看,古希腊哲学与当时的中国哲学和印度哲学充其量只是在同一个发展阶段上,若说17世纪以后的西方哲学已经形成了比较成熟的知识论形态,在哲学形态的发展上处于更为高级的阶段还是可以理解和接受的,但若说只有古代希腊的哲学才是真正的哲学,而古代中国的儒家哲学和道家哲学以及古印度的宗教哲学都算不上是

---

① 以笔者愚见,黑格尔在《哲学史讲演录》里,只提"道家",不提"道教",也许是更加看重道家的哲学思想。

“真正的哲学”,这就让人很难理解了,除了从西方中心论找原因,很难从其他方面找到恰当理由。

(3)西方中心论对当代中国的影响。

直至今日,西方中心论在世界范围内仍然具有广泛的影响,对中国的影响尤为严重。一些中国学者甚至用教条主义的态度看待西方哲学形态,把它看成是当今世界最优秀的哲学形态,对各种西方当代思潮来者不拒,不做丝毫鉴别,全盘接受,对中西哲学形态的评价造成了十分恶劣的影响。一些学者甚至把西方学者站在资产阶级立场上看待马克思主义的所谓“西方马克思主义”,视为马克思主义在现时代的新发展,具有极大的欺骗性和危害性。

2. 文化复古主义的死灰复燃

文化复古主义是一种把古代哲学形态甚至上古哲学形态作为标准,不顾社会日新月异的发展现状,一味强调依靠恢复古代的制度、风尚、观念等来解决当前社会问题的观点。

文化复古主义的主要理论依据是文化相对论,又称价值相对论。这种理论认为,每一种哲学形态都是与各自的环境相适应而形成的,各种哲学形态都有其独特的个性,都有其自身价值,它们在价值上是平等的。因而,文化的价值具有相对性,他人是无法判断其优劣高低的,人们不能用我族文化的价值标准作为普遍、绝对的标准,去评价他族文化的价值。这种观点于第二次世界大战以后在西方人类学界流行。最先由英国人类学家 E.A.韦斯特马克提出。他在《道德观念的起源与发展》一书中认为道德观念没有普同性,是因时因地而异的。美国人类学家 F.博厄斯则将这种观点作为研究的方法与理论,主张研究者在研究中应抛弃西方文化为中心的“我族中心主义偏见”,从他者具体的文化背景与整体框架中去理解他族文化。其弟子 M.J.赫斯科维茨则将这一理论系统化。① 由于文化相对论具有反对种族中心主义和欧美中心主义的意义,因而在民族独立运动时代盛行一时。但这种理论往往被文化复古主义者借用,用来论证自己的观点。

① 《中国大百科全书》(第二版简明版)第7卷,中国大百科全书出版社2011年版,第589页。

文化复古主义的另一种理论依据是文化多元主义，又称文化多元论、多元文化主义。这种理论主张同一国家中不同民族或文化形态和谐共存的理念和政策。其主要内容是：在意识形态层面，要求不同民族、宗教、文化习俗和语言差异能够互相包容和接受；在国家政策层面，既要保证民族之间的平等，又要建构国家与民族之间的良好关系。文化多元主义理论于20世纪20年代兴起于美国，20世纪70年代以后，由于一些西方国家先后采取文化多元主义政策来解决国内的民族问题和种族矛盾而成为西方社会处理民族问题的主流思想之一。但从实践效果来看，文化多元主义虽然从形式上满足了各民族文化平等的要求，但也在事实上造成了不同文化形态的隔离和国家凝聚力的降低：一方面，由于文化多元主义政策及其相关的文化模式和教育计划限制了标准教育体制的推广，不仅造成了主流民族文化形态和知识生产的单一化，也削弱了少数民族和弱势民族的社会竞争力，从而在保护民族传统文化形态的同时也导致少数民族和弱势民族文化形态发展缓慢，甚至导致贫民窟的出现；另一方面，文化多元主义政策的实施，也在客观上维护了现存的种族差异和种族歧视，因而也为消除社会的不公正带来了困难。① 这种理论也经常被文化复古主义者用来论证自己的观点。

文化复古主义，古今中外都有。中国的文化复古主义，最早产生于春秋战国时期，孔子倡导"克己复礼"（《论语·颜渊篇》）②，认为"先王之道，斯为美"（《论语·学而篇》）③，盛赞"巍巍乎，舜禹之有天下也，而不与焉"（《论语·泰伯篇》）④，"大哉尧之为君也，巍巍乎，唯天为大，唯尧则之"（《论语·泰伯篇》）⑤，"周之德，其可谓至德也已矣"（《论语·泰伯篇》）⑥等，明确表示"周监于二代，郁郁乎文哉！吾从周"（《论语·八佾篇》⑦。孔子之后，特别是汉武帝实行"罢黜百家，独尊儒术"的政策以后，儒家的文化复古主义思想一直

① 《中国大百科全书》（第二版简明版）第7卷，中国大百科全书出版社2011年版，第588页。
② 《论语大学中庸》，中华书局2011年版，第138页。
③ 《论语正义》，《诸子集成》第1卷，中华书局1954年版，第16页。
④ 《论语正义》，《诸子集成》第1卷，中华书局1954年版，第165页。
⑤ 《论语正义》，《诸子集成》第1卷，中华书局1954年版，第166页。
⑥ 《论语正义》，《诸子集成》第1卷，中华书局1954年版，第168页。
⑦ 《论语正义》，《诸子集成》第1卷，中华书局1954年版，第56页。

延续了两千多年，对中国文化特别是科学技术的健康发展造成了极大的阻碍。这种思想至五四运动以后有所收敛，但近年又有所抬头，并有蔓延之势，必须引起我们的高度警惕。

“西方中心论”和“文化复古主义”貌似两种不同的观点，但在本质上都是种族中心主义，都是要论证本民族文化形态的优越性。就目前世界哲学发展的现状而言，这两种观点都已失去了作为哲学形态评价标准的合理性：“西方中心论”者坚持的传统形而上学衍生形态，仍然属于传统形而上学这种低级的哲学基本形态，必将在世界范围内被马克思主义哲学、被唯物主义辩证法所取代；“文化复古主义”坚持的古老的形而上学，即使是在传统形而上学这一哲学基本形态内部，也处于初级发展阶段，与唯物主义辩证法这一崭新的哲学基本形态相比尤其落后。因而，不论是“西方中心论”还是“文化复古主义”，都是我们在进行哲学形态评价时必须坚决予以抵制的观点。

第三节 当前中国哲学发展存在的问题与出路

迄古至今，中国哲学走过了一条世界其他国家没有经历过的独特的发展道路：从春秋战国时期的诸子百家争鸣，到长达两千年的“罢黜百家，独尊儒术”，再到五四运动以后的新文化运动和马克思主义哲学中国化，中国哲学形态的发展经历了一个从先进到落后再到先进的艰难历程。这条独特的发展道路，使中国哲学在发展现状、存在问题和出路上均具有自己的特色。

一、当前中国哲学发展的现状

当前中国哲学的发展现状，可以用两句话来概括：一是马克思主义哲学是指导思想，占据统治地位；二是西方哲学和中国古代哲学①有着重大影响。有人甚至用“马中西三足鼎立”来描述当代中国的哲学发展状况。

---

① 为了与一些学者把“中国哲学”等同于“中国传统哲学”，把“中国传统哲学”等同于“中国古代哲学”，甚至把“中国古代哲学”等同于“儒家哲学”的做法相区别，本书作者主张用“中国古代哲学”一词来取代这些学者所说的“中国传统哲学”，以正视听。

1. 中国特色马克思主义哲学的健康发展

中国特色的马克思主义哲学，既是马克思主义普遍原理与中国具体国情相结合的产物，又是中国革命和建设实践经验的概括与总结，其先进性已经被中国近100年的发展历史，尤其是中国改革开放以来近40年来的历史所证明。其主要内容包括：全心全意为人民服务，一切以最广大人民的根本利益为立足点和出发点，坚持理论与实际相统一；坚持辩证法，用全面联系发展的眼光看问题；坚持调查研究、走群众路线；坚持实事求是、与时俱进、具体事物具体分析，从中国国情出发探索具有中国特色的社会主义道路；等等。中国特色的马克思主义哲学，对中国的和平发展、和谐发展形成了强有力的理论支撑。与现当代西方哲学的表现形式不同，它的典型表现形式是“官方哲学”而不是“学院哲学”，它主要体现在中国共产党历代领导集体的集体决议及其主要领导的哲学思想当中，譬如毛泽东个人撰写的《矛盾论》、《实践论》，就是在其担任中国共产党主要领导人期间哲学思想的集中表达。至于作为“学院派的马克思主义哲学”，改革开放以前基本上是对“官方马克思主义哲学”的加工和整理，是将“官方马克思主义哲学”系统化和体系化；改革开放以后，除了对“官方马克思主义哲学”进行加工和整理以外，也有一些学者借用西方现当代哲学特别是“西方马克思主义”来诠释马克思主义哲学，导致这种诠释在不同程度上受到传统形而上学及其衍生形态的影响，在一定程度上偏离了马克思主义哲学的基本精神。

2. 马哲、中哲、西哲的三足鼎立

马克思主义哲学、中国古代哲学、现当代西方哲学“三足鼎立”，是当今中国哲学发展的一大特色。之所以形成这种局面，主要原因有以下三点：

一是五四运动以来，中国共产党领导中国人民把马克思主义普遍原理与中国的具体国情相结合，在取得了社会主义革命和社会主义建设胜利的同时，也形成了中国特色的马克思主义哲学，拥有了世界上最为先进的哲学形态。在马克思主义哲学的指导下，中国的革命和建设均取得了前所未有的巨大成就，马克思主义主张的全心全意为人民服务的理念已经深入人心，中国特色的马克思主义哲学成为当今中国的指导思想也就理所当然。

二是长达两千年的“罢黜百家，独尊儒术”，造成了以儒家哲学为代表的传统形而上学的唯我独尊、冥顽不化。这种局面虽然经过五四运动的洗礼有了重大改变,但改革开放以后随着中国综合国力的快速发展,人民群众的民族自信心迅速提高,一些学者力图通过弘扬中国传统文化来提高民族自尊心和自信心,“国学热”和“儒学热”便应运而生。

三是近代中国的落后挨打,在使许许多多的中国人在看清了发展综合国力的重要性的同时,也对以儒家哲学为代表的中国传统文化对科学和民主的严重阻碍有了清醒的认识,以至于受“西方中心论”的严重影响,对近代以来的西方哲学毫无批判地予以接受,甚至达到了顶礼膜拜的地步。

不过,我们也必须清醒地认识到,马克思主义哲学、中国古代哲学、现当代西方哲学的“三足鼎立”,并不是绝对地三分天下。在三者之中,中国特色的马克思主义哲学不仅是中国共产党的指导思想,也是对全体中国人民影响最大的一种哲学形态。中国古代哲学和现当代西方哲学,更多地是属于“学院哲学”,其影响也主要局限于高校和学术机构的范围内,对普通民众的影响则要小得多。

二、当前中国哲学发展存在的主要问题

当前中国哲学发展存在的主要问题,表面上看是中国古代哲学、现当代西方哲学对马克思主义哲学产生了严重的冲击,而从本质上看则是形而上学的死灰复燃。它主要表现在以下三个方面:

1. 反辩证法思潮

中国改革开放以后,“和平崛起”、“和谐发展”的理念被普遍接受,一些人便随波逐流,片面强调“和平”和“和谐”,否定“矛盾”和“斗争”,否定“矛盾辩证法”,甚至进一步否定整个的辩证法,污蔑辩证法是“变戏法”。有人用“合二为一”否定“一分为二”,有人用“一分为三”否定“对立统一”。这些人没有看到,“和平”和“和谐”只是矛盾双方“斗争”的结果,并且在任何一种社会,“和平”和“和谐”都只是一种相对状态,永远不会有绝对的“和平”和“和谐”;这些人也没有看到,“矛盾辩证法”、“一分为二”、“对立统一”、“质量互变”和“否定之否定”,是对事物的本质以及事物的发展规律的认识和描述,而“合二为一”和“一分为三”,是对事物的时空属性的认识和描述,两者是从两个截然

不同的角度来观察和分析事物，可以并行不悖，从其中一方的正确性并不能推演出另一方的错误性。当今世界，不论是国内“和谐社会”的建设还是国际上“和谐世界”的建设，都不能片面强调矛盾的“同一性”而否定矛盾的“斗争性”。在国内，“和谐社会”的建设要通过与各种错误思想和错误思潮的斗争，通过与分裂分子、腐败分子、邪教组织以及西方敌对势力在华代言人的斗争来实现；在国际上，“和谐世界”的建设要通过与“西方中心论”、“霸权主义”和种族主义的斗争，通过与各种反华势力的斗争来实现。如果放弃了“斗争”，片面追求“和谐”和“和平”，只能助长国内外各种破坏“和谐”和“和平”力量的气焰，反而使“和谐”变得更加难以实现。

2. 全盘西化思潮

西汉以后实行的长达两千年的“罢黜百家，独尊儒术”，把整个中国的民族精神生产力束缚在儒家主张的“六艺”的学习尤其是儒家经典的背诵和诠释上，不仅把儒家经典的背诵和诠释作为选拔官吏的唯一条件，而且把科学技术视为奇技淫巧，导致了中国在科学技术发展方面不仅长期缺乏精神牵引和制度保障，而且缺乏知识传承和精神生产力的支撑，科学技术发展始终停留在依靠能工巧匠的个人经验积累进行“技术”传承的层面上，既无系统的科学研究方法和研究体系，也无学校教育的知识传承和政府的政策支持，科学技术研究在长达两千年的时间内没有多大进展。当从 17 世纪 40 年代开始英国和欧洲其他国家相继开始资产阶级革命并于 18 世纪 60 年代到 19 世纪中叶先后完成工业革命、自然科学蓬勃兴起的时候，以儒家思想为指导思想的大清帝国仍然在抱着两千年以前的圣人遗训不放，不肯在制度上进行任何改变，学校教育的内容仍然是儒家倡导的“六艺”，自然科学仍然得不到政府的足够重视。即使是在 1840 年鸦片战争以后，中国在抵抗西方列强的战争中一败涂地，日本于 1868 年开始实行明治维新，大力引进西方科学技术和发展资本主义，国力迅速提高并确定对外侵略扩张国策，且于 1874 年入侵中国台湾、1875 年入侵朝鲜、1879 年吞并琉球的情况下，晚清的最高统治者仍然不肯对社会制度进行丝毫改动，直接导致了 1894—1895 年中国在甲午战争中一败涂地，半殖民地化程度大大加深。甲午战争失败以后，满清政府虽然对学习西方科学技术的重要性有了一定程度的认识，开始废除科举制度①，但儒家思想仍然占据统治地位，仍然不肯对封建主义的政治制度进行丝毫改变，中国1898年的戊戌变法仍然惨遭失败。甚至直到辛亥革命胜利、满清政府被推翻之后，儒家思想仍然不肯退出历史舞台。

然而，物极必反。中国半个多世纪的被动挨打特别是甲午战争对中国带来的深重灾难，使中国人民充分认识到了儒家学说作为统治思想对中国经济社会健康发展带来的巨大阻碍作用。1919年的五四运动，一些有识之士高举“科学”和“民主”的大旗，喊出“打倒孔家店”的口号，向儒家学说发起冲击。与此同时，全盘西化思潮也逐步兴起。然而，科学技术的发展和综合国力的提高并非一日之功。由于科学技术落后和国力衰弱，在五四运动以后中国仍然遭受了日本帝国主义的全面入侵，甚至几乎亡国。时至今日，虽然中国人民在中国共产党的领导下进行了长达半个多世纪的和平发展，中国的科学技术水平和综合国力均得到大幅度提高，但中国仍然是一个发展中国家，科学技术和社会发展水平与西方发达国家相比仍然具有相当大的差距，全盘西化思想也仍然具有很大的生存空间。

全盘西化思潮在五四运动时期，对于反对儒家思想的统治作出了不可磨灭的贡献。但在这种思想既不考虑基本国情，也不考虑时代特点，一味主张生搬硬套西方的经济制度和政治制度，是一种典型的教条主义，对中国特色社会主义建设具有巨大的干扰作用，危害性极大，必须对其保持高度的警惕。

3. 文化复古主义思潮

中国作为一个文明古国，封建社会历史长达两千年，这在世界上是独一无二的。但也正因为如此，才造成了封建主义思想的根深蒂固，使中国由封建主义社会向资本主义社会的跨越困难重重，迟迟不能实现，最终导致了中国落后挨打，逐步沦入半殖民地半封建社会，甚至于几乎亡国。究其原因，中国封建社会实行的“罢黜百家，独尊儒术”的政策，是中国在长达两千年的时间内社会制度和综合国力没有根本性改变的主要原因。

从中国近两千年来的思想发展史来看，儒家学说在传承中国古代文化和

① 1905年4月17日，李鸿章代表清政府在日本马关与日本签订了丧权辱国的《马关条约》，宣告了甲午战争以中国的失败而告终。同年阴历八月，光绪皇帝下诏废除科举考试。

巩固封建社会统治秩序两个方面，均作出了重要贡献，但儒家学说也有一个致命的弱点，就是因循守旧、薄今厚古。从儒家学说产生之初，儒家就崇尚复古主义，把尧舜时代的中国社会描绘成最美好的社会，把“周礼”视为天下最好的礼教，口口声声要“克己复礼”。这种情况一直持续了两千多年，直到今天仍然为儒家学者所继承。由于儒家学说本质上就是一种崇尚复古主义的文化、一种因循守旧的文化，它在本质上是与马克思主义针锋相对的，因而对儒家学说的全面肯定，必然导致对马克思主义和社会主义的全面否定。在当今的“国学热”和“儒学热”当中，一些“儒学家”打着弘扬中国传统文化的旗号，厚古薄今，否定五四运动，否定马克思主义和社会主义，实际上就是这种复古主义思维在作祟。它对于推进中国的改革开放，对于用马克思主义和社会主义巩固我们的思想阵地，对于巩固中国特色的社会主义制度，具有严重的干扰作用，必须引起我们的足够重视。

三、中国哲学发展的根本出路

恢复唯物主义辩证法的权威，巩固中国特色马克思主义哲学的指导地位，用马克思主义哲学占领思想阵地，是中国哲学发展的根本出路。

1. 从中国特色马克思主义中寻找中国哲学发展的理论基础

依据什么样的理论基础或说把什么样的阵地作为立足点，对于推动中国哲学的健康发展是至关重要的。尽管自产生之日起就一直受到西方资产阶级学者不遗余力的攻击，但马克思创立的唯物主义辩证法依然是当今世界最为先进的哲学形态。而中国特色的马克思主义哲学，则是马克思主义哲学的中国化，是适合于中国国情并被中国革命和建设的伟大实践证明了的马克思主义，它为我们探索中国哲学发展的根本出路提供了坚实的理论基础。它主要有以下几个理论要点：

（1）坚持理论与实际统一。唯物辩证法的一个重要的理论特征就是理论与实际相统一。这个原则主要表现为两个方面：一是坚持与时俱进，用发展了的理论来研究变化了的社会现实；二是实事求是，坚持普遍性与特殊性相统一，坚持具体事物具体分析。而改革开放以来，中国的一些知识分子对西方发达资本主义的思想和文化，经历了一个由完全排斥到全盘接受的过程，一些人甚至要用“西方马克思主义”取代马克思主义；也有一些人打着“理论自信”“文化自信”的旗号，提出“民族的就是世界的”，企图用儒家文化取代马克思主义作为当今中国的指导思想。这些做法，不仅违背了人类社会的发展规律，也违背了矛盾的普遍性与特殊性的关系原理，其根本原因是由于缺乏必要的马克思主义哲学修养，违背或抛弃了唯物主义辩证法的基本原理，从而导致缺乏正确的世界观和方法论指导。

(2)坚持一切从最广大人民的根本利益出发。站在人民大众的立场上，坚持一切从最广大人民的根本利益出发，是唯物主义辩证法区别于传统形而上学的另一个重要的理论特征。但长期以来，国内哲学界习惯于用黑格尔的辩证法来诠释马克思创立的唯物主义辩证法，对唯物主义辩证法坚持理论与实际统一和一切从最广大人民的根本利益出发的两大理论特征缺乏足够的认识，往往将这两个理论特征分别放到辩证唯物主义和历史唯物主义两个部分来认识，不仅肢解了作为有机整体的唯物主义辩证法，使人们对马克思主义哲学为什么是与传统形而上学有着根本区别的哲学形态缺乏准确的理解，而且对现当代西方哲学以“抽象的人”模糊资产阶级的人学立场，精心打造出来的所谓“普世价值”缺乏清醒的认识和准确的应对。实际上，普适的价值是存在的，但其既不是资产阶级宣扬的“人权大于主权”、强国任意欺凌弱国的所谓“人权”，也不是资产阶级宣扬的那种依靠资本家政治献金才能生存的、实际上代表着资产阶级根本利益的所谓“民主”，而是世界各民族共同的“和平生存与和平发展的权利”，那种弱肉强食的资产阶级“人权”和“民主”，并不是真正的“人权”和“民主”，根本不可能具有什么“普世价值”。

(3)坚持用全面、联系和发展的眼光看问题。这是包括黑格尔辩证法在内的辩证法的“一般形式”，反映了客观世界运行的普遍规律。但改革开放以来，随着西方后现代主义哲学被逐步介绍进中国，后现代主义否定基础、否定中心、把一切碎片化的核心观点被一些人盲目接受，一些人开始提出“后辩证法时代”的概念，另有一些人则公开地反对矛盾学说、反对对立统一、反对斗争以至反对整个辩证法，甚至污蔑辩证法是“变戏法”。在这种思想的指导下，“历史虚无主义”和“牛毛哲学”得以滋生，唯生产力论和GDP至上大行其道，对中国经济社会的健康发展造成了很大危害。因此，只有坚持辩证法的指导，坚持用全面、联系和发展的眼光看问题，才能正确处理经济发展与社会和谐、社会稳定的关系，正确处理GDP增长与环境的关系，正确处理经济增长与改善人民物质和精神生活的关系，使经济社会得到健康发展。

（4）坚持具体事物具体分析。唯物辩证法认为，事物的性质是由其内在矛盾的主要方面决定的，事物的内在矛盾是推动事物发展的内在动力，内因是变化的根据，外因是变化的条件。并且，不同的矛盾，既有普遍性、共性，又有各自的特殊性、个性，普遍性寓于特殊性之中。因而，在解决事物的内在矛盾的时候，不仅要看到矛盾的普遍性，更要看到矛盾的特殊性，实现矛盾的共性与个性的统一。在进行中国特色的社会主义建设时也是这样，既要看到世界各国在实现现代化方面的共性，也要看到中国国情的个性，探索具有中国特色的发展模式，走有中国特色的现代化道路。只有这样，中国才能在不太远的将来赶超西方发达国家，真正实现国富民强。

总之，我们要探索中国哲学发展的根本出路，就必须以马克思主义的唯物主义辩证法为指导，一切从中国的实际情况出发、从中国最广大人民的根本利益出发，在分析和解决中国经济社会发展中出现的重大问题中推动哲学形态的发展。

2. 从中国特色社会主义中寻找中国哲学的发展方向

哲学是时代精神的精华，任何一种哲学都必须从为它所在的时代、所在的社会服务中寻求自身的发展方向。在奴隶社会，哲学是为奴隶制度服务的，哲学只有奴隶以外的人才有资格接触，哲学家们眼中的"人"并不包括奴隶在内，即使是奴隶之外的"贫且贱"的社会底层，也被看作是"君子"之外的"小人"①；在封建社会，哲学是为封建制度服务的，劳动人民虽然有资格接触哲学，但在哲学家们眼中，仍然把社会地位作为判断人的"贵"与"贱"的唯一标准，把普通劳动者所掌握的技能视为"鄙事"；资本主义社会，哲学是为资本主义制度服务的，金钱和资本被视为是至高无上的，拥有大量金钱和资本的资产

---

① 孔子区别"君子"与"小人"的标准是社会地位。他将普通劳动者称为"小人"，将普通劳动者所掌握的技能称为"鄙事"。据《论语·子罕》记载："太宰问于子贡曰：'夫子圣者与？何其多能也？'子贡曰：'固天纵之将圣，又多能也。'子闻之，曰：'太宰知我乎！吾少也贱，故多能鄙事。君子多乎哉？不多也！'"（《论语正义》，《诸子集成》第1卷，中华书局1954年版，第177页。）司马迁在《史记》中也说："孔子贫且贱。"（参见司马迁：《史记》第6卷，中华书局2010年版，第1909页。）

阶级不仅是社会的统治阶级，也拥有至高无上的社会地位；社会主义社会，哲学是为社会主义制度服务的，最广大人民的根本利益被视为是至高无上的，劳动人民当家做主，拥有了前所未有的社会地位。

因而，在当今中国，哲学必须从中国特色社会主义中寻找哲学的发展方向，从为社会主义制度服务、为维护和实现最广大人民的根本利益服务中寻找哲学的发展方向。既不能跟在西方学者后面，鹦鹉学舌，人云亦云；也不能像儒家学者所讲的那样，从中国古代文化当中寻求出路。

3. 从社会全面发展的要求中探寻中国哲学的发展动力

哲学作为时代精神的精华，必须能够解决时代提出的重大理论问题和实践问题。与时代发展的需求相脱离的哲学，是很难有生命力的。就当前而言，中国社会的全面发展，不仅要求处理好政治体制改革与经济体制改革之间的关系、加强国防与发展经济的关系、发展经济与生态建设的关系、公有制成分与其他所有制成分的关系，更要求处理好道德建设与法治建设的关系、改革与稳定的关系、革命与建设的关系，近期发展与长远发展的关系等。这些，不仅要求哲学在处理新与旧、近期与长远、先进与落后、高级与低级等方面提供理论支持，也要求哲学能够根据社会全面发展的要求，对哲学形态进行发展，以提高自身的适应能力。

这里需要特别注意的是，资产阶级学者和中国的儒家学者一直不遗余力地攻击马克思主义的革命性，认为在目前是和平建设时期，阶级斗争不那么尖锐了，因而马克思主义过时了。其实，他们这种观点既是对马克思主义的偏见，也是对历史发展的误读：就第一方面而言，马克思主义认为，革命与建设是相辅相成的关系，革命是为了打碎旧制度、旧体制，更好地建设新制度、新体制。也就是说，马克思主义不只是主张“革命”，而且主张“建设”，不仅主张为人民谋解放，而且主张为人民谋幸福，甚至把消灭阶级、消灭剥削、实现共产主义作为最高的奋斗目标。这一点，马克思和恩格斯在《共产党宣言》中已经表达得非常清楚：“共产党人的最近目的是和其他一切无产阶级政党的最近目的一样的：使无产阶级形成为阶级，推翻资产阶级的统治，由无产阶级夺取政权。”①接下

① 《马克思恩格斯选集》第1卷，人民出版社2012年版，第413页。

来,“无产阶级将利用自己的政治统治,一步一步地夺取资产阶级的全部资本,把一切生产工具集中在国家即组织成为统治阶级的无产阶级手里,并且尽可能快地增加生产力的总量”①。也就是要搞好经济建设,提高人民的生活水平。而共产党人的最终目的,则是要消灭私有制,实现人类最美好的社会:“共产党人可以把自己的理论概括为一句话:消灭私有制。”②“代替那存在着阶级和阶级对立的资产阶级旧社会的,将是这样一个联合体,在那里,每个人的自由发展是一切人的自由发展的条件。”③可见,资产阶级学者和中国的儒家学者把马克思主义说成是仅仅主张暴力革命和阶级斗争的学说,显然是一种歪曲。从第二方面来看,革命和建设,是人类社会发展过程中相辅相成的两个方面:革命推动社会制度的解放和人的解放,为人类社会更好更快地发展奠定制度基础和思想基础,建设则直接为人类社会更好更快地发展奠定物质基础,两者的根本目标是一致的。从人类社会发展史来看,任何一次社会制度的根本性变革——从原始社会到奴隶社会、从奴隶社会到封建社会、从封建社会到资本主义社会或社会主义初级阶段,都是通过暴力革命来实现的。因此,没有暴力革命,就没有社会主义新中国,就没有中国特色的社会主义制度;就连被资产阶级学者视为最美好社会的资本主义社会,也是通过暴力革命推翻了封建统治,才得以实现的。因此,资产阶级学者和中国的儒家学者一味否认革命,也只能说明他们对历史事实的极不尊重!至于资产阶级学者和中国的儒家学者对马克思和恩格斯的著作主要是讲革命和阶级斗争进行诘难,就更加没有道理,因为在马克思和恩格斯生活的时代,阶级斗争异常尖锐,革命和阶级斗争是无产阶级及其政党的首要任务,而到无产阶级掌握政权以后,和平建设和发展则是无产阶级及其政党的首要任务,苏联建成社会主义以后、新中国成立以后,都是这样。中国特色的马克思主义,在新中国成立以后特别是改革开放以后增加的新内容,就主要是讲建设,而不是讲革命和斗争。但我们绝不能由于目前主要是讲和谐、讲建设,而否定了暴力革命和阶级斗争在特定历史阶段的合理性和必要性,否则就是不尊重历史事实和历史规律!

---

① 《马克思恩格斯选集》第1卷,人民出版社2012年版,第421页。
② 《马克思恩格斯选集》第1卷,人民出版社2012年版,第414页。
③ 《马克思恩格斯选集》第1卷,人民出版社2012年版,第422页。

总之,我们必须看到,现当代西方哲学形态并不像西方学者自己看起来那样先进,唯物主义辩证法更不像西方学者和儒家学者所说的那样落后。因而,要寻求中国哲学发展的根本出路,既不能从现当代西方哲学家的哲学著作中去寻找,也不能从中国古代哲学家的哲学著作中去寻找,而应到当代中国的马克思主义中去寻找,到中国特色社会主义建设的伟大实践中去寻找,到中国政治、经济、文化、军事、生态全面发展的需要中去寻找。只有这样,中国哲学才能走出一条独立发展的道路,成为真正的世界哲学、真正的人民哲学。

结　语

在世界哲学发展史上,不论是低级的哲学基本形态,还是高级的哲学基本形态,在思想史的长河中都是必经的环节,都有着自己特殊的地位和功能。低级的形态并不等于无用,并不意味着必须被抛弃。低一级的哲学形态也包含着合理的成分和真理的颗粒,抛弃了它,哲学的大厦就无法建构,正如高等数学不能全盘抛弃初等数学的起码运算规则一样。但如果到此为止,仅仅满足于低一级的形态,而放弃对高级形态的追求,哲学大厦就缺乏了最辉煌的部分。因而,社会越是发展,共同存在的各种哲学基本形态就越多。比较低级的哲学基本形态的地位和功能,只能随着社会的发展而在一定程度上减弱,并不会随着社会的发展而完全消失。

一方面,传统形而上学作为一个比唯物主义辩证法低一级的哲学基本形态,分门别类进行研究,讲究推论的严谨、体系的严密,强调静止和稳定,追寻终极,勇于坚持真理,在人类的发展史上发挥了巨大的作用。即使是在现代社会特别是人们的日常生活和工作当中,仍然发挥着不可替代的作用。这就是传统形而上学在已经步入后现代社会的西方发达国家,仍然不能消亡的原因所在。另一方面,我们必须看到,虽然传统形而上学作为一种重要的哲学基本形态,依靠逻辑推论,探求本质、追求终极、建构体系、寻求真理,在现实生活中仍然发挥着重要的作用,但与马克思主义哲学相比,它已经成为一种低一级的哲学基本形态。特别是在对经济社会的变化和发展进行宏观思考并按照人民的根本利益去改造现实的社会环境和制度的时候,传统形而上学理论与实际相脱离、偏执一端、用孤立静止片面眼光看问题的根本缺陷就更加暴露无遗。

因此,要准确把握马克思主义哲学,就必须从哲学基本形态的高度,对其进行全面的理解,而不能用以黑格尔为代表的传统形而上学的思维模式来解释它。作为两大基本的哲学形态之一,唯物主义辩证法不同于一般的方法论,它具有自己的目的、对象、特征、功能、内容、范畴和作用,具备哲学形态的全部基本要素。唯物主义辩证法不仅是认识世界的方法,而且是改造世界的方法;不仅是认识世界和改造世界的方法论,更是一种与传统形而上学全面对立的全新的哲学基本形态。对于这个哲学基本形态,我们也许还可以用“辩证唯物主义”“历史唯物主义”或“实践唯物主义”等名称来称呼它,但不论怎么来称呼它,它的理论特征、基本要求、主要原则、主要内容以至表述方式,都应该是基本一致的,都必须与传统形而上学明显区别开来。

同理,从哲学形态的高度考察当今的世界哲学,我们就不难发现:马克思主义哲学、现当代西方哲学、中国古代哲学,各有自身的特点和独特的功能,可以相互借鉴、取长补短,在现实社会当中共同发挥作用。从方法论特征上看,中国古代哲学重体悟和直觉,轻逻辑分析和推论、对体系的建构不甚在意;而西方哲学则相反,重逻辑推理和概念分析,注重体系建设。二者的共同特征是局限于“纯粹的思想领域”,致力于认识世界,属于传统形而上学这一基本哲学形态。马克思主义哲学作为一种新的哲学形态,已不再局限于“纯粹的思想领域”,而是致力于在认识世界的基础上改造世界。它在视野和功能上已发生了革命性的变化,根本不同于其他哲学形态了。但这种超越只是对传统形而上学的“扬弃”而不是“抛弃”。传统形而上学的一切合理成分和优长之处,例如西方哲学对概念的精密分析,对人的情感、意志、权力、交往以及语言哲学、科学哲学等的研究成果,中国传统形而上学对个人修养和社会伦理等方面的研究成果,都是马克思主义哲学应当有分析地加以借鉴和汲取的。至于我国学术界对西方哲学和中国古代哲学的研究,也应当从马克思主义哲学中得到方法论和价值观方面的指导。

在当今社会,不同的哲学形态同时存在,各自发挥着自己独特的作用。我们既不能因为有了马克思主义哲学,就完全抛弃中国古代哲学和现当代西方哲学,更不能因为有了中国古代哲学或现当代西方哲学,就用中国古代哲学或现当代西方哲学来诠释马克思主义哲学,甚至想把马克思主义哲学也改造成中国古代哲学或现当代西方哲学。中国古代哲学或现当代西方哲学不应因马克思主义哲学的繁荣而在当今中国销声匿迹，马克思主义哲学也不会因“国学热”、“儒学热”或西方哲学的繁荣而停止发展。只有三者各自保持自己的理论特征，共同研究当今社会面临的重大的理论问题和现实问题，特别是思考和解决当今世界人类面临的共同问题，不同哲学形态的共同繁荣才能真正实现。

因此，我们在进行不同哲学形态的比较研究时，必须坚持以下原则：一是用与时俱进的眼光考察中国哲学，看到马克思主义哲学不仅是当代中国的指导思想，也是当代中国的主要哲学形态，因而不能把现时代的“中国哲学”等同于“经学时代”的中国哲学。二是用全面的眼光考察中国传统哲学，看到即使是“经学时代”的中国哲学，也不仅仅是“儒学”一种，因而不能把“儒学”等同于“经学时代”的“中国哲学”。三是用人类文明进步的眼光看待中国特色的马克思主义，看到它像现代自然科学一样，虽然是由西方人创造而被中国人引进，但它不仅是人类文明共同的优秀成果，而且是适宜于中国国情的人类文明优秀成果，因而不能简单地将它斥为“外国文化”甚至“殖民文化”，排挤出新时代的“中国哲学”之列。四是用人类文明进步的眼光审视儒家哲学，看到它虽然在家庭伦理道德建设和个人道德修养方面仍然具有积极作用，但它是小农社会的产物，其主要的历史使命是维护封建社会宝塔形的权力结构，具有厚古薄今、反对权力监督、反对改革、轻视技术和利益、轻视法律和制度、推崇愚民政策等与实现社会主义现代化背道而驰的诸多顽疾，特别是其“罢黜百家，独尊儒术”的一贯传统，是中国的自然科学和社会科学发展的最大的思想障碍，必须予以坚决废除。也就是说，马克思主义哲学既是当代中国的占主导地位的哲学形态，也是一种先进的哲学形态，必须充分发挥其主导作用；儒家哲学作为中国古代哲学的代表，是现时代“中国哲学”得以发展的土壤和基础，但绝不是现时代“中国哲学”的主体，在社会主义现代化建设过程中，只能在个人修养和家庭伦理建设领域发挥一定作用，且其作用不宜高估。五是用人类文明进步的眼光审视现当代西方哲学，看到它是传统形而上学这一哲学基本形态的衍生形态，是一种落后于唯物主义辩证法的哲学形态，因而那种用现当代西方哲学来诠释马克思主义哲学的做法是要不得的。六是用人类文明进步的眼光审视“文化自信”。“文化自信”是对先进文化的自信，是对中国当代文化的自信，是对马克思主义、社会主义的自信，是对当代自然科学和社会科学的自信，而不是用中国古代文化来否定当代文化。也就是说，对中国古代文化的自信，只应建立在与西方古代文化相比较的基础之上，而不能建立在与西方现当代文化相比较的基础之上，否则不仅无法建立起对中国古代文化的自信，反而会严重影响对中国当代文化的自信。

总之，在社会主义现代化建设过程中，只有以“中国模式的唯物主义辩证法”为指导，吸收以儒家哲学为代表的中国古代哲学以及现当代西方哲学的积极因素，从中国的具体国情出发，从最广大人民的根本利益出发，去分析和解决当代中国重大的理论问题和实践问题，才能真正使中国的政治、经济、社会、文化又快又好地发展，才能真正推动现时代“中国哲学”的自主发展、健康发展。

参考文献

1.［德］阿多诺:《否定的辩证法》,重庆出版社1993年版。

2.［德］爱因斯坦:《爱因斯坦文集》第1—4卷,商务印书馆2009年版。

3.［德］彼得·昆兹曼等:《哲学百科》,广西人民出版社2011年版。

4.［德］杜林:《哲学教程——严密科学的世界观和人生观》,商务印书馆1991年版。

5.［德］费尔巴哈:《费尔巴哈哲学著作选集》(上下),商务印书馆1984年版。

6.［德］费尔巴哈:《基督教的本质》,商务印书馆1984年版。

7.［德］哈贝马斯:《后形而上学思想》,译林出版社2001年版。

8.［德］海德格尔:《海德格尔选集》(上下),生活·读书·新知三联书店1996年版。

9.［德］海德格尔:《林中路》,上海译文出版社1997年版。

10.［德］海德格尔:《路标》,商务印书馆2000年版。

11.［德］海德格尔:《面向思的事情》,商务印书馆1996年版。

12.［德］海德格尔:《形而上学导论》,商务印书馆1996年版。

13.［德］汉斯·约阿西姆·施杜里希:《世界哲学史》,山东画报出版社2006年版。

14.［德］黑格尔:《法哲学原理》,商务印书馆1961年版。

15.［德］黑格尔:《精神现象学》(上下),商务印书馆1979年版。

16.［德］黑格尔:《逻辑学》(上下),商务印书馆1966年版。

17.［德］黑格尔:《小逻辑》,商务印书馆1980年版。

18.［德］黑格尔:《哲学科学全书纲要》,上海世纪出版集团、上海人民出版社2002年版。

19.［德］黑格尔:《哲学史讲演录》第1卷,商务印书馆1959年版。

20.［德］黑格尔:《哲学史讲演录》第2卷,商务印书馆1960年版。

21.［德］黑格尔:《哲学史讲演录》第3卷,商务印书馆1959年版。

22.［德］黑格尔:《哲学史讲演录》第4卷,商务印书馆1978年版。

23.［德］黑格尔:《自然哲学》,商务印书馆1980年版。

24.[德]康德:《纯粹理性批判》,商务印书馆1960年版。

25.[德]康德:《任何一种能够作为科学出现的未来形而上学导论》,商务印书馆1978年版。

26.[德]文德尔班:《哲学史教程》(上下),商务印书馆1993年版。

27.[俄]A.Г.斯比尔金:《哲学原理》,求是出版社1990年版。

28.[俄]阿法纳西耶夫:《哲学知识基础》,人民出版社1883年版。

29.[俄]弗罗洛夫主编:《哲学导论》,北京师范大学出版集团、北京师范大学出版社2011年版。

30.[俄]卡冈:《艺术形态学》,学林出版社2008年版。

31.[俄]康斯坦丁诺夫主编:《马克思列宁主义原理》,人民出版社1985年版。

32.[俄]康斯坦丁诺夫主编:《马克思主义哲学原理》(内部发行)第1—5册,人民出版社1958年版。

33.[俄]鲁·格·皮霍亚:《苏联政权史》,东方出版社2006年版。

34.[俄]罗森塔尔:《马克思主义辩证方法》,作家书屋1952年版。

35.[俄]罗森塔尔:《唯物辩证法》,生活·读书·新知三联书店1950年版。

36.[俄]罗伊·麦德维杰夫:《苏联的最后一年》,社会科学文献出版社2013年版。

37.[俄]普列汉诺夫:《论一元论历史观的发展问题》,商务印书馆2012年版。

38.[法]保尔·霍尔巴赫:《袖珍神学》,商务印书馆1972年版。

39.[法]孔多塞:《人类精神进步史表纲要》,北京大学出版社2013年版。

40.[法]孟德斯鸠:《论法的精神》(上下),商务印书馆1959年版。

41.[古希腊]柏拉图:《巴曼尼得斯篇》,商务印书馆1982年版。

42.[古希腊]柏拉图:《斐多》,辽宁人民出版社2000年版。

43.[古希腊]柏拉图:《理想国》,商务印书馆1986年版。

44.[古希腊]亚里士多德:《形而上学》,商务印书馆1959年版。

45.[联邦德国]马克斯·霍克海默《批判理论》,重庆出版社1989年版。

46.[联邦德国]施太格缪勒:《当代哲学主流》(上下),商务印书馆1986年版。

47.[美]J.P.蒂洛:《哲学——理论与实践》,中国人民大学出版社1989年版。

48.[美]M.怀特编:《分析的时代——二十世纪的哲学家》,商务印书馆1981年版。

49.[美]彼得·范·因瓦根:《形而上学》,北京大学出版社2007年版。

50.[美]布鲁斯·昂:《形而上学》,中国人民大学出版社2006年版。

51.[美]大卫·雷·格里芬编:《后现代精神》,中央编译出版社1998年版。

52.[美]大卫·雷·格里芬编:《后现代科学》,中央编译出版社2004年版。

53.[美]路易斯·亨利·摩尔根:《古代社会》,中央编译出版社2007年版。

54.[美]罗伯特·所罗门:《大问题——简明哲学导论》,广西师范大学出版社2004年版。

55.[美]麦克尔·路克斯:《当代形而上学导论》,复旦大学出版社 2008 年版。

56.[美]梯利:《西方哲学史》(伍德增补修订版),商务印书馆 1995 年版。

57.[挪]G.希尔贝克、N.伊耶:《西方哲学史》,上海译文出版社 2004 年版。

58.[日]青野季吉:《观念形态论》,上海南强书店 1929 年版。

59.[锡兰]L.A.贝克:《东方哲学简史》,中国友谊出版公司 2006 年版。

60.[伊拉克]穆萨·穆萨威:《阿拉伯哲学》,商务印书馆 1997 年版。

61.[意]利玛窦:《利玛窦中国札记》,中华书局 2010 年版。

62.[意]马可·波罗:《马可·波罗游记》,中国文史出版社 2011 年版。

63.[英]彼得·F.施特劳斯:《个体:论描述的形而上学》,中国人民大学出版社 2004 年版。

64.[英]科林伍德:《形而上学论》,北京大学出版社 2007 年版。

65.[英]克里斯·霍奈尔、[美]埃默里斯·韦斯科特:《哲学是什么》,中国人民大学出版社 2010 年版。

66.[英]罗素:《西方哲学史》(上下),商务印书馆 1961 年版。

67.[英]奈杰尔·沃伯顿:《哲学的门槛——写给所有人的简明西方哲学》,新华出版社 2011 年版。

68.[英]尼古拉斯·布宁、[中]燕宏远等主编:《当代英美哲学概论》,社会科学文献出版社 2002 年版。

69.[英]尼古拉斯·费恩:《哲学——对最古老问题的最新解答》,新星出版社 2007 年版。

70.[英]帕金森、[加]杉克尔总主编:《劳特利奇哲学史》第 1—5 卷,中国人民大学出版社 2009 年版。

71.《奥义书》,商务印书馆 2012 年版。

72.《不列颠百科全书(国际中文版修订版)》第 1—20 卷,中国大百科全书出版社 2007 年版。

73.《辞海(普及本)》(上中下),上海辞书出版社 2010 年版。

74.《辞海·哲学分册》,上海辞书出版社 1986 年版。

75.《辞源》第 1—4 册,商务印书馆 1980 年版。

76.《大辞海·哲学卷》,上海辞书出版社 2015 年版。

77.《大美百科全书》第 18 卷,台湾光复书局 1990 年版。

78.《当代学者视野中的马克思主义哲学——东欧和苏联学者卷》(上下),北京师范大学出版集团、北京师范大学出版社 2012 年第二版。

79.《邓小平文选》第一—四卷,人民出版社 1994 年版。

80.《光明日报》2013 年 12 月 19 日第 11 版。

81.《李大钊全集》第 1—4 卷,人民出版社 2006 年版。

82.《列宁全集》第1—60卷，人民出版社1984年版。

83.《列宁选集》第1—4卷，人民出版社2012年版。

84.《论语大学中庸》，中华书局2011年版。

85.《马克思恩格斯全集》第1卷，人民出版社1995年版。

86.《马克思恩格斯全集》第20卷，人民出版社1971年版。

87.《马克思恩格斯全集》第29卷，人民出版社1972年版。

88.《马克思恩格斯全集》第2卷，人民出版社1957年版。

89.《马克思恩格斯全集》第3卷，人民出版社1960年版。

90.《马克思恩格斯全集》第3卷，人民出版社2002年版。

91.《马克思恩格斯全集》第44卷，人民出版社2001年版。

92.《马克思恩格斯全集》第47卷，人民出版社2004年版。

93.《马克思恩格斯文集》第1—10卷，人民出版社2009年版。

94.《马克思恩格斯选集》第1—4卷，人民出版社2012年版。

95.《毛泽东传(1893—1949)》，中央文献出版社2004年版。

96.《毛泽东文集》第一—八卷，人民出版社1999年版。

97.《毛泽东选集》第一—四卷，人民出版社1991年版。

98.《毛泽东哲学批注集》，中央文献出版社1988年版。

99.《孟子》，中华书局2010年版。

100.《十三经注疏》(上下)，中华书局1980年版。

101.《说文解字注》，上海古籍出版社1988年版。

102.《斯大林全集》第1—13卷，人民出版社1953年版。

103.《斯大林选集》(上下)，人民出版社1979年版。

104.《四部精华·子部》，中华书局1988年版。

105.《孙中山非常言》，人民日报出版社2011年版。

106.《天下才子必读书》，安徽文艺出版社1991年版。

107.《五四运动文选》，生活·读书·新知三联书店1959年版。

108.《荀子》，中华书局2011年版。

109.《哲学大辞典》(上下)，上海辞书出版社2007年版。

110.《中国大百科全书(第二版简明版)》第1—10卷，中国大百科全书出版社2011年版。

111.《中国大百科全书(第一版·哲学卷)》(1—2)，中国大百科全书出版社1985年版。

112.《中国哲学史资料简编》(两汉—隋唐部分·上下册)，中华书局1963年版。

113.《中国哲学史资料简编》(清代近代部分·上下册)，中华书局1963年版。

114.《中国哲学史资料简编》(宋元明部分)，中华书局1968年版。

115.《中国哲学史资料简编》(先秦部分·上下册),中华书局1962年版。

116.《诸子集成》第1—8卷,中华书局1954年版。

117.《庄子》,中华书局2010年版。

118.艾思奇:《辩证唯物主义纲要》,人民出版社1978年版。

119.艾思奇:《大众哲学》,人民出版社2004年版。

120.艾思奇主编:《辩证唯物主义历史唯物主义》,人民出版社1961年版。

121.安东尼·肯尼:《牛津西方哲学史》,吉林出版集团有限责任公司2010年版。

122.北京大学哲学系外国哲学史教研室编译:《古希腊罗马哲学》,生活·读书·新知三联书店1957年版。

123.北京大学哲学系外国哲学史教研室编译:《西方哲学原著选读》(上下),商务印书馆1981年版。

124.本书编写组:《马克思主义哲学(马克思主义理论研究和建设工程重点工程教材)》,高等教育出版社、人民出版社2009年版。

125.陈独秀:《陈独秀文选》,四川出版集团、四川文艺出版社2009年版。

126.陈坚:《是元哲学观还是哲学的定义——兼谈元哲学观对于哲学本身的意义》,《河南教育学院学报》(哲学社会科学版)2001年第1期。

127.陈麟书、朱森溥:《世界七大宗教》,重庆出版社1986年版。

128.陈先达:《处在夹缝中的哲学——走向21世纪的马克思主义哲学》,北京师范大学出版社2004年版。

129.陈先达等:《被肢解的马克思》,上海人民出版社1990年版。

130.陈忠:《在马克思本人那里,有几种形态的马克思哲学——对马克思哲学"原生形态"研究的一点思考》,《河北学刊》2005年第5期。

131.崔平:《对形而上学构建方法的历史批判和逻辑再造》,《江海学刊》2011年第5期。

132.村濑裕也:《哲学的课题和表现形态》,《哲学研究》1999年第1期。

133.丁峻:《思维进化论》,中国社会科学出版社2008年版。

134.董仲舒:《春秋繁露》,中华书局2012年版。

135.冯友兰:《中国哲学简史》,新世界出版社2004年版。

136.冯友兰:《中国哲学史》(上下),重庆出版集团、重庆出版社2009年版。

137.高清海主编:《马克思主义哲学基础》(上下),人民出版社1985年版。

138.《关于若干历史问题的决议·关于建国以来党的若干历史问题的决议》,中共党史出版社2010年版。

139.韩庆祥、张艳涛:《马克思哲学的三种形态及其历史命运》,《中国社会科学》2010年第4期。

140.韩庆祥、张艳涛:《马克思哲学的三种形态及其历史命运》,《中国社会科学》2010

年第 4 期。

141.韩巍编著:《形态》,东南大学出版社 2006 年版。

142.郝敬之:《整体马克思》,东方出版社 2002 年版。

143.郝立忠:《从两个对子到两大形态——论马克思主义哲学评价的层次与标准》,《哲学研究》2003 年第 10 期。

144.郝立忠:《重新诠释唯物主义辩证法》,《马克思主义研究》2010 年第 7 期。

145.郝立忠:《论哲学基本问题的唯一性》,《东岳论丛》1999 年第 3 期。

146.郝立忠:《形而上学批判》,《文史哲》2000 年第 6 期。

147.郝立忠:《理论与实际统一的马克思》,山东人民出版社 2006 年版。

148.郝立忠:《论哲学形态的功能、层次及其划分》,《学术研究》2011 年第 5 期。

149.郝立忠:《作为哲学形态的唯物主义辩证法》,山东大学出版社 2002 年版。

150.洪谦主编:《逻辑经验主义》(上下),商务印书馆 1982 年版。

151.侯才、毛卫平主编:《马克思主义哲学形态演变史》,黑龙江人民出版社 2013 年版。

152.胡军:《哲学是什么》,北京大学出版社 2002 年版。

153.黄高容、甘男:《论哲学形态》,《湖南行政学院学报》2000 年第 6 期。

154.黄楠森等主编:《马克思主义哲学史》第 1—8 卷,北京出版社 1996 年版。

155.康有为:《康南海自编年谱》,中华书局 1992 年版。

156.窥基撰,梅德愚校释:《因明大疏校释》,中华书局 2013 年版。

157.李兵等:《"形而上学与反形而上学研讨会"综述》,《哲学动态》2002 年第 11 期。

158.李达主编:《唯物辩证法大纲》,武汉大学出版社 2007 年版。

159.李达:《社会学大纲》,武汉大学出版社 2007 年版。

160.李德顺主编:《哲学概论》,中国社会科学出版社 2010 年版。

161.李世繁:《试述〈墨辩〉中若干范畴的理论》,载刘壮虎主编:《逻辑的历程》,北京大学出版社 2012 年版。

162.李维武:《形态、问题与思潮:20 世纪中国哲学研究的方法论思考》,《学术月刊》2004 年第 9 期。

163.李晓东:《略论哲学的三种形态》,《东岳论丛》2000 年第 2 期。

164.李秀林、王于、李淮春主编:《辩证唯物主义和历史唯物主义原理》,中国人民大学出版社 1982 年版。

165.李学疏:《简论哲学形态》,《光明日报》1998 年 10 月 3 日。

166.李约瑟:《中国古代科学思想史》,江西人民出版社 2006 年版。

167.李泽厚:《哲学纲要》,北京大学出版社 2011 年版。

168.李泽厚:《中国思想史论》(上中下),安徽文艺出版社 1999 年版。

169.联共(布)中央特设委员会编:《联共(布)党史简明教程》,外国文书籍出版局 1951 年版。

170.梁漱溟:《印度哲学概论》,世纪出版集团、上海人民出版社 2013 年版。

171.列维—布留尔:《原始思维》,商务印书馆 2004 年版。

172.刘放桐等编著:《新编现代西方哲学》,人民出版社 2000 年版。

173.刘永富:《哲学概论(纲要)》,西安交通大学出版社 2008 年版。

174.马克思:《1844 年经济学哲学手稿》,人民出版社 2000 年版。

175.马世力主编:《世界史纲》(上下),上海人民出版社 1999 年版。

176.苗力田主编:《古希腊哲学》,中国人民大学出版社 1989 年版。

177.闵家胤:《什么是哲学》,《哲学分析》2011 年第 4 期。

178.欧阳康:《建构马克思主义哲学当代形态的几个前提与方法问题》,《江汉论坛》2000 年第 8 期。

179.欧阳康:《哲学研究方法论》,武汉大学出版社 1998 年版。

180.彭新武主编:《哲学导论》,首都经济贸易大学出版社 2008 年版。

181.沈湘平:《哲学导论》,中国社会科学出版社 2008 年版。

182.叔本华:《作为意志和表象的世界》,商务印书馆 1982 年版。

183.司马迁:《史记》第 6 卷,中华书局 2010 年版。

184.四川大学生物系《生物学》编写组:《生物学》(上下),人民出版社 1978 年版。

185.宿光平:《论哲学形态和思维方式的发展——兼论中西哲学思维方式之不同》,《甘肃联合大学学报》(社会科学版)2005 年第 4 期。

186.孙伯鍨、张一兵主编:《走进马克思》,江苏人民出版社 2001 年版。

187.孙正聿:《辩证法研究》(上下),吉林人民出版社 2007 年版。

188.孙正聿:《哲学导论》,中国人民大学出版社 2000 年版。

189.孙正聿:《哲学通论》,吉林人民出版社、人民出版社 2010 年版。

190.汤用彤:《印度哲学史略》,上海世纪出版集团 2006 年版。

191.陶德麟、何萍主编:《马克思主义哲学中国化:历史与反思》,北京师范大学出版集团、北京师范大学出版社 2007 年版。

192.陶德麟、黎德扬、郝侠君主编:《辩证唯物主义与历史唯物主义》,湖北人民出版社 1987 年版。

193.陶德麟、汪信砚主编:《马克思主义哲学的当代论域》,人民出版社 2005 年版。

194.陶德麟、汪信砚主编:《马克思主义哲学原理》,人民出版社 2010 年版。

195.陶德麟等主编:《辩证唯物主义与历史唯物主义》,湖北人民出版社 1983 年版。

196.汪信砚主编:《马克思主义哲学概论》,人民出版社 2011 年版。

197.汪子嵩等:《希腊哲学史》第 1—4 卷,人民出版社 1988 年版。

198.王德峰:《哲学导论》,上海人民出版社 2000 年版。

199.王干才:《实践思维——马克思主义哲学当代形态研究》,中国社会科学出版社 2006 年版。

200.王国轩、王秀梅译注:《孔子家语》,中华书局 2011 年版。

201.王连法:《哲学新形态》,山东人民出版社 1991 年版。

202.王路:《逻辑基础》,人民出版社 2004 年版。

203.王文英等主编:《著名马克思主义哲学家评传》第 1—4 卷,山东人民出版社 1990 年版。

204.王阳明:《阳明先生集要》(上下),中华书局 2008 年版。

205.温公颐、崔清田主编:《中国逻辑史教程》,南开大学出版社 2012 年版。

206.邬昆如主编:《哲学入门》,上海古籍出版社 2005 年版。

207.巫白慧译解:《〈梨俱吠陀〉神曲选》,商务印书馆 2010 年版。

208.吴伟斌:《论第三种形而上学——建设性后现代主义哲学研究》,学林出版社 2002 年版。

209.吴元梁主编:《马克思主义哲学形态的演变》(上下),中国社会科学出版社 2010 年版。

210.吴祖慈:《艺术形态学》,上海交通大学出版社,2003 年版。

211.肖前、李秀林、汪永祥主编:《辩证唯物主义原理》,人民出版社 1981 年版。

212.肖前等主编:《辩证唯物主义原理》,人民出版社 1981 年版。

213.辛敬良主编:《马克思主义哲学导论》,复旦大学出版社 1991 年版。

214.杨大春:《主体形而上学解体的三个维度》,《文史哲》2002 年第 6 期。

215.杨耕、陈志良、马俊峰:《马克思主义哲学研究》,中国人民大学出版社 2000 年版。

216.杨耕:《为马克思辩护》,中国人民大学出版社 2010 年版。

217.杨焕章主编:《简明哲学原理》,上海人民出版社 1982 年版。

218.杨学功:《试论哲学的层次结构——兼涉几个相关问题思想》,《学术月刊》2003 年第 2 期。

219.姚卫群:《印度宗教哲学概论》,北京大学出版社 2006 年版。

220.叶汝贤、孙麾主编:《马克思与我们同行》,中国社会科学出版社 2003 年版。

221.叶秀山、王树人总主编:《西方哲学史》第 1—8 卷,凤凰出版社、江苏人民出版社 2004 年版。

222.叶秀山:《哲学要义》,世界图书出版公司北京公司 2010 年版。

223.俞吾金:《实践诠释学——重新解读马克思哲学与一般哲学理论》,云南人民出版社 2001 年版。

224.詹剑锋:《墨家的形式逻辑》,湖北人民出版社 1956 年版。

225.张世英:《哲学导论》,北京大学出版社 2008 年版。

226.张秀芝、洪晓楠:《论马克思主义的哲学形态学》,《大连理工大学学报》(社会科学版)1999 年第 3 期。

227.张志伟主编:《形而上学的历史演变》,中国人民大学出版社 2010 年版。

228.章国锋:《哈贝马斯访谈录》,《外国文学评论》2000 年第 1 期。

229.赵光武主编:《后现代主义哲学述评》,西苑出版社 2000 年版。

230.赵剑英、孙正聿主编:《中国化马克思主义哲学新形态》,社会科学文献出版社 2006 年版。

231.中共中央党史研究室编:《中国共产党历史》(1—2),中共党史出版社 2011 年版。

232.中共中央宣传部理论局:《马克思主义哲学十讲(党员干部读本)》,学习出版社和党建读物出版社 2013 年版。

233.中国社会科学院语言研究所词典编辑室编:《现代汉语词典》,商务印书馆 2016 年版。

234.中国社会科学院哲学研究所编:《中国哲学史资料选辑》(近代之部上下),中华书局 1983 年版。

235.中国社会科学院哲学研究所编:《中国哲学史资料选辑》(两汉之部上下),中华书局 1982 年版。

236.中国社会科学院哲学研究所编:《中国哲学史资料选辑》(清代之部上下),中华书局 1982 年版。

237.中国社会科学院哲学研究所编:《中国哲学史资料选辑》(宋元明之部上下),中华书局 1982 年版。

238.中国社会科学院哲学研究所编:《中国哲学史资料选辑》(先秦之部上中下),中华书局 1984 年版。

239.中国史学会主编:《中国近代史资料丛刊 · 戊戌变法》(1—4),上海人民出版社 1957 年版。

240.周谷城:《中国通史》(上下),上海人民出版社 2007 年版。

241.周穗明、翁寒松:《马克思主义哲学导论》,华夏出版社 1990 年版。

242.朱熹:《朱子语类》第 1—8 册,中华书局 1986 年版。

索　引

责任编辑：方国根　郭彦辰

图书在版编目（CIP）数据

哲学形态学/郝立忠 著. —北京：人民出版社，2018.9
ISBN 978-7-01-019249-9

Ⅰ.①哲…　Ⅱ.①郝…　Ⅲ.①哲学形态学　Ⅳ.①B0

中国版本图书馆 CIP 数据核字（2018）第 076993 号

哲学形态学

ZHEXUE XINGTAI XUE

郝立忠　著

人民出版社 出版发行
（100706　北京市东城区隆福寺街 99 号）

北京汇林印务有限公司印刷　新华书店经销

2018 年 9 月第 1 版　2018 年 9 月北京第 1 次印刷
开本：710 毫米×1000 毫米 1/16　印张：40.25
字数：610 千字

ISBN 978-7-01-019249-9　定价：159.00 元

邮购地址 100706　北京市东城区隆福寺街 99 号
人民东方图书销售中心　电话（010）65250042　65289539